墨書土器の研究

平川南著

吉川弘文館

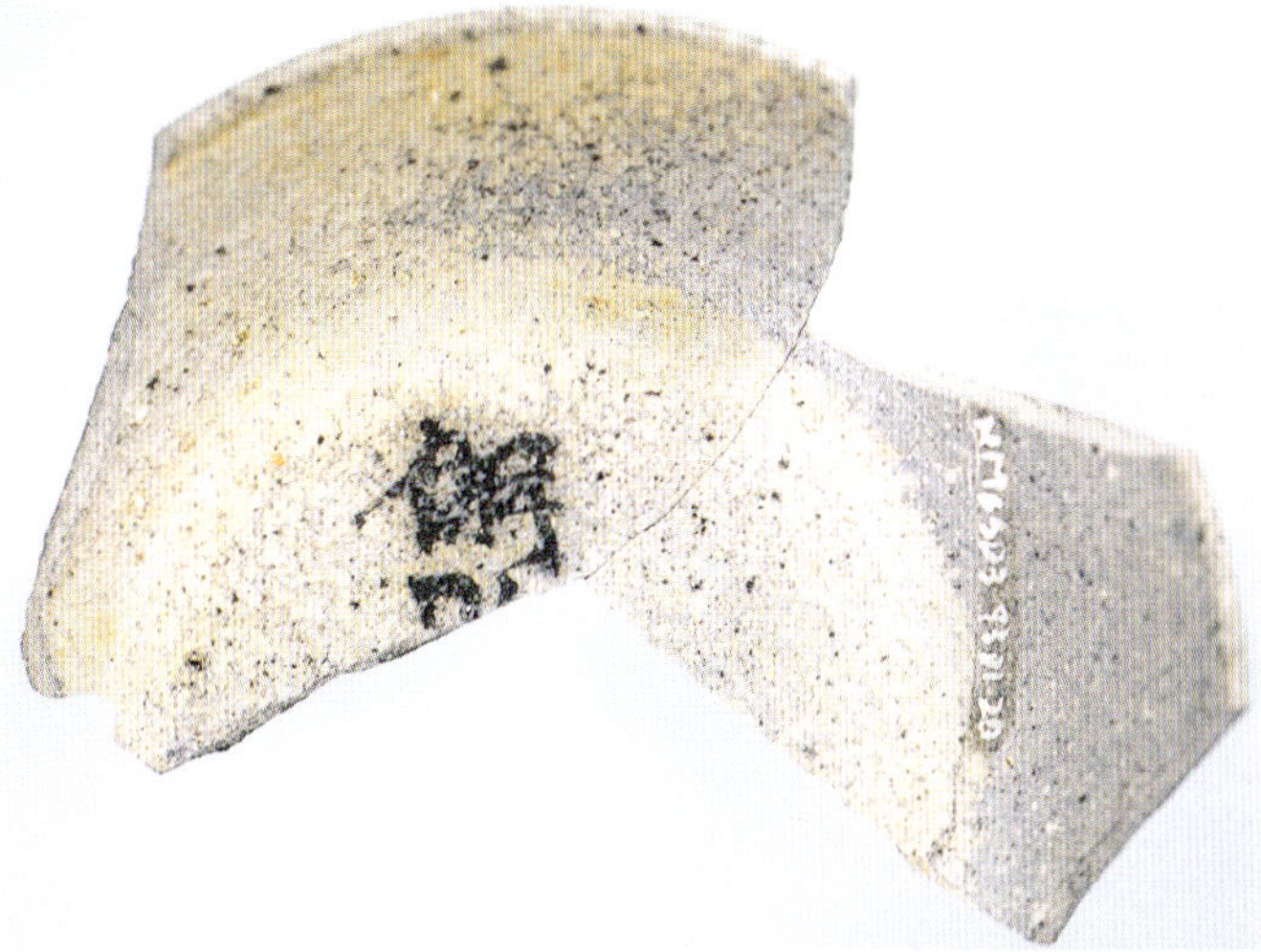

７世紀後半の墨書土器「解☐〔除〕」(須恵器高坏坏部内面，広島県東広島市西本６号遺跡)

古代の役所(下総国府跡付近)の墨書土器「博士館」(須恵器高坏脚部内面，千葉県市川市真間地区，1939年出土)

古代の役所(陸奥国安積郡家跡)の墨書土器「厨」(福島県郡山市清水台遺跡)

古代の役所(常陸国鹿嶋郡家跡)の墨書土器「神宮」(茨城県鹿嶋市神野向遺跡)

古代の村落の墨書土器「村神郷丈部國依甘魚」(千葉県八千代市権現後遺跡)

刻書土器「夫」(札幌市サクシュコトニ川遺跡)

墨書土器「𤯔」(「人」の則天文字，石川県金沢市三小牛ハバ遺跡)

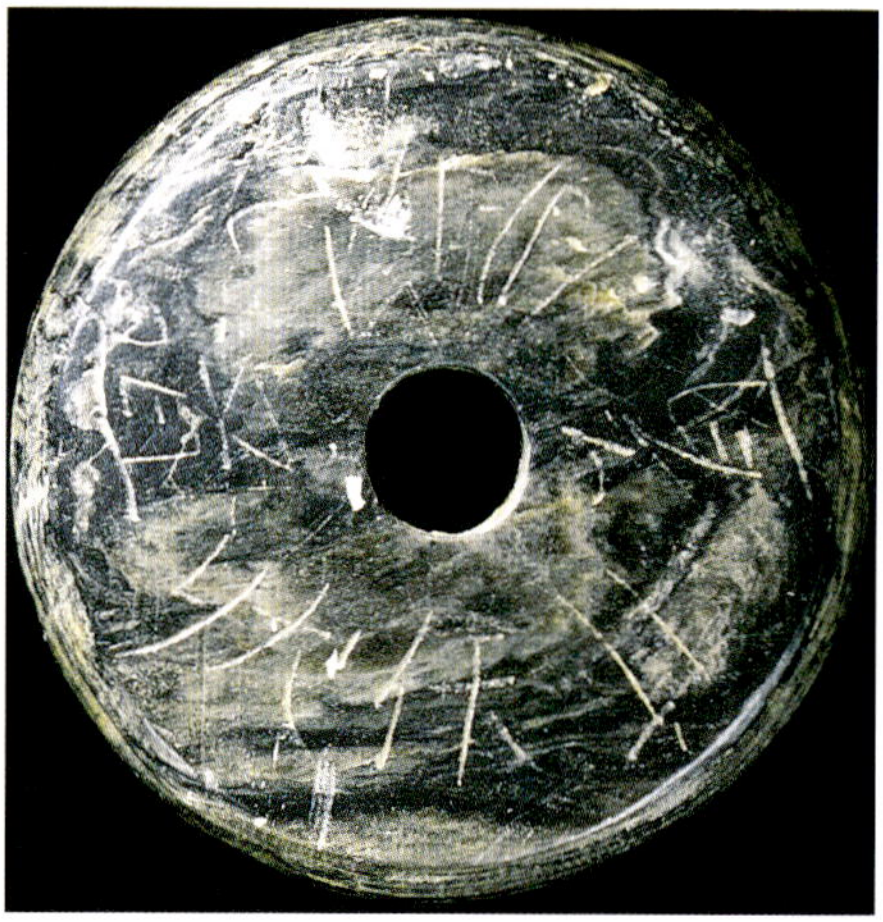

刻書紡錘車「道明乙道状伏具」(道明・乙道〈人名〉，埼玉県岡部町熊野遺跡)

A

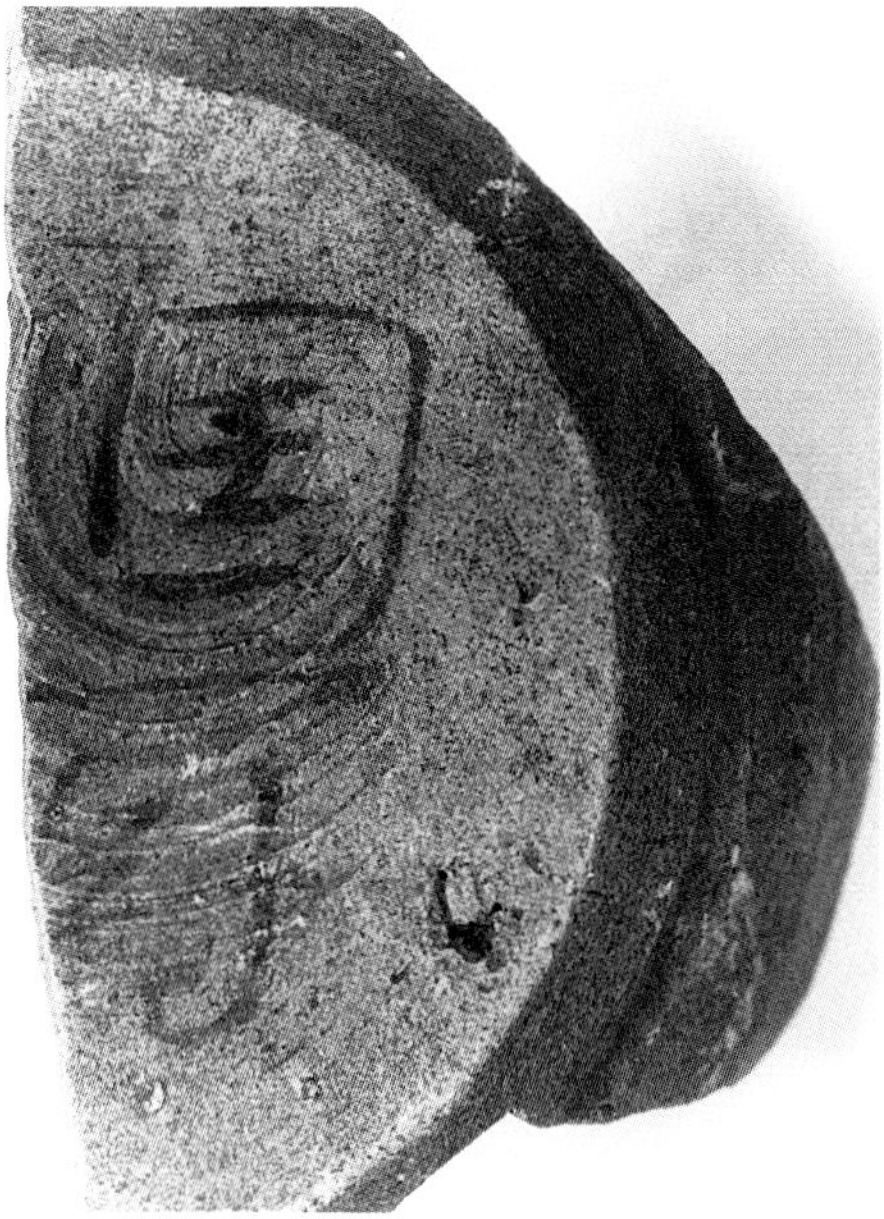

B

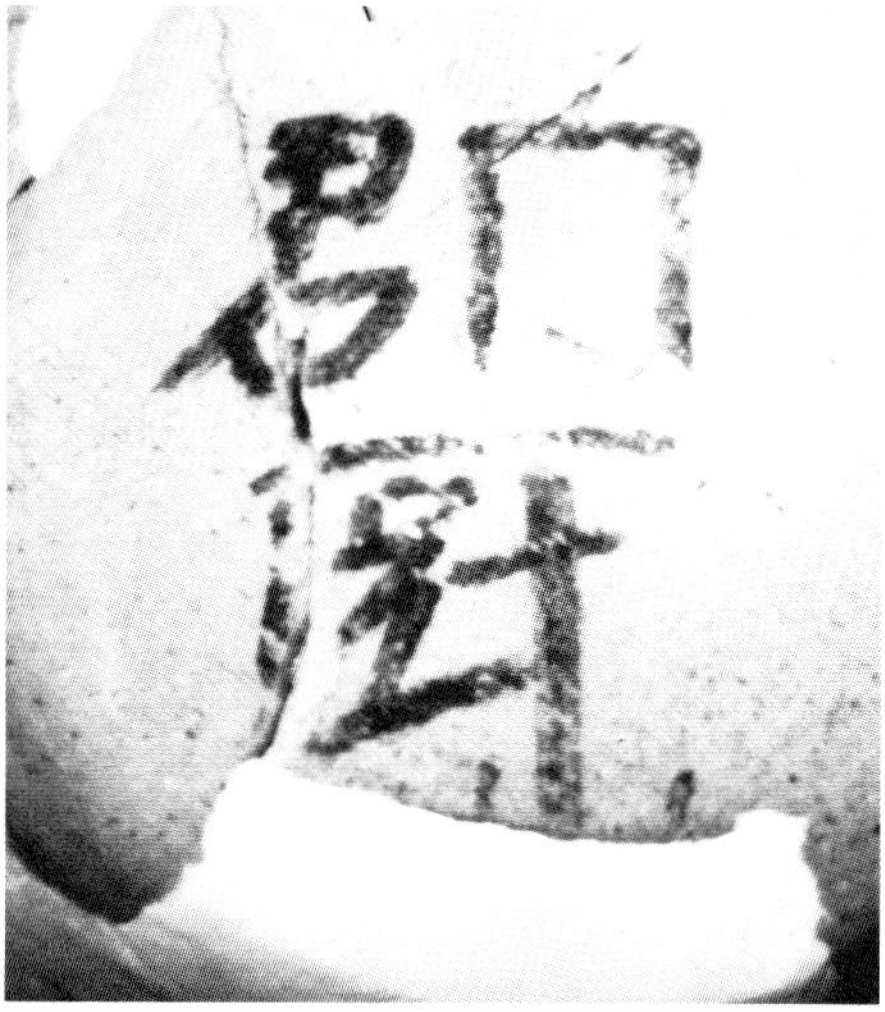

C

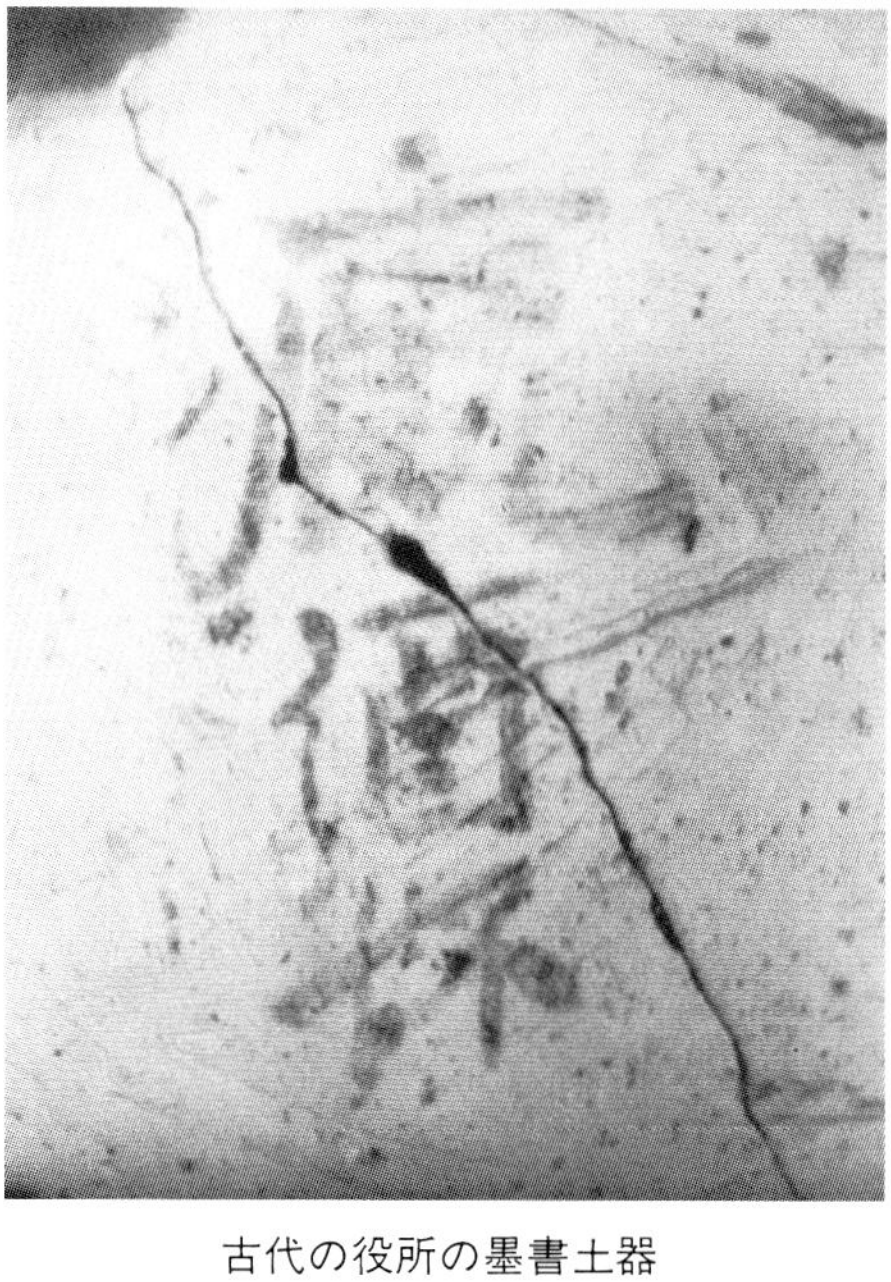

D

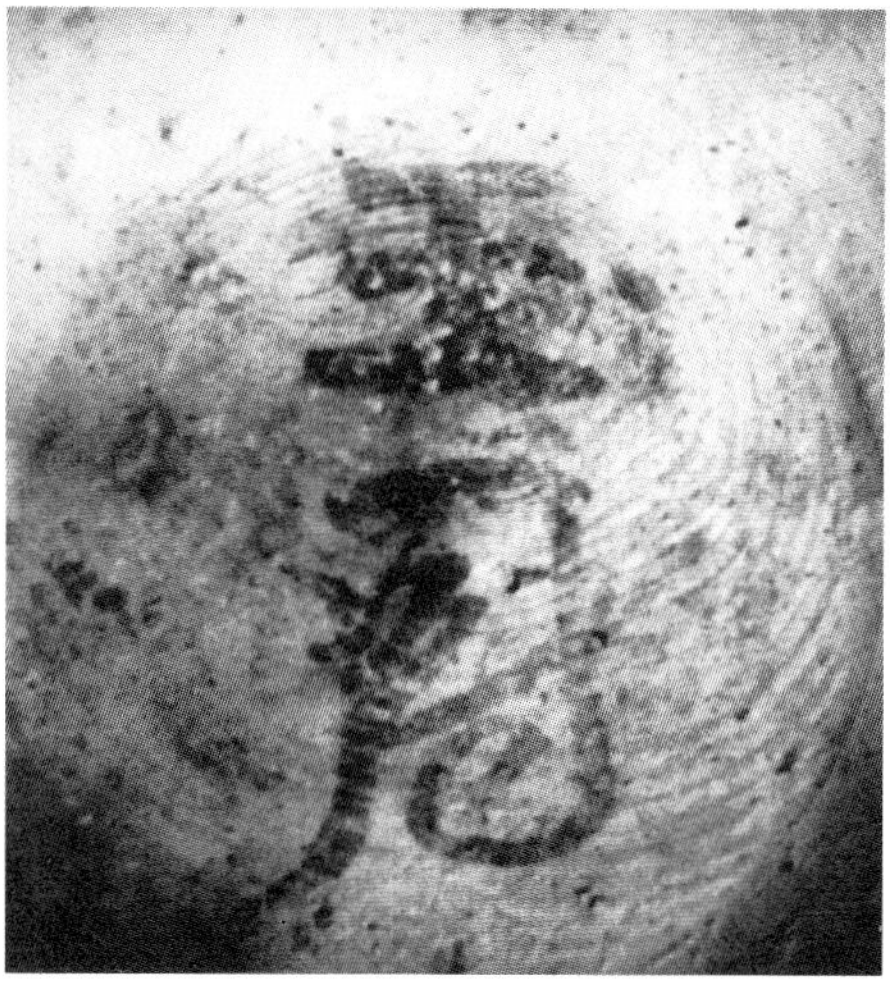

古代の役所の墨書土器
A「国厨」(神奈川県平塚市稲荷前A遺跡)
B「郡厨」(千葉県八日市場市平木遺跡)
C「廐酒坏」(福島県原町市大船迫A遺跡)
D「玉厨」(玉は陸奥国玉造郡を指す，宮城県古川市名生館官衙遺跡)

A

B

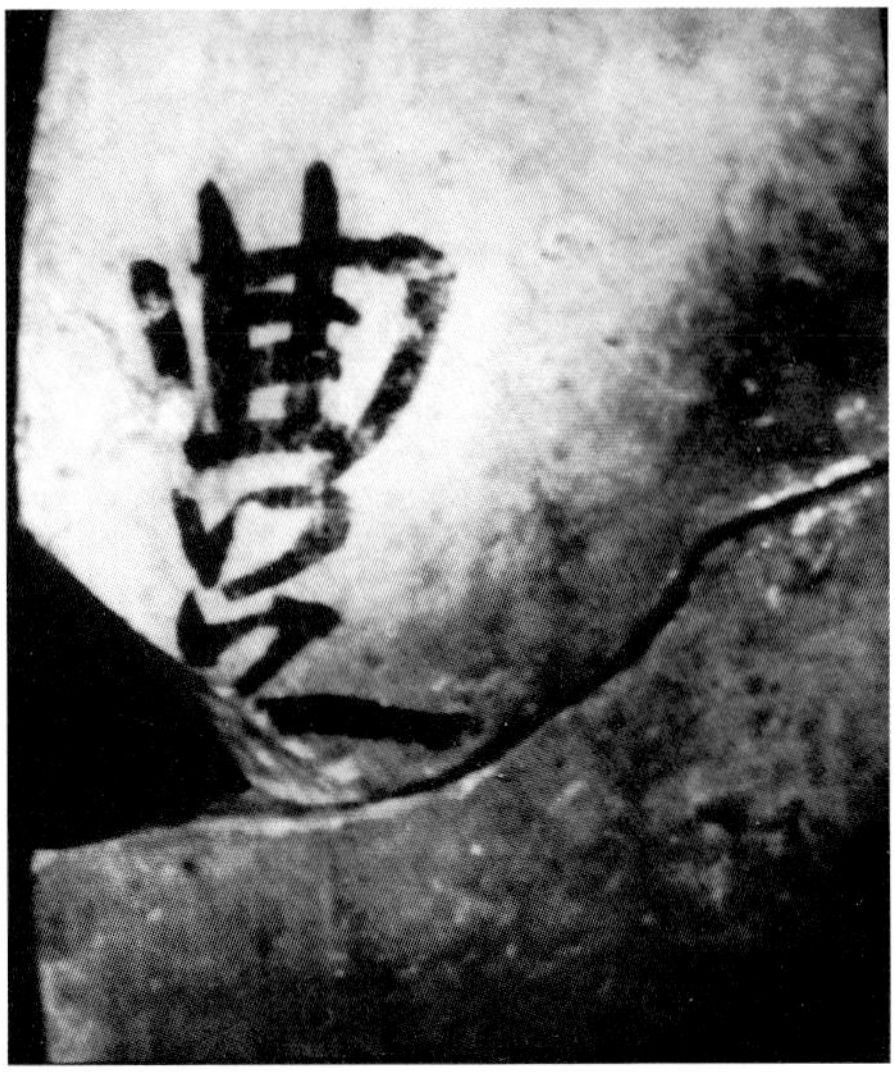

C

D

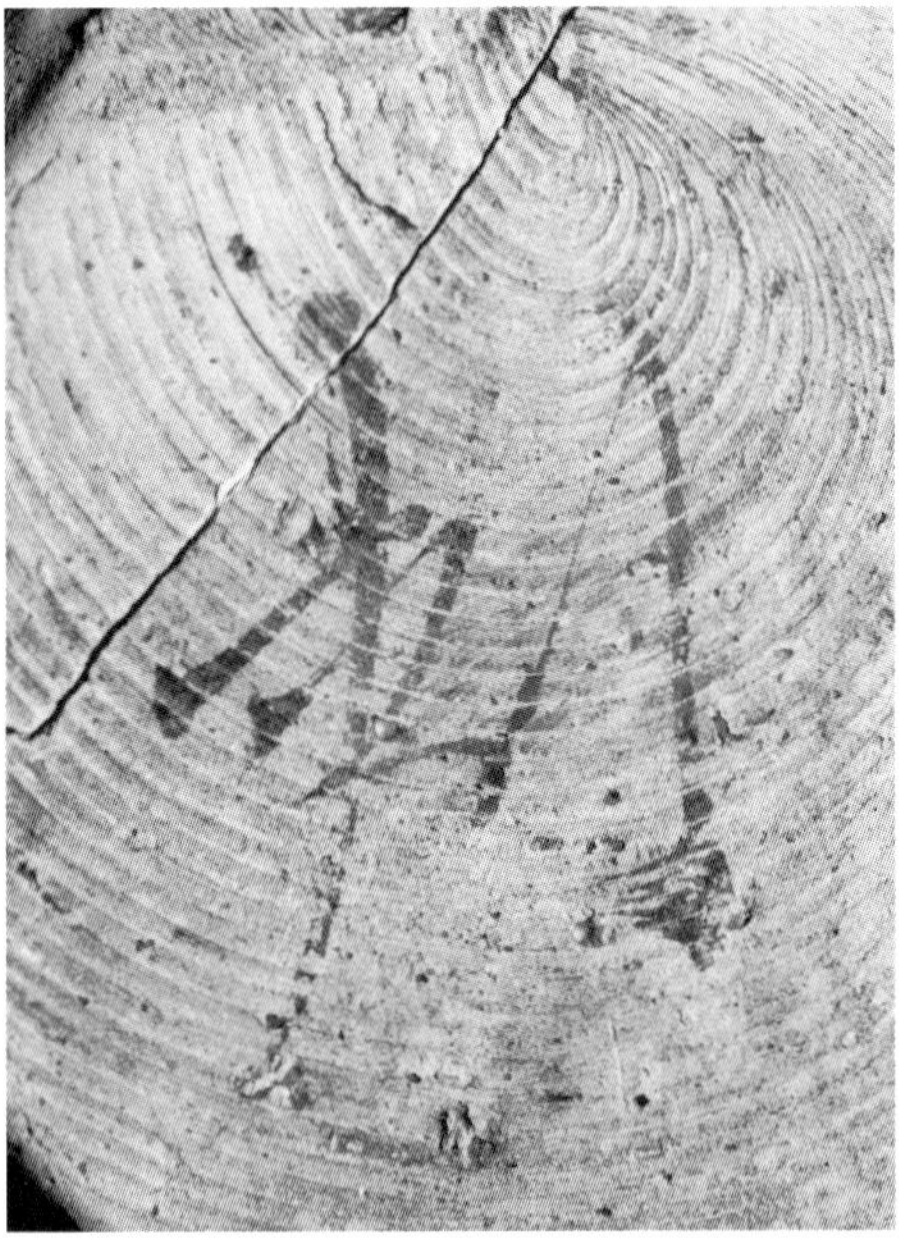

古代の役所の墨書土器(郡名などの略記)

A「三万少」(筑後国三潴郡少領のこと，福岡県久留米市野瀬塚遺跡)

B「豊」(武蔵国豊島郡のこと，東京都北区中里遺跡)

C「斯波」(陸奥国斯波郡のこと，岩手県水沢市胆沢城跡)

D「剌」(陸奥国江剌郡のこと，同上)

A

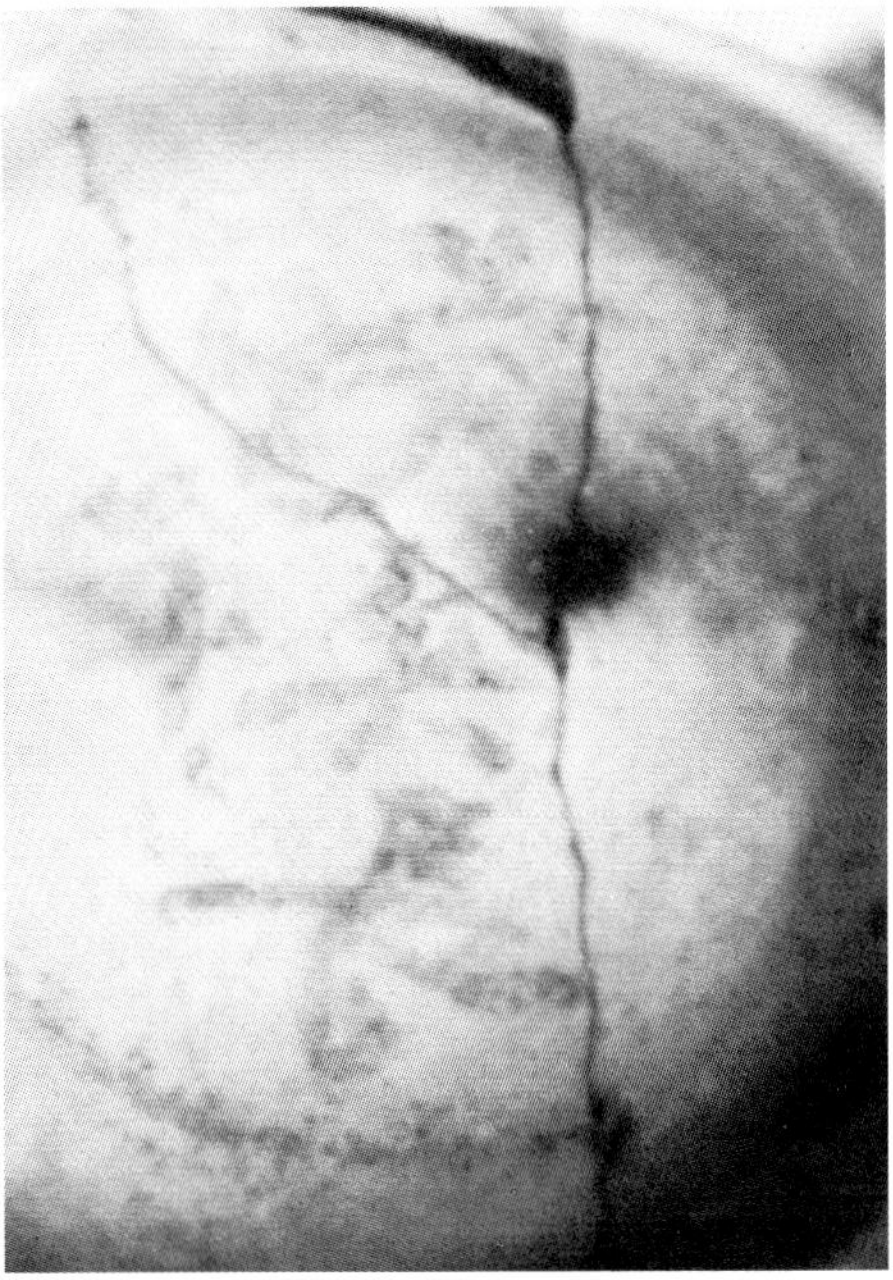

B

C

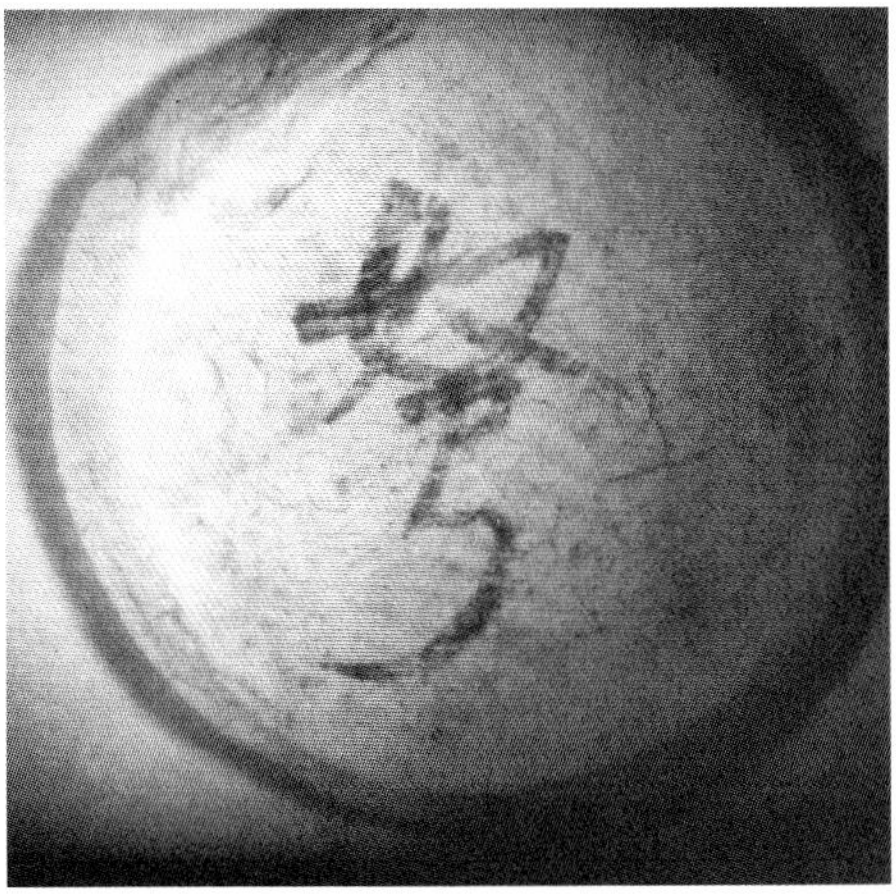

D

古代の軍事に関わる墨書土器

A「騎兵長」(騎兵の責任者，茨城県岩間町東平遺跡)

B「千校尉」(下総国匝瑳郡千俣郷を本貫とする軍団の校尉(二百長)，千葉県八日市場市柳台遺跡)

C「弩」(おおゆみ，石をはじき飛ばす兵器，秋田市秋田城跡)

D「百長」(兵士100人の長，旅帥のこと，同上)

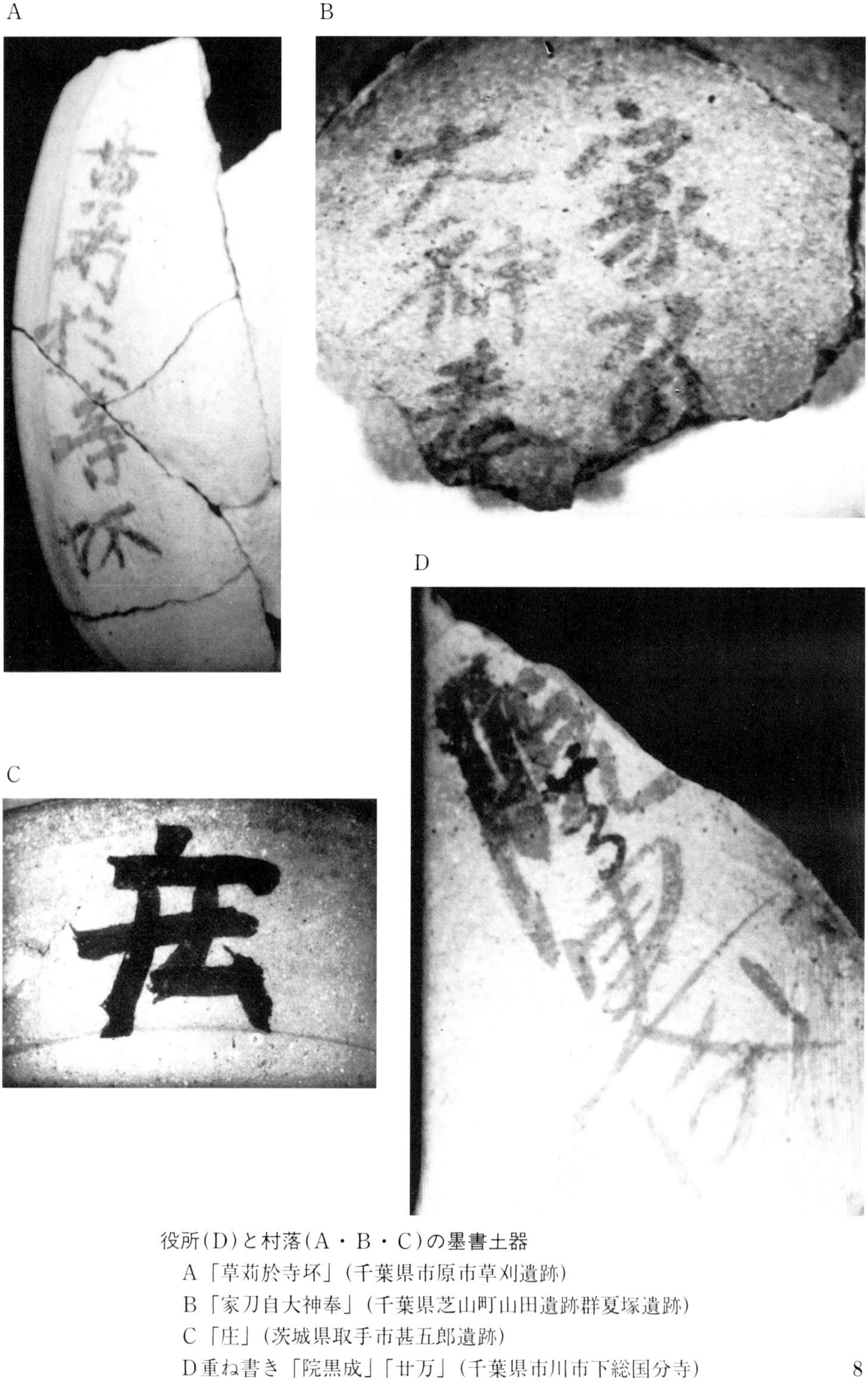

役所(D)と村落(A・B・C)の墨書土器

A「草苅於寺坏」(千葉県市原市草刈遺跡)

B「家刀自大神奉」(千葉県芝山町山田遺跡群夏塚遺跡)

C「庄」(茨城県取手市甚五郎遺跡)

D重ね書き「院黒成」「廿万」(千葉県市川市下総国分寺)

A

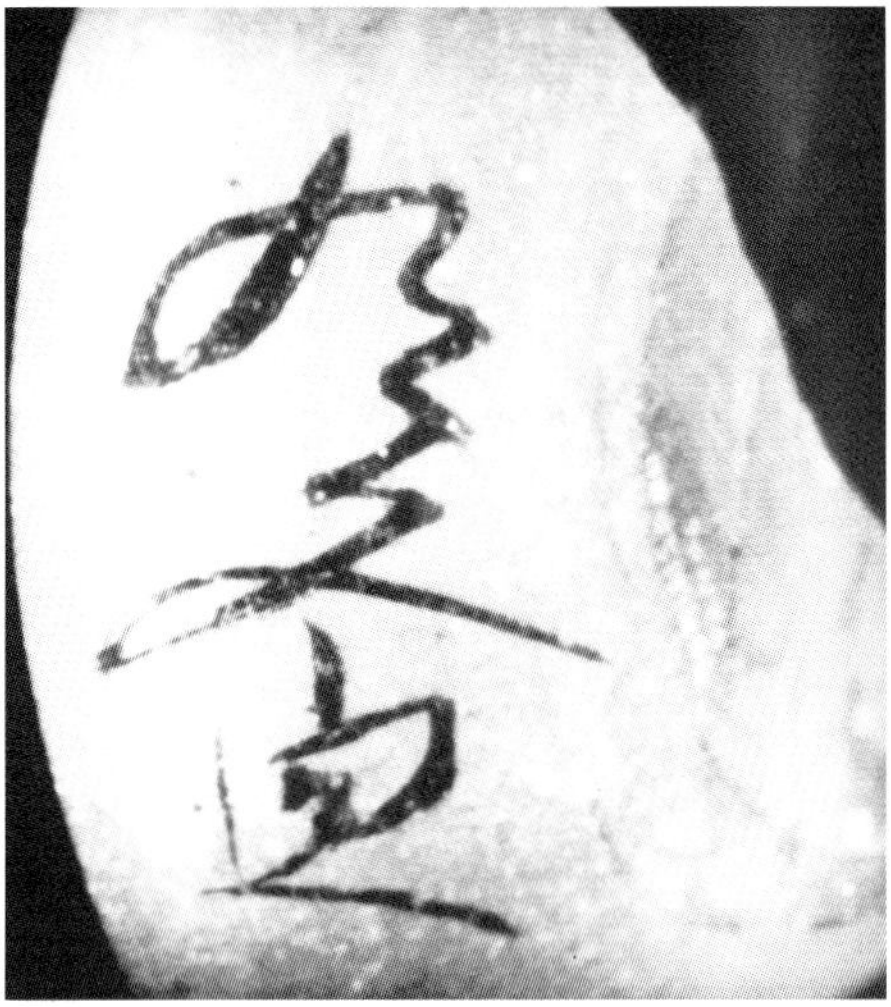

B

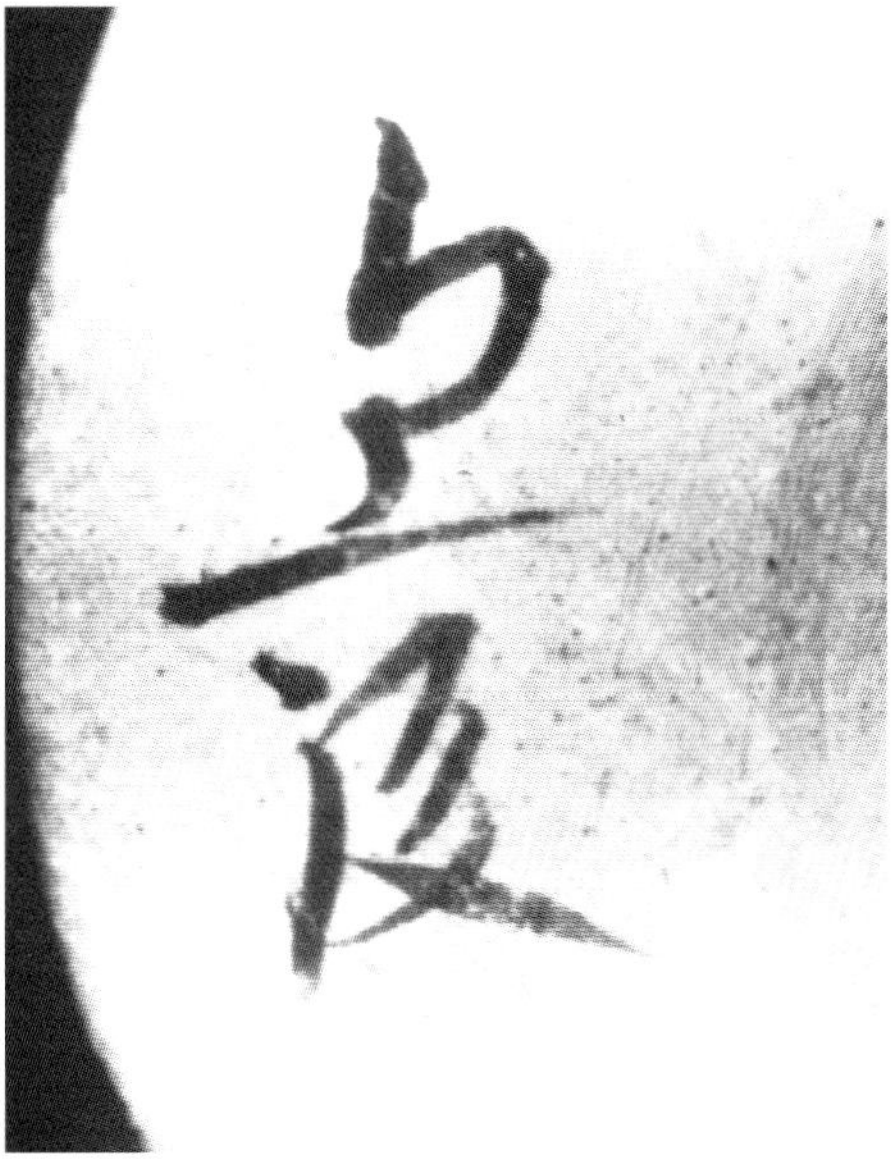

C

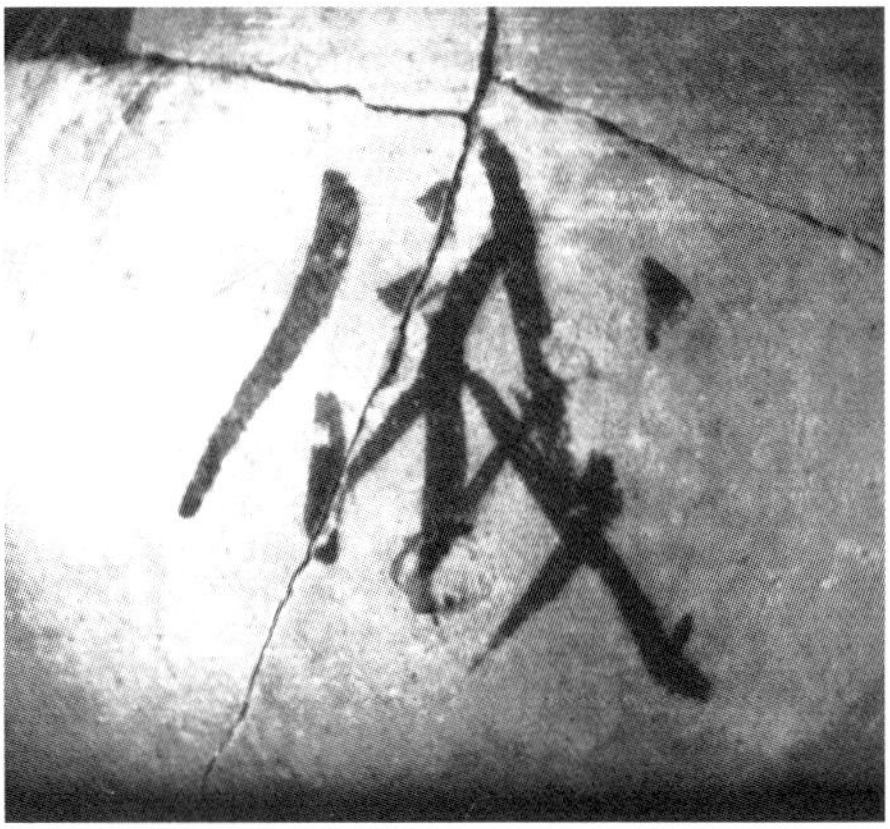

D

役所（A・B）と村落（C・D）の墨書土器
A「水盃」（福島県会津若松市矢玉遺跡）
B「旦後」（千葉市中鹿子第２遺跡）
C・D「袋」（茨城県取手市甚五郎遺跡）

A

B

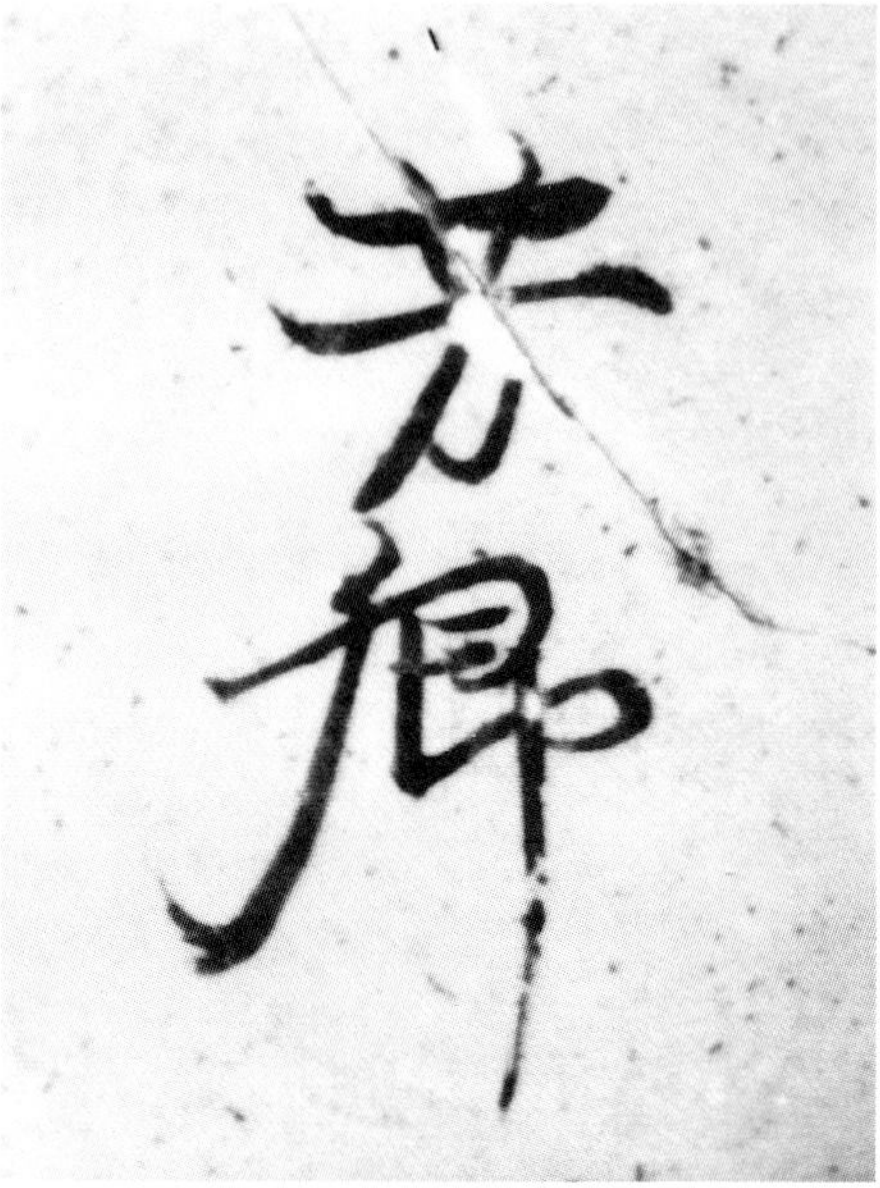

C

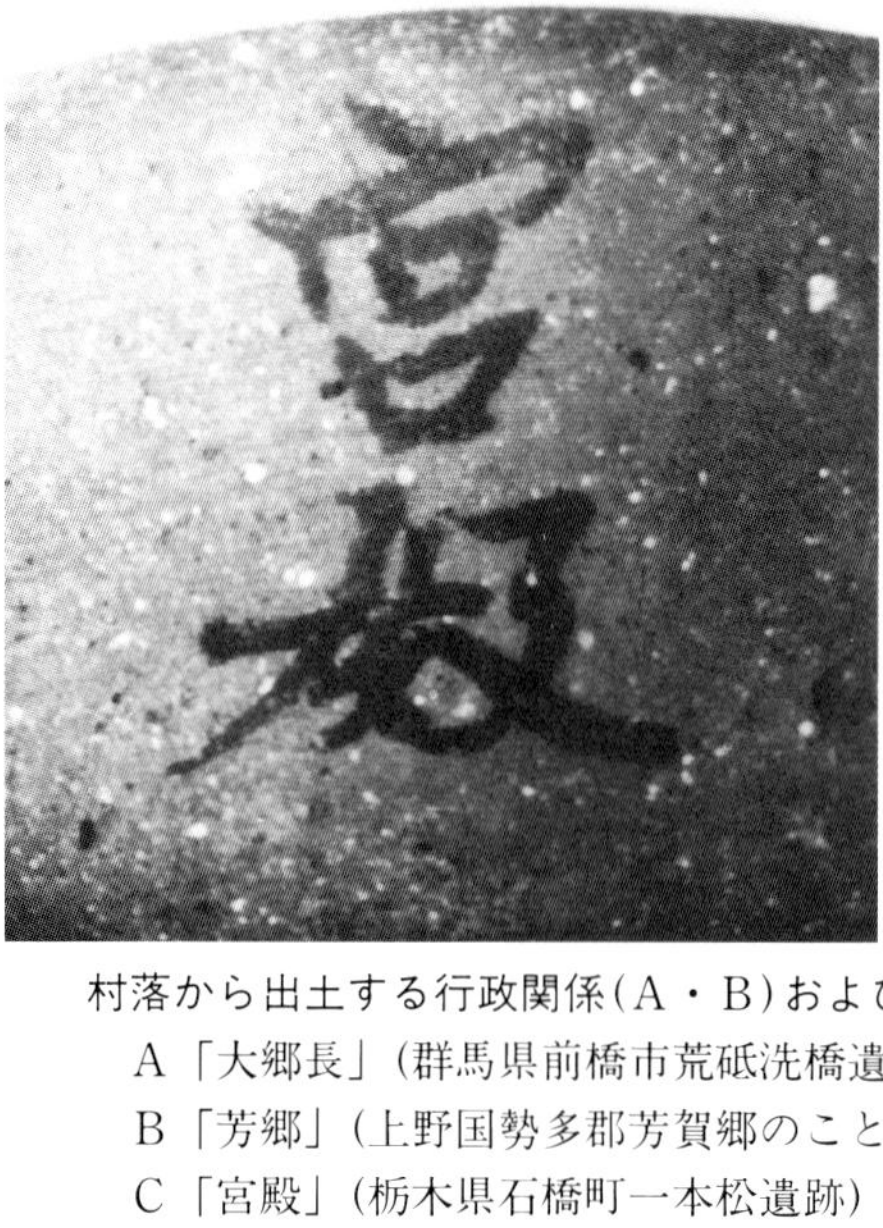

D

村落から出土する行政関係（A・B）および宮都関係（C・D）の用語を記した墨書土器

A「大郷長」（群馬県前橋市荒砥洗橋遺跡）

B「芳郷」（上野国勢多郡芳賀郷のこと，群馬県前橋市二之宮洗橋遺跡）

C「宮殿」（栃木県石橋町一本松遺跡）

D「殿原」（千葉市黒ハギ遺跡，本文図59参照）

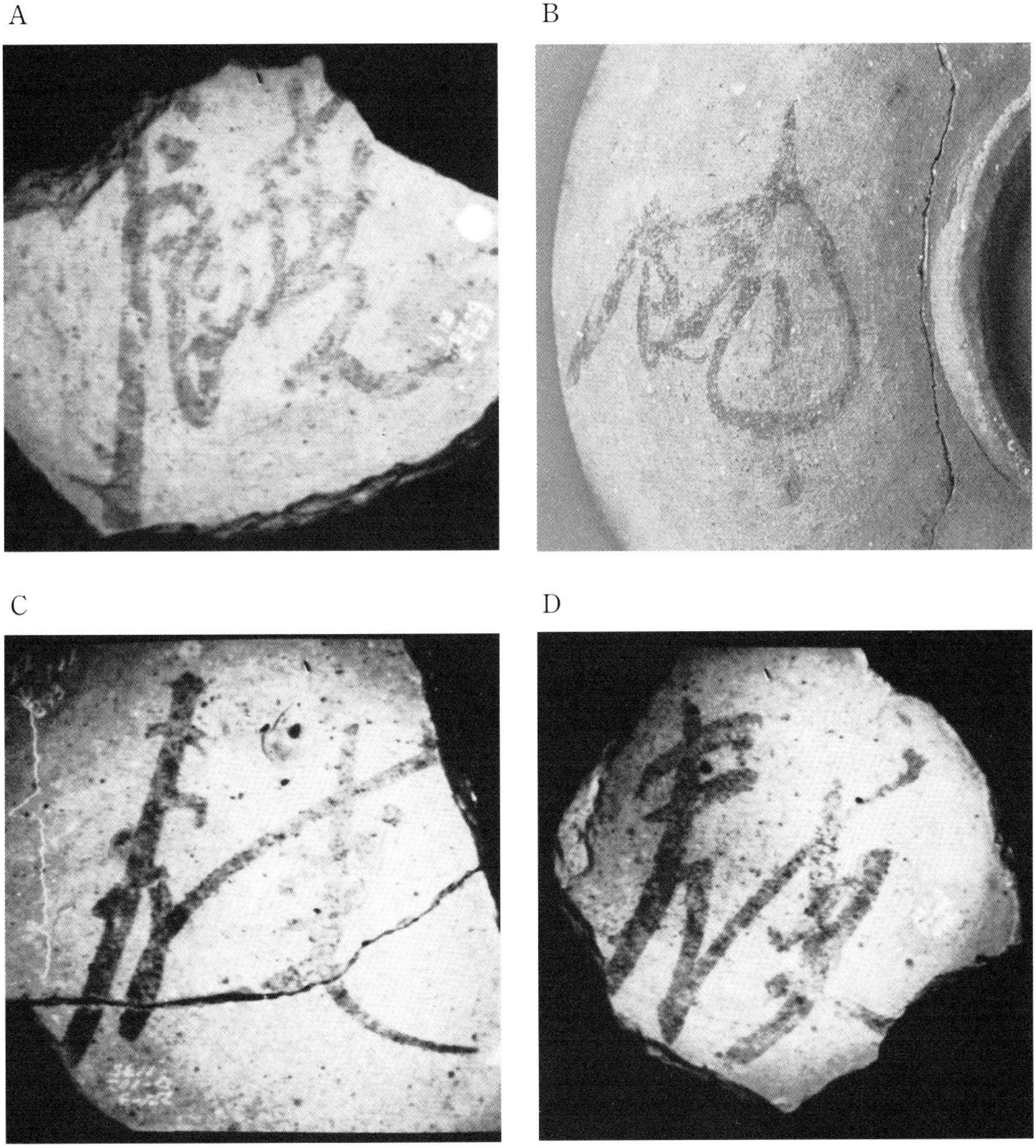

「饒」の各種の字形（A・C・D＝千葉県八千代市白幡前遺跡，B＝茨城県鹿嶋市神野向遺跡）

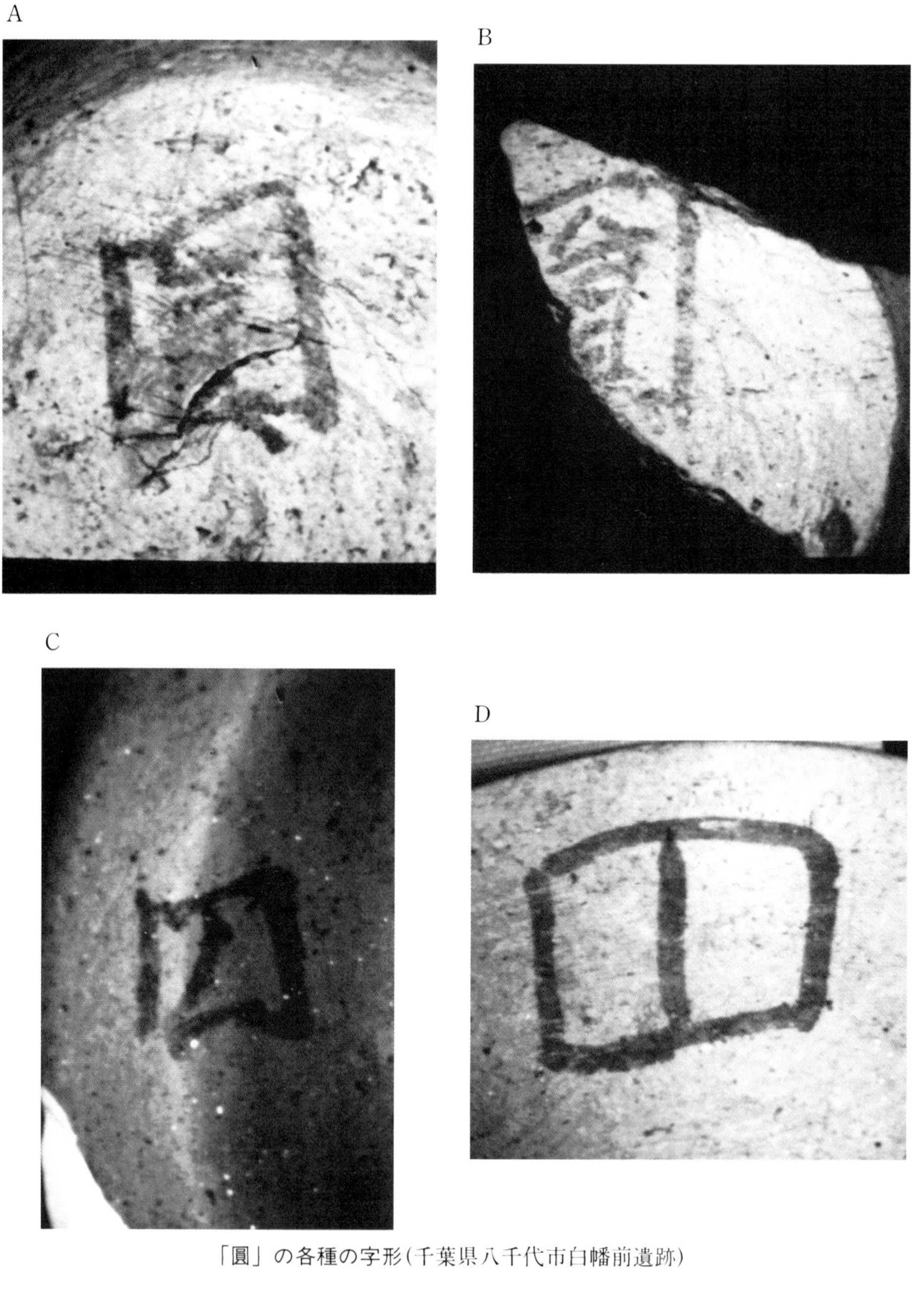

「圓」の各種の字形(千葉県八千代市白幡前遺跡)

B

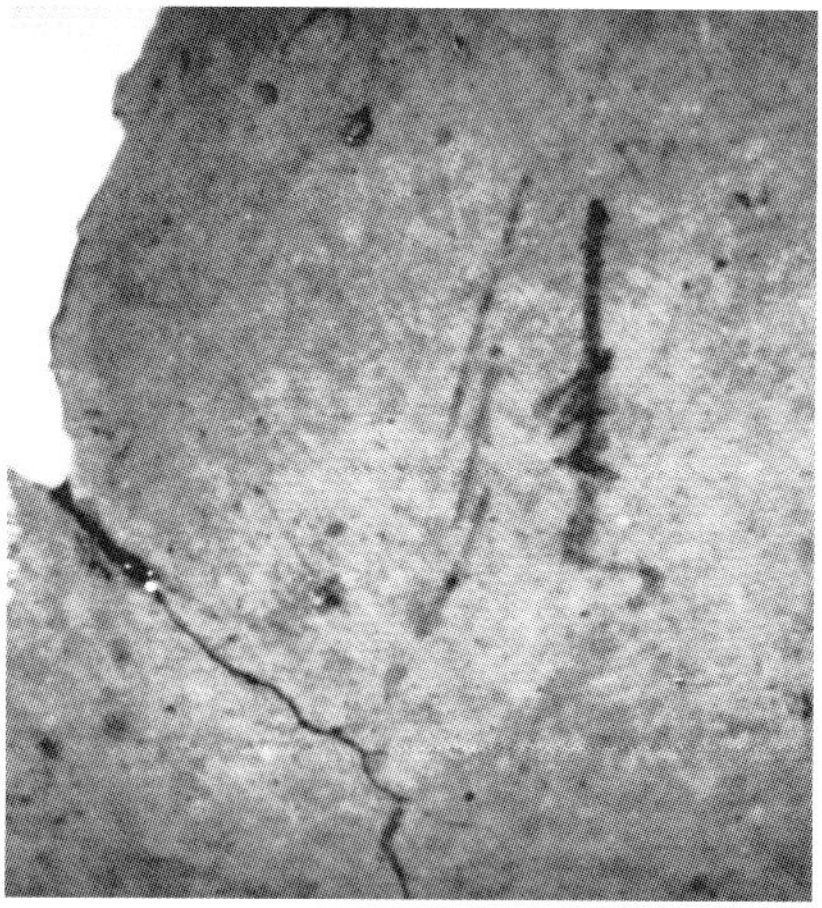

A

D

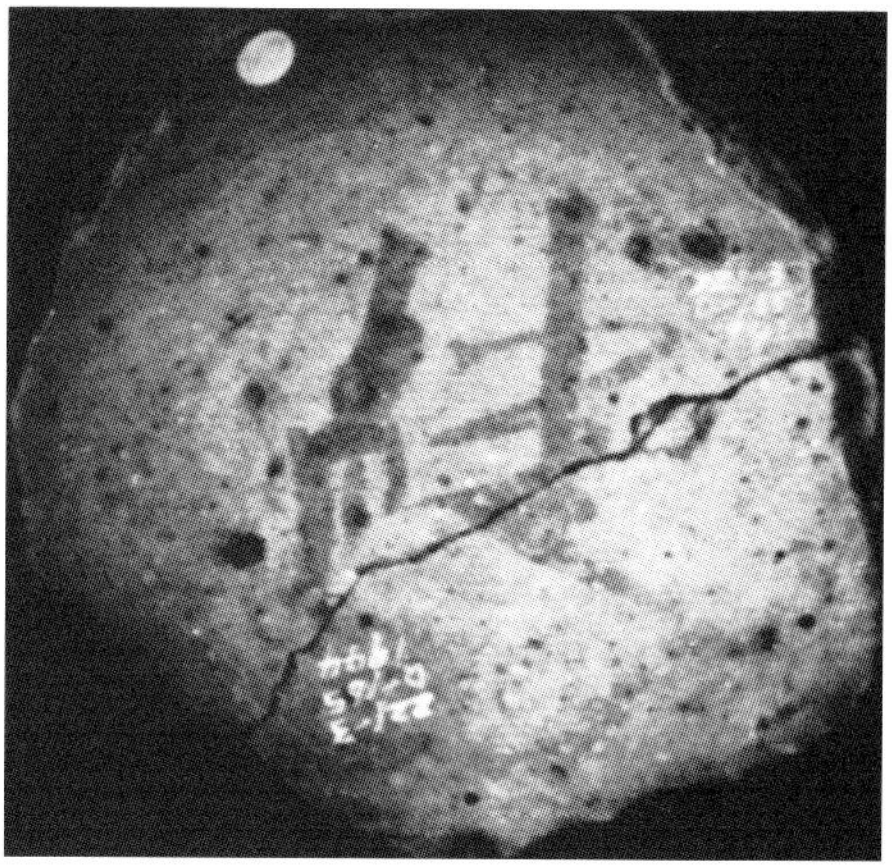

C

「継」の各種の字形(千葉県八千代市白幡前遺跡)

A

B

C

D

合わせ文字

A「加生」(福島県会津若松市東高久遺跡)

B・C・D「生万」の各種の字形(千葉県我孫子市羽黒前遺跡)

A

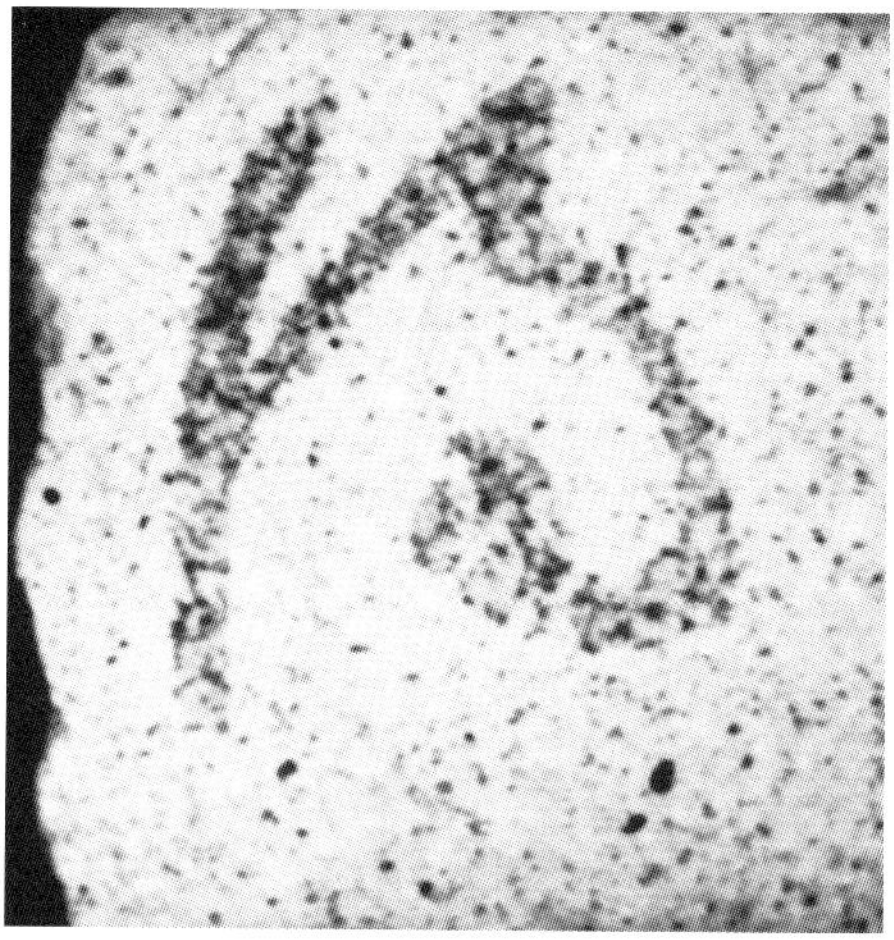

B

C

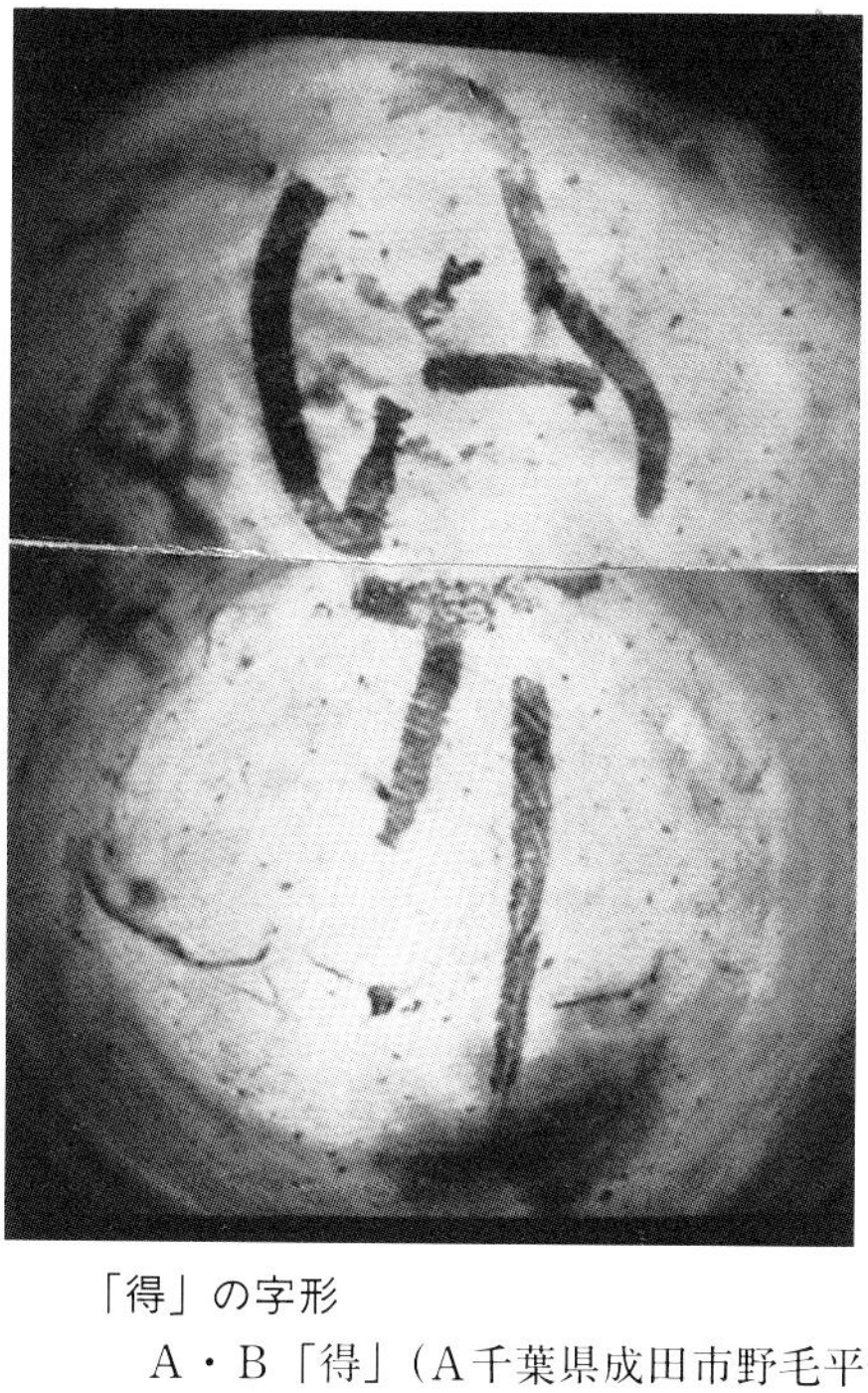

D

「得」の字形

A・B「得」(A千葉県成田市野毛平千田ヶ入遺跡，B千葉県芝山町庄作遺跡)

C「得万」(福島市台畑遺跡)

D合わせ文字「友長」(福島市南諏訪原遺跡)

B

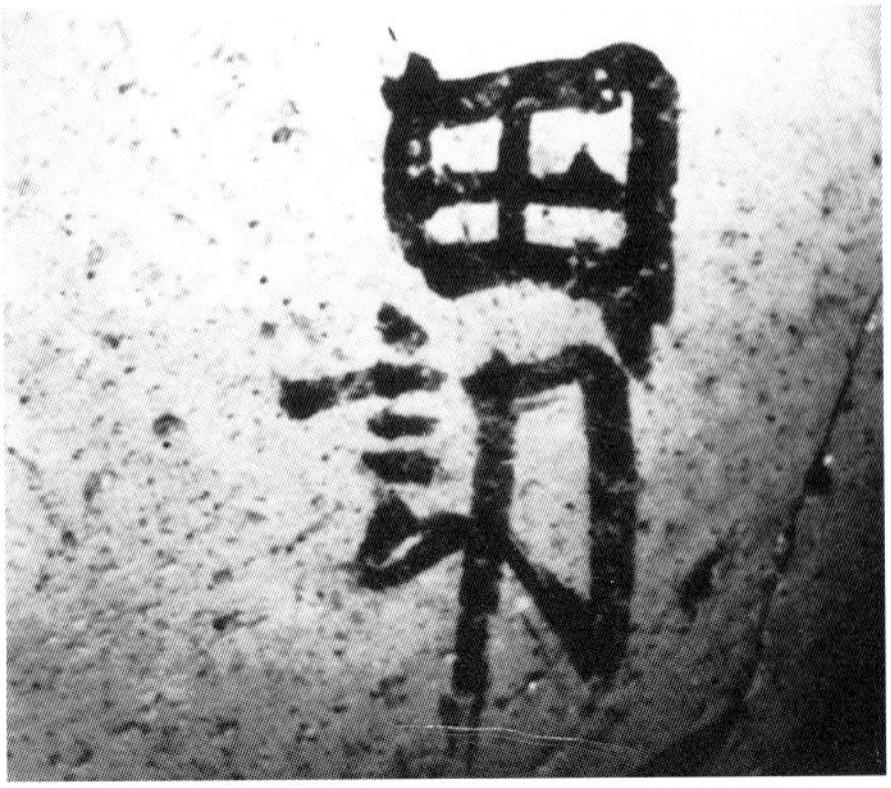

A

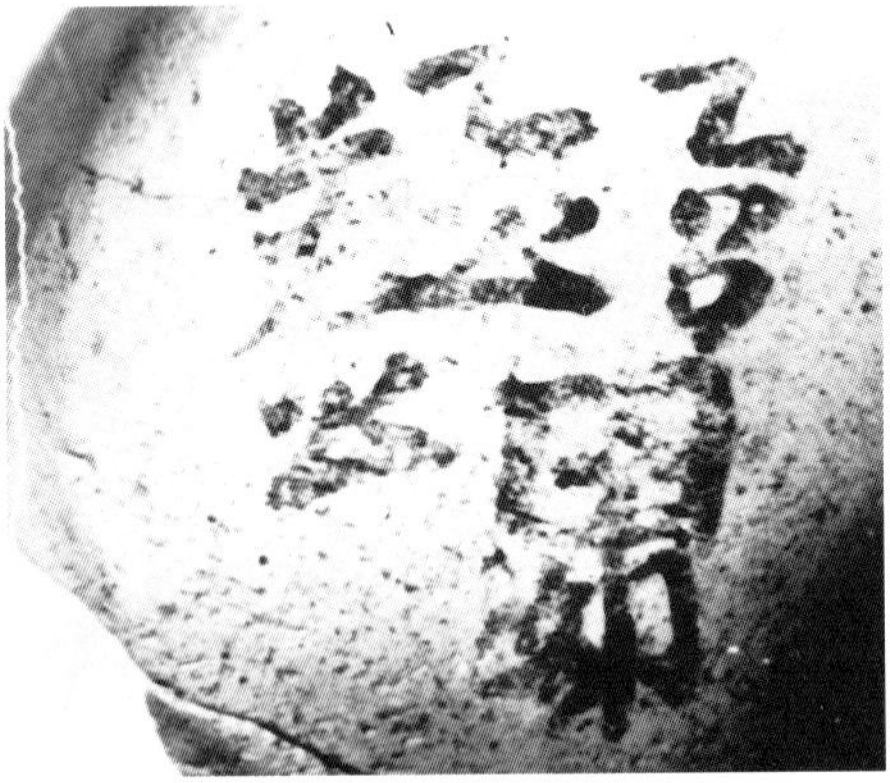

D

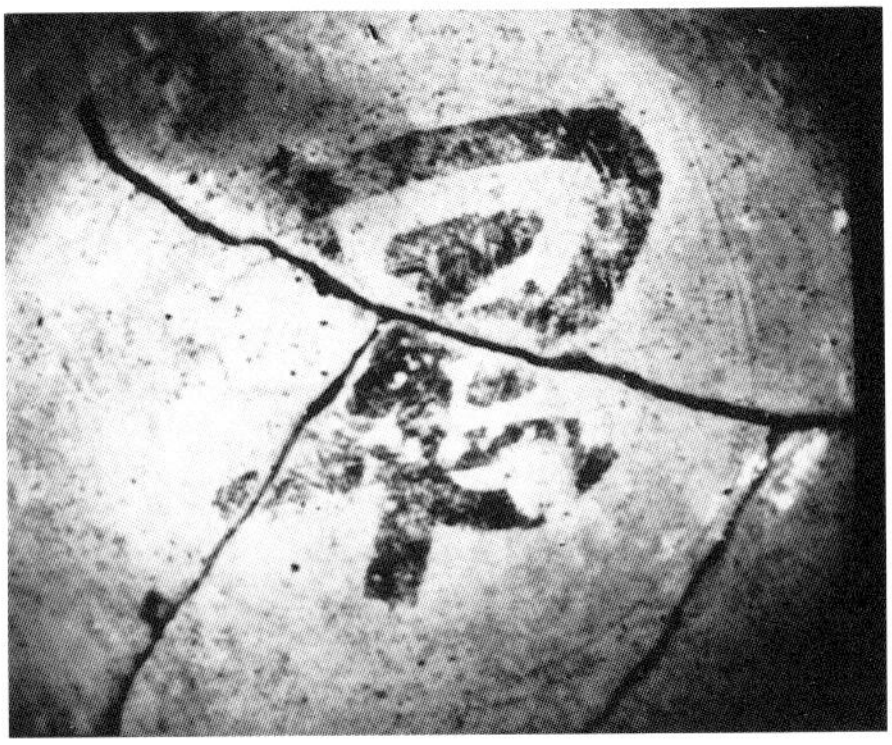

C

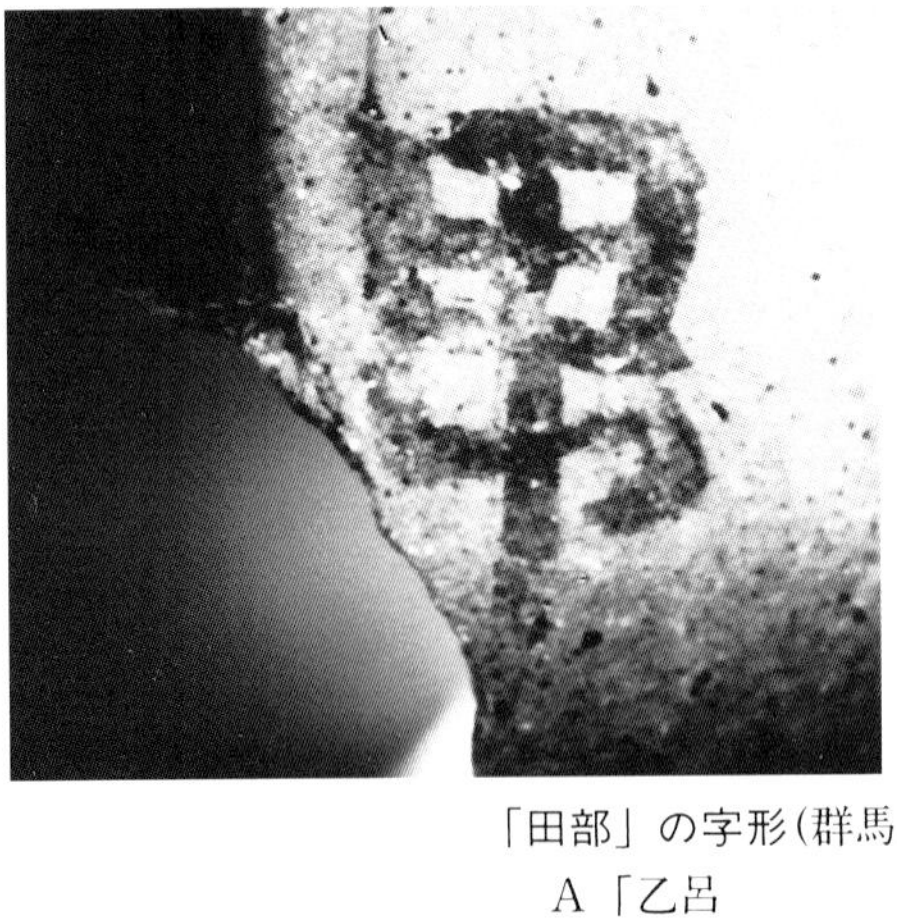

「田部」の字形(群馬県前橋市中鶴谷遺跡)

A「乙呂
　乙公　田部
　若公　　　」

B・C・D「田部」

まえがき――土器に記された文字

わが国における出土文字資料研究は、木簡にはじまり、漆紙文書、そして墨書土器へと進んできたといえる。木簡・漆紙文書は、古代官衙遺跡から出土するのに対して、墨書土器は、官衙はもとより、集落遺跡から数多く出土し、地域も、現段階では沖縄県を除いて、北海道から鹿児島までの日本列島全域から発見されている。ただし、一点一点の墨書土器の字数は木簡・漆紙文書に比べると少なく、一般的には一、二文字しか記されていない。

私が今から二〇年ほど前に各地の遺跡から出土する墨書土器を整理していたころは、一、二文字のみの情報が歴史資料としてどれほど役立つものか、「六国史」のようなまとまった編纂物に比べたならば、あまりにも貧弱な資料であるとみられていた。

墨書土器は、こうした断片的な資料ではあるが、それらを丹念に、かつ大局的にみていくならば、従来の文献史料ではみられない世界を墨書土器から描くことが可能となるのではないか。そのためには膨大な出土量となった墨書土器の研究方法論を確立し、体系化させることが急務であると考えるに至ったのである。現在も、日々列島内の遺跡で墨書土器はつぎつぎと出土している。このような出土文字資料は、ほかには例がないであろう。

一〇年前のある日、二〇ほどの整理箱が国立歴史民俗博物館の調査室に持ち込まれた。完形品や破片の土師器や須恵器がびっしり詰め込まれ、その数約五〇〇点、すべてに文字が記されている。その数日後、また別の遺跡から二〇

○点。いずれも千葉県内の古代の集落遺跡から出土した墨書土器である。

一日中、土器に記されているわずか一ないし二文字を繰り返しながめていると、一つひとつは断片的な情報なのに、しだいに点と点が線で結ばれるように情報が拡がっていくのである。豊・饒・福・富など、いわゆる〝吉祥〟的な文字、プラスイメージの文字が目立つ。そのなかに突然「厭」という文字が現われた。「厭」という墨書土器はこれまであまり出土例を知らない。ところが、「厭」を出土した同じ住居跡から、「寺」「寺坏」、またその近くから「佛」などと書かれた土器や約五センチほどの小金銅仏像も発見されたことから、「厭」を「厭離」(世を捨てる)などの仏教用語とみれば合点がいく。この遺跡と一連の集落と思われる南隣の遺跡では、一棟のお堂跡とその付近に瓦塔も発見されている。当時の東国の村にはお堂が建てられ、村人の寺として人々が深い信仰を寄せていたのであろう。一方、北に隣接する遺跡からは、坏形の土器に人面を描きさらに「村神郷丈部国依甘魚」と墨書したものが出土したが、おそらく下総国印幡(播)郡村神郷(現千葉県八千代市)に住む丈部国依という人物が神に御馳走(甘魚)を供献し、招福除災を祈ったのであろう。古代の村人の神や仏に対する敬虔な祈りの姿が眼前に浮かぶようである。

このような古代社会の実相は、これまでの文献史料はほとんど物語ってくれない。こうした点について思いをめぐらせていたとき、私の勤務する国立歴史民俗博物館の初代館長故井上光貞氏が、館のあり方として、次のように述べておられたことが想い起こされた。「歴史学・考古学・民俗学三者の学際的交流によって、今まで文献でとらえられなかった下層の社会、深層の意識にも挑戦すべきではなかろうか」(「国立歴史民俗博物館開館に当たって」『文化庁月報』一七二、一九八三年。のち、『井上光貞著作集』11、岩波書店、一九八六年、所収)。

今や、土中からの無名の証言は、古代史の深層を激しく揺り動かしはじめているといえよう。

本書は墨書土器に関して、これまで発表してきた論考を中心とし、それに数篇の新稿を加えて一書としたものである。旧稿についても、その後の成果を取り入れて一部書き改めた。

本書の構成は次のような意図にもとづいている。

まず最初には、日本列島における文字のはじまりの問題から解きはじめ、やがて土器に墨書する行為が列島全体に広がる状況に至るまでを述べた。次に墨書土器をはじめとする木簡・漆紙文書などの出土文字資料そのものの属性にもとづく研究方法の確立の必要性を説いた。つづいて、本書の中核となる墨書土器の最盛期ともいうべき、主として八・九世紀代の古代の役所と村落における墨書土器のあり方を、さまざまな資料にもとづき解明することを目指した。最後に、墨書土器研究がもたらす成果は、古代社会における文字の習熟度や、言葉と文字の関連などを解き明かす重要な資料になり得ることと、さらにそのような墨書土器が十世紀以降列島内から急激に姿を消してしまったことについて、一定の見通しを述べてしめくくった。

以下、章ごとのねらいは次のとおりである。

第一章「古代社会と文字のはじまり」　日本列島における文字のはじまりについては、近年相ついで発見されている二〜四世紀の文字が記された土器の意義、そして国内政治に文字を使用しはじめた最初の資料「王賜」銘鉄剣にも言及する。さらに、土器に墨書する行為が、七世紀に入ると官衙遺跡を中心に本格化しはじめる様相を描く。

第二章「出土文字資料の研究方法」　出土文字資料をあくまでも考古資料として位置づけ、資料の観察が重要であり、その形状・部位・割り付けなど、資料そのものの検討を欠かすことができないこと、また出土文字資料は多くの場合、断片の状態であり、従来の文献史料やほかの資料と比較し、原状を復原する作業が重要であることを強調したい。

第三章「墨書土器と古代の役所」　墨書土器はこれまで土器の保管・帰属を表示するものとのみ捉えてきたが、役所を代表する「厨」墨書土器などにみられるように、一定の饗饌の場において記銘されたといえる。また墨書土器の内容は官衙内の諸機能を明らかにできる重要な手がかりとなることを具体例からみていきたい。

第四章「墨書土器と古代の村落」　集落遺跡の墨書土器は、主として日常雑器の坏形土器に記されたものであり、一定の祭祀や儀礼行為などのさいに、土器になかば記号として意識された文字を記すと考えられる。したがって村落における墨書土器は、古代社会の信仰形態をものがたる貴重な資料と位置づけられよう。

第五章「墨書土器研究の展開」　墨書土器研究によって、古代の人々がどの程度、文字を習熟していたかを明らかにし、さらには国語・国文学の研究者との対談を通して、古代社会における文字そのもののあり方に言及した。また墨書土器が古代の地名・地域を伝える貴重な資料であることにも着目しなければならない。

「むすびにかえて―墨書土器の終焉―」　古代社会の深層にまで及んだ墨書土器がなぜ十世紀以降、終焉を迎えるかについて一定の見通しを提示したい。

日本列島においては、現在の研究段階では五世紀ごろから国内政治の中で文字が使用されはじめ、やがて文書行政の本格的な開始とともに、文字は役所から村落にまで広がりをみせたと思われる。そうした状況の中でしだいに列島内に墨書土器が広範に分布するようになるのである。

古代社会における墨書土器の特質は、まず第一に、土器に文字を記すこと、すなわち食器に文字を書くことである。このことは当然のことのようであるが、常に意識しておかなければならない点である。

第二には、村落における墨書土器が、文書行政の延長線上にあることと認識し、その実態を見極める必要があろう。第三に、漠然としながらも、もっとも本質とも思える点であるが、日本の古代国家による文書行政が活発に展開していくなか、その一方に無文字社会が存在し、その対置の中に古代日本の文字世界の特質が存するのではないかと想定したい。

以上の三点を本書の基本的な視点として、古代日本の墨書土器のあり方を体系的にみてゆきたい。

なお、墨書土器に関わるさまざまな課題をこのような多角的視点から論究するため、同一資料を重複して引用し、論証を行っている箇所がある点、ご了解いただきたい。

ここに取り上げた墨書土器は、いうまでもなく、全国各地の発掘調査の出土品であり、それらの調査成果にもとづくものである。また出土遺跡の概要についても、全面的にそれぞれの調査報告書より引用させていただいた。関係調査機関および発掘担当者の方々に対して、深謝申し上げる次第である。

本書が、全国各地であいついで出土している墨書土器という膨大な資料の調査研究の一助となり、古代史研究の新局面を開く手がかりとなれば幸いである。

二〇〇〇年六月

平川　南

目次

※本書における行政区画名の表記は、二〇〇〇年（平成十二）現在のものである。

第一章　古代社会と文字のはじまり

一　日本列島における文字のはじまり

今から二二年前、昭和五十三年（一九七八）、埼玉県行田市の稲荷山古墳から鮮やかな金象嵌の一一五文字が記された鉄剣が発見された。その当時、七世紀以前に日本で書かれた銘文としては、熊本県玉名市の江田船山古墳出土の大刀銘と、和歌山県橋本市の隅田八幡宮「癸未年〈五〇三年〈四四三年説もある〉〉」銘人物画像鏡などが知られているだけだった。稲荷山古墳の鉄剣銘は冒頭に辛亥年〈四七一〉と刻まれ、オホヒコからヲワケまで八代の系譜が続き、代々杖刀人の首として大王に仕えてきたこと、ヲワケがワカタケル大王の統治を助けた記念としてこの刀を作ったという由来が記されている。この鉄剣銘の発見によって〝日本列島における文字のはじまり〟の議論が学界内外で大いに沸騰したのである。その銘文がもたらした歴史資料としての価値は、はかりしれないものがある。さらに、古代史・考古学そして国語・国文学の研究者がこぞって議論に参加し、現在の学際的研究状況の出発点となった点においても、画期的な発見と評してよいであろう。

稲荷山鉄剣発見から一〇年を経た昭和六十三年（一九八八）、千葉県市原市稲荷台一号墳から銀象嵌七文字の銘文

図1　「王賜」銘鉄剣　表「王賜□□敬□（安ヵ）」（千葉県市原市稲荷台1号墳出土，文字表出後の写真）

を持つ鉄剣が出土した（図1）。

（表）王賜□□敬安

（裏）此廷刀□□□

本銘文は古代国家形成期における王からの〝下賜刀〟の典型的文型と考えられる。五世紀半ばという鉄剣の年代から、「王賜」銘鉄剣は日本で書かれたものとしては最古のものとされた。さらに昭和五十九年に島根県松江市岡田山一号墳（六世紀後半）から「額田部臣」銘鉄刀、兵庫県養父郡八鹿町箕谷二号墳（七世紀前半）から「戊辰」銘鉄刀が相ついで発見され、初期の文字文化の議論が大いに活気を呈したのである。

1　列島における文字のはじまり

しかし、その後久しく七世紀以前の文字資料発見は途絶え、同時に〝日本列島における文字のはじまり〟の問題はほとんど人々の話題から消えた。

ところが二、三年前から突如として新聞紙上に「日本最古の文字か」という見出しが載りはじめた。報道は二〜四世紀ごろの土器などに一文字または数文字が記されていたことによる。しかし、これら一つないし二つの文字は、文章をなしていない点からいえば、やはり文字のはじまりの問題とは一線を画して考えるべきである。中国や朝鮮半島と緊密に交流していた列島各地で、鏡や銅銭などに記された文字が漢字として認識されていたのか、あるいは一種の記号・文様として捉えられていたのか、それは明らかでないが、未知の文物として日本人に強い印象を与えたのは間違いないだろう。文字をもたなかった日本では、中国と外交関係を結んだ時点ではじめて漢字・漢文による外交文書が作成された。それが日本列島における文字のはじまりといえる。

この点に関して、稲荷山古墳出土の「辛亥年」銘鉄剣が解読されたときに故西嶋定生氏は次のように指摘していた。

日本における漢字の受容は、ただ文字という高度の文化が、文字のない文化の低い地域に自然に伝わっていったのではなく、日本の方にそれなりの必要があって採り入れたのに違いない。その必要とは、政治的経済的利益のために中国王朝との関係を継続しようとする政治的行為であった（『シンポジウム鉄剣の謎と古代日本』新潮社、一九七九年）。

千葉県稲荷台一号墳の「王賜」銘鉄剣の発見によって、五世紀半ば、内政上はじめて王権から地方豪族に下賜された鉄剣に銘文が記されたことを知ることができた。その後、下賜される側の地方豪族が自ら王権とのつながりを明記した銘文が、五世紀後半の稲荷山古墳「辛亥年」銘鉄剣や熊本県江田船山古墳出土の鉄刀である。

やがて、文字は広く地方に広がり、古代国家の文書による行政が七、八世紀の段階で確立する。このように理解すれば、日本列島における文字のはじまりとひろがりを一つの流れとして説明できるのではないか。さらに、中国や朝鮮半島の文字を今一度見直すことにより、〝日本列島における文字のはじまり〟の問題は、より明確になるであろう。

2　中国の古代文字

そこで、中国や朝鮮半島の古代文字について、通説的理解に基づき、簡単にみてみたい。

漢字のはじまりはもちろん中国にあり、紀元前一三〇〇年～一〇〇〇年、殷の時代のいわゆる「甲骨文字」は、神との対話、神の意向を聴くための記号である。一例をあげれば、

「癸丑卜永貞旬亡禍」

みずのとうしに占いをして、占い役が問うた。これから十日間王に禍はありませんか。

という意味であり、「神に問いかける」行為を初めて文字で記しているのである。

殷の時代から周の時代に移ると、金属器に文字を記した。

周の金文

匽侯旨初見

事于宗周、王

賞旨貝廿朋、用

作姒宝尊彝

燕（匽）ノ侯《キミ》ノ旨ガ初メテ宗周（周の朝廷）ニ見事セシトキ、王ハ旨ニ貝二十朋《サシ》ヲ賞《タマ》ヒケレバ、用《モ》ッテ作リシ姒《アネ》ノタメノ宝《タット》キ尊彝

この人物がどのように王に忠誠を尽くしたか、あるいはどのような功労・功績を挙げたか、その褒美として地金や貨幣の貝を賜り、それを元にしてこの記念の器を作ったという由来などを、未来永劫に伝えていくために、祭りの道具・青銅器に文字を刻み込んだのである。

やがて、秦の始皇帝が中国を統一したとき、「法度・衡石（ハカリとマス）・丈尺（ものさし）を一つにし、車は軌（両輪の幅）を同じくし、書（かきもの）は文字を同じくす」（『史記』始皇本紀）とした。法令・課税のための度量衡の

統一、行政・交通の整備、そして皇帝の命令を中国全土に波及させるために文字の統一を行ったのである。文字は最初、殷の時代には神の意向をうかがうため、王が独占的に使用したが、やがて周代の青銅器に各地の豪族が王との結びつきを文字によって記したために、書体も不統一となり、使用範囲も拡がった。しかし、本来、文字は権力を掌握している王が独占すべきもの、つまり文字は権力の象徴・統治の道具とされたのである。

そこで始皇帝は、皇帝用の文字＝篆書体、臣下用の文字＝隷書体を定めたのである。このように中国の文字文化は、時代の流れのなかでその性格を変えていった。

〔参考文献〕

鈴木修次『漢字―その特質と漢字文明の将来』講談社、一九七八年。
阿辻哲次『図説漢字の歴史』大修館書店、一九八九年。
藤枝晃『文字の文化史』岩波書店、一九九一年。

3　朝鮮半島の古代文字

一方、日本の古代の文字をみるうえで、これまでどうしても漢字のふるさとは〝中国〟という考えが強すぎたため、中国と日本の間にある朝鮮半島の文字資料に十分に眼を向けることを怠ってきたといえる。

韓国の釜山郊外の茶戸里《チャドリ》遺跡から、文書を書くのに使われたと思われる、紀元前一世紀後半ごろの筆が出土している（図2）。この筆は柄の両方に筆毛があるのが特徴であり、ほかに簡牘の誤字を削りとる削刀として使える刀子や、二つの皿の天秤に物品を載せて重さを量るときに使う分銅ともいえる銅環なども検出されている。銅環は、おそらく交易に際して使われたものと思われる。

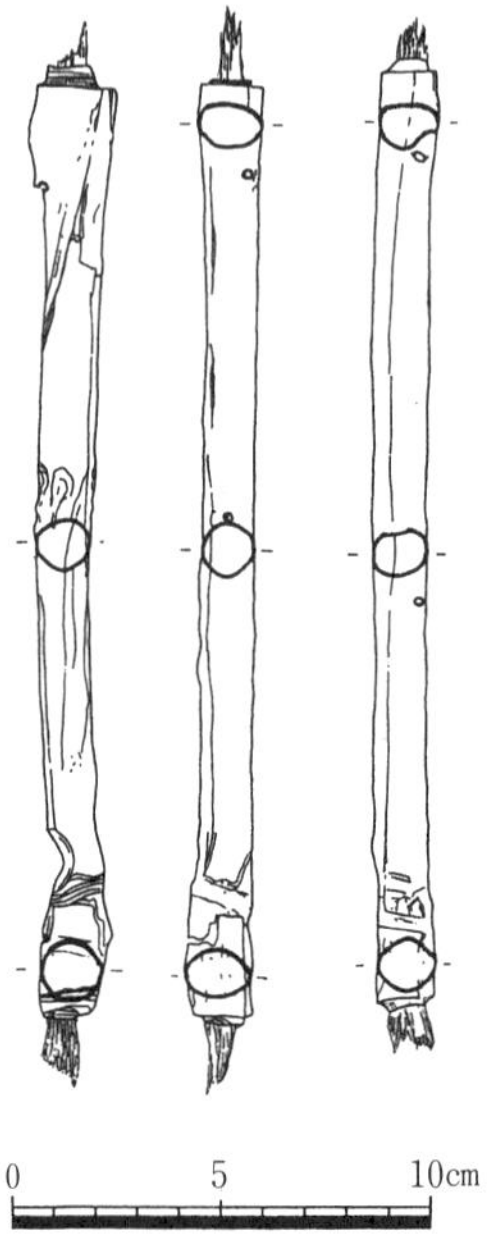

図2　茶戸里1号墓出土の筆

慶州の高句麗好太王壺杅（銅製の鋺）には、次のような銘文が記されている。

「乙卯年國
岡上廣開
井
土地好太
王壺杅十」

乙卯年は四一五年。あの有名な高句麗好太王碑（四一四年）と同じ高句麗第十九代広開土王（好太王）にかかわるものである。

好太王碑（広開土王碑）は広開土王（在位三九一～四一二年）の功績を記念して、子の長寿王が四一四年に鴨緑江中流域北岸の通溝（現在の中国吉林省集安県）に建てた高さ六・三メートル、幅は一・三五～約二メートルの方柱碑である。この碑文中、四ヵ所にみえる「國岡上廣開土境（平安）好太王」の「開」の字形はすべて「用」と記されている。また中国の居延漢簡にもその字形は確認できる（図4参照）。

図3　「用」の書体例（高句麗好太王壺杅）

一方、古代日本における用例としては、長野県更埴市屋代遺跡群で出土した一二六点の木簡のなかに「𠕒」の字を見出せる（七〇号木簡、七世紀後半〜八世紀初頭）。

○第七〇号木簡

□𠕒　」　（一〇四）×二〇×二

ところで、𠕒の字体は、「正倉院文書」中の具注暦がすでに知られている。

○天平二十一年具注暦（正集八）

六日辛丑土𠕁　歳前帰忌血忌

（略）

十八日癸丑水𠕒　歳前天恩九坎療病吉

十九日甲寅水𠕁　歳前帰忌塞穴葬吉

（略）

天平十八年暦、天平勝宝八歳暦では、「開」「閅」の字体は通常どおりであるが、天平二十一年（七四九）暦のみ「𠕒」「𠕁」の字体が使用されている（二月六日から三月二十三日まで）。ただし天平二十一年暦も二十四日以降書き手が代わると、通常の「開」の字体となっている。結局、中国の漢簡の特殊な字形「𠕒」は、朝鮮半島を経て、日本列

図4　居延漢簡の「𠕒」の書体

図5　長野県屋代遺跡群第70号木簡「𠕒」の書体

島に伝えられたものであり、古代日本においては、きわめて限定された使用例と理解できる。

もう一つは、高句麗好太王壺杅の上部に刻された「井」の記号である。日本では奈良・平安時代の墨書土器・ヘラ書き土器にこの「井」記号（これまですべて漢字「井」と読んでいた）を数多く確認できる。たとえば、千葉県東金市作畑遺跡の墨書土器には、人名「小田万呂」の文字の上に大きく記された井ゲタ記号がある（図7）。これは明らかに同時に一筆で書かれたものではなく、行書体「小田万呂」という人名の上に「井」記号を大きく付したと考えられる。現在でも使われている伊勢志摩の海女の磯ノミ（貝を岩から剝ぎ取る小刀）の木製柄に印されたマーク「井」は海中の魔物から身を護る魔除け記号とされている（三〇四頁の図200参照）。「井」は一種の迷路を表わし、魔物が迷い込んで出られなくなる、という記号である。先の人名「小田万呂」の上に「井」記号を付けたのは、「小田万呂」に対する魔除けの意味であろう。

朝鮮半島では、五世紀初頭の青銅鋺の高句麗好太王壺杅によって確認できることから、この魔除け記号「井」は、現段階では朝鮮半島から日本列島にもたらされたものであると考えられる。

朝鮮半島では、高句麗の安岳三号墳には「永和十三年」（三三七年か）、徳興里壁画古墳に「戊申年」（四〇八年）などの墨書銘があり、さらに慶尚北道順興邑内里にある新羅の壁画古墳にも墨書銘が確認されている。その古墳は高句麗の石室の影響を受けたものである（図8）。そこに書かれた文言が注目される。干支部分の「己」の下は、今まで「未」と読まれているが、これは亥の異体字「亥」である。つまり、「己亥中」（五七九年か）、「墓像人名」の次は某という三文字が記されているのである。「～年中……」、「～人、名は……」、これをみるとすぐ思い当るのが、稲荷山古墳鉄剣銘に「辛亥年七月中」という、年紀を冒頭に記載するしかたと、江田船山古墳大刀銘の「奉事典曹人名无利弖」という書き方である。この二つの刀剣銘の「～年中……」、「～人、名は……」という書き方と、新羅の壁画古墳

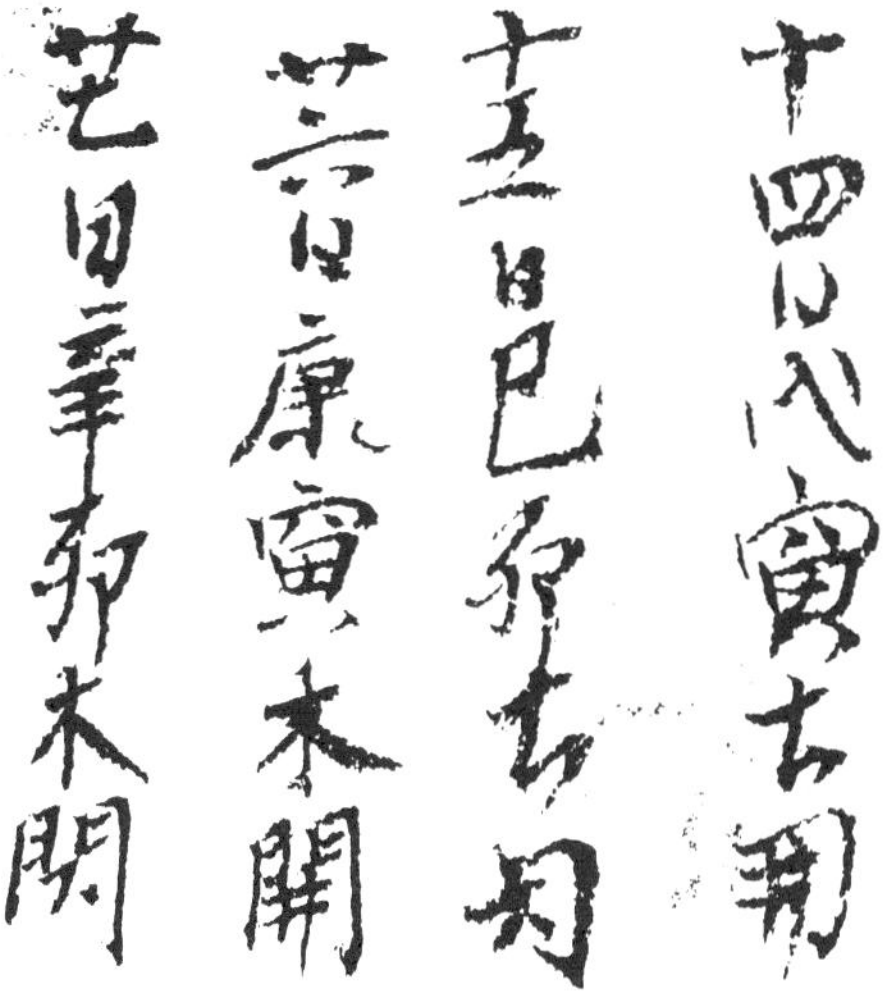

図６　天平21年具注暦「開」と「閉」の書体（「正倉院文書」）

図７　墨書土器「井小田万呂」（千葉県作畑遺跡）

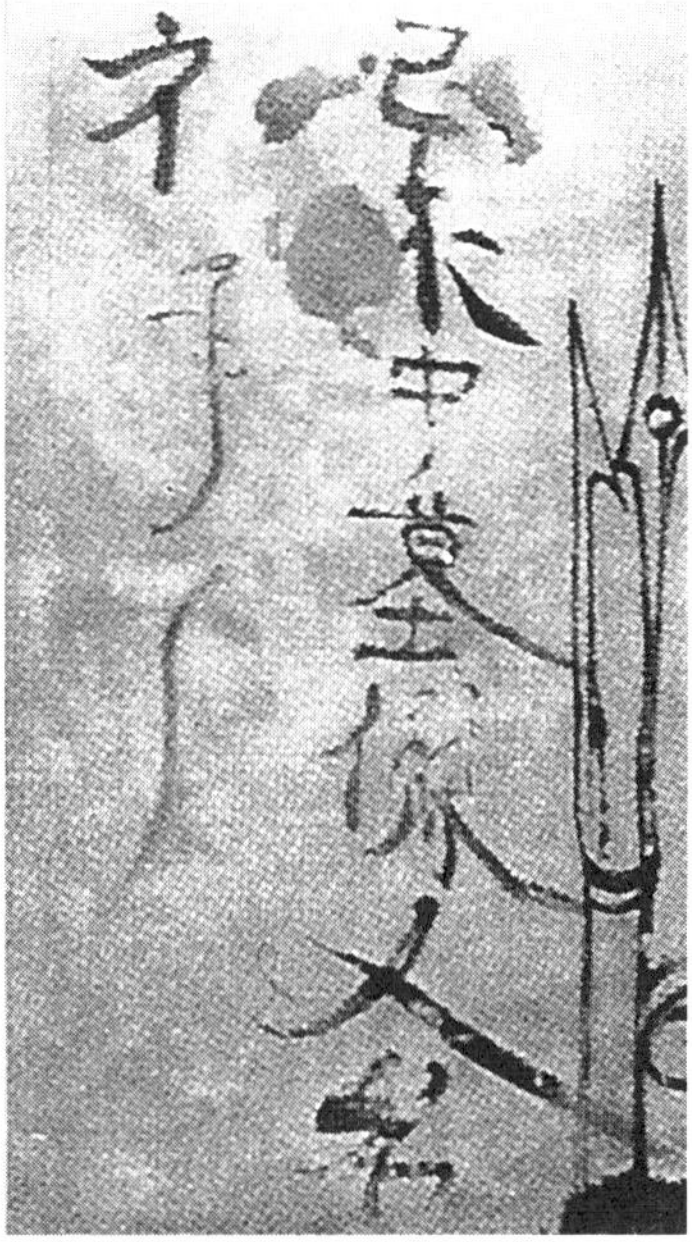

図８　朝鮮半島，順興邑内里壁画古墳複写図墨書　「己亥中墓像人名□□□」

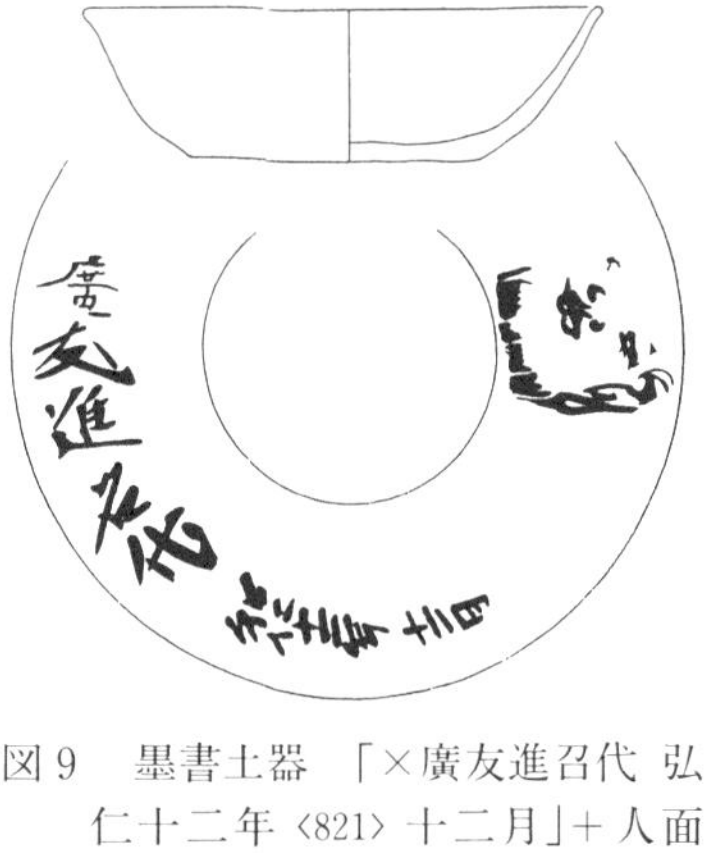

図９　墨書土器　「×廣友進召代 弘仁十二年〈821〉十二月」＋人面（千葉県上谷遺跡）

の墨書とはまったく同じといってよい。

この「〜人」というのは、最近、地方から出土した七世紀後半の木簡の中にも、たいへん目立つ表記（屋代遺跡群木簡の「稲取人」「郡作人」「殿造人」など）である。われわれが今まで知っている律令制の法律用語にないものが、七世紀段階の資料に数多く確認できる点に注意したい。

4　文書行政と墨書土器のはじまり

これまでみてきた七世紀以前の文字資料は、すべて刀剣や鏡・土器に文字を刻んで記している。日本における紙の文書の最古の遺存例は周知のとおり、「正倉院文書」中の大宝二年（七〇二）の御野（美濃）国戸籍などである。木簡は宮都において七世紀前半の山田寺跡下層遺構・上之宮遺跡出土のもの、地方では最近徳島県の観音寺遺跡で七世紀前半に書かれた『論語』の木簡が発見され、話題となった。その書体が隷書の雰囲気を残している点も注目される。

七世紀以降、古代国家による文書行政がしだいに定着し、はじめて広範囲の人々の身近に筆・墨・硯が備えられたものと想定される。おそらくその段階で、〝土器に墨で文字を書く〟ことが本格的にはじまるのであろう。墨書土器のなかには一、二文字ではなく、文章を記すものもある。

○千葉県芝山町庄作遺跡　墨書土器

「×秋人歳神奉進　上総×」

土師器坏（破片）の体部外面に一周するように連続して記されている。上総国〇〇郡〇〇郷〇〇秋人が正月に福をもたらす歳神を招き入れるために、その年の恵方（福神のいる方角）に向かって、この土器に御馳走を盛り、「奉進」したのであろう。

○千葉県八千代市上谷遺跡　墨書土器（図9）

「×廣友進召代　弘仁十二年十二月」

○○廣友は、冥界に召されるのを免れるために御馳走を土器に盛り、進上したのであろう。

この二例の墨書土器は、当時の紙や木簡による文書行政の文例と共通するものがある。

○金沢市上荒屋遺跡木簡

四号木簡

・「＜酒人月朔　」

・「＜　奉　　」　一一〇×二〇×五　〇三三

六号木簡

「秦於政□〔大〕神山人進上」　二九四×二五×五　〇五一

○平城宮木簡

「式部省召　書生佐為宿祢諸麻⌈

十二月廿日⌈

このほかにも「国玉神」「竃神」など神の名が土器に記されている。神に自らの意志を伝えるのならば木でも石でもよい。ことさらに土器（多くは坏型）に文字を記すのは、その本来的な役割である器として食物を盛り、神に供献することと深くかかわるのであろう。神と、文字を介して対話する行為である。この文章は文書行政の延長上で理解できる。日常の行政文書表現（貢進文書や召文など）をもって、神に意志を伝え、ものを供献したのである。いいかえれば、文書行政が定着して初めて、神に文字をもって伝えるという方法を用いたといえよう。

ここで想い起こされるのは、先にみた中国の文字の流れである。中国では文字は神との対話からはじまり、次に各地の豪族が王に忠誠を誓い仕えた由来を、王から褒賞として受けた金属の地金や貨幣によって作った青銅器に記した。

さらに秦代には、書体を統一し、文字を統治の道具とした。

一方、日本列島における文字はまず、中国王朝との外交上の必要からはじまり、次に国内政治において、王からその臣下に対して銘文を刻んだ刀を下賜した。次に地方豪族が王に仕えた由来を刀剣や鏡に記したのである。そして文書行政が定着した八世紀ごろから、神に対して土器に食物を盛り、供献するとともに、文字によって自らの願いを神に伝えたのである。このような古代における中国と日本の文字の流れの相違は、文字の生まれた中国とその文字を受容した日本との違いを端的に表わしているといえるであろう。

二　初期の土器に記された文字――福岡県前原市三雲遺跡群の刻書土器

1　三雲遺跡群の概要

三雲遺跡群は、福岡県前原市三雲に所在する弥生時代の遺跡である。江戸時代の文政五年（一八二二）に甕棺墓が見つかり、棺内外から銅鏡三五枚のほか、銅剣やガラス璧、勾玉などが出土したという。昭和四十九年（一九七四）からは福岡県教育委員会が発掘調査を実施し、弥生時代中期の金銅製飾り金具などが発見された。三雲遺跡群の南側には井原遺跡群が続き、北西側には国内最大級の直径四六・五センチの銅鏡を出土した平原遺跡がある。これらの諸遺跡には、銅鏡をはじめ、中国製品の出土が多く、その豊富さから『魏志倭人伝』に記された「伊都国」の中心地と

愛読者カード

本書をお買い上げいただきまして、まことにありがとうございました。
このハガキを、小社へのご意見またはご注文にご利用下さい。ご注文は
通常より早くお取寄せになることができます。

お買上
書　名

＊本書に関するご感想、ご批判をお聞かせ下さい。

＊出版を希望するテーマ・執筆者名をお聞かせ下さい。

お買上
書店名　　区市町　　書店

◆新刊情報はホームページで　http://www.yoshikawa-k.co.jp/

◆ご注文、ご意見については　E-mail:sales@yoshikawa-k.co.jp

ふりがな ご氏名	年齢　　歳	男・女
〒 □□□-□□□□ ご住所	電話	
ご職業	所属学会等	
ご購読 新聞名	ご購読 雑誌名	

今後、吉川弘文館の「新刊案内」等をお送りいたします(年に数回を予定)。
ご承諾いただける方は右の□の中に✓をご記入ください。　□

注文書

月　　日

書　　名	定　価	部　数
	円	部
	円	部
	円	部
	円	部
	円	部

配本は、○印を付けた方法にして下さい。

イ．下記書店へ配本して下さい。

（直接書店にお渡し下さい）

（書店・取次帖合印）

ロ．直接送本して下さい。

代金（書籍代＋送料・手数料）は、お届けの際に現品と引換えにお支払下さい。送料・手数料は、書籍代計1,500円未満500円、1,500円以上200円です（いずれも税込）。

＊お急ぎのご注文には電話、FAXもご利用ください。
電話 03−3813−9151（代）
FAX 03−3812−3544

書店様へ＝書店帖合印を捺印の上ご投函下さい。

されている。

2　三雲遺跡群の刻書土器

(1) 刻書の特徴

文字を刻むことは、文字のふるさと・中国において甲骨文字にはじまるように、日本列島内においても、外交文書を除いてはおそらく初期の文字の記載方法であったろう。すなわち、ここで問題とされる二～四世紀の刻書土器から、五～六世紀代にみられる鉄剣・大刀・鏡等の銘文にまで一貫して刻むという記載法がとられているのである。文字の主な記載法は次の三種類である。

- 文字の記載法
  - 刻書
    - ヘラ書き（焼成前）
    - 線　刻（焼成後）
  - 墨書

刻書の特徴は、ヘラ書き・線刻を問わず墨書に比して運筆、筆順を容易に知ることができることであろう。この筆順は、言うまでもなく文字の習得方法を知る手がかりとなる。字形は筆順によって決まるといってもよい。正しい字形は正しい筆順からしか生まれない。

(2) 文字の特徴

本資料は三雲遺跡群から出土した三世紀半ばの甕の口縁部外面に焼成後に刻まれたいわゆる線刻と判断できるものである。甕の口縁部に記されたものは、明らかに文字であり、文字の方向は口縁部に沿った形、つまり文字を横に刻したとみることができる。甕の実測図（図10）と文字の拡大写真（図11）を示す。

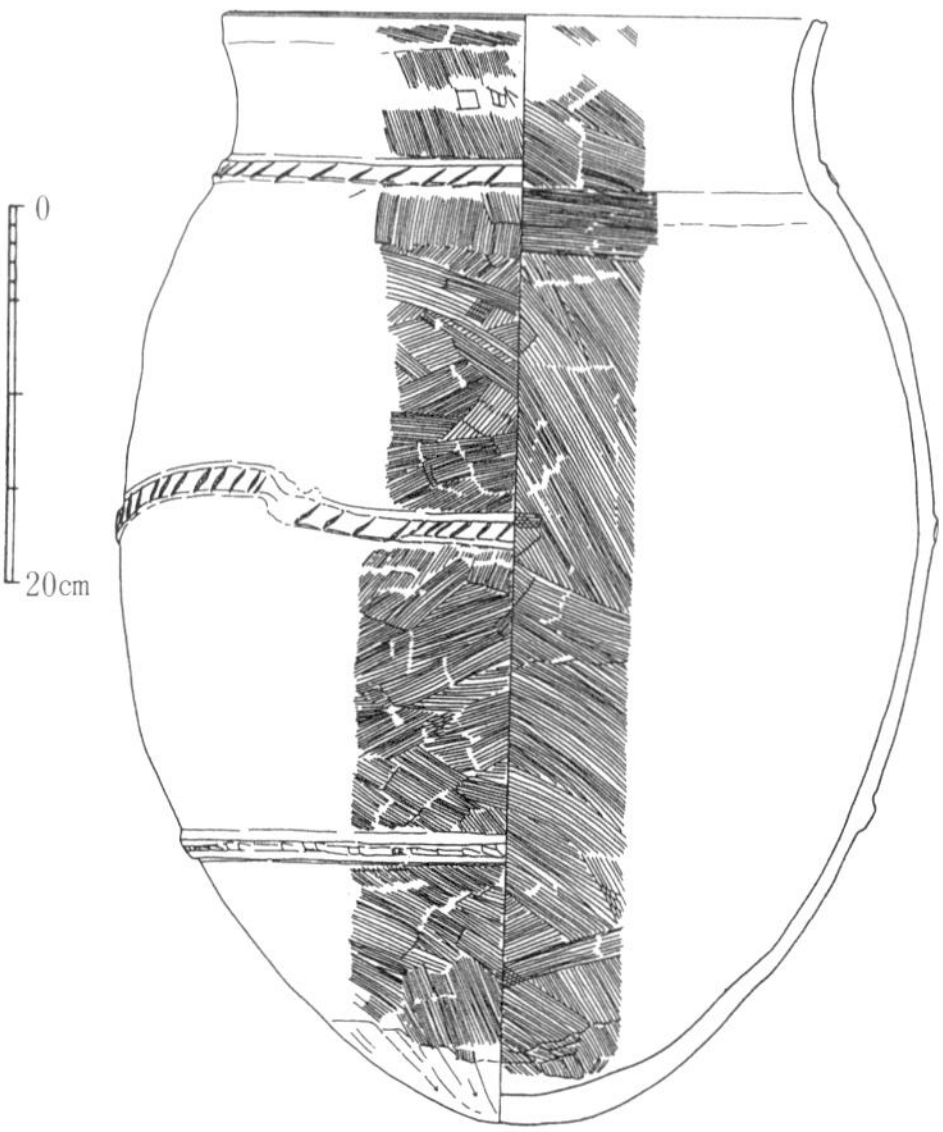

図10　三雲遺跡群刻書土器実測図

図11　刻書部分拡大写真

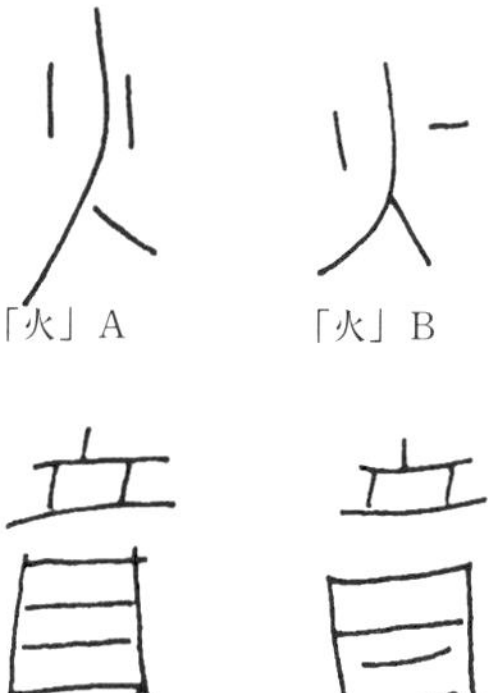

図12　「火竟」字形分類模式図（A持田鏡，B明大鏡・幡枝鏡）

(3)　五世紀代の仿製鏡の線刻銘「火竟」との類似

本資料を検討する場合、三世紀という同時期の日本列島で書かれた文字資料はほとんどないだけに時期的に下る資料を参考にせざるをえないであろう。

まず、列島内で書かれた文字資料の画期とされる五世紀代のものに注目してみたい。

京都市左京区幡枝一号墳出土の仿製鏡は、「夫火竟」の線刻銘をもつ。この銘ときわめてよく似たものとして、宮崎県児湯郡高鍋町持田二五号墳からの出土鏡、さらに明治大学が所蔵している出土地不明の「火竟」銘鏡が知られている。これらの仿製鏡の年代については、従来四世紀の製作とされていたが、近年、森下章司氏が仿製鏡の変遷を外区文様と断面形態の変化を指標として、新たな編年作業を行い、従来の年代観と異なる見解を発表している。[1]本節で、詳しく紹介することはできないが、氏の編年は、鏡の一番外側のいわゆる外区文様において、その型式的変化を基準としている。その結果、持田鏡と幡枝鏡はともに五世紀後葉にあてることができると指摘している。さらに明治大学考古学博物館で平成八年(一九九六)購入した出土地不明の「火竟」銘仿製鏡についても、新井悟・大川麿希氏が検討した結果、かつて樋本杜人氏が幡枝鏡・持田鏡は同一工人の作の可能性が高いとされた銘文について、字体ばかりでなく点の入れ方やはねといった字形の細部においても同じ結論を導き出せること、さらに、その銘文が刻まれた鏡本体についても鏡背文様にのみとらわれず、鏡作りの工程全体を考えたときには、同一工房において製作された可能性が高いと指摘している。[2]

ここで、問題の「火竟」の字形の模式図(図12)を示しておくこととする。なお、「火竟」の意味は中国の文献にもとづいて「鏡(=竟)による採火」と解釈されているのは周知のとおりである。

(4) 八、九世紀代の刻書・墨書土器との共通性

近年、七世紀代の木簡が宮都や各地方から出土して、文書行政が従来の想定よりも一段と早い段階に形成されている様相が強まってきている。その意味では、八、九世紀段階には広範な文書行政という文字による支配が確立されたとみて問題はないであろう。しかし、そのような状況においても、一般集落遺跡や生産遺跡などから出土する膨大な墨書土器や刻書土器・瓦などには初期の文字文化を象徴するような文字、すなわち視覚的に記憶したままの単なる模倣として記したと判断できる文字が数多くみられるのである。

○山形県酒田市熊野田遺跡墨書土器[3](図13)

本遺跡は平安時代の出羽国府とされる城輪柵跡の南方約五キロのところに位置している。遺跡の時期は、出土土器

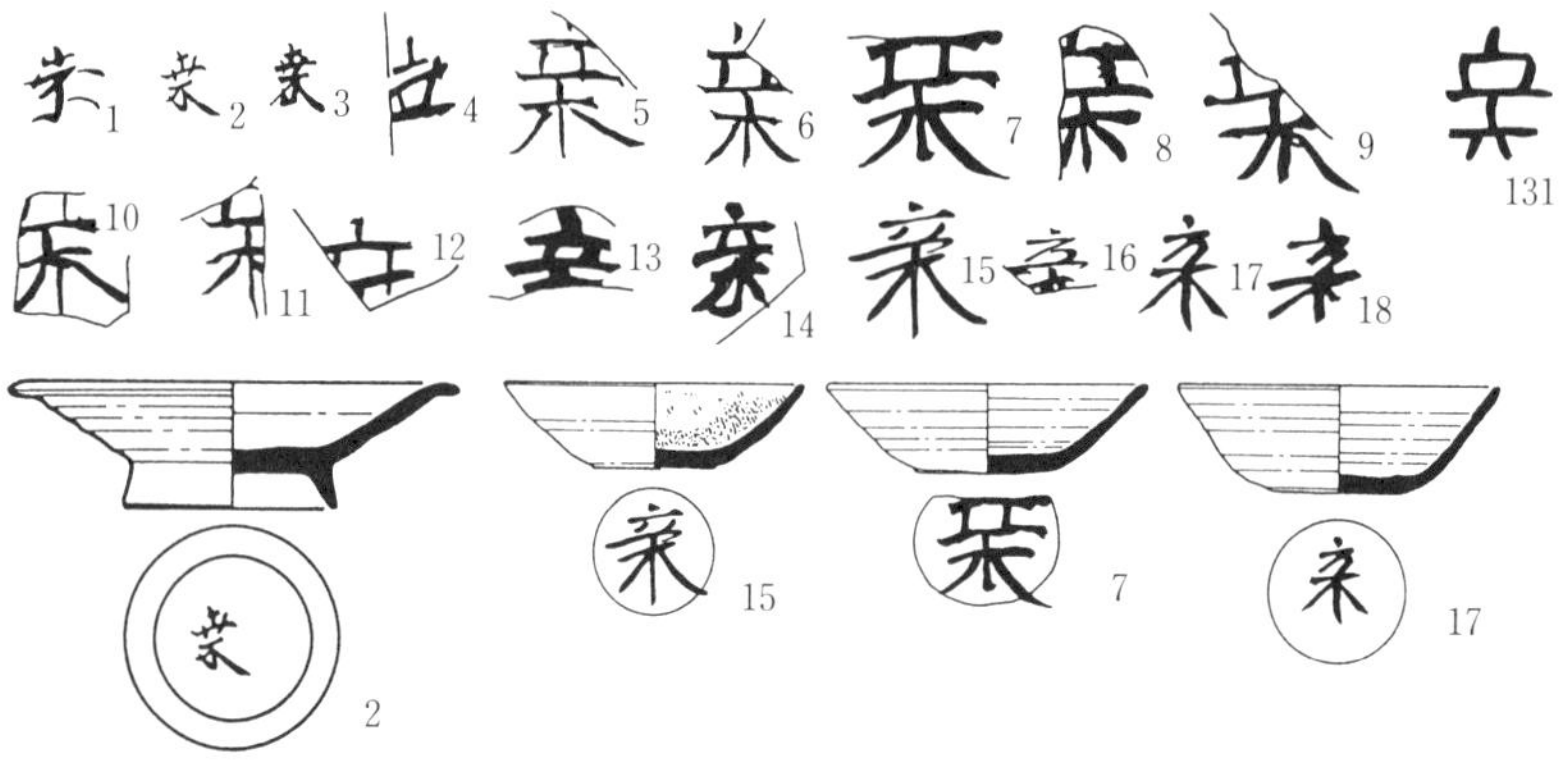

図13　「桑＝桒」の字形群と字形変化（山形県熊野田遺跡）

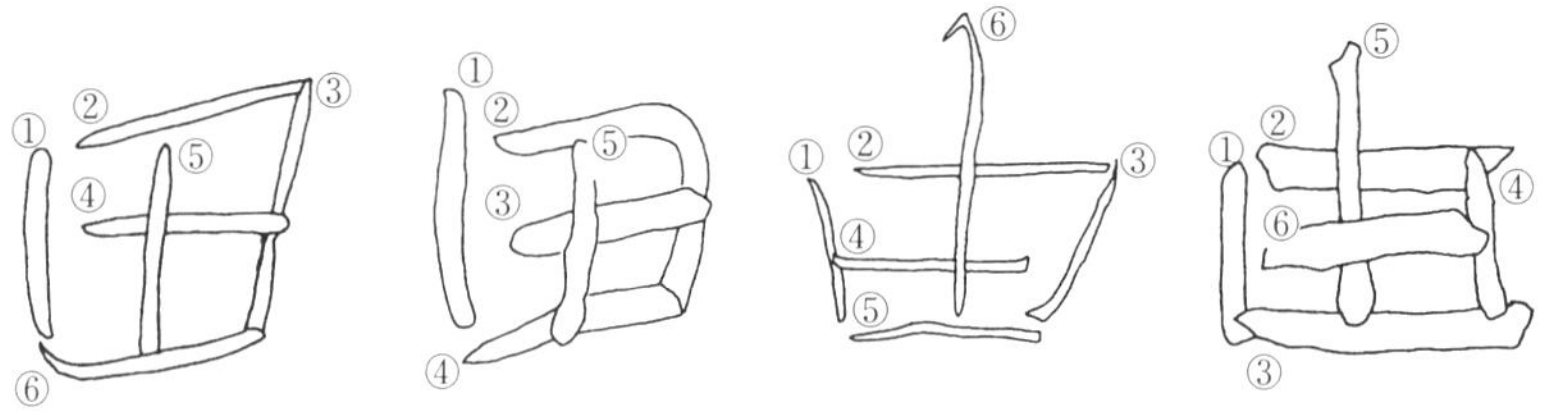

図14　「田」または「由」の筆順模式図（島根県玉湯町蛇喰遺跡出土ヘラ書き須恵器）

から九世紀中ごろ～十世紀初頭とされる。

墨書土器は一〇〇点を超えるが、その内容は「豊」「万」「刀」「西」「仁」「新」などがある。図にあげた諸字形はいずれも「桑」であり、「桑」の別字体「桒」（2）で記したものが、そののちおそらく「亲」（15）・「亲」（上部欠損）（7）→「亲」（17）へと字形変化したのであろう。

○島根県玉湯町蛇喰遺跡のヘラ書き土器(4)

蛇喰遺跡は古墳時代から平安時代にかけての玉作工房跡の一部であり、本遺跡は奈良・平安時代の玉作遺跡である。この遺跡の土坑跡から須恵器の坏・蓋類が多量に出土した。それらの土器のうち約五〇三点に、坏の場合は底部外面、蓋の場合はツマミ部分の内側にヘラ書きの文字が記されている。この蛇喰遺跡のヘラ書きの文字のうち、ここではヘラ書きゆえに判断可能な筆順を簡単に紹介する。

画数の比較的明瞭な「田」または「由」の筆順

を模式的に表わしたのが図14である。

画数が少なく使用頻度の高いと考えられる漢字「田」または「由」の文字でさえ、一群のなかに少なくとも四種類の筆順が想定される。いうまでもなく、通常同一人物が数種類の筆順で文字を記すことはない。

この事実は、古代社会における文字の習熟の問題を象徴的に示しているといってよい。しかも、八世紀後半から九世紀前半という時期は、一般的には律令行政が末端にまで浸透し、文字が村落に普及したとされている。それにもかかわらず、九世紀段階においても、須恵器工人の文字の習熟度は「田」の筆順さえ十分に習得しえない状況であったといえる。

(5) 本資料の解読

先にみたように、本資料は甕の口縁部近くに文字を横にして刻していると捉えるべきである。その場合、一見すると二文字とみてしまいがちであるが、仮に一字目を「口」と読んでも二字目を「男」「身」などとは読みがたいし、二文字の熟語では意味を見出せない。この文字だけを抜き出してみると一文字と判断したときにその上と下の間隔が離れているのが難点だが、高さ五九センチという甕全体の大きさからみると一文字と認識しても無理はないであろう(図10)。まず、筆順をみてみることにする(図15)。

第一画目が横画で、第二・三画目が縦画となっていることは、「竟」と読む場合の「立」の筆順としては正しいのである。「㒵」の「日」の部分は「コ」を先に記しており、筆順には誤りがある。筆順で重要なポイントとなるのは、最終第十・十一画目が「儿」の部分にあたり、逆V字、「∧」状に下方に直線的に引かれていることである。

次に先に紹介した「火竟」の「竟」の文字に注目してみたい。同じく紹介した八・九世紀代の墨書土器の字形変化を参考として、「竟」の字の変化を想定すると、次のようになろう(図16)。

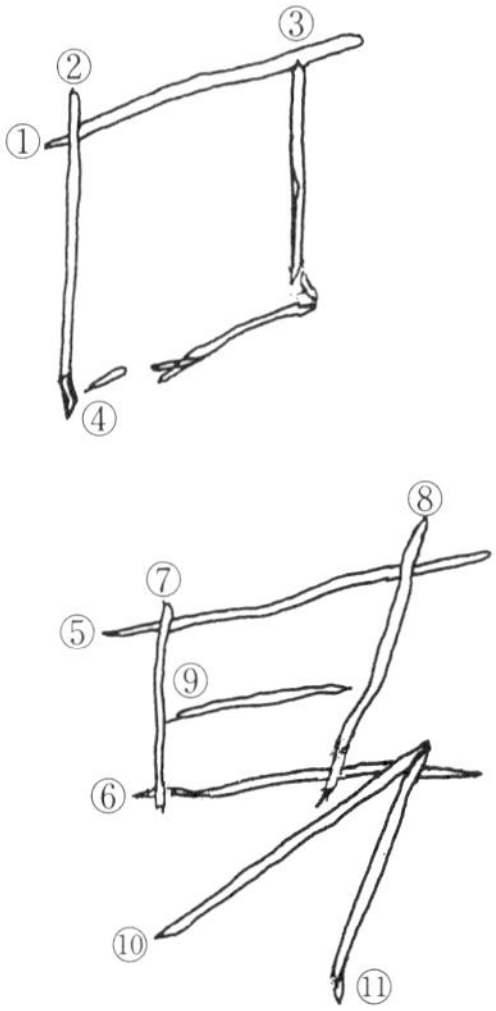

図15　三雲遺跡群刻書文字の筆順

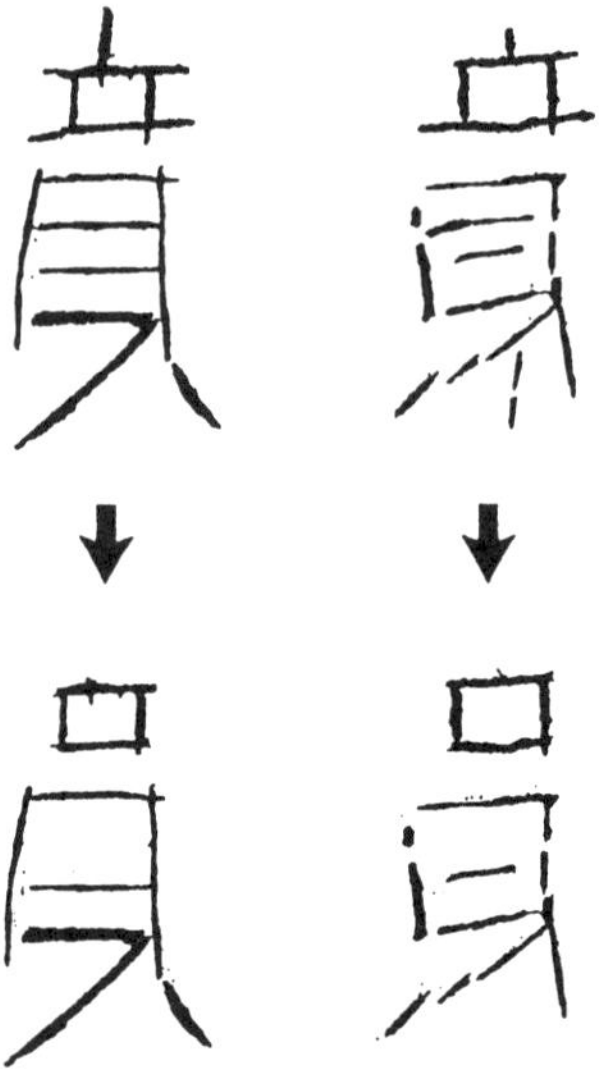

図16　「竟」の字形変化想定図
（左＝持田鏡銘文，右＝幡枝鏡銘文）

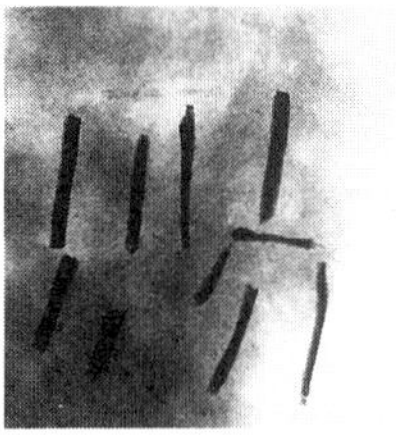

図17　省画例「賜」
（千葉県稲荷台１号墳出土「王賜」銘鉄剣）

図18　平原遺跡出土の銅鏡「竟」の字形

これら「火竟」の「竟」の文字は、基本的に三雲遺跡群刻書文字に近似している。鏡と土器の違いはあるが、ともに線刻したものという共通性が重要である。とくに、これらの字形に関して留意すべきことは、線刻という文字の記載法が省画と、本来の曲線部分を直線で表記する傾向が顕著である点である。

列島内の初期の文字資料のうち、省画の典型例は、五世紀半ばの千葉県稲荷台一号墳出土の「王賜」銘鉄剣で確認できる。(5) その第二字「賜」は横画が一本のみで他の横画はすべてない（図17）。「賜」の場合、横画がなくとも字形としては容易に「賜」と読むことができる。省画の例としては、わが国の鏡銘にごく一般的にみられるものであり、中国北魏時代（五世紀）の如来像の台座銘には造を「⺧二」とした例が知られる。

また、三雲遺跡群の刻書土器の出土地に近い平原遺跡から出土した、(6) 二世紀の中国鏡・方格規矩鏡の鋳出された文字の字形は「竟」の「立」の部分を

「二」と省画した表記となっている点も注目すべきであろう(7)(図18)。

曲線部分を直線で表現する例は、奈良県石上神宮伝来の七支刀銘や熊本県江田船山古墳出土大刀銘などにみられ、ほとんど直線の組み合わせであるといってよい。曲線の表現はわが国では埼玉県稲荷山古墳出土鉄剣銘ではじめて成しえたといわれている。したがって、三雲遺跡群の刻銘と「火竟」銘が「竟」の最終画のハネの部分を直線で記している点で共通していることはうなずけるのである。

以上の検討に加えて、外交文書は別として、弥生人と文字の出会いのはじめが中国からもたらされた貨泉・印章などとともに、鏡の銘文(頻出する文字が「鏡(竟)」)である点と、出土地前原の地が『魏志倭人伝』の伊都国の比定地で、多量の中国鏡の出土でもよく知られている点を考え合わせると、この刻書文字を「竟」と解読することの妥当性がより高まるといえよう。この文字をある程度漢字「竟」の意味として認識していたであろうと推測できるが、なぜ「竟」という文字をあえて大型の甕に刻したかは現段階では不明とせざるをえない。

まとめにかえて

筆者は墨書土器研究について、次の点を強調したい(8)。

墨書土器はあくまでも考古資料として位置づけ、墨書土器そのものの観察が最も肝要である。土器の器種・墨書される部位・筆法・書風・字形など多角的な視野からの検討が必要であろう。

本刻銘土器についても刻銘部位および文字方向に注目すると、甕の口部分近くに横に刻している点は十分に意味あることと考えられる。これは刻銘土器の書き手の文字の習得の問題とかかわるのではないか。すなわち、外区とよばれる鏡の周囲を一周する部分に鋳出された銘文中の「竟」の文字を視覚的に捉えて、その不確かな記憶の文字を土器にそのまま刻んだために、文字が口縁部に横に書かれているのであろう。これは広口の甕を上からみて銅鏡と同じ同心円の外側部分に「竟」と記したことになる。

いずれにしても、二〜四世紀ごろの土器に記された文字は、列島における初期の文字の実態を知るうえで貴重な手がかりとなるだけに、多少大胆な推測もまじえてここに解読の過程を記した次第である。

註

(1) 森下章司「火竟銘仿製鏡の年代と初期の文字資料」(『京都考古』第七三号、一九九三年)。

(2) 新井悟・大川磨希「新収蔵の倣製鏡－火竟銘をもつ倣製鏡の新例について－」(『明治大学博物館研究報告』第二号、一九九七年)。

(3) 山形県教育委員会『熊野田遺跡――第三次発掘調査報告書』(一九八八年)。

(4) 拙稿「古代社会における文字の習熟度は、どの程度であったか－調査の現場から－」(『国文学』平成八年五月号、一九九六年。改題・改稿して、本書第五章一に収録)。

(5) 拙稿「銘文の解読と意義」(市原市教育委員会・財団法人市原市文化財センター『「王賜」銘鉄剣概報－千葉県市原市稲荷台一号墳出土』一九八八年。改題・改稿して、本書第一章三に収録)。

(6) 京都大学の岡村秀典氏は一世紀という説であるが、福岡県教育庁の柳田康雄氏は二世紀とし、墓の年代が今年の調査で西暦二〇〇年ごろとなった(柳田康雄氏の御教示による)。

(7) 原田大六『平原弥生古墳』(葦書房、一九九一年)。

(8) 拙稿「総論　土器に記された文字」(『月刊文化財』三六二、一九九三年)など。

付　長野県下高井郡木島平村根塚遺跡の刻書土器

(1) 遺跡の概要

遺跡は東西一〇五メートル、南北五八メートル、標高三二九・六六メートルの自然残丘で、現水田との比高差は約一〇メートル、表面積は三五〇〇平方メートル。周辺には根塚と同じ自然残丘の大塚、小塚、平塚があり、いずれも下部に安山岩の岩塊を有している。

丘陵に立って西をのぞめば、千曲川を挟んで飯山市街地全体を眺望できる。

遺跡の調査は、平成八年度開始の第一次調査から、平成九年度の第二次調査、そして平成十年度の第三次調査に及んだ。

平成八年度の第一次調査において、弥生後期の二振りの鉄剣が出土した。その一振りは、柄頭に一つ、柄尻に二つの渦巻文を有するいわゆる「渦巻文装飾付鉄剣」である。この鉄剣は朝鮮半島南部の伽耶地域からもたらされた舶載品であり、他の一振りも中茎の目釘穴のほかに孔があることから、同じく伽耶地域からもたらされたものであるとされた。

第三次調査では、第一次調査に勝るとも劣らない遺物と遺構の発見があった。

その第一は、刻書土器の発見である。刻書土器は丘頂南端のI区のテラス状地形の場所で発見された。この刻書土器片は四・五×四・〇センチの小破片であり、弥生後期千曲川流域に盛行した箱清水式土器片である。器形は小破片のため断定はできないが、無頸壺か、壺形土器の肩部にあたるものと思われる。

第二は、割竹形木棺墓と供献遺物である。丘頂東南端より東南に緩やかに傾斜した台地状地形のJ地区の西端に近い地点で割竹形木棺墓一基が発見された。木棺墓の方向はほぼ東西である。推定東西長約四・二メートル、幅一・六メートルの土坑である。坑底には木棺を固定した溝が判然と残っている。この木棺墓から約一メートルほど南にへだてて、木棺墓に平行して長さ三・三メートル、幅三〇センチの溝が東西に走っている。この溝から鉄剣・鉄鏃・刀子

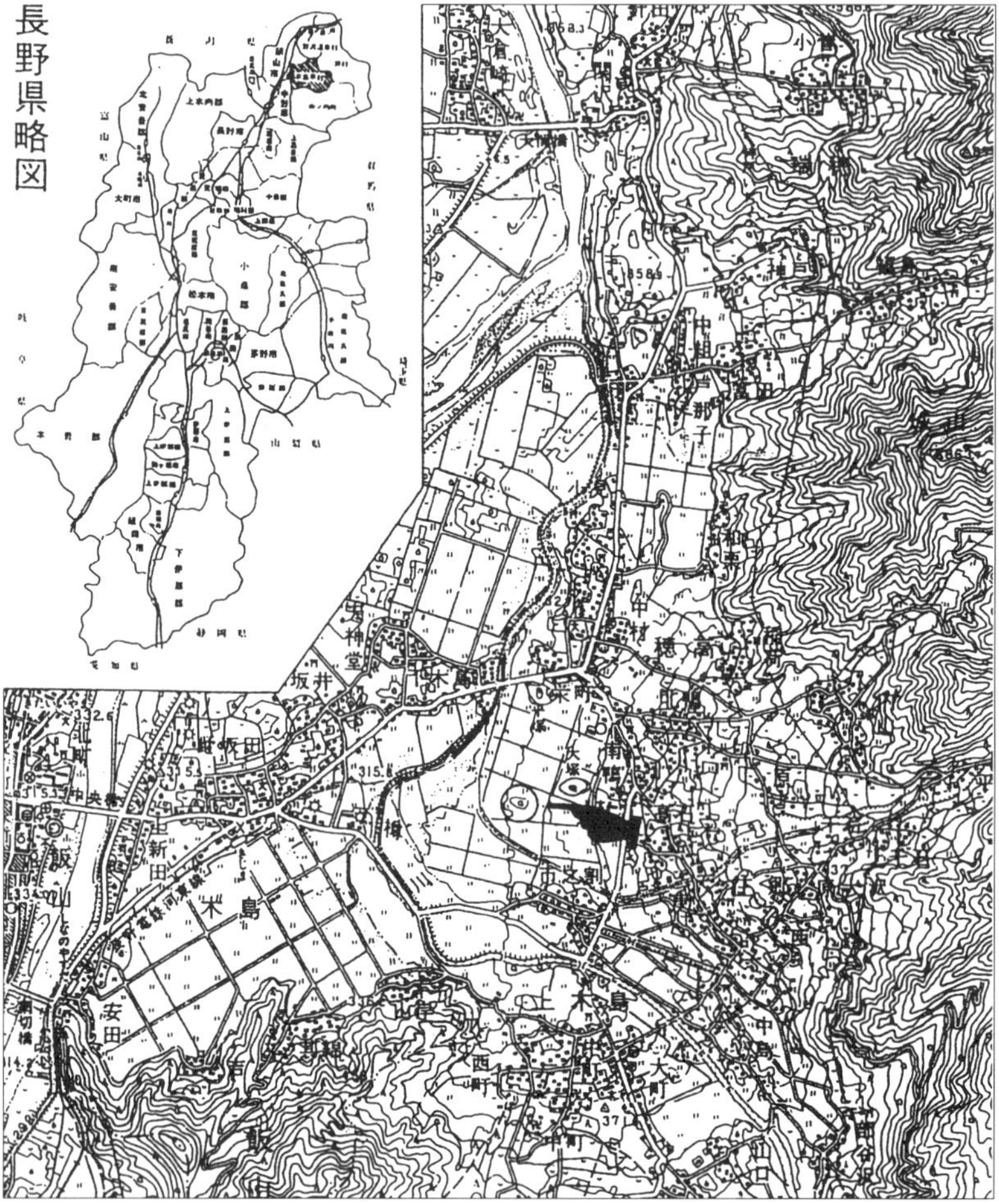

図19　根塚遺跡位置図

各一点、管玉二点が発見された。これらの遺物は副葬品ではなく、供献されたものであることは出土状態からみて明らかである。

第三は、葺石と集石墓である。H地区では、西・北・東の三方の斜面に河原石を葺き、テラス状の地形を造り出している。このテラス状地形の縁辺部に表面を河原石で覆った集石墓が七基存在する。丘頂平坦面から南に突出するI地区は、台地の裾から河原石を敷きテラス状の場所を造り、さらに河原石を葺き、テラス状の地形を造り出している。丘頂平坦面に近いところは一メートルほど削り取り河原石を敷いている。下段のテラスには遺構は認められないが、上段のテラスの縁辺部には、H地区と同様に集石墓が五基存在する。

刻書土器は上段のテラス北東端で発見されている。周辺は弥生後期箱清水期の壺形、高坏形土器の破片が多く発見されている。

(2) 刻書土器の検討

本資料は大雑把に文字の形にそって土器の表面を剝いだのちに、鋭い刃物で深く刻書（焼成後の線刻）したと観察する

図20　根塚遺跡地形図（グリット図）

図21　根塚遺跡出土刻書土器模式図（実物大）

図22　「大」の筆順比較（左＝根塚遺跡出土刻書土器の筆順，中＝「大」の通常の筆順，右＝稲荷山古墳出土「辛亥年」銘鉄剣の「大」の筆順）

ことができる。

刻書─┬─ヘラ書き（焼成前）
　　　└─線　刻（焼成後）

本資料の場合、線刻なので筆順は明確である。その筆順を示すと、図22のとおりとなる。

　この特異な筆順は時期は下るが、朝鮮半島における六世紀代の刻書土器（焼成前のヘラ書き）に顕著に認められる。

　こうした刻書土器は、現段階では日本においても、朝鮮半島においても四〜五世紀代の資料がほとんど発見されていない。したがって、三世紀後半代の根塚遺跡出土刻書土器「大」が六世紀代の朝鮮半島の刻書「大」とまったく同じ特異な筆順で書かれているという事実は大いに注目すべきであるが、このことによって、即、朝鮮半島の影響と断定することは難しい。

　刻書土器ではないので筆順は明らかでないが、和歌山県隅田八幡宮伝来の「癸未年（四四三年または五〇三年）」銘人物画像鏡には、根塚遺跡の「大」ときわめて似た左文字風の字形のものが認められる（図24）。当時の人々が鏡や

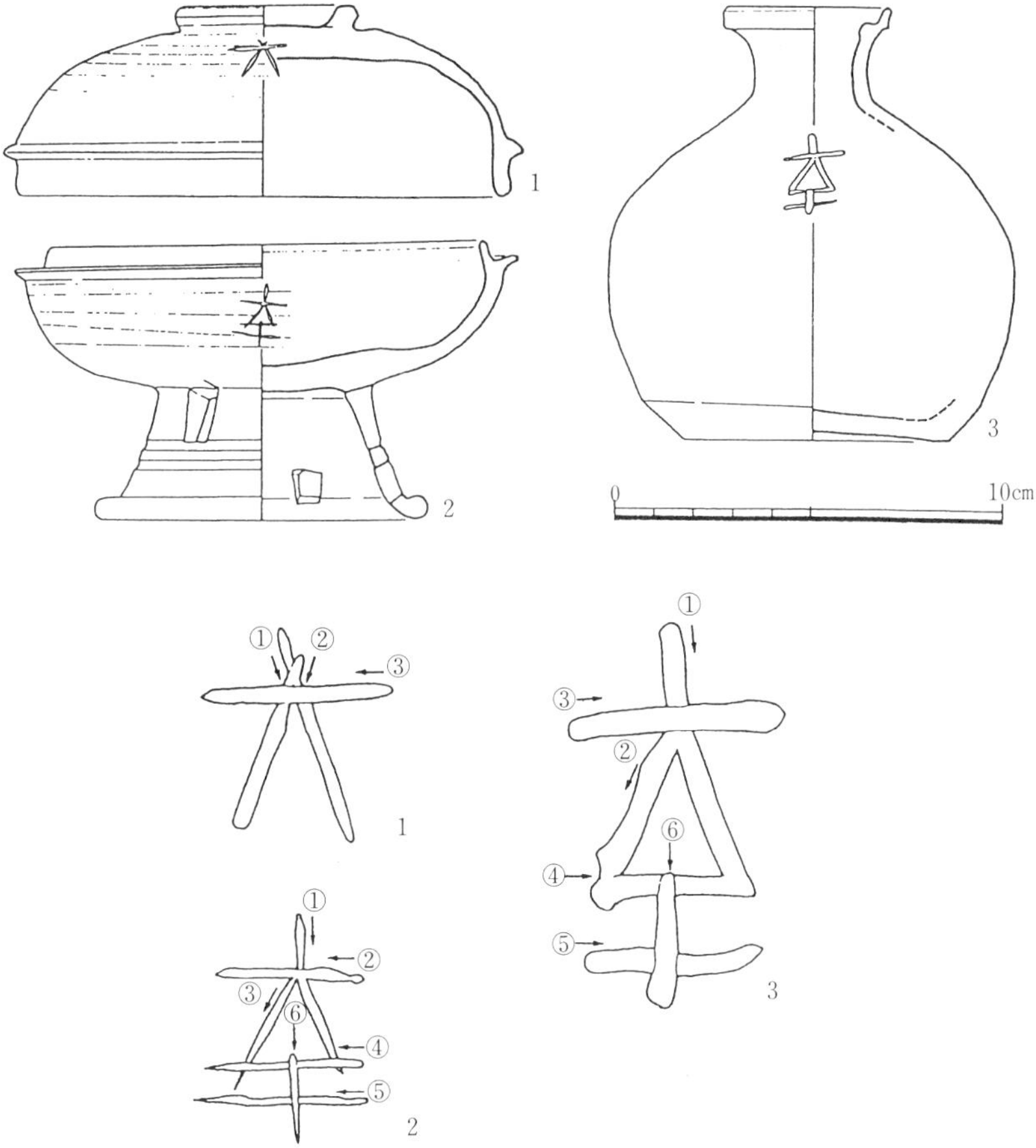

図23　朝鮮半島における６世紀代の刻書土器　「大」の書体と筆順

図24　隅田八幡宮伝来「癸未年」銘人物画像鏡の「大」の書体

銅銭などに記された文字、とくに仿製鏡の場合は左文字のまま流布しているものもあり、それらの文字を模して記したケースが想定できる。

これらの点を総合的に考えるならば、三世紀～六世紀にかけて、日本列島および朝鮮半島において「大」を左文字のまま記した字形と筆順のものが存在することがわかる。文字に習熟していない者が左文字を視覚的に捉えた結果、このような誤った筆順をもたらしたと思われる。このような事例は、時代が下った八、九世紀段階においても須恵器工人や瓦工人によるヘラ書き土器にみられる。このことは、本来文字をもたなかった日本列島および朝鮮半島において共通した初期文字文化の特色ともいえるのである。

三　刀剣に刻まれた文字――「王賜」銘鉄剣

1　稲荷台一号墳とその年代

(1)　稲荷台古墳群の位置

稲荷台一号墳は、千葉県市原市山田橋字稲荷台に所在する円墳である。昭和五十一～五十二年（一九七六～七七）の調査によって、この稲荷台の地には少なくとも一二基以上の円墳が所在したことが明らかにされている。それらは墳丘を失い周溝のみ遺存したものが多いが、ほぼ五世紀から七世紀にかけて形成された古墳群と考えられる。

この稲荷台古墳群の西南方約〇・六キロには上総国分尼寺が、さらにその西南方約〇・七キロには上総国分僧寺があり、この地域が古代の上総における中心地域であったことを物語る。また、この国分寺台遺跡群では、出現期古墳ないし古墳出現前夜の墳丘墓として議論の分かれる神門《ごうど》三～五号墳や諏訪台、東間部多《とうかんべた》などの古墳群が調査されており、また同時期の集落の調査例も多く、古墳と集落の関係を総合的に把握しうる数少ない地域の一つである。

なお、この国分寺台遺跡群の西南方約七キロのところには、前期の天神山、釈迦山、中期の二子塚、後期の山王山・原一号墳など、いずれも墳丘長一三〇～七〇メートルクラスの大型前方後円墳からなる姉崎古墳群があり、上《かみつ》海上《うなかみ》国造ないしその前身の勢力の墳墓群と想定されている。

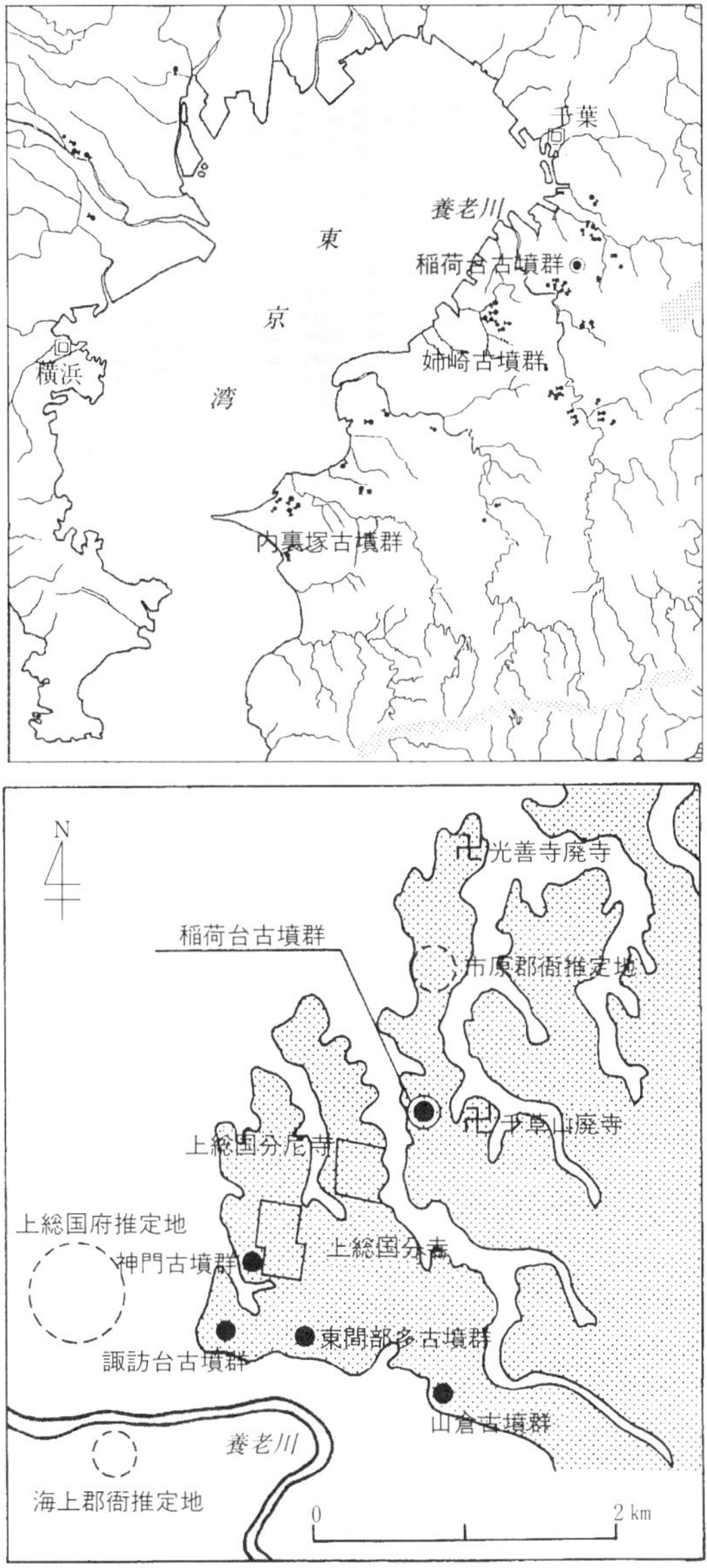

図25　稲荷台古墳群の位置（上は稲荷台古墳群の位置，下は国分寺台遺跡群）

(2)　稲荷台一号墳

稲荷台一号墳は、稲荷台古墳群の中では最大の規模をもち、直径約二七メートル、二段築成と考えられる円墳である。墳頂部で木棺直葬の埋葬施設が二基検出されており、そのうち「王賜」銘鉄剣が出土したのは中央施設で、ここではそのほか短甲一、鉄剣二、鉄鏃一〇、刀子一などが検出されている。「王賜」銘鉄剣ともう一点の鉄剣は原位置を保っていたが、他の大部分は散乱した状態で出土、このほかにも失われた副葬品があった可能性がある。

一方の北施設では、鉄刀一、鉄鏃一〇、胡簶金具一、きさげ状工具一、砥石一などが検出されている、このほか周溝など外表部で須恵器五（坏身・無蓋高坏・𤭯・甕）、土師器一六以上（高坏・坏・坩）が出土している。

(3)　稲荷台一号墳の年代

稲荷台一号墳の周溝部から出土した須恵器の大部分は大阪府陶邑窯跡群のＴＫ二〇八型式に相当するものと考えられる。ただ坏身は形態的にやや下る要素もみられないではないが、坏身のみによる微妙な型式判定は困難なところから、ここではこれらの須恵器を同一時期の資料と考えておきたい。

中央施設出土の、蝶番金具が鉄地金銅張りで覆輪が鉄板折り返しの鋲留短甲や鉄鏃の年代はこの須恵器の時期と考えてもとくに矛盾はない。したがってこの須恵器から中央施設の年代、ひいてはこの古墳の築造年代を想定してさしつかえないものと思われる。ＴＫ二〇八型式の実年代については、五世紀中葉〜後半の早い段階を想定するのが妥当であろう。いずれにしても、副葬品の組合せや須恵器の比較から、「辛亥年（四七一年）」銘鉄剣出土の埼玉県稲荷山古墳より確実に古い様相を示すものといえる。

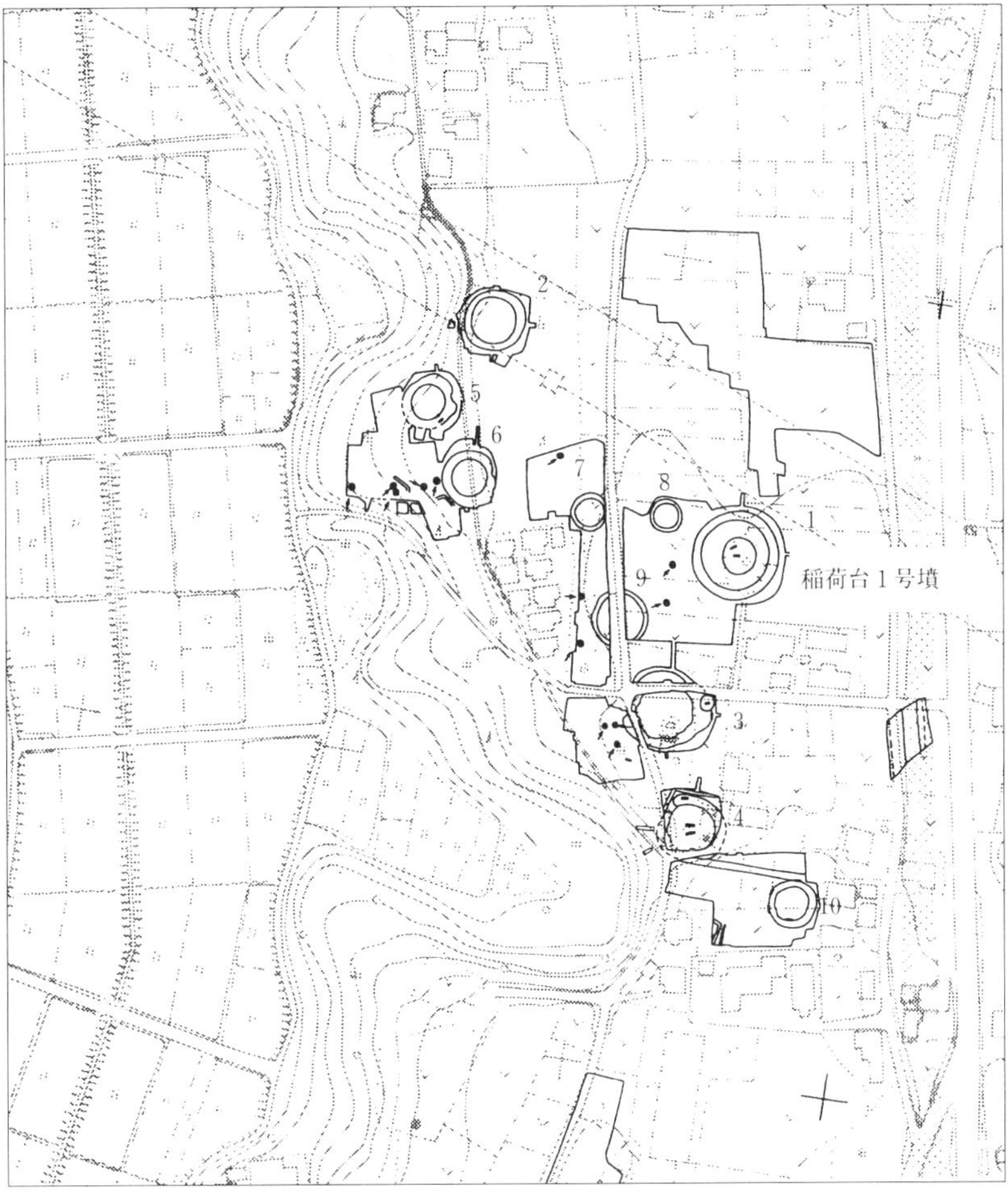

図26　稲荷台古墳群

2　銘文の解読と意義

⑴　記載の特色

銘文の状態　剣の全長は約七三センチ、銘文は剣身部の下方の両面にほどこされており、表は切先より五〇・五センチ、裏は切先より五二・八センチの位置から記されている。表・裏の文字はそれぞれが、鎬の向かって右側に刻まれている。表の第一字・第二字はごく一部が露出しており、「王」の第三画の横画は象嵌がほとんど剝落している。第二字「賜」は横画が一本のみで他の横画はすべてない。このことは、横画の彫りが浅く象嵌が剝落したためとみるか、当初から文字を省画したものであるかにわかに断じがたい。ただ、銹に完全に覆われ、象嵌の状態が良好である第五字「敬」が省画されている点、「賜」の場合、横画がなくとも字形として容易に「賜」と判断できる点とを併せ考えるならば、当初から省画した可能性の方が高いと考えられる。

各文字の線の太さは一定ではなく、「王」・「賜」は他に比して太く、第三字の残画がこれに次ぎ、他の文字は線質がいささか心許ない感じを与える。

なお、書体については、象嵌技術の問題とかかわるが、全体的に柔らかさに欠け、線質は太さにバラツキがあるうえに、直線的である点が特徴といえよう。このような書体の類例を五世紀以前の有銘刀剣類に求めるならば、七支刀に最も近いのではないだろうか。

〔付記〕　その後、永嶋正春氏による銀象嵌銘文の表出（研ぎ出し）の結果、「王」の上部には文字の痕跡は全くなく、「賜」は、やはり銀象嵌の画数以外にはタガネの彫り込みがなかった。したがって「賜」は、象嵌の剝落がなく、省画による字形であることが確定した。

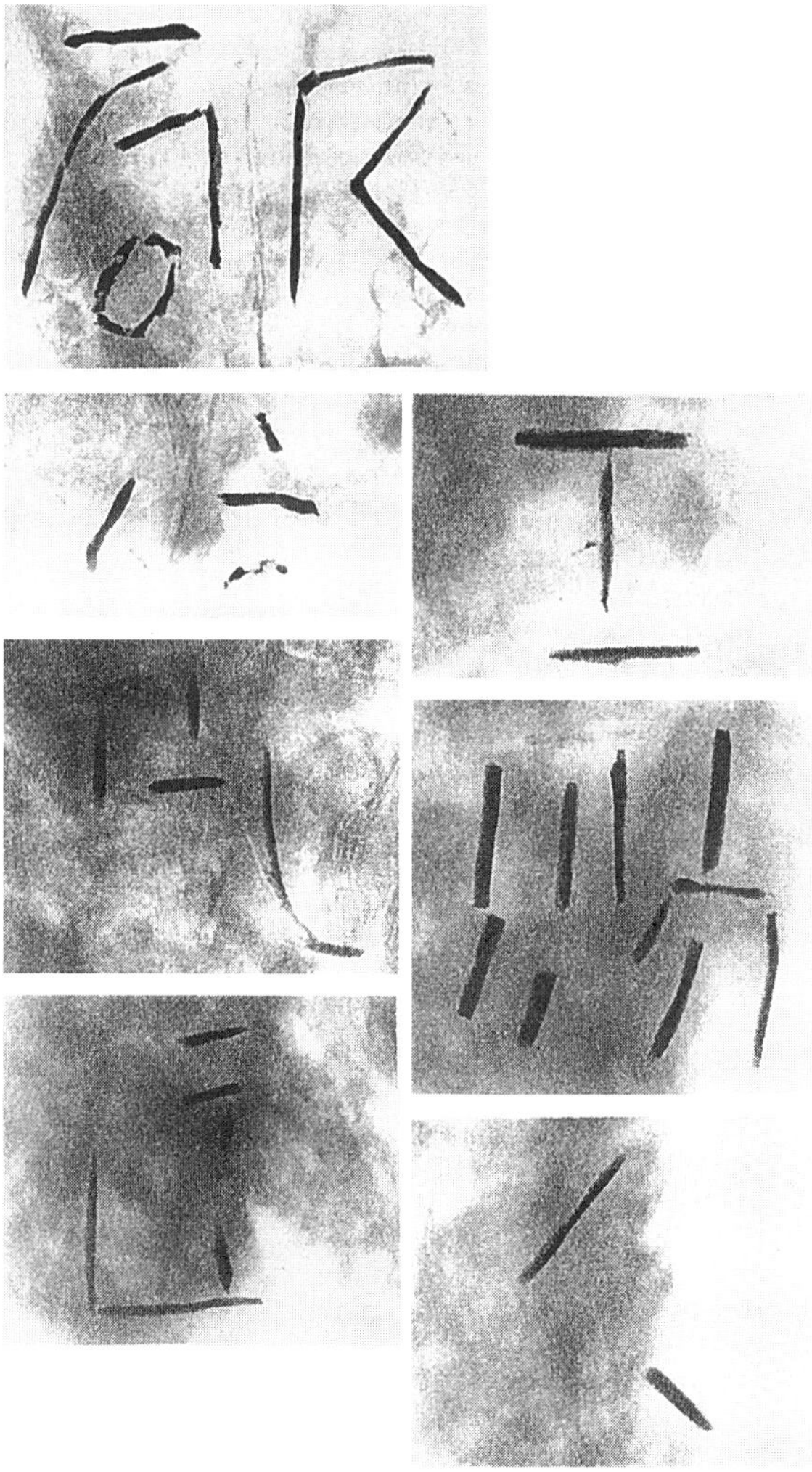

図28　銀象嵌銘文（X線写真，４倍大）

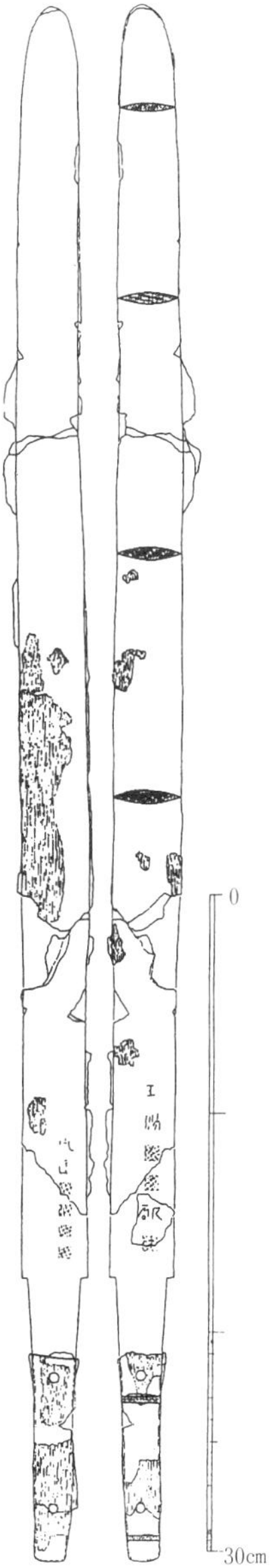

図27　「王賜」銘鉄剣実測図

図29　抬頭の例（後漢，西嶽華山廟碑拓本）

記載の特色　本銘文は文字配列に大きな特徴が認められる。すなわち、表の各文字の心心間が一・四三センチの等間隔に配置され、裏は二文字だけだが、心心間は表の四分の三にあたる一・〇七センチに縮めている。裏は表の「王賜」より二・三センチほど低い位置から書き出しており、結果的に「王賜」二文字が上げられた形となっている。裏の銘文は表の「王賜」より低い位置から書き出し、字間を縮めている。これは「此廷」以下にも相当の文字数を記すためであると理解できる。この心心一・〇七センチ間隔の文字の割り付けと剣の関の位置から考えて、表と同数の六文字が裏にも入るものと想定される。

仮に茎の長さが今回の推定より短くなった場合、当然、表・裏もう一字ずつ加わることも予測されないではないが、後に述べる本銘文の主旨になんら影響はないと考えられるので、ここではあえて七・七字案を想定しないこととする。また、表の「王賜」が裏面の文より二字分上げられた記載のしかたは〝抬頭〟に類するものかもしれない。抬頭とは貴人に関する語に敬意を表わして改行し、他の行より上に書くことである。たとえば、後漢の西嶽華山廟碑（図29）では、皇帝名が一字上げられており（池田温氏の御教示による）、また、漢代の居延漢簡――元康五年詔書――では、皇帝の命令書である詔書の「制」の字が高く揚げられ、抬頭されている[1]。

本銘文の「王賜」が裏面の文より二字分上げられた記載のしかたは、前述したように象嵌が他の文字に比べてやや太く観察されることと相俟って「王賜」を強調したものと考えられる。

(2) 文字の解読

釈文

〔表〕王賜□□敬安
　　①②③④⑤⑥

〔裏〕此廷□□□□
　　①②③④⑤⑥

文字の解読（図30）

〔表〕①「王」

この文字は次の「賜」・「敬」に比べて小さいが、これは画数が少ないことによると考えられる。問題は第三画の横画であるが、象嵌が剝落しているものの縦画と横画の交わるところで、左側にほんのわずかではあるが横画の残画が認められる。したがって「王」とみて間違いない。

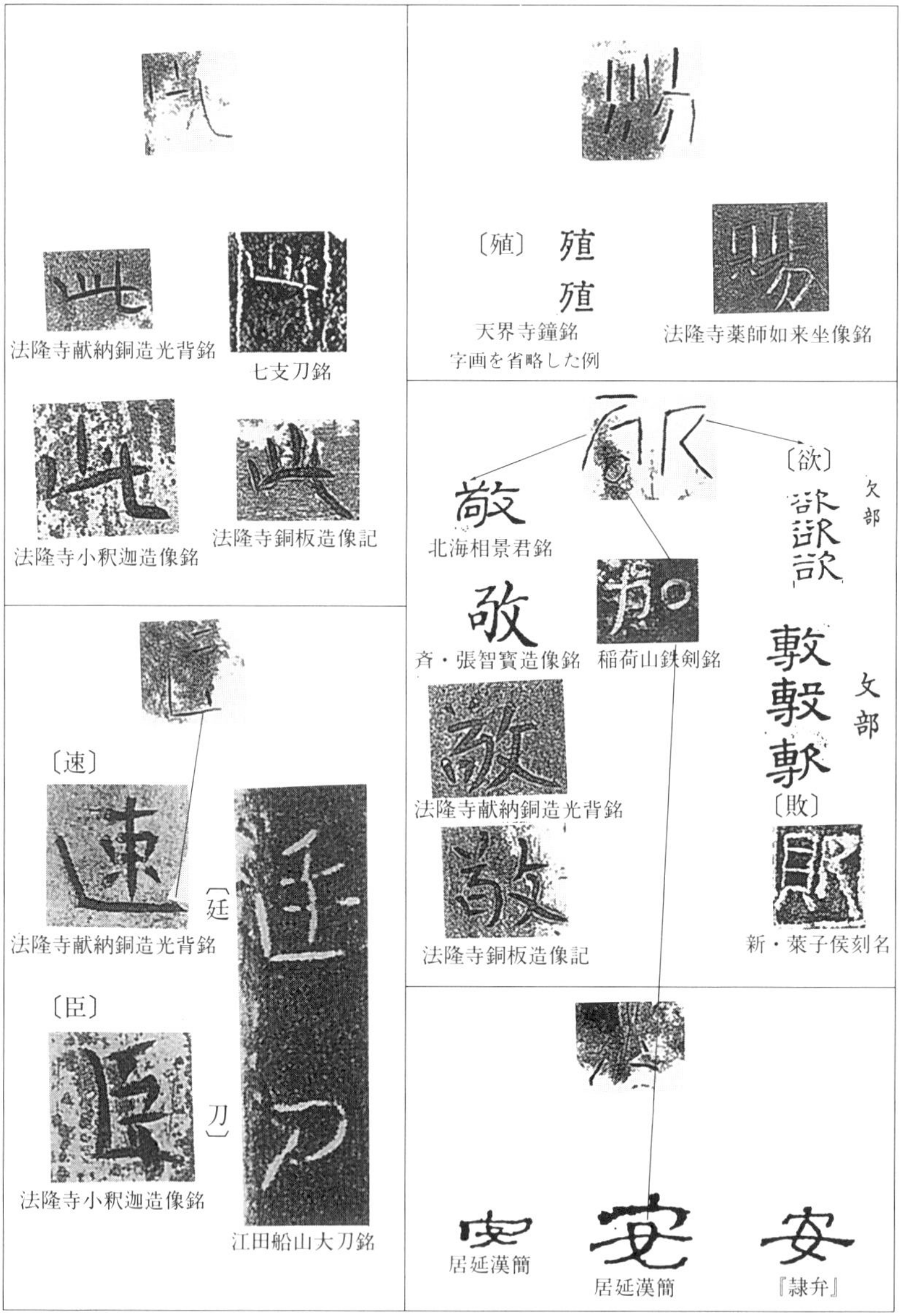
法隆寺献納銅造光背銘
七支刀銘
法隆寺小釈迦造像銘
法隆寺銅板造像記
〔速〕
法隆寺献納銅造光背銘
〔廷
刀〕
〔臣〕
法隆寺小釈迦造像銘
江田船山大刀銘
〔殖〕
殖
殖
天界寺鐘銘
字画を省略した例
法隆寺薬師如来坐像銘
〔欲〕
攵部
敬
北海相景君銘
敬
斉・張智寶造像銘
稲荷山鉄剣銘
文部
法隆寺献納銅造光背銘
〔敗〕
法隆寺銅板造像記
新・莱子侯刻名
居延漢簡
安
居延漢簡
安
『隷弁』

図30　文字の解読

②「賜」

前述したように、横画は一本のみで他の横画はすべてないが、字形としては容易に「賜」と読むことができる。省画の例としては、わが国の鐘銘にごく一般的にみられるものであり、中国北魏時代（五世紀）の如来坐像の台座銘には造（𠂉二）、遇（彳冂一）などの例が知られる（東野治之氏の御教示による）。

③□

判読できず。斜画二本「／丶」がわずかに認められるにすぎない。画数の比較的少ない文字ではないかと推測される。X線写真の一部に一見すると「／／丶」のように認められるものがあるが、これは撮影時に剣の置き方を変えると消えてしまうことから、銹部分の陰影と判断できる。

④□

（推定文字）

⑤「敬」

銹に完全に覆われ、本銘文の中では最も象嵌の残存状況が良好な文字である。現段階では、管見の限りで日本・朝鮮・中国等の古代資料に同一の字形を見出すことができない。そこで、図30に示したように、扁と旁で別々に似た字形を確認する方法をとった。扁は斉・張智寶造像銘（『碑別字拾遺』）にみられる略体した字形に近似している。旁は攵（のぶん、またはぼくにょう）と欠（あくび）は同一の字形となる例があり、新・萊子侯刻石の「敗」はその好例といえよう。以上の扁と旁の検討の結果、「敬」とみてほぼ間違いないと考えられる。今後、この字形を中国・朝鮮の金石文等で確認し、あわせてその伝播経路を究明する必要があろう。

なお、「敬」の口の部分は楕円に近い形に記されている。これは稲荷山鉄剣銘で如実に認められ、六世紀後半の新羅・真興王巡狩碑の一つ昌寧碑にもみられることはすでに東野治之氏の指摘しているところである。(2) 稲荷山鉄剣銘の巧みな鏨の彫りによるほとんど円に近い形に比して、本銘文の口は鎖のように短い線をつないで楕円に近い形を呈している。

⑥「安」

この文字はわずかな残画であるから、断定することは難しい。ただ、宀（うかんむり）とみられ、かんむりの下は⑤「敬」の口ときわめて似た技法で、鎖状に短い線で半円が確認できる。「安」の〝女〟を〝攵〟のように書く例は居延漢簡の中ではごく一般的に認められる。そこで、〝攵〟の上部を口と同様に描いたと判断できる。

〔裏〕①「此」

この銘文のような字体は、図30の例に示した以外にも、ごく普通にみられるものであり、この文字を「此」と読むことはほとんど問題ないであろう。ただ、「此」も若干省画されていると判断できそうである。

②「廷」

この字体は江田船山鉄刀銘中の「四尺廷刀」の「廷」に最も近く、他の文字（臣など）をあてることは図30に示したように難しいと考えられる。ただ、江田船山鉄刀銘の「廷」に比して、廴（いんにょう）の「乚」の角度が直角に近い点が若干気になるが、先に述べた本銘文の直線的な書体の特徴と説明できそうである。「手」の部分は字画が若干足りないが、江田船山鉄刀銘と同様に縦画が直線でなく、短い線をやや蛇行ぎみにつないで表現している点が注目される。この字体も「賜」「敬」「此」と同様に若干画数が足りないのは、やはり省画と捉えてよいのかもしれない。

(3) 内容の検討

銘文復元　銘文は、前述したように、文字の割り付けと剣の関の位置から判断して、表六文字、裏六文字で構成されていると想定できる。

「王賜」の次の二文字は、おそらく目的語であり、主に次の三通りのケースが考えられるであろう。
①「寳剣」、「大刀」、「文刀」(3)などの剣の名称。
②「良鋌」などの鉄剣の原料を示す語。
③誰々に賜うという下賜された人物名。
まず、②の場合、古代中国・朝鮮においては剣のみでなく、銘文一般にその例があり、たとえば、高句麗長寿王三十九年(四五一)・瑞鳳塚出土有蓋銅鋺銘(蓋部分)には、
延寿元年太歳在卯三月中
大王敬造合杅用三斤六両
とある。このような場合、原料の前後に〝敬作〟または〝敬造〟と文が続くのが通例である。しかし、本銘文では「敬」の後の文字は、後にみるように、現段階では「安」が最も有力であるので、②の理解は問題があるであろう。
そこで次のような皇帝の下賜に関する文例に注目してみたい。
○『後漢書』巻八十九 南匈奴列伝
(永元)四年(九二)、遣耿夔即授璽綬、賜玉劔四具、羽蓋一駟、使中郎将任尚持節衛護屯伊吾、如南単于故事。

(後略)

「賜玉劔四具」というような表記法は「賜」の次に刀剣名を目的語としてとっており、本銘文の構成もこれに類似するのではないだろうか。③の人名のケースについては、以下に述べるように「賜」以下の文字や本銘文全体の性格から判断して、その可能性は少ないといえるであろう。

㝎は「案」や「按」に通用し、熟語〝按剣（案剣）〟の意に解されるかもしれない（東野治之氏の御教示による）。按剣とは剣をとる、つかむ、なでる意で、「敬㝎」は敬んで安んぜよとなり、意味がよく通じる。その場合、「王賜」の次の二文字が剣の名称となれば、按（安）剣の意として理解しやすいであろう。

次に裏は以下のように復元できると思われる。

「此廷刀」の「此」は表の「□□」を剣の名称と仮定すれば、その語を受けたものと考えられる。

○（参考）　石上神宮所蔵七支刀

（表）　泰和四年□月十六日丙午正陽、造百練鋼七支刀。□辟百兵、宜供供侯王、□□□□作。

（裏）　先世以来未有此刀、百濨（済）王世子奇生聖音故為倭王旨造伷示（伝）□世。

表の「七支刀」を裏の「此刀」と受けた好例といえよう。本銘文は後に述べるように表・裏が別々な文として構成されていると判断されるから、短文ではあるが、表・裏にそれぞれ剣の語が記されてもおかしくないと考えられる。「廷刀」は江田船山鉄刀銘に「四尺廷刀」の例がある。その語義は、福山敏男氏によれば、「廷」は官庁、または直の義で、次の字と合わせて「廷刀」は「官刀」または「直刀」のことになり、宋の『王復齋集鐘鼎款識』にのせる後漢元嘉刀銘に「官刀」を造るとあるのが参考になるという(4)。この江田船山鉄刀銘とそれに類似した内容構成をもつこの後漢の刀剣銘文は次のとおりである。

○江田船山古墳鉄刀銘

（前略）八月中、用大錡釜幷四尺廷刀、八十練六十捃三寸上好扌□刀。服此刀者、長寿子孫注々得三恩也（後略）

○後漢・元嘉刀銘

元嘉三年五月丙午日造此□（供）官刀長四尺二□□□（寸服者）宜侯王大吉羊（祥）

前者は此刀＝四尺廷刀＝八十練六十捃三寸上好扌□刀、後者は官刀＝長四尺二寸と理解することができ、この場合は、廷刀を官刀の語義にあてることができるであろう。(5)

「廷刀」のあとは、おそらくは吉祥句の形で文章が完結していると思われる。その場合は「辟百兵」（百兵ヲ辟《さ》ク）、「辟（または除）不祥」（不祥ヲ辟ク〈除ク〉）などさまざまな語句が想定されるであろう。また、廷刀の次に「者」が置かれ、吉祥句二文字（たとえば「辟兵」など）という案も当然想定せねばならない。

文章全体は、稲荷山鉄剣銘の日本語化された平易な文体とは異なり、きわめて簡潔で漢文風であり、東大寺山古墳出土の鉄刀や七支刀の銘文に近いと考えられる。(6)

この銘文全体の読みについては、まず、表は第三・四字を与えられた刀剣・原材料などとした場合、「王が何々を賜ったので敬んで何々する」となり、与えられた人名とした場合は、「王が誰々に賜ったので敬んで何々する」と読むのであろう。次に表・裏の文は七支刀や稲荷山鉄剣では別なものとなっている。本銘文の場合、表と裏は字間が異なり、しかも裏の文字は表に比して小さいことから、表と裏とは別々な文として読むべきであると考えられる。いいかえれば、〝敬んで此の何々をどうする〟というように表から裏へ文を続けて読む必要はないであろう。

銘文の特色　本銘文の特色としては、大きくは次の四点があげられるであろう。

①　冒頭に年号・干支を欠くこと。

○東大寺山古墳鉄刀銘　「中平□□五月丙午……」

○石上神宮所蔵七支刀銘　「泰和四年□月十六日丙午正陽……」

○稲荷山古墳鉄剣銘　「辛亥年七月中記……」

これまで知られている五世紀以前の刀剣銘は、上記のように冒頭に年号・干支を記している。江田船山鉄刀銘の冒頭「□□下獲□□□鹵大王世」は年号・干支を欠くが、ワカタケル大王の世という表現の中に、時期を限定・明示していると十分に理解できる。

ある出来事を記念して剣の授受を行う場合、年号・干支は不可欠の条件と思われる。また個人の顕彰を意図する銘文中においても、同様に時期は特定されるであろう。

それでは、本銘文のように冒頭に年号・干支を欠くことは一体、何を意味するのであろうか。また、年号・干支に加えて、「賜」の次の二文字が人名でないとすれば、剣の下賜対象者も特定されていないことになるのである。

まず、年号・干支を欠くことは本鉄剣がある出来事を記念したり、特別に個人の顕彰を目的とするものではないことを示唆しているのではないだろうか。また、下賜対象者を特定していないことは、同文の銘文入り鉄剣を複数下賜するためであったと推測される。つまり、本銘文が冒頭に他の刀剣銘に通有の年号・干支を記載していない点にむしろ大きな特徴があり、またこのことが本銘文の性格を決定づける重要な要素となるということができよう。

② 「王」とのみ記し、王の固有名詞がないこと。

王からの下賜刀ならば、王名を記すべきではないかという見解が当然出されるかもしれない。しかし、王とだけ表記しても十分に通ずるところに大きな意義を認めることができるともいえる。この問題は、のちに「王賜」の王とは誰かということと関連して触れたい。

③ 「王」を〝抬頭〟させ、「王賜」の象嵌を若干太く強調させていると思われること。

この点は、本銘文の本質にかかわる重要な事柄である。「王賜□□」以下の文は常用句と思われるだけに、本銘文の主旨があくまでも冒頭の「王賜」にあることはほぼ間違いないであろう。

④ 剣身の関近くに表裏にわたって簡潔な文章を記すこと。

簡潔な銘文を剣身の関近くに記すことは、古代中国の剣類に通有な記載の仕方で、著名な春秋戦国時代の越の勾践の剣（紀元前五世紀初め）などが代表例としてあげられよう（図31）。この勾践の剣のような銅剣は、身幅が広く、鎬が鋭く、断面形が菱形を呈している。このような銅剣に銘文を記す場合は、簡潔な文章を、四・四あるいは五・五のように表・裏ではなく鎬の左右に同一文字数を振り分けて記している。

それに対して、わが国で作製された五世紀段階の鉄剣は、稲荷山古墳の鉄剣を例にとれば、剣身部の幅は中央で三・一五センチ、本鉄剣も三・〇〜三・三センチ前後ときわめて狭く、鎬はわずかに認められる程度で、断面形がレンズ状を呈している。稲荷山鉄剣銘は表五七字（「名」一字脱。本来は裏と同数の五八字）、裏五八字、合わせて一一五文字の長文を剣の中央・鎬部分に記しているのである。これは、剣の身幅が狭く、鎬が不明確であることによるのであろう。本鉄剣も、一二文字という短文にもかかわらず、六文字ずつ表・裏に振り分け、表・裏の文字がそれぞれ鎬の向かって右側に刻まれているのは、稲荷山鉄剣とまったく同様の理由によるのであろう。ただ、稲荷山鉄剣と異なり、鎬を意識して鎬の右側に記したのは、おそらく本銘文が記載法や用字法など中国の影響の強いことと関連して、中国の剣の銘文を意識したことによるのであろう。この点も本銘文の特色として特記すべきことと考える。

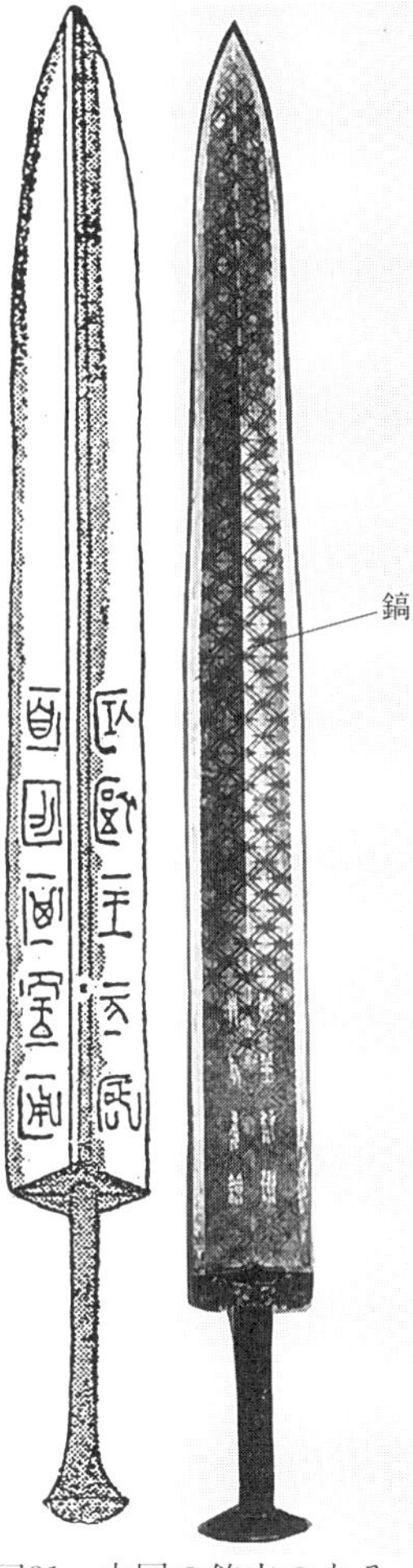

図31　中国の銘文のある剣（左＝周代の剣〈紀元前1027〜771〉，右＝越王勾践の銅剣〈紀元前496〜465〉）

(4) 銘文の意義

本銘文の記載様式と内容の検討の結果、本銘文の主旨は、王から鉄剣を授けたこと（下賜）であると解して大過ないであろう。さらにいえば、本銘文はきわめて簡潔な文章構成と冒頭の「王賜」という表現から考えても、王の〝下賜刀〟であることを表わす銘文として、わが国で作製された刀剣では初めての典型的な文型であるといえるのではないだろうか(7)。

実は、五世紀の稲荷山鉄剣や江田船山鉄刀の銘文には直接的な授受関係を示す文言はないと考えられる。

○稲荷山古墳鉄剣銘（図32）

（表）辛亥年七月中記。乎獲居臣。上祖名意富比垝。其児多加利足尼。其児名弖已加利獲居。其児名多加披次獲居。其児名多沙鬼獲居。其児名半弖比。

（裏）其児名加差披余。其児名乎獲居臣。世々為杖刀人首、奉事来至今。獲加多支鹵大王寺、在斯鬼宮時、吾左治天下、令作此百練利刀、記吾奉事根原也。

この銘文は「乎獲居臣」がその祖先の「意富比垝」から八代の系譜を示し、代々杖刀人の首として奉仕してきたこととともに、自らもワカタケル大王に近侍したことを記念して剣を作らしめたことを記している。

○江田船山古墳鉄刀銘（図33）

□□下獲□□□鹵大王世、奉□〔事〕典曹人名无利弖、八月中、用大錡釜幷四尺廷刀、八十練六十捃三寸上好扌□刀。服此刀者、長寿子孫注々得三恩也。不失其所統。作刀者名伊太□〔加〕、書者張安也。

この銘文も、「无利弖」が典曹人として同じくワカタケル大王に仕えたこと、それを記念して作刀せしめたこと、作刀者・書者を明記しているにすぎないのである(8)。

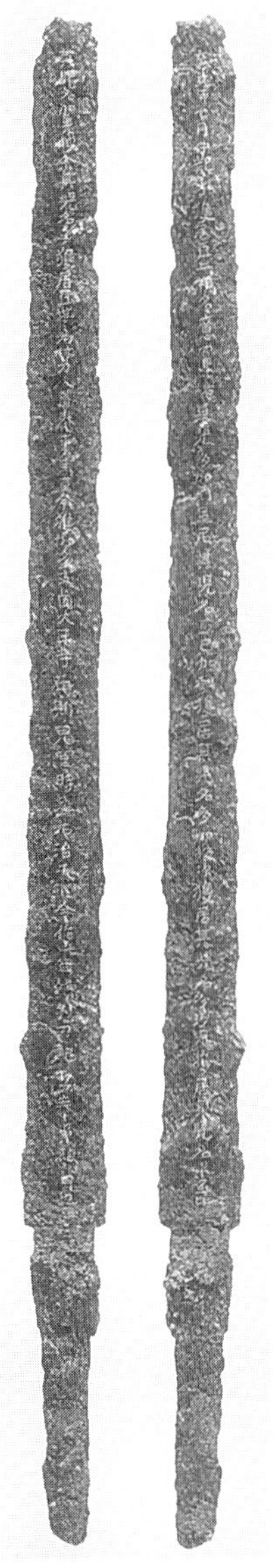

図32　稲荷山古墳出土「辛亥」銘鉄剣

図33　江田船山古墳出土銀象嵌銘鉄刀銘文

本銘文が王からの〝下賜刀〟を表現したものとした場合、「王」とは誰か、またその剣を下賜された者は誰か。

「王」については、一応、次の五ケース――①畿内の大王、②大王の一族、③中央の豪族、④地方の豪族、⑤百済・新羅など朝鮮半島の国王――が想定されるであろう。

五世紀には畿内の王は倭国を代表し、代々中国の南朝に遣使し、自らは〝倭国王〟としての地位を中国の王朝から承認されていた。(9)

その点から考えると、五世紀中葉において「王」とだけ表記すれば、畿内の大王をおいて他にないと判断できるであろう。また、この場合、下賜刀の銘文は「王」と表記するのみで、容易に通ずる範囲内の使用と考えられる。

⑤については、この時期の朝鮮半島の古墳の出土品では、刀が中心で剣はほとんどないとされていることから、その可能性は少ない。また、この場合の王の表記は、①の場合と異なり、おそらく百済王あるいは新羅王と明記するとみてよいであろう。

「王」を畿内の大王とした場合、銘文に「大王」ではなく、「王」と表記したことの意味も問題となろう。

この点に関しては、大王号の成立を雄略朝と考え、本鉄剣の年代を五世紀中ごろから後半にかけてとすれば、この時点では大王号が成立しておらず、王と表記されたという考え方があろう。これとは別に、大王号成立の有無にかかわらず、前述したように稲荷山鉄剣・江田船山鉄刀の銘文と本銘文は基本的な性格を異にする点に起因するという理解も十分に成り立つであろう。すなわち、この二つの銘文にみえる「ワカタケル大王」は、いずれも「乎獲居臣」「无利弖」という人物がそれぞれ自ら奉仕した王が単なる王ではなく、「大王」であるということを強調した文の中での表記であり、下賜主体を示す本銘文の「王」とは異なるという理解である。[10]

次に下賜された人物についても、さまざまなケースが考えられる。

まず、このような〝下賜刀〟がわずか三〇メートル規模の円墳から発見されたことから、〝下賜刀〟はこの地域の大首長――姉崎古墳群の首長墓の被葬者――に下賜され、それを稲荷台一号墳の被葬者がもらい受けたのではないかという解釈も有力なものとして想定されよう。しかしながら、王の下賜刀が地域の大首長のみに下賜されるとは限らず、この五世紀段階の政治情況からいえば、畿内王権と中小首長層とが直接的に結びつく可能性は十分にありうるのではないか。この剣を出した稲荷台一号墳の副葬品には短甲や胡籙をはじめとする武器・武具類の目立つ点、この地域には神門三～五号墳なども存在し、早くから畿内と交渉のあった点などから考えて、その被葬者は武人として畿内王権に奉仕し、その証しとして鉄剣を下賜されたと、一応みておきたい。

また、「王賜」以下が常用句と思われる銘文は、きわめて普遍的・抽象的な内容構成であるといえるであろう。その場合、本鉄剣のような銘文は、ある特定された人物のために作文された内容ではなく、抽象的な内容ゆえに、複数の同一銘文をもつ刀剣が存在したことを予測させるものであろう。すなわち、このような下賜刀はある出来事を記念して作刀したのではないと考えられるのである。

いずれにしても、この種の銘文は初出であるだけに、今後の類例を待って、その性格は決定されるべきであることはいうまでもない。本銘文はわずか推定一二文字ながら、古代国家形成期における王の下賜刀の典型的な文型であると思われ、また稲荷山古墳（全長一二〇メートル）に比べて、はるかに規模の小さい円墳から出土したことから、今後、同様の銘文をもつ刀剣類が各地から出土する可能性を指摘できる点に大きな意義があると考えられる。

註

（1）大庭脩「敦煌湊胡隧址出土冊書の復原」（『木簡研究』第九号、一九八七年）。

（2）東野治之氏は、この点について『シンポジウム 鉄剣の謎と古代日本』（新潮社、一九七九年）の〈参考資料〉の中で述べている（のち、『日本古代木簡の研究』塙書房、一九八三年、所収）。

（3）福山敏男氏は東大寺山古墳出土の鉄刀銘中の「□刀」を支刀ではなく、文刀と読み、『後漢書』酷吏伝にみえる「文剣」と同様とみて、立派な大刀という意味に解された（「金石文」〈上田正昭編『日本古代文化の探究・文字』所収、一九七五年〉。のち、福山敏男著作集六『中国建築と金石文の研究』中央公論美術出版、一九八三年、所収）。

（4）福山敏男「金石文」（前掲註（3））。

（5）福山敏男氏によれば、江田船山鉄刀銘のこの部分の解釈は「八月中に、大錡（釜）を用いて、四尺の廷刀を作った。八十練、六十捃の（精練を重ねた）三寸の上好の扣刀である」とする。また、「廷」を「鋌」の簡体とみて、「廷刀」を鋌を用いて作った刀と解する手もあろうが、そこまでいくと、やや考え過ぎの感が強いという（「金石文」前掲註(3)）。

（6）大野晋氏によれば、銘文の文章構成は、江田船山鉄刀銘や東大寺山鉄刀銘は四・六体で、きわめて漢文風のにおいが強い。それに対し、稲荷山鉄剣銘は日本語化された平易な文体で、五・七体を基調としているという（『シンポジウム 鉄剣の謎と古代日本』）。

（7）川口勝康氏は一連の研究の中で、中国から下賜されたとする中平刀にはじまり、江田船山鉄刀についても下賜刀と捉え、その積極的な意義を指摘されている。すなわち、「中平」のような中国流の建元年号による下賜主体の表現原理が、江田船山大刀銘文においては「治天下X宮Y大王世」という日本的形態で継承されていると考えられることから、この大刀製作の時点においては、倭国王がまさに大王として国内の有力人物に大刀を分与し、そのことによって政治的統属関係を形成・確認していたのであろうという（『書の日本史』第一巻 飛鳥・奈良「江田船山古墳大刀銘」の項の解説、平凡社、一九七五年）。この考え方は「瑞刃刀と大王号の成立」（井上光貞博士還暦記念会編『古代史論叢』上巻所収、一九七八年）や「大王の出現」（『日本の社会史』第三巻所収、岩波書店、一九八七年）などの論考で、引き続き強調されている。しかし、本文で後述するように江田船山鉄刀銘は大王からの下賜刀の銘文とは理解しがたいと思われる。

（8）本鉄剣銘の公表直後に刊行された佐伯有清編『古代を考える 雄略天皇とその時代』（吉川弘文館、一九八八年）の中で篠川賢氏は、稲荷山鉄剣銘や江田船山鉄刀銘について、同様の見解に立ち、より詳細に論証されているので、参照していただきたい（「鉄刀銘の世界」）。

（9）この点については多くの研究者の発言があるが、たとえば、鈴木靖民氏は次のように述べている。

　四三〇〜七〇年代、倭の王者は宋皇帝から公認された自らの将軍号・国王号に依拠して、臣下にたいする将軍号・太守号の仮授権、宋への除正推薦権を獲得・行使して、日本列島内外の外征を主とする軍事指揮権（軍事支配権）と宋・朝鮮諸国を相手とする外交権の二大権能を独占し、内実化しようとした（「倭の五王―雄略朝前史―」〈『古代を考える 雄略天皇とその時代』所収〉）。

（10）この問題については、東野治之氏の次のような指摘が重要であると考える。

（「大王」ではなく、）「王」の字を用いることのほうに第一義的な意義があったとみたほうが理解しやすい。それはおそらく大和朝廷や朝鮮諸国の君主が中国から「王」に冊封されている事実と無関係であるまい。そもそも中国をめぐる冊封関係の中では、王・侯は存在しても「大王」という独自の地位は存しなかった。「大王」は王に封ぜられた君主をその支配圏内で尊んだ称号である（「『大王』号の成立と『天皇』号」『ゼミナール日本古代史(下)―倭の五王を中心に―』光文社、一九八〇年）。

四　七世紀の墨書土器――東広島市西本六号遺跡

1　遺跡の位置と概要

西本六号遺跡の所在する東広島市は、湖成盆地である西条盆地とそれを取り巻く標高四〇〇～六〇〇メートルの山々から市域が構成されている。県下有数の穀倉地帯である同市には、県内最大の前方後円墳である三ツ城古墳や安芸国分寺が存在し、古くから安芸地方の政治・文化の中心である。

遺跡は西条盆地の東側、ＪＲ西高屋駅の北東約一キロに位置する。県東部へ流れる沼田川の支流、杵原川に開析された八つ手状の低丘陵上に、約六万平方メートルにわたって広がっている。今回そのうちの約四万六〇〇〇平方メートルが住宅団地造成に伴って調査の対象となった。

飛鳥時代末期の掘立柱建物跡群と溝状遺構は、北から南へと延びる幅の狭い丘陵の頂部から東側斜面にかけて検出された。標高は約二四五メートル、眼下にのぞむ谷水田との比高は約一〇メートル、斜面の傾斜は約一五～二〇度を測った。遺構からほど近い谷最深部には湧水地がある。

調査結果から掘立柱建物跡群や溝状遺構の年代と性格は次のようにみられている。

まず遺構の年代であるが、出土した須恵器の型式から七世紀後半と考えられる。もう少し詳細にみると天武・持統朝（六七〇～七〇〇年）のころといえよう。そして建物跡の柱穴には重複がなく、建替えの形跡もみられないことか

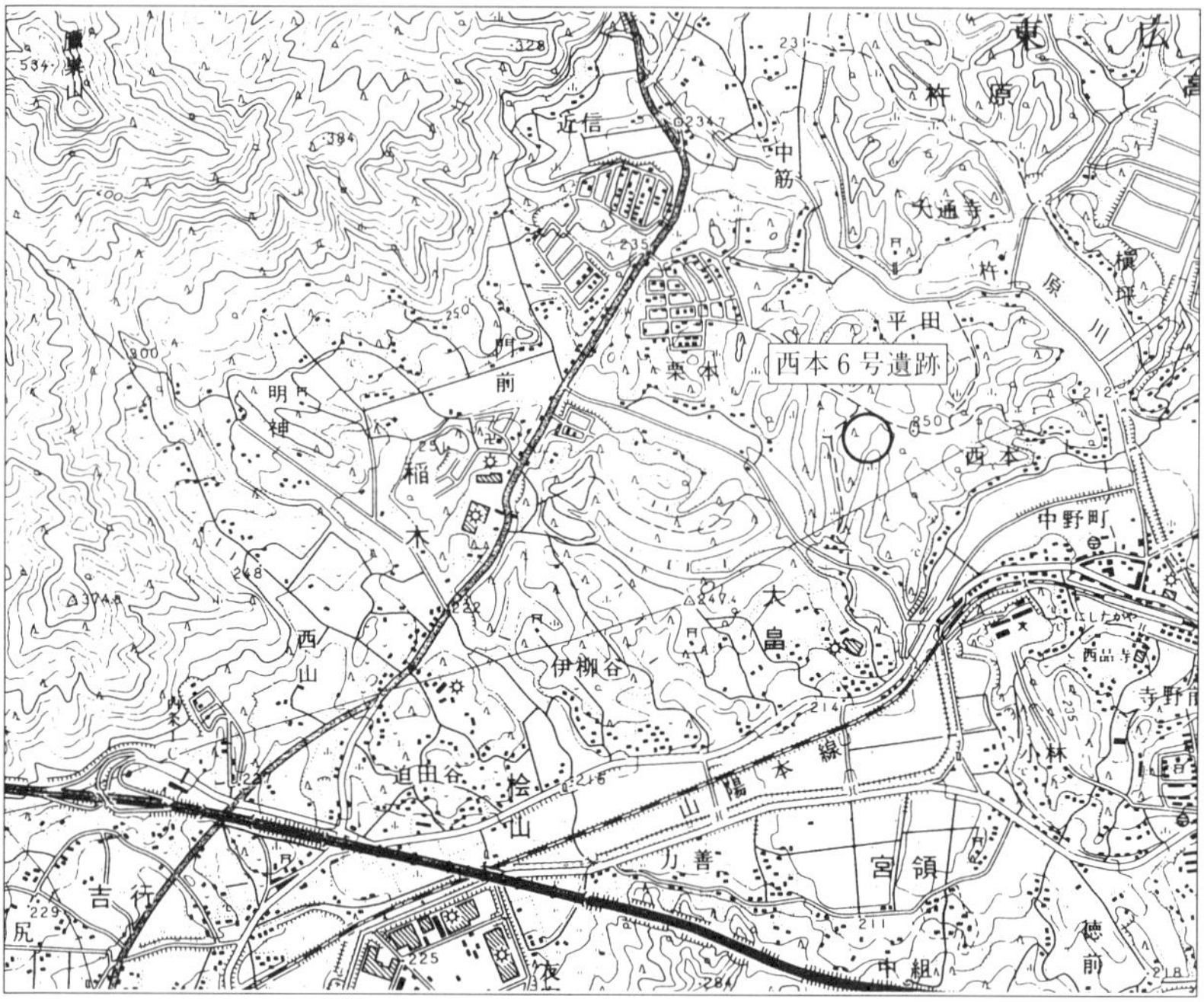

図34　西本６号遺跡位置図

ら、これらの建物跡群は一度造営されたのち、廃絶したと考えられる。

次に遺構の性格を建物配置から検討していきたい。まず、最も規模が大きく四面廂をもつ建物跡のＳＢ一〇二とそれに直交して配置されたＳＢ一〇三・一〇四、そしてＳＢ一〇二の入口を遮蔽する施設と考えられるＳＢ一〇五の一群が注目される。このような建物配置は、地方官衙の政庁にみられる正殿および脇殿のあり方に類似しており、本例もその配置からきわめて官衙的要素の濃厚な施設であるといえよう。しかし、これらの建物跡は見通しの悪い谷奥に位置し、付近には古代の官道や境界線がみられない。加えて七世紀後半にはまだ地方官衙が整備されていないことを考慮すると、この建物群跡を官衙に比定することは困難といえよう。

一方、調査区の中央には棟持柱をもつ総柱建物跡ＳＢ一〇九と、その東側に配置されているＳＢ一一二・一一三の一群が認められる。この建物跡群はＳ

Ｂ一〇二の一群や溝状遺構とはやや主軸がずれているが、出土した須恵器の型式には差異はなく同時期の建物跡群といえる。この一群を考えるうえで注目したいのはＳＢ一〇九のもつ性格である。棟持柱をもつ建物は倉庫跡や現在の神社建築などにみられるが、本例は規模や付属建物の存在から祭祀を行う社建築とみることが可能ではないだろうか。

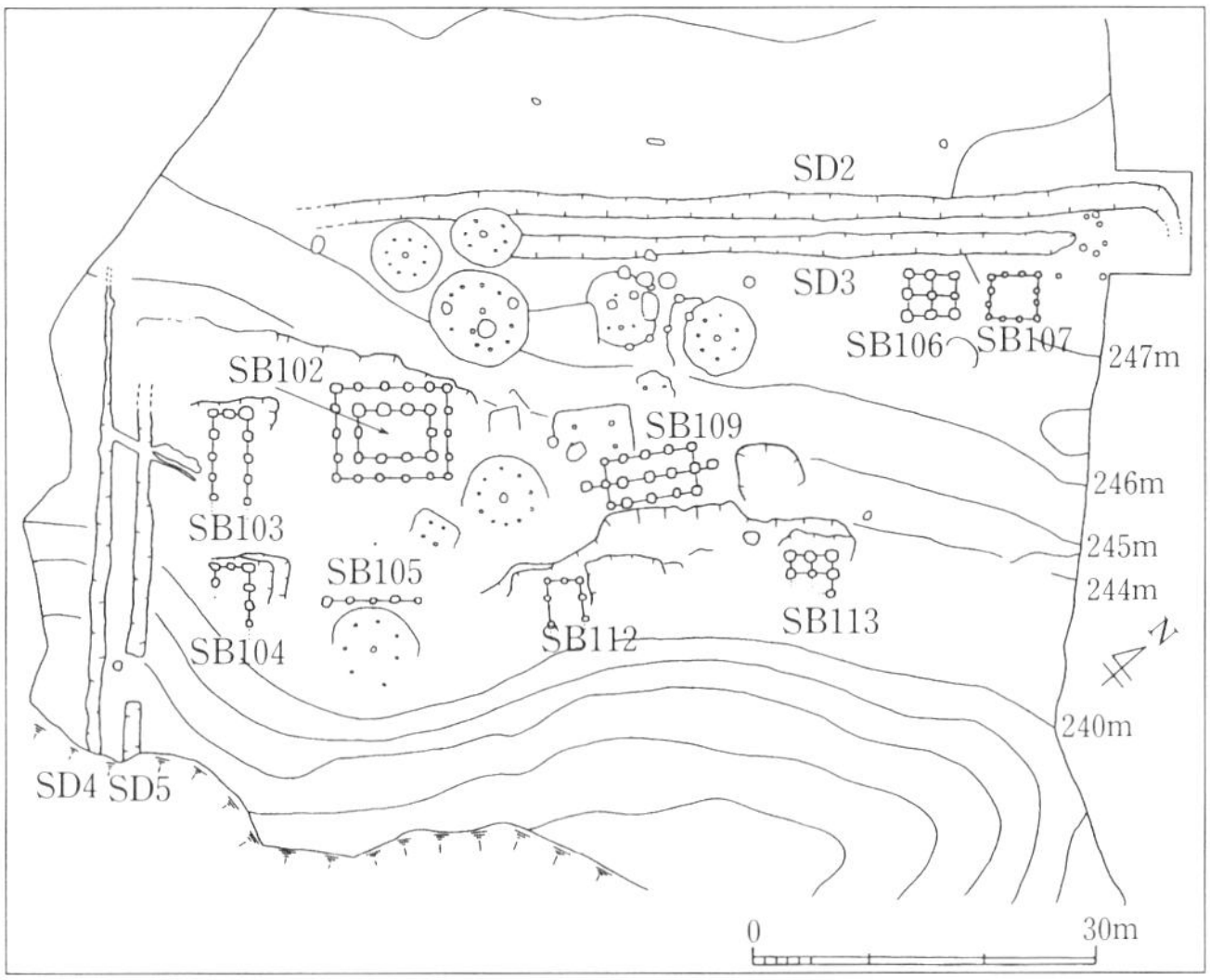

図35　西本６号遺跡遺構配置図

この考えに立脚してＳＢ一〇二を見直すと、この建物は祭祀時の供飲供食の行われる直会殿に比定することが可能ではないかと考えられる。神戸市松野遺跡からは時期は異なるが、ＳＢ一〇二・一〇九に相当する建物跡が検出されている。

　さらに建物跡群全体をみてみると、この地域を掌握していた豪族の住居と考えることも可能であるが、出土遺物には日常生活で使用する土師器の炊膳具がほとんどみられなかった。このことから、生活を営む居宅とみるよりも、祭祀時のみに使用される特殊な建物群であった可能性のほうがより高いのではないかとみられている。

　以上のように、溝と塀に囲まれていたこれらの建物跡群は、この地域の豪族の祭祀施設と考えるのが最も妥当ではないかと現在考えられている。しかし、祭祀遺物がなく、同様の建物跡をもった遺跡も全国的に少ないことから、今後もより多角的な視野で検討していく必要があるとされている。

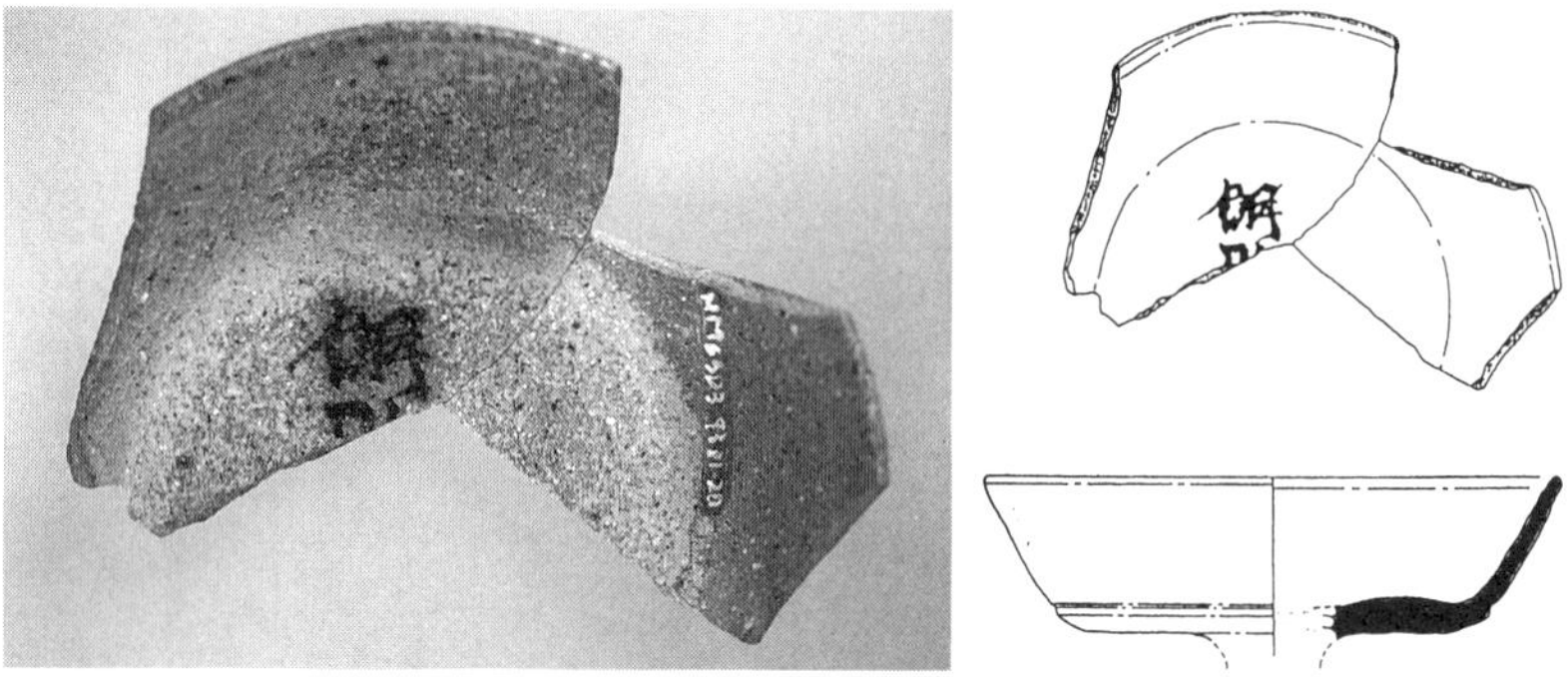

図36　墨書土器「解□（除）」写真と実測図

2　西本六号遺跡の墨書土器

はじめに

本墨書土器については、すでに中山学氏が報告されており、「解除」という解釈が提示されている。[1] しかし、中山氏の発表要旨では「解除」という解釈の過程が明示されていない。そこで本項では「解除」案を支持するが、記載方法、七世紀の墨書土器、書風・書体などの異なる視点から考察してみたい。

(1)　土器の形状と釈文（図36）

墨書がほどこされた土器は口径一〇・五センチ、残存高二・九センチの須恵器高坏であるが、脚部が欠損している。坏部は三つに割れており、文字の書かれた部分は調査区外で表採されたが、溝状遺構（SD三）から出土した破片と接合できたため、遺構に伴うものとみて差しつかえないであろう。

釈文

解□

文字は坏部内面見込みに二文字が確認できる。墨書の第一字は、「解」と読んで間違いない。この解の字形は扁に対して旁をやや下げて記している。

第二字目は、扁の上半部と、旁部分がほんのわずか残るのみであるので、残画から文字を特定することはできない。

⑵　墨書の記載方法

本資料の場合は、墨書土器の器種および墨書部位などに注目する必要がある。

官衙における墨書土器の場合、その代表例といえる「厨」関係墨書土器は、坏形土器のほとんど底部外面に記され、その他、体部外面に記されているものもあるが、その場合も正位にほぼ限定されている。このことは、「厨」墨書土器は食器として常態の使用時を想定して、底部外面および体部外面正位に記載されたことを示している。[2]

それと対置されるのが、祭祀等の行為に伴う墨書土器の部位である。たとえば、千葉県芝山町庄作遺跡の場合、一つは、内面に人面墨書、外面体部に「丈部真次召代国神奉」、もう一例は体部外面に人面墨書、底部外面に「手」、内面に「国玉神奉」と墨書している。

このように祭祀等に伴う墨書土器は、いわば神への祈り、伝達という意味から土器の内面や、体部外面の場合も倒位や横位など、実に多様であったといえる。[3]

この「解□」という墨書土器は、高坏の坏部内面に記している点が特異といえる。高坏という特別な器種に加えて、坏部内面という記載のしかたからいえば、通常の官衙における官司などの記載とみなすことはできず、むしろ、祭祀等に伴う墨書土器と理解されるであろう。

⑶　七世紀の墨書土器

墨で文字を記すことが、わが国の資料で確認されるのは現段階では七世紀以降である。[4]いうまでもなく、七世紀以前の文字資料は原則として鉄剣銘や鏡銘、ヘラ書き須恵器・瓦など、〝刻む〟という記載方法をとっている。

例、ヘラ書き須恵器・瓦

い、愛知県春日井市勝川遺跡・刻銘埴輪　六世紀

「去目」（?）

ろ、大阪府堺市野々井遺跡・刻銘須恵器　六世紀

「□」「ア」「門出」「□」「向」「折林右」「右」

は、鳥取県米子市陰田遺跡・刻銘須恵器　七世紀初頭

「弥芝」

墨書というものは、墨・筆・硯という文房具が完備してはじめて成り立つ記載方法である。しかも、その墨書は、まず木簡や紙に記すことにはじまり、やがて焼成後の土器に記すに至ったと推定できる。七世紀代に位置づけられる墨書土器は、現段階では出土数がかなり限られているといえる。それらのうちから、次に二、三例示しておきたい。

○藤原宮跡大極殿下層大溝（ＳＤ一九〇一Ａ）　七世紀後半

イ、墨書瓦・凸面

「□〔前〕玉評
　大里評
　□　」

ロ、土師器鍋・体部外面

「麻績家□」

ハ、土師器坏・底部外面

「笠女」

ニ、土師器坏・底部外面

「寺五月七日入」

○大阪市平野区城山遺跡　七世紀後半

土師器坏・体部外面

「冨官家」

○滋賀県守山市今市遺跡　七世紀後半

須恵器坏蓋・内面

「阿加留□」(5)

(4) 書風・書体

第一字目の「解」の書風・書体を特徴づけるのは、楷書の丈の低さと扁に対して旁をやや下から書き出すことである。

中国においては、隋時代以前、六朝時代の楷書は、すべて丈が低いのが通例であるとされている。わが国においても、たとえば、癸未年（推古天皇三十三年〈六二三〉とされる）の法隆寺釈迦三尊像、甲寅年（推古天皇二年〈五九四〉）の法隆寺献納御物四十八体仏の一つ、光背銘などは、丈が低い楷書体である。

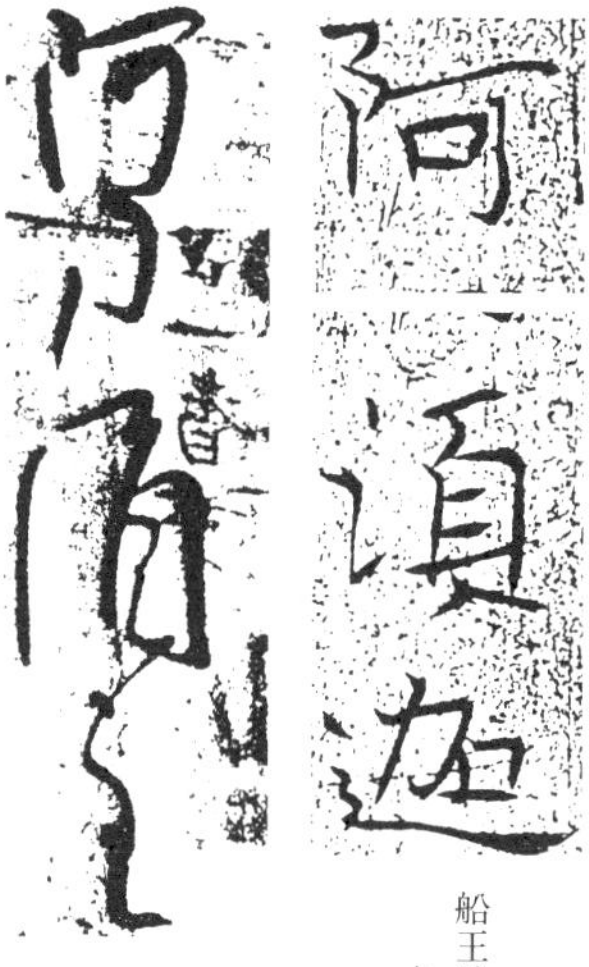

船王後墓誌　戊辰年（六六八）

写疏所解（『正倉院文書』正集二十一裏）天平十七年（七四五）

図37　「阿」の書体

唐代に入るころから、丈高の書

図38　六朝および隋・唐代の「解」と「除」の書体

体に向かう様相が指摘されている。(6) こうした傾向に照らしても、「解」の書風は、六朝時代の特徴を有しているといえる。

もう一つの特徴である扁に対して旁をやや下げて書く書風は、東野治之氏の次のような指摘を引用しておきたい。(7)

「阿」の字は、阜扁に対する旁「可」の位置が極端に低く「可」の横画が阜扁のふくらみの下方から引かれているという特徴がある（図37）。

この書風は、わが国においては、七世紀から八世紀初頭にかけての飛鳥京木簡、藤原宮木簡などに見出すことができる。中国においても、六朝時代の書蹟には、たとえば、北魏永興二年（五三三）の法華経、北周保定元年（五六一）の大般若経などがあげられる。ところが、「阿」字にみるような不均衡ともいえる結体は、隋唐の書蹟になると影をひそめ、阜扁のふくらみの中ほど、またはその直下に接して旁の横画がとりつく形が一般化するとされている。

以上の二つの特徴をもつ「解」の書体は、六朝時代の北魏の金石文のなかに、きわめて類似した例を見出すことができる（図38）。

(5) 墨書内容と意義

本墨書土器は、次のような特色が認められる。

①一般的傾向として、七世紀代の土器に文字を記す行為は、墨書土器・刻書土器ともに、人名・地名などの固有名詞および職名およびそれに準ずる名詞を示す傾向にあり、八〜九世紀以降に圧倒的数量を誇る一定の祭祀行為に伴う吉祥句的文字や文書は比較的少ないと判断できる。その意味では、本墨書土器「解□」も固有名詞もしくは名詞と理解してよいであろう。

②本墨書土器は、高坏という特殊な器種（供献具）に加えて、坏部内面に記している点、祭祀等に伴うものと推定できる。

③本遺跡は神社遺構として位置づけられていることから、本墨書土器の性格はその関連で理解することができよう。

以上の三点を参照しながら、「解□」の二文字目を解釈しなければならないであろう。

○天武天皇五年（六七六）八月辛亥（十六日）条

詔して曰はく「四方に大解除せむ。用ゐむ物は、国別に国造輸せ。（下略）」

○天武天皇十年（六八一）七月丁酉（三十日）条

天下に令して、悉に大解除せしむ。此の時に当りて、国造等、各祓柱奴婢一口を出して解除す。

○天武天皇・朱鳥元年（六八六）七月辛丑（三日）条

諸国に詔して大解除す。

（以上、日本古典文学大系『日本書紀』下巻〈岩波書店〉より。傍点は筆者）

墨書土器「解□」は、先にあげた神社遺構などの三条件と関連させて理解するならば、『日本書紀』にみえる「解除」が有力な候補としてあげられるであろう。

二文字目は、扁の上半部と旁部分のほんの一部が残るのみであるが、「解」と共通する字形の特徴すなわち扁に対して旁をやや下から引く特徴を有しているとすれば、「除」の可能性が想定される（図38）。「大解除」は、いわゆる大祓、恒例は六月、十二月晦日に行うが、そのほかにも疾病、災害に際して臨時に行う場合もあるとされている。しかしながら、「解□」を〝解除〟と断定する論拠は現段階では十分とはいえないであろう。

註

（1）中山学「東広島市西本六号遺跡出土『解除』銘墨書土器について」（『第二三回古代史サマー・セミナー発表資料』一九九五年八月二十九日）。

（2）拙稿「『厨』墨書土器論」（『山梨県史研究』創刊号、一九九三年。改稿して、本書第三章一に収録）。

（3）拙稿「〝古代人の死〟と墨書土器」（『国立歴史民俗博物館研究報告』第六八集、一九九六年。改稿して、本書第四章四に収録）。

（4）近年、三重県嬉野町の片部遺跡から四世紀前半の墨書された土器が報告されているが、詳細な資料が公表されていないので、本節ではふれないこととする。

（5）滋賀県埋蔵文化財センター『滋賀埋文ニュース』第一七九号（一九九五年）に「県内最古級の墨書土器出土——守山市今市遺跡」と題した報文によって紹介されているが、判読不明とされている。筆者は実見していないが、写真資料から一試案を提示したものである。

（6）たとえば、堀江知彦「飛鳥・奈良時代の書風―書風の流れ1―」（『書の日本史』第一巻 飛鳥・奈良、平凡社、一九七五年）など。

（7）東野治之「木簡の書風について」（『正倉院文書と木簡の研究』塙書房、一九七七年）。

第二章　出土文字資料の研究方法

はじめに

日本古代史は、考古学・文献史学、また地理学・国語学・美術史学・民俗学・人類学など、さらには自然科学を加えた総合的学問体系から解明されなければならない。従来の古代史研究のように文献史学のみでは、古代史の実像を描くことはできないのである。しかも、古代文献史学についても、隣接諸科学の研究方法や成果にふれることによって、その史料分析の方法自体問い直す必要に迫られている。

その一例をみるならば、文献史学は、従来、文書・典籍などのように紙に書かれた史料を中心として研究を行ってきたが、近年、木簡や墨書土器をはじめとする紙以外の各種の素材の資料が登場してきたのである。そこで、新たな古代史研究を進めるうえでは、石上英一氏が指摘するように(1)、歴史資料の紙・木・土器・金石などの素材の物質的特性・形状およびそれらと歴史情報との連関をも分析対象としうる体系を確立すべきことが要請されているのである。さらに同氏の次のような指摘も歴史資料をみるうえで常に念頭におかねばならない。

歴史資料は、文字・図像のメッセージのほかに、メッセージを定着・積載させている物質的素材情報や、廃棄や保存・伝存の環境情報などを必須の情報要素とする。要するに、個々の史料が有する歴史情報は、情報伝達行動における文字・図像メッセージに限定せず、史料が伝存し発見された状況（環境情報）やメッセージを積載・定着させている素材（物質的素材情報）およびそれへの積載・定着の様態（物質的素材とメッセージの結合に関する情報）まで含めて考えねばならないのである。

以上、きわめて簡単に古代資料研究の現状と課題を述べたが、文献史学も含めて、各学問分野体系の基礎としての資料の認識・分析方法を実例に即して明らかにした恰好の書物として、木下正史・石上英一編『新版 古代の日本10古代資料研究の方法』（角川書店、一九九三年）を読者に薦めたい。

そこで、古代資料研究方法全般については上書に譲り、本章では、出土文字資料の研究方法の一端を示し、それらの資料が今後の古代史研究に不可欠であることと、一定の手続きを経ないと新しい古代資料として活用できないことを確認していただきたい。

各地の遺跡から出土する文字史料は、文献史料と異なり断片的であり、その文字数は必ずしも多くない。しかし、出土資料として、その属性に注目し、特質を明らかにすることができるならば、その資料は内容を大きく広げられる可能性がある。言い換えれば、従来の文献史学では、こうした出土資料はもっぱら釈文のみが対象とされ、とかく、その属性などの検討がおろそかにされてきたために、そこに記された文字以上の情報を得ることができなかったといえよう。また、書体や形状などについても主観的な判断が多く、十分な説得力をもちえなかったのではないか。そこで、本章では、具体的な資料を用いて、出土資料はあくまでも考古資料と位置づけ、そのものの観察がいかに重要であるかを実証してみたい。これらの考察を通して、はじめて出土文字資料の歴史史料としての有効性と、その内容の拡大をはかることができるであろう。また、当然のことながら、これらの断片的出土資料については常に従来の文献史料との比較検討から復原的研究を試みなければならない。

一　鉄刀剣・鏡等銘文の割り付け

刀剣などに刻された銘文は、史料のきわめて少ない古代国家形成期の解明には欠かすことのできない貴重な史料であり、一文字たりともおろそかにできないであろう。ここでは、銘文そのものでなく、銘文の割り付けの問題を取り上げて、そのことが銘文の本質的な性格と深くかかわる事実を明らかにしてみたい。

(1)　稲荷台古墳「王賜」銘鉄剣

稲荷台一号墳は千葉県市原市山田橋に所在し、直径約二七メートル、二段築成の円墳である。墳頂部の埋葬施設から出土した鉄剣は、木の根の攪乱によって剣身部と茎の境をなす関の部分が失われており、現状は四片に分離している。しかしながら発掘調査時の出土状態の実測図と、同時期の他の資料を参考にして、剣の全長は約七三センチであると推定されている。銘文はかなりの金を含んだ銀象嵌によって関に近い下方の両面にほどこされており、表五文字と裏二文字が確認された（本書三二頁図27・28参照）。

銘文

〔表〕　王賜□□敬□

〔裏〕　　此廷□□□□

表裏に六文字ずつ記されていると推定される。

この文字の割り付けは以下のとおりである。本銘文の場合、表の第一～三文字では隣り合った文字同士の心心間隔は一四・三ミリである。銘文のある小片の二文字の心心間隔（推定）も、これにほぼ一致することから、この小片も表側に属することがわかる。この一四・三ミリという長さを仮に一単位長と考えた場合、裏側の二文字の心心間隔は〇・七五単位長となる。一方、文字と文字の間隔は、表〇・五、裏〇・三単位長となる。表側では三文字を二・四単位長の中に配し、裏側では「王」の上端から一・六単位長下げた位置より書きはじめ、表側三文字分のちょうど半分の長さに二文字を配している。ここで用いた単位長一四・三ミリ、あるいはその二倍の二八・六ミリ、さらには二八・六センチが、当時の尺度としてなんらかの意味を有していたのかもしれない。いずれにしても、本銘文はきわめて規格性のある配列であるといえる。

(2) 隅田八幡宮人物画像鏡

和歌山県橋本市隅田八幡宮に伝来する半円方形帯の人物画像鏡は、その出土地がつまびらかでない。その銘文は径一九・八センチの鏡の縁の内側に鋳出された四八文字からなる。

銘文

　癸未年八月日十大王年男弟王在意柴沙加宮時斯麻念長奉遣開中費直穢人今州利二人等取白上同二百旱作此竟

銘文にある「癸未年」については四四三年説と五〇三年説の両説があり、いまだ決着をみていない。

画像鏡の文字は四八文字であるが、無計画に字を円周に記した場合、おそらく末尾で文字が余ったり、逆に余白が生じたりする危険性が存する。ここで参考までに、割り付けをしないで無計画に記銘したために、破綻を生じた実例をあげておきたい。

埼玉県本庄市南大通り線内遺跡は、西富田遺跡群の東端に所在する集落遺跡である。(2) その第五一号竪穴住居跡は九世紀第2四半期に属するが、その出土遺物のなかに石製紡錘車があり、文字が刻されていた。紡錘車は蛇紋岩製で、上辺直径四センチ、下辺二・四センチ、厚さ一・六センチ、重さ三七・五グラムを測る。線刻文字は上辺の面を一周する状態で一七文字刻まれている。「武蔵国児」まではほぼ縦に書きはじめ、「玉郡草田郷」はしだいに縁辺部を弧状にまわる。記載文字は冒頭の大きな文字から順次小さく記し、最後の「呂」は冒頭の「武」の一画に完全に重なっている（図39）。

釈文

武蔵国児玉郡草田郷戸主大田マ身万呂

こうした無計画な記載の仕方は、線刻紡錘車が刀剣銘や石碑と異なり、第三者に表示することを主目的とした記銘ではないことを反映していると理解できるのではないか。そこで人物画像鏡の銘文について、関和彦氏の割り付け案を紹介してみよう（図40）。

①四八文字を二分化する。

②最初の文字「癸」の位置を決める。→図(イ)

図39　線刻紡錘車（埼玉県本庄市南大通り線内遺跡出土）

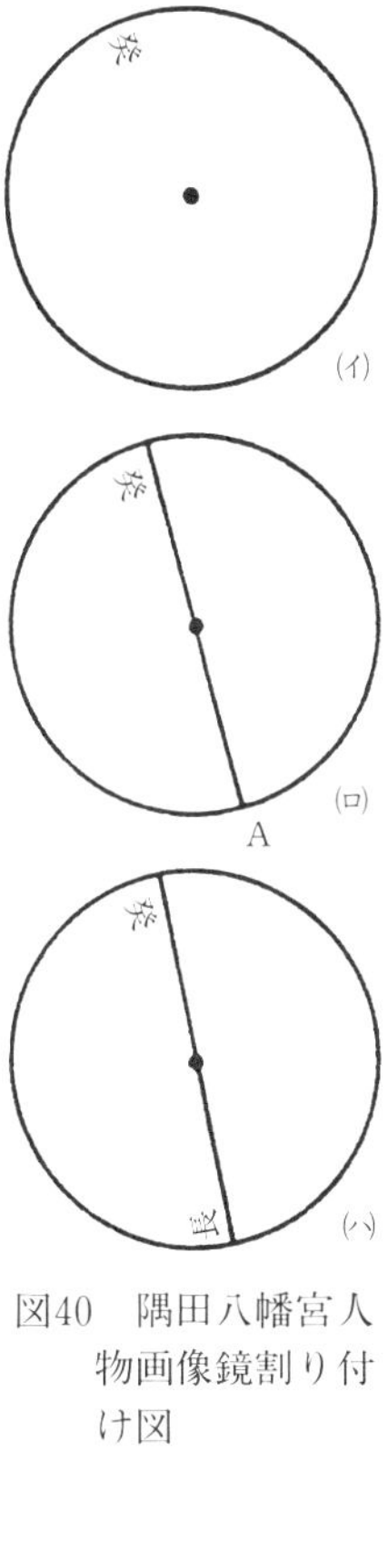

図40　隅田八幡宮人物画像鏡割り付け図

③「癸」の頭のあたりから鏡の中心に直線を引き、それをさらに反対の円周まで伸ばす（その交点をA）。↓図(ロ)
④図(ロ)の交点Aの左側に二四文字目の字「長」を入れる。↓図(ハ)
すなわち四八文字を二分化し、その二四文字の初めと終わりをおさえて記銘する方法をとったとみられる。

(3)　稲荷山古墳辛亥銘鉄剣

埼玉県行田市稲荷山古墳出土の鉄剣に刻まれた銘文は昭和五十三年（一九七八）、X線撮影によって発見された。鉄剣は長さ七三・五センチ、銘文は剣身の両面に金象嵌され、表に五七文字、裏に五八文字がある。銘文が金象嵌されている部分は切先の丸味の残る部分（実際は切先から約一・五センチほど下げた位置）から関の上一センチの間で五六センチあり、表五七字と裏五八字の起結を表裏で一致させている。

『埼玉稲荷山古墳』（埼玉県教育委員会、一九八〇年）によれば銘文の割り付けについて次のように解釈されている。銘文の一字一字の大きさは、まちまちで、字間も一定していない。銘文は正確に割り付けられたものでなく、鏑をほぼセンターにして若干左右に振れながら、横幅を意識して画数の多い字を長くし、字間で間隔を調整して書き手が字配りによって割り付けたものと思われるとしている。

しかし、稲荷山鉄剣は総数一一五文字、二分しても五八文字（表五七文字）もあることから、これをそのまま記載した場合は末尾で詰まったり、余白を生ずる結果を招きかねない。そうした破綻を起こさないためには、おそらく次のような割り付け方法がとられたのではないかと推測する。

表は、初めに記銘スペース五四・六センチの半分二七・三センチの位置を定め（二等分）、五八文字（実際は一字脱）の半分二九文字（後半は二八文字）をそのなかにそれぞれ配分して記している。その場合、全体的傾向をながめるならば、一〜二九文字までは、初め字間を詰め、後半字間をあけて調整し、三〇〜五八文字までは、反対に初め字

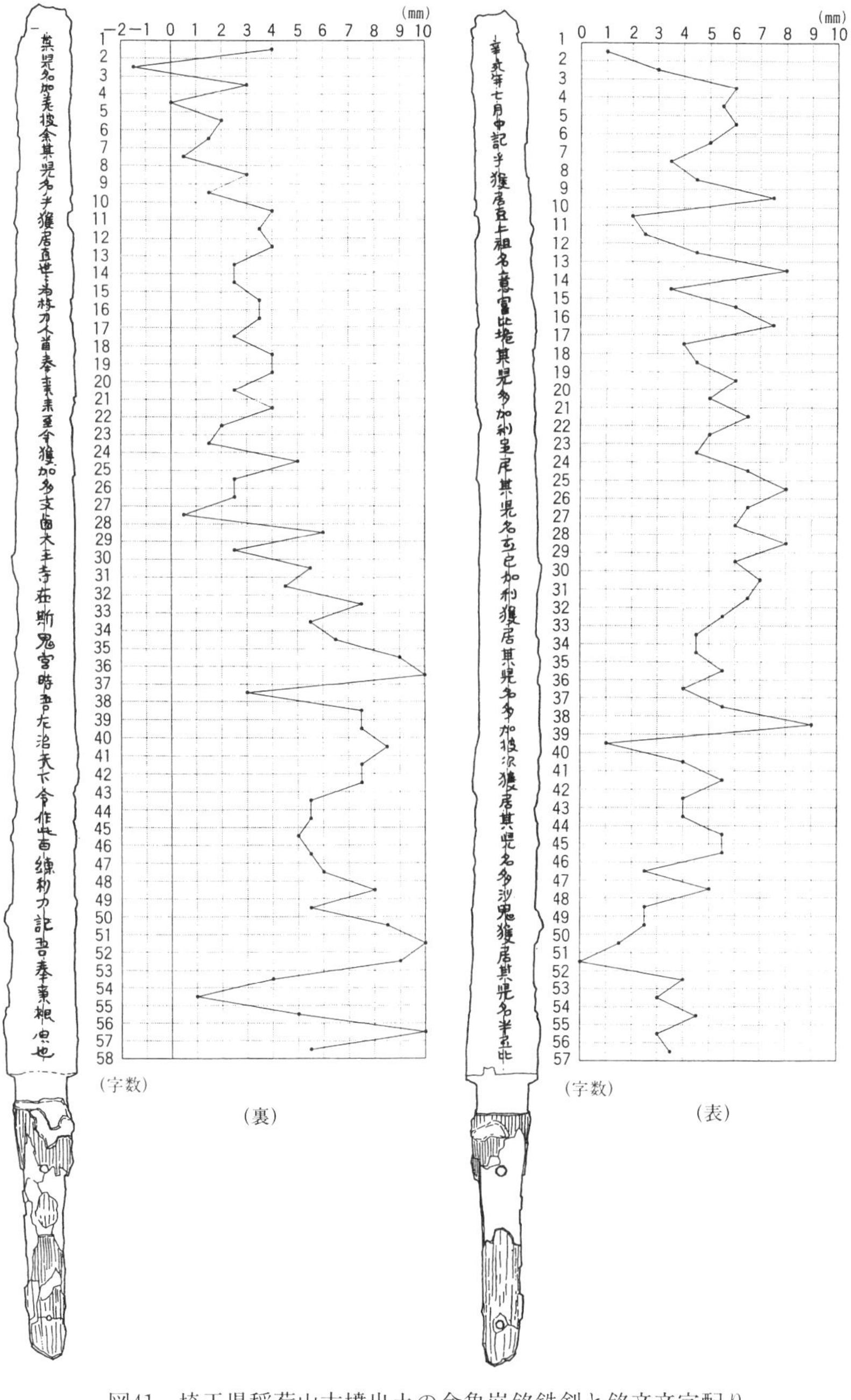

図41　埼玉県稲荷山古墳出土の金象嵌銘鉄剣と銘文文字配り

間をあけ、後半で字間を詰めて調整している。

裏は表のような二等分の割り付けを行なっていない。おそらくは、表の記載経験を生かして、フリーハンドで記載したと思われる。しかも表より一文字多いことを意識して、まず、五八文字の半分二九文字までは、字間を極端に詰めて書きはじめたが、そのために半分の位置で三二文字まで達したために、後半は字間をゆったりあけ、最後の五文字ほどで微調整を行っている。

稲荷山古墳の鉄剣は、表・裏合わせて一一五文字の長文を剣の中央・鎬部分に記している。これは、剣の身幅が狭く、鎬が不明確であることによるのであろう。稲荷台鉄剣も、一二文字という短文にもかかわらず、六文字ずつ表・裏に振り分け、表・裏の文字がそれぞれ鎬の向かって右側に刻まれている。

これまでは、稲荷山鉄剣の場合、「乎獲居」を中央の豪族と考え、杖刀人の首であった「乎獲居」から部下の杖刀人＝稲荷山古墳の被葬者に下賜されたものであるという説、江田船山鉄刀の場合は、ワカタケル大王から「无利弖」に下賜された大刀または无利弖を中央豪族と捉え、被葬者はそれをもらったにすぎないとみる説が有力な解釈であった。

しかし、稲荷山鉄剣や江田船山鉄刀の銘文には、直接的な授受関係を示す文言はない。稲荷山鉄剣は「乎獲居」が杖刀人（武官）の首として自らワカタケル大王に近侍したことを記念して剣を作らしめたことを記し、江田船山鉄刀は「无利弖」が典曹人（文官）として同じくワカタケル大王に仕えたことを記念して作刀せしめたことが記されているという解釈も成り立つのである。両者とも中国にも例をみない長文であることから、自らを顕彰する意図のもとに作刀せしめたものと理解できる。上記のような稲荷山鉄剣の銘文割り付けは、長文ゆえにあくまでもその破綻を防ぐための大まかな目安をほどこしたにすぎない。

それに対して、「王賜」以下が常用句と思われる稲荷台鉄剣の銘文は、むしろ東大寺山古墳鉄刀や七支刀の銘文構成に類似している。すなわち、稲荷台鉄剣はきわめて普遍的・抽象的な内容構成であるといえる。その場合、本鉄剣のような銘文は、ある特定された人物のために作文された内容ではなく、抽象的な内容ゆえに複数の同一銘文をもつ刀剣が存在したことを予測させるものであろう。厳密な割り付けは、複数の同一銘文をほどこした刀剣を想定すれば、当然の措置と理解できるのである。

二　碑文の姿・石材・彫り方

⑴　多賀城碑

近年の歴史学のめざましい進展にもかかわらず、金石文、そのうちでもとくに碑文研究は停滞傾向にある分野の一つであろう。歴史学の関心が碑文の釈文のみに片寄っているために、その周辺、たとえば石材、彫り方、碑の形状、割り付け、書体、字形などについての検討が比較的おろそかにされているのが現状である。

その点では、従来偽作説の強かった多賀城碑について、最近、筆者などが総合的検討を実施し、一定の成果を得ることができたと思われるので、ここで、その成果の一部を紹介し、今後の石碑に限らず、金石文研究の方向性を探ってみたい(4)。

松尾芭蕉が〝奥の細道〟の旅で、「壺の碑」を訪れたのは元禄二年(一六八九)五月八日であった。「ここに至りて疑なき千歳の記念、今眼前に古人の心を閲す」と碑を前にして大いに感動した。

この「壺の碑」とは、宮城県多賀城市の多賀城跡の外郭南門跡近くにある「多賀城碑」のことである。

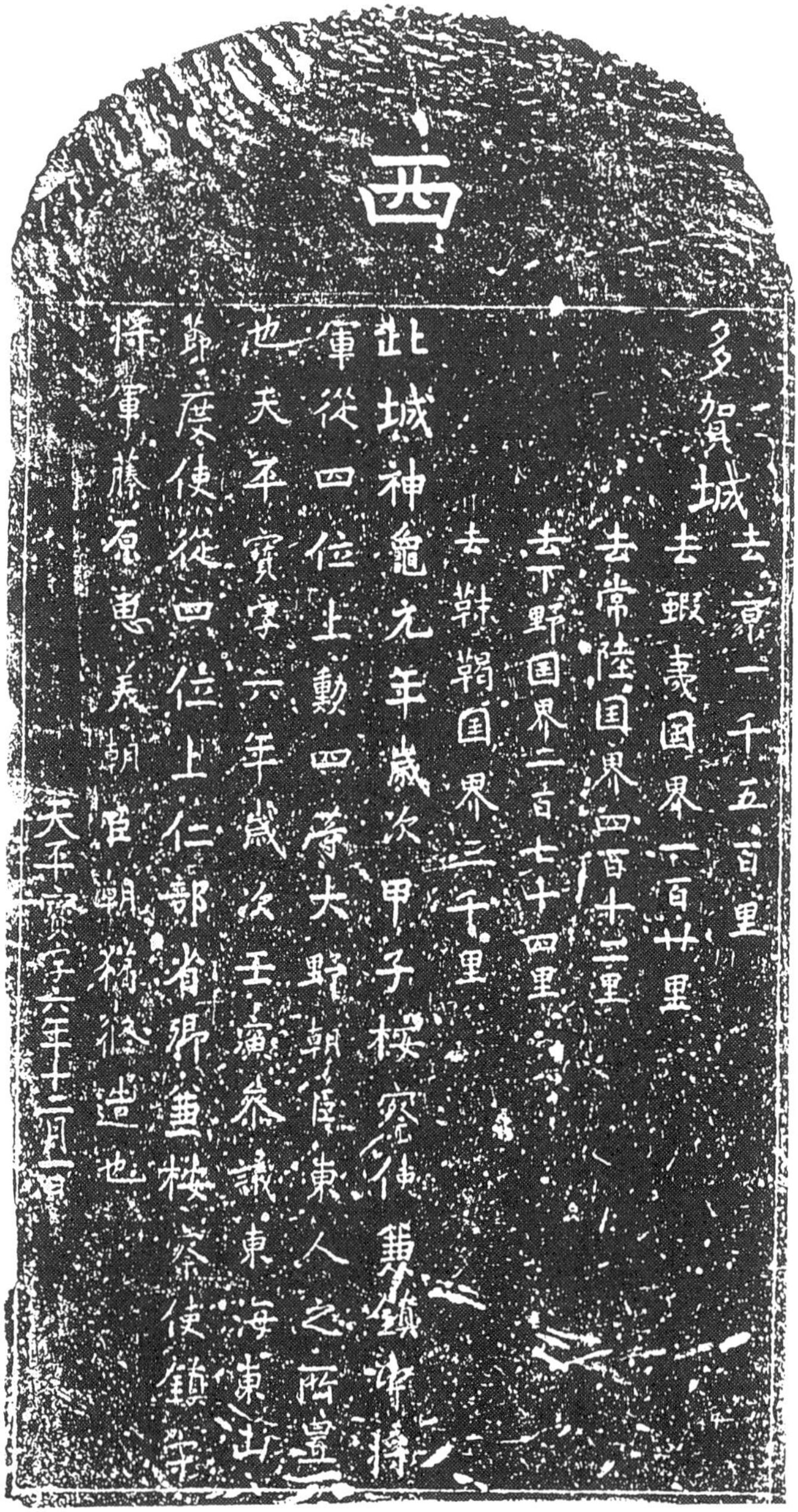

図42　多賀城碑の拓本

碑には、多賀城から京・蝦夷国・常陸国・下野国・靺鞨国までの距離が記され、ついで、多賀城が神亀元年（七二四）に大野朝臣東人によって建てられ、天平宝字六年（七六二）に藤原恵美朝臣朝獦が修造したことが記されている。

この碑は江戸時代の初めごろ、土中から発見されたといわれ、発見直後から歌枕として平安時代以来名高かった

「壺の碑」の名をもって呼ばれた。このほかにも、「末の松山」「野田の玉川」「浮島」「沖の石」などの有名な歌枕が、この碑の周辺に数多く存在し、これは仙台藩の名所整備政策にもとづくものであると考えられる。一方、約一世紀のちに隣の南部藩でも同様の歌枕を藩内に設置し、「壺の碑」は多賀城碑ではないと主張し、両藩の間で碑をめぐり激しい争いが起こった。

明治時代に入ると、多賀城碑自体の偽作説が現われ、①碑の形状と彫り方、②書体・書風、③碑文中の官位・官職、④碑文中の国号と里程などの記載内容に疑問が提示された。

以下、碑文内容をのぞいて、碑の形状・彫り方・書体・書風など、主として碑および文字そのものに関して偽作説とその反証をあげてみたい。

(2) 碑の形状

中村不折は「多賀城碑考」(『書道及画道』三―二、一九一八年)において、要約すると次のように述べている。

碑の形態は圭首であるが、これは漢碑に多く、唐代にはもうみない形式である。また、多賀城碑の圭首は遅鈍のものであって、鎌倉・室町の板碑の形式をとるつもりで江戸時代型のものができたように思われる。

しかし、この中村の見解は、古代中国の碑の形式についての不十分な把握から生まれたものといわざるをえない。古代中国の碑の形式について、簡単にまとめるならば、次のとおりである(水野清一「碑碣の形式」『書道全集』二、平凡社、一九五八年)。

後漢の二世紀後半ごろから建碑がさかんになり、碑形も一定する。すなわち、圭首か円首で、穿があり、板状をなす。円首の古い例としては、河平三年(紀元前二六)麃孝禹刻石がある。漢末魏・晋における墓碑の禁令の結果、墓碑は小さくなり、墓中に納められ、修理碑・記念碑の類は大きくなり、大碑の行われる基を築いた。南北朝時代(四

図43　日本の圭首の例（山形県立石寺如法経所碑）

二〇〜五八〇）は南朝を中心に円首が多いが、隋・唐には円首は少なく、唐代でできた新しい形式は大きな帽子をつけたような碑首で、蓋首と呼ばれる。

右のような中国の古碑の形式に照らすならば、多賀城碑の形状は中村不折がいう圭首ではなく、わが国には類例のない円首の類である。中国では漢代以来、円首と圭首の碑が併存し、円首の新しい例として大業七年（六一一）の修孔子廟碑や開元二十九年（七四一）の慶山寺舎利塔記碑などがある。文武四年（七〇〇）の栃木県湯津上村那須国造碑および和銅四年（七一一）の群馬県吉井町多胡碑はともに唐代でできた新しい碑の形式である蓋首に相当する。とくに多胡碑はその書風が中国六朝碑の面影を存しながら、碑形は中国当代の流行にならったといえよう。それに対して、多賀城碑は古代中国の伝統的な碑形である円首を導入した点、興味深いものがある。なお、参考までに古代の日本においては、圭首も珍しく、おそらく山形県山形市立石寺如法経所碑（天養元年〈一一四四〉）が唯一の典型的な例といえるであろう。

(3) 石　材

碑の石材については、早くは『史学雑誌』（一〇—四、一八九九年）所収の雑録欄「多賀城趾の図」の解説のなかで、多賀城碑の材質は砂岩であると記載されている。しかし従来は十分な調査も実施せず、専門的な知識がないままに、砂岩は軟質ゆえにとても一二〇〇年も保存に耐えかねるとして、現状の良好な保存状態から考えて、碑は近世の偽作であるという見解が一部に根強く聞かれた。群馬県吉井町の多胡碑についても、その材質が砂岩であることから、まったく同様の理由により、偽作説が唱えられたことがある。

この石材について、永広昌之氏（地質学）に調査を依頼した結果、次のような調査報告（要約）を得た。

〔野外での観察〕「多賀城碑」は比較的無層理で均質な細粒〜中粒砂岩から成っている。構成粒子としては石英および長石類が大部分を占めており、いわゆるアルコース（花崗質）砂岩である。

〔鏡下での観察〕砂岩を構成する粒子の分級度は中程度であるが、円磨度は低い。基質は一二〜一四パーセント程度を占めるが、このなかにはかなりの量の再結晶白雲母が含まれる。砂粒の大部分は石英および長石類（斜長石＞カリ長石）によって構成され、石英がやや多い。岩片としたものは、チャート、花崗岩質岩、片岩類、頁岩および砂岩などであり、その他としたものは、雲母類（黒雲母＞白雲母）、緑れん石、緑泥石、スフェンおよびその他の有色鉱物などから成っている。以上の砂岩粒子の組成と基質量とにより、この砂岩は長石質アレナイトに属する。

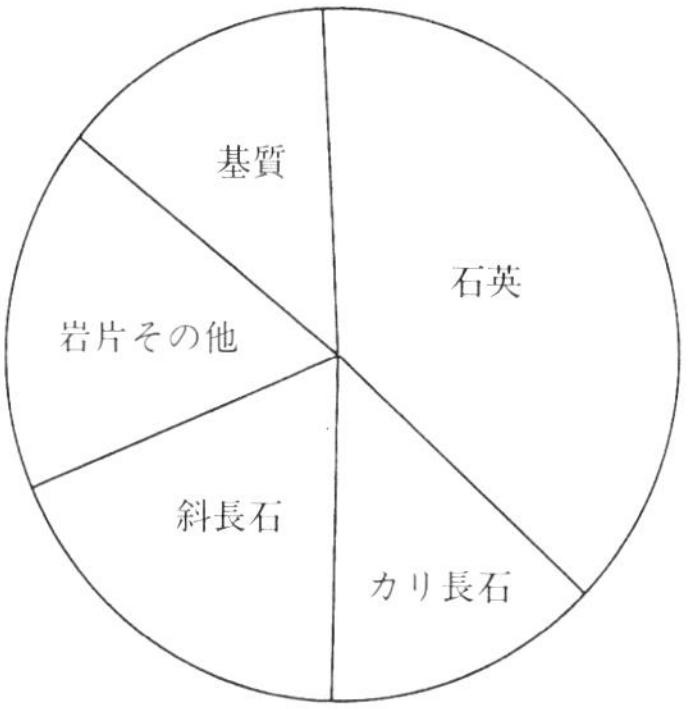

図44　砂岩粒子の組成と基質量（3試料の平均値）

地質学の専門的調査結果から、本碑は堆積岩である砂岩のうちでも、アルコース砂岩で、硬質ゆえに前記のような疑問を解消できるであろう。

(4)　彫り方

碑の彫り方について、田中義成は「東北地方旅行談」（『歴史地理』三一―三、一九二三年）のなかで、疑問を提示している（現行の仮名づかいに一部改めて引用）。

この時代における他の古碑を見ますと、大抵は、薬研彫りでなければ、俗にいう蜜柑彫りであります。我が邦にては、那須国造の碑、多

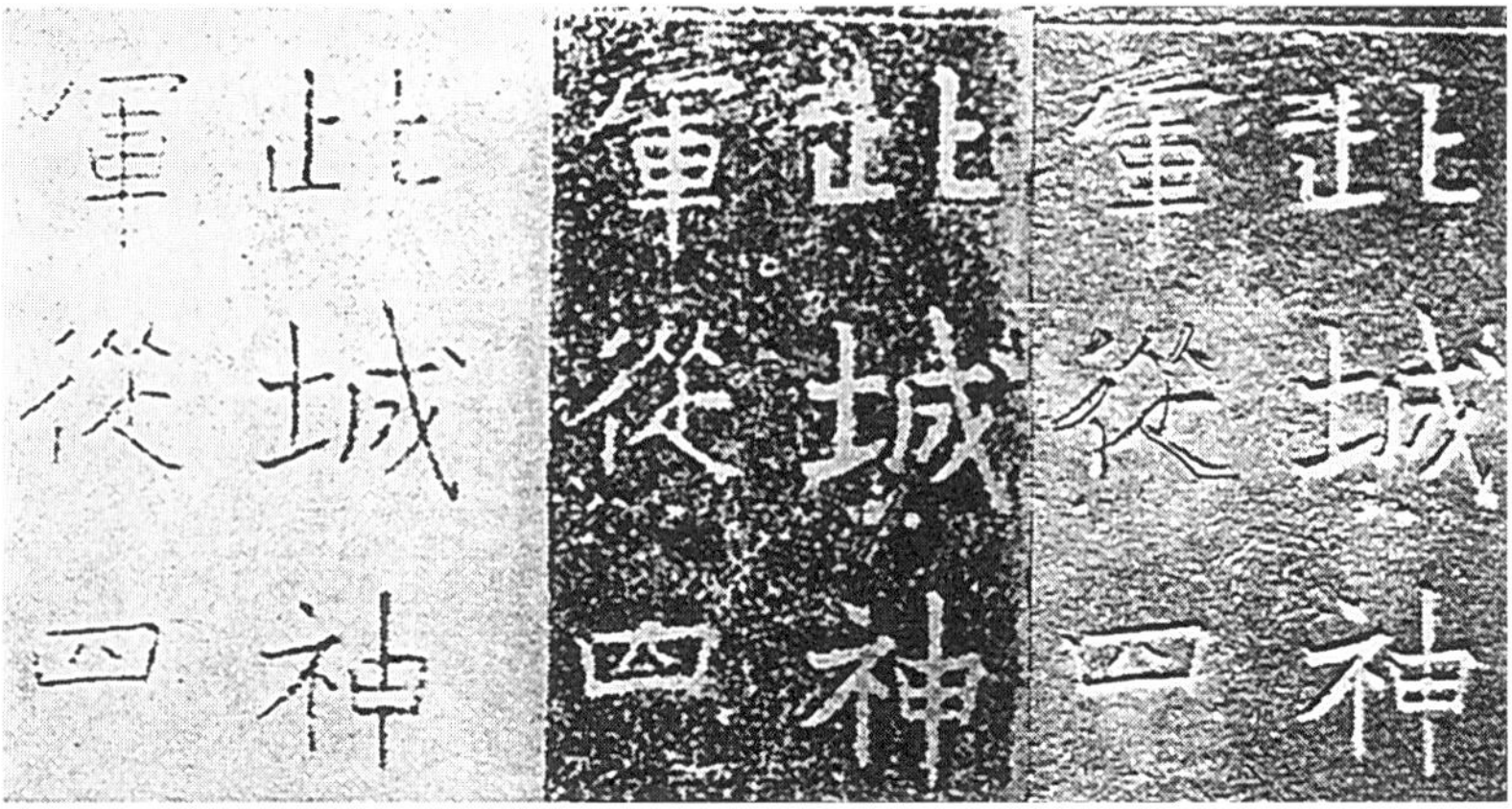

（彫底）　（拓本）　（写真）

図45　碑文の彫り方

胡の碑、または薬師寺の仏足の銘などは、即ち是れである。また、文科大学標本室及び帝室博物館、大倉美術館等に、隋唐の碑刻の実物が数多ありますが、その彫り方は、いずれも薬研彫りでなければ蜜柑彫りである。未だ曽て、多賀城碑の様な彫り方の碑を見ない。多賀城碑の彫り方は、俗に箱彫りといえるものにて深浅広狭なく、箱の様であるから、箱彫りというのである。清朝にては、この彫法が大いに行われ、今も猶、行われつつある様であります。彼此を比較研究して見ると、多賀城碑の方は、どうもその時代の彫法に叶わない様に思われます。

この田中義成の旅行談に対して、碑面の文字の彫刻について、宮城県多賀城跡調査研究所が行った詳細な調査結果は次のとおりである。

文字の彫り断面には二種類がある。A類は断面が丸味を帯びた、幅に比べて浅いV字形を呈するものであり、界線内の文字の多くはこの類に属する。B類は断面が幅に比べて浅い台形状を呈するものであり、この類の彫りは、第六行の「此城神亀元年甲」の七字と「子」「歳」は横画にのみ認められる。B類は彫り込みの底に平坦面ができ、字画幅もA類の文字に比べて大きいという点で、A類と区別ができるが、彫り込み内面には縦方向の擦痕が認められるので、彫刻方法はA類と似ていたと思われる。

A類は広義の薬研彫りの一種であり、B類は広義の箱彫りの一種であるともいえる。しかし、A・B類とも彫りの深さに差が認められず、しかも両類ともに彫り込み内に縦位の擦痕がみられることから彫刻刀様の工具でさらい彫りされたと考えられる。おそらく、A・B類とも同時に彫られ、全体としては、彫りは浅いが、薬研彫りを思わせるものである。

(5) 書　体

多賀城碑の文字は、近世には、書家細井広沢などは、みずから模刻して法帖を作り、書の範として頒けたりしたのであるが、明治時代になると、書としての評価も変わってきて、集字碑だという説が有力になってきた。

中村不折は、前掲の「多賀城碑考」を発表し、多賀城碑の一字一字について集字の典拠を明らかにしようとした。唐碑から来たもの、本朝の碑文鐘銘などから来たもの、系統の明らかでないものの三種に分けている。

黒田正典氏が多賀城碑の文字を筆跡学的に分析して、中村説を批判している。これは、筆跡学的観点から多賀城碑の文字を観察調査して、碑の文字が双鈎（点画の外辺に沿い細線を引き、中を空白にして写しとること。籠写し）集字ではなく、一人の人物によって書かれた一貫した筆跡であることを明らかにした。

その根拠の一つは碑の文字の太さの問題である。黒田氏は各文字の最も太い画を選び、その画の起筆にすぐ続く送筆部の太さをその文字を代表する太さとして計測をした。その結果は次のとおりである。

まず、この碑文が「多賀城」から書きはじめられて、第一行、第二行と書き進み、第六行は碑額の「西」「此城」という順に書き、あとは行を追って順に書いたと仮定する。次に、この順序に六字ずつを一群にして順次文字群を作る。「西」字だけは一字一群扱いとして、一四一字を二五の文字群に分ける。その文字群ごとの太さの平均値は図46

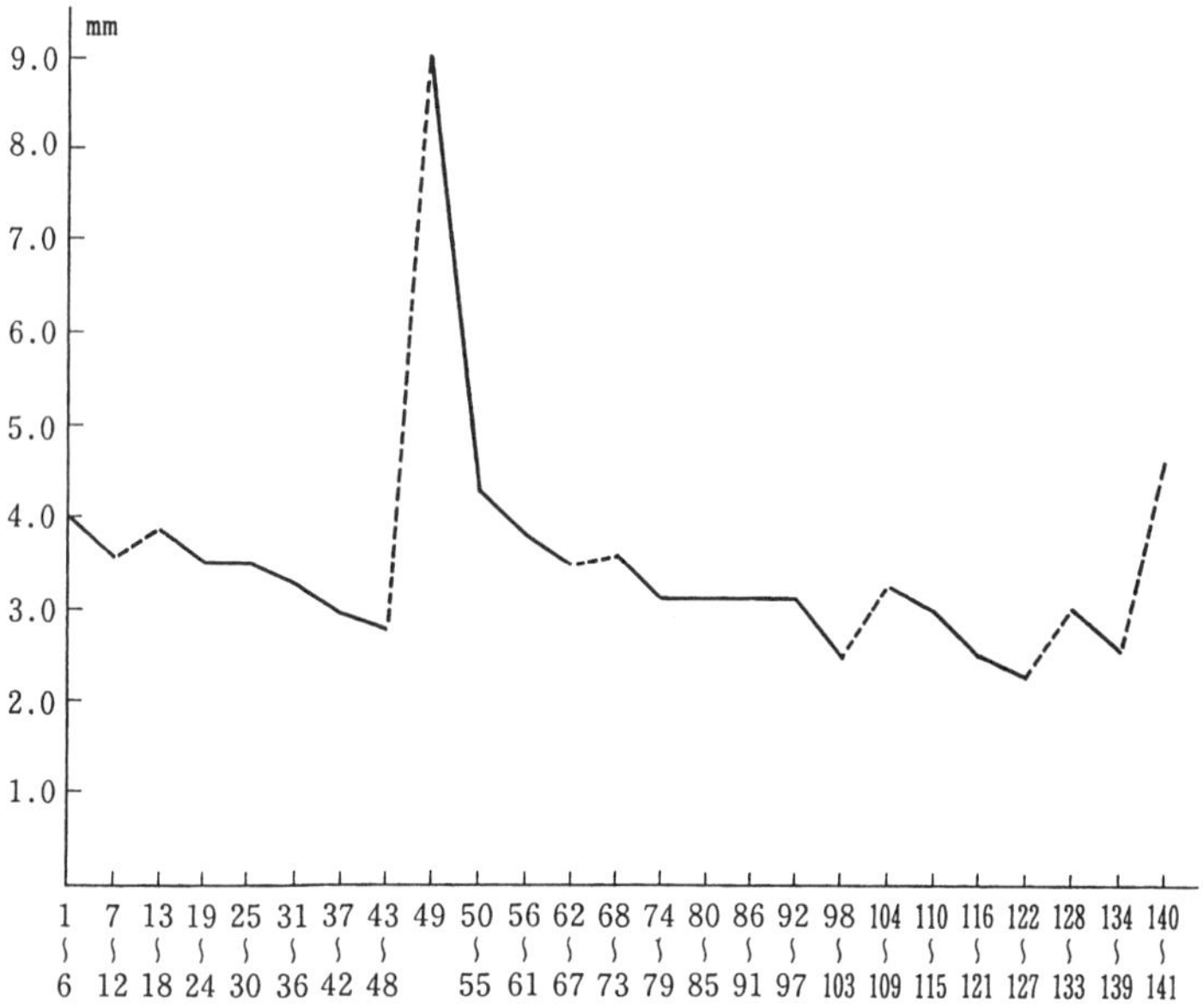

図46　多賀城碑の文字の太さの変化

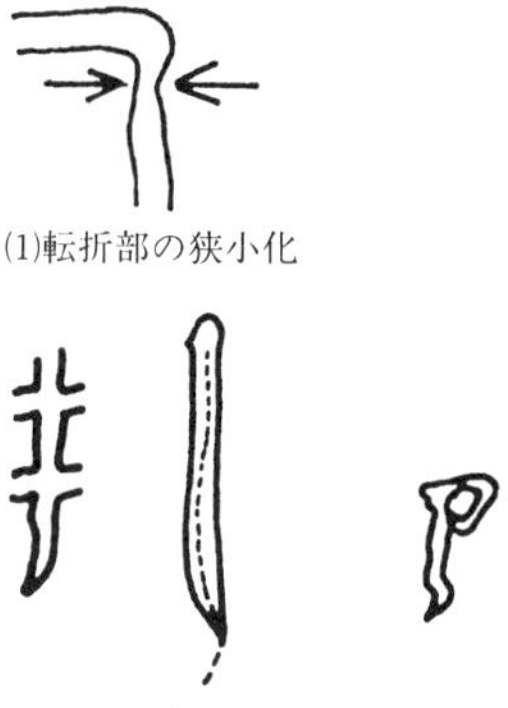
(1)転折部の狭小化
(2)懸針の特徴
図47　文字の線質

のようになる。文字の太さの急増漸減の傾向がみられるが、これは、筆に墨を含ませた直後は文字が太く、書き進むにつれてしだいに細くなり、そこで墨継ぎをして急増漸減を繰り返すのである。「西」はともかく、「此城」以下の六字の太い現象も、六字の真上の「西」字を書いた筆で、引き続きこの六字を書いたと解する。

このように碑文が書き進められたとすれば、それは一字一字双鉤集字をしていく過程とはまったく異なるものであろう。すなわち、碑文が双鉤集字ではなく、一人の人物の一貫した墨書とみられるのである。このほかにも、文字の線質に関する観察によって、転折部の狭小化や送筆の不完全さを示す懸針の特徴が見受けられる（図47）。

黒田氏は、古法帖や碑拓の文字と比較した結果、多賀城碑の文字には、天平宝字以後の文字に似たものもいくつかみられるけれども、王羲之風や六朝風の文字が豊富に現われており、和様の書風が仮名の形成と平行して現われる以前の筆跡を思わせるものとみている。また、これを双鉤集字ではなく、フリーハンドで書いたことからすると、多くの名筆のテキストに接することのできる立場の人物で、上記のような筆使いからみて職業的書家ではないと判断した。

三　墨書土器の部位・字形

(1)　集落遺跡と墨書土器

古代の集落遺跡から出土する墨書土器は、古代の村落社会を解明する有力な資料である。墨書土器に関して、最近、多量に出土している遺跡単位および各都道府県単位に集成作業が実施され、その成果が次々に公刊されている。こうした集成作業は、今後の墨書土器研究の基礎を成すものとして欠かすことができない。

一方、これらの集成された資料をもとに官衙・集落遺跡の別を問うことなく、墨書内容を分類し、それぞれの意義について概括的に論じたものも最近目立っている。各地の発掘調査報告書においても、こうした傾向が認められる。ただ、このような研究の多くのものは、遺跡の性格や時期別、さらに分布状況などの検討を十分に経ることなく、墨書土器の内容分類に力点が置かれすぎているといわざるをえない。これまで一般的に行われてきた墨書内容の分類には、主なものとして、①官司・官職名、②人名、③地名、④吉祥句、⑤土器の器種、⑥方角、⑦数字、⑧習書などがある。

墨書土器は一般的には、一字ないし二字程度しか記されていない。官衙であれば、一字ないし二字の墨書銘も、フルネームの墨書土器との関連、さらには文献史料や他の出土文字資料（木簡など）を参照することにより、それぞれの墨書が施設名・職名・人名などのいずれを指すものかおおよそ推測できるであろう。

ところが、集落の場合、一字の墨書土器が圧倒的に多く、個々の墨書を取り出して、意味内容を推定することは難しく、前掲のような分類作業はあまり有効とはいいがたい。一字の墨書銘が一字のみで完結した意味を表わしているのか、二字以上の文字の省略形であるのかは、集落遺跡においては墨書土器一点一点を取り上げた場合、判断を下す材料がない。とはいえ、文献史料ではほとんど知りえない古代集落の具体相について、日常使用の食器に墨書された文字がその解明の重要な手がかりを与えてくれることは間違いない。無限の資料的価値を秘めた墨書土器を集落分析の有効な資料として活用するためには、墨書土器をそれぞれの集落遺跡の現場に再び戻し、集落形態およびその変遷のなかで、捉えなおす必要がある。また、墨書された土器そのものの観察と、墨書の部位・字形などの詳細な検討も併せて行わなければならない。

ところで、墨書土器は、官衙においては、多くの場合、他の土器との識別を目的としてその帰属を示すものとされている。集落においても、こうした官衙の墨書土器の性格の模倣であるといえる。しかし、集落における墨書土器のなかには、次のようなケースも想定しなければならない。集落全体または各住居単位内での祭祀や儀礼に際して、土器に墨書することも十分に考えられる。この場合は、祭祀の終了時に廃棄される可能性が高く、きわめて短期間の使用目的のケースといえるであろう。

一方、検討対象となる遺跡は、墨書土器の絶対量および墨書内容の種類の豊富なことが望ましい。すなわち墨書土器の研究方法は数量的に豊かなもののなかで検討し、そこで抽出した方法論を他の数遺跡で検証し、確立しなければならない。その後に、墨書土器の出土例の少ない集落およびまったく墨書土器を伴わない集落との比較検討を実施する必要がある。その結果として、ほとんど単一の文字のみしか有しない集落や墨書土器を伴わない集落の存在意義もおのずと明らかになるであろう。その点では、最近の研究動向として、全国の研究者の眼が膨大な墨書土器を出土する関東地方の集落遺跡に集中しているのもうなずける。

(2) 村上込の内遺跡の墨書土器

以下、集落遺跡の例として、千葉県八千代市村上込の内遺跡を取り上げたい。この遺跡は、常総台地の典型的な集落遺跡であり、八世紀に入り集落が形成され、五時期の変遷を経て、九世紀末でほぼ集落が台地上から姿を消すというい わば単純な集落形態と変遷とを有し、しかも二五〇点近い墨書土器という豊富な点数と約三〇種にも及ぶ文字内容を含んでいることから、恰好の分析対象となる（本書第四章二参照）。

遺跡全体の三分の二が調査され、八世紀前半から九世紀末（第I〜V期）までの竪穴住居跡約一五五軒、掘立柱建物跡約三〇棟が検出された。台地中央に約六〇×六〇メートルの広場があり、その広場を囲むように五ブロックに集落が形成されている（図48）。

各期の墨書土器の傾向を通観すれば、次のようになる。

第I〜III期は墨書土器が少なく、大半は線刻の記号をもって記されている。そのなかでは第II・III期を通じて、広場の南・D区の「毛」が注目される。村上遺跡の墨書土器は九世紀半ばごろ、D区の「来」の登場とともにその盛期を迎える。第IV・V期（九世紀半ば〜後半）を通じて、おそらく台地上の集落全域に墨書土器が広がり、しかも各区それぞれ固有の文字をもって墨書していることがわかる。そのなかでも「毛」と「来」が際立っている。しかも両者にはいくつかの対比すべき点がある。

① 「毛」三〇点と「来」九八点と、数量的に他を圧している（全体の約五二パーセントを占める）。

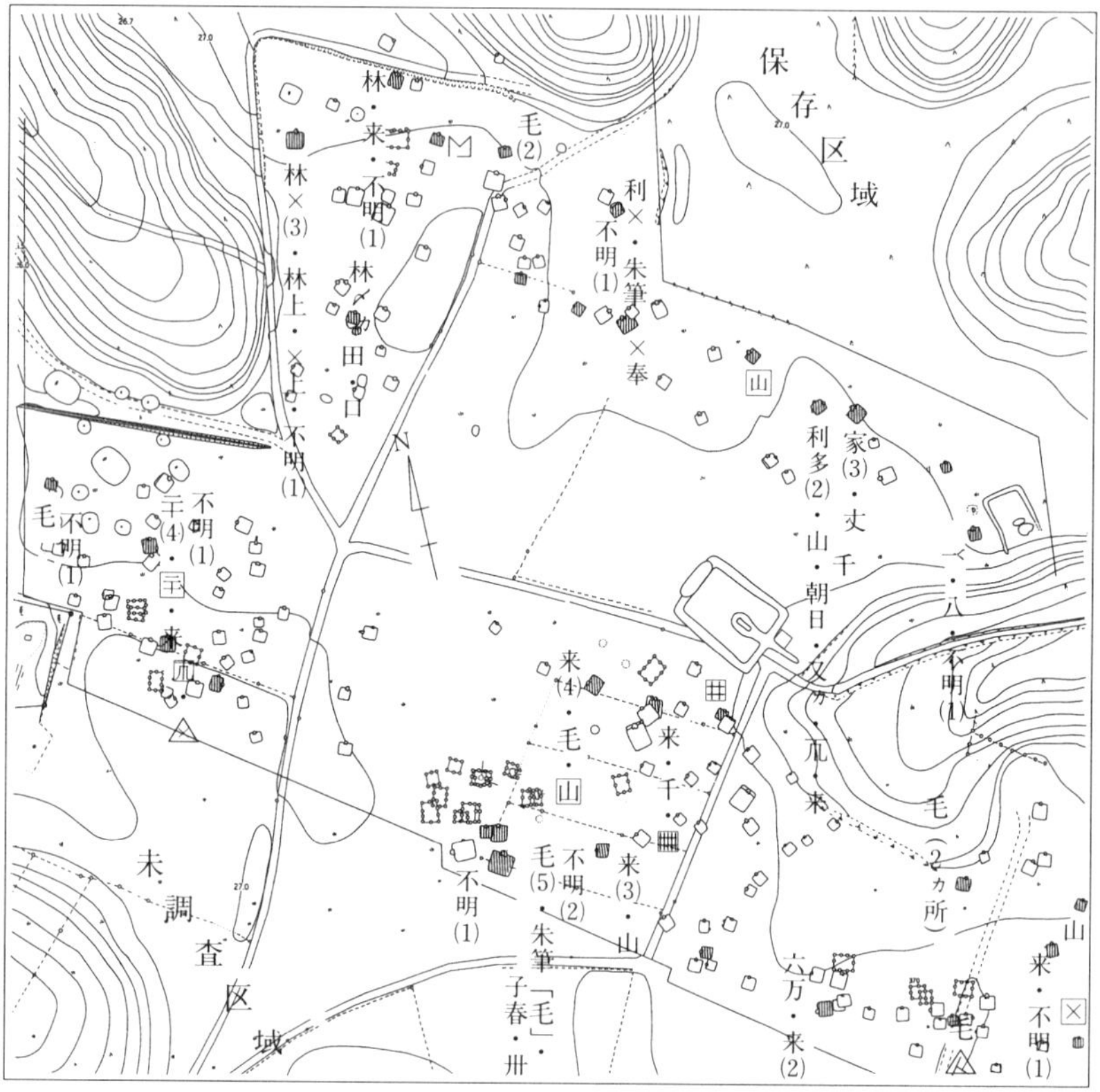

図48　村上込ノ内遺跡第IV期の墨書土器分布図

② 本集落内の先駆的墨書の一つは「毛」である。

③ 「毛」は第II期（八世紀半ば）から第V期（九世紀後半）まで、各期にみられる。一方、「来」は第IV期（九世紀前半）以降に初めてみえる墨書である。

④ 「毛」は第II期から終始広場の南に占地し、第IV期以降、「来」もまた同様である。この地区は掘立柱建物の集中するおそらく集落の中心的な役割をもったところである。

⑤ 他の各区の代表的墨書（「林」「干」など）が各区それぞれに限定されているのに対し、「毛」は第IV期、「来」は第IV・V期にそれぞれ集落全体に分布している。

以上のように、きわめて対比的な「毛」と「来」について、さらに墨書の部位と用筆法の二面から分析を試みる。

(3) 墨書の部位

墨書の部位は一般的には次のようなケースが考えられる。

〔坏・皿〕
- 底部
  - 外面
  - 内面
- 体部―外面
  - 正位
  - 横位
  - 倒位

〔蓋〕
- 蓋身
  - 外面
  - 内面
- ツマミ

本遺跡における墨書の部位は他の遺跡同様に坏形土器の底部外面および体部外面に正位で記すものが圧倒的に多い。しかし、少数ながら、体部外面に横位で記した一群に着目してみたい（表1）。

横位墨書のなかでも、まず「毛」が目立つ。「毛」は本遺跡の各期合わせて三〇点あるが、そのうち二八点が横位である。本集落の先駆的な墨書・第II期の「毛」がすでに体部に横位で記され、それ以降第V期まで継承されている。横位でない一点は、第IV期のB区の北西はずれの〇一五号住居跡から出土したものであるが、共伴のもう一点の「毛」は体部に正位と横位の中間と判断できそうな書き方であるのも興味深い（図50）。「子春」、「丫」（記号的ではあるが）はともに「毛」を最多量に出土する一五五号・一六四号住居跡から検出されている。

一方、「来」は総点数九八点中わずか三点のみ横位である。しかも三点とも、皿形土器に限られる。皿形土器はその器形から蓋と同様にしばしば横位の記載がみられる。「利多」も、総点数六点のうち三点が横位であるが、「来」同様皿形土器と蓋外面という土器の器種にもとづく横位記載である。このように、「来」「利多」の部位については底部外面および体部外面正位に記すものが圧倒的であり、「毛」の一群との鮮やかな違いを示している。

表1　体部・横位・墨書

	総点数	横位	坏以外		時期	住居跡群（区）	出土住居跡
			皿	蓋			
毛	30	28	1		III・IV・V		
子春	2	2			164住－IV 155住－V	D	155住・164住
一く	1	1			V	D	155住
太	1	1			III	D	115住
来	98	3	3		V	D	093住・096住
利多	7	3	1	1	V	039住－B 128住－D	039住・128住
×奉	1	1			IV	B	038住
亓	1	1			IV	B	045住B
丈	2	2			IV	B	046住・149住
干	4	4			IV	C	070住
古	2	2	1		V	E	136住
手	1	1			II	C	085住

註　平川南・天野努・黒田正典1989より。

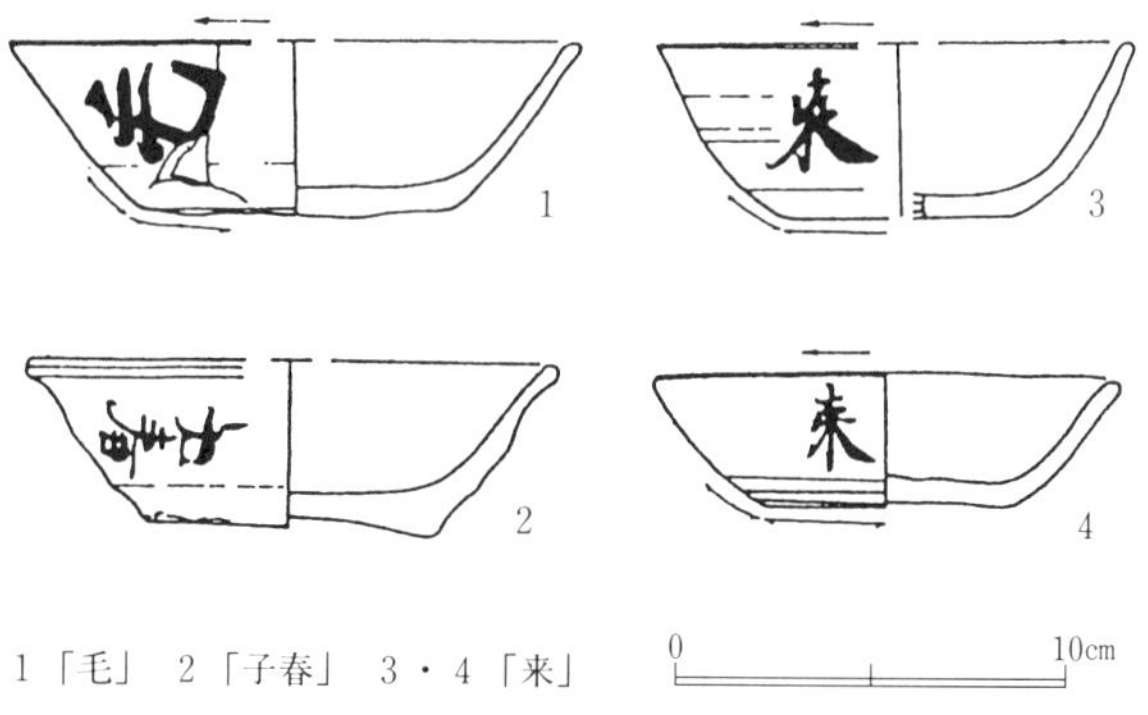

1「毛」　2「子春」　3・4「来」

図49　横位と正位

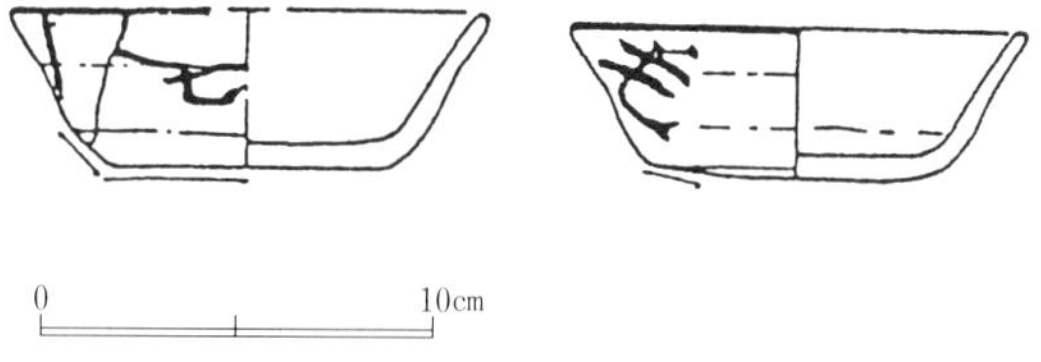

図50　正位「毛」

(4)　用筆法と字形

村上込の内遺跡の墨書土器全般にわたり、優勢な用筆の特徴は中鋒・直筆である。中鋒は筆の穂の先端が字画の輪郭線の中央近くを通るような筆使いであり、直筆は筆の軸が紙面に垂直に近い状態で運筆がなされるような筆使いであって、直筆は中鋒が生ずる条件となるものである。中鋒で書かれた字画は強い筆力として、あるいは剛直な線として印象づけられる。「来」「利多」「家」などの大多数の墨書は中鋒的用筆法である。

一方、「毛」は、筆の軸を紙面に対して斜めにして書く側筆という用筆法で書かれている。この側筆は穂の先端が輪郭線の片側を走るような筆使いである。

この筆使いの違いは、おそらく、「毛」と「来」は異なる筆法を訓練した異なる集団であることを示唆しているのであろう（図51）。

以上の点を総合して判断を下すならば、本集落の形成期（八世紀段階）の指導的役割を果たしたのは、「毛」と墨書した集団と考えられ、九世紀前半、「来」の墨書の登場とともに本集落の墨書土器の盛行期を迎えた。そして、第Ⅳ期からは指導的立場が「来」を表記する集団へと交代したことを読み取れるのではないだろうか。

ところで、これまで墨書土器は、文字の普及の指標として捉えられてきた。その検討も含めて、これからは集落遺跡における墨書土器の意義は何かという大きな課題について新たな視点から考察する必要があるであろう。たとえば、墨書土器の字形を中心にみると、次のような点が明らかになる（本書第四章三参照）。

① 墨書土器の文字は、その種類がきわめて限定され、かつ東日本各地の遺跡で共通して記されている。

② 共通文字の使用のみならず、墨書土器の字形も、各地で類似している。しかも、本来の文字が変形したままの字形が広く分布している。

③ 中国で考案された特殊文字——則天文字——さらには篆書体などが日本各地に広く普及し、しかもそれに類す

図51　用　筆　法

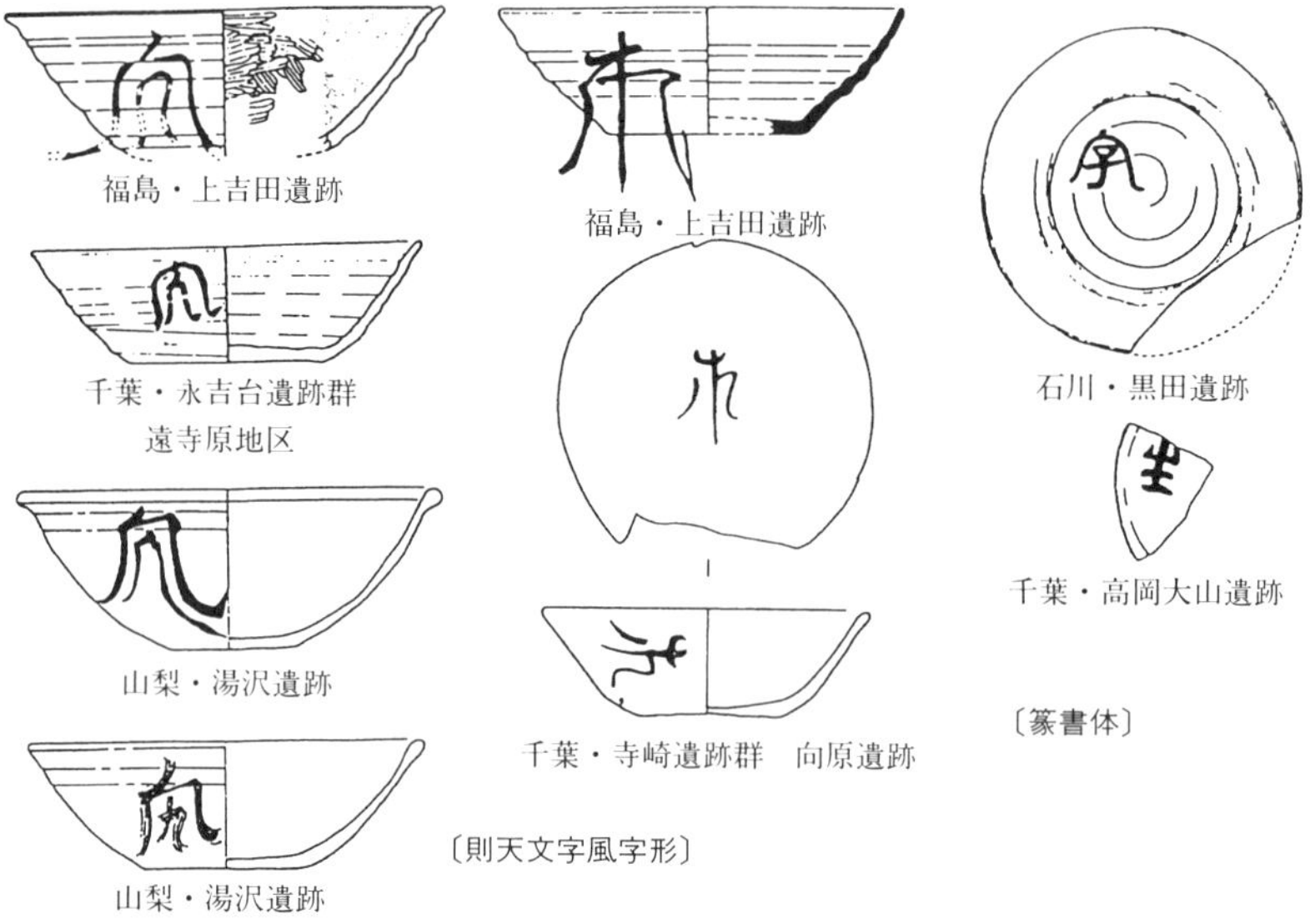

図52　特殊字形

るようなわが国独自と思われる特殊な字形の文字を生み出している（図52）。

限定された共通文字は、東国各地の農民が会得した文字を取捨選択して記したものでないことを示している。また変形した字形や則天文字・篆書体などの影響を受けたわが国独自に作成した特殊文字が広範囲で確認されている。

以上の点からは、当時の東日本各地の村落において、土器の所有をそうした文字（記号）で表示した可能性もあるが、むしろ一定の祭祀や儀礼行為などのさいに、土器になかば記号として意識された文字を記す、言い換えれば、祭祀形態に付随し、一定の字形（なかば記号化した文字）

が記載されたと考えられるであろう。このように、字形を中心とした検討結果からは、集落遺跡の墨書土器は、古代の村落内の神仏に対する祭祀・儀礼形態を表わしており、必ずしも墨書土器が文字の普及のバロメーターとは直接的にはなりえないと考えられる。

四　資料の製作・機能・廃棄

屋代遺跡群は、長野県更埴市屋代・雨宮に所在しており、千曲川右岸の自然堤防上から後背地側に立地している。平成六年（一九九四）、⑥区と呼ばれる調査区の溝から、祭祀などに用いられた大量の木製品に混じって木簡一二六点が出土した。⑥区の調査では、木簡が出土した溝の土層を北側の同時期の水田跡に対応させて、現代の地表面に近いほうから順に、第二水田対応層（九世紀中ごろ）、第三水田対応層（八世紀前半）、第四水田対応層（八世紀初頭前後）、第五水田対応層（七世紀後半から八世紀初頭前後）と呼んでいる[5]。

(1) 資料の製作

第三水田対応層からは七六点の木簡が出土している。その形状は短冊型、剣先型、切込型と、短冊型もしくは剣先型に相当する木簡から構成される。

剣先型

六四号「□大□□□□□」　二一〇×一九×三　〇五一

七三号「□(舟)山柏寸里物マ乙見女」　一七五×二〇×二～五　〇五一

七五号「小長谷マ□鳥麻呂」　一八九×一六×二　〇五一

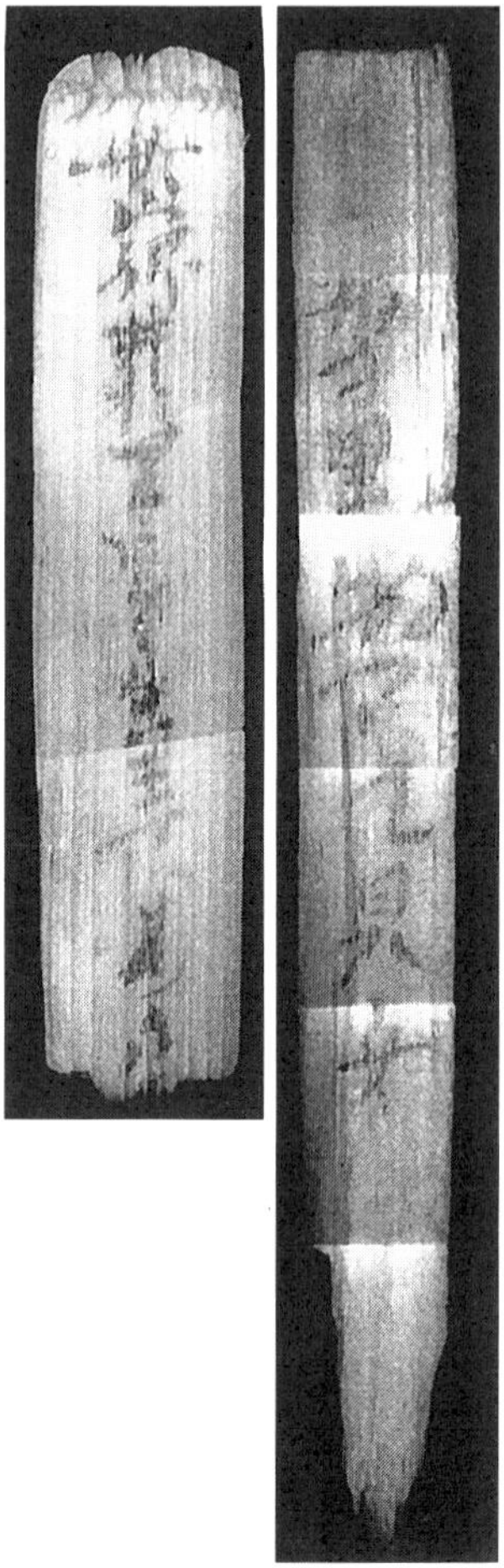

図53　屋代遺跡群木簡付札（左＝90号，右＝73号）

七九号「船山□」　一九三×一八×五　〇五一

九一号「倉科郷□〔方〕□里□」　（一七三）×一二×四　〇五一

剣先型の下端をもつ木簡で、頭部の形態が直頭形のもののうち、とくに九一号は倉科郷からもたらされた付札であり、この上端の調整技法は等信郷記載をもつ六二号（用途不明の木製品に転用）と共通する。また六四号・七三号・七五号・七九号は形態が類似し、法量も近似する。さらに、いずれも片面のみに文字が書かれ、文字の書かれない面は調整されていないという共通性をもっている。

剣先型木簡はすべて湧水坑が埋め戻されたあとのSD七〇三〇溝の堆積層から出土しており、なかでも七三号・七五号・七九号は廃棄層が同一であり、形態の類似性から同一の製作集団の可能性が想定される。とくに七三号と七九号はどちらも舟（船）山郷記載の付札である。

短冊型

九〇号・「船山郷井於里戸主生王マ小萬戸口

・「　　養老七年十月　　（一二五）×二五×二　〇一九
一〇〇号「船山柏村里戸主他□□（田舎）人八□」　（一五〇）×二二×二〜四　〇一九

一方、九〇号・一〇〇号は同じ船山郷名をもつ木簡のうち直頭形で、キリ・オリ（切り目を入れて折り取る方法）痕跡を残しその数ミリ上を調整する技法がみられ、廃棄も前述のグループと時間的に近い。

このことから、技法の特徴を集団（もしくは個人）にあてるならば、同じ舟（船）山郷内にこの時期、七三・七五・七九号の技法で木簡を製作する集団（個人）と九〇・一〇〇号の技法で木簡を製作する集団（個人）の二者が存在した可能性が指摘できよう。

(2) 資料の機能

近年、古代史研究の大きな課題の一つは、地方豪族と農民との間の支配関係の実態を明らかにすることである。その末端行政を物語る資料として最近注目を集めているのが、郡符木簡である(6)。郡符木簡とは、公式令の符式にもとづき、郡司がその管下のものに命令を下すさいに用いた木簡である。したがって、その差出（郡司）と宛所（里長・郷長など）は、基本的に律令制の行政組織に準拠している。

一一四号「
・符　屋代郷長里正等　　敷席二枚　鱒□升　芹□
　　　　　　　　　　　匠丁粮代布五段勘（ママ）夫一人馬十二疋
　　　　　　　　　　　□（神）宮室造人夫又殿造人十人
・「□持令火急召□□者罪科　　少領　　（三九二）×五五×四　〇一九

信濃国埴科郡司からその支配下の屋代郷の郷長およびその下の里正（郷の下に二〜三里が置かれ、その里の責任者）に対して、物品（敷席〈席〉、鱒、芹など）と建物造営人夫などの徴発を命じたものである。律令の書式に従いながも、その命令内容は在地における伝統的な支配関係に強く依拠したものであるという特色が指摘できる。

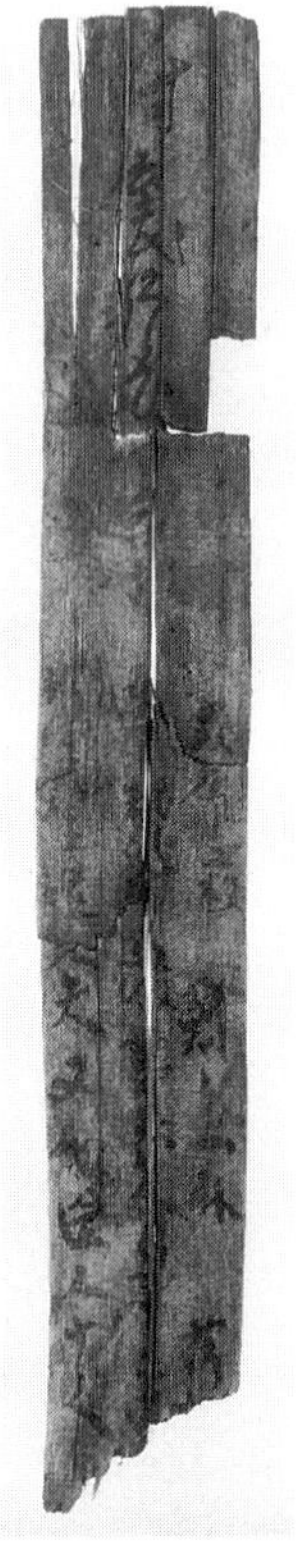
図54　長野県屋代遺跡群「郡符木簡」

郡符木簡一般の重要な特徴は、命令を受けた責任者（宛所）が木簡を携行して召喚人等を引きつれて召喚先におもむき、郡司等の点検を受け、その後そこで木簡が廃棄される点である。この点から郡符木簡の出土地点は、郡家またはその関連施設とみなすことができるのである。

この郡符木簡は、ほとんど二、三片に折って廃棄されているが、出土後に接合すると長さ六〇センチ前後、古代の尺度でいえば、ちょうど二尺に相当する大型木簡となる。持ち運ばれる木簡としては、過所（関所の通行証）の二尺二寸に次ぐものである。郡符が大型であることは、過所的な機能を持ち合わせていることによるのであろう。さらに、もう一つの大型化の要因は、郡符の下達文書としての機能にあるといってよい。中国の漢簡は、通常の文書の長さを一尺とし、皇帝の命令書は「尺一詔」と呼ばれ、一尺一寸とした。また『史記』匈奴伝によると、漢帝が匈奴単于に与える書が一尺一寸のものであったので、当時、軍事的・外交的に優位であった匈奴単于は一尺二寸の簡を使って返書を送り、ここでも優位を示そうとしたという。こうした漢簡の特質は、わが国においても少なからぬ影響を受けたと考えられる。大型の郡符木簡は在地社会における郡司の絶対的優位性を誇示するために用いたと解することができよう。

(3)　資料の廃棄

屋代遺跡群出土木簡のうちもっとも入念に、使用後の切断が行われているものは一一四号の郡符木簡である。まず、

「符　屋代郷長」の宛所部分に裏面左側から刃物を入れ、上からのサキと組み合わせて五分の一破片が切り取られる。さらに刃物を入れて細かく幅約一センチに均等に割っている。この念入りな頭部の切断は、「符　屋代郷長」の箇所に限られる。郡司の発行した郡符は郡内で最高に権威あるもので、下部の文字を削ってしまえば、再利用も可能である。そこで郡符の悪用を防ぐために、差出と宛先の肝心な部分のみ丁寧に切断したのであろう。古代版シュレッダー方式というべきかもしれない。この行為は、宛先ではなく、符の差出人の手によるものとしか考えられない。

結局、木簡の廃棄状態は、郡符木簡がやはり宛先で廃棄されずに差出または召喚先に戻ってくるという事実を物語っている。

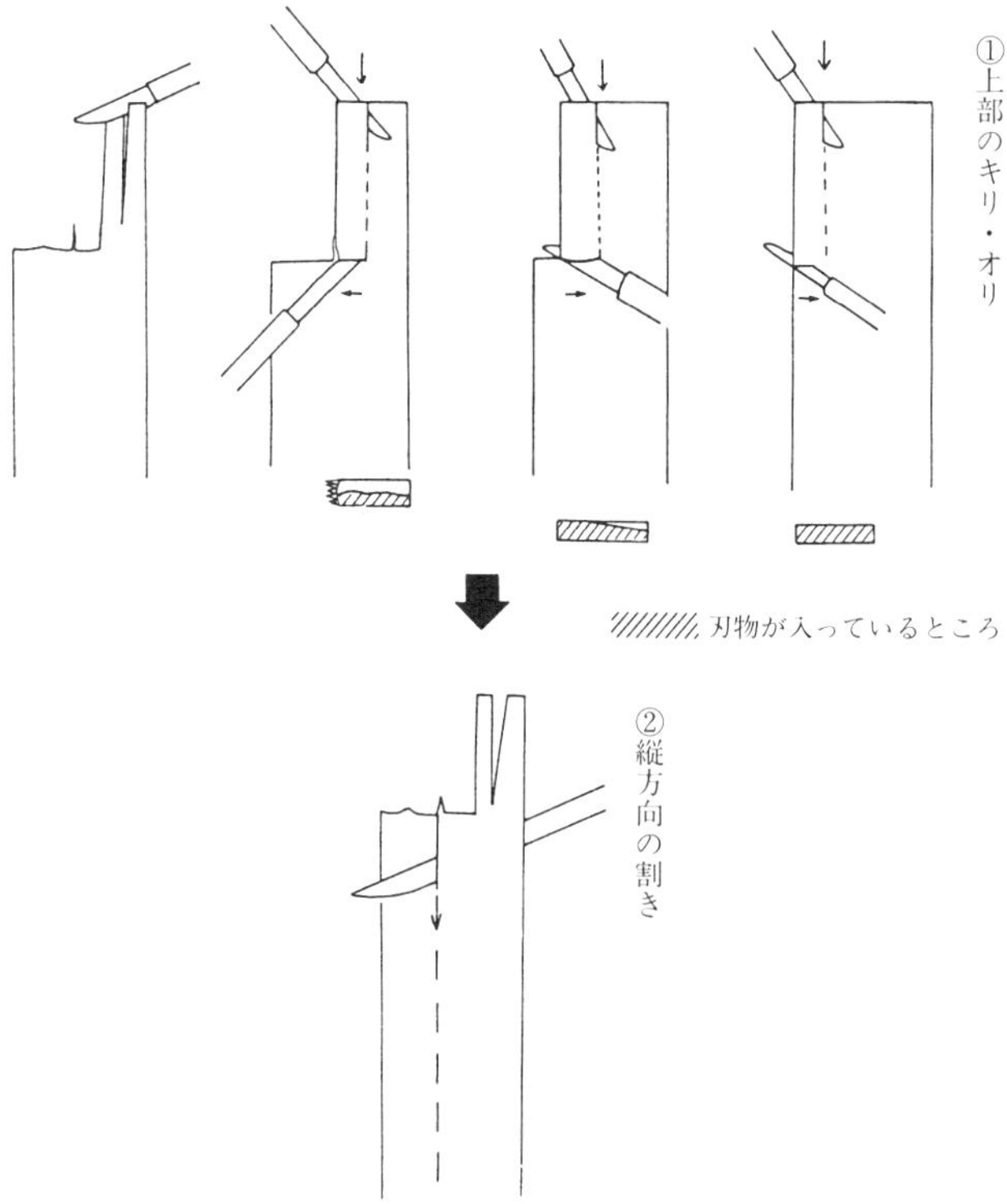

図55　郡符木簡（114号）の廃棄行程（屋代遺跡群）

五　記載内容と資料の属性

(1) 稲荷山鉄剣銘と「吾、天下を左治し」

埼玉県行田市稲荷山古墳は、埼玉古墳群の中の一つで、五世紀末〜六世紀初頭に築造された全長一二〇メートルの前方後円墳である。昭和四十三年（一九六八）の発掘調査で後円部の礫槨内から鉄剣が出土し、昭和五十三年（一九七八）銘文が発見された。鉄剣は長さ七三・五センチ、銘文は剣身の両面に金象嵌され、表に五七文字、裏に五八文字がある。冒頭に年紀が刻まれ、オホヒコからヲワケまで八代の系譜が続き、代々杖刀人の首として大王に仕えてきたこと、ヲワケがワカタケル大王の統治を助けた記念としてこの刀を作ったという由来が記されている。このうち、ワカタケル大王とは雄略天皇であり、辛亥年は四七一年に比定する説が有力である。

ヲワケについては東国豪族とする説と中央豪族とする説がある。

前者とすると、北武蔵のヲワケ臣が、杖刀人の首として大和の斯鬼宮に奉仕した。ヲワケ臣はそれを記念して、金象嵌の鉄剣を作らせ、それを携えて帰り、彼の死後、その鉄剣が礫槨に副葬されたことになる。

後者とすると、大和の王権の中枢にいたヲワケ臣が功績を記念して鉄剣に銘文を刻ませた。ところが、のちになんらかの事情が生じて、北武蔵の地に派遣され、そこで死亡し埋葬された、あるいは杖刀人首であるヲワケ臣が部下の東国出身の杖刀人に鉄剣を下賜したことになる。

ところで、稲荷山鉄剣銘文の中央豪族説のもっとも大きな論拠は、銘文中の「シキの宮に在る時、吾、天下を左治し」の表記である。たとえば、和田萃氏は「かなりの誇張があるとしても、五世紀後半に東国から出身した人物がワ

カタケル大王のもとで、天下を『左治』することがありえただろうか」と指摘している。(7)

しかしながら、稲荷山鉄剣の銘文には、〝大王からの下賜刀あるいは杖刀人首からの下賜刀〟を示すような直接的な授受関係の文言はない。むしろ中国にも例をみない長文であることも、自らを顕彰する意図のもとに作刀せしめたものと理解できる。このような意図をもった銘文の「吾、天下を左治し」は、ヲワケのような東国豪族が杖刀人として大王の宮を警護したことを誇らしげに表記したと解すれば問題はないのではないか。

「天下を左治し」という表記が政府の編纂物としての『日本書紀』などの文中で用いられる場合と、ヲワケという一個人の事績を顕彰する鉄剣銘中で用いられる場合とでは、同じ文言でも異なる解釈をしなければならないのである。ただし、熊谷公男氏も指摘しているように、(8)ヲワケ臣は大王と直接的な人格的結合関係を結び、自ら親衛軍の一隊を組織して大王に近侍し、大王権力の一翼を担っていたのも事実であろう。

(2) 長屋王家木簡と「長屋親王宮」

長屋王家木簡(9)において、長屋王やその近親が特異な表記で呼称されていることは、木簡発見直後から注目を集め、なかでも「長屋親王宮」の呼称が問題となった。

長屋王はいうまでもなく、太政大臣高市皇子と天智天皇皇女御名部内親王の子という皇親として嫡流に近い存在である。長屋王の妃の吉備内親王は、草壁皇子の娘で、文武天皇・元正天皇は兄妹である。長屋王家木簡の和銅四年（七一一）から霊亀二年（七一六）の時期は従三位式部卿であるが、その後、神亀元年（七二四）には正二位、

図56　稲荷山鉄剣銘文「吾，天下を左治し」部分

図57　長屋王家木簡「長屋親王宮」

左大臣となり皇親の代表として、政界の主導者となった。ところが天平元年（七二九）、「長屋王はひそかに左道を学びて、国家を傾けんと欲す」との密告があり、それをうけて軍隊が長屋王邸を取り囲み、舎人親王などによる糾問の結果、長屋王は自尽し、その妃吉備内親王と子供の膳夫王らは自殺した。これが長屋王の変である。

この長屋王について、『続日本紀』は令の規定に従い天皇の孫の呼称である長屋「王」と記載している。さらに『万葉集』は「長屋王」であり、『懐風藻』では「長屋王」もしくは「長王」で、いずれもほぼ令の規定に準じているといえる。一方、わが国最古の仏教説話集『日本霊異記』には、「長屋親王」（中巻―第一）との表現がみられるが、新田部親王の王子で天武天皇の孫にあたる道祖王に対しても「道祖親王」（下巻―第三八）と呼んでおり、王を親王と呼ぶこともありえたようにみえる。

ところが木簡では、長屋王とその居所の呼称にさまざまな表現がある。すなわち「長屋王」「長屋王子」「長屋皇子宮」「長屋皇宮」「長屋親王宮」などである。

(a)長屋親王宮鮑大贄十編　　二一四×二六×四〇〇　　〇三一

(b)〔表〕　雅楽寮移長屋王家令所平群朝臣廣足 右人請因倭儛

〔裏〕　故移　十二月廿四日少属白鳥史豊麻呂 少允船連豊　　二二〇×三七×三　　〇一一

(c)屋王□〔宮ヵ〕　〇九一

木簡の「親王」の呼称は、長屋王に対して用物をおさめる領民が、その領主に対しての敬意を込めて付したもので、多分に私的、身内的な意識と結びついた表記であり、ただちにその人物の公的位置に関連させて理解するのは問題であろう。少なくとも長屋王が公的に親王（皇子）であった証とはなしがたい。長屋王に関する呼称のうち、(b)「長屋王」、(c)「屋王□〔宮ヵ〕」は、平城宮からの文書木簡に現われるものであり、やはりこれが長屋王の公的地位を示すと考えなければならないとされている(10)。

長屋王の呼称が『続日本紀』のような政府の編纂物では長屋「王」と記載されているのに対して、長屋王邸内から出土した木簡に「長屋親王宮」などと表記されているのは、多分に私的、身内的な意識と結びついた敬称的表記と解するのが妥当であろう。しかも、同じ長屋王邸内出土の木簡のうちでも、平城宮からの文書木簡には「長屋王」とみ

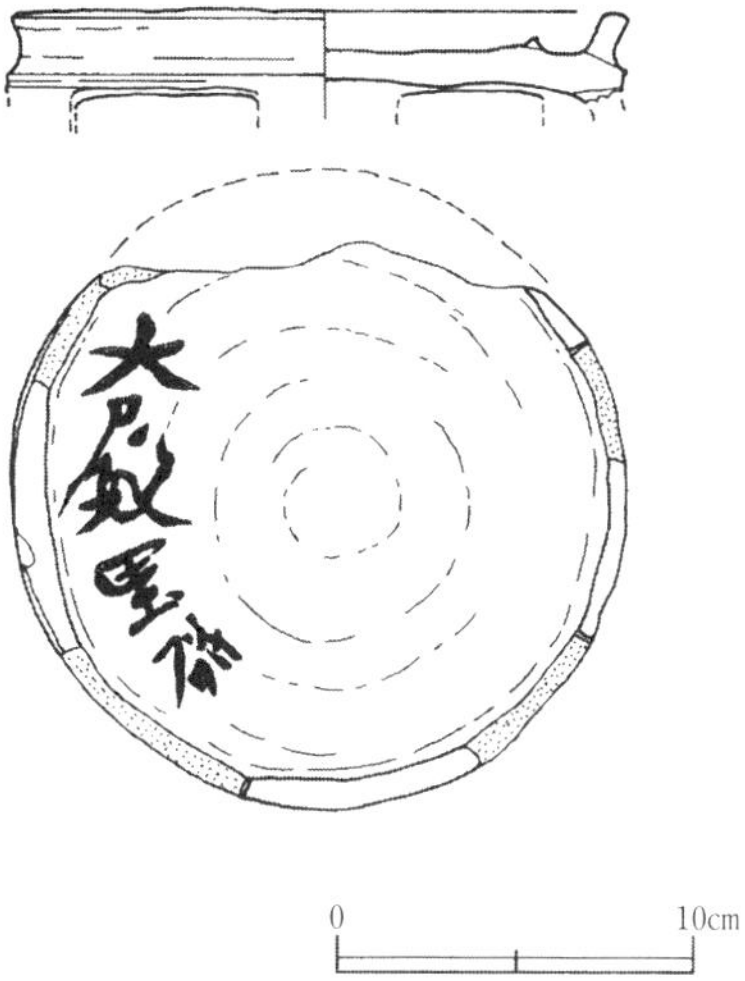

図58　円面硯墨書「大殿墨研」(茨城県つくば市熊の山遺跡出土)

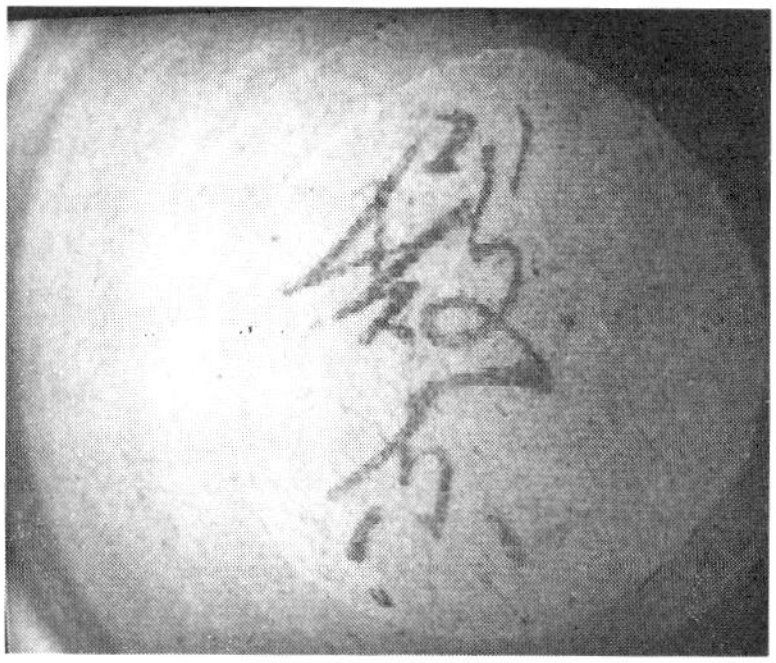

図59　墨書土器「殿原」(千葉市黒ハギ遺跡出土，口絵10頁D参照)

えることは、「長屋親王宮」を敬称的表記とする妥当性をより強いものとしてよい。先の「吾、天下を左治し」とまったく同様に、「長屋親王」の表記にただちに特別な意味を見出そうとせず、資料の性格を十分に検討し、その意義を問うべき例である。

ただし、霊亀元年（七一五）二月、吉備内親王所生の王に対し、皇孫扱いすることになったことにより、長屋王が親王に準ずると意識された可能性も考慮する必要があろう。

以上の点は、墨書土器の世界でも十分に考慮すべきである。たとえば、茨城県つくば市熊の山遺跡（地方豪族の居館跡か）出土の大型円面硯に「大殿墨研（研）」と墨書され、また栃木県石橋町一本松遺跡（一般集落跡）出土の土師器坏に「宮殿」、千葉市黒ハギ遺跡（一般集落跡）出土の土師器坏に「殿原」と墨書されていた。これらの「大殿」や「宮殿」「殿原」は、本来的な語義を離れ、地方社会で自らの所有物（硯や土器）に記銘したにすぎないのである。

六　漆紙文書と木簡の復原

漆紙文書の特性の一つは、木簡と異なり、断簡であっても、現存する「正倉院文書」などを参照しながら原状復原できる点である。言い換えれば、漆紙文書は断片的な出土資料ではあるが、これまで知られている文書の書式と比較しながら、小さな断簡をより完全な一通の文書に復原させることも可能なのである。その最も端的な例を示してみたい。

(1)　写本の復原

胆沢城跡出土の本文書は(11)、二つ折りの状態で廃棄されたもので、広げると全体の形は、下半部の欠損が目立つものの、本来のふた紙の円形に残存する状況をよく伝えている。漆桶の推定径は約三一センチあるのに対し、当時の紙の縦は一般的には三〇センチを超えることはないので、径の不足分をもう一紙で補っている。補った一紙は、文書の行の並びからみると、本紙に対して直交する形となっている。

文書は本文（経文）と注文とから成る。文字の大きさは経文約方一・四センチ、注文約〇・七センチである。本断簡は内容・体裁などから判読して、『古文孝経孔氏伝』の写本と断定することができる。

『孝経』は孔子が弟子の曽参に孝道を述べたのを曽参の門人が記録したものといわれている。『孝経』には『今文孝経』と『古文孝経』があり、『今文孝経』の代表的注釈書としては後漢の鄭玄の注と称するものがあり、『古文孝経』のそれには前漢の孔安国の伝（注）と称するものがある。その後、孔鄭二注の真偽の争いが起こり、しだいに激化したことから、唐の玄宗が開元十年（七二二）に自ら『御注孝経』一巻を制した。

わが国では、養老学令によれば、学生は必ず『孝経』『論語』を兼修すべきこと、『孝経』には孔伝・鄭注を使用すべきことと規定されている。

現存する『古文孝経孔氏伝』の古い写本の一つである建治三年（一二七七）八月書写の三千院本を参考として、本断簡の復原を試みた結果を以下にまとめる。

① 本断簡は巻子本で、章立てをせずに、全章を書き連ねていることがわかる。

② 本断簡は幸い紙の上部が一部残存し、天界を認めうるために、数行の行頭部分が確認できるので、現存の三千院本『古文孝経孔氏伝』（一行一七文字）を参考として、一行の文字数を割り出すと、方〇・七センチの注文の文字で約二八文字であることがわかる。この一行約二八文字に復原した『古文孝経』に、本断簡を重ねてその残存状況を示したものが、図60である。

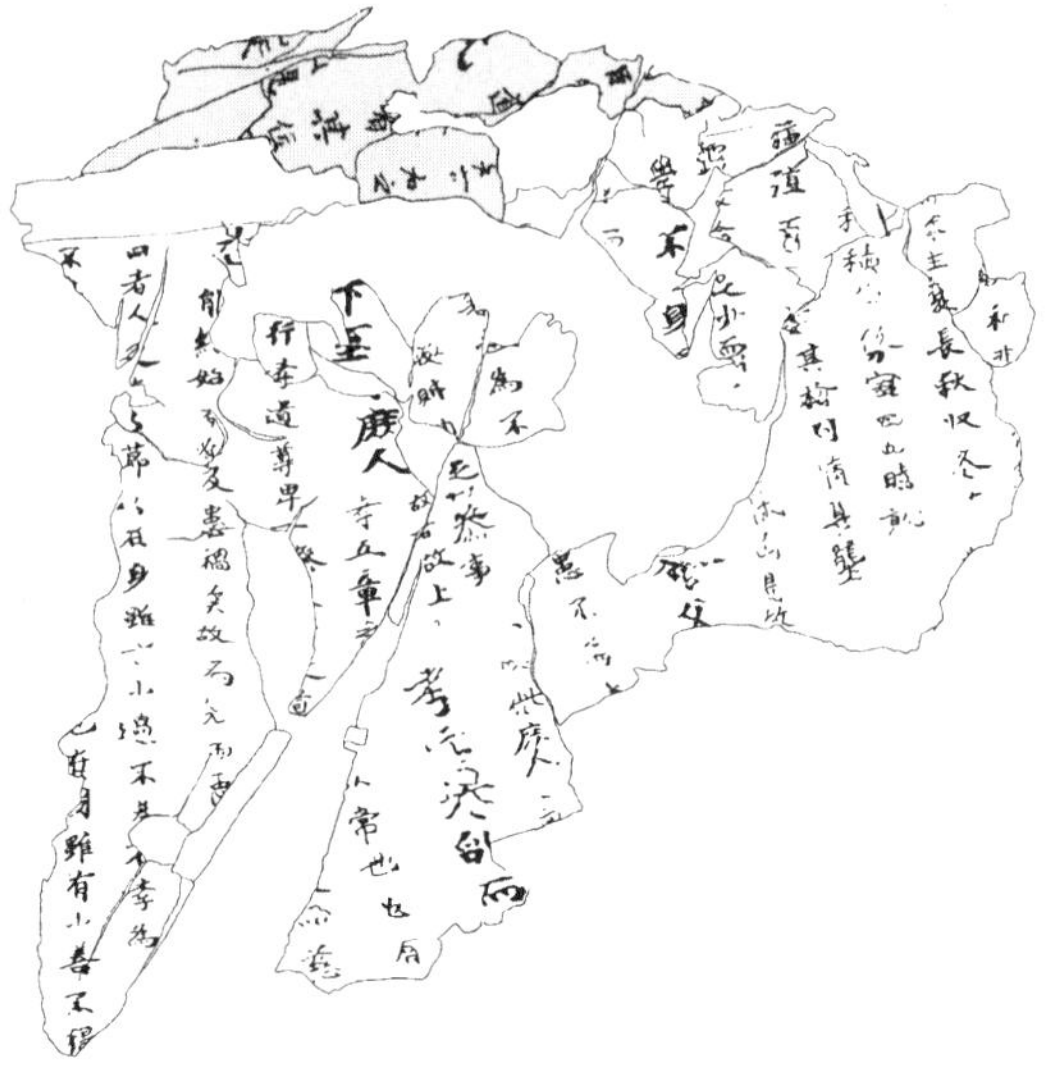

図60－1　古文孝経（胆沢城跡，アミの部分はふた紙の補紙）

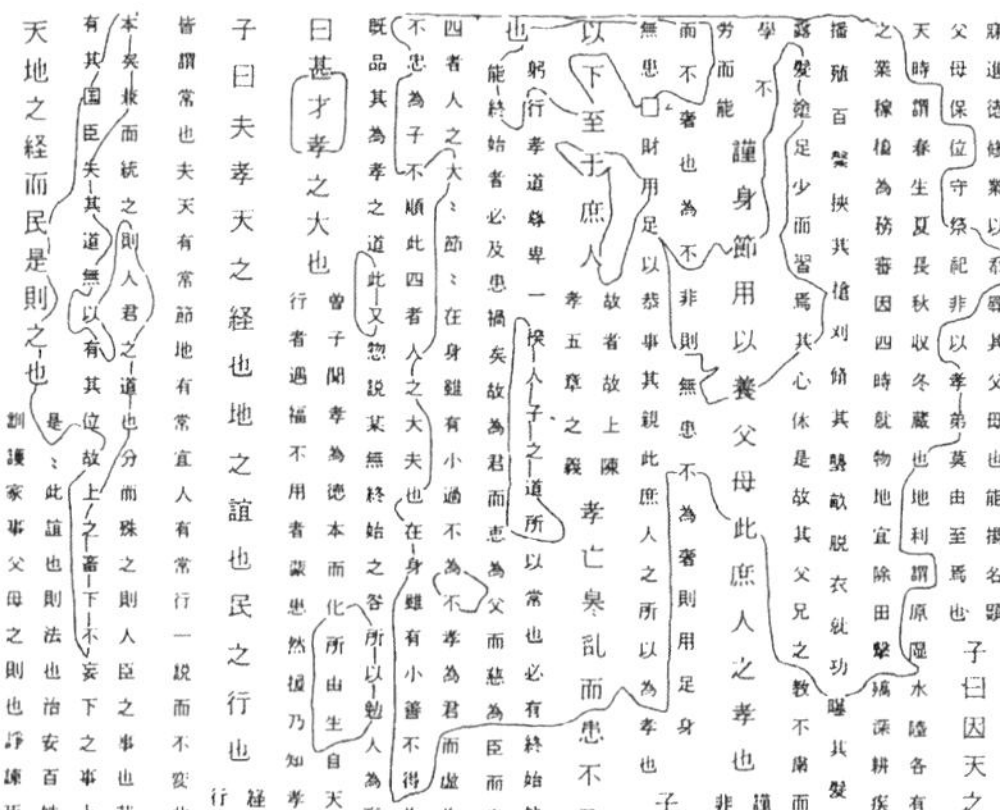

図60－2　漆紙文書の復原（古文孝経写本，胆沢城跡出土）

『古文孝経孔氏伝』の全二二章中、本断簡は士章五・庶人章六・孝平章七・三才章八の四章分にあたる。本紙は庶人章六と孝平章七を主とし、士章のわずか数文字と、三才章八の初めの部分を含んでいる。それに対して、補った一紙は本紙の三才章八の数行後の部分であることがわかる。したがって、本紙の欠損部分を補って考えるならば、本紙と補った一紙とは欠行なく連続するものと判断できる。

写本はその系統などによって文字の異同も少なくなく、その異同を検証することも重要な課題である。このように一行二八文字に復原した写本によってわずかな残画部分でも文字を推定し、その文字の異同を確認することが可能となるのである。

(2) 具注暦の復原

本文書[12]は同じく胆沢城跡出土のもので、漆液を入れた曲物容器のふた紙の形が非常に良好に残されている。ほぼ円形で、漆紙の最大径は一六・五センチを測り、曲物の推定径は約一三センチと考えられる。

この漆紙文書は、「具注暦」断簡である。具注暦とは、暦面を上・中・下の三段に分けて暦日の下に日の吉凶・禍福などの暦注を具備した暦のことである。

暦の年代判定は、以下のとおりである。暦は両面に記されているので、漆液に接した面を仮に裏とし、その反対側を表と記述する。

〔表〕

① まず、節気「立冬十月節」が酉の日にあたる例を探す。一応、七〇〇～一二〇〇年の間を対象とすれば、四二例が認められる。

② 断簡の左端に翌月の月初部分「□□□《取土》月」がみえるので、この暦は月の下旬の部分にあたり、節気の四日後でこの月が終わっていることになる。したがって、節気の日付は、小の月(二十九日)の場合に二十五日、大の月(三十日)の場合に二十六日と判断できる。この条件を満たすのは、前記の四二例中、延暦二十三年(八〇四)と保延四年(一一三八)の二例だけである。

③ 下段の凶会日《くえび》(最も悪い日)は「廿五日……絶陽厭對、廿七日……□陽□」とある。具注暦の凶会日の配当は、九・十月の場合、次のとおりである。

九月　丙寅　孤辰　甲戌　陰位　戊寅　孤辰　庚寅　行佷　辛卯　絶陽　壬辰　絶陽　癸巳　絶陽　甲午　絶陽　乙

延暦二十二(八〇三)年四月(小)

日	干支	納音	十二直	節気、上・下弦、望など	禁忌・吉凶
一日	辛巳	金	除		
二日	壬午	木	滿		
三日	癸未	木	平		
四日	甲申	水	定		
五日	乙酉	水	執	□	□
六日	丙戌	土	破	侯旅内	小歳後□
七日	丁亥	土	危	沐浴	大歳對小歳後德合重□
八日	戊子	火	成	上弦後 沐浴	大歳對帰忌復□
九日	己丑	火	收	除手甲	大歳對復嫁娶
十日	庚寅	木	收	立夏四月節 螻蟈鳴	大歳□□
十一日	辛卯	木	開		
十二日	壬辰	水	閉		
十三日	癸巳	水	建		
十四日	甲午	金	除		
十五日	乙未	金	滿		
十六日	丙申	火	平		
十七日	丁酉	火	定		
十八日	戊戌	木	執		
十九日	己亥	木	破		
廿日	庚子	土	危		
廿一日	辛丑	土	成		
廿二日	壬寅	金	收		
廿三日	癸卯	金	開		
廿四日	甲辰	火	閉		
廿五日	乙巳	火	建	小満四月中	
廿六日	丙午	水	除		
廿七日	丁未	水	滿		
廿八日	戊申	土	平		
廿九日	己酉	土	定		

延暦二十三(八〇四)年九月(大)

日	干支	納音	十二直	節気、上・下弦、望など	禁忌・吉凶
一日	壬申	金	開		
二日	癸酉	金	閉		
三日	甲戌	火	建		
四日	乙亥	火	除		
五日	丙子	水	滿		
六日	丁丑	水	平		
七日	戊寅	土	定		
八日	己卯	土	執		
九日	庚辰	金	破		
十日	辛巳	金	危		
十一日	壬午	木	成	霜降九月中	
十二日	癸未	木	收		
十三日	甲申	水	開		
十四日	乙酉	水	閉		
十五日	丙戌	土	建		
十六日	丁亥	土	除		
十七日	戊子	水	滿		
十八日	己丑	水	平		
十九日	庚寅	木	定		
廿日	辛卯	木	執		
廿一日	壬辰	水	破		
廿二日	癸巳	水	危		
廿三日	甲午	金	成		
廿四日	乙未	金	收		
廿五日	丙申	火	開	□浴	絶陽厭對
廿六日	丁酉	火	開	立冬十月節 水始氷	□小歳後母倉祠祀移徙療病入學
廿七日	戊戌	木	閉		□陽□
廿八日	己亥	木	建		大歳□血忌
廿九日	庚子	土	除	大夫既済	大歳對□除壊垣破
卅日	辛丑	土	滿		□□忌厭

取土

□□□

月□

図61　暦の復原（胆沢城跡出土漆紙文書，アミの部分は残存部分）

未 絶陽　丙申 絶陽　丁酉 絶陽　戊戌 絶陽　壬寅 了戻　庚戌 陽錯　甲寅 孤辰陰錯

十月　乙丑 孤辰　己巳 陰陽衝破　丁丑 孤辰　戊子 歳愽　己丑 孤辰　戊戌 絶陽　己亥 純陰　辛丑 行佷

壬子 歳愽　癸丑 陰錯了戻　丁巳 陰陽交破　癸亥 陽錯

延暦二十三年暦の場合は、九月丙申……絶陽、戊戌……絶陽となり、保延四年暦では、九月戊申・庚戌ともに凶会日ではない。

したがってこの暦は延暦二十三年九月下旬のものと判断できる。

〔裏〕

① まず、節気「立夏四月節」が庚寅にあたる例を探す。七〇〇～一二〇〇年の間では九例が該当する。

② 四月節気と七二候「侯旅内」から三月下旬または四月上旬の暦と予想される。

③ 「上弦」は毎月七日・八日ごろにあたり、六日・九日と前後することも考慮に入れる。その結果、この暦が四月上旬であることは間違いなく、しかも、節気は「上弦」の二日後であることから、節気の日付は八日から十一日に限定されてくる。この条件を満たすのは、前記の九例中、次の二例である。

延暦二十二年（八〇三）　四月七日…丁亥
八日…戊子
九日…己丑
十日…庚寅　立夏四月節

延喜六年（九〇六）　四月五日…丁亥
六日…戊子

　　七日…己丑
　　八日…庚寅　立夏四月節

以上のことから、本具注暦の断簡は表が延暦二十三年暦、裏が延暦二十二年または延喜六年暦となる。

そこで、表裏の関係を明らかにすれば、おのずと裏の年代も決めることができる。裏の上段部分の干支・納音《なっちん》・十二直は表において左文字で解読できることから、本断簡は一紙の表裏に暦を記していることになる。また、表・裏の暦の書式・書体は合致している。さらに通常の文書の紙背関係や暦という文書の性格からいっても、表に延暦二十二年暦、その紙背に翌年の延暦二十三年暦を記載したとみなすのが自然であろう。

『延喜式』陰陽寮造暦用度条には「頒暦一百六十六巻料、紙二千六百五十六張（巻別十六張、有㆓閏月㆒年巻別加㆓二張㆒）」とあり、一巻は一六張からなっていることがわかる。本断簡は日と日の間に一行を置いている（間明き暦）。したがって現状の横長約一六センチに六日分が収まっていることから、一年分の総長は約九・四メートルとなり、一紙長約五六〜五七センチとすれば、一年分の暦は一六・六紙、歳首部分半紙分を加えると一八紙程度からなるというおおよその見当がつけられる（延暦二十二年暦は閏月がある）。

上記の推定はまったくの単純計算ではあるが、『延喜式』陰陽寮造暦用度条の「巻別十六張」、閏月が加わった場合、一ヵ月分は約八〇センチ近くを要することから判断すると、やはり「二張」を必要としたので、一年分は一八紙となりほぼ一致するであろう。このような推察が正しいとすれば、中央から各国への頒暦は、天皇に進める御暦（一年を上・下二巻に分ける）とは異なり、一年分を一巻として作成したことを裏付けるのではないだろうか。

また、表に正月、二月、三月……と記し、裏返して紙背に翌年の暦を書くと、単純な記載でいえば、表の四月に対して、多少前後するかもしれないが、紙背は九月があたるはずである。さらに延暦二十二年は閏十月が存在するが、これは延暦二十三年の巻首の歳首部分を延暦二十二年の十二月の裏に記し、二十三年正月は二十二年十一月、二十三年二月は二十二年閏十月……という具合に順次記すとすれば、表の四月の紙背は九月となる。そのうえ、表の四月上旬に対して、紙背が九月の下旬部分にあたっている事実はよりいっそう説得力を有するであろう。

(3) 木簡に書かれた暦の復原

新潟県笹神村発久遺跡出土の木簡は上部が欠損しているが、下端は原状をとどめている。

内容は某年の各月の朔の干支を書き連ねたものであろう。片面の「三月朔戊□日」と「六月朔□申日」とが明瞭に解読できるが、三月の十二支部分と六月の十干部分は若干不明瞭な字体であるので、年代判定のさいには、三月朔戊□と六月朔□申として該当する年を検索することとした。検索には、湯浅吉美編『日本暦日便覧』(汲古書院、一九八八年)を用いた。

一応、八世紀から十世紀を対象とした結果、次の二例しか該当しないことが明らかになった。

延暦十四年(七九五)

　三月戊辰

　六月丙申

貞元元年(九七六)

　三月戊辰

　六月丙申

次に本木簡の該当年を限定するために、木簡の構成・記載方法を想定してみることとした。

本木簡は下部が遺存し、しかも表と思われる面には、三月と六月がほぼ併記されていることから、表は右側に正

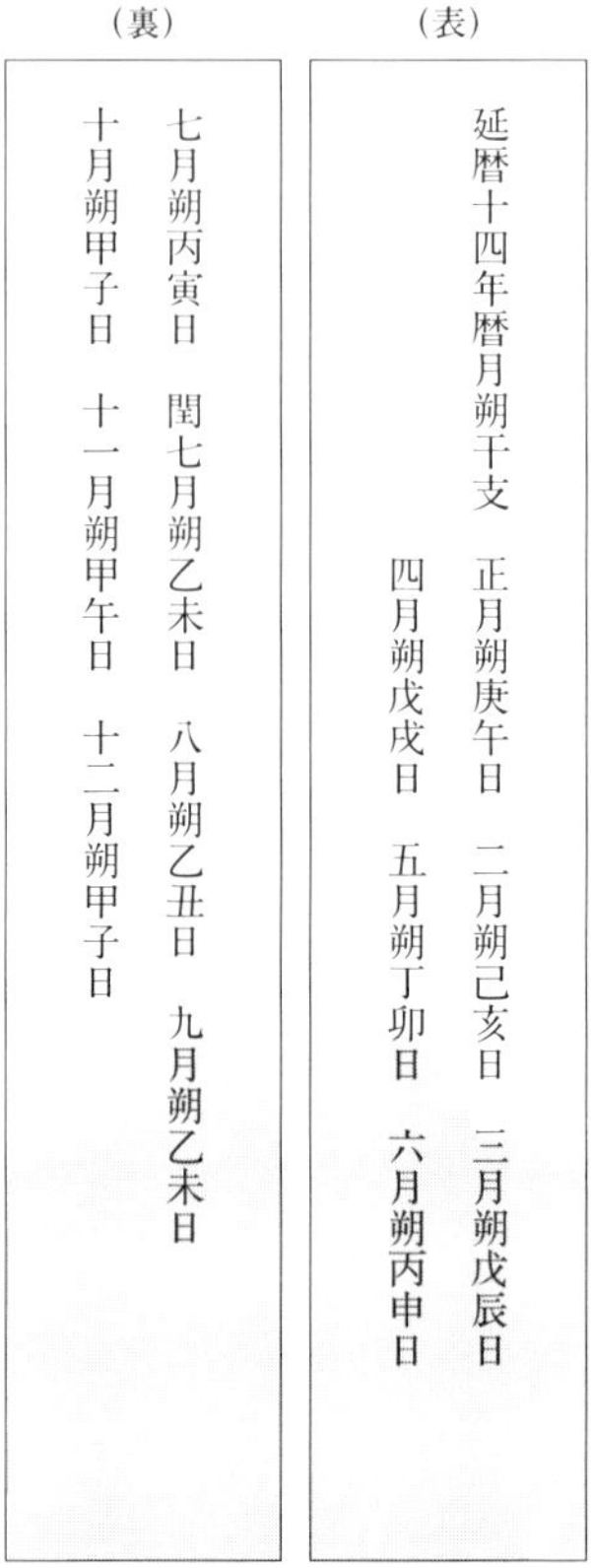
（表）
延暦十四年暦月朔干支　正月朔庚午日　二月朔己亥日　三月朔戊辰日
四月朔戊戌日　五月朔丁卯日　六月朔丙申日
（裏）
七月朔丙寅日　閏七月朔乙未日　八月朔乙丑日　九月朔乙未日
十月朔甲子日　十一月朔甲午日　十二月朔甲子日
図62　木簡の復原案（新潟県笹神村発久遺跡出土）

月・二月・三月、左側に四月・五月・六月と三ヵ月ずつ記載したと推測できる。したがって、六月の月朔干支の上は五月となり、遺存部分で「×□卯日」と確認できる。ここで五月の月朔干支を「□卯」とみると、右の延暦十四年、貞元元年とも五月朔は「丁卯」日であり、符合する。

表が正月～六月までの半年分の月朔干支を記しているとすれば、裏は当然残り半年分を記載したはずである。ところが、裏面をみると、二つの疑問点がある。一つは、裏面には表のように文字の記載が下端部近くまでなく、わずかに右側の遺存上部に三文字「□未日」しか確認できない。もう一つの疑問は、右側のみになぜ三文字分確認できるのかということである。

この疑問は、次のような復原によって初めて氷解するであろう。

表には、表題として何年の月朔干支かが明記されたと思われ、そのために全体を下げて正月から六月までの半年分を記載した。それに対して裏は上端部から記載したため、下部に余白が生じたと思われる。また、右側のみに三文字確認できたのは、延暦十四年の場合、閏七月が存在するために右側四ヵ月分、左側三ヵ月分となったからであろう。貞元元年の場合、閏月は存在しない。この場合、右側の最後の項を九月部分とみると、月朔干支は「□未日」である。九月の月朔干支は延暦十四年が「乙未」、貞元元年が「甲子」となっていることからも、延暦十四年に該当することがわかる。

以上のことから、本木簡は「延暦十四年月朔干支」木簡であるといえるであろう。(13)

古代におけるこの種の類例は管見の限りない。同じ木簡の例として、静岡県可美村城山遺跡の木簡があるが、これは具注暦をそのまま写したものである。本木簡は上端部に穴を穿ち、柱に掛けておき、半年過ぎた段階で裏返して残りの半年分を利用していたのかもしれない。紙本墨書の具注暦に比して、日々の吉凶などの注記はないが、本木簡は古代の人びとにとって重要な日々の干支を知ることのできる簡便な暦として十分に機能を果たすことができたであろう。

全国各地における発掘調査によって、種々の文字資料が出土しているが、その基礎的な研究は十分になされているとはいいがたい。

これらの出土文字資料は、あくまでも考古資料として位置づけ、遺跡・遺構に密着した形で取り上げられる必要が大いにあろう。また資料そのものの観察も重要な要素である。従来の釈文・内容そのものに限定した関心にとどまらず、出土文字資料の形状・部位・割り付けなど、資料そのものの検討を欠かすことができない。遺物そのものの製作手法と文字記載法とのかかわりの分析も重要である。その意味では考古学研究者との共同研究を進める必要がある。

また、出土文字資料は、原状のまま出土することはほとんどありえず、多くの場合、断片の状態である。そこで、従来の文献史料やほかの種々の資料と比較検討を行い、原状を復原する作業が重要である。そのうえに重要な点は、こうした出土資料の復原的研究を推し進める一方、『日本書紀』『万葉集』『風土記』などの史料は、これらの出土資料を通して新たな視角からみるときに、岸俊男氏の言葉を借りれば「まだまだ史料の宝庫といえる」という指摘も忘れてはならない。いわば、出土資料を通じて、従来の文献史料の再発掘をすることができる点に、出土資料のもう一つの大きな意義がある。

奈良時代・平安時代前半の建造物の遺存は、奈良などをのぞいては皆無といってよく、今後、地方において伝世された古代文書などを新たに発見することはほとんどありえないだろう。

それに対して金石文や漆紙文書・木簡・墨書土器などの出土文字資料は、地下に無尽蔵に眠っており、今後、続々と発見されるに違いない。これらの資料を有効に活用するためには、一日も早く、その研究方法を確立させ、膨大な新出資料に対処しなければならない。

ただ、出土資料は視角的にも断片を認識しやすいが、それらの資料に比して、従来の文書・典籍類は膨大なおかつ完結した形を呈している。しかし伝世された膨大な文献史料というものも、当時の社会全体を物語るほんの断片にすぎないということを改めて自覚しなければならない。その自覚こそが文献史学に加えて、考古学・国文学・民俗学・自然科学などの諸学問分野との積極的協業の必要性を正しく認識させるであろう。

註

(1) 石上英一「古代史料学の提唱」(木下正史・石上英一編『新版　古代の日本　10古代資料研究の方法』角川書店、一九九三年)。
(2) 本庄市教育委員会『南大通り線内遺跡発掘調査報告書』(一九八七年)。
(3) 関和彦「稲荷山古墳出土鉄剣原文考」(『歴史手帖』六九、一九七九年)。
(4) 安倍辰夫・平川南編『多賀城碑——その謎を解く』(雄山閣出版、一九八九年、増補版一九九九年)。
(5) 屋代遺跡群の木簡については、財団法人長野県埋蔵文化財センター『長野県屋代遺跡群出土木簡』(一九九六年)による。
(6) 全国各地出土の郡符木簡の全体的検討は、拙稿「郡符木簡—古代地方行政論に向けて—」(虎尾俊哉編『律令国家の地方支配』所収、吉川弘文館、一九九五年)を参照していただきたい。
(7) 和田萃『大系　日本の歴史　2古墳の時代』(小学館、一九八七年)。
(8) 熊谷公男「古代国家と氏族」(『古代史研究の最前線　第1巻(政治・経済編)上』雄山閣出版、一九八六年)。なお、熊谷氏は基本的には、ヲワケ臣が「天下を左治」したという表現は、これを文字どおりに受けとることは困難であって、誇張を含んだものとみざるをえないとしている。

(9) 長屋王家木簡については、以下、本文中では、次の二つの文献より引用することとした。奈良国立文化財研究所編『平城京　長屋王邸宅と木簡』(吉川弘文館、一九九一年)。東野治之『長屋王家木簡の研究』(塙書房、一九九六年)。

(10) 東野治之「『長屋親王』考」(註(9)前掲書所収)。

(11) 平川南『漆紙文書の研究』(吉川弘文館、一九八九年)。

(12) 註(11)と同じ。

第三章　墨書土器と古代の役所

一　「厨」墨書土器論

はじめに

近年、全国各地の発掘調査において墨書土器が多量に出土し、古代史に重要な資料を与えている。それらの墨書土器の中でも、各遺跡通有の代表的なものが、「厨」関係の墨書である。「厨」関係の墨書土器は「厨」一字のものに加えて、「国・郡・官・政など＋厨」や郡名などを伴うものも少なくなく、遺跡・遺構の性格や地域比定等に活用されている。そして、国府や郡家等とされる遺跡の「厨」墨書土器は、文字どおり、厨房内の土器にその施設名を表記し、土器の保管・帰属を表示したものと一般的に理解されている。(1)

しかし、諸官衙における厨房の土器はおそらくは膨大な数にのぼると想像されるが、発掘調査における出土土器全体のなかで、「厨」と表記された土器はあまりにも少数すぎる。また、これまで一般的に「厨」墨書土器の出土遺構をもって、厨施設の遺構とみなしている傾向も若干検討の余地があると思われる。

こうした傾向は資料の少ない地方官衙遺跡などで顕著である。したがって現在研究が活発に進められている古代の地方社会の実態解明作業のうえでも、この問題は看過できない。

そこで、古代の地方官衙における厨の機能を文献史料の中で考察するとともに、全国各地の「厨」関係墨書土器について総合的に再検討を行い、「厨」墨書土器の意義を明らかにしてみたい。

1 地方官衙と厨

地方官衙における厨の職掌については、史料に恵まれ、かつ研究も進んでいる中央の太政官厨家を参照するべきである。

太政官厨家については、すでに橋本義彦氏の「太政官厨家について」が代表的な研究としてあげられる。(2) その後、長岡京跡左京第一三、同第二二−一・二、同第五一次の四ヶ所の調査区で検出した溝SD一三〇一から出土した多量の太政官厨家関係木簡と墨書土器の中に「外記」等の太政官の官職と「厨」「主厨」などから、溝SD一三〇一近辺に太政官厨家の存在が指摘された。

『長岡京木簡一　解説』では、それらの木簡の考察にあたり、橋本氏の研究に依拠しながら、太政官厨家の性格を次のように整理している。(3)

(1)　地子物の収納。

『延喜式』(主税上)によれば、一部の国を除く地子物は軽貨に交易するか、舂米として「太政官厨」に送られ、またその厨家雑物は別当の外記・史が監物を主計寮の立会の下に収納することになっている。官厨家の地子管掌は遅くとも弘仁三年(八一二)まで遡る。

(2)　厨家本来の職掌である厨房として酒饌を弁備すること。

太政官の沙汰する列見・定考、式部・兵部二省の成選位記請印などの恒例行事、また臨時行事などに備進する場合と、太政官の官人に供進する場合などである。

（3）　地子米や絹・綿などの交易物を頒給・使用すること。

（4）　倉をもち、地子物をはじめ、臨時に諸司の器物を保管すること。

結局は、官厨家は本来太政官の厨房として出発し、それに用いる地子米や地子交易の食料品の収納に当たるようになり、さらに進んで地子物一般の収納・保管・支出へと職掌を拡大していったものであろうとされている。

この太政官厨家の性格は、地方官衙における厨（国郡の厨についても、「厨家」表記はみえる〈『朝野群載』国務条々事〉が、本節では以下すべて「厨」一文字で表記する）についても、少なからぬ共通性を有していたと考えられる。しかも太政官厨家と同様にその職掌はしだいに拡大していったであろう。ただし、墨書土器「厨」の機能を問う本節では、もっぱら酒饌の弁備という厨房本来の職掌を対象とすることとする。

地方官衙における厨に関しては、まず律令の条文に次のようにみえる。

賊盗律盗節刀条

凡盗二節刀一者。徒三年。（略）国郡倉庫。陸奥越後出羽等柵。及三関門鑰亦同。宮城。京城及官厨鑰。杖一百。公廨及国厨等鑰。杖六十。諸門鑰笞五十。

儀制令五行条

凡国郡。皆造二五行器一。（略）古記云。（略）厨院者。食器之類。物色至多。不レ可二具述一。略顕二一二一耳。（略）

儀制令凶服不入条

凡凶服不レ入二公門一。謂。凶服者。縗麻也。公門者。宮城門及諸司曹司院。其国郡庁院亦同。但駅家厨院等者非也。釈云。凶服者。喪服也。不レ入二公門一者。市門倉庫国郡厨院駅家等類。不レ称二公門一。但国郡庁院。市司庁院門者。是為二公門一耳。古記云。不レ入二公門一。謂市不レ在二公門之例一。以二午後一集故。自余国郡庁院為二公門一。倉庫国郡厨院駅家等類。不レ称二公門一也。穴云。凡公門皆是。宮城内亦為二公門一也。於レ市其曹司院是為二公門一耳。跡云。公門。謂国郡庁門皆同也。朱云。凶服不レ入二公門一者。仮五月服。仮卅日。而則卅日不レ入二公門一耳。不レ顧二本五月一也。（略）

（傍点はいずれも筆者）

以上の律令に関する当時の種々の解釈にもとづくならば、国郡庁院などに比して、国郡厨院の位置づけは一段階低いものであったことをうかがい知ることができよう。

地方官衙のうち、郡家の厨に関しては、年代的には降るが、やはり『上野国交替実録帳』が唯一の史料といえよう。この史料はこれまでの地方官衙の研究でしばしば引用されてきているが、周知のとおり、前沢和之氏の詳細な研究によって本史料の基本的性格が明らかにされたのである。(4) そこで、まず、前沢氏の研究にもとづき、本史料の基本的性格を確認しておきたい。

『上野国交替実録帳』（九条家本延喜式の紙背文書）は、長元三年（一〇三〇）中に国司の交替に際して作成されたものであり、本来国司の職務として法定数あるいは一定水準が維持されるべきものが、それを欠いた場合、破損または無実となっていた場合に、新任国司が前任国司にその理由と責任の所在とを問いただす内容のものであるとされている。この史料は前任国司藤原朝臣家業と新任国司藤原朝臣良任との交替に際して作成された不与解由状であり、明らかに草案の段階であることを勘案するならば、「不与解由状案」と称されるべき性格のものである。この「不与解由状案」のうち、「国分二寺諸定額寺仏像経論資材雑具堂塔雑舎幷府院諸郡官舎破損無実事」項は、国府管下の各郡にある官舎の破損と無実の状況についての記録であるという。

諸郡官舎項は、正倉・郡庁・館の群ごとにそれを構成する建造物の名称を列記している。その郡家の建物の中で、厨の存在およびその構成を知るために諸郡官舎項を整理したものを次に示しておきたい（表2）。

記載項目の表記のしかたは、各郡の間で若干異なっている。しかも、その中には、明らかな錯綜と誤写と思われる箇所も見受けられる。

本史料については、基本的には前沢氏が指摘するように、内容は「無実」の列記および「破損」の状況を記述したものであるから、ここに記載されない建物も存在していたと考えるべきである。すなわち、正倉の場合は、欠番となっているものこそが現存するのである。

しかし、「無実」「破損」状況を考慮に入れても、本節で問題とする厨家については、次のような事実を指摘することができよう。

郡庁院の項にみえる「厨」記載は、新田郡の場合、

東□屋壹宇　西長屋壹宇　南長屋壹宇
□□屋壹宇　公文屋壹宇　厨壹宇

とあり、公文屋までは他郡の記載と比較して、問題なく郡庁院を構成する建物群であるが、「厨壹宇」のみが例外的な記載となっている。新田郡に続く山田郡の郡庁院と思われる項も、庁屋一宇、西副屋一宇の後の「納屋一宇」は他郡でいえば、厨家の項に属する建物といえる。

館院の項にみえる「厨」記載は数郡にわたるが、たとえば、勢多郡（山田郡もほぼ同じ）の場合、

厨	院
厨	酒屋1宇
	竈屋〃
	納屋〃
	借屋〃
厨家	酒屋1宇
	備屋〃
	竈屋〃
	納屋〃
厨家	酒屋1宇
	備屋〃
	竈屋〃
	納屋1□
(厨家)	納屋1宇
	厨屋〃
	酒屋〃
	備屋〃
□家	
	酒屋1宇
	西納屋〃
	南備屋〃
	竈屋〃
厨家	
	□屋1宇
	竈屋〃
厨家	
	宿屋1宇

表2　『上野国交替実録帳』にみえる郡家の建物構成

郡名	正倉院	郡庁院	館院
碓井郡	（前	欠）	三館　宿屋1・向屋1・副屋1・□1 四館　〃・〃・納屋1・厩1
片岡郡	正倉	官舎　庁屋1宇 （館院ヵ）館屋　〃 宿屋　〃 厩　〃	一館　向屋1・副屋1 二館　宿屋1・副屋1・厩1・向屋1 三館　南向屋1・北副屋1・厩1 四館　宿屋1・向屋1・副屋1・厩1
甘楽郡	正倉　（中	欠）	一館　宿屋1・西納屋1・向屋1 二館　宿屋1・向屋1・厩1 三館　宿屋1・向屋1・副屋1・厩1
那波郡	正倉院	郡庁1宇 向屋1宇 公文屋〃 副屋〃	一館　宿屋1・向屋1・副屋1・厩1 二館　宿屋1・向屋1・副屋1・厩1 三館　宿屋1・向屋1・副屋1・厨家1 四館　宿屋1・向屋1・副屋1・厩1
群馬郡	正倉 東院 郡庁 小野院・八木院	雑舎 （郡庁ヵ）庁1宇 掃守倉〃	
吾妻郡	正倉	郡院　東一屋1宇 西屋　〃 東一板倉〃 南一屋　〃 掃守屋　〃 郡庁屋1宇 東屋1宇 公文屋〃 大衆院東一屋〃 南一屋〃 雑屋　〃	三館　宿屋1・向屋1・長田院雑舎1 伊参院東一屋1・北一屋1・雑舎1 官舎　長田院雑舎1・伊参院東一屋 北一屋1・雑舎1 一館　宿屋1・副屋1・向屋1 厨屋1 四館　宿屋1・副屋1・向屋1 厨屋1
利根郡	（正倉）		
勢多郡	（正倉）	（郡庁院）庁屋1宇 向屋　〃 副屋　〃	一館　宿屋1・向屋1・副屋1・厨屋1 二館　宿屋1・向屋1・副屋1・厩1 三館　宿屋1・向屋1・副屋1・厩1 四館　宿屋1・向屋1・副屋1・厩1
（佐位郡）	正倉	郡庁雑屋4宇 庁屋1宇 向屋　〃 副屋　〃 西屋　〃	

一館　宿屋壹宇　向屋壹宇　副屋壹宇　厨屋壹宇
二館　宿屋壹宇　向屋壹宇　副屋壹宇　厩壹宇
三館　宿屋壹宇　向屋壹宇　副屋壹宇　厩壹宇
四館　宿屋壹宇　向屋壹宇　副屋壹宇　厩壹宇

とある。

館の主な機能の一つは国司の部内巡行などの宿泊施設とされている。吉田晶氏は、本記載について館におかれた「厩家」は、厩牧令にいう伝馬の「厩家」であった可能性が最も高いとされ、館と伝馬制との密接な関係を指摘している(5)。したがって館と厩の関係は問題なく認められるであろう。

しかし、本史料による限り、館の基本的建物構成である宿屋・向屋・副屋以外で、厨と厩は全郡において例外なく館の項で重複して存在しない。このことは、「無実」と「破損」の建物を記載した本史料の性格から判断しても、偶然とは片付けられない傾向といえよう。厩と厨は字形の上で混同しやすい。本不与解由状は、郡単位で作成された原史料を集成し、一定の書式に書き写したものである。おそらくは、本史料は草案であり、誤写のみでなく、錯綜が全体的に認められることからも

厨　院
厨家
酒屋１宇
納屋 〃
備屋 〃
竃屋 〃
厨家
備屋１宇
納屋 〃
竃屋 〃
酒屋 〃
板倉東長屋〃

郡名	正倉院	郡庁院	館院
新田郡	正倉	郡庁 東□屋１宇 西長屋 〃 南長屋 〃 □□屋 〃 公文屋 〃 厨 〃	一館　宿屋１・向屋１・厨屋１・副屋１ 二館　宿屋１・南屋１・副屋１・厨１ 四館　宿屋１・向屋１・副屋１・厨１
山田郡	正倉	（郡庁院） 庁屋１宇 西副屋 〃 納屋 〃	一館　宿屋１・向屋１・厨１・副屋１ 二館　□□□・向屋１・副屋１・厩１ □　宿屋１・南屋１・副屋１・厩１ 四館　宿屋１・向屋１・副屋１・厩１
邑楽郡	正倉	（郡庁院） 庁屋１宇 東横屋 〃 西横屋 〃	一館　宿屋１・向屋１・副屋１・厨１ 二館　□屋１・備屋１・竈屋１ （厨家ヵ）

たとえば、一館でいえば、「厨屋壹宇」は「厩壹宇」とすべきであり、「厩」と「厨」・「厨家」の混同とみなすことができる。

結局のところ、郡家内においては、郡庁院や館院内には厨施設は存在せず、酒屋・竈屋・納屋・備屋などの建物によって構成された厨院が主として官衙施設全体の厨機能を果たしたと考えられる。

2　饗饌と厨

国府内においては、恒例行事および臨時行事に際して、数々の饗宴の場が設定された。

その代表例は元日朝拝の儀である。儀制令元日国司条によれば、

凡元日。国司皆率二僚属郡司等一。向レ庁朝拝。訖長官受レ賀。設レ宴者聴。其食。以二当処官物及正倉一充。所レ須多少。従二別式一。

元日に、国司が「僚属郡司等」を率いて庁に向かい朝拝を行い、つづいて国司の長官が「僚属郡司等」から賀を受ける儀式であるが、その後に饗宴が行われた。この様子は、大伴家持の因幡守時代、有名な『万葉集』（以下、日本古典文学大系本『万葉集　四』〈岩波書店〉による）四五一六首の最後を飾る家持の歌「新しき年

の始の初春の今日降る雪のいや重け吉事」の詞書、

　三年春正月一日、因幡国の庁にして、饗を国郡の司等に賜ふ宴の歌一首

や、家持の越中守時代にも四一三六番の詞書に、

　天平勝宝二年正月二日、国庁に饗を諸郡司等に給ふ宴の歌一首

とみえる。とくに家持の越中守時代に国府内外における饗宴の様は『万葉集』によって詳細に知ることができる。いわゆる四度使として京に赴く国司の餞別、そして帰国した折の慰労の宴、都からの使者の歓迎の宴など、国府内の国司の館では饗宴が繰り返されている。

やがて、家持が越中守としての六年の任を終えて都へ戻るときの越中国内で行われた饗宴は、次のとおりである。

　便ち大帳使に附きて、八月五日を以ちて京師に入らむとす。此に因りて、四日を以ちて、国厨の饌を介内蔵伊美吉縄麿の館に設けて、餞す。時に大伴宿禰家持の作る歌一首

　　しな離る越に五箇年住み住みて立ち別れまく惜しき宵かも（四二五〇番）

　五日平旦に、上道す。よりて国司の次官已下諸僚ら、皆共に視送る。時に射水郡の大領安努君広島が門前の林の中に、かねて餞饌の宴を設く。ここに大帳使大伴宿禰家持の、内蔵伊美吉縄麿の盞を捧ぐる歌に和ふる一首

　　玉桙の道に出で立ち行くわれは君が事跡を負ひてし行かむ（四二五一番）

家持の餞別の宴は介の館で催されたが、そのさいに「国厨之饌」すなわち国府の厨で弁備した料理が用いられている。

さらに国府所在郡（射水郡）の郡家が近接していたと思われ、国の介以下に見送られた後、すぐに郡の大領が餞饌の宴を設けている。[6]

次に、国守の任国への下向の状況を詳細に伝える『時範記』(7)（平時範の日記）によって、新任国守を迎える道筋の国々と任国における饗応の様子を簡単にみておきたい。

表3　「厨」関係（2文字以上）墨書土器の例

墨　書	出　土　遺　跡	遺跡所在地
「国厨」	茨城廃寺	茨城県石岡市
「国厨」	下野国府跡	栃木市
「国厨」	中鹿子遺跡	千葉市
「国厨」	四ノ宮遺跡	神奈川県平塚市
「国厨」	土橋遺跡	静岡県袋井市
「国厨」	周防国府跡	山口県防府市
「国厨」	薩摩国府跡	鹿児島県川内市
「郡厨」	平木遺跡	千葉県八日市場市
「郡厨」	宮地遺跡	埼玉県狭山市
「郡厨」	四ノ宮遺跡	神奈川県平塚市
「郡厨」	——	福井県三方町
「主厨」	長岡京左京二条二坊六町（太政官厨家跡）	京都府向日市
「主厨」	脇本遺跡	秋田県男鹿市
「官厨」	秋田城跡	秋田市
「官厨舎」	〃	〃
「政厨」	〃	〃
「酒厨」	〃	〃
「厨上」	〃	〃
「厨上」	上荒屋遺跡	石川県金沢市
「上厨」	東山遺跡	宮城県宮崎町
「在厨」	清水台遺跡	福島県郡山市
「新厨」	堀の内窯跡群	茨城県岩瀬町
「鹿嶋郡厨」	神野向遺跡	茨城県鹿嶋市
「鹿厨」	〃	〃
「寒川厨」	下野国府跡	栃木市
「□川厨」	〃	〃
「大厨」	八幡林遺跡	新潟県和島村
「布智厨」	伊場遺跡	静岡県浜松市
「下厨南」	〃	〃
「佐野厨家」	坂尻遺跡	静岡県袋井市
「厨器」	長岡京左京二条二坊六町（太政官厨家跡）	京都府向日市
「厨物」	大田鼻東横穴群	京都府中郡大宮町
「厨[人]」・「厨」	〃	〃
「大[厨]」	平城宮跡第29次調査	奈良市
「中厨」	〃　　第29・38次調査	〃
「兵部厨」	〃　　第122次調査	〃
「兵厨」	〃　　〃	〃
「民厨」	〃　　〃	〃
「厨菜」	〃　　第133次調査	〃
「女嬬厨」	〃　　第139次調査	〃
「□[嬬]厨盤」	〃　　〃	〃

墨　書	出土遺跡	遺跡所在地
「布厨」	椎名前遺跡	千葉市
「厨家」	払田柵遺跡	秋田県仙北町・千畑村
「山名厨」	新堀遺跡	静岡県浅羽町
「城厨」	伊治城跡	宮城県築館町
「玉厨」	名生館遺跡	宮城県古川市

（承徳三年〈一〇九九〉二月）

十日、癸未　辰剋進発、申剋宿二摂州武庫郡河面御牧司宅一、摂津守送二馬、酒肴等一、（下略）

十一日、甲申　辰剋進発、申斜着二播磨明石駅家一、国司被レ儲二饗饌、菓子、芻秣等一、（下略）

十四日、丁亥　辰剋進発、未剋着二美作国境根仮屋一、国司被レ儲レ之、亦有二饗饌芻秣等一、（下略）

十五日、戊子　（前略）巳剋至二于智頭郡駅家一、簾中居饌、先食レ餅、先（次カ）啜レ粥、以其退給二智頭郡司一、依二先例一也、（中略）入レ夜着二惣社西仮屋一、依レ例儲二酒肴一、（中略）次着レ府、鎰取在レ前如レ例、入レ自二西門一於二南庭一下馬昇入二簾中一、弁備二饗饌一如レ恒、残二个日兼日下知停レ之、（下略）

（傍点は筆者）

これらのうち一例を説明するならば、因幡国に下向する平時範に対して、美作国の境根、文字どおり国境近くでここを越えれば、因幡国というところに仮屋を設けて、美作国の国司がおそらく「国厨之饌」を用意し、饗応したのであろう。

「国厨之饌」が国府内外の饗応の場に対応した形で弁備されていたことは明らかであろう。

3　「厨」墨書土器の出土状況

国府・郡家跡をはじめとする各地の遺跡出土の「厨」墨書土器は、それぞれの遺跡のどのような遺構から出土しているのか、以下二、三の具体例で検証してみることとする。

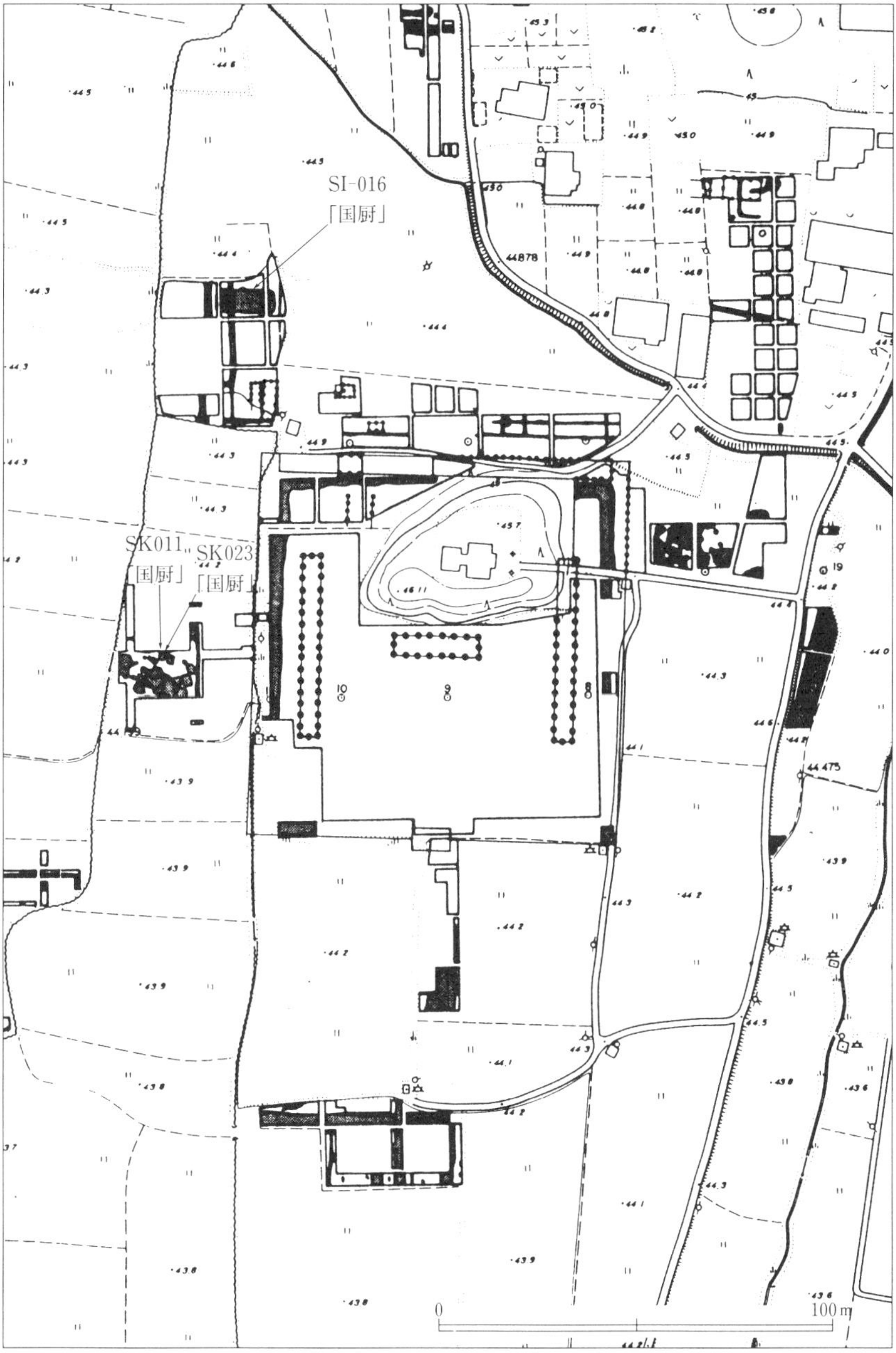

図63　下野国府跡地形図と「国厨」出土地点

(1) 下野国府跡（栃木市田村町）[8]（図63）

第一一次調査区は、政庁内郭域の北西方に位置している。調査区北側で検出した東西に細長い長方形の竪穴住居跡の覆土中から「国厨」墨書土器が二点出土している。「国厨」墨書は須恵器坏の外面底部に記されている。

第一八次調査区は政庁の西隣に位置しており、本調査では、政庁II期西辺塀（SA〇〇一B）や、III・IV期の築地（もしくは土塁）外側溝、および木簡を多量に出土した土坑群を検出した。土坑SK〇一一・〇二三は、政庁II期建物群焼失時の整地土で覆われているところから、ほぼ同一時期（延暦十年〈七九一〉ごろ）に廃絶されたものである。「国厨」墨書土器は、このSK〇一一と〇二三からそれぞれ一点ずつ出土し、ともに須恵器坏の外面底部に記されている。

SK〇一一・〇二三からはあわせて約五〇〇〇点の木簡の削屑が出土しているが、その木簡は政庁または政庁近くの実務的官庁から墨書土器「国厨」も含めて一括廃棄されたものであろう。

下野国府跡の場合、墨書土器「国厨」は、二ヵ所ともに政庁にきわめて接近した地点に廃棄されていたと判断される。

なお、下野国府跡からは墨書土器「寒川厨」（須恵器坏外面底部）、「×川厨」（須恵器高台付埦外面底部）、「寒×」（土師器坏外面底部）がSD一一一大溝跡から出土している。「寒川」は下野国内の寒川郡にあたるであろう。SD一一一は政庁南北中軸ラインの西約一九〇メートルを北から南へと走向する大溝であり、北端は北東方向へ曲折してSD一三〇（第二三次調査）へとつながり政庁の方へ向かっている。

(2) 秋田城跡（秋田市寺内）[9]（図64・65）

第一七次調査は外郭南辺中央部内側地区（大小路北部）を対象とし、東西四〇メートル、南北一六メートルの範囲

図64　秋田城跡出土「厨」墨書土器分布図（ただし国営調査分を除く）

に密集した状態で四二軒の竪穴住居跡を検出した。調査地は全層にわたって砂層であり、また住居跡も上・下の重複関係が複雑であるが、住居跡の方向、カマドの位置が、各期ごとに異なる特色を有している。六期の住居跡の年代は九世紀中ごろから十世紀ごろまでと考えられる。

墨書土器は、住居跡、掘り方、各層位から出土し、判読可能なもの一七六点、判読不能なもの八〇点、総計二五六点に達する。墨書内容は、「厨」が二二点、「上」九点、「大」七点、「中食」四点などである。厨関係の墨書としては、一字の「厨」のほかに、「厨酒」「厨上」「官厨舎」「官厨」などがみられる。また、「政所」「六郎官」「下人給」「酒所」「中食」「秋田」「雄城」（雄勝城のこと）などの墨書土器が伴出している点に注目しなければならない。

第三三次調査は、政庁地域の東辺地区（護国神社境内広場）を対象とした結果、下層東側からは

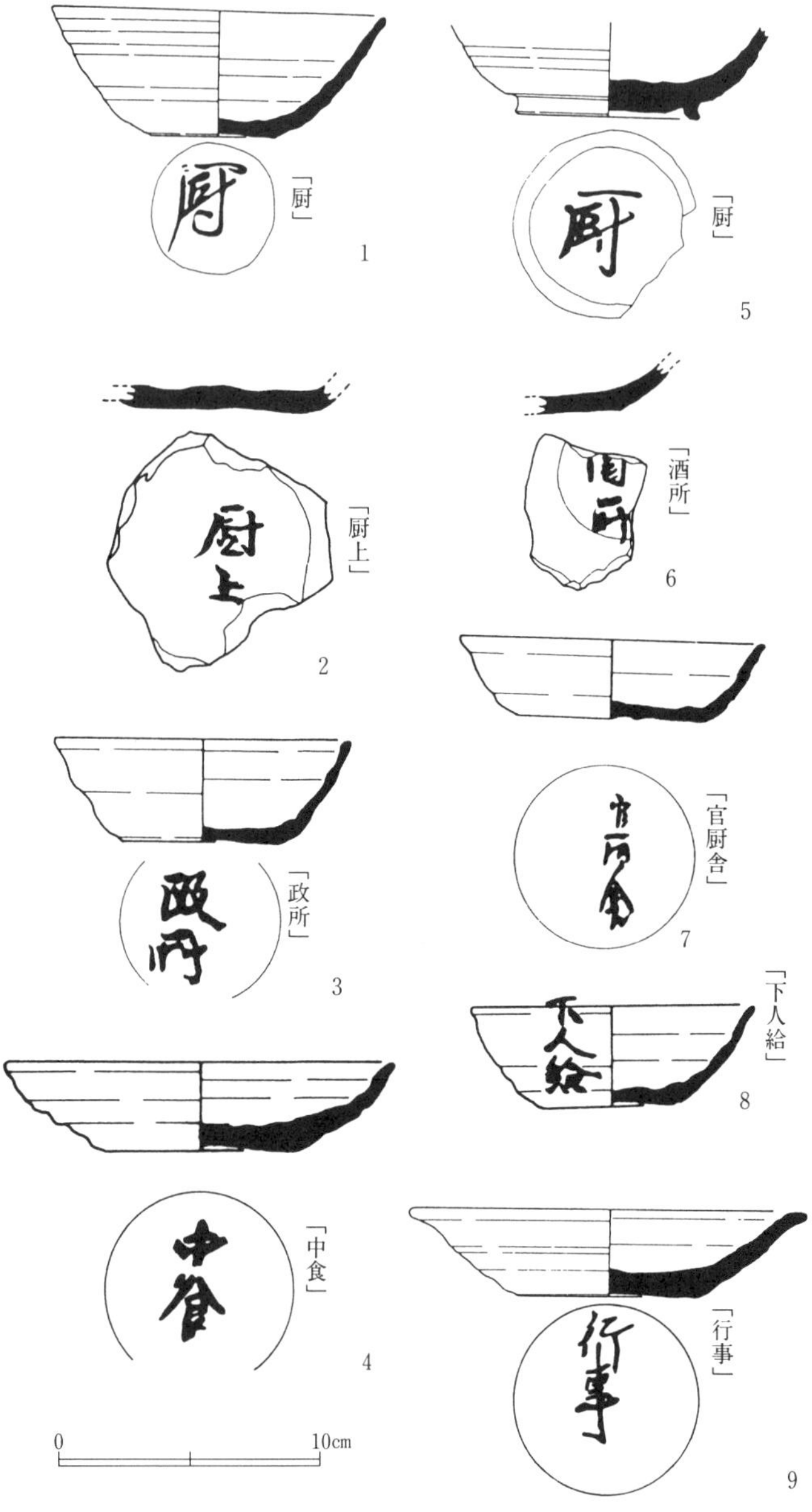

図65　秋田城跡出土墨書土器

重複する南北棟の建物跡、また上層からは一本柱列による区画遺構の西南の一画とそれに囲まれた形で鍛冶工房跡、建物跡、住居跡等が多数検出された。上層遺構は九世紀末・十世紀初頭〜十一世紀代、下層遺構は九世紀半ばを遡らないと考えられる。

墨書土器は、住居跡、掘り方、溝、各層から一〇四点出土している。このうち判読可能なものが六二点である。墨書総数の約半数がSＩ五九三住居跡とその上層遺構から出土している。墨書土器の内容は、「厨」が一六点と最も多く、ほかには「大」三点、「酒」二点、「官」二点などである。また「官厨」「酒所」「厨主」「軍毅所」「鎮」「佐」「秋」などの墨書土器が注目される。

秋田城の場合、「厨」の墨書土器は、このほかにも第一七次調査区の南（外郭南辺中央部外側）と外郭東辺外側の第二六次調査区で、数点確認されている。

(3) 神野向遺跡（茨城県鹿嶋市・常陸国鹿嶋郡家跡）(10)（図66）

神野向遺跡は、昭和五十四年（一九七九）度から昭和五十九年（一九八四）度の発掘調査、なかでも昭和五十九年度の調査では、郡庁中枢建物を検出した結果、常陸国鹿嶋郡家跡と断定することができ、施設として正倉院、郡庁院そして正倉院外南に官衙付属建物群のあることが判明した。

昭和六十・六十一年（一九八五・一九八六）度は、郡庁中枢建物より東約七〇〜九〇メートルの地区において掘立柱建物群を検出し、これと重複して検出した竪穴状遺構SＢ一三六五から多量の墨書土器が発見された。遺構の変遷は、第Ｉ期からⅣ期に分けられ、第Ｉ期の開始年代は八世紀前半ごろ、第Ⅳ期の廃絶年代は九世紀後半ごろで、郡庁第Ⅲ期の廃絶年代と一致する。第Ⅳ期には、三棟ある建物のうち、中央にある建物だけが掘立柱建物の形態をとらず、竪穴状遺構（SＢ一三六五）となったものである。このSＢ一三六五から多量の墨書土器が出土しているが、土器の年代は九世紀後半代に比定できるものが多く含まれており、出土状態から廃棄されたものと考えられる。

この竪穴状遺構SＢ一三六五からは五一二点出土している。墨書の記載で最も多い例は、「鹿厨酒」「鹿厨」「厨」など厨と書かれたもの三二点、「鹿」などの郡名に関するもの二五点である。ほかには、「介」「東殿」「神宮」などが

図66　神野向遺跡発掘遺構全図

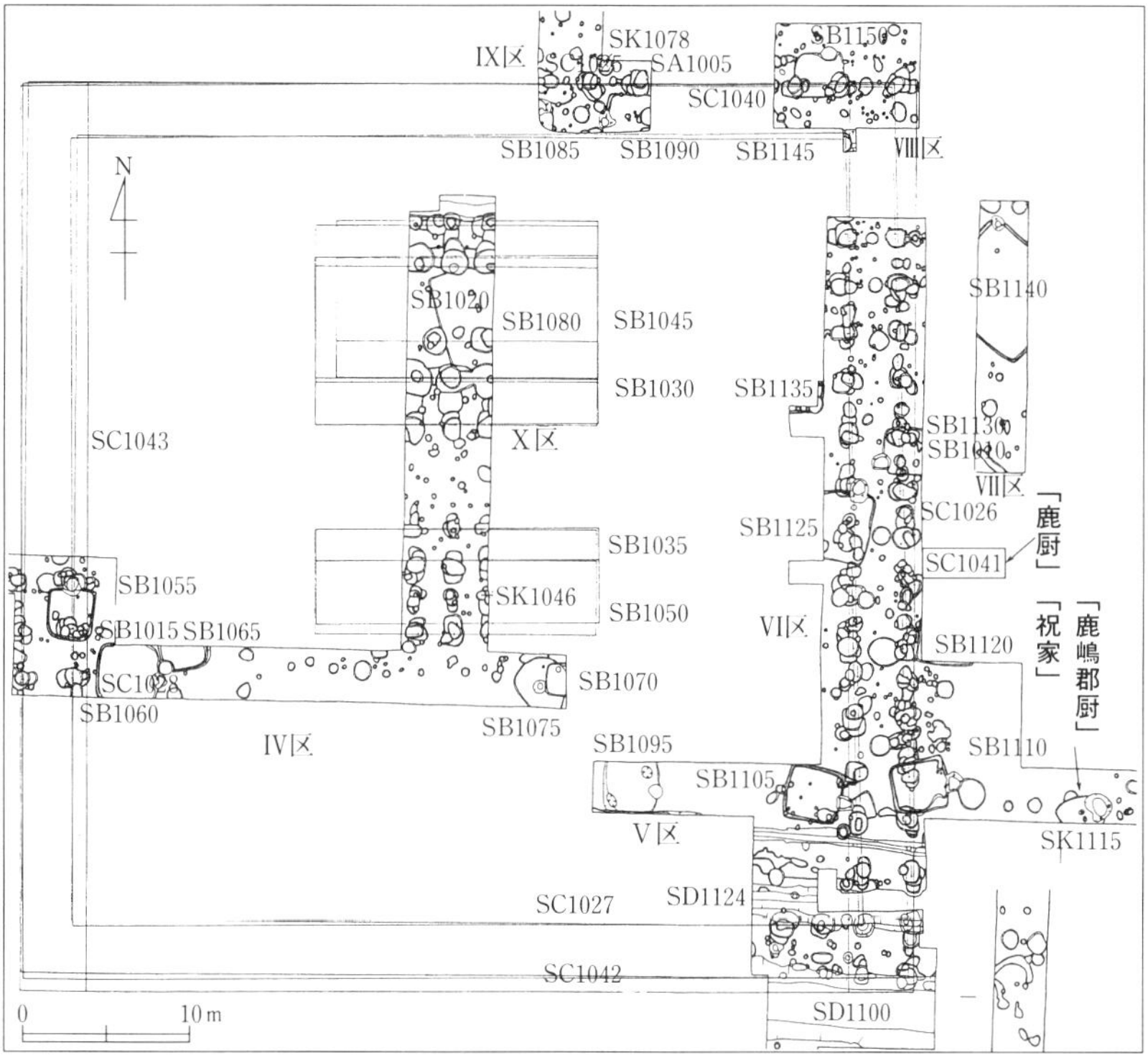

図67　神野向遺跡郡庁院遺構図

認められる。

また、昭和五十九年度調査では、正殿の南に前殿を配し、周囲を単廊で画していた郡庁院跡が検出された（図67・68）。その東面回廊東辺の土坑ＳＫ一一一五からは「鹿嶋郡厨」「祝家」などが出土している。さらに東面回廊のＳＣ一〇四一柱抜取痕跡から「鹿厨」が出土している。

(4)　御子ヶ谷遺跡（静岡県藤枝市・駿河国志太郡家跡）(11)（図69）

御子ヶ谷遺跡は、東・西・南を丘陵に囲まれた北に開く狭い谷入口部の微高地上に立地する。遺跡北側を旧河川が流れ、南側の谷奥部は湿地であったことが判明している。遺跡の規模は東西八〇メートル、南北七〇メートルである。掘立柱建物三〇棟をはじめ、井戸・土塁・板塀・石敷道路などが検出されている。これらの遺構は大きく

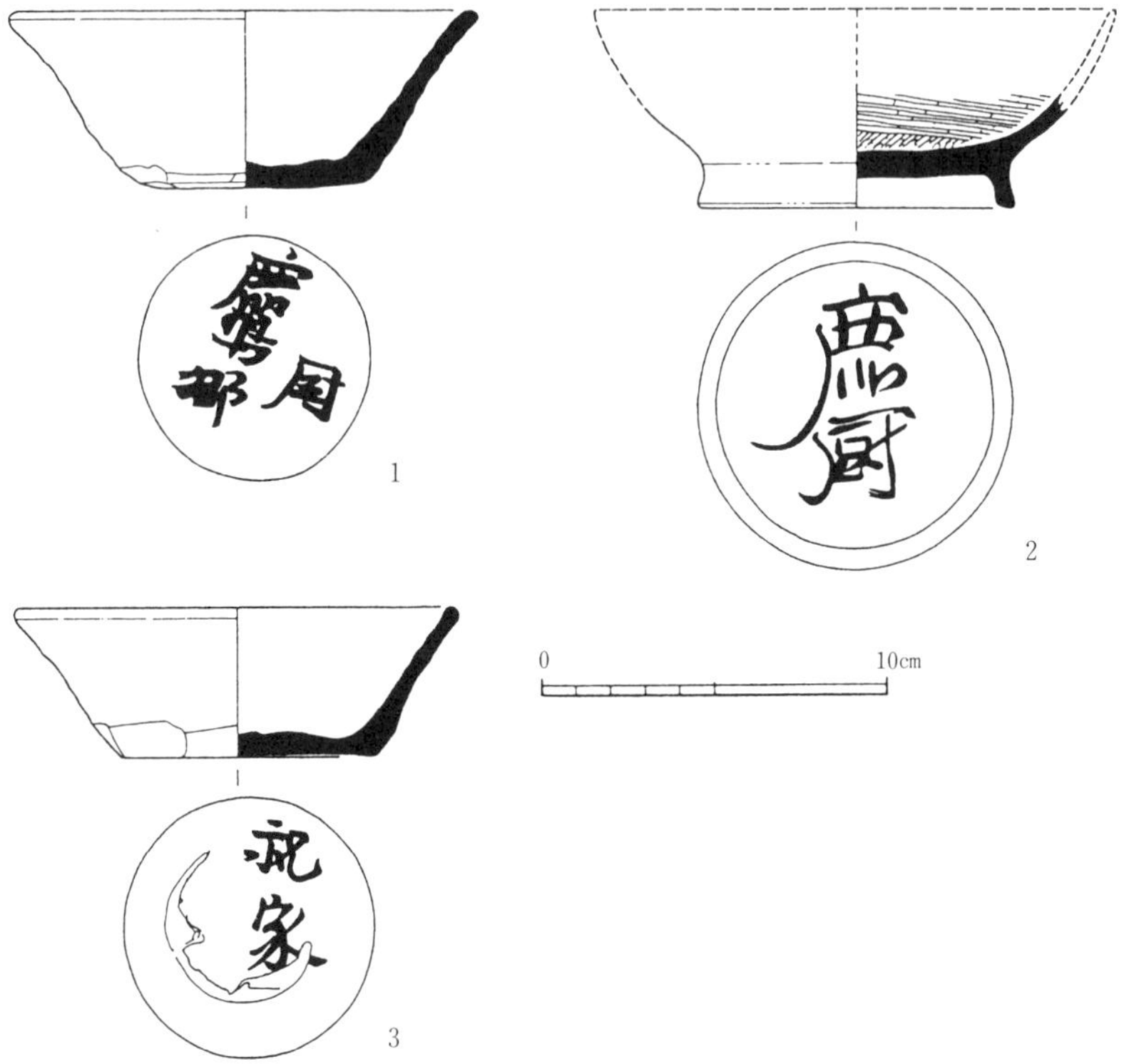

図68　神野向遺跡（鹿嶋郡家跡）郡庁院出土墨書土器（1．鹿嶋郡厨，2．鹿厨，3．祝家）

は二時期、細かくは四時期に分けられ、年代的には八世紀前半から九世紀代にわたって営まれたことがわかる。

Ⅰa期　建物は、南面するコ字形に配置された六棟よりなる。東側から南側を逆L字形の土塁によって囲まれ、その西端部の山裾に門が設けられている。南東隅は低湿地でゴミすて場となっていた。

Ⅰb期　Ⅰa期の建物配置が基本的に踏襲されるが、西寄りの建物群のうち主殿の位置が北にずれ、東北棟が二棟ずつとなる。

Ⅱa期　品字型配置の一群はなくなり、大型の東西棟を主殿とした西寄りの建物群（A群）、中央部の井戸とその周辺の建物群（B群）、東南部の塀で囲まれた有廂床張建物（C群）

図69　御子ヶ谷遺跡（志太郡家跡）遺物（土器）分布図（●は土器，○は墨書土器）

で構成されるようになる。土塁の一部は塀・柵に変わる。

Ⅱb期　A群の主殿が間仕切りをもつ床張建物に変わり、この主殿の北側に後殿にあたる建物二棟が東・西に接して並ぶ。外郭が土塁や柵から板塀に変わる。

Ⅰ期の西寄りの建物群は品字型配置をとり、Ⅱ期にも主殿にあたる本遺跡最大の東西棟が営まれ、ともに前面空間地を設けていることから、この一画は郡庁とされている。Ⅰb期の塀で囲まれたA群の建物とⅡ期のC群は館にあたり、B群は、井戸を伴うことから厨家に比定されている。(12)

墨書土器は、ヘラ書き四点、朱書一点を加えて二六九点出土している。墨書土器は、遺跡のほぼ全域にわたって検出されるが、なかでも、建物群東南側のＳＢ一三、ＳＢ二〇建物を含めた低湿部にあたる灰色有機質土層中より全体の三分の二に及ぶものが出土している。さらに道路遺構の南縁

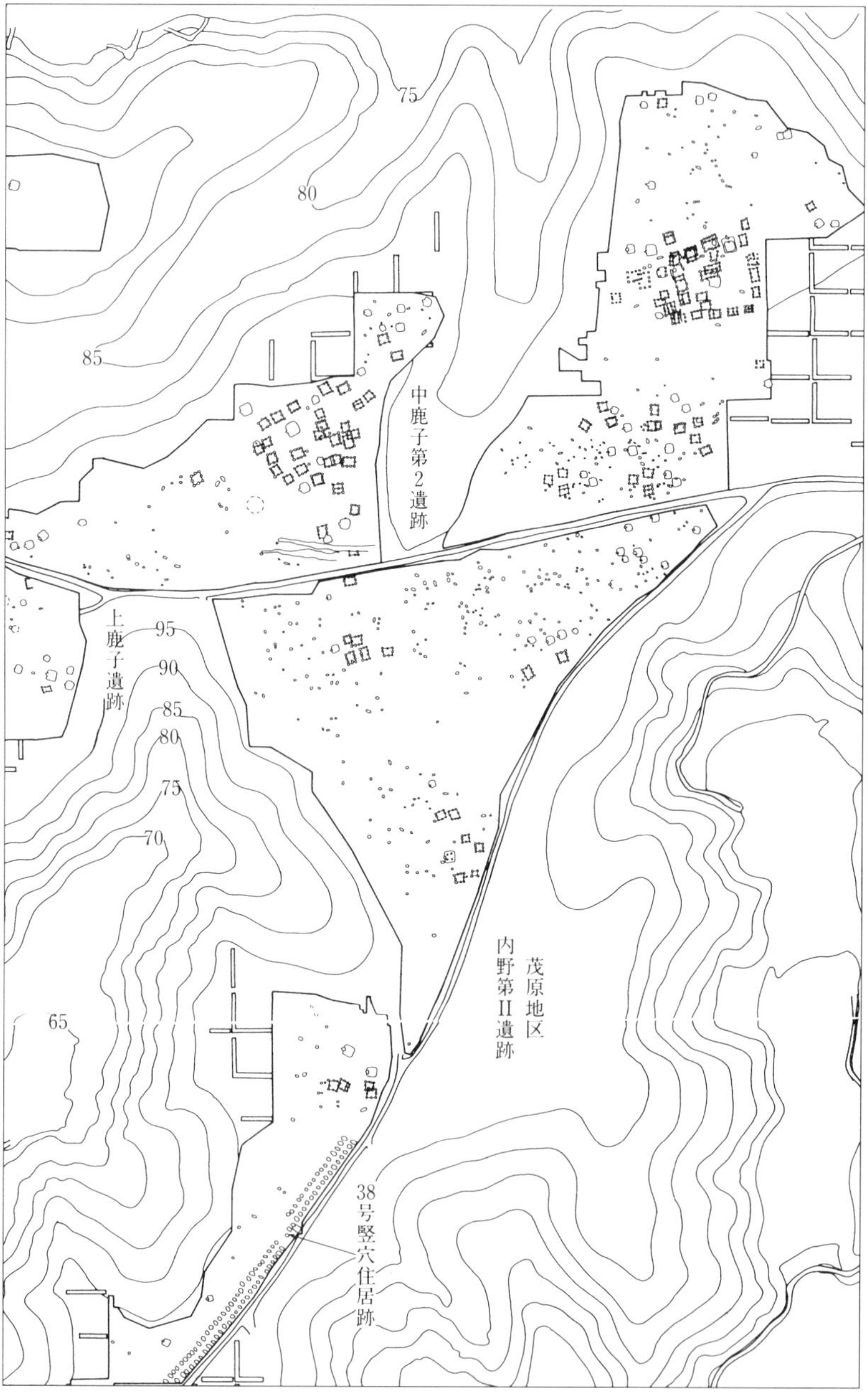

図70　千葉市中鹿子第2遺跡とその周辺

に沿った低湿地に投棄されたものや、SB〇四建物の雨落溝を含めた周囲より検出されるものが量的に目立っている。

(5)　中鹿子第2遺跡（千葉市緑区土気町）[13]（図70〜72）

中鹿子第2遺跡は、下総台地の分水界の一部で、市域を西流して東京湾に注ぐ村田川の最上流域の樹枝状に入り込んだ支谷を臨む、標高七七〜九九メートルの台地上に所在する。市域の中でも標高の高いところで、関東構造盆地の外縁部に属し、北西に向かってなだらかな傾斜をしていく一方、太平洋岸に連なる九十九里平野に向かっては急崖をなすところである。

この台地上において、検出された掘立柱建物跡は総数一一七棟あり、そのうち二間×二間が三六棟、二間×三

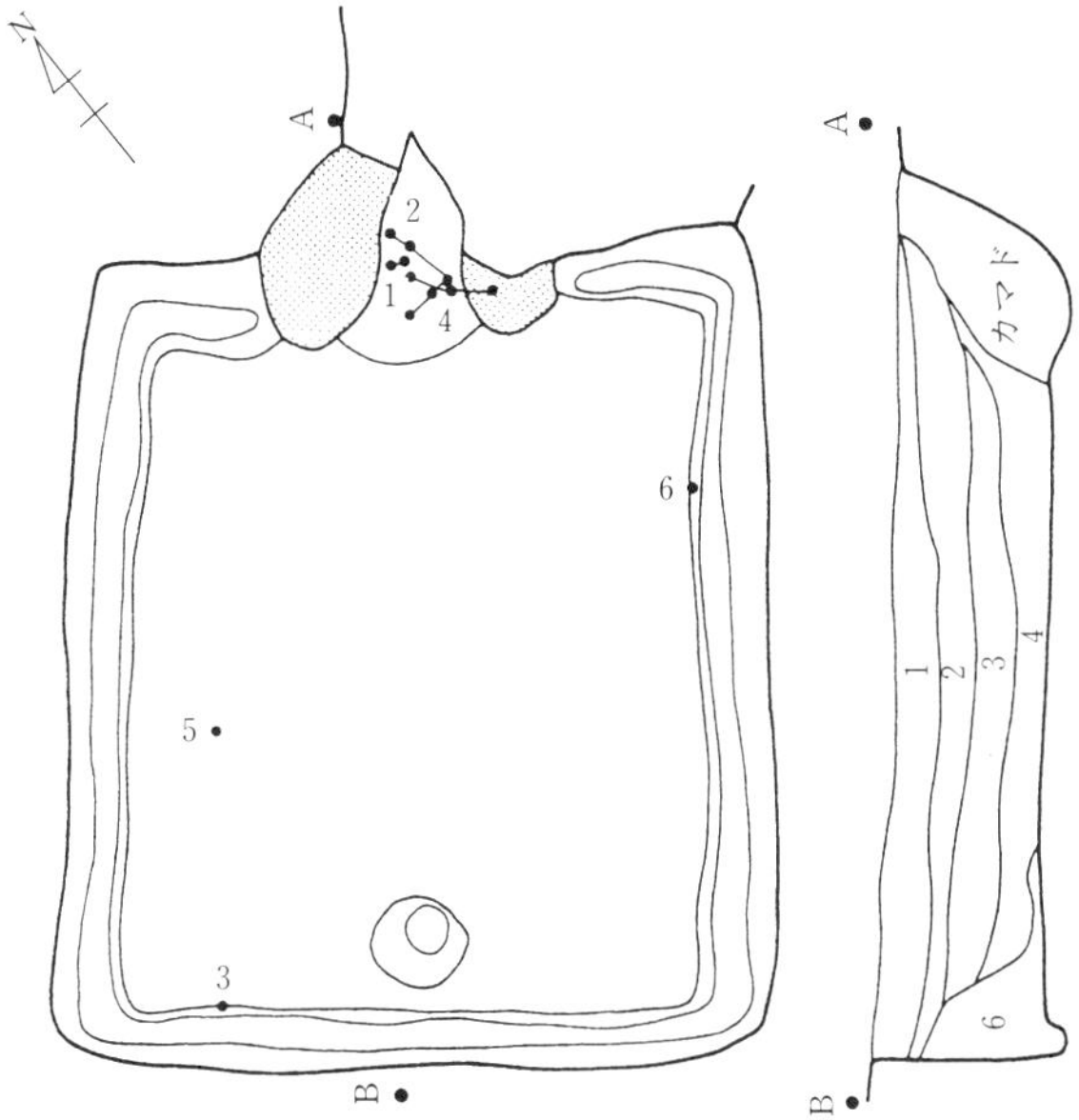

図71　第38号竪穴住居跡（千葉市中鹿子第2遺跡）

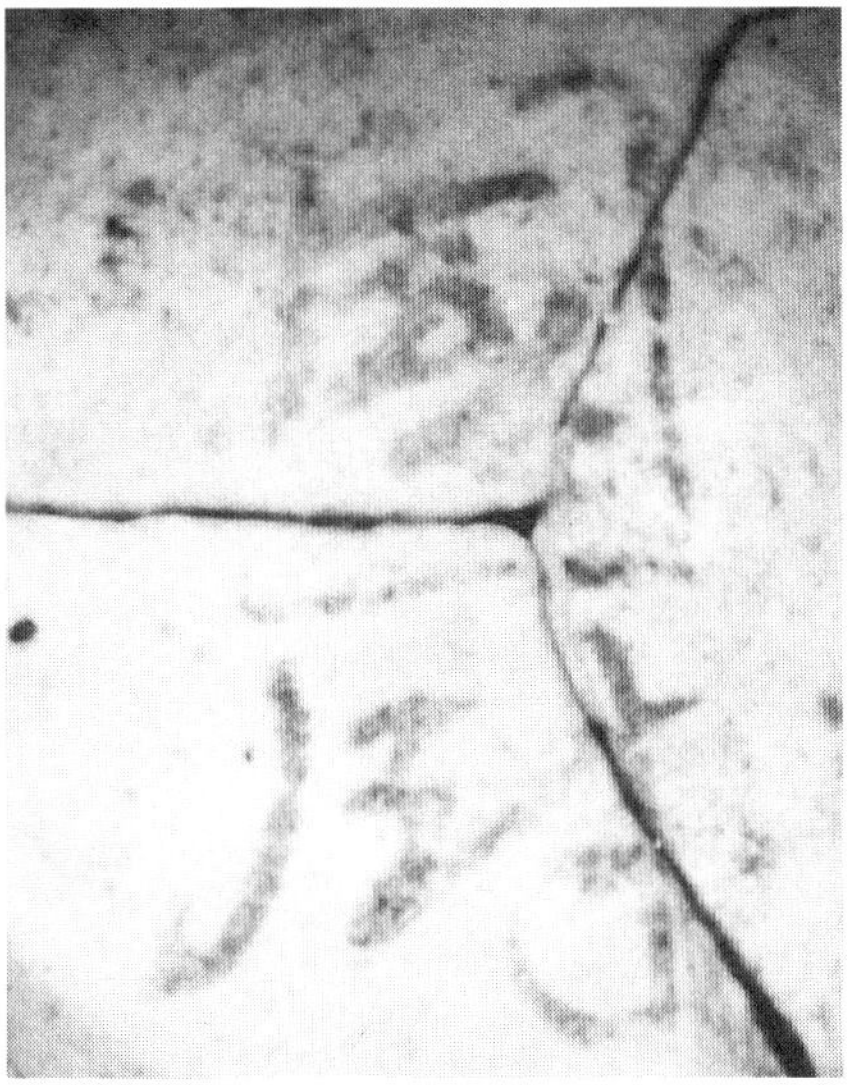
図72　「國厨」（千葉市中鹿子第2遺跡）

間が七一棟の小規模な掘立柱建物で構成されている。掘立柱建物と竪穴住居跡は二群に分けられ、A群は掘立柱建物跡一八棟、B群三八棟からなり、東西約四〇メートル×南北約四〇メートル四方に掘立柱建物跡がほぼ方形に配列されている。

墨書土器は総数一四六点で、そのうち第三八号住居跡のカマド内の床面直上から「国厨」と墨書された土器が出土している。「国厨」は土師器坏底部外面に記されている。第三八号住居跡は、調査区の西方にのびる細尾根上の道路に沿った位置に東側の住居跡群からかけ離れて、たった一軒検出された竪穴住居跡である。墨書土器にはほかに「寺」「佛」「刑部」「酒坏」などがある。

中鹿子第2遺跡は、上総国府推定地（市原市総社付近）の東方、直線距離で約一四キロに位置している。上総国の場合、東京湾側の市原・海上・畔蒜・望陁・周准・（天羽）と太平洋（九十九里沿岸）側の埴生・長柄・山辺・武射・夷灊の各郡に二分されるが、中鹿子第2遺跡を含む土気地区は、両側各郡の連結点というべき境界域の役割を果たす重要な地点である。

(6) 平城宮跡(14)

平城宮跡では、厨関係の墨書土器は、数多く出土しているが、なかでも、本節との関係でいえば、平城宮南面の外堀で、同時に二条大路北側溝を兼ねるＳＤ一二五〇の調査の「厨」関係墨書土器が注目される。

第一二二次調査は壬生門前面にあたり、「兵部」「兵□」「兵部厨」「兵厨」そして「民厨」などが出土している。また第一三三次調査は若犬養門前面で「厨」（四点）と「厨菜」などの墨書土器が発見されている。平城宮南辺の門付近では、衛士関係の木簡が集中して出土し、衛士の勤務地と推定されている。申すまでもなく、防人と衛士の徴発は、太政官を経由しないで、直接兵部省が諸国に下符して差発するものであった。

「兵部厨」などの墨書土器は、平城宮南辺の門を警護する衛士や、それらを管轄する兵部省の官人らに対して、兵部省内の厨家が食料支給を行っている事実を物語っているであろう。

(7) 集落遺跡と「厨」墨書土器

最近では、東国の一般集落跡とされる遺跡から「厨」墨書土器が確認されるようになっている。

○千葉県芝山町庄作遺跡(15)

○千葉県印旛村平賀油作遺跡(16)(図74)

この「厨」と並んで「曹司」も、幅広い分布を示している。

○宮城県白石市明神脇遺跡(17)

○千葉県印旛村平賀油作遺跡(図75)

このうち「厨」と「曹司」をともに出土する平賀油作遺跡について若干その概要を紹介しておきたい(図73〜75)。

本遺跡では、奈良・平安時代と思われる竪穴住居跡は五〇軒、掘立柱建物跡は二三棟検出された。時期別に集落の変遷をみるならば、第I期(八世紀初頭)は竪穴住居跡のみで、掘立柱建物跡は第II期(八世紀前半)以降に出現する。第II期は数軒で一つの単位を構成し、四群が確認され、第III期になると竪穴住居跡が著しく減少し、第IV期でわずかに増加し、第VI期(九世紀後半〜十世紀初頭)は住居跡二八軒、掘立柱建物跡一七棟を数え、集落の最終段階に著しく拡大したものと推測される。これらの遺構群は、台地北側にコ字状にめぐる溝によって区画され、台地中央部に集落の中心グループが存在し、掘立柱建物と竪穴住居跡の大半が北西方向に軸を揃えている。その周辺に小規模な数グループが存在し、溝外の北西部にはまったく遺構が検出されていない。

一方、後に述べるように「国厨」の例の場合は、国府の厨施設が弁備した「国厨之饌」を国府内外において使用し

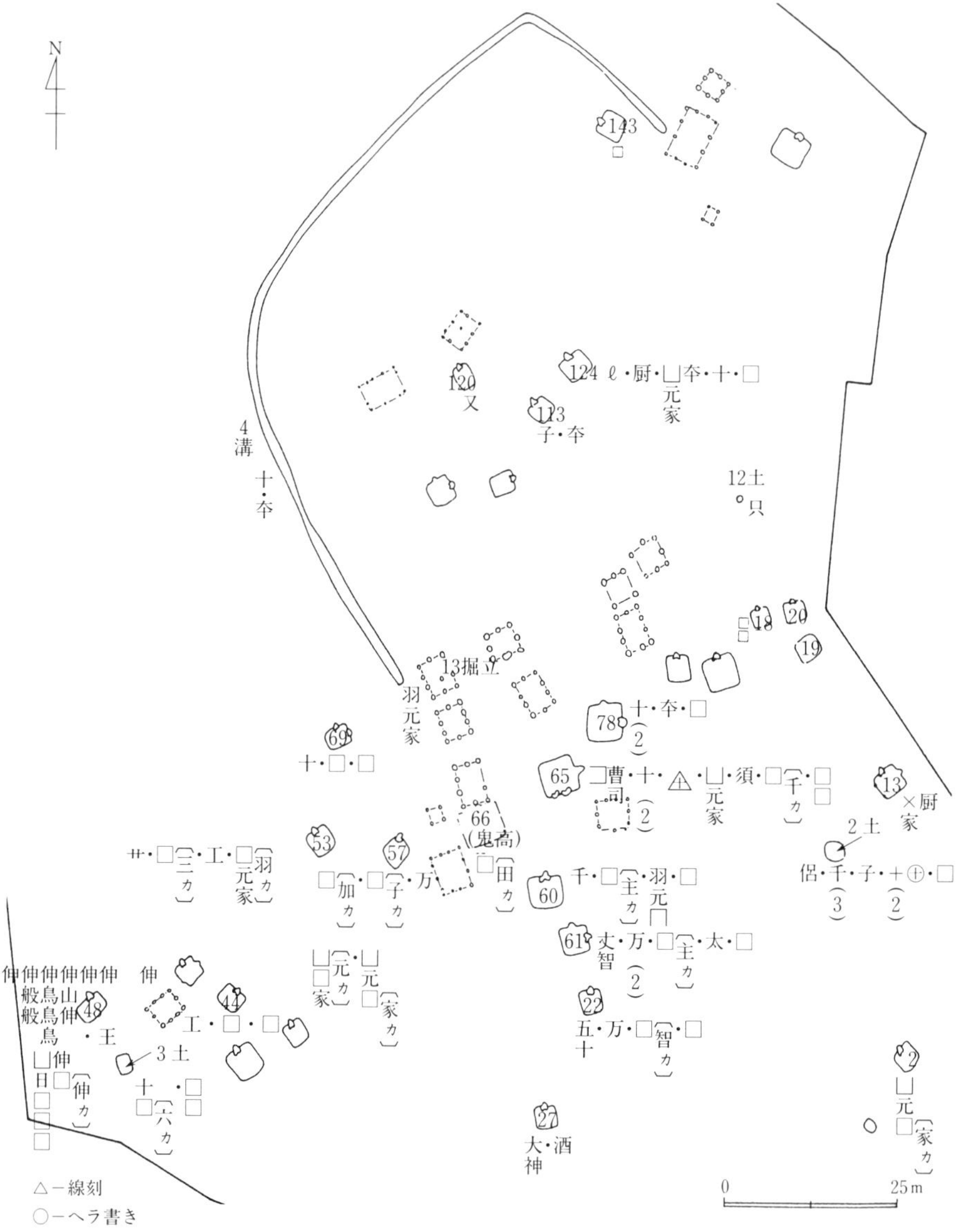

図73　平賀油作遺跡遺構配置図（第VI期）

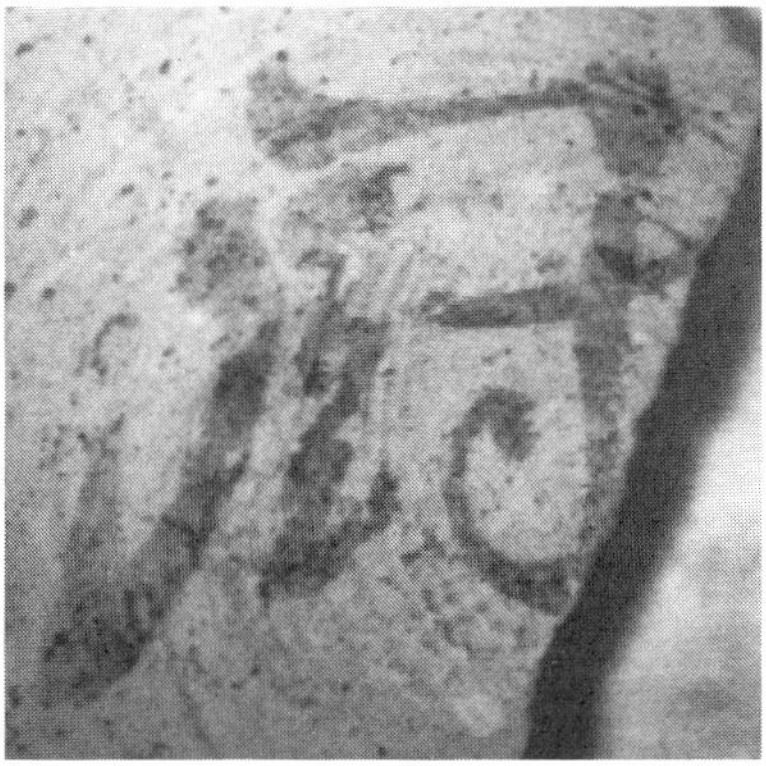
図74　「厨」墨書土器（千葉県平賀油作遺跡）

図75　「曹司」墨書土器（千葉県平賀油作遺跡）

たために広範囲な分布を示すこともある。しかし、一般集落跡とされる遺跡において、「厨」のみでとくに固有名詞を付記しない例は、おそらくは、「厨」や「曹司」の用語の普及を示していると理解すべきであろう。今後とも、主要官衙外で出土する「厨」等の墨書土器については、遺構、共伴遺物を含め、遺跡の性格を十分に見極めたうえで、「厨」墨書土器の意義を考える必要があるであろう。

4　厨遺構（図76〜78）

地方官衙遺跡における厨遺構については、上述のように神野向遺跡（常陸国鹿嶋郡家跡）や御子ヶ谷遺跡（駿河国志太郡家跡）の厨遺構が必ずしも明確でないとすると、現在までのところでは、胆沢城跡第五二次発掘調査遺構がその出土遺物も含めて唯一、確実な厨遺構といえるであろう。(18)

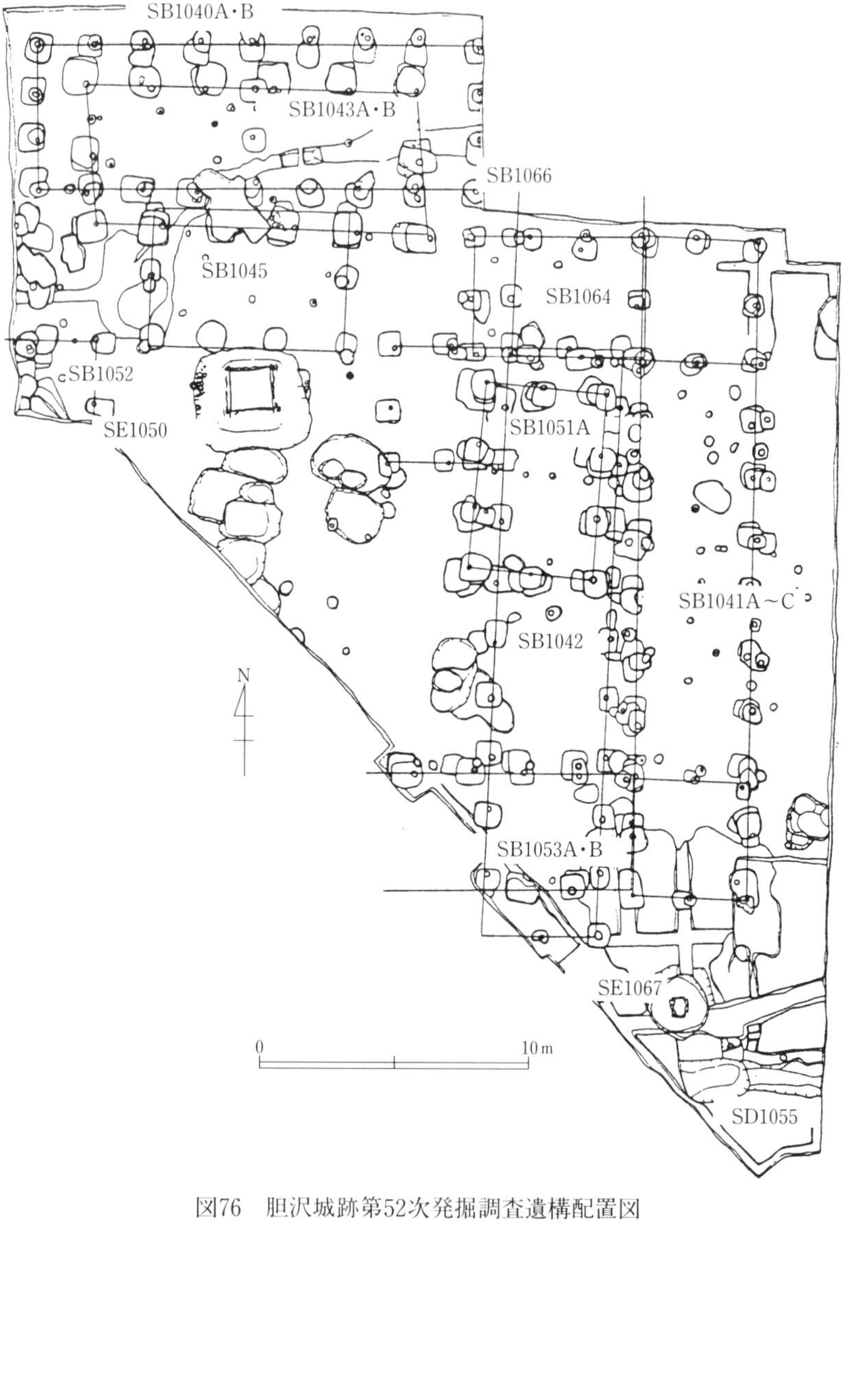

図76　胆沢城跡第52次発掘調査遺構配置図

第五二次調査区は、政庁南東の「東方官衙」と外郭南辺内溝に挟まれた南北六六メートルの地区で、外郭南門と政庁を結ぶ線の東六五メートルの位置にあたる。調査で検出された建物は大きく六期に分けられる。このうちA期からD期までの建物配置は、各期により配置形態を異にする二対の建物が側柱をそろえて建てられているのに対し、E・F期は様相を異にしている。F期は同位置・同規模で四小期に変遷する二間×三間の南北棟が独立した状況で検出されている。とくに九世紀末から十世紀前半にかかるE期官衙は、井戸を中心として、その北側に主要殿舎、東側に付属建物が配されている。すなわち主要殿舎の東西棟SB一〇四三・一〇四〇と、その南東に桁行一一間の長大な南北棟SB一〇四一が付属する。この建物配置からいえば、調査区外の西方に、SB一〇四一と対をなす西建物の存在が想定できる。井戸跡出土須恵系土器坏に、「厨」のほかに、数点の「左」「右」と記した墨書土器がみられるが、これはそれぞれ「左殿」「右殿」の建物を指す可能性も考えられる。

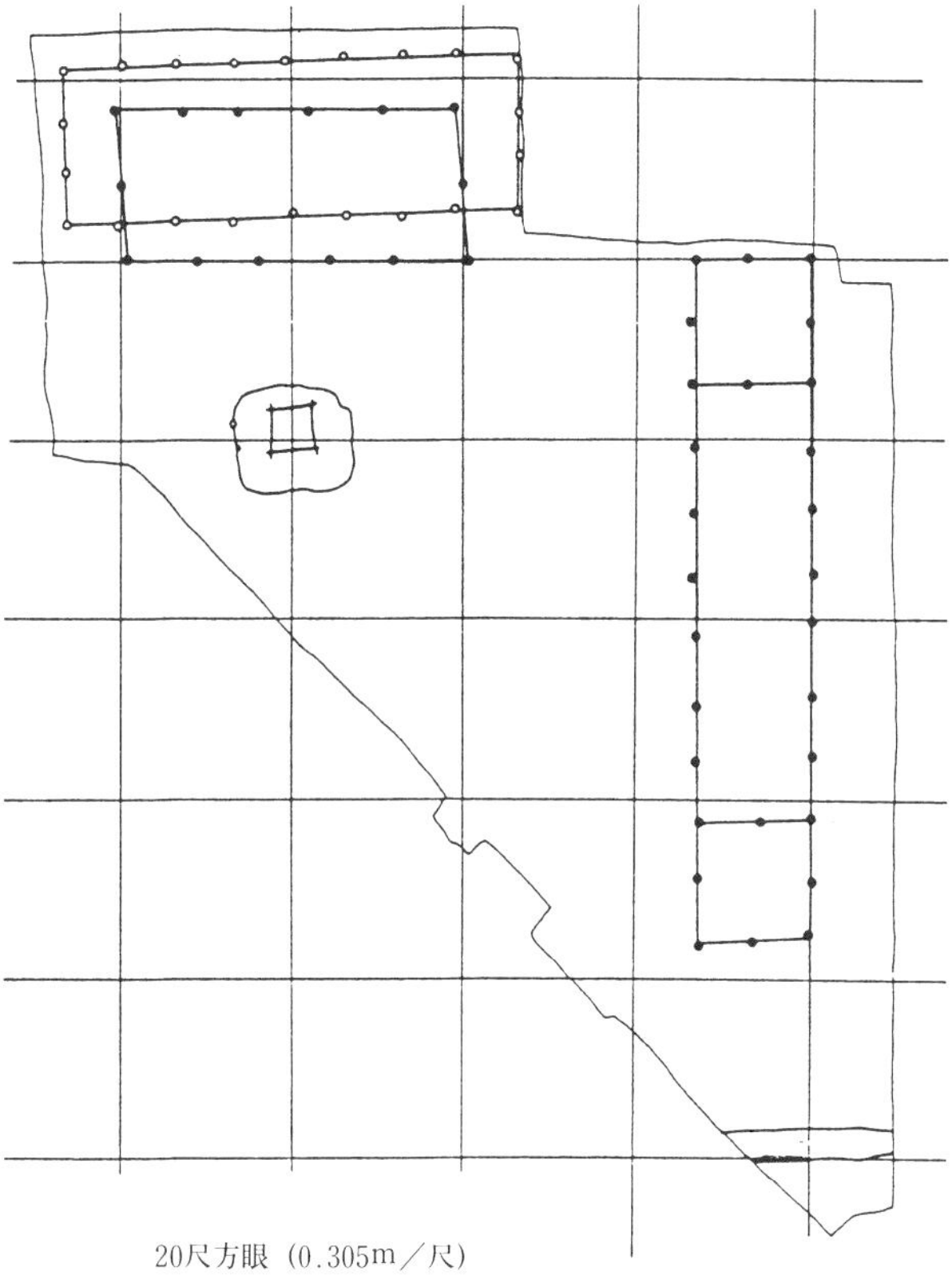

20尺方眼（0.305m／尺）

図77　厨建物配置図（胆沢城跡）

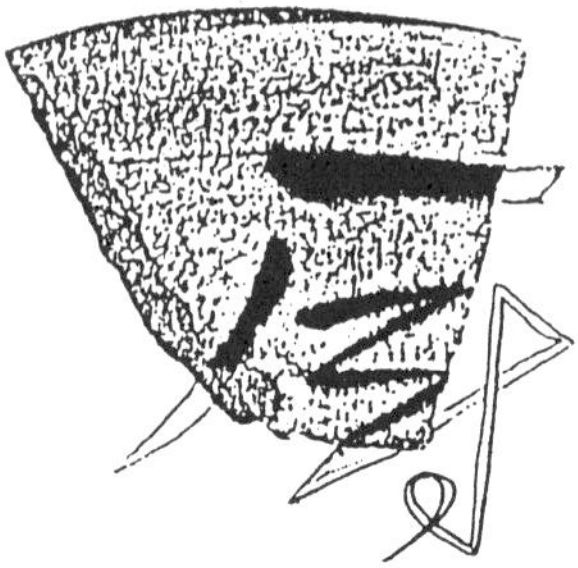

墨書土器「厨」

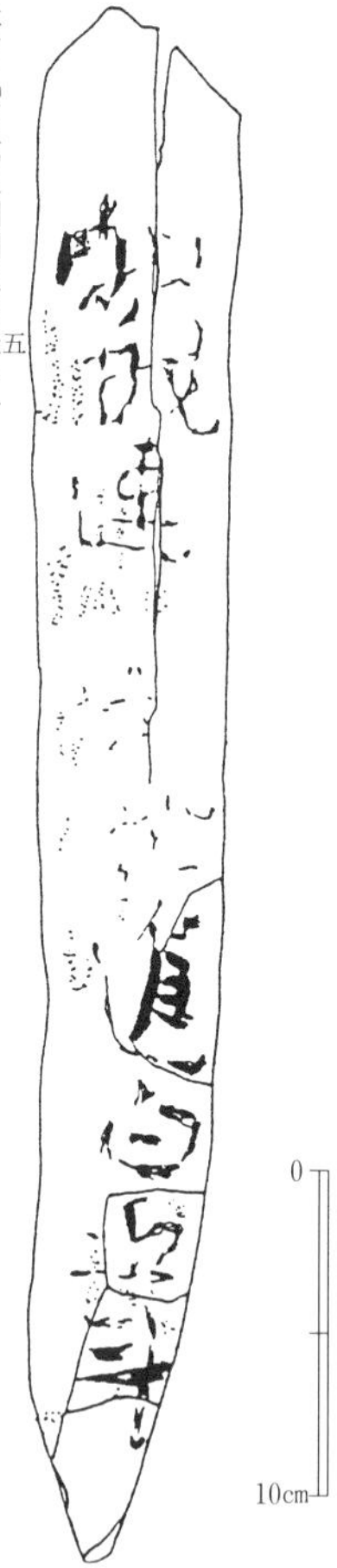

木簡「和我連□□進白米五斗」

図78　井戸跡出土遺物（胆沢城跡）

このように「コ」字型に主要殿舎と東西棟に囲まれた広場の中央北よりに井戸が配置された状況は、規模こそ異なるが、平城宮大膳職跡の中心部の構造にきわめて類似する施設であるといえる。なお、井戸跡からは、白米の貢進木簡「和我連□□進白米五斗」のほか、厨房関係の木製品（へら、はし、まな板、木椀、皿など）や燃料用の炭、食用にされたと思われるニホンジカの骨などが出土している。

以上のことから、第五二次調査で検出した官衙施設は厨院と解することができる。

5　「厨」墨書土器の意義

まず、「厨」墨書土器はその出土地点と出土状況に注目する必要がある。

下野国府跡は、政庁に近接した二地点の竪穴住居跡覆土と木簡などを一括投棄した土坑埋土からそれぞれ検出された。政庁域およびその周辺で使用されたものを投棄したとみなすことができる。

秋田城跡の場合は、大きくは二地点から出土しており、一群は政庁域、もう一群が外郭南辺中央部のすぐ内側である。胆沢城跡では、外郭南門から南辺築地に沿って東約七〇メートルの位置に厨施設が存在している。この胆沢城跡の例を参照するならば、秋田城跡においても「厨」関係墨書土器を多量に出土する外郭南辺中央部近くに厨跡を想定できるかもしれない。その場合、「官厨舎」「酒所」などの施設名を記した墨書土器が注目される。

しかし、もう一つの可能性は、この地域は外郭南辺のほぼ中央部に位置し、この付近に外郭南門を想定できる。平城宮の南辺の前面溝出土の「兵部厨」「兵厨」「民厨」などの例のように門の警護にかかわる兵部省の官人や衛士などの饗食等との関連でいえば、秋田城の場合も、この地域では「中食」、「飽」（出羽国飽海郡）、「雄城」（雄勝城）、「官厨」、「政厨」、「厨上」、「下人給」、「六郎官」などの墨書土器は平城宮南辺と同様の傾向を示すと考えられる。最近調査された外郭東門跡付近でも[19]「厨」関係の木簡および「厨」の墨書土器と並んで「田川」（田川郡）、「河郡」（河辺郡）など国内の郡名を記した墨書土器が出土しており、外郭南辺中央部と共通した内容を有している点、この南辺中央部地域における門の機能を想定できよう。

一方、秋田城政庁域の「厨」墨書土器は、厨施設の存在を示すものとは考えられない。下野国府と同様に、国府政庁または館院（のちに述べる常陸国鹿嶋郡家跡の郡庁院東側と状況がきわめて類似している）における饗饌に使用されたのち廃棄されたものと判断される。

以上のような下野国府や秋田城（出羽国府）などの国府に対して、郡家跡における厨関係墨書土器の出土状況は次のとおりである。

神野向遺跡の第II期と第III期の郡庁は正殿の南に前殿を配し、周囲を単廊で画した点に特徴がある。その東面回廊東辺の土坑ＳＫ一一一五からは、「鹿嶋郡厨」の墨書土器が「祝家」などとともに出土した。また、東面回廊の柱抜取痕跡から「鹿厨」が確認されている。もう一群は、郡庁院から東約八〇メートルの位置の竪穴状遺構SB一三六五から厨関係墨書土器が一括（三二点）出土している。

前者は問題なく郡庁院内で使用されたのち廃棄、後者の遺構について、報告書では「厨家」相当の施設としているが、問題が残る。

厨施設は、平城宮大膳職や地方における胆沢城の府庁厨遺構のように、大規模な井戸を中心とした建物配置が基本的形態とみられる。この例に照らすならば、神野向遺跡の場合は、遺構のみから判断すると、厨院としての条件が整っているとはいいがたい。

むしろ、館院の可能性を考慮する必要がある。館が国司の部内巡行などの宿泊機能を果たしていたことはすでに強調されているところである。(20) 秋田城跡政庁東側の状況との類似性も参考となろう。

したがって、「厨」墨書土器が出土した遺構あるいは地域をもって厨施設と速断してはならないであろう。国府政庁および郡家の郡庁院などにおける恒例・臨時の行事、国府および郡家の館院における国司ならびに諸使等の接待饗応の事実を「厨」墨書土器は伝えているのではないか。

ところで、国府域外の遺跡から出土する「国厨」墨書土器、下野国府跡の「寒川厨」、志太郡家跡の「益厨」（益頭郡厨）などの例のように「厨」墨書土器の動きは、その本質に深くかかわるものであろう。

千葉市中鹿子第2遺跡にみられるように、国府域からかけ離れた地点から出土する「国厨」墨書土器は、国内各所における国司饗饌との関連を想定できる。たとえば、『時範記』によれば、新任国守を迎える当該国が途中の駅家などにおいて国司による接待、おそらくは「国厨之饌」を準備し、対応している。

この中鹿子第2遺跡は、都からの主要官道からはずれているが、上総国内の主要道路の一部であり、東京湾側と太

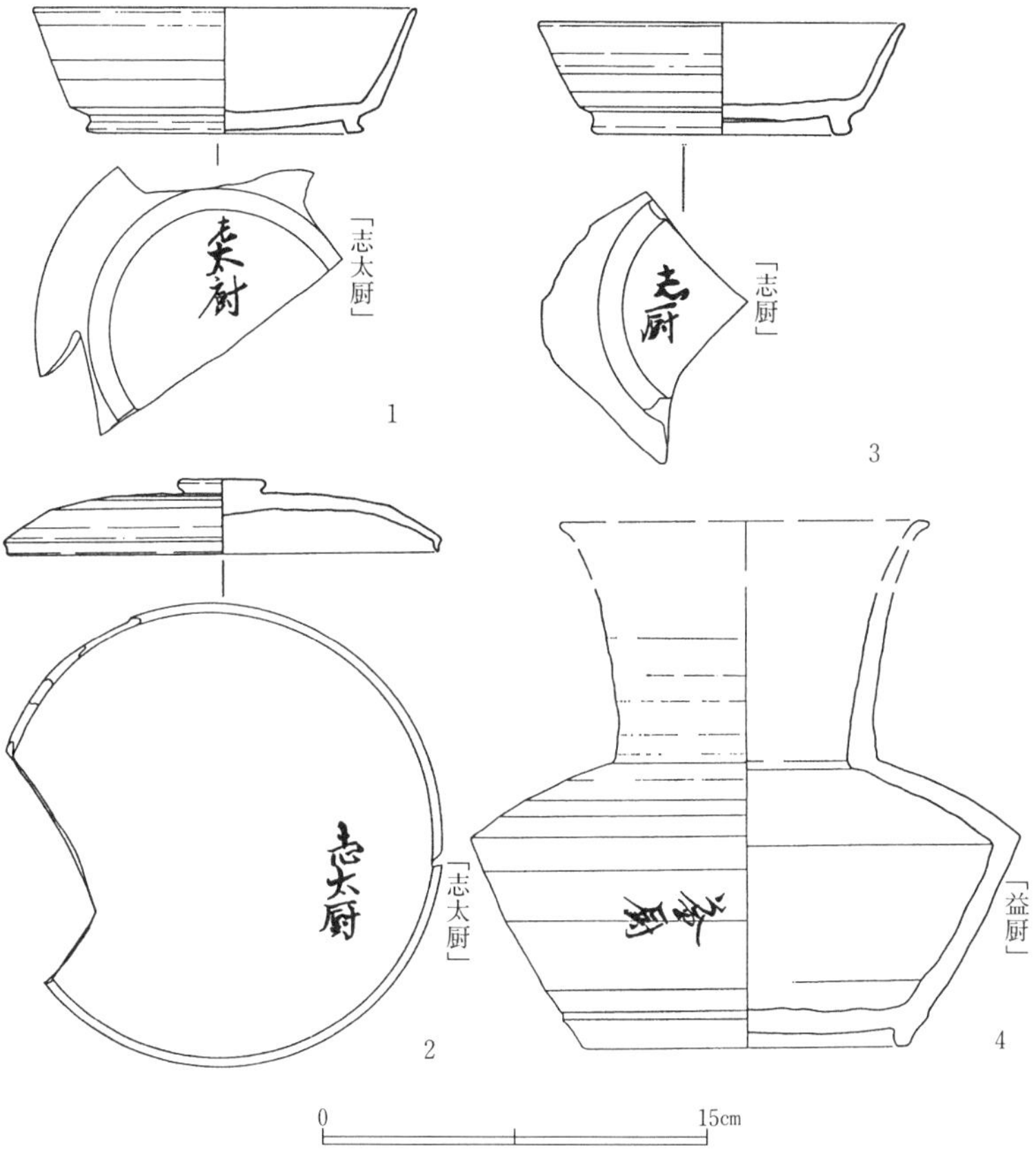

御子ケ谷遺跡（志太郡家跡）

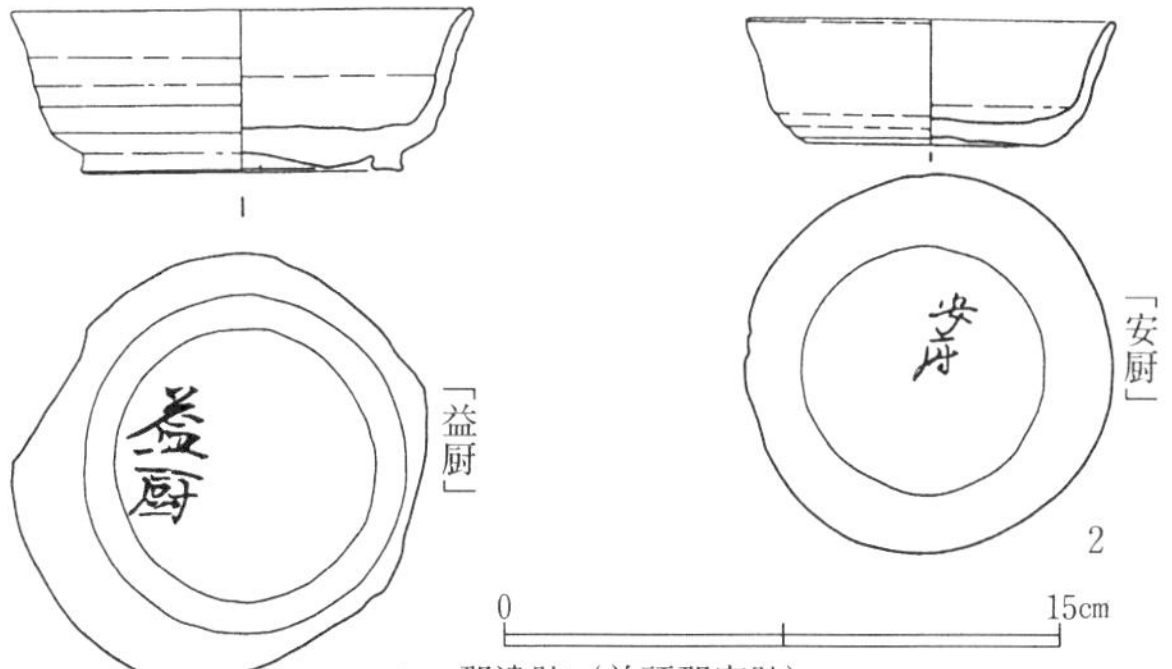

1　郡遺跡（益頭郡家跡）

図79　志太郡家と隣郡名および益頭郡家と隣郡名「厨」墨書土器

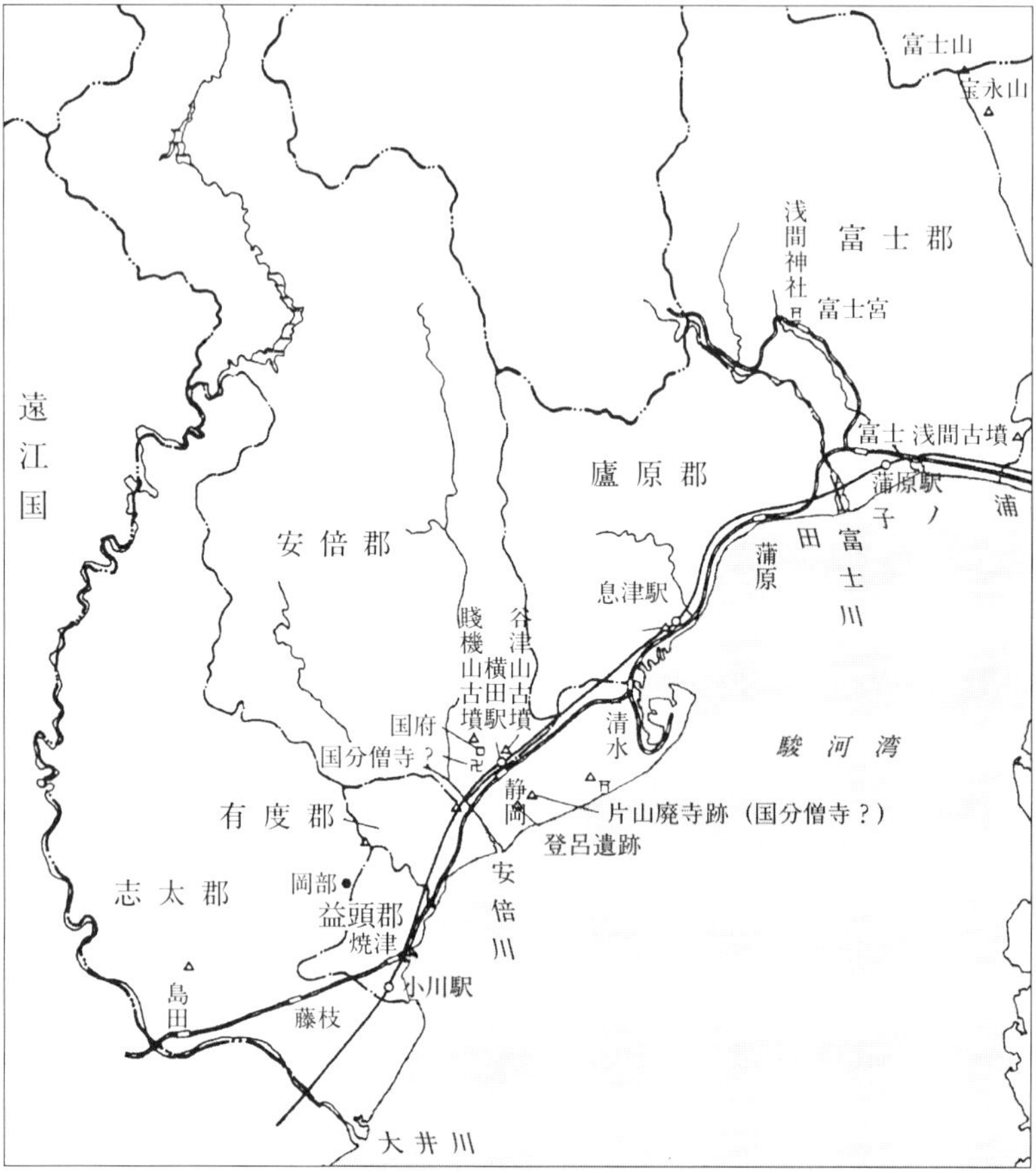

図80　駿河国略図

平洋側の連結点というべき地点である。掘立柱建物群は通常の集落跡と様相を異にし、何らかの官衙施設の可能性も想定される。国守の着任後の神拝などの諸行事に伴う場合もその可能性の一つとしてあげられよう。[21]

一方「郡名＋厨」の記銘のうちに、志太郡家跡（御子ヶ谷遺跡）における「益厨」（益頭郡厨）、益頭郡家跡（郡遺跡）における「安厨」（安倍郡厨）[22]は、郡家内において他郡の「厨」墨書土器が持ち込まれていることを示す最も端的な例である（図79・80）。とくに志太郡家跡の「益厨」（『報告書』墨書土器番号140）、および「少領」（同90）と

表4　秋田城跡出土「厨」関係墨書土器の部位

①部位別個数

墨書部位		坏類底部		体部	底部	蓋				甕		壺	礫	塼	計
		外面	内面		体部	外面	内面	内・外面	つまみ	外面	内面	底部			
個数	国営調査	40	2	7	0	3	0	0	1	0	0	0	0	0	53
	5次〜38次	402	1	144	8	25	2	1	5	3	1	1	1	2	596
		442	3	151	8	28	2	1	6	3	1	1	1	2	649

②文字別個数

墨書銘	厨	上	大	官	中食	厨　上 中・井	秋田・成・主 寺・政・川・岳・一	酒所・吉・田 正・長・日
個　数	71	17	15	8	6	5	4	3

註　①・②は秋田城跡発掘調査事務所編『秋田城出土文字資料集』（1984）より。

③「厨」関係墨書土器の部位

器種	部　位		厨	厨上	官厨	政厨	酒厨	官厨舎	□厨舎
坏	底部	外面	58	5	2	1	1	1	1
		内面	0	0	0	0	0	0	0
	体　部		9	0	0	0	0	0	0
蓋	肩部外面		0	0	0	0	0	0	0

註　国営調査分をのぞく。

記された二点のみが、本遺跡の八世紀段階の一連の墨書土器中では例外として、ともに体部に横位に記銘されている点が特筆される。この二点はおそらく益頭郡から移入されたもので、特異な部位は、その点を意識して記銘したと推測することができるであろう。

このような郡家相互の「厨」墨書土器の移動は、先に述べたように、郡家が伝馬を利用する旅行者の旅舎という機能を有していることと深く関連するであろう。

ここで、「厨」の表記部位についても秋田城跡の墨書土器を例にとり、説明を加えておきたい。「厨」墨書土器のうち、坏形土器の場合、ほとんど底部外面に書かれている点は重要な意味をもつと考えられる。底部外面以外、若干体部外面に記されているものもあるが、その場合も正位に限定されている（表4）。

このことは、「厨」墨書土器は、食器としての常態の使用時を想定して、底部外面および体部外面正位に記銘されたことを示している。それと対置されるのが、祭祀等の行為に伴う墨書土器の部位であろう。カマド祭祀に伴うとされる倒位の記載（たとえば千葉県佐原市馬場遺跡(23)第四号住居跡出土墨書土器「上」ほか）や外面体部に墨書人面、内面に「国玉神奉」と記載（千葉県芝山町庄作遺跡(24)）するなど、実に多様である。「厨」関係墨書土器には、管見のかぎりでは、倒位や内面に記載されたものはまったくない。

ここで改めて、墨書土器の部位は土器の使用目的によりその位置を決められるという点を再確認したい。その点では、先の他郡から持ち込まれた志太郡家跡の「益厨」「少領」の横位記載が他の墨書土器との識別の役割を果たした点も、上記の墨書土器の部位の意義の一端を伝えている。すなわちその墨書は益頭郡内の使用時ではなく、他郡へ搬出されたのちの記銘である。このことは「厨」墨書の本来の特質を物語っているといえる。

まとめ

結論とするならば、「厨」墨書土器は、従来いわれているように厨施設が管理・保管する意味で「厨」と記銘したとはいえないのではないか。むしろ、基本的には、国府・郡家等の官衙内外における恒例行事や臨時行事あるいは接客等に対して、饗饌のために「国厨之饌」「郡厨之饌」等の意味において「国厨」「郡厨」と記銘したものとみなすことができるであろう。したがって、「厨」墨書土器の出土地点は、饗饌の場における廃棄場所またはそれらの饗饌を弁備する厨施設であろうと想定しておく必要があろう。

このことが「はじめに」において示した二つの疑問に対する解答である。すなわち、第一の疑点は「厨」墨書土器の個体数はきわめて少数でありながら、厨保管土器の記銘とする理解、第二は「厨」墨書土器の出土地点をもって厨施設とみなしている点である。

国府や郡家内の土器に「国厨」「鹿嶋郡厨」「志太厨」などと意図的にその所管名を表記することに対する疑問については、次のような解釈が成り立つであろう。

国名を記すものはなく、郡名表記がしばしばみられるのは、「国厨之饌」は国域を越えることはないが、郡家の場合は国司や諸使の接待をはじめ、しばしば郡域を越え、郡家間の饗饌および国府への貢進等のケースを想定できる。すなわち外部との接触、いいかえれば饗応の場を想定すれば、郡名等の記銘の意図が十分に理解できるであろう。

このような「厨」墨書土器は多様な動態を特色とする。このことは逆にいえば、その動態を指標として地方官衙において饗饌の場等の複雑な行政的動向を理解するための資料となる点に改めて注目しなければならない。

註

（1） 原秀三郎「土器に書かれた文字――土器墨書」（岸俊男編『日本の古代 第一四巻 ことばと文字』中央公論社、一九八八年）、津野仁「地方官衙跡出土の墨書土器―所管名墨書土器からみた土器の供給・管理・消費をめぐって―」（『古代』第八九号、一九九〇年）ほか。とくに津野氏の論考は「厨」等の墨書土器はその記銘の主たる目的が管理・保管にある点を強調している。また、原氏は「名と器とは人にかさず」（『神皇正統記』）をもって墨書土器の本質を端的に言い表わしているとされている。たしかにこの言葉は墨書土器の一面を伝えているが、祭祀関係や本節で扱う「厨」関係墨書土器では、氏の強調される所有・所属という概念を一歩踏み出してその本質を問う必要があるであろう。

（2） 橋本義彦「太政官厨家について」（『平安貴族社会の研究』吉川弘文館、一九七六年）。

（3） 向日市教育委員会編『長岡京木簡一 解説』（一九八四年）、第三章「五 太政官厨家と木簡」。

（4） 前沢和之「『上野国交替実録帳』についての基礎的研究」（『群馬県史研究』第四号、一九七五年）、同「『上野国交替実録帳』郡衙項についての覚書」（『群馬県史研究』第七号、一九七八年）、「九條家本延喜式紙背上野国交替実録帳」（『群馬県史』資料編4・原始古代4〈文献〉、一九八五年）。

（5）吉田晶「評制の成立過程」（『日本古代国家成立史論』塙書房、一九七三年）。

（6）『万葉集』四四四〇番の詞書に、

　上総国の朝集使大掾大原真人今城の、京に向ひし時に、郡司が妻女等の餞する歌二首

とみえ、朝集使として都に向かう国司に対して、郡司の妻女が餞別の宴を催している。在地における郡司と国司の密接な関係とその宴の内容と墨書土器の存在をうかがうことができそうな史料として注目したい。

（7）早川庄八「史料紹介〝時範記〟」（『書陵部紀要』第一四号、一九六二年。のち、『日本古代の文書と典籍』吉川弘文館、一九九七年、所収）。

（8）栃木県教育委員会編『下野国府跡Ⅲ－昭和五五年度発掘調査概報－』（一九八一年）、同編『下野国府跡Ⅳ－昭和五六年度発掘調査概報－』（一九八二年）。

（9）秋田市教育委員会編『秋田城跡－昭和五〇年度発掘調査概報－』（一九七六年）、同編『秋田城跡－昭和五六年度発掘調査概報－』（一九八二年）。なお、秋田城跡出土の墨書土器については、秋田城跡発掘調査事務所編『秋田城跡発掘調査事務所研究紀要Ⅰ　秋田城出土文字資料集』（一九八四年）に昭和五十八年（一九八三）度までの集成が行われているのであわせて参照してほしい。

（10）鹿島町教育委員会編『神野向遺跡　昭和五九年度発掘調査概報』（一九八五年）、同編『神野向遺跡　昭和六〇・六一年度発掘調査概報』（一九八七年）。

（11）藤枝市教育委員会編『日本住宅公団藤枝地区埋蔵文化財発掘調査報告Ⅲ－奈良・平安時代編－』（一九八一年）、同編『国指定史跡志太郡衙跡出土の文字資料－木簡と墨書土器－』（一九八二年）、山中敏史「遺跡からみた郡衙の構造」（狩野久編『日本古代の都城と国家』塙書房、一九八四年。のち、改稿して『古代地方官衙遺跡の研究』塙書房、一九九四年、所収）。

（12）八木勝行氏が御子ヶ谷遺跡出土須恵器について詳細な検討を加えられた（「志太地域における律令期須恵器について」『藤枝市郷土博物館年報・紀要』二、一九九〇年）が、その結果によれば「厨」関係をはじめとする一連の墨書土器は、B群の井戸を伴う遺構時期以前に限られることが明らかになったとされている。

（13）財団法人千葉市文化財調査協会編『千葉市中央ゴルフ場遺跡群発掘調査報告書』（一九九二年）。

（14）奈良国立文化財研究所編『平城宮出土墨書土器集成Ⅱ』（一九八九年）。

（15）財団法人山武考古学研究所編『小原子遺跡群』（一九九〇年）。
（16）平賀遺跡群発掘調査会編『平賀』（一九八五年）。
（17）宮城県教育委員会編『東北自動車道遺跡調査報告書Ⅳ』（一九八〇年）。
（18）水沢市教育委員会編『胆沢城跡－昭和六一年度発掘調査概報－』（一九八七年）、佐久間賢・土沼章一「府庁厨屋の発見」（『考古学ジャーナル』第二七五号、一九八七年）。
（19）秋田市教育委員会編『秋田城跡－平成元年度発掘調査概報－』（一九九〇年）、同編『秋田城跡－平成二年度発掘調査概報－』（一九九一年）。
（20）前掲註（5）吉田晶論文。原秀三郎氏も郡家は伝馬を利用する旅行者の宿泊施設としての機能を重視すべきであると強調している（「郡家小考――交通機能を中心に」岸俊男教授退官記念会編『日本政治社会史研究』中、塙書房、一九八四年）。
（21）中鹿子第2遺跡と同様に国府域外から出土した「国厨」の報告例がほかにも二、三ある。その一つは、静岡県袋井市土橋遺跡である（永井義博「袋井市土橋遺跡出土の『国厨』銘墨書土器について」『古代学研究』第一〇七号、一九八五年）。永井氏の論考によれば、その概要は次のとおりである。
土橋遺跡は、遠江国府の推定地で遠江国分寺跡の所在する磐田市より東へ六キロ離れている。本遺跡は奈良時代末～平安時代にかけて遠江国府となんらかの関連をもつ施設の一部であり、墨書土器はすべてSD一二八溝跡から出土している。共伴の墨書土器に「里人」「里當」「里㐂」など里関係のものが多いのが特筆される。本遺跡は推定東海道に沿った位置にあり、遠江国府推定地と遠江国佐野郡家推定地とされる坂尻遺跡とのほぼ中間地点にあたる。しかし、発掘調査が遺跡のごく一部を検出したのみであるから、遺跡そのものの性格は明確ではない。

このほかでは、千葉県松戸市新橋字坂花出土の蔵骨器に「国厨」の墨書銘が記されていた。甕形土師器に倒立位の高坏形土器が蓋として載せられていたという。「国厨」銘はその高坏形土器の脚部中央近くに墨書されている（岩崎卓也・松下邦夫「火葬骨壺の一新例」『史潮』第七七号、一九六一年）。
（22）藤枝市教育委員会編『静岡県藤枝市郡遺跡発掘調査概報Ⅲ』（一九八六年）。
（23）財団法人千葉県文化財センター編『東関東自動車道埋蔵文化財調査報告書Ⅳ――佐原地区（一）』（一九八八年）。
（24）前掲註（15）報告書。

二　役所における遺構配置・変遷と墨書土器——新潟県和島村八幡林遺跡の木簡と墨書土器

八幡林遺跡では、これまでに木簡約五〇点、墨書土器約二〇〇点が出土している。その年代は八世紀前半から九世紀後半に及んでおり、出土もA・H・Iの三地区に分かれる。

これらの文字資料から、本遺跡が古代のいかなる役所としての要素を備え、どのような役割を果たしたかをさぐってみることとする。八幡林遺跡を検討するうえで重要な点は、遺構の時期変遷〝時間軸〟と、遺構配置さらに遺跡の全体構成〝空間構成〟という二つの視点である。

1　八世紀前半における越後国の要地・八幡林遺跡と木簡

(1)　**郡符木簡**——第一号木簡

郡符とは、郡から里（郷）などの下部機構の責任者あてに、人の召喚などを目的として下達されたものである。この郡符木簡は、命令を受けた責任者が木簡に明記されている召喚人を伴い、召喚先に赴き、確認を経たのちに、廃棄されたと考えられる。

すなわち、郡符木簡は宛所（里長等）で廃棄されたのではなく、差出し側（郡家およびその関連施設）に戻り、廃棄されたと想定してよい。その論拠は次のとおりである。

イ、のちにふれるが、書状等を封印したいわゆる封緘木簡は、宛所を記すもので必ず宛先で廃棄される。その封緘木簡が兵庫県山垣遺跡では郡符木簡と共伴している。

図81　八幡林遺跡遺構配置図

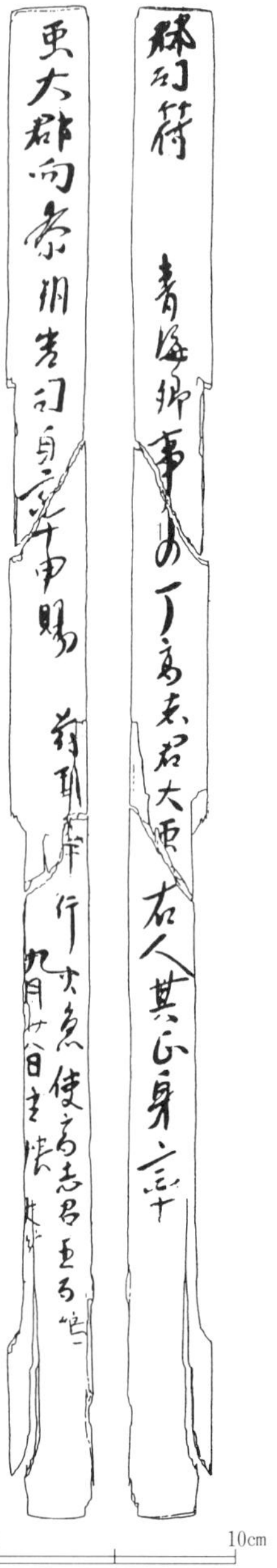

図82　「郡符」木簡（八幡林遺跡）

・「郡司符　青海郷事少丁高志君大虫右人其正身率　」

・「虫大郡向参朔告司□〔身〕率申賜　符到奉行火急使高志君五百嶋　九月廿八日主帳丈部□」（五八五×三四×五）

ロ、宛所の異なる木簡が同一遺構から出土している（例―長野県屋代遺跡群「屋代郷長里正等」、「余戸里長」）。

ハ、差出しと宛所の部分を丁寧に切断し廃棄しているのは、再利用を防止するための差出し側の所作と考えられる（例―屋代遺跡群「符　屋代郷長」）。

ところで本木簡の文意は、蒲原郡司が青海郷にあてた文書で、少丁（十七〜二十歳の男子）高志君大虫に越後国府に参向して、十月一日に行われる告朔《こうさく》の儀式に出席することを求めたものと考えられる。本木簡の動きを知るうえで重要な文言は、文末の「申賜」である。「申したまへ」の「たまへ」とは、自敬表現ではなく、受命者（宛先人）あるいは命令執行の対象者（第三者）に対する尊敬表現と捉えるべきである。本木簡にみえる「申賜」が「申し賜へ」と命令形に読むことが可能であること、「申賜」の対象が、郡ではなくその上級官司である国府である可能性が高いことが指摘できる。(1)

本木簡は、三つの断片を接合すると、原状が約六〇センチの長大な完形木簡となる。郡符木簡の形状の特色は、そ

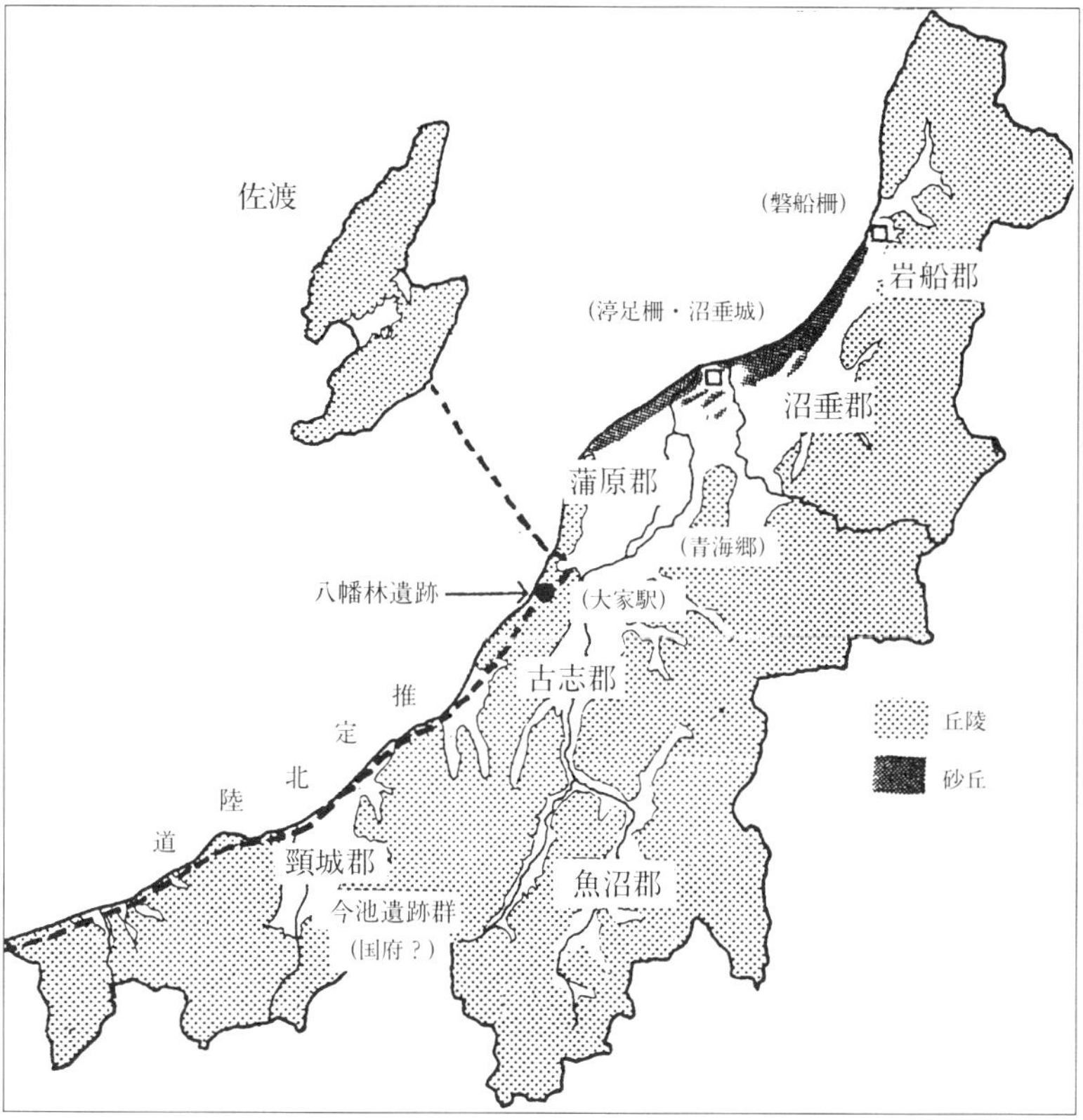

図83　八幡林遺跡の位置と古代越後国

の長大さにある。現段階で完形に復元できる木簡は、八幡林遺跡を含めて三点ある。

○福島県いわき市　荒田目条里遺跡
五九四×四五×六

○兵庫県氷上郡春日町　山垣遺跡
六一九×四九×六

三点とも六〇センチ前後あり、古代の尺度でいえば、ちょうど二尺に相当する大型木簡である。持ち運ばれる木簡としては、平城宮跡（下ツ道西側溝）出土の過所《かしょ》（関所の通行証）の二尺二寸（約六六センチ）に次ぐものである。郡符が大型であることは、単なる召喚状ではなく、過所木簡としての性格も兼ねていることを示している。

結局のところ、本木簡は、命に応じて、高志君大虫が木簡を携えて官道の

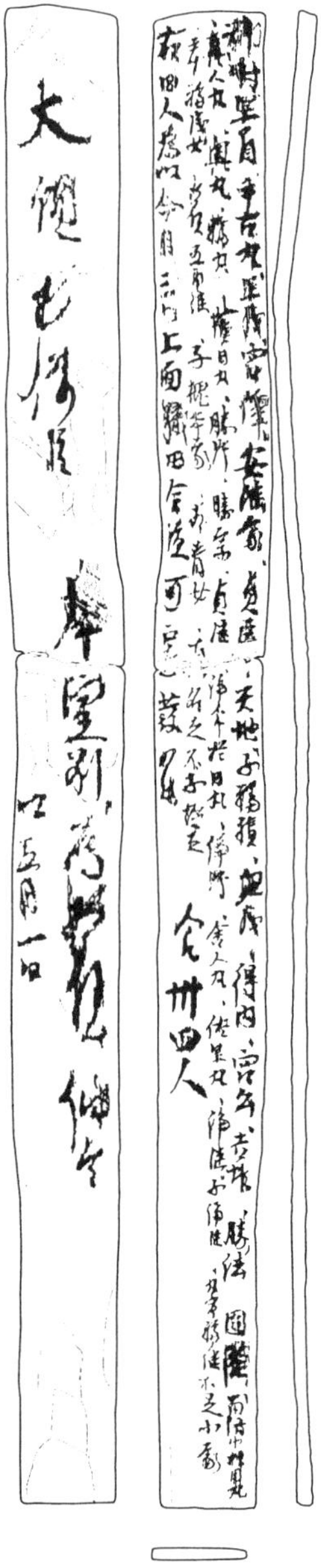

裏　表

図84　荒田目条里遺跡（福島県いわき市）出土木簡

・「郡符、里刀自、手古丸、黒成、宮澤、安継家、貞馬、天地、子福積、奥成、得内、宮公、吉惟、勝法、圓隠、百済部於用丸、真人丸、奥丸、福丸、蘇日丸、勝野、勝宗、貞継、浄人部於日丸、浄野、舎人丸、佐里丸、浄継、子浄継、丸子部福継、『不』足小家、壬部福成女、於保五百継、子槐本家、太青女、真名足、『不』子於足
『合卅四人』
右田人為以今月三日上面職田令殖可扈發如件　」

・「　奉宣別為如任件宣
大領『於保臣』
以五月一日　」（五九四×四五×六）

関や駅家を通り、国府へ参向し、任務を終えた後、帰途につき、おそらく隣接する古志郡内の関または駅家などの施設で廃棄した（自らの蒲原郡内では本木簡は不必要）のではないか。したがって、八幡林遺跡に関または駅家の機能あるいは城柵的機能を想定することができるのではないだろうか。

(2)「沼垂城」木簡──第二号木簡

・廿八日解所請養老

・□祝　沼垂城　　（九〇）×（二六）×二

小断片ゆえに文書の性格を確定するのは難しいが、復元的にみるならば、次のように推測できる。

表は「○月廿八日の解に依て請ふ所の養老○年料……」と解する。裏は「（職名）＋○○「祝」（人名）＋「沼垂城」（城司）＋（人名）」のような構成と推察されよう。沼垂城の上位に記された○○祝の職名が不明であるが、仮に沼垂城司との連署とすれば、国の機関（沼垂城）と本遺跡が深く関連しており、具体的にいえば、年料請求を解文をもって行ったことと解されるのである。

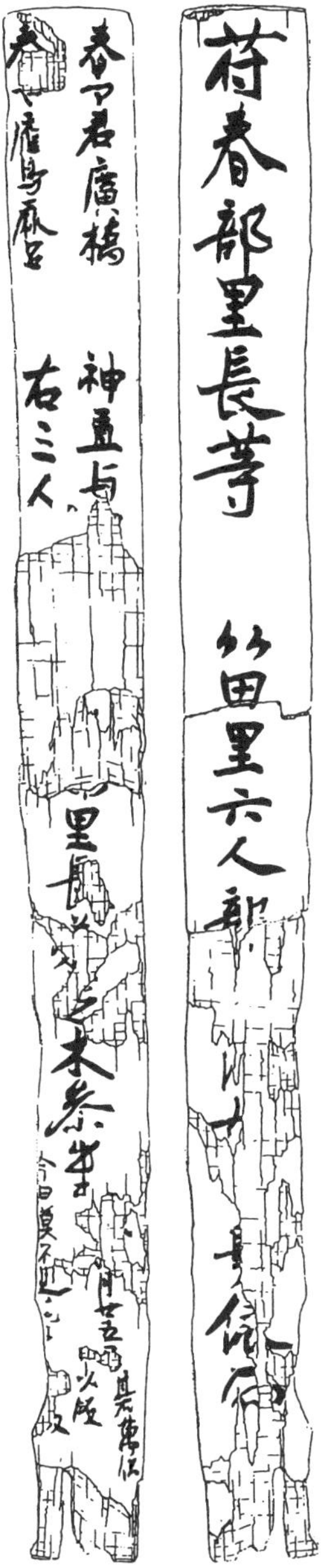

図85　山垣遺跡（兵庫県氷上郡春日町）出土木簡

・「符春部里長等　竹田里六人部　□□　□依而□　」

・「春マ君広橋　神直与□　（部カ）□里長□□（弟足カ）木参出来　四月廿五日　碁萬侶
　春マ鷹麻呂　右三人　今日莫不過急々　少領　□　」　（六一九×五二×六）

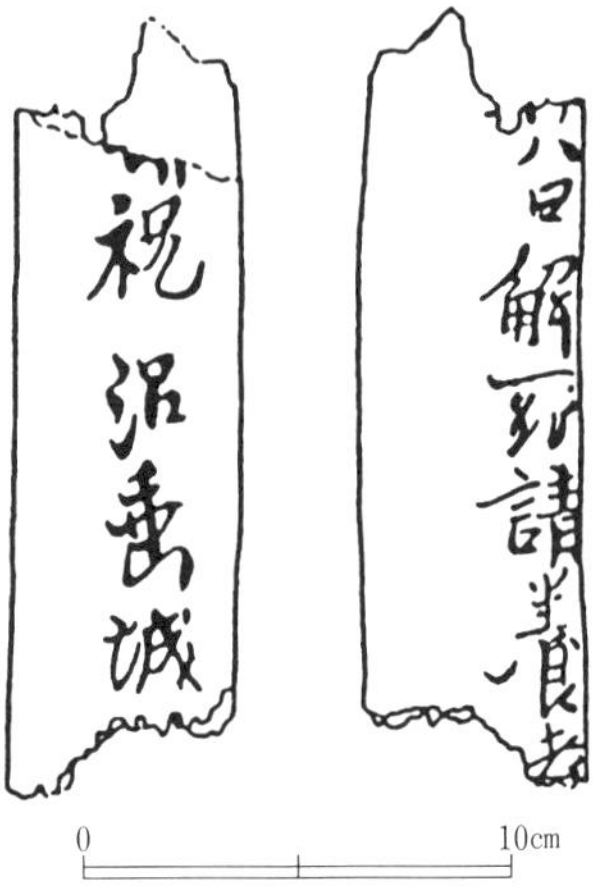

図86　「沼垂城」木簡（八幡林遺跡第２号木簡）

・「><上大領殿門　><　><」（三八五×三六×六）

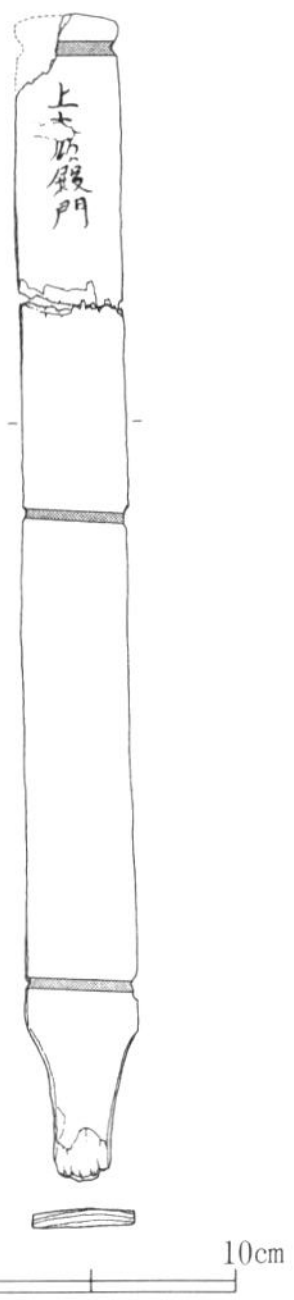

図87　封緘木簡（八幡林遺跡第32号木簡）

・「><丹波國氷上郡><」

図88　山垣遺跡出土封緘木簡

2　郡関係の文字資料

(1)　封緘木簡

遺構に限ってみるならば、これまで各地で検出されている郡家の中枢を構成する郡庁・正倉・館・厨の各院と合致するような遺構は認められない。C地区で検出された四面廂付建物とI地区の多数の掘立柱建物跡が問題となる。八幡林遺跡の郡家的要素はむしろ木簡および墨書土器などの文字資料によるのである。

なかでも、最も端的な資料は二点の封緘木簡である。

「＞＜上大領殿門＞＜＞＜」　三八〇×三六×三
「＞＜上郡殿門　　」　（一四五）×（二九）×三

この形状は、上半部が短冊形であるが、上端近くと中ほどにそれぞれ左右から切り込みを入れ、下端に向かってゆるやかに細めて、羽子板の柄に近い形を呈する特徴的な形である。これは、文書送付にあたり、紐で封じた木簡として用いられたいわゆる〃封緘木簡〃と呼ばれるものである。本遺跡では、封緘木簡は、墨痕がみられないものも含めて一四点以上も出土している。

「殿門」は、書状などで相手を敬って宛名に添える言葉として用いられるものであるから、二点の封緘木簡は大領または郡宛の文書に付せられたものと理解できる。封緘木簡は、通常宛先で紐解かれて廃棄されるものであるから、右の二点の木簡は、I地区さらにはI地区と深く関連するC地区一帯に、古志郡にかかわる施設が存在していたことを裏付ける資料といえるであろう。

表5　1992年度八幡林遺跡跡出土墨書土器

墨書	点数	器種	出土地点	年代
郡		須・有台坏	I	奈良時代
大厨		須・坏	〃	〃
南	2	〃	〃	〃
南	2	須・有台坏	〃	〃
大・富		須・坏	〃	〃
大領		〃	〃	〃
×領		須・有台坏	〃	〃
厨		須・坏	〃	〃
石屋大領		〃	〃	9C前
大領		〃	〃	〃
大領		須・蓋	〃	平安時代
北	3	須・坏	〃	〃
他田		〃	〃	〃
庄		〃	〃	〃
北ヵ		〃	〃	〃
大		〃	〃	〃

(2) 郡関係の墨書土器

低地西部のH地区（道路遺構の側溝）および南部のI地区から、郡関係の墨書土器が大量に出土している。

八世紀―「石屋殿」「石屋木」「石大」「石」「郡殿新」「古志」

九世紀―「石屋大領」「石大」「大領」「郡佐」「郡」

「石屋大領」の表記は、静岡県志太郡家跡の墨書土器「志大

表6　1993年度八幡林遺跡出土墨書土器

墨書名	点数	器種	出土地点	年代
石屋殿		須・蓋	H	8C前
郡殿新		須・坏	〃	〃
石屋木		〃	〃	〃
石大	2	〃	〃	〃
石	4	〃	〃	〃
石	1	須・蓋	〃	〃
厨		須・坏	〃	〃
大	2	須・蓋	〃	〃
大	2	赤彩土・坏	〃	〃
古志		須・坏	〃	〃
大領	11	〃	I	9C初
大ヵ領ヵ		〃	〃	〃
大領ヵ		〃	〃	〃
大領		須・蓋	〃	〃
大家驛		〃	〃	〃
郡佐		須・坏	〃	〃
郡□		〃	〃	〃
郡		〃	〃	〃
田殿		〃	〃	〃
南家		〃	〃	〃
南ヵ家		〃	〃	〃
厨	3	〃	〃	〃
厨ヵ	2	〃	〃	〃
石大		土・大型椀	〃	〃
石ヵ		須・坏	〃	〃
□殿		〃	〃	〃
南		〃	〃	〃
南		須・蓋	〃	〃
大	8	須・坏	〃	〃
大		須・蓋	〃	〃
大(異筆)大		須・坏	〃	〃
□殿		〃	〃	9C後
大		〃	〃	〃
北家	2	〃	〃	〃
山直		〃	〃	〃

領」「志太少領」などの例に照らせば、石屋は郡名とみなされるであろうが、越後国の郡名としては古代の史料にまったくみえない。石屋は文字どおりには、堅固な住居または斎屋（イハヤ）の意となり、郡名でないとすれば、大領の本拠地の通称のような意味に解することもできるかもしれない。「石屋大領」、「石大」（石屋大領の略）、「石屋殿」、「石屋木（城）」などがこの意味に相当すると考えられる。

一九九七年発見された和島村下ノ西遺跡の存在は、この石屋について有力な推定を可能にしたといえるであろう。

その調査成果を、調査報告書(2)にもとづき、簡単に要約しておきたい。

下ノ西遺跡は島崎川低地の微高地上に位置し、島崎川と小島谷川などの合流点を前面に控え、古代の北陸道が付近

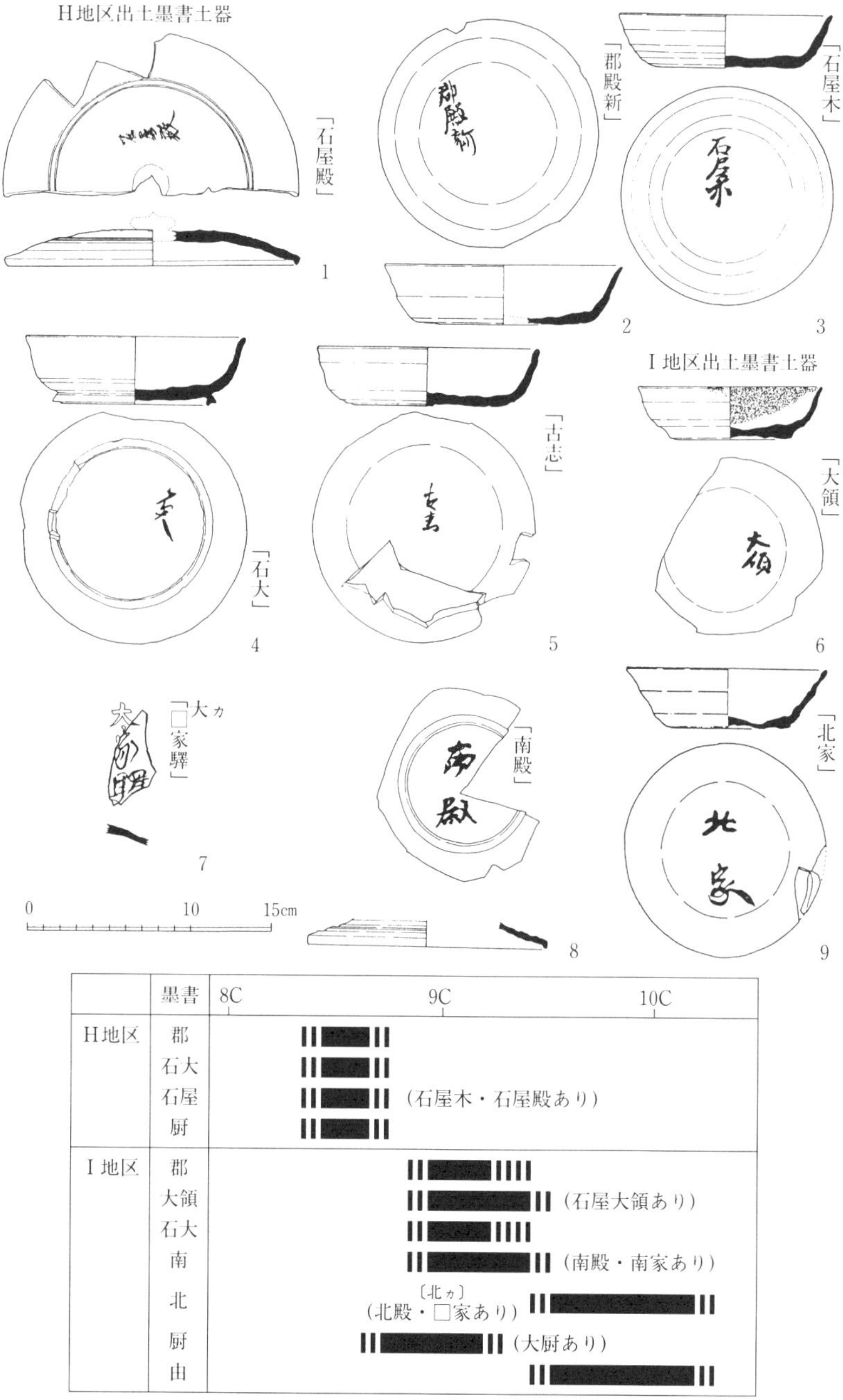

図89　八幡林遺跡H・I地区出土の主要墨書土器

に想定できるなど、水陸の交通上の要衝の地に立地する古代遺跡である。本遺跡は八幡林遺跡が成立する直前の七世紀末ごろからはじまり、八幡林遺跡廃絶後もしばらく機能していたことが確認されており、最終段階（十世紀前半）においても桁行七間（二二メートル）級の建物を有している。下ノ西遺跡は、現段階では調査面積が狭いので、遺跡の性格を断定することができないが、古志郡家の一部である可能性があり、八幡林遺跡を含めて広い範囲に郡家施設が分布していたものと推定される。

島崎川低地の微高地上に立地する下ノ西遺跡に郡家の中心施設を想定できるとすれば、当時、丘陵上に立地する八幡林遺跡の地はまさに〝石屋〟の地と意識されたであろう。

墨書土器の「石屋大領」「石大」「石屋殿」は、石屋に拠点をおく大領の意であろう。また「石屋木」は、小林昌二氏が指摘しているように、「木」は「城」・「柵」と同じ上代特殊仮名遣いでいう乙音で発音し、「葛城」を「葛木」で通用することがあるように、「石屋木」が「石屋城」や「石屋柵」を意味する表記であるともいえるであろう。先にみた第一号・第二号木簡から推定される八幡林遺跡の城柵または関所的機能と「石屋木（城・柵）」は、下ノ西遺跡の登場とともにその密接な関連をうかがわせることとなり、今後の両遺跡の調査成果が待たれるのである。

このほかにも、Ⅰ地区出土の九世紀前半の土器に「南」「南家」などとみえるのは、主殿をC地区の四面廂付建物とすれば、その南の低地の部分の掘立柱建物群が「南家」に相当する。九世紀後半にはⅠ地区の中心部分に「北」「北家」などの墨書土器がみえるのはその中心施設がⅠ地区のさらに南に移り、Ⅰ地区が〝北〟と意識されたことを示しているとみることもできるであろう。

(3)　郡関係の木簡――文書木簡

第二三号（下端と左右側面欠損）

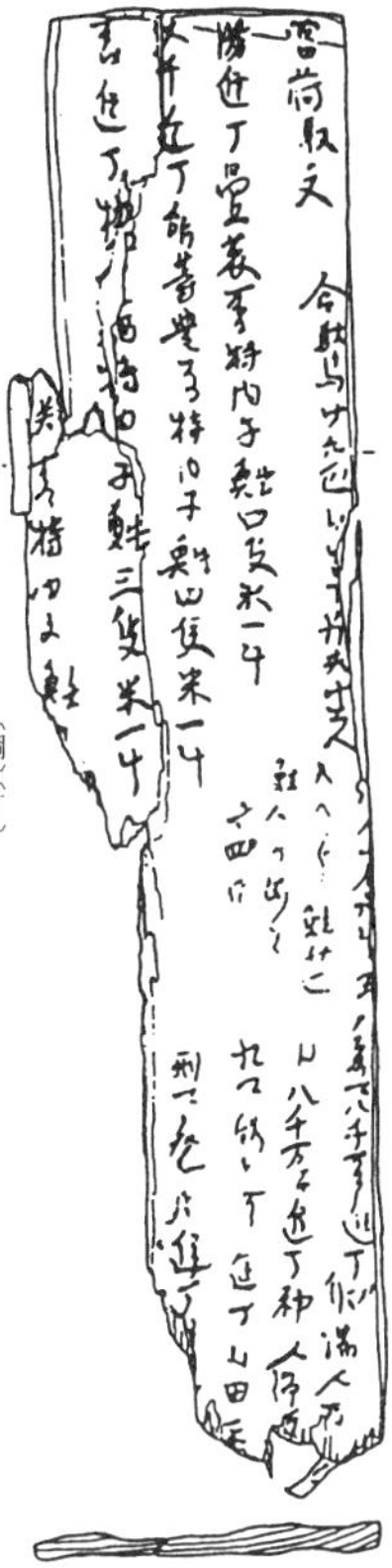

図90　八幡林遺跡第23号木簡（丸印の数字は「夫十二人」を表わす）（縮尺率３分の１）

・「當荷取文　合駄馬廿七匹□〔与カ〕綱丁并夫十二人　□□□□〔綱丁〕六斗五升□　綶マ①八千万呂進丁②□□〔科濃カ〕人□×
　　　　　　　　　　　　　　　　　　　　　　　　　夫八持内子鮭廿□　□④八千万呂進丁神⑤人浄万×

□〔勝カ〕進丁③日置蓑万呂持内子鮭四隻米一斗　鮭□□□　物⑦マ□□万呂進丁⑧□〔山カ〕田□×

又千進丁能⑥等豊万呂持内子鮭四隻米一斗　□四□　刑⑩マ□□進丁□⑪□×

万呂進丁物⑨マ□〔黒カ〕栖持内子鮭三隻米一斗

⑫×渕万呂持内子鮭×

（三〇〇×七〇×四）

郡に進上した物品名と、その量が記載されている貢進文書である。

冒頭に合わせて駄馬二七匹と綱丁（荷物の運搬責任者）ならびに運搬夫一二人とあり、以下に郡に進上した運搬夫名と内子《こもり》（卵を抱えた）鮭と米の数量を列記した「荷取文」とされる文書木簡である。

第二四号

「　　郡進上於席二枚

・四月五日　干宍□〔二カ三〕串　□

　　赤□□〔大カ〕坏廿口□

「長　官　尊　□□備□□宍二［　　］
・□　□□進□［　　］［　　］
［　　］
□□進［　　］［　　］
□□人□［　　］　（二〇二）×五六×七

物品として、席（薦《むしろ》）や宍（肉）、赤色の大きな坏などの組み合わせは、神事などの使用物品を思わせる。「長官尊」は大領を表わすと思われる注目すべき表記である。この木簡と対比すべき格好の木簡が、次に示す長野県更埴市屋代遺跡群出土の一一四号木簡（3）である。

「　敷席二枚　鱒□升　芹□
・符　屋代郷長里正等　匠丁粮代布五段勘(ママ)夫一人馬十二疋
□〔神〕宮室造人夫又殿造人十人

「
・□持令火急召□□者罪科　少領　（三九二）×五五×四　〇一九

埴科郡司から屋代郷長里正等にあてた郡符木簡は、席二枚、鱒・芹などの食品と建物の造営のための人夫、そしてその造営の技術者の労賃までを貢進するように命じている。これも神事にかかわる調達である。八幡林遺跡の第二四号木簡は、屋代遺跡群の郡符木簡のような命令を受けて貢進したものと理解できよう。

(4)　付札「射水臣……」

第四号

「＜射水臣□□□□　（一〇〇）×二二×五

貢進物付札である。「射水臣」は、文字どおり越中国射水郡にかかわるウジ名であり、射水郡は国府所在郡でもある。

これまでの資料にみえる「射水臣」の一例は次のとおりである。

「越中国射水郡三嶋郷戸主射水臣□」（正倉院調庸関係銘文　紙箋断片〈続々修四六帙七巻〉）[4]

ところで、『続日本紀』大宝二年（七〇二）三月甲申条に「分二越中国四郡一属二越後国一」とあるが、この越中国から分離された四郡は頸城・魚沼・古志・蒲原郡とされ、『和名類聚抄』にみえる三島郡は、当初は古志郡に含まれていたであろう。この三島郡はおそらく越中国射水郡の三島郷と深くかかわるとみてよい。また、本遺跡は古代の越後国古志郡に所在するが、木簡「射水臣」は国郡名が表記されていないことから、古志郡内の人物とみて問題はない。古志郡内の「射水臣」は越後国南部の郡が越中国から分立したこと、越中国の中心は射水郡であり、射水臣が越中国内に広く分布していた事実などを考え合わせるならば、越後国への直接的移住と考えてよいであろう。

第五号

「＜卅五隻」　一六七×二七×四

第六号

「＜卅五隻」　一五八×二五×三

第七号

「＜卅五隻」　一五六×二二×四

第五～七号は、頭部を山形に整形し、左右に切り込みを入れ、他端を尖らせた共通した形状を呈している。記載内

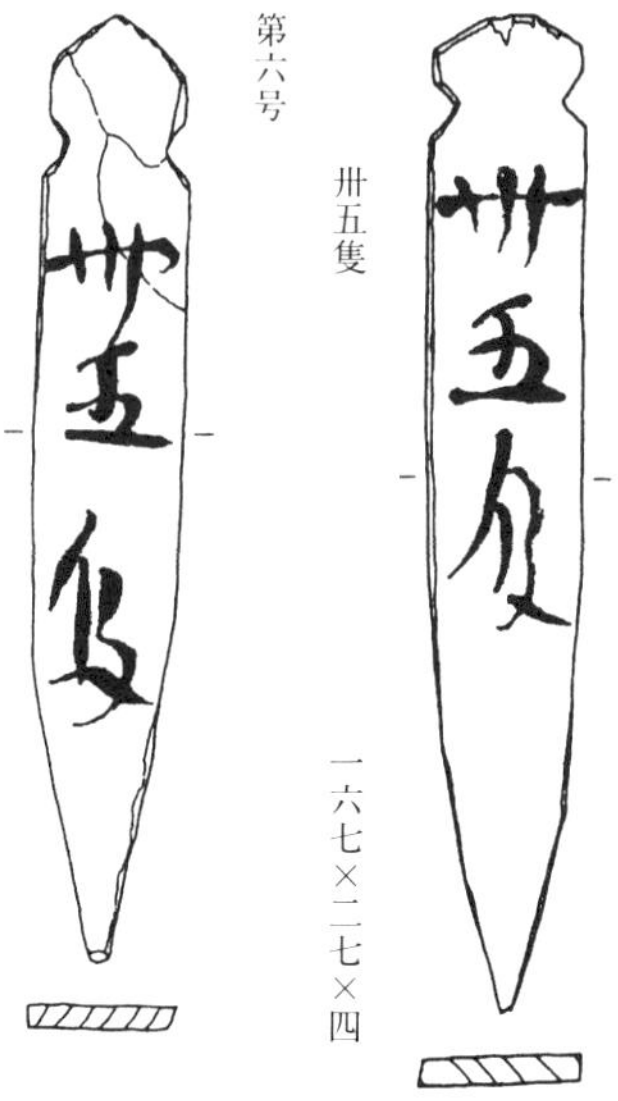

図91　八幡林遺跡付札木簡（縮尺率5分の2）

容も三点とも「卅五隻」とまったく同一である。

平城宮跡（第二次内裏外郭内東北隅のＳＫ八二〇）出土の木簡の中に類似したものが存在する（『平城宮木簡一　解説』）。

四六八　「鮒卅隻」　一三一×二七×四

四六九　「卅五隻」　一三五×二四×二

形状は上部が方形、先端を尖らせたもので若干異なる。

頭部を山形に整形し、先端を尖らせた形状は、長岡京跡出土木簡をはじめ、長岡京以降の時期の各遺跡出土の付札（金沢市上荒屋遺跡・富山県入善町じょうべのま遺跡・岩手県胆沢城跡など）に共通した特徴となっている。

『延喜式』（主計上）の諸国調条によれば、「鮭廿隻」、同諸国庸条には「鮭十隻」、中男作物条には「内子鮭一隻。鮭二隻。小三隻」とある。そして越後国の調・庸・中男作物の内容は次のとおりである。

調―白絹十疋、絹、布、鮭。

庸―白木韓櫃十合、自余狭布、鮭。

中男作物―黄蘗三百斤、布、紙、漆、鮭内子、并子、氷頭、背腸。

結局のところ、三点の木簡はほぼ同一形状と同一数量である点から判断すると、定期的な貢進物付札の可能性が考えられる。内容物はやはり「鮭」を想定するのが最も妥当であろう。ただし、この貢進物付札が本遺跡で廃棄されている意味を八幡林遺跡への直接的貢納、または都への貢進物の取りまとめと付札の付け替えによる廃棄、あるいはその他の理由によるのかはにわかに決めがたいであろう。

(5) 墨書土器「大家驛」と関

Ⅰ地区出土の須恵器坏蓋の外面に「□《大カ》家驛」と墨書されている。土器の年代は九世紀初めとされている。「大家驛」は『延喜式』(兵部)諸国駅伝馬条に「大家」駅家とみえる。『和名類聚抄』には、古志郡に大家郷が存する。一般的傾向としては、郡家は大宅(家)郷にあったとみられるだけに、古志郡家は大家郷に所在したとみてよい。さらに古志郡家の置かれた八幡林遺跡の地は大家郷にあたり、少なくとも九世紀段階にその郡家に大家駅家が付設されていたと推定することが可能である。この点は、『出雲国風土記』意宇郡条に「黒田の駅、郡家と同じき処なり」とある事例が参考になるであろう。

近年、富山県小矢部市桜町遺跡で、八世紀中ごろの道路の両側溝の心心距離約六メートルの道路跡が検出され、古代の北陸道と想定されている。[5] また、駅家施設もその具体的な姿が明らかとなってきている。山陽道の小犬丸遺跡(布勢駅家に比定)は、国道沿いに立地し、その全体的景観は八幡林遺跡の前面の景観と近似している。すなわち、現在の国道一一六号線にほぼ沿った形で古代の北陸道が八幡林遺跡の前面を東西に走り、おそらくは道路に面して駅家施設が置かれていた可能性がある。

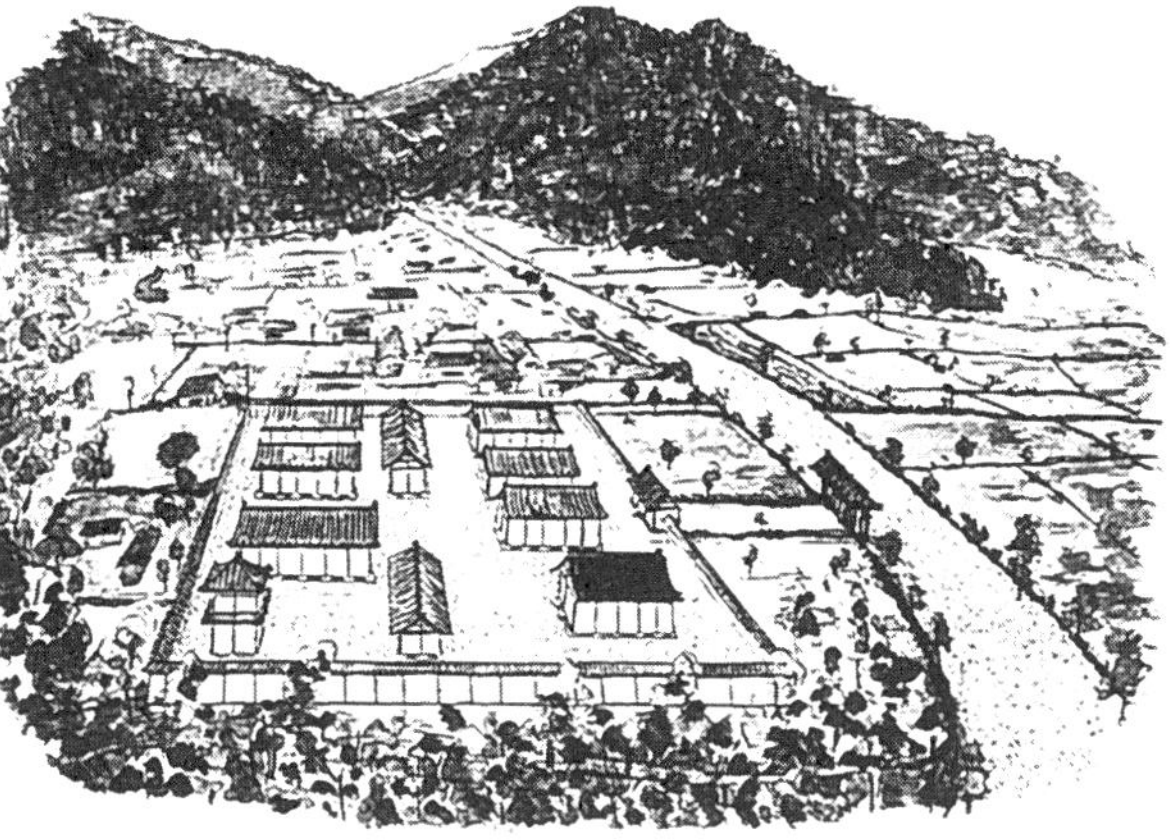
図92　山陽道布勢駅家復元図

先に述べたように、第一号木簡は、高志君大虫が、木簡を携えて官道の関や駅家を通り、国府へ参向した後、帰途につき、最終的には古志郡内の関または駅家などの施設で廃棄したことを意味していると推測した。のちにふれるように、八世紀前半において北の辺要国としての越後国は緊迫した状況下にあったであろう。また地形的にも、都から北陸道を北上し、内陸の丘陵地の間を抜け、広大な新潟平野への入口にあたるのが、八幡林遺跡の地である。軍事的緊張下にあって、北陸道に沿った地の複雑な地形を取り込んだ施設としての八幡林遺跡に関的機能を認めることはそれほど無理のない想定と考えられる。

3　八幡林遺跡の文字資料の語るもの

(1)　越後国の歴史的位置づけ

本遺跡出土の文字資料は、冒頭に述べた二つの大きな視点――時間軸と空間構成――を鮮明に浮かびあがらせた。

越後国は、もちろん、大化三、四年（六四七、六四八）に渟足・磐舟二柵を造営し、「斉明紀」の阿倍比羅夫遠征における日本海側の重要な拠点となり、さらに文武期には磐舟（石船）柵を修理し、大宝二年（七〇二）、越中国四郡を分割し、越後国に属させ越後国一国の体裁が整えられた。しかし、八世紀初頭において、この地が騒擾状態にあり、辺要国と位置づけられていたことは、威奈真人大村の骨蔵器銘文に越後国守を「越後城司」（銘文には慶雲三年〈七〇六〉十一月十六日除す）としたことで明らかである。ところが、越後国から和銅五年（七一二）出羽国が分立するに及んで、越中・越後両国はほぼ令制の一国として位置づけられたと思われるが、実際は新置の出羽国は、養老のころはいまだ国の体裁が十分に整えられていなかったようである。養老軍防令帳内条の帳内資人採用規定の例外国として「三関及大宰部内。陸奥。石城。石背。越中。越後国人」があげられていること（のちには、陸奥・石城・石背→陸奥、越中・越後→出羽）からも、養老年間（七一七～七二四）ごろまでは、越後国は、いまだ辺要国と位置づけられていたといってよい。

この時期こそ、八幡林遺跡のA・B地区の遺構・遺物の時期と対応する。とくに、第二号木簡の「沼垂城」および本文中の年紀ではあるが、「養老」の記載はこの期に相当することを意味している。この八世紀前半の軍事的緊張下において初めて、八幡林遺跡が城柵あるいは関的機能を果したとみることが可能となるのではなかろうか。

(2) 地方官衙の空間構成

これまで、古代の地方官衙について、一定空間に密集した画一的な構成を想定しすぎたきらいがある。郡家跡の基本的建物構成は正倉院・郡庁院・館院・厨院であるに違いないが、その地は古墳時代以来の地方豪族の拠点として、地方豪族により営々と構築された諸機能の集中・管理形態を呈している点、われわれの予測をはるかに越えるものがある。つまり郡家にはその中心的施設のほか、物資集積のための港湾施設、主要官道およびそのアクセス道、広範な交易圏、行政的分割支配のための別院、さらに祭祀空間の設定にみられる在地における祭祀などの諸機能が集中していたと考えられる。

八幡林遺跡の木簡や墨書土器は、本遺跡の複雑な機能を如実に物語っている。八幡林遺跡は、地方官衙のあり方について多角的視野から分析する必要性をわれわれに強く認識させる大きな契機となったことは間違いなく、その点に本遺跡の最大の意義があるのである。

註

(1) 三上喜孝「『郡司符』木簡のなかの「申賜」―新潟県八幡林遺跡出土第一号木簡私釈―」(『史学論叢』第一二号、一九九三年)。
(2) 和島村教育委員会『下ノ西遺跡―出土木簡を中心として―』(一九九八年)。
(3) 財団法人長野県埋蔵文化財センター『上信越自動車道埋蔵文化財発掘調査報告書28――更埴市内その7』(二〇〇〇年)。

（4）松嶋順正編『正倉院宝物銘文集成』（吉川弘文館、一九七八年）。
（5）伊藤隆三「小矢部市内で発掘された古代道」（『古代交通研究』創刊号、一九九二年）。

三　墨書土器からみた役所と古代村落——福島県泉崎村関和久上町遺跡

1　関和久遺跡・関和久上町遺跡の歴史的環境

本遺跡をとりまく歴史的環境について、報告書（福島県教育委員会『関和久上町遺跡』一九九四年）中の長島雄一氏の説明を古墳時代以降に主眼をおいた説明を引用しておきたい。

まず古墳時代の遺跡に限って周辺を俯瞰する。著名なものとしては遺跡の北西五キロに「力士」「盾を持つ人」「琴を弾く人」「鳥」など多くの形象埴輪や円筒埴輪が出土した原山一号墳（前方後円墳、昭和五十六年調査）、南西二・五キロの阿武隈川対岸には盾形埴輪を出土した下総塚古墳などがあり、半径一キロの範囲でも愛敬山古墳、東山古墳（前方後円墳、平成元年調査）、石塚古墳、集落跡である古内遺跡などがある。とくに北方二キロには東北の装飾古墳発見第一号となった県史跡「泉崎横穴」を含む横穴墓（泉崎・七軒横穴群）が存在するなど、阿武隈川流域でも有数の古墳集中地域であり、首長墓クラスとみなされる古墳も数多い。さらに一九八〇年代の研究によって関和久上町遺跡の西側約三・一キロに位置する県史跡の白河市谷地久保古墳は切石積みの横穴式石室を採用した畿内色の強い典型的な終末期古墳であることが判明し、当地域の終末期古墳の一様相を提示するとともに、有力な地方豪族と官衙集中地域との関係をあらためて想起させる結果となるなど興味深い様相が明らかになってきている。このような状況は白河郡家成立前夜の当地域の社会背景を明確に示したものであり、まさに卓越した優位性を示しているものと考えられる。

次に奈良・平安時代の遺跡に目を転じてみよう。関和久上町遺跡周辺には白河郡家跡と推定されている国史跡「関和久遺跡」、阿武隈川対岸の白河市借宿には県史跡「借宿廃寺」、瓦供給窯である「関和久窯跡」、矢吹町「かに沢窯跡」、表郷村「大岡窯跡」などがあり、いずれも本遺跡と同時期の瓦や遺物を出土するなど、密接に関連する遺跡が数多く存在している。

関和久遺跡は福島県教育委員会によって一〇年にわたる発掘調査が実施され、その調査成果にもとづき白河郡家の有力候補とみなされ、昭和五十九年（一九八四）、「関和久官衙遺跡」として国史跡に指定されている。また借宿廃寺には基壇が現存し、関和久・上町遺跡と同じ瓦、また磚仏等が出土しており、白河郡家に付属する寺院跡と考えられている。こうしたことから本地域は古代白河郡の中心であったことは間違いない。また遺跡周辺には同時期の集落が多数存在しているが、とりわけ遺跡南東の阿武隈川対岸に位置する東村出島地区の佐平林・谷地前C・赤根久保遺跡などの比較的近距離に所在する同時期の集落跡からは関和久地区から出土する瓦と同種の瓦が竪穴住居跡から再利用された状況で出土するなど、官衙と集落跡との関連等を考えるうえで注目される。

2　関和久遺跡（白河郡家跡）の墨書土器

関和久遺跡（福島県教育委員会『関和久遺跡』一九八五年）は、西白河郡泉崎村にあり、阿武隈川左岸の沖積面から河岸段丘上にかけて立地している。

昭和四十七年（一九七二）以降、一〇次にわたる発掘調査によって、大規模な倉庫群と側柱建物群が計画的に配置されていることが判明した。墨書土器は「白」二二点をはじめ、「郡」「驛家」「厨」など数多く出土した。これらの調査結果により、陸奥国白河郡家跡と推定した。遺跡の範囲は、東西約二七〇メートル、南北約四六〇メートルと推定され、周囲には大溝が巡らされている。その北半には官衙地区が、一段低い南半には正倉院が置かれていたことが判明した。

墨書土器は中宿・古寺地区から出土している。出土遺構は溝跡埋土中および建物跡付近である。主な遺構としては、SD一〇三・一〇九・四二溝跡やSB九〇・一〇五掘立柱建物跡があげられる。墨書土器の年代は大部分、九世紀前半と考えられる。

墨書土器の内容のうち、主なものは次のとおりである。

二字以上のもの…水院・八十・驛家・屋代・太田・万丞・大家・万呂所・有多・計倉ほか。

一字のもの…白（二二点）・万・田・厨（二点）・古・瓦・南・舎・井・郡・木・上（四点）・㊤（五点）・文・貞ほか。

一般的には、一字の場合は種々の解釈が成り立ちうるが、このうち、「白」・「厨」・「郡」が注目されよう。「白」は二二点もあり、本遺跡を白河郡家跡と比定するうえで有力な傍証資料となることは間違いない。

出土地区	出土位置	備考
上町東	遺構外	墨書
〃	〃	〃
高福寺	〃	〃
上町東	S I 01	〃
〃	遺構外	〃
関和神社	S I 09	〃
〃	S I 16	〃
〃	S I 15	〃
高福寺	遺構外	〃
上町東	〃	〃
高福寺	〃	〃
上町東	〃	〃
〃	〃	〃
〃	S I 03	〃
上町南	遺構外	〃
上町東	〃	〃
〃	S X 01	線刻
〃	〃	〃
関和神社	S I 17	〃
上町東	S X 01	〃
関和神社	遺構外	〃
高福寺	S D 81	墨書
関和神社	S I 18	ヘラ描き
高福寺	遺構外	〃

官衙における墨書土器は主として施設名・職名・地名・人名を意味するものが多いことはこれまでの出土例からも、ほぼ承認されている事実である。

官衙において、最も一般的な出

表7　関和久上町遺跡出土墨書土器・文字瓦一覧表

文　字	掲載図番号	種　類	出土地区	出土位置	備考	文　字	掲載図番号	種　類
(不明)	図97-1	土師器坏	高福寺	SＩ121	墨書	大友		土師器坏
圅	図97-2	〃	関和神社	SＩ09	〃	山本		〃
山本	図97-3	〃	上町東	SＩ02	〃	釜ヵ		〃
真	図97-4	〃	関和神社	SＩ16	〃	辛ヵ		〃
大	図97-5	〃	高福寺東	SＸ367	〃	古ヵ		〃
㒳	図97-6	〃	上町東	SＩ01	〃	山上		〃
(不明)	図97-7	〃	高福寺	SＩ75	〃	山知ヵ		〃
山上	図97-8	〃	関和神社	SＩ18	〃	得宝		〃
坂ヵ本	図97-9	〃	〃	SＩ11	〃	寺		〃
石	図97-10	〃	上町東	SＩ01	〃	万倍		〃
万倍	図97-11	〃	〃	SＩ06	〃	大		〃
百	図97-12	〃	上町南	SＤ94	〃	任		〃
(不明)	図97-13	〃	上町東	SＩ03	〃	田		〃
石	図97-14	〃	高福寺	SＩ78	〃	子		〃
辛	図97-15	〃	〃	SＩ74	〃	子		〃
寺	図98-16	〃	上町東	SＩ01	〃	山知		〃
□都□	図98-17	〃	高福寺	遺構外	〃	小		〃
川ヵ	図98-18	〃	〃	〃	〃	大		〃
太衣	図98-19	〃	〃	〃	〃	丙		〃
福	図98-20	〃	上町東	SＩ01	〃	大		〃
寺ヵ	図98-21	〃	高福寺	遺構外	〃	大		〃
信	図98-22	〃	〃	SＩ06	〃	「□定末	図98-24	平瓦Ⅰ類
上□	図98-23	〃	〃	SＩ74	〃	□前項」		
上	図98-25	〃	〃	遺構外	〃	寺	図98-29	〃
上	図98-26	〃	〃	〃	〃			
辛	図98-27	〃	〃	〃	〃	里口	図98-30	〃
般	図98-28	〃	〃	〃	〃			

土例は「厨」である。

「水院」は〝水屋〟（炊事などの水を使うところの意）と同様な意味で、井戸を中心にした区画を指すのであろう。

「万呂所」は諸施設を示す狭義の「所」をもつことから、「万呂」という人物にかかわる施設と考えられる。

「驛家」は『延喜式』（兵部）によれば、駅は白河郡内では、「雄野」・「松田」両駅があり（『日本後紀』弘仁二年四月乙酉条には、高野・長有両駅の設置のことがみえる）、『和名類聚抄』元和活字本には、「駅（駅）家郷」が存在する。

「有多」は宇多に通じようか。たとえば、

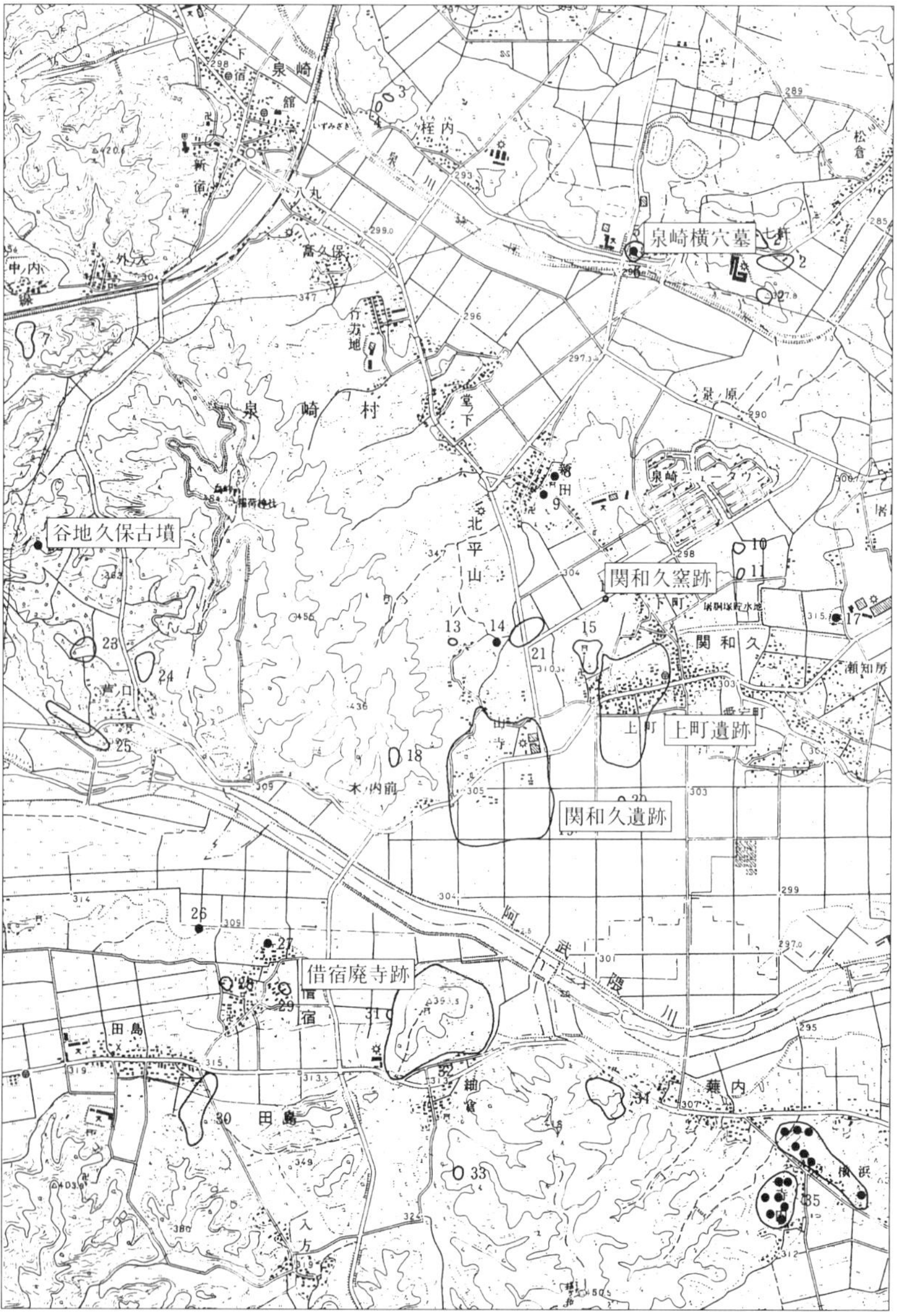

図93　関和久遺跡・上町遺跡と周辺遺跡分布図

大和国宇智郡…『続日本紀』文武二年二月丙申条ほか、有智郡…『続日本紀』和銅七年十一月戊子条
美濃国不破郡有寶郷…『和名類聚抄』、宇保郷…『大日本古文書』巻四、西南角領解、天平勝宝九歳四月七日付
上野国甘楽郡有旦郷…『和名類聚抄』(旦は高山寺本による)、宇芸神社…『延喜式神名帳』

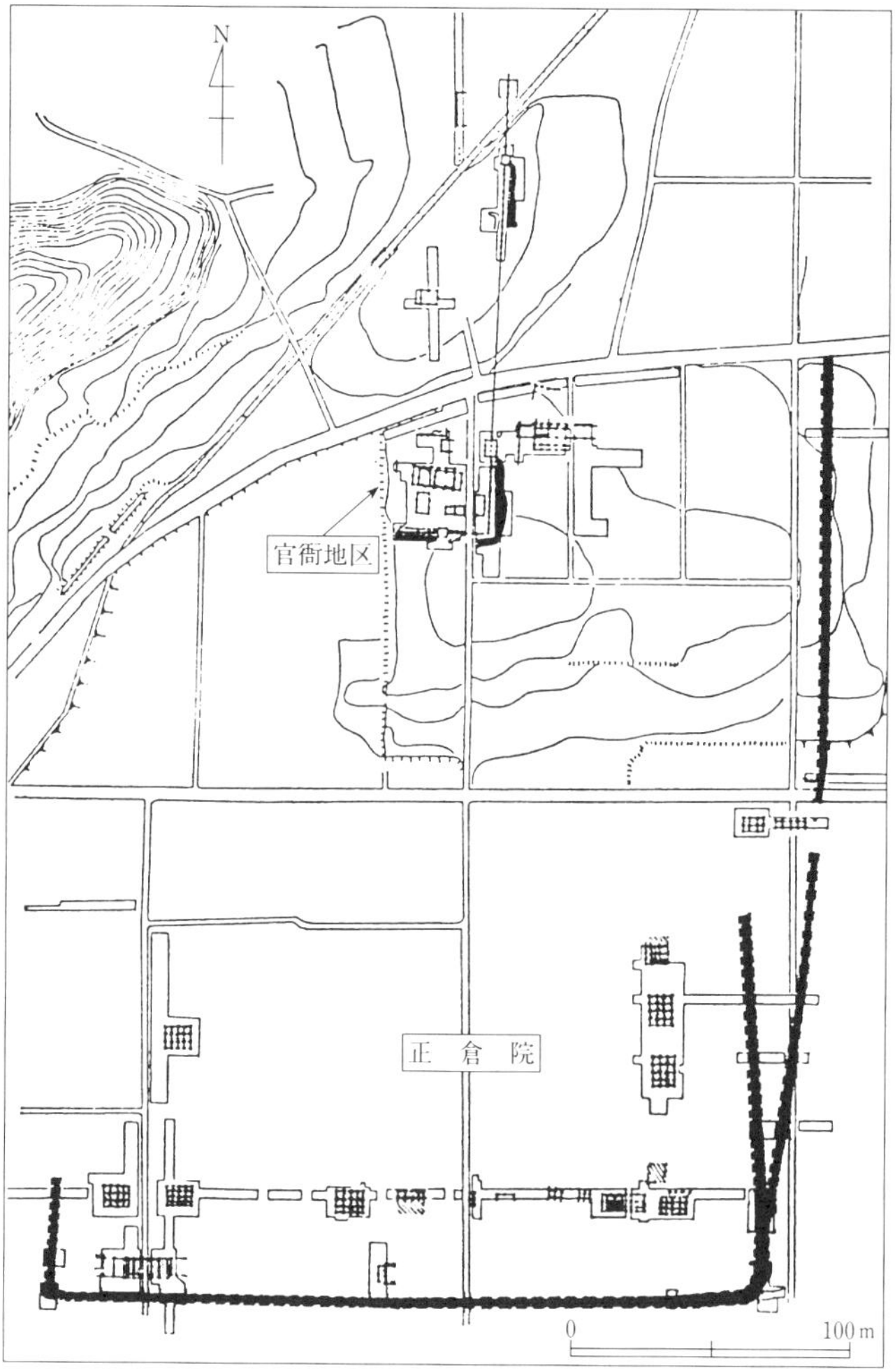

図94　関和久遺跡の遺構配置図

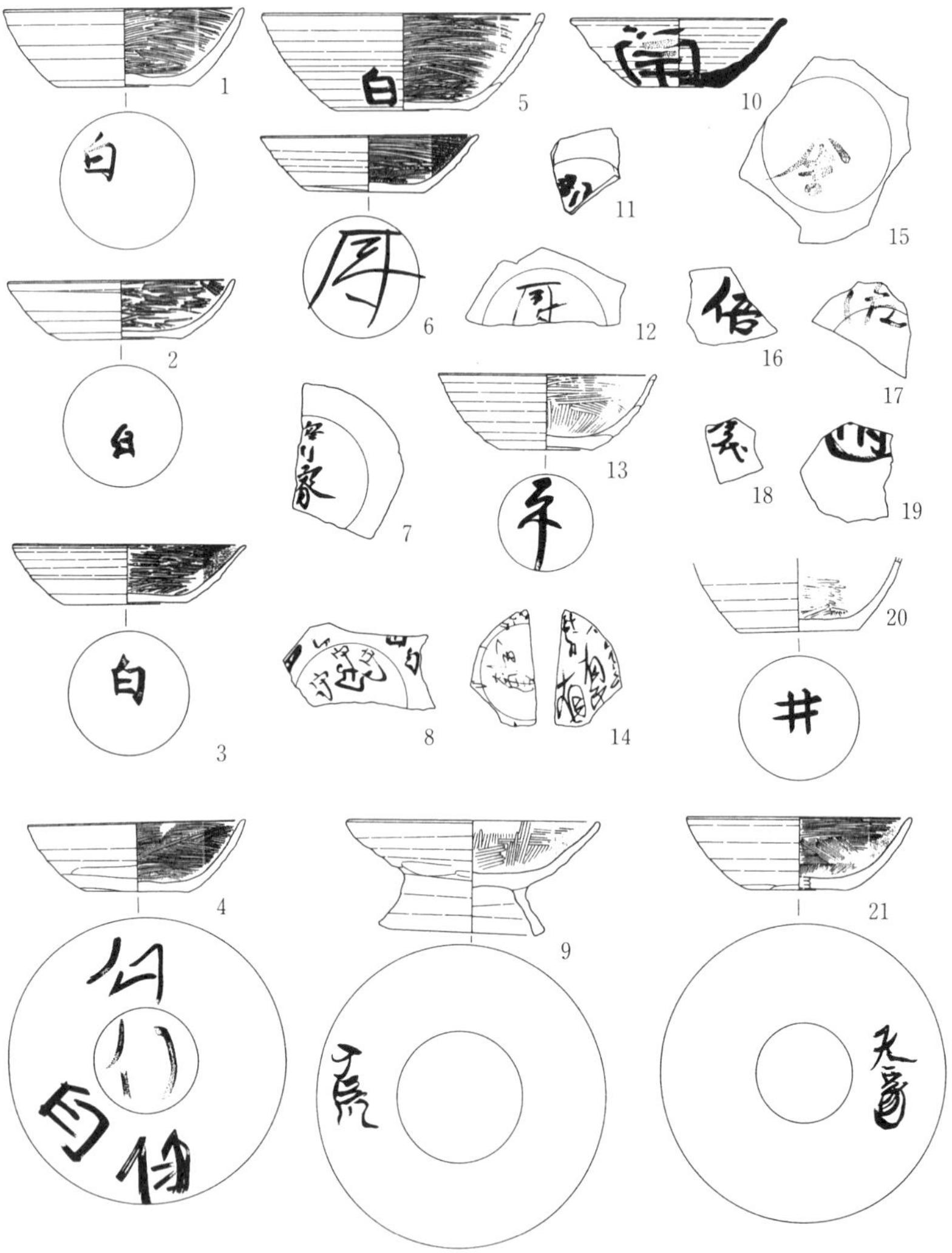

図95　関和久遺跡墨書土器集成

などがある。『和名類聚抄』によれば、陸奥国「宇多郡」が（現福島県相馬郡）あり、宇多郡の初見記事は『続日本紀』養老二年（七一八）五月乙未条である。本資料は習書で記された断片的資料であるので確定するのはむずかしいが、一応、前記の類例を参照するならば、「有多」=「宇多」とみることができるであろう。

「屋代」は『和名類聚抄』によれば、白河郡に屋代郷がある。

その他については、意味を限定することは困難である。

白河郡家に関連する「白」が官衙地区とされる中宿・古寺地区に広範に分布することが、まず特筆すべきことであろう。しかし、他の墨書土器については、時期別と分布状況をみても、あまりにも点数が少ないことと内容を限定できる資料が十分に存在しないだけに、今後の出土点数の増加を待って、改めて考察すべきであろう。

3　関和久上町遺跡の墨書土器

発掘調査の結果、掘立柱建物等の建築遺構が多い高福寺地区・上町南地区・高福寺東地区と、竪穴住居跡が多い関和神社地区・上野東地区に大きく二分できる。礎石建物跡や瓦葺の建物跡はまったく発見されなかった。もっとも建物跡の重複が著しい高福寺地区では六期の遺構変遷が判明しており、七世紀末頃の第一期、八世紀中頃〜後半の第二期、八世紀末頃の第三期、九世紀初頭頃の第四期、九世紀前半の第五期、九世紀後半の第六期に分けることができた。最も古い第一期の遺構は高福寺地区西部のみに見られ、関和久上町遺跡の最初の官衙群は高福寺地区西部付近で造営されたものと考えられる。第二期には高福寺地区の中央部に南廂付南北棟建物が建てられ、上町南地区でも掘立柱構造の建物や門が建てられる。九世紀初頭の第四期になると高福寺地区では大がかりな整備が行われて、最も官衙建物群が充実する。上町南地区でも築地で区画され安定して使用され続ける官衙ブロックが成立し、高福寺東地区にも掘立柱建物群が出現する。しかし、これら三地区の官衙群は区画施設の構造が異なることから見ると全体として一つの官衙を構成するのではなく、各々別の群を構成していたと理解される。九世紀後半の第六期になると、高福寺地区の建物群の規模や配置に大きな変化が見られ、他の地区でも建物等の遺構が減少する。竪穴住居跡が多い関和神社地区と上町東地区では八世紀中頃から後半にかけて鍛冶工房跡や漆付着土器や坩堝などの工房関連遺物が出土しており、単なる古代集落跡ではなく官衙関連の住居群であることを窺わせる。ただ、これらの地区の九世紀以降の住居跡からは工房関係の遺物は出土しておらず、工房としての機能を失ったと考えられる。そして、各地区ともに十世紀の遺構が認められないので、古代の関和久上町遺跡は九世紀末には終焉を迎えた。

以上のような関和久上町遺跡の古代における変遷を関和久遺跡での変遷と対比すると、よく対応することがわかる。関和久上町遺跡では遺構内外から墨書土器をはじめ、墨書のある瓦、ヘラ書きのある瓦あるいは漆紙の付着した土器などが出土している。ここでは、こうした文字関連の資料を以下に一括し、一覧表（表7）および集成図（図97・98）の形で掲載する。

(1)　文字構成と内容

出土地点は大きく分けて、高福寺地区、上町東地区、関和神社地区の三地区であるが、三地区の墨書内容に大きな差異はなく、共通する墨書も存在する。

本遺跡の主な墨書土器——福、真、大、万倍、得寶、寺、山上、山本、山知——などの文字構成は、各地の一般集落遺跡と共通している。たとえば、福島県石川町達中久保遺跡(1)——冨、冨・豊、真、千万、本、朱、加、南——など、千葉県八千代市井戸向遺跡(2)第Ⅱ群——冨、提生、替、信會、佛、寺・寺坏——などとほぼ共通した文字構成である。

また、「万倍」に類する例としては、千葉市有吉遺跡(3)の「万加」、長野県松本市下神遺跡(4)の「万仟」、千葉県八日市場

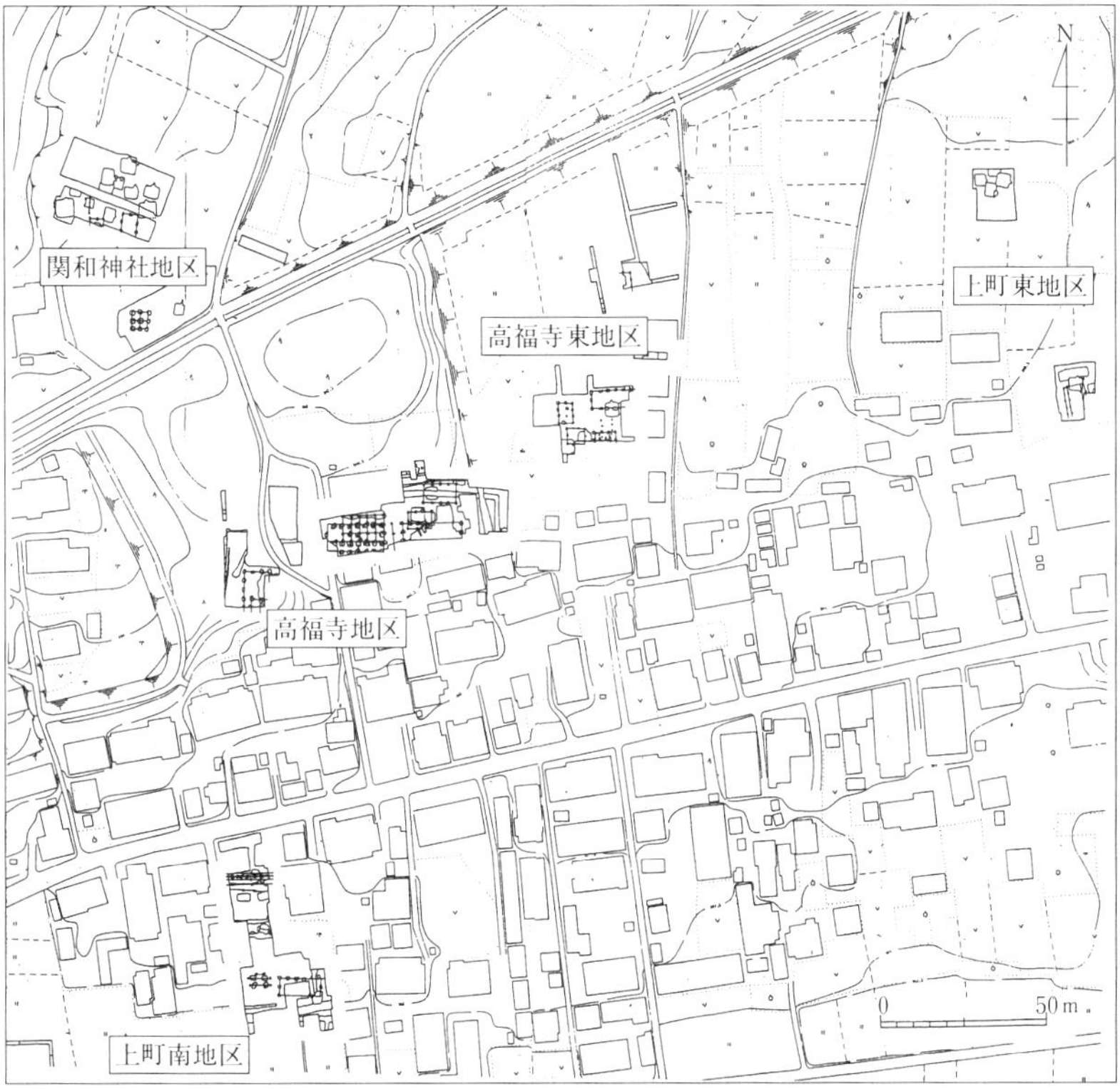

図96　関和久上町遺跡全体遺構配置図

市平木遺跡[5]の「万福」「万加」「万立」などがあり、「倍」のみの例も千葉県船橋市本郷台遺跡[6]から「倍」四点が出土している。「得寶」の類例は「得加」(千葉県東金市久我台遺跡[7])、「得万」(山形県川西町道伝遺跡[8])、「得上」(千葉県佐倉市大崎台遺跡[9])、「得来」(石川県小松市浄水寺跡[10])などがあり、とくに「得万」との共通性が注目される。「得来」を出土した浄水寺跡では、「珎」「珎来」「重珎」の墨書土器があるが、珎は珍の俗字であり、宝(寶)という意味がある。

(2) 文字の記載法と線刻文字

本遺跡の墨書土器の年代は、古くは八世紀前半にはじまり、九世紀中ごろまで存続している。墨書土器の年代の判明するもののうち、約七割は九世紀前半で、その盛行期を示している。

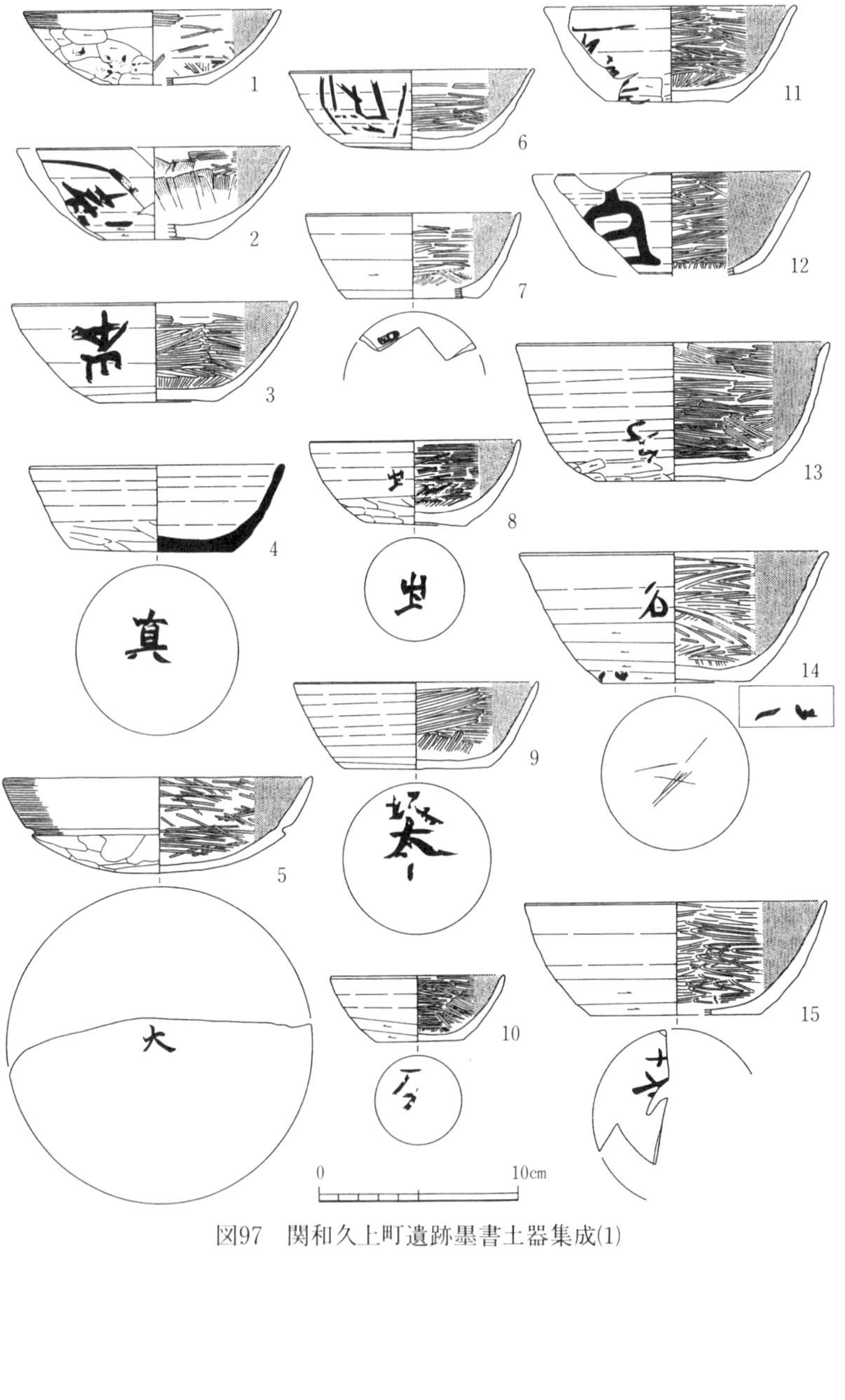

図97　関和久上町遺跡墨書土器集成(1)

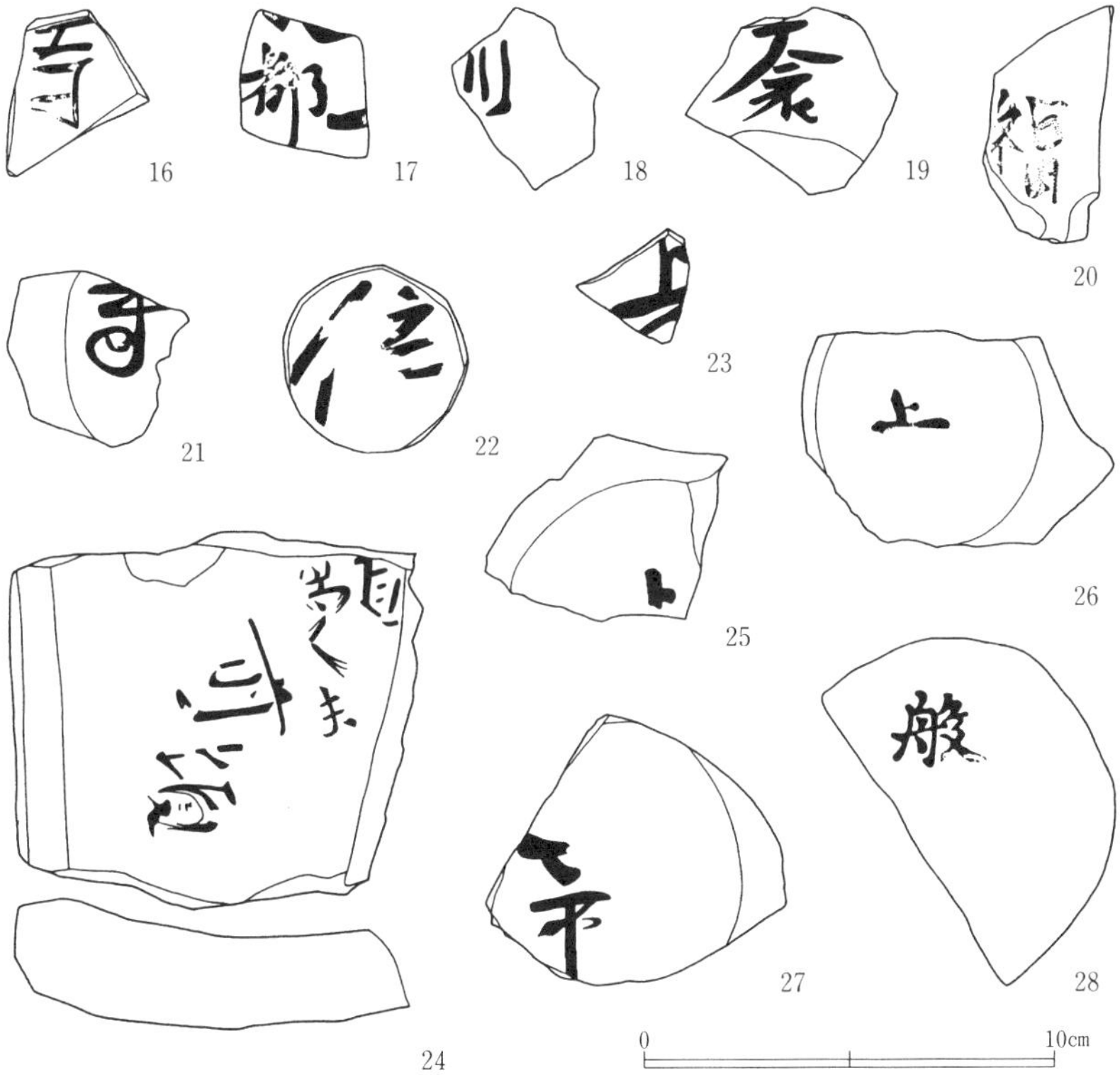

図98　関和久上町遺跡墨書土器・墨書瓦集成(2)

最も古い墨書土器は高福寺東地区・SX三六七基礎地業出土の土師器坏で、底部に「大」と墨書されている。一般的に墨書の初期段階は底部に比較的小さく記す傾向にある。最も端的な例として、千葉県印旛郡栄町向台遺跡[11]の墨書土器があげられる（第四章二五一頁、図155参照）。向台遺跡は古代の埴生郡家跡とされる大畑I遺跡[12]に深い関連をもつ遺跡とされている。墨書土器一七点、線刻土器二六点、いずれも八世紀前半から半ばにかけてのものである。墨書・線刻されている部位はほとんど底部である。この期の土器の底部は比較的大きいのにもかかわらず、それらの文字は土師器、須恵器ともにすべて底部に小さく丁寧に書かれている。SX三六七基礎地業の墨書土器「大」もこの特徴を備えている点、興味深い。

地方において八世紀段階では、墨書土器の広範な登場以前に、線刻で文字を記しているものが目立っている。本遺跡においても、ＳＸ〇一工房跡およびＳＩ一七住居跡から線刻「小」「大」「丙」はいずれも八世紀後半〜末のもので、墨書土器の盛行期である九世紀前半に先行している。なかでも、「丙」は線刻とともに墨書が存在する。ＳＩ〇一住居跡出土の墨書「丙」は九世紀前半に属している。記銘方法および時期を異にするが、「丙」の字形は「丙」と共通している点で、注目すべきである。

(3)　字　形

筆者は本書第四章「三　墨書土器とその字形―古代村落における文字の実相―」において、東日本各地の集落遺跡の墨書土器は一般的傾向として限定されたわずかな文字を共通して記しており、さらにこれらの文字は、その字形にも共通した特徴を有していると指摘している。まず墨書土器の字形上で最も顕著なものは、墨書土器一般にみられる二文字であたかも一文字のように密着させて書く字形〝合わせ文字〟である。この場合、しばしば字画を省略し、上の文字の一画を下の文字が共有してしまう例さえみられる。本遺跡関和神社地区ＳＩ一八住居跡出土の「㞢」は「山上」の合わせ文字と判断できる。この字形は、千葉県東金市作畑遺跡[13]においてはまったく同じ字形「㞢」が出土しているだけでなく、「里」（田上）を共伴している。また、上野東地区ＳＩ〇二住居跡出土の「本」は上の文字の一画を下の文字が共有しているものと理解すると、「山本」の合わせ文字とみることができる。字画の省略はないが、その類例は福島県会津若松市上吉田遺跡[14]の「𡵅」があげられよう。

漢字の種類および各種の書体のいずれをとってみても直接的に通常の漢字に該当しない文字が、近年の墨書土器の増加とともに各地で目立つようになってきている。上野南地区のＳＤ九四溝跡出土の「冃」は上部および左端が欠損しているが、各地で数多く類例が存する。その類例は、山形県川西町道伝遺跡[15]の「冈」、群馬県境町下渕名遺跡の

「卣」などがあげられる。わが国における古代の墨書土器にみえる「卂」およびそれに類する字形は、おそらく則天文字や道教の呪符の影響と考えられる。言い換えれば、則天文字や呪符の符籙あるいはそのもととなっている篆書体が人々に強烈な印象を与え、わが国において「卂」や「几」のなかに別の漢字を入れるものもあり、一種の吉祥または呪術的な意味を含めた特殊な字形として使用していたのではないかと推測することができる。

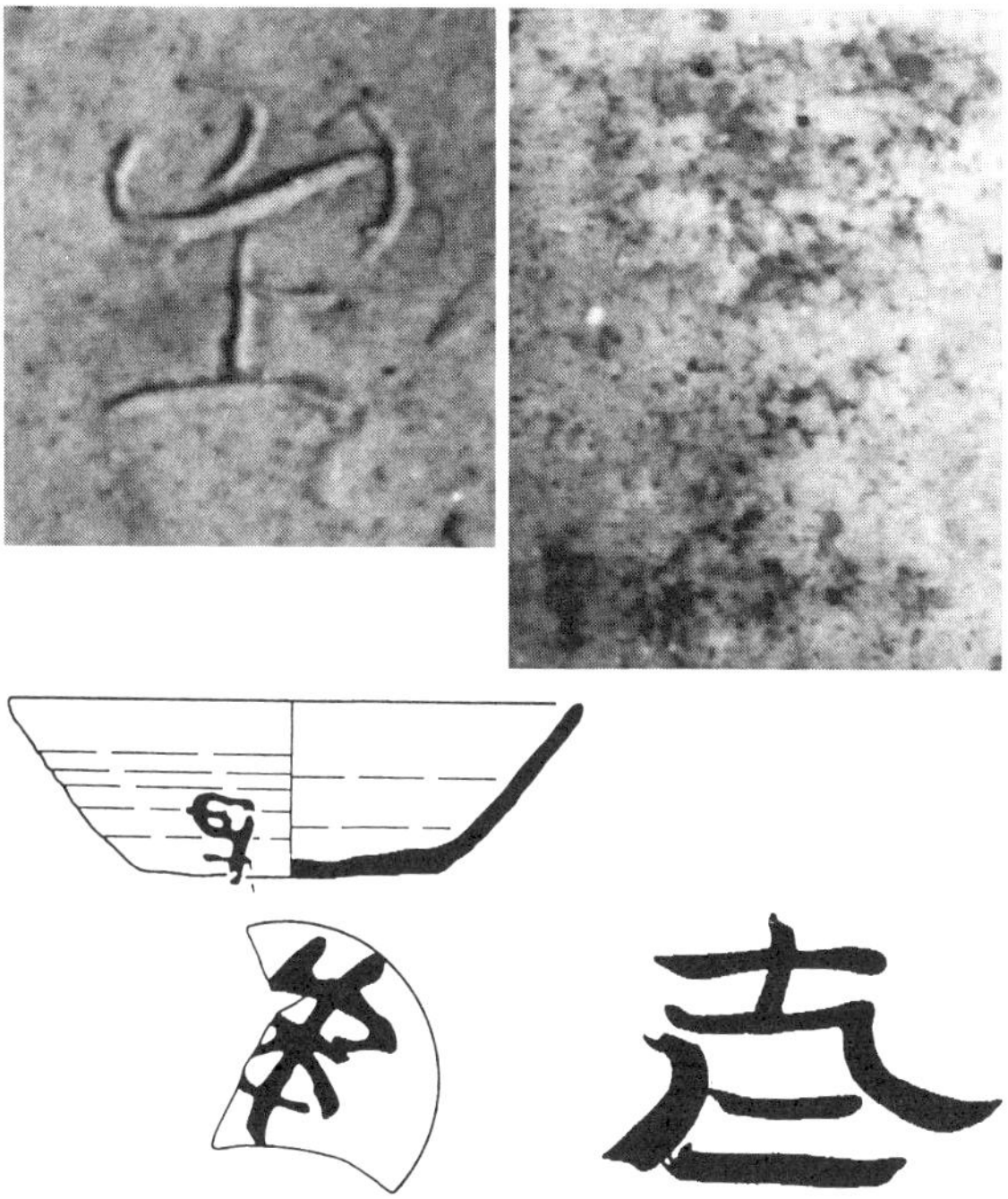

図99　合わせ文字・特殊字形の類例（上左＝「山上」〈141号住〉, 上右＝「田上」〈143号住〉, 千葉県作畑遺跡, 下左＝「山本」, 福島県上吉田遺跡, 下右＝群馬県下渕名遺跡）

まとめにかえて

上記の考察で明らかなように、関和久上町遺跡の文字構成・字形などの点において各地の一般集落遺跡と多くの共通性を有している。たしかに地方の郡家以下の官衙遺跡の墨書土器は、その周辺の集落遺跡とその文字内容など、共通する点が数多く認められ、その点が古代の郡家などの地方官衙の本質を考えるうえでも重要な要素というべきである（本書第四章三参照）。しかし、関和久遺跡の墨書土器と比較すると大きな差異がある点を無視することはできない。すなわち、関和久遺跡の墨書土器は白河郡家を象徴する数多くの「白」をはじめ、

「万呂所」「厨」「大家」「水院」「舎」「郡」「驛家」「屋代」など官衙遺跡の特色を示す墨書内容から構成されている。この墨書土器の相違は関和久遺跡（主要施設）と関和久上町遺跡（付属施設）の性格を比較検討するうえで、一つの重要な素材となるであろう。

註

（1）目黒吉明ほか「達中久保遺跡」（『母畑地区遺跡発掘調査報告書Ⅲ』財団法人福島県文化財センター、一九七九年）。
（2）藤岡孝司ほか「井戸向遺跡」（『八千代市井戸向遺跡－萱田地区埋蔵文化財調査報告書Ⅳ－』財団法人千葉県文化財センター、一九八七年）。
（3）栗本佳弘ほか「有吉遺跡」（『千葉東南部ニュータウン3』有吉遺跡〈第一次〉、財団法人千葉県都市公社、一九七五年）。
（4）石上周蔵ほか「下神遺跡」（『中央自動車道長野県埋蔵文化財発掘調査報告書6－松本市内その3－下神遺跡』財団法人長野県埋蔵文化財センター、一九九〇年）。
（5）小久貫隆史ほか「平木遺跡」（『八日市場市平木遺跡』財団法人千葉県文化財センター、一九八八年）。
（6）「本郷台遺跡」（『墨書土器Ⅰ』船橋市郷土資料館、一九八二年）。
（7）萩原恭一ほか「久我台遺跡」（『東金市久我台遺跡』財団法人千葉県文化財センター、一九八八年）。
（8）藤田有宣ほか「道伝遺跡」（『山形県川西町道伝遺跡発掘調査報告書－置賜郡衙推定地－』山形県川西町教育委員会、一九八四年）。
（9）「大崎台遺跡」（『大崎台遺跡発掘調査報告Ⅰ～Ⅲ』佐倉市大崎台B地区遺跡調査会、一九八五～八七年）。
（10）「浄水寺跡」（『浄水寺跡発掘調査報告第1分冊－浄水寺墨書資料集－』財団法人石川県立埋蔵文化財センター、一九八八年）。
（11）石田広美ほか「向台遺跡」（『主要地方道成田安食線道路改良工事（住宅宅地関連事業）地内埋蔵文化財発掘調査報告』財団法人千葉県文化財センター、一九八五年）。
（12）小林清隆「大畑Ⅰ遺跡」（『栄町大畑Ⅰ－2遺跡』財団法人千葉県文化財センター、一九八五年）。
（13）「作畑遺跡」（『千葉県東金市作畑遺跡発掘調査報告書』財団法人山武考古学研究所）。
（14）佐原崇彦ほか「上吉田遺跡」（『東北横断自動車道遺跡調査報告9　船ヶ森西・上吉田遺跡』福島県教育委員会、財団法人福島県文化財センター、一九九〇年)。
(15) 「下渕名遺跡」(『下渕名遺跡発掘調査概報』群馬県境町教育委員会、一九七八年)。

四 古代の役所と墨書土器——事例報告

1 墨書土器「専當綱長」——石川県辰口町徳久・荒屋遺跡

(1) 遺跡の概要と墨書土器(1)

辰口西部遺跡群は、石川県能美郡辰口町西部地区一帯にまたがる東西約二キロ、南北約一キロの範囲に存在する遺跡の総称である。その内部は下開発遺跡、徳久・荒屋遺跡、上開発遺跡の大きく三遺跡に分けられる。遺跡群は手取川扇状地南端の狭長な扇側部に立地している。

遺跡は古墳時代後期と、古代の八世紀後半から十世紀前半と、中世の十三世紀から十四世紀に画期がある。とくに古代では「庄」銘墨書土器の出土により天平勝宝七年(七五五)に立庄した越前国江沼郡(八二三年よりは加賀国能美郡)「東大寺領幡生庄」の比定地と考えられる。遺構は五〇棟以上の掘立柱建物、溝(河道)、道、畑等を検出し、多量の墨書土器を含む食膳具や煮炊具、木・石(石帯)・土製品(土馬)等を出土した。庄家本体は未検出で不明ながら、これに準じた建物や一般民家級建物の居住域、田畠の生産域、空間域等の分布状況が明らかになり、初期庄園形態を考えるうえで貴重な遺跡である。

古代の遺跡群は、六期に分けられるが、II期、すなわち八世紀第3四半期ごろから活発な展開をみせはじめる。II期の動きは、東大寺への施入を契機とした積極的な経営を反映していると考えられる。III期~IV期前半における下開

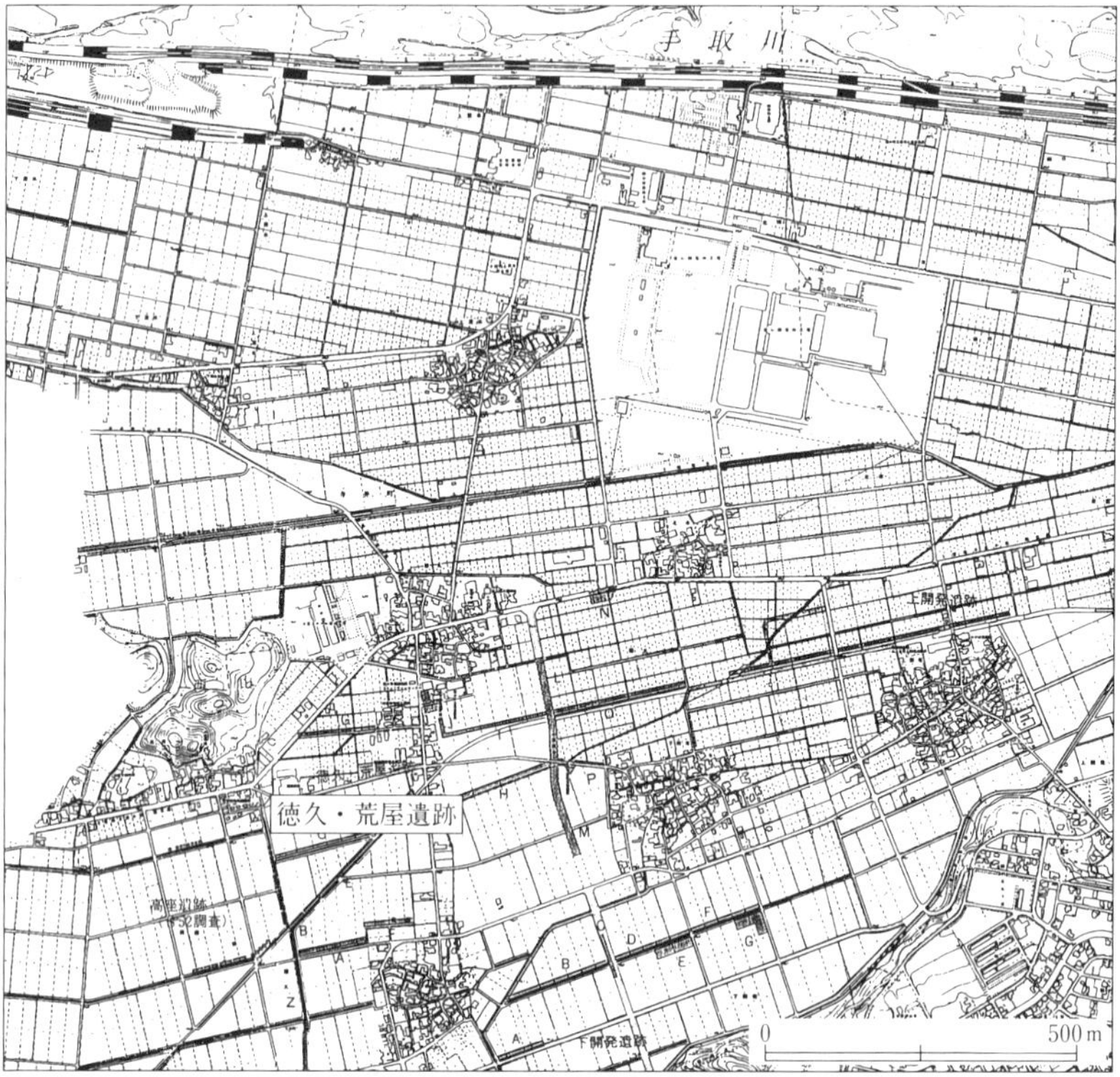

図100　石川県辰口西部遺跡群調査地区位置図

発G地区の土器組成の、食膳具の卓越したあり方は、墨書土器「庄」「荘」にみるごとく、一定の公的施設の存在を想起させる。下開発G地区がⅣ期前半に衰退するのに対して、Ⅳ期前半を中心とする大量の食膳具を集中して出土したのが徳久・荒屋G地区の大溝である。その土器群のあり方は、横江庄庄家跡出土土器と比較しても遜色はなく、庄家級建物に付随する土器群とみられる。Ⅳ期の庄家ないしはそれに準じた施設が当地区の北東付近に位置したと想定されている。

本遺跡群の墨書土器は、大きく分けて、Ⅳ期前半を中心とした徳久・荒屋G地区内の「専當綱長」をはじめ、約五〇点「吉女」「吉」、約二〇点「継万」「継」、Ⅲ期の下開発G地区「庄」、Ⅳ期後半の徳久・荒屋C地区「舟生」「蒔主」、三グループとな

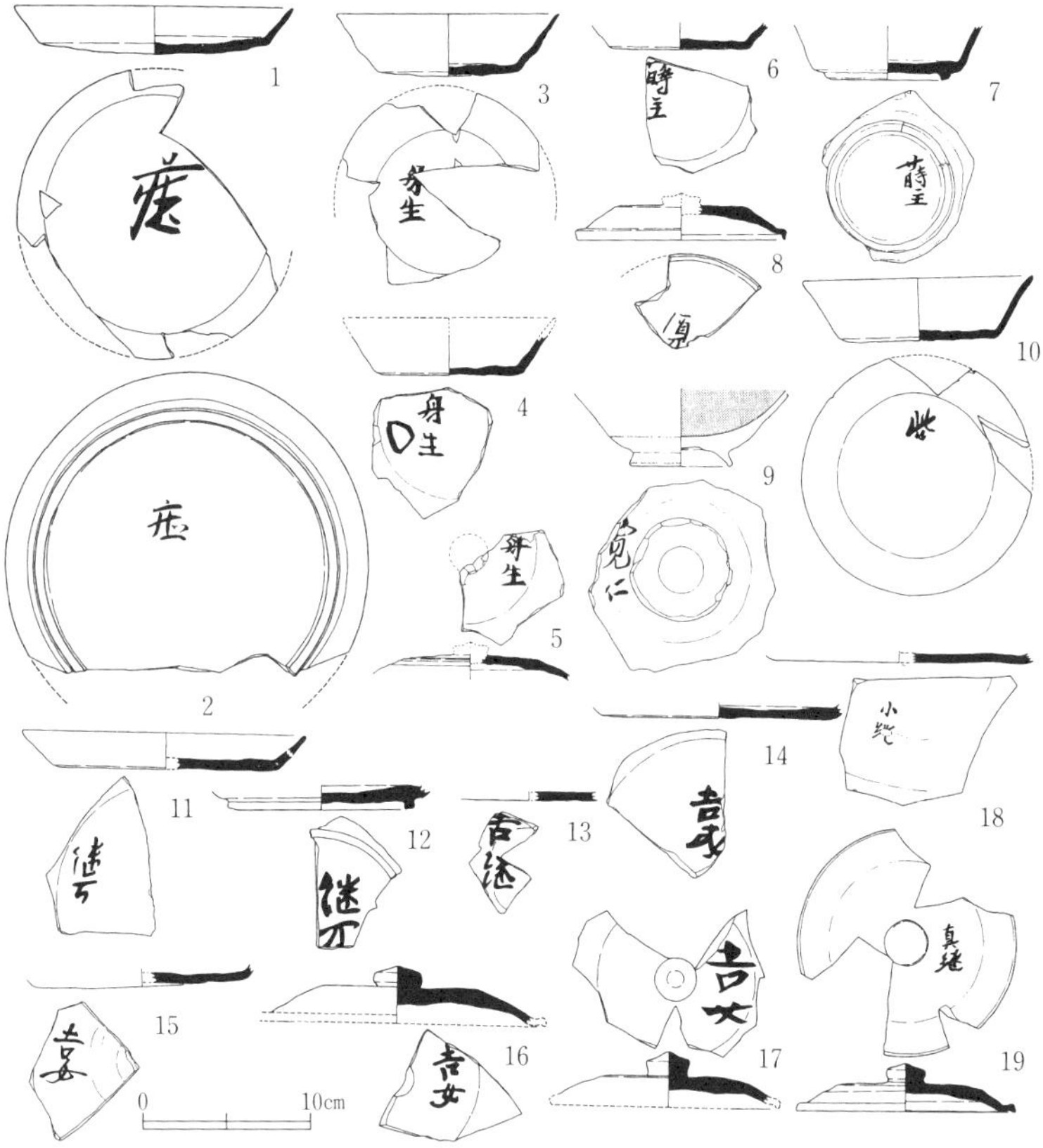

図101　辰口西部遺跡群墨書土器集成（1「庄」，2「庄」，3～5「舟生」，6・7「蒔主」，8「酒万」，9「寛仁」，10「呰」，11・12「継万」，13「吉継」，14「吉成」，15～17「吉女」，18「小継」，19「真継」）

り、遺構の性格や庄園内の経営構造およびその変化をさぐる手がかりとなるであろう。

(2) 徳久・荒屋遺跡出土「専當[綱]長」墨書土器

須恵器有台盤の底部内面に墨書されたものである。この須恵器の年代は九世紀第1〜2四半期ごろと調査担当者はみておられる。

墨書部位が底部内面であり、全体に不規則に墨書され、文字を重ね書きした箇所も認められることから、習書したと考えられる。墨痕は全体に薄く、しかも文字が重なる部分もあるが、左記の釈文のみが文字の配列に規則性が認められ、他に比して墨痕もやや濃い。第二行に対して、第一行と第三行は低い位置から書きはじめ、両行の頭はほぼ揃っている。第一行の下部および第三行の上部ともに欠損しているが、以上の点から考えて、この墨書は「専當[綱]長江沼[臣]勝[缶]」の意味を表わしているものと判断できるであろう。

「専當」とは特定の事項について、もっぱらそのことに当たることである。「綱長」はその実例を管見の限りでは知ることができないが、おそらく、綱領あるいは綱丁のいずれかの意と考えられる。綱丁は調庸雑物を京に運送するとき、脚夫、運脚を率いる運送責任者のことである。国司史生以上あるいは郡司がこのような運送責任者になった場合は綱領と呼ばれた。『延喜式』（主計）には「諸国貢調綱領郡司」および「諸国貢調幷雑物綱丁等」とみえる。

綱丁は『色葉字類抄』（平安末期成立）では「カウチャウ」と読んでいたことが明らかで、「綱長」と音が通ずる。一方、綱領の場合、領の訓はヲサ・カシラなどがあることから「長」に通ずる。しかし、運脚らを指揮し、運送責任者としての綱丁は〝専当綱丁〟と表現するとは考えにくく、専当を付する「綱長」は綱領の意味に近いのではないだろうか。

ところで本遺跡は東大寺領幡生庄に比定されている。幡生庄については、仁平三年（一一五三）四月二十九日付

「東大寺諸荘園文書目録」に「勝寶七年橘大夫〇人施入國判」などとみえる（『平安遺文』六―二三一〇）が、確実な初見史料は天平神護二年（七六六）十月七日付「江沼郡幡生庄使解」である（『大日本古文書』五―五四七）。本遺跡のすぐ東南に位置する下開発遺跡からは「庄」と墨書された須恵器有台盤および無台盤二点が出土している。下開発遺跡は本遺跡と同一遺跡とみてよく、しかも「庄」の墨書土器（有台盤八世紀第4四半期、無台盤九世紀第1四半期）と本墨書土器はほぼ同時期とみられることから判断して、本資料も初期荘園の中で解釈すべきなのかもしれない。その場合は、荘園からの貢進物の運送を専当する綱長という意味に理解できるであろう。

・「専當□〔綱〕長　江沼□〔臣〕勝□〔缶〕」

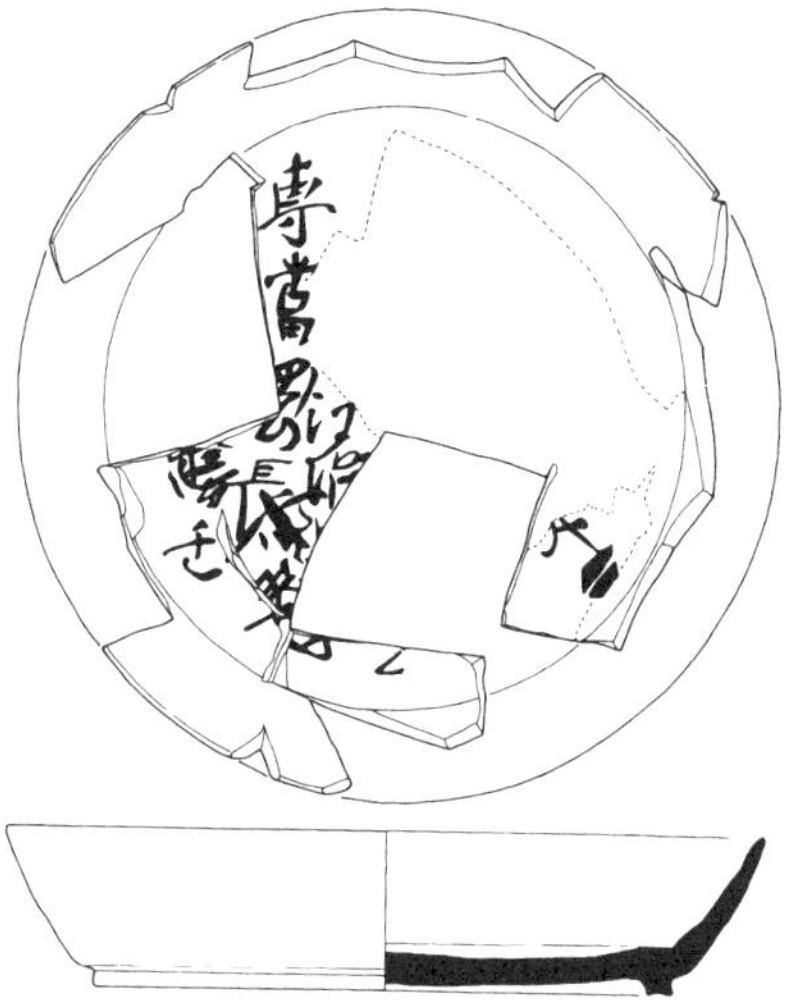

図102　徳久・荒屋Ｇ地区大溝出土墨書土器（縮尺率４分の１）

人名の姓は「江沼」の次に縦画一画のみであるが、江沼「臣」と推定できる。天平三年（七三一）の「越前国正税帳」（『大日本古文書』一―四三七）によれば、越前国江沼郡主政・主帳は「江沼臣大海」・「江沼臣入鹿」とともに「江沼臣」姓を有する。また、天平五年（七三三）の「越前国郡稲帳」（『大日本古文書』一―四七二）によれば、江沼郡大領は「江沼臣武良士」である。これらの例からも明らかのように「江沼臣」は越前国江沼郡の郡司層またはそれに連なる在地有力者と思われ、この墨書土器の「江沼臣勝缶」もおそらくはそのような人物と考えてよいであろう。その点においても、綱長は綱丁よりも綱領に通ずるものとみなすことができるかもしれない。

なお、名の「勝囸」については、「缶」は「缶」にも似た書体で若干の問題は残るが、おそらくは則天文字「缶」＝正を用いたと考えられる。

則天文字とは、唐の高宗の后であった則天武后（在位六九〇〜七〇五）が載初元年（六九〇）に制定した独特の文字である。わが国には、大宝の遣唐使（七〇四年帰国）によって伝えられたと思われ、慶雲四年（七〇七）書写の正倉院蔵の『王勃詩序』にすでに用いられている。則天文字は都のみでなく、予想以上に早く地方にも伝えられたと思われる。その点は、近年の各地の発掘調査において、国府跡などを中心として、墨書土器に数点確認することができる。島根県松江市出雲国庁跡では「埊」＝地、(2) 栃木県栃木市下野国府跡で「缶」＝正、さらに一般集落跡とみられる千葉県東金市作畑遺跡でも「缶」（二点とも筆者確認）(3) と墨書された土器が出土している。とくに後者の二点はともに「缶」で則天文字の中で比較的普及していたものと考えられ、本墨書土器の「勝囸」を則天文字とみる可能性が高いことを示しているといえよう。

以上の考察の妥当性については、今後の調査を待って決せられるべきであろう。

2　刻書土器「少毅殿」――福島県鹿島町大六天遺跡

(1)　遺跡の概要(4)

大六天遺跡は、福島県鹿島町江垂字大六天地内に所在し、真野川の蛇行部の南岸の自然堤防上に位置している。真野川流域では大規模な古墳時代から奈良・平安時代まで連続した集落遺跡と考えられる。

大六天遺跡の西側の河岸段丘面には真野古墳群や真野古城跡などの古墳時代や奈良・平安時代の遺跡が分布していて、古代における真野川流域の中心的な地域であったとされている。

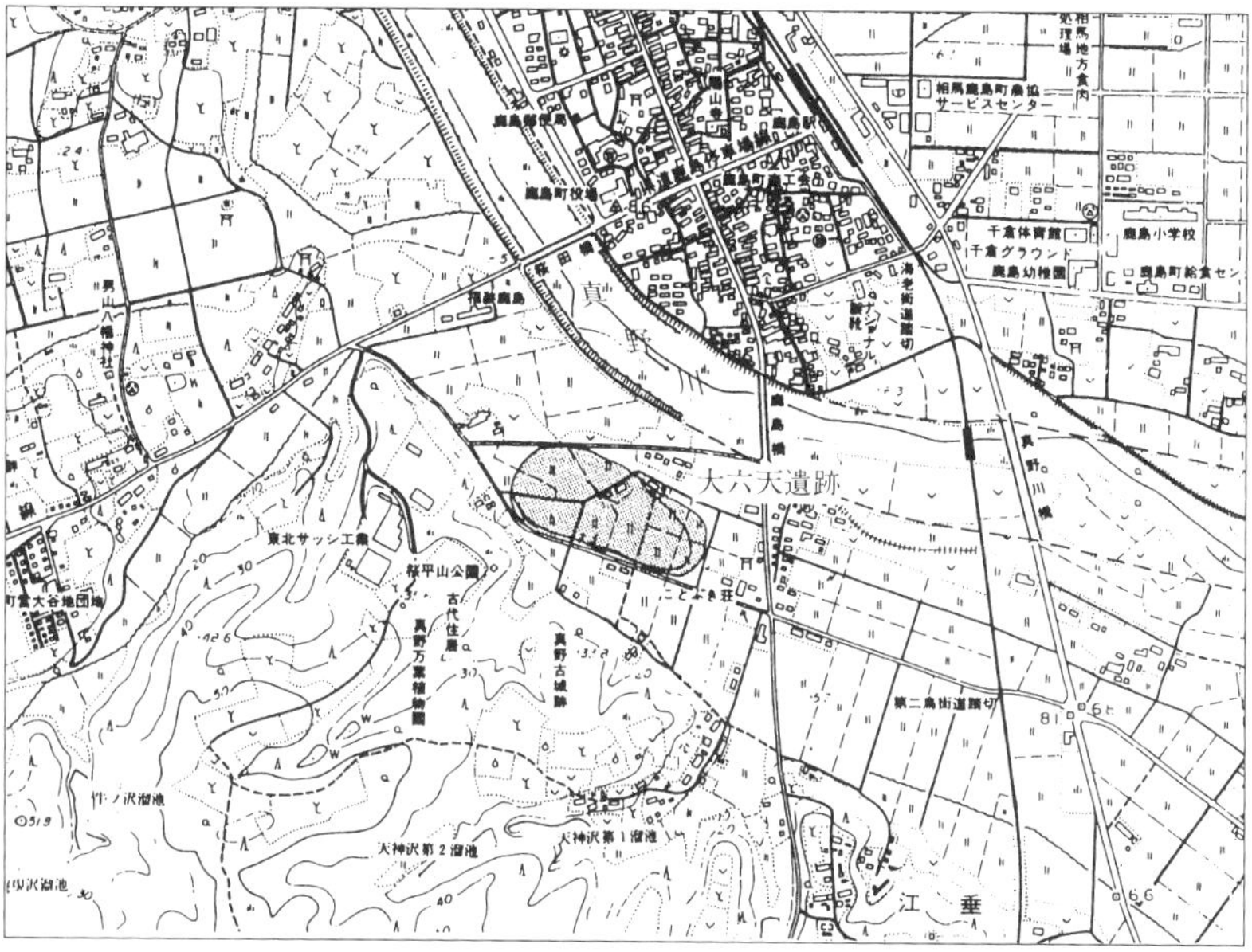

図103　福島県鹿島町大六天遺跡位置図

大六天遺跡では、これまで三次の発掘調査が実施されているが、ヘラ書き土器は、平成五年（一九九三）の第二次調査で出土している。本調査では、竪穴住居跡などの遺構と、古墳時代から奈良・平安時代各期の多量の土師器・須恵器が出土していて、集落の存続が長期にわたっていたことが明らかにされている。また、溝跡からは土製の勾玉・丸玉・水晶製切小玉なども出土し、古墳時代の後期には集落内で祭祀が行われたと想定できる。

(2) 刻書土器の検討

釈文

「少毅殿
　千之」

刻書の特徴　須恵器壺の底部に刻書したもので、焼成前のヘラ書きである。底部二個体を接合し、若干欠損箇所があるが、ヘラ書きされた文字を判読することが可能となったものである。刻みはあまり深くなく、速筆で記している。文字は筆順も確認できる範囲では正しく、書き馴れた筆遣いとみなすことができる。

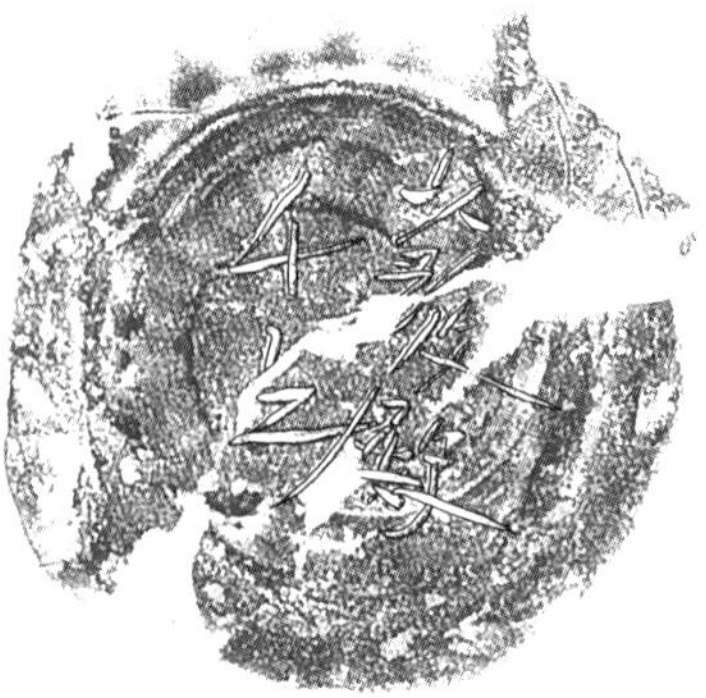

図104　ヘラ書き土器「少毅殿　千之」（大六天遺跡）

なお記載順は、「之」（「足」も似た字形であるが、ここでは「之」と判断した）と「殿」の字画の切り合い関係から判断すると「千之」をまず記した後に「少毅殿」と書いたことがわかる。ただし、底部の左側に寄せて「千之」を書いているので、当初から「少毅殿千之」の記載が予定されており、記載順を左行から右行としたにすぎないであろう。

「少毅殿」の意味　古代における「殿」の用法は、一般的に大きくは、

○建物、邸宅の呼称

○尊称

に分けられよう。少毅は古代軍団制の次官にあたり、大毅の副として軍団の兵士を統率した。

本資料のように、〝職名（「少毅」）＋殿〟の類例として、次の三例をあげておきたい。

イ　天平宝字六年（七六二）正月七日付「六人部荒角解」（『大日本古文書』五、二〜三頁）

謹解　申進上物事

鐵拾廷　鍬拾口

（略）

ロ　平城宮跡木簡（『平城宮発掘調査出土木簡概報』二五、三〇頁）

一陸奥殿漆者價四百五十文自此者一文不滅者（後略）

・中津里右大殿御物俵

・一斛額田部□□手

ハ　静岡県藤枝市志太郡家跡墨書土器（藤枝市教育委員会編『日本住宅公団藤枝地区埋蔵文化財発掘調査報告書Ⅲ－奈良・平安時代編－』一九八一年）

「太少領殿」

イの「陸奥殿」は陸奥守、ロの「右大殿」は右大臣殿、の略であり、ハの「太少領殿」は「志太厨」などの例から「（志）太（郡）少領殿」の略であり、陸奥守・右大臣・志太郡少領それぞれに対する尊称またはその邸宅を指すと理解できる。

さらに、本資料とまったく同様の例は、

静岡県浜名郡可美村城山遺跡墨書土器

「少毅殿」

城山遺跡は遠江国敷智郡の郡家跡に比定されており、近接する浜松市伊場遺跡をも含めた広大な敷智郡の中心的施設とされている。

行方団　陸奥国の軍団は、玉造・小田・名取・白河・安積・磐城・行方の七軍団が存在した。旧石城国には磐城団に菊多・磐城・標葉の三郡が属し、行方団には行方・宇多・伊具・曰理の四郡が属していたと考えられる。

行方団に関する史料は、次の例が知られている。

イ　多賀城跡漆紙文書

月九日盡　□月十八日合十箇□

寶龜十一年九月廿□

行方團□毅上毛野朝□

しかし次の史料は、伊具郡を本貫とするものが磐城団に属している例である。

ロ『続日本後紀』承和十五年（八四八）五月十三日条

（前略）伊具郡麻績郷戸主磐城団擬主帳陸奥臣善福。（略）賜㆓姓阿倍陸奥臣㆒。

ハ『続日本後紀』承和七年（八四〇）二月十六日条

陸奥国柴田郡権大領丈部豊主。伊具郡擬大毅陸奥真成等二烟。賜㆓姓阿倍陸奥臣㆒。

ハの例も、ロを参考にすれば、伊具郡を本貫とする磐城団の擬大毅の可能性がある。

本資料の意義　以上の関係資料を参照するならば、「少毅殿」は行方団の少毅に対する尊称と考えられ、「千之」はおそらく少毅の名にあたるであろう。

ところで、この文字は須恵器の壺に焼成前にヘラ書きされたものであるから、須恵器の生産地（現段階では不明）において記されたのは間違いないであろう。その場合、少毅から依頼（発注）によることを銘記したと想定するのが妥当ではないか。

いずれにしても、真野川沿いの本遺跡から出土したヘラ書き「少毅殿」は、新田川沿いの行方郡家跡とされる遺構検出と考え合わせるならば、行方軍団における大毅・少毅のあり方を問う重要な文字資料の発見といえよう。

3　墨書土器「観音寺」――多賀城市山王遺跡

(1)　遺跡の概要

発見遺構　掘立柱建物跡八棟、竪穴住居跡二軒、井戸跡一〇基、道路跡一条、溝跡、土坑などを発見している。調査地点が隣接していないため相互の関連が捉えにくい。

〔掘立柱建物跡〕　一号建物跡は三間×二間、二号建物跡は二間×一間の東西棟で東西に並んで構築されている。二号建物跡の南北の側柱列は、一号建物跡の南側柱列と棟どおりにほぼ一致し、計画的に配置されたものと考えられる。三号建物跡は三間×二間の東西棟で、道路に面した位置に構築されている。五号建物跡は五間×二間の東西棟である。ほぼ同位置で一度建て替えられている。年代は一〜三号建物跡が十世紀、五号建物跡は九世紀である。

〔竪穴住居跡〕　わずかに二軒検出している。遺存状況が悪く、カマドや柱穴の配置についてはいずれの場合も明らかでない。このうち、二号竪穴住居跡については八世紀前半のものである。

〔道路跡〕　路幅一二メートル（側溝心心約一五メートル）の東西にのびる道路跡である。第四次調査区と第八次調査区とで検出しており、途中未調査の分を含めると約一五〇メートルにわたって検出したことになる。側溝には三ないし四時期の重複が認められる（A〜D期）。新しい段階になると側溝はやや蛇行気味になり、規模も縮小するが、構築当時は路幅一二メートル、方向は多賀城外郭南辺築地の方向と一致するように計画されたと考えられる。南辺築地からの距離は約五三〇メートルである。なお、B期の北の側溝には一間×一間の橋が架構されており、橋脚二本が残存していた。この道路の年代は九世紀から十世紀前半のものと考えている。

〔井戸跡〕　井戸側を備えたものを九基、素掘りのものを一基発見している。七・八号井戸跡はさらに井戸底に曲物容器をすえて水溜としている。とくに八号井戸跡は曲物の下に折敷の底板を敷いて両脇を杭で固定するという丁寧な構造をとっている。構築時に祭祀を行っていることも確認されている（土器埋納、斎串出土）。

〔土坑〕　平面形が円形を成すものや、不整形のものがある。一号土坑は二号井戸を破壊して掘り込まれていたもので、土師器・須恵器・赤焼き土器の坏約二〇〇個体分が一括出土した。これらの土器の多くには内面にタール状の付

図105　多賀城城外の道路と方格地割

着物が観察される。墨書土器も多数出土しており、その中の一つが「観音寺」と記されたものである。

出土遺物　土師器、須恵器、赤焼き土器（須恵系土器）、灰釉陶器、緑釉陶器、青磁、白磁、瓦、石帯、硯（円面硯、風字硯、二面硯、転用硯）、移動式カマド、曲物容器、折敷、盤、漆器椀、斎串、刀子、紡錘車などが出土している。年代は八世紀から十世紀に及んでいる。

(2)　山王遺跡の墨書土器

墨書土器の種類（図108参照）

墨書土器の分類　本遺跡の墨書土器は書体に大きな特徴が見出せ、それにもとづき、大きくは二つに分けることが

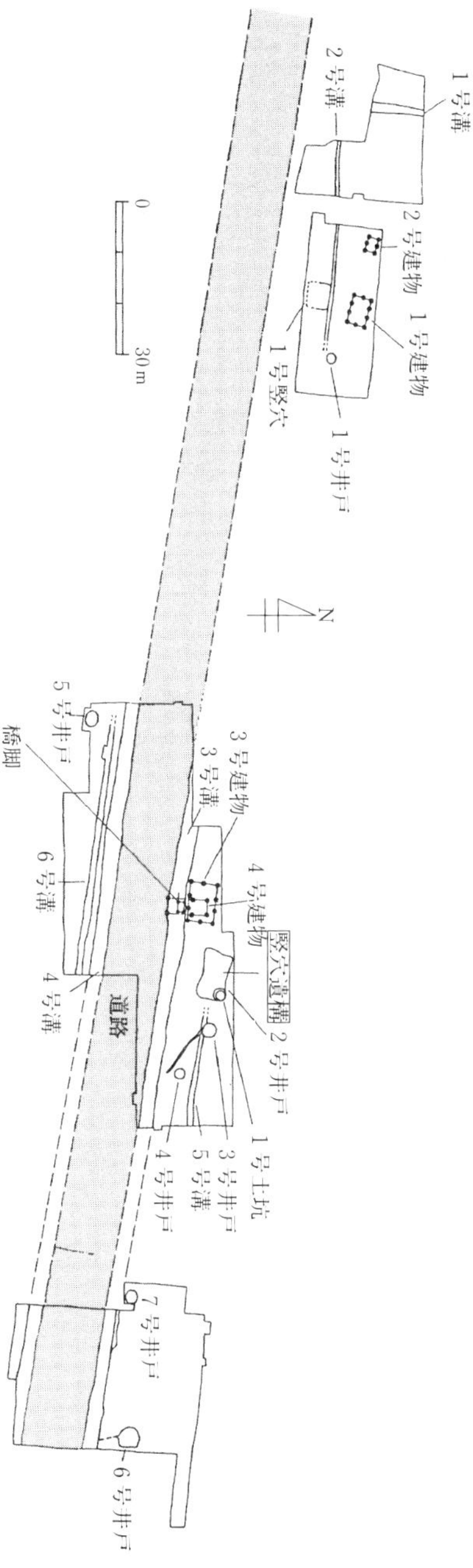

図106　宮城県多賀城市山王遺跡（西町浦・東町浦地区）遺構模式図

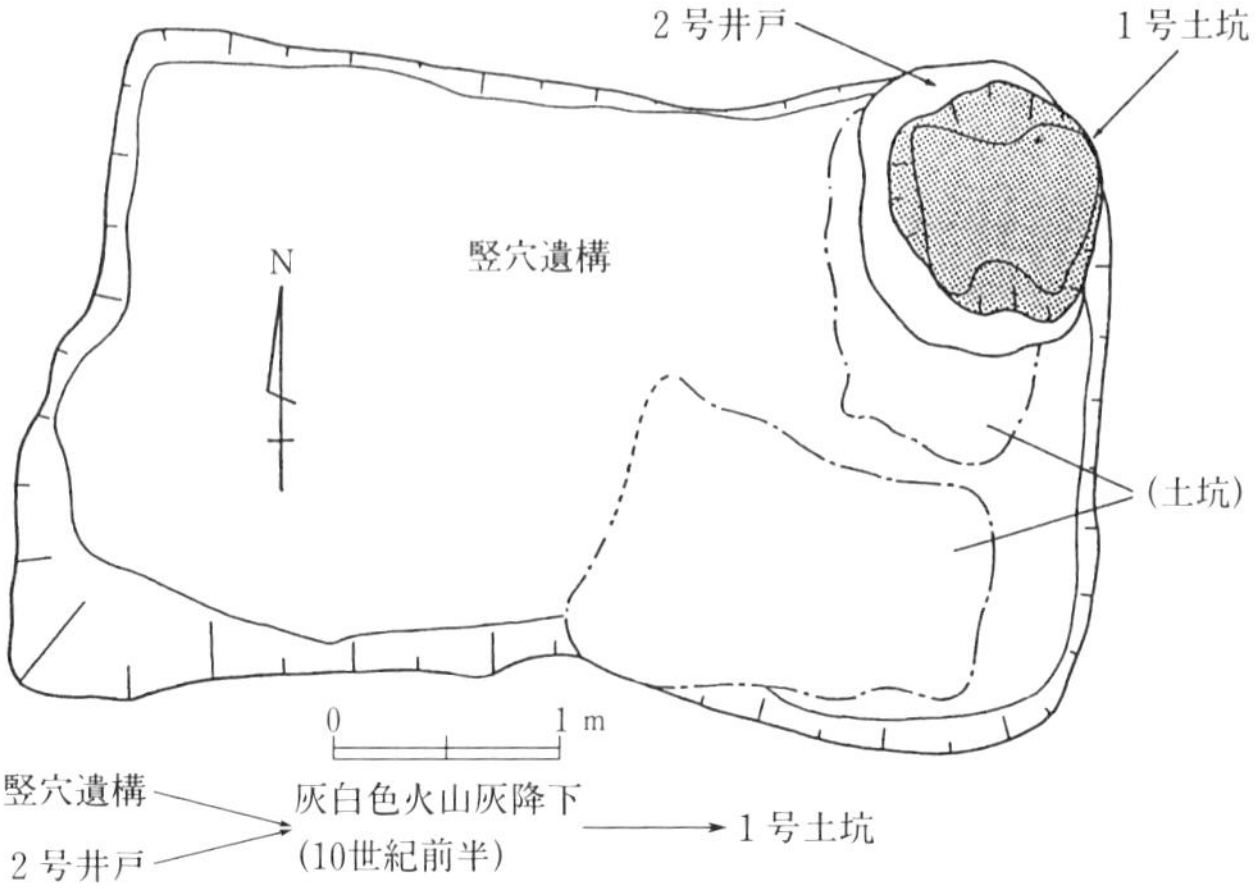

図107　「観音寺」銘墨書土器出土遺構

できる。

A　線質が細く、やや速筆的に書いたと思われるもの。

「観音寺」「斯」「大」

B　線質が太く、直線的な運筆のもので、記号表示の感さえするものもある。本遺跡の大部分を占める墨書がこの特徴をもち、なかでも次のものがその代表例といえる。

「茷（茂）」「山」「並（並）」

また、B類には、特殊な字形がみられる点も注目しなければならない。

「夲」「⿱罒生」「⿱一示」

(3)　古代文献史料にみえる「観音寺」

古代における「観音寺」といえば、まず、国家的な大寺とされる大宰府にある観世音寺があげられる。

和銅二年（七〇九）二月の詔によれば、筑紫の観世音寺は天智天皇が斉明天皇のために誓願した寺である。これまでに長い年月を経ているが、いまだに完成していない。大宰府は五〇人ばかりの駈使丁をあて、また農閑期にはそれ相当の人夫を差発して造営に努めようとした（『続日本紀』和銅二年二月戊子朔条）とある。そして天平十八年（七四六）に至り、ようやく完成した。

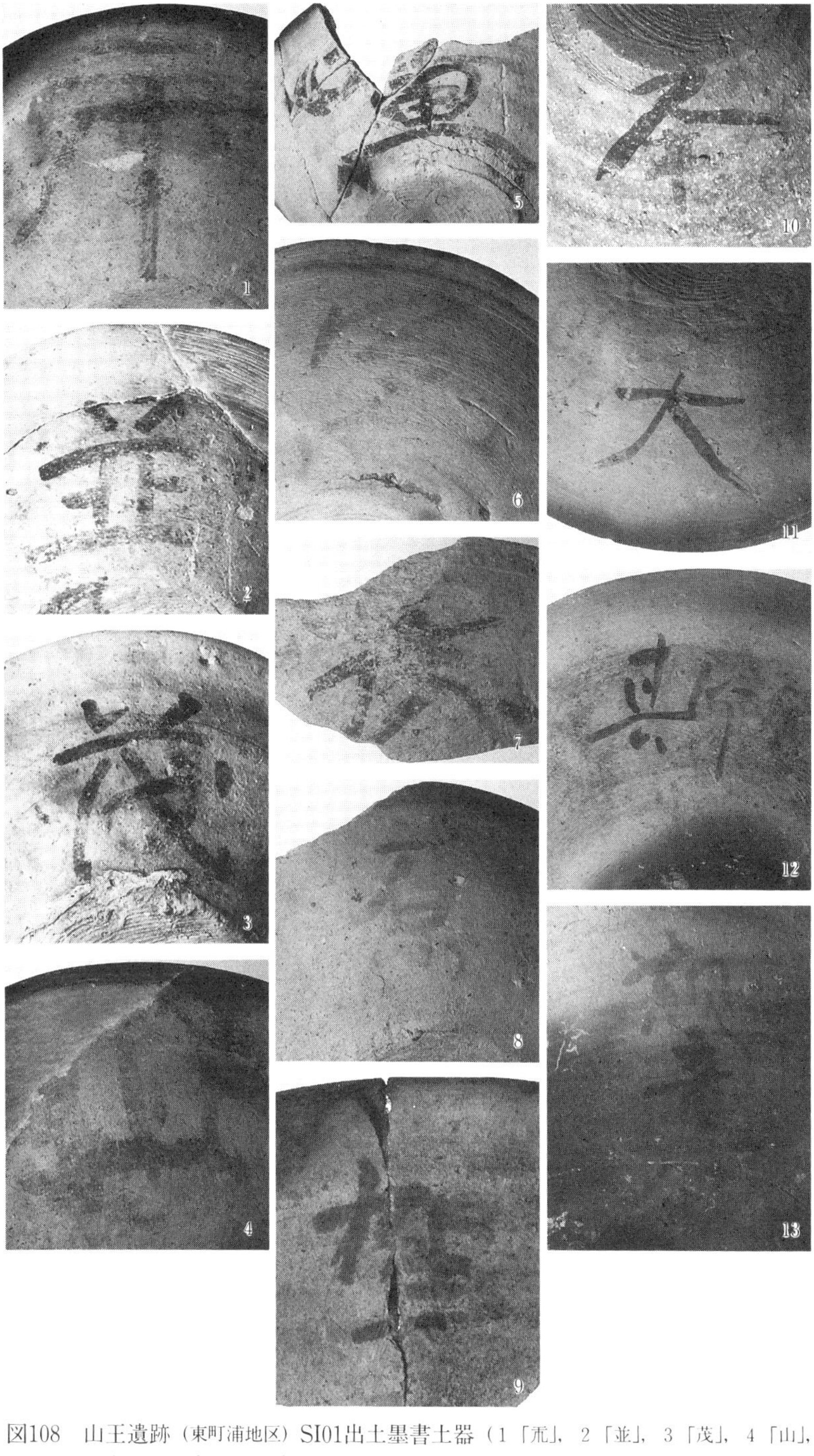

図108　山王遺跡（東町浦地区）SI01出土墨書土器（1「芫」，2「並」，3「茂」，4「山」，5「重」，6「宜」，7「長」，8「原」，9「𡊥」，10「夲」，11「大」，12「斯」，13「観音寺」）

大宰府観世音寺を「観音寺」と称したことは、次にあげる数例の存在でまったく問題はない。

『類聚三代格』天長五年（八二八）二月廿八日官符には「右得二大宰府解一偁。観音寺講師伝燈大法師位光豊牒偁。……」、『新抄格勅符抄』宝亀十一年（七八〇）十二月十日騰勅符にみえる寺封部に「大宰観音寺二百戸」とある。また、最も明白な史料は次の『万葉集』の例である。同書巻第三に収められている三六六番の歌人沙弥満誓の註記として「造筑紫観音寺別當、俗姓笠朝臣麻呂といふ」とあり、三九一番に同じ沙弥満誓の歌を載せるが、その詞書には「造筑紫観世音寺別當沙弥満誓」とみえる。

古代の文献史料には、「観音寺」という寺院は、この大宰府観世音寺がその代表的なものであるが、その他では、次の三つの史料に、観音寺という寺院の存在を知ることができる。

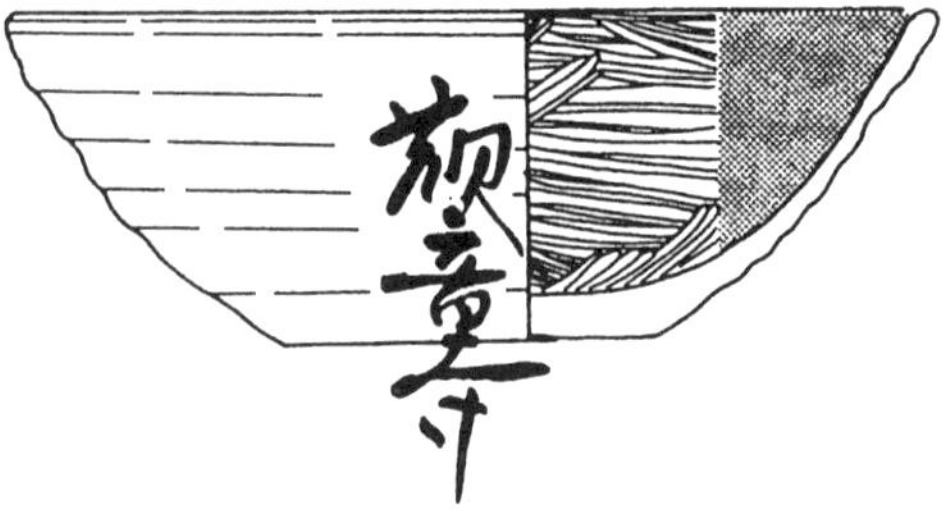

図109　墨書土器「観音寺」（山王遺跡）

『日本三代実録』貞観七年（八六五）五月八日条

以二出羽国観音寺一預二之定額一

『日本三代実録』元慶五年（八八一）十月十七日条

以二信濃国伊那郡観音寺一為二天台別院一

『日本紀略』安和二年（九六九）十月十六日条

葬二左大臣於東山観音寺西岡一

このなかでも、出羽国観音寺の存在に注目しなければならない。

定額寺の設置記事は全国的にみても、とくに貞観期に集中しており、出羽国も、この前後に神社の神階の昇叙とならんで定額寺があいついで設置されている。すなわち、斉衡三年（八五六）「法隆寺」、貞観八年（八六六）「喩伽寺」、貞観九年（九六七）「長安寺」「最上郡霊山寺」、貞観十二年（八七〇）「山本郡安隆寺」などである。

この出羽国観音寺の存在は、今回の「観音寺」を考えるうえで、大きな問題となるであろう。一応、次の二つの可能性が考えられる。

一つは、律令国家による辺境支配として大宰府と陸奥・出羽両国は官人制、財政そして軍事制等において、ほぼ類似した政策が施かれた。その点で、大宰府・陸奥国に観音寺がそれぞれ創建当初から併置され、その後に出羽国にも観音寺が設置されたのであろう、という可能性である。

もう一つは、出羽国観音寺が他の「法隆寺」「喩伽寺」などと同様に出羽国内の有力寺院であり、観音寺は「喩伽寺」とともに教典に由来した寺院名と考え、とくに大宰府観世音寺を模した伽藍配置を想定する必要がないという考えである。つまり、観音像を安置した小規模な寺であるという可能性である。その点からは、今回の現場近くに「観音寺」という新たな寺の存在を予測することもできる。なお、平城京右京、羅城門近くに「観世音寺」という寺院があり、京ができる以前からこの地にあったとされている。

(4) 多量の油煙付着土器の意味するもの

油煙付着土器は灯明皿として用いられたとみて間違いないであろう。このような多量の灯明皿がどのような場において使用されたかを、古代の史料でみるならば、次の例があげられるであろう。

『続日本紀』天平十六年十二月丙申条

度㆓百人㆒。此夜於㆓金鐘寺及朱雀路㆒。燃㆓燈一万坏㆒。

金鍾寺（東大寺法華堂）および朱雀大路で一万の坏に灯明を灯したという。

このような都における朝廷内、諸寺院および京内各所での万灯会等の仏教行事のさいに数多くの灯明皿が用いられたことが知られる。とくに今回の道路遺構近くに一括廃棄された状態から類推すれば、天平十六年条の京内の朱雀大路における万灯会などと類似した儀式を推測することができるであろう。いいかえるならば、多量の灯明皿と「観音寺」の墨書土器の存在は、国府内での仏教行事の施行を示唆するものではないだろうか。

(5) 大宰府観世音寺との関連

先に述べたように、大宰府観世音寺は実際には和銅二年（七〇九）に造営開始され、天平十八年（七四六）に至り、完成したとされている。その観世音寺は、延喜五年（九〇五）に勘録されたその資材帳（財産目録）や近年の発掘調査などによると、政庁の東方約六〇〇メートルに位置し、方三町の寺地を占め、その伽藍配置は金堂と塔が向かい合って建ち、それを囲む回廊が中門から講堂を結び閉塞した空間をつくる配置で、観世音寺式と呼ばれる独特なものである。この伽藍配置に最もよく似ているのは多賀城廃寺である。西に四間×五間の金堂が東面し、東の三重塔と対面しており、それを囲むのは築地で、中門から四間×八間の講堂にとりついている。この点について、藤井功・亀井明徳両氏はすでに次のように指摘している。(5)

多賀城廃寺の創建は八世紀前半の養老から神亀年間と考えられ、観世音寺の造営と並行しており、さらに両寺が大宰府と多賀城という西と北の重要官衙に付属する官寺であるという共通した歴史をもっている。両寺が川原寺との系譜をもち、地方官衙の雄寺として共通した伽藍配置をもっていることは興味深い事実である。

多賀城廃寺が独特とされる観世音寺式伽藍配置をもつことと、両寺院はほぼ並行して造営されたこと、大宰府と多賀城の対置など、いずれの条件をとってみても、大宰府観世音寺に対して多賀城付属寺院の寺名が同じ「観世音寺

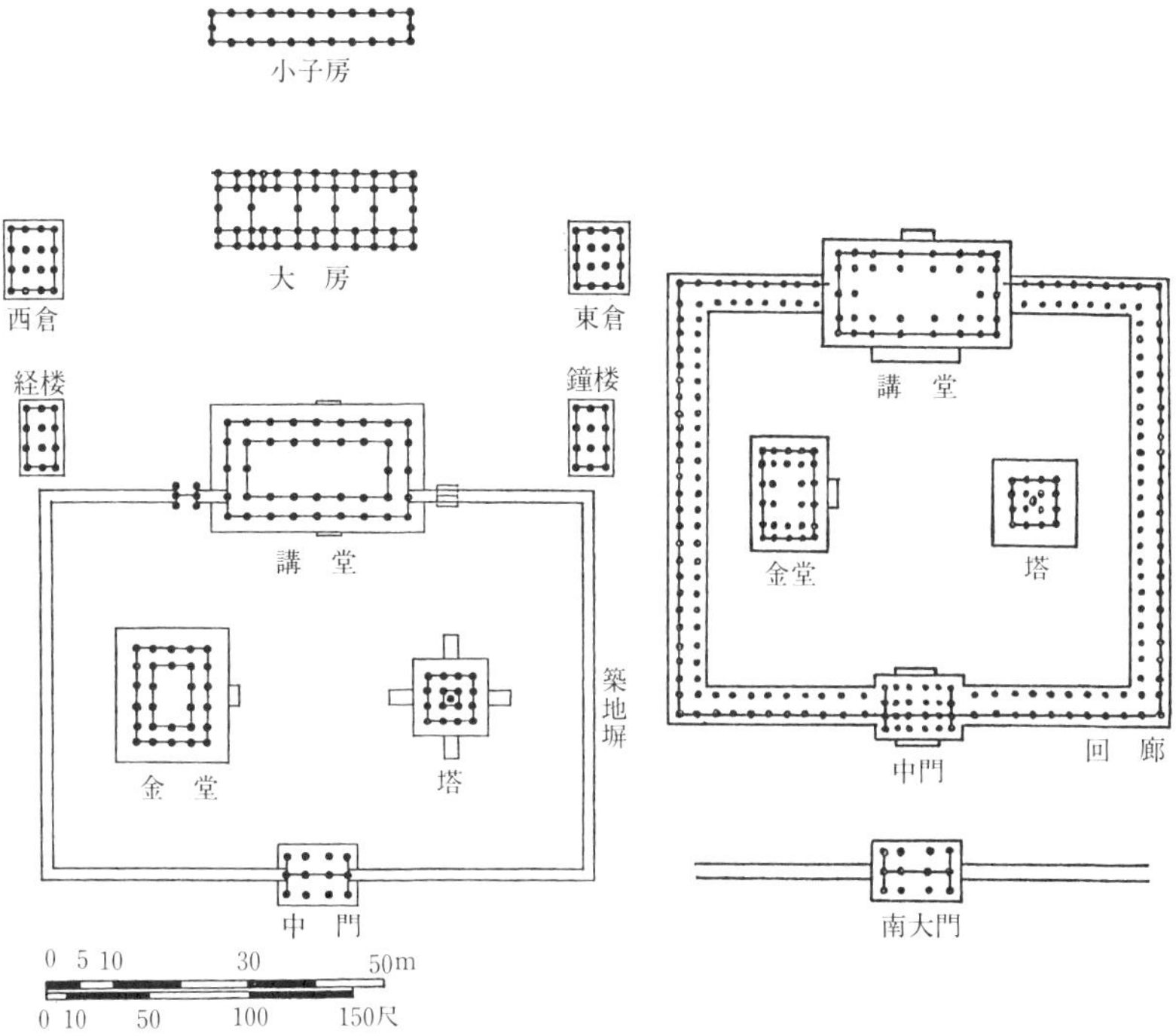

図110　多賀城廃寺と大宰府観世音寺の伽藍配置（左＝多賀城廃寺創建伽藍配置図，右＝大宰府観世音寺伽藍復元図〈『世界考古学大系』 4 より〉）

（観音寺）」となることは、十分に可能性があるであろう。したがって、今回の資料発見以前においても、多賀城廃寺の寺名は「観世音寺（観音寺）」ではないかと予測する条件は存していたといえよう。

そこに、今回の資料の発見を得たのであるから、状況からすればほぼ決定的な要素となりうるのである。

しかしながら、結論をだす以前に、次の事柄がその前提として確認されなければならない。

①「観音寺」と書かれた墨書土器と多賀城廃寺の年代

「観音寺」と書かれた墨書土器の年代は、十世紀初めとされているが、多賀城廃寺は十世紀末まではほぼ確実に存続していたことがこれまでの調査で確認されている。

② 今回の墨書土器の出土地点

この「観音寺」の墨書土器が仮に多賀城廃寺から出土したものであるならば、多賀城廃寺の寺名が「観音寺」であったことはほぼ確定的といえよう。

しかし、今回の出土地点は多賀城廃寺の直線距離でほぼ真西約二キロ、多賀城外郭西南隅から約七五〇メートルの位置である。この点はきわめてマイナス条件といえる。

ただ、今回の出土地点周辺の状況をみると、発掘区内に検出された道路跡は多賀城跡外郭南辺築地と平行しており、二×五間の東西棟は道路跡に沿って設けられている。このほか、周辺調査で検出された遺構は、多賀城跡外郭南辺築地と平行した地割規制を受けたものと判断できる。したがって、多賀城の規制を受けた地域内にはその付属寺院以外の寺の存在は比較的想定しがたく、仮に他の寺が存在したとしても、観世音寺式伽藍配置をとる多賀城廃寺を差し措いて「観音寺」と称したとは考えにくいのではないか。その点では、先にあげた出羽国観音寺の例もマイナス条件とはならないであろう。なお、参考までに、この出羽国観音寺の擬定地は山形県飽海郡八幡町観音寺とされているが、平安時代の出羽国府が置かれたという城輪柵跡のすぐ真東にあたる点、興味深い。

ところで、前掲の『続日本紀』天平十六年十二月丙申条にみえるように、朱雀大路での万灯会のように、京域内で仏教儀式を実施する例が存する。またこれと同じように多賀城の支配する国府内において、今回の現場近くで、多量の灯明皿を使用した公的な仏教儀式を実施した可能性が考えられる。その場合、おそらく多賀城付属寺院の僧侶がそのことにあたったと考えるのが無理のない想定であろう。このような多賀城跡周辺における諸儀式の挙行例として、すでに二、三の注目すべき事例があげられる。

多賀城跡第三七次調査（一九八〇年度）地点は、多賀城南辺築地西半部の南方、砂押川の左岸の低地である。南北方向にほぼ直線的に伸びる幅約五メートルの大溝跡をはじめ、側溝を伴う道路、掘立柱建物跡などの遺構が検出されたが、それらの遺構は各々の時期ごとにその方向に規則性がみられる点が注目される。すなわち、I・II期では多賀城南辺築地線に、III期では政庁中軸線の方向に沿った遺構の配置がみられるのである。このことから、城外のこの地域にも多賀城と方向を同じくする計画的な地割があったことが推測できる。この大溝跡から木簡一点が出土している。木簡の出土層位は第四層で、須恵系土器（小皿類）・灰釉陶器と伴出していることから、おおよそ十一世紀ごろの年代が考えられる。

・「□〔魔カ〕……百恠平安符未申立符

・「□戊□□……奉如實急々如律令　（二七四）×三一×四　〇五一
　平□

その内容は、百恠を鎮めのぞくための呪符で、未申いわゆる西南の方角に立てた符であるという意味で、道饗祭に関連するものと考えられる。道饗祭は神祇令季夏条の義解によれば、「謂、卜部等於二京城四隅道上一而祭之。言欲レ令丁二鬼魅自レ外来者一。不丙敢入乙京師甲。故預迎二於道一而饗遏也」というもので、おそらく陸奥国府に置かれた陰陽師の指導のもとに実施された儀式であろう。

また、市川橋遺跡出土の墨書人面土器もやはり、国府陰陽師による現地での儀式の挙行を証明するものと言えよう。さらに、土師器坏と須恵系土器坏を多量に伴出した多賀城市高崎井戸尻今村邸内遺跡が注目される。この遺跡は多賀城廃寺の真南約五〇〇メートルに位置し、土器型式および多量の油煙付着の土器の存在というきわめて類似した様相を呈している点、山王遺跡と同様の儀式を想定することも可能である。ただ、この遺跡は土器溜状の遺構のみで、正式な発掘調査を実施していないので、今後の調査に期待したい。

このように、方八町の規模をもつ多賀城跡の周辺地域においても、多賀城の地割規制が予想以上に広範囲に及んでいることがわかる。その規制下において執り行われた諸儀式は、公的な性格を有するものと判断できるのである。

山王遺跡の道路遺構と多量の灯明皿、そして墨書土器「観音寺」の存在は、これらの城下の諸儀式と共通するものであるとみなすことができるであろう。それゆえに城下における仏教儀式が多賀城付属寺院の指導下に執行されたことは十分に想定しえるのではないか。

まとめにかえて

多賀城付属寺院が大宰府観世音寺とほぼ同時期に造営され、全国的に独特の観世音寺式伽藍配置を採用したことから、その寺名を観世音寺（観音寺）と称した可能性はこれまで漠然と予測されうることであったと思う。しかしながら、そのような予測を公式に発表できなかったのは、寺名について確実な資料がまったくなかったからである。

今回の「観音寺」の資料発見は、年代的にやや新しく、しかも多賀城廃寺跡出土でないというマイナス条件をもちながらも、以上の考察をふまえるならば、一つの可能性として十分に成り立ちうると言えよう。

現段階では、「観音寺」の墨書土器の存在から、多賀城廃寺の寺名は「観世音寺（観音寺）」であるという可能性を指摘して、今後の調査および関連資料の発見に期待したい。

4　墨書土器「北門」・「北預」と木簡「北門」——秋田県仙北町払田柵跡

遺跡の概要(6)

払田柵跡は、横手盆地の北部の秋田県仙北郡仙北町に所在し、平野の中央にある小独立丘陵を中心にした東西約一三五〇メートル、南北七五〇メートルの楕円形に材木塀などの外郭施設をもつ特異な城柵遺跡である。中央部の小丘陵の縁辺にも東・西・南辺を築地、北辺を角材列で区画する内郭施設があり、内郭南門の東西には石塁がある。中央

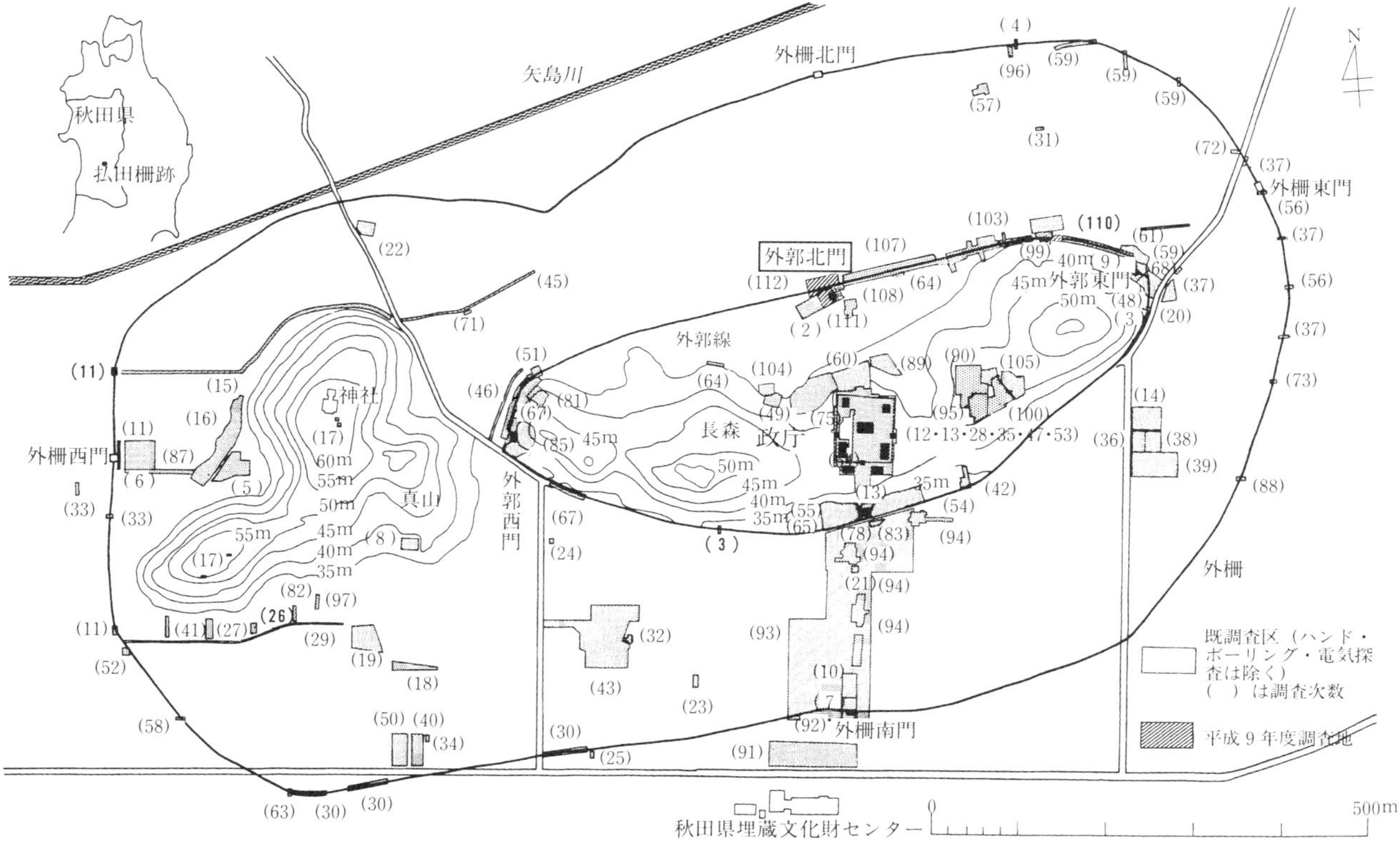

図111　払田柵跡調査実施位置図

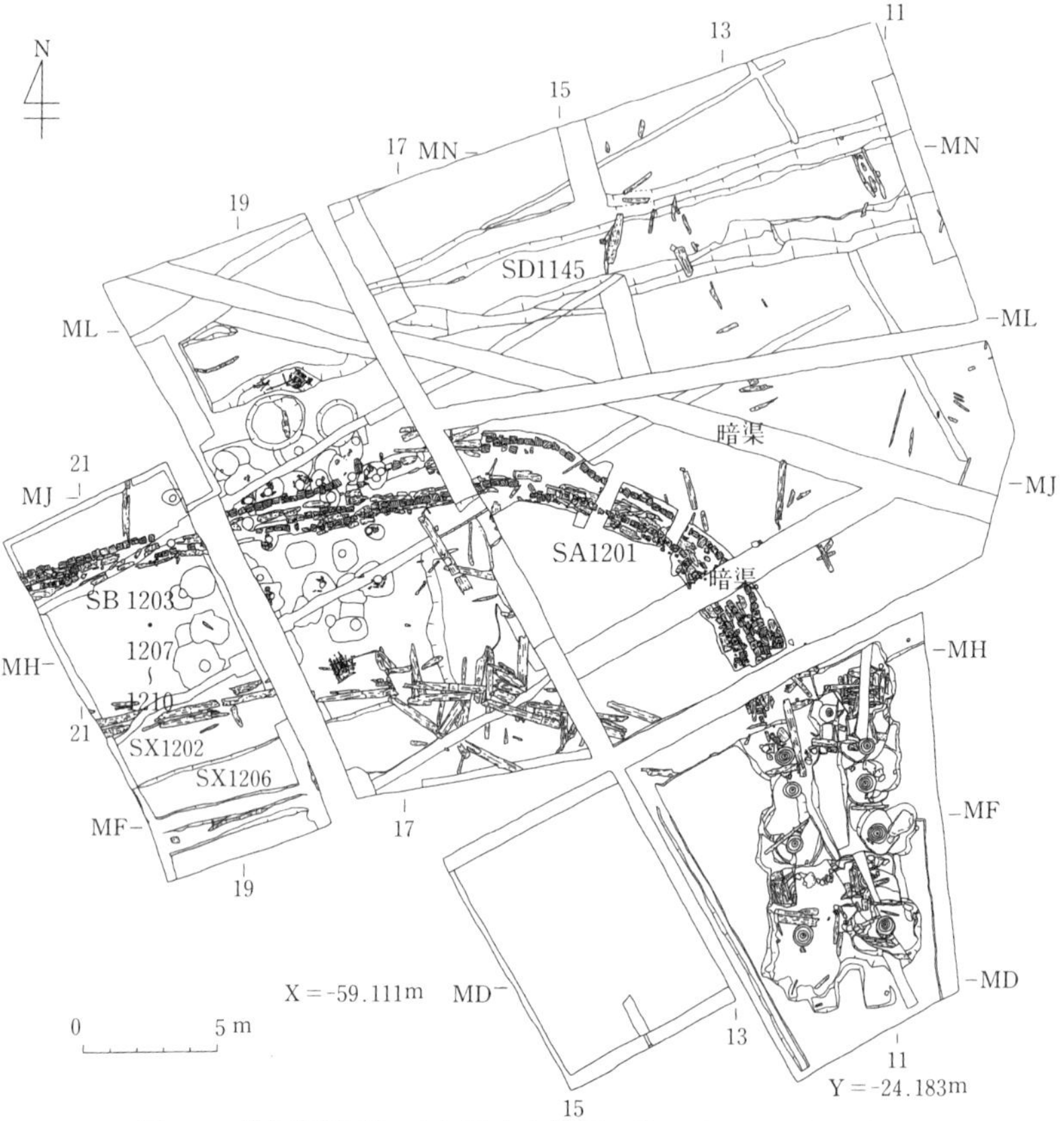

図112　払田柵跡第112次調査全体図（第111次調査地を含む）

の政庁は東西六五メートル、南北七九メートルで、板塀で囲ったうちに正殿を中心に脇殿などの建物が規則正しく配置されている。

払田柵跡は、八世紀後半創建の雄勝城説と、外郭施設の形成が九世紀初頭を遡らないとする見解からそれを否定する説が存在する。

第一一一次調査は、外郭北門の再調査で、従来二期とされていたこの門が、他の三門と同様に四期にわたって造営されていることが明らかになった。その外郭北門の北側の西二柱掘形内の廃材に「東北方八」の墨書があった。廃材は長さ一八〇センチ、幅一七センチ、厚六・五センチあり、先端を杭状に尖らせ、その一側面を手斧で一二センチの範囲に削り取り、その中に墨書が記される。この外郭北門の遺構外出土遺物のなかに、土師器坏の体部に「北預」と墨書されていた。

第一一二次調査は、平成九年（一九九七）に外郭北門の北方地域で実施された。外郭北門を中心とする外郭線角材列と、それに伴う櫓状建物には、角材列に四期、櫓状建物に七期の造営があり、両者は東西両側で基本的に同様の変遷を示す。

この角材列の北に平行して東西方向に掘られたＳＤ一一四五溝の底部には、スギ材加工時に生じる材木の断片とともに木簡四点が出土し、その一点に「北門所……」と記されていた。

その遺構外出土遺物のなかに、「北門」と墨書された土師器坏が認められた。

ＳＤ一一四五

八六・「北門□〔所〕請仁阿刀

・「□□□　　（一〇二）×（一一）×二

両側面および下端が欠損。裏面の墨痕はほとんど失われており、判読できない。

本木簡は、○○所から発した請求文書と考えられる。木簡の両側面が欠けており、文書の差出部分は、字面の左半分を失っているが、共伴した建築部材の墨書銘「東北方八」および後述する墨書土器「北預」・「北門」のそれぞれ「北」の字体を参照するならば、「北門□〔所〕」とみて間違いないと判断される。

なお、人名と思われる「阿刀」は、秋田城跡漆紙文書第一三号文書に「□〔阿〕刀部身×」の例が確認できる。(7)

○「北門」

○「北預」

・「北門□（所）請阿（仁）刀

・「□□□

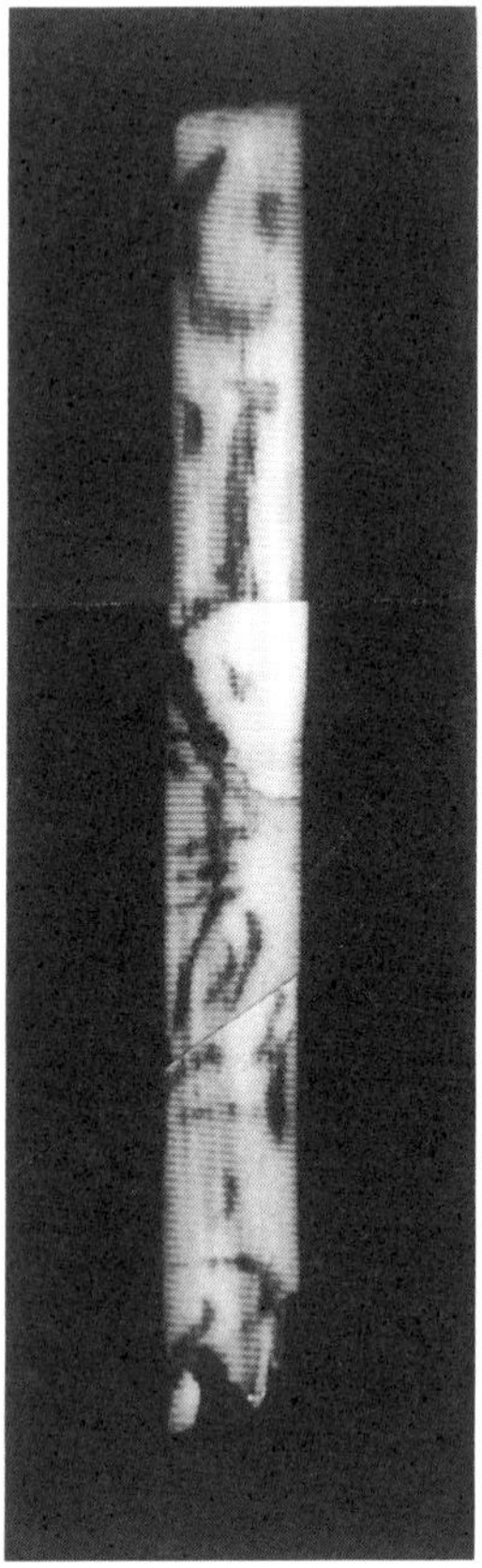

図113　払田柵跡第86号木簡（表）

「北預」は〝北門預〟のことを意味していると考えられる。預は、〝一般的に長官の下にある職〟であった。たとえば、中務省の侍従所の場合、別当に相当する所監の下に預が置かれた(8)。また、預は、部門担当者という場合もある。「北預」はおそらくは北門造営にあたり、その長官の下におかれた職または北門造営担当者という意のいずれかを指すものであろう。

ところで、八六号木簡「北門所」、墨書土器「北門」「北預」および建築部材墨書「東北方八」の「北」の字体は、原秀三郎氏の論考「倉札・札家考」(9)中に紹介されている兵庫県高砂市曽根町塩田遺跡出土の墨書土器「札家」の「札」と酷似している。原氏によれば、ミヤケや荘園の管理や経営において、倉札あるいは倉案と呼ばれる木簡が記録として保管される場所としての家屋が墨書土器にみられる「札家」と呼ばれた可能性があると指摘している。しかし今回の払田柵跡の一連の「北」の字体は、本文中の挿図に示した李柏文書（四世紀前半）に類例がある。この李柏文書は王羲之が活躍した南北朝の時期に肉筆の行書としてわが国の古代の書をみるうえで、重要な資料である。

李柏文書および今回の払田柵跡の一連の資料にみえる「北」の字体は塩田遺跡の墨書土器が「札家」ではなく、「北家」である可能性が高いことを示している。「北家」の類例は、新潟県和島村八幡林遺跡出土の墨書土器「北家」「南家」(10)などをはじめ、数多く存在するのは周知のとおりである。

1.「北門所」86号木簡

2.「東北方」建築部材墨書銘

3.「北預」墨書土器

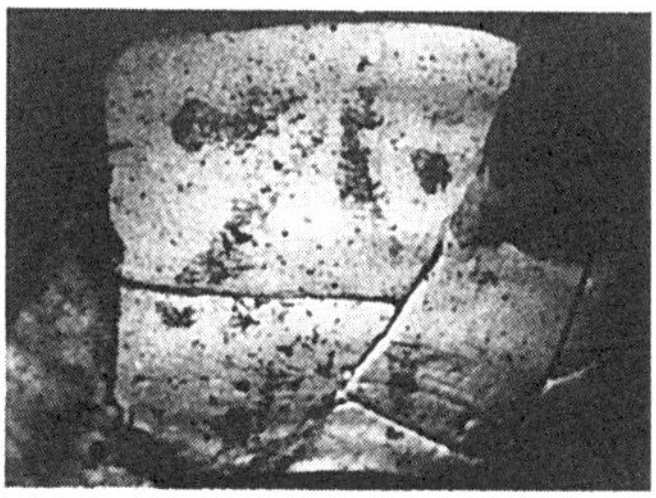

4.「北門」墨書土器

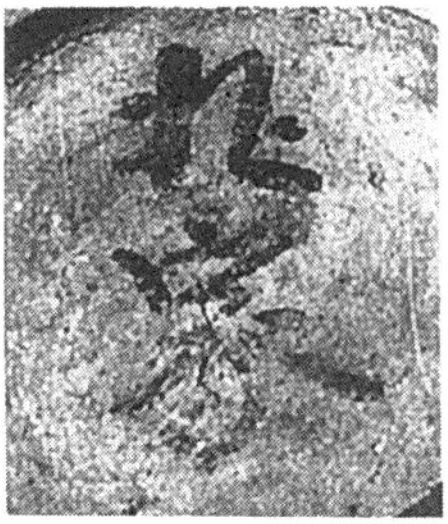

7.兵庫県高砂市塩田遺跡墨書土器

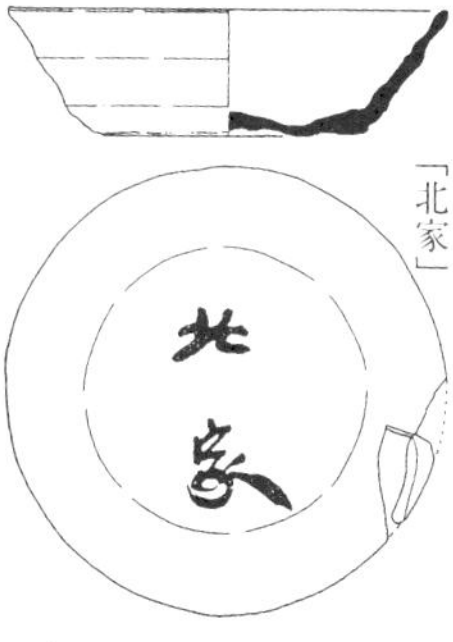

8.新潟県八幡林遺跡墨書土器「北家」

9.「門」の字体
(『五体字類』より)

5.僧正美書状(「正倉院文書」天平宝字6年〈762〉)

6.李柏文書(中国楼蘭出土,4世紀,龍谷大学蔵)

図114　「北」および「門」の字体(1～4,払田柵跡出土)

図115　払田柵跡木簡・墨書土器「北」の字体

本調査は、払田柵外郭北門西北部にかかわるものである。木簡出土遺構は櫓状建物の造営に伴う溝および材木塀北側の溝である。北門地区の調査において、第八六号木簡に「北門所」、墨書土器に「北預」と記されていた。このことは払田柵跡外郭北門が、当時も「北門」と称されていたことを裏づける資料であるといえる。しかも、北門造営にあたり、おそらく〃造北門所〃が設置され、〃預〃職がその任務を担当したことが判明したといえるであろう。

また、本調査区から出土した一連の木簡が北門造営とかかわる性格をもつものであるとすると、本調査のすぐ東側で一九九六年出土した四八点の木簡についても、北門造営との関わりを考えていく必要があるだろう。

註

（1）財団法人石川県立埋蔵文化財センター『辰口西部遺跡群Ⅰ』（一九八八年）。

（2）東野治之「発掘された則天文字—古代の文字資料から(2)—」（『出版ダイジェスト』一一八七号、一九八〇年十二月）。

（3）栃木県教育委員会『下野国府跡Ⅶ—木簡・漆紙文書調査報告—』（一九八七年三月）、財団法人山武考古学研究所『作畑遺跡発掘調査報告書』（一九八六年八月）。

（4）戸田有二『大六天遺跡』（鹿島町教育委員会『鹿島町文化財調査報告書』第七集、一九八九年）。戸田有二「大六天遺跡」（『鹿島町史』第三巻　資料編2　原始・古代・中世、一九九九年）。

（5）藤井功・亀井明徳『西都大宰府』（日本放送出版協会、一九七七年）。

（6）秋田県教育庁払田柵跡調査事務所『払田柵跡－第一一〇次～一一二次調査概要－』（一九九八年）。
（7）秋田城跡調査事務所『秋田城出土文字資料集Ⅱ』（一九九二年）。
（8）菊池京子「『所』の成立と展開」（『史窓』第二六号、一九六八年）。
（9）原秀三郎「倉札・札家考」（『木簡研究』第八号、一九八六年）。
（10）和島村教育委員会『和島村埋蔵文化財調査報告書　第3集　八幡林遺跡』（一九九四年）。

第四章　墨書土器と古代の村落

一　東国の村落景観——墨書土器の背景

1　村落の立地と景観

次の二首は、『万葉集』の東歌として収められた素朴な相聞歌である。(1)

上毛野安蘇の真麻群かき抱き寝れど飽かぬを何どか吾がせむ（三四〇四）

小山田の池の堤に刺す楊成りも成らずも汝と二人はも（三四九二）

この二首の風景は、まさしく古代東国の田園の姿である。

(1)　麻が生い茂る

まず、前者からみてみよう。前者の歌意は刈り取った麻の束をかき抱くように、かき抱いて寝てもまだ満ち足りないのだが、このうえは一体どうしたらよいのだろうというものである。この歌に関して、田辺幸雄氏は次のように情景描写している。(2)

周囲を刈り残されている麻の茎の障壁にめぐらされた畑の中ほどで、人間の体より大きい麻の束をかかえている健康な農夫、もうすでにこの里一帯にはやり出しているこの歌を歌いつつ、たわむれて傍の若い女にだきつこうとしてはじき飛ばされた、というような情景が、伊香保ろ（ろは接尾語〈榛名山〉）を背にし、久路保の嶺ろ（赤城山）をなめ前にした広い麻畑のどこかで見受けられたことであろう。

古代の東国各地では、麻を広く栽培し、布は中央への調庸など貢進物の主体をなしていた。『延喜式』にみえる諸国の調庸物や交易雑物は、絹・綾・羅などを中心とする西国の貢進物に対して、東は布と絁を主とする。たとえば、交易雑物の場合、

布貢進国……………甲斐・相模・安房・下総・信濃・下野・越後

布＋絁貢進国………武蔵・上総・常陸・上野

布＋絹貢進国……駿河・越中

というように、東国は布を中心としているが、その他の国ではすべて絹・絲・綿などの絹糸系繊維に限られている。さらにその貢進物の実体は、正倉院に伝世されている繊維製品関係の銘文からうかがい知ることができる。(3) それらを国別にみるならば、表8のとおりとなる。

表8　正倉院調庸布絁の国別区分

国名	布	絁	国名	布	絁
常陸	17	2	武蔵	8	0
下野	2	0	相模	6	0
上野	8	1	越後	1	0
下総	5	0	佐渡	2	0
上総	14	0	越中	0	1
伊豆	2	1	信濃	7	0
駿河	1	0	甲斐	0	2
遠江	0	4	伯耆	0	1
近江	0	1	阿波	0	1
紀伊	0	1	讃岐	0	5
丹後	0	1	伊予	0	1
播磨	0	1	土佐	0	1
安房	1	0			

註　単位は例。

東海道は駿河以東、東山道は信濃以東、北陸道は越後・佐渡両国の国々の麻布が存在していることになる。この傾向は先にあげた交易雑物の布を中心とする貢進国とほぼ一致している。『続日本紀』和銅四年（七一一）閏六月丁巳条「挑文師を諸国に遣して、始めて錦綾を織ることを教習せしむ」という記事にみられるように、先進的な養蚕技術を東国にも導入し、全国的に絹糸系繊維に

切り変えたごとくに理解しがちである。しかし、律令国家の繊維製品関係の収取体系は、都における各層の消費を勘案して、貴族層の高級織物としての絹糸系繊維と一般官人の日常衣服をはじめとする広範な需要に応えるべき麻糸系繊維の確保を十分に配慮し、東国と西国に巧妙に配分したものであろう。

麻苧らを麻笥に多に績まずとも明日著させめやいざせ小床に（『万葉集』三四八四）

畑から運ばれた麻は女性の手で紡がれる。竪穴住居の中のうす暗い灯りのなか、夜遅くまで糸を紡ぐ女性と、そんなに麻笥にたくさんに紡がなくてもよいではないか、明日お召しになろうはずもなし、さあ、それより床の方へどうぞと男性が誘う。この一首をいみじくも田辺氏は、「古代農民の素朴な家庭風景をそのままに示す一つの記念碑となり得ている」と評している。(4)

糸紡ぎといえば、古代の集落遺跡からは紡錘車が検出されている。一般的には石製紡錘車に代わって鉄製紡錘車が奈良時代以降主流を占めるようになったとされているが、近年の調査例からは、東国では古墳時代から継続して石製紡錘車が使われており、奈良時代に入り鉄製紡錘車が登場し、奈良・平安時代は石製・鉄製がほぼ併行して使用されていることが明らかとなっている。とくに東国において古墳時代から継続して石製紡錘車が広範に使用されていることは他の地域と著しい違いを示している。

「紡錘車は、重いほど速く回り、惰性が加わって長く回る。同じ繊維を重軽二種類の紡錘車で撚ってみると、重い紡錘車で撚ったものは撚りが粗く、軽い紡錘車で撚ったものは細かなものとなる。このように紡錘車の性質を考えるうえでその重さは重要な特徴となる」という佐原眞氏の指摘が興味深い。(5)すでにこの指摘に着目し、滝沢亮氏が古代東国の集落遺跡の石製紡錘車と鉄製紡錘車の重量比較を実施した。石製紡錘車は軸棒が遺存しないので、鉄製紡錘車の軸棒なしのデータと比較した結果、鉄製は石製よりも軽いものしか存在しないとした。(6)滝沢氏は鉄製紡錘車は石製紡錘車より細かい糸を紡げることから、奈良時代の東国の絹糸系の織物生産の開始とともに鉄製紡錘車が普及したと理解された。そして、従来から行われていた麻糸系の布生産と古墳時代から継続して使われている石製紡錘車とを結びつけたのである。

奈良・平安時代において、東国に顕著にみられる古墳時代以降の石製紡錘車の存在は、やはり前述したような東国の繊維貢進物として特徴的な布生産と関連づけて理解することが妥当であろう。

(2) 小山田と池の堤

冒頭に掲げたもう一首の歌意は、小山田の池の堤にさし木をして恋の成就を占う楊ではないが、うまくいくかいかないかは、お前と私の二人の心持ち一つで決まることだとされる。

谷水を堤によって堰とめて灌漑用の池を築き、人々は谷水を得られる谷に面した斜面にまでその住まいを拡げている。この谷水田の開発は古代東国の村落形態を規定する重要な要素であり、この開発の模様を描いているのが『常陸国風土記』である。『常陸国風土記』行方郡条の開墾説話はとくに知られた叙述である。

古老のいへらく、石村の玉穂の宮に大八洲馭しめしし天皇のみ世、人あり。箭括の氏の麻多智、郡より西の谷の葦原を截ひ、墾闢きて新に田に治りき。此の時、夜刀の神、相群れ引率て、悉盡に到来たり、左右に防障へて、耕佃らしむることなし。(割注略)是に、麻多智、大きに怒の情を起こし、甲鎧を着被けて、自身仗を執り、打殺し駈逐らひき。乃ち、山口に至り、標の梲を境の堀に置て、夜刀の神に告げていひしく、「此より上は神の地と為すことを聴さむ。此より下は人の田と作すべし。今より後、吾、神の祝と為りて、永代に敬ひ祭らむ。冀はくは、な祟りそ、な恨みそ」といひて、社を設けて、初めて祭りき、といへり。即ち、還、耕田一十町余を発して、麻多智の子孫、相承けて祭を致し、今に至るまで絶えず。其の後、難波の長柄の豊前の大宮に臨軒しめしし天皇のみ世に至り、壬生連麿、初めて其の谷を占めて、池の堤を築かしめき。時に、夜刀の神、池の辺の椎株に昇り集まり、時を経れども去らず。是に、麿、声を挙げて大言びけらく、「此の池を修めしむるは、要は民を活かすにあり。何の神、誰の祇ぞ、風化に従はざる」といひて、即ち、役の民に令せていひけらく、「目に見る雑の物、魚虫の類いは、憚り懼るるところなく、随盡に打殺せ」と言ひ了はる応時、神しき蛇避け隠りき。謂はゆる其の池は、今、椎井の池と号く。池の回に椎株あり。清泉出づれば、井を取りて池に名づく。即ち、香島に向ふ陸の駅道なり。(7)

この開発の舞台は一般的には行方郡北西部の霞ヶ浦に面した地方だとされており、霞ヶ浦に沿って三〇〜四〇メートルの台地が連なり、台地上から流れる小河川に沿って樹枝状低地（谷戸）が形成されているという。(8)

麻多智の開発は、谷の入口付近の葦原に用水溝を作り、「山口」から流れ出る沢水を取水し、なおかつ排水にも努め、湿田としたものであろう。この開墾は麻多智一族と共同体成員によるそれほど労働力を必要としないものであったといえる。それに対して麿の開発は、堤を築き池を作るという大規模な治水事業を伴うもので、中央政権の地方官である壬生連麿が、「役の民」とされる労働力の徴発によって初めて成しえたものであろう。

『風土記』の故地の実地踏査を土台として、『風土記』の歴史史料化をめざす関和彦氏の研究に注目したい。(9)関氏は、箭括氏麻多智・壬生連麿伝承にみられる情景（歴史的景観）をもつ谷津を現地に求めた結果、現行方郡玉造町の行方地方特有の台地の一角、長者平南側の谷津（天竜谷津）がそれにあたるという。天竜谷津には夜刀神を祭る愛宕祠があり、愛宕祠のある天竜山麓には「古代大池」があった。この大池は現存しないが、明らかに壬生連麿の造成した椎井池であろうし、最近破壊され巨木を出土した堤によって水を溜めていたそれであろうとされた。『常陸国風土記』には、このほかにも、堤と池の記述がみえ、当時の常陸国の水田開発形態をうかがい知ることができる。

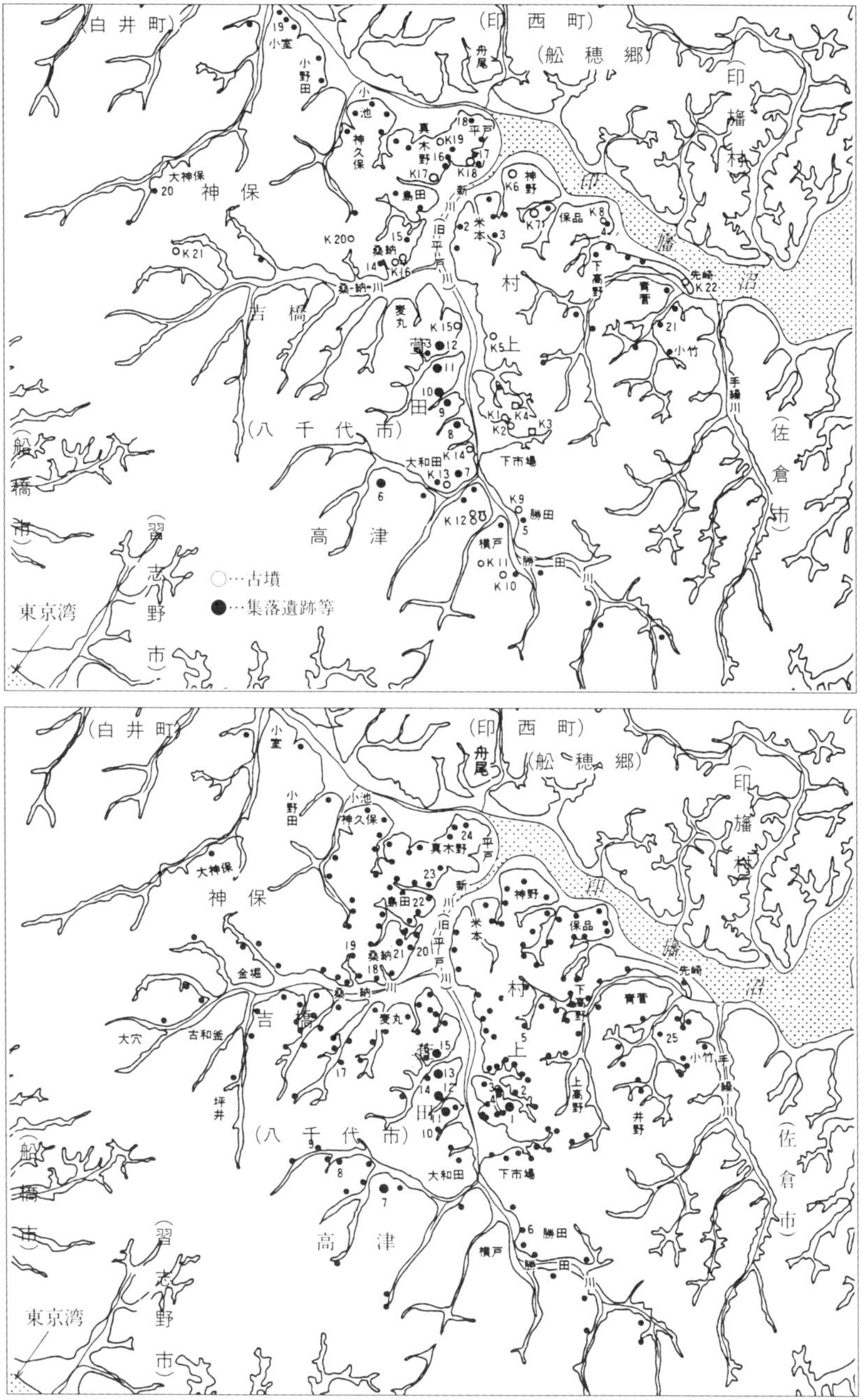

図116　古代の印幡郡地方の古墳時代遺跡分布図（上）と奈良・平安時代遺跡分布図（下）

香島郡――石を摘ひて池を造り、其が堤を築かむとして徒に日月を積みて、築きては壊えて、え作成さざりき。

久慈郡――藤原の内大臣の封戸を検に遣はされし軽直里麻呂、堤を造きて池を成りき。

このような常陸国の水田開発と村落形態は、当時の東国全域における台地と樹枝状の谷に展開する一般的な姿とみてよいであろう。

(3) 低地に住む

埼玉の津に居る船の風をいたみ綱は絶ゆとも言な絶えそね（『万葉集』三三八〇）

埼玉の津は現在の熊谷市の東方で行田に近く、利根川の水運を利用した重要な港であったと考えられる。最近、こうした大河川やその支流沿いに、現在水田となっているような低地内で、丘陵や台地と同じように、集落遺跡が数多く検出されはじめている。以下、埼玉県北部における井上尚明氏の分析を引用しておきたい(10)。

埼玉県北部の児玉・大里地方の地形は大ざっぱにみると東から、利根川、妻沼・熊谷低地、本庄・櫛引台地、松久丘陵、関東山地と続く。さらに、低地内には多くの自然堤防が点在している。たとえば、妻沼低地では本庄・櫛引台地と利根川との距離が短く、数百メートル先に台地が広がっているにもかかわらず、現在水田となっている自然堤防や中洲などの微高地で多くの住居跡が調査されている。このような低地性遺跡は砂田前遺跡、新屋敷東遺跡、上敷免遺跡など鬼高期（古墳時代後期）を中心としたものである。これらの遺跡と対峙する同時期の台地上には白山古墳群や木の本古墳群などが分布しており、鬼高期の集落はみられない。しかし奈良時代には、低地内の集落は減少し、内出遺跡などの集落がこれまで古墳群に独占されていた台地上に進出する。

集落立地変遷の画期は七世紀中葉から第3四半期である。この画期を集落の面からみると、七世紀前半までは墓域あるいは未開発であった台地に大規模な集落が進出し、逆に集落域であった低地には条里の痕跡が認められるように

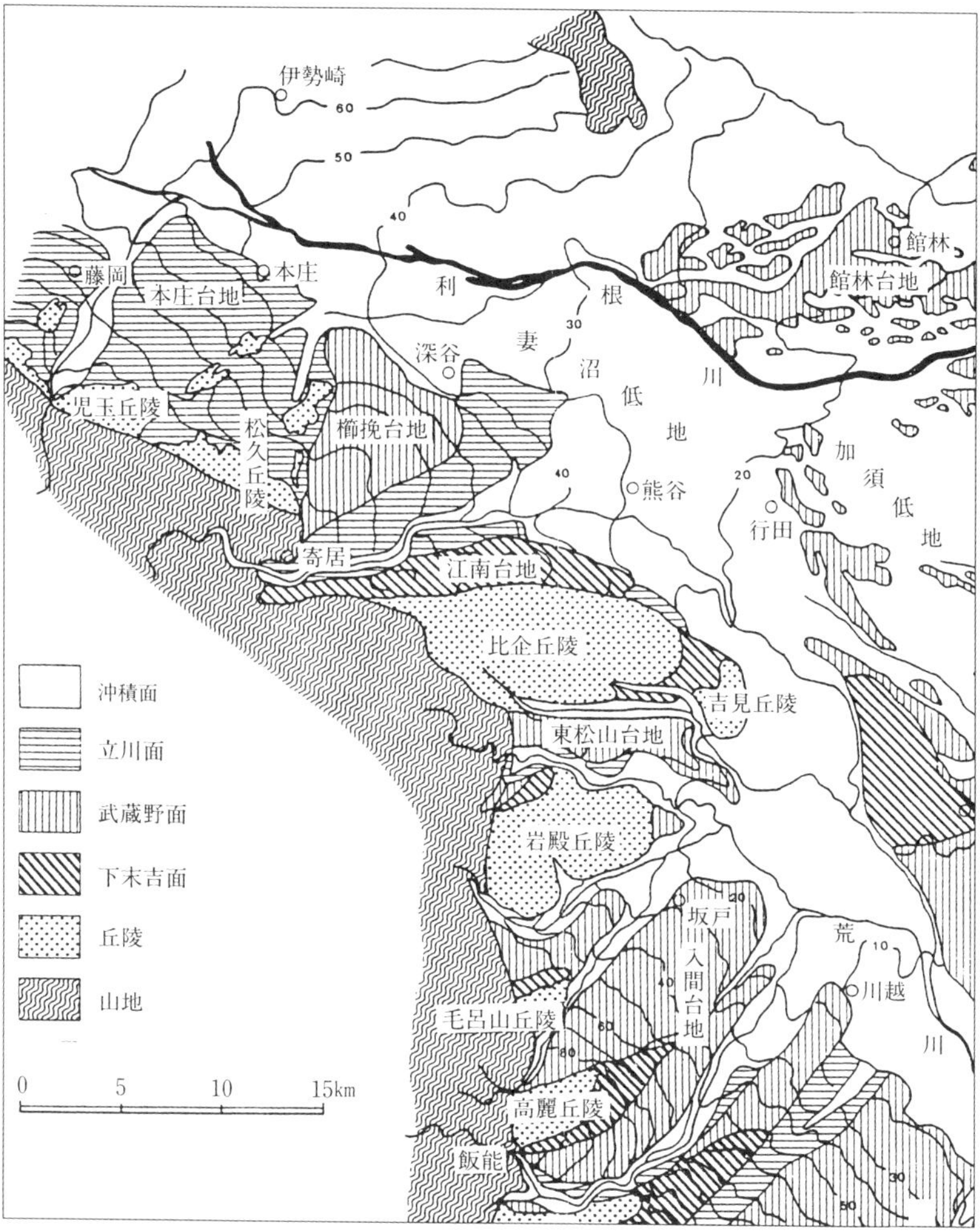

図117　埼玉県北西部の地形面区分図

なる。妻沼低地の砂田前遺跡・身馴川低地の後張遺跡などをはじめとした多くの低地性遺跡では、七世紀前半で一時集落が絶えた後、九世紀以降再び集落が復活するという共通した特徴を有している。これらの九、十世紀代の集落は前代に比して小規模であるという。

以上の分析のなかでも、これらの集落変遷をいかに歴史的に意義づけ、解釈していくかは今後の大きな課題といえる。(11)

2　村落空間と変遷

(1)　火山灰に埋もれた古代の村落

伊香保ろの八尺の堰塞に立つ虹の顕ろまでもさ寝をさ寝てば（『万葉集』三四一四）

子持山若鶏冠木の黄葉つまで寝もと吾は思ふ汝は何どか思ふ（『万葉集』三四九四）

この二首の舞台（伊香保ろや子持山）こそが、近年、全国の研究者の眼をくぎづけにした火山灰に埋もれた群馬県北群馬郡子持村黒井峯遺跡や渋川市中筋遺跡の所在地である。

黒井峯遺跡は六世紀半ばに降下した厚さ二メートルにも達する火山軽石によって古墳時代後期の地表面や建物をほぼ完全に覆いつくされていた。(12)遺跡は吾妻川に面した河岸段丘最上段、標高約二五〇メートルに位置している。集落内の単位をみると、竪穴住居と柴垣に囲まれた家屋群が一まとまりとして台地平坦部に群在している。この一単位の家屋群は平地式住居、用途不明の平地式建物、掘立柱建物、祭祀跡、畝立て、区画された畠、庭状の硬化面から成っている。

竪穴住居の深さは周囲を周堤帯として土を盛っているため、一・五メートルを測る。屋根は四本柱で支えられ、厚さ三〜一〇センチの土をのせており、葺き落としである。平地式建物は、内部の構造からカマドおよびベッド状遺構を持った住居、カマドやベッド状遺構のない納屋的な建物、用途不明で平面円形のサイロ状の建物等が存在する。これらの住居間や畠を結ぶ三〇センチ幅の道路、および両側もしくは片側に土盛りをもつ八〇センチ幅の幹線的道路跡が検出されている。

今後は、東国の奈良・平安時代の村落跡をみていくとき、黒井峯遺跡や中筋遺跡の村落形態を抜きにしては語れない。とくに柴垣で囲まれた建物群単位や大きな道に伴う祭祀をはじめとする各種の祭祀遺構、住居に隣接した畠そして村落を複雑に走る道路遺構などは、通常の東国各地の台地や低地上ではほとんど検出することができない遺構である。したがって、考古学的に検出可能な遺構に加えてこれらの遺構の存在をある程度想定した村落景観の復原がどうしても必要となるであろう。黒井峯・中筋両遺跡の発見は、その意味で古代における東国村落研究に画期的な意義をもたらしたと断言することができる。

(2) 散居的集落

奈良・平安時代の東国集落遺跡は二とおりのあり方を示すとされている。その一つは、ある程度のまとまりをもって竪穴住居が密集的に検出されるものであり、もう一つは、一軒の単独ないし数軒が散在して発見される遺跡である。渋江芳浩氏は、前者のまとまりをもった住居跡群を、後者の通称「離れ国分」に対して、「拠点的集落」と呼び、多摩地方を例にとり、以下のように論述している(13)。

まず、古墳時代・奈良時代から居住地として利用されてきたような場所でも、八世紀後半からはそれ以前と異なる占地形態を示すことが多いので、八世紀中葉に変化の時期を置くのは妥当だといえる。数十軒もの竪穴住居が検出される「拠点的集落」も、細分された土器編年に照らし合わせて分析すると、一時期の住居数は意外に少なく、せいぜい四〜五軒程度であることがわかる。

その同一時期の土器を出土する住居群の中には、形態・規模・カマドの構造・主軸方位（住居の向き）などが酷似する一対の住居がしばしば認められるが、この同時存在の一対の住居を二棟一組のあり方と呼ぶ。集落遺跡の中で二棟一組を抽出すると、それらは決まって相互にある一定の距離をおいて占地している。住居の規模にもよるが、その距離はおおむね二〇メートル前後であり、たいていの場合は一五〜三〇メートルの間におさまっている。一方「離れ国分」とされた事例は、二軒で検出される場合、類似の住居が相互に間隔を置いているような二棟一組の構造そのものである例が多い。したがって、一時期の姿でみる限り、「拠点集落」と「離れ国分」は等質だということができる。両者の違いは「拠点集落」が頻繁に何回も居住がなされた場所であるのに対し、「離れ国分」はほとんど一回限りの居住の場であった。

以上の分析を踏まえて、渋江氏は八世紀後半から十世紀末に至る集落のあり方を次のように整理されている。

①居住の単位が二軒ほどときわめて小さいこと。

②鳥瞰的に集落をみた場合、著しい散居景観になるということ。

③これらの散居する住居群に、移動性に富んだ居住形態を想定できること。

このような集落の様相は東国にほぼ共通してみられるが、ただ平坦地が卓越する常総台地では、「拠点的集落」=「重層的居住の場」の居住総数が、多摩地方に比べるとかなり多くなることも指摘されている。

こうした集落内の空間形成は、さらにその具体相をみるためには、異なる視角からの観察が必要である。

註

（1）　日本古典文学大系『萬葉集』三（岩波書店、一九六〇年）。以下、本節で引用する『万葉集』東歌はすべて本書による。

(2) 田辺幸雄『萬葉集東歌』(塙書房、一九六三年)。
(3) 松嶋順正『正倉院寳物銘文集成』(吉川弘文館、一九七八年)。
(4) 前掲(2)一六〇頁。
(5) 佐原眞「手から道具・石から鉄へ」(『図説 日本文化の歴史』1、小学館、一九七九年)。
(6) 滝沢亮「古代東国における鉄製紡錘車の研究」(『物質文化』第四四号、一九八五年)。
(7) 日本古典文学大系『風土記』(岩波書店、一九五八年)。
(8) 佐々木虔一「常陸における国造制の一考察」(『原始古代社会研究』第二巻、校倉書房、一九七五年。のち、改題して『古代東国社会と交通』校倉書房、一九九五年、所収)。
(9) 関和彦『風土記と古代社会』(塙書房、一九八四年)。
(10) 井上尚明「七世紀における集落の再編成とその背景」(『埼玉県史研究』第二〇号、一九八八年)。
(11) 井上は七世紀後半以降の低地性集落の台地への移動の背景は、班田制実施の結果とみており、十世紀以降、班田制・条里制の規制が弱まりはじめたころから再び低地に集落が戻ると指摘しているが、条里遺構の検出もいまだ明確でない点も含めて、この点の研究は今後の課題としておきたい。
(12) 『黒井峯遺跡確認調査概報』(子持村教育委員会、一九八六年)。『昭和六十一年度黒井峯遺跡発掘調査概報』(子持村教育委員会、一九八七年)。石井克己「黒井峯遺跡の概要」(『月刊文化財』第二八八号、一九八七年)。なお、中筋遺跡については、『中筋遺跡発掘調査概要報告書』(群馬県渋川市教育委員会、一九八七年)。
(13) 渋江芳浩「東国平安時代集落の考古学的検討」(『歴史評論』第四五四号、一九八八年)。

二　墨書土器と古代集落——千葉県八千代市村上込の内遺跡

はじめに

墨書土器に関して、最近、多量に出土する遺跡単位および各県単位に集成作業が実施され、その成果が次々に公刊されている。また博物館等においても、墨書土器をはじめとする出土文字資料をテーマとして展示が活発に各地で催され、その図録も各種刊行されている。

こうした集成作業は、今後の墨書土器研究の基礎をなすものとして重要であることは申すまでもない。ところが、集落の場合、一字の墨書土器が圧倒的に多く、墨書土器一点一点を取り上げた場合、それぞれの意味について判断を下す材料がない。たとえば、「福」という墨書名に対して〝吉祥句〟と分類することはまったく恣意的な解釈であるとしかいいようがない。少なくとも官衙においては、人名・職名・地名等の省略形の例は、かなり一般的にみられる。当時、人名は好んで吉祥句的な用語を冠し、「福麻呂」「福足」などと称した。また地名も『続日本紀』和銅六年（七一三）五月甲子の制でも明らかなように、「畿内七道諸国の郡郷の名は好《よ》き字を着けよ」としたことから、「福田郷」「福良郷」などの地名も数多く存在したのである。したがって、「福」一字だけではいかようにも解することができる。このように集落遺跡に限っていえば、個々の資料から墨書内容を推測することははなはだ難しい。

とはいえ、文献史料ではほとんど知りえない古代集落の具体相について、日常使用の食器に墨書された文字がその解明の重要な手がかりを与えてくれることは間違いない。その意味では、墨書土器を概括したり（1）、文字内容を個々に推測することよりも、現段階で必要なことは以下のような作業を繰り返し積み重ねることではないか。すなわち、無限の資料的価値を秘めた墨書土器を集落分析の有効な資料として活用するためには、墨書土器をそれぞれの集落遺跡の現場に再び戻し、集落形態およびその変遷の中で、捉え直す必要がある。また、墨書された土器そのものの観察と、墨書の部位・字形などの詳細な検討も併せて行わなければならない。そのための具体的な作業としては、遺跡を特定し、墨書土器のあり方を多方面から検討する方法が最良のものであろう。検討対象となる遺跡は、第一に、集落形態およびその変遷が比較的明確に捉えられるものであること。第二には、墨書土器の絶対量および墨書内容の種類が豊富なことが望ましい。すなわち墨書土器の研究方法は数量的に豊かなものの中で検討し、そこで抽出した方法論を他の数遺跡で検証し、確立しなければならない。そののちに、墨書土器の出土例の少ない集落およびまったく墨書土器を伴わない集落との比較検討を実施する必要がある。その結果として、ほとんど単一の文字のみしか有しない集落や墨書土器を伴わない集落の存在意義もおのずと明らかになるであろう。

その点では、最近の研究動向として、全国の研究者の眼が膨大な墨書土器を出土する関東地方の集落遺跡に集中しているのもうなずけるであろう。

八千代市村上込の内遺跡は、常総台地の典型的な集落遺跡であり、八世紀に入り集落が形成され、五時期の変遷を経て、九世紀末でほぼ集落が台地上から姿を消すといういわば単純な集落形態と変遷を有し、しかも、二五〇点近い墨書土器の点数と約三〇種にも及ぶ文字内容を有している。

こうした点から、すでに村上込の内遺跡の墨書土器に着目し、その分析を真正面から試みた論考もみられる。その代表的な論考が宮瀧交二氏の「古代村落と墨書土器―千葉県八千代市村上遺跡の検討―」である。(2)ここにその要旨を簡単に紹介しておきたい。

宮瀧氏はまず検討方法として、墨書土器を村上込の内遺跡の集落構成の時間的変遷過程の中で把握することとしている。そして、各竪穴住居跡出土土器の器種構成としての様式、すなわち土器のセット関係をその分析の目安とみて、「類型土器共伴関係頻度表」を作成した。その結果、大きく三つのパターンの器種構成が存在することを確認し、これを生活様式の三つの段階を反映したものとした。また、台地上にはA～Eの五つの単位集団が存在するが、群を抜いて多数出土する墨書「来」「山」「毛」の三つの文字が集中して出土する単位集団Dがこの村落の中心的役割を果たしていると思われるとされ、その他の単位集団を代表する文字はとくにないとしている。

宮瀧氏の墨書土器を集落構成の時間的変遷過程の中で把握しようとする基本的な姿勢には大いに賛意を表したい。しかし、その具体的な分析方法にはいくつかの問題があり、容易には従いがたい。まず第一に、集落変遷の分析において、竪穴住居跡出土土器の器種構成を柱としたが、その分析は必ずしも妥当性の高い結果を生みだしたとはいえない。その点については、本節で具体的に示したい。このような分析の上に立論された集落形態および墨書土器の分析についても誤認された点が少なくない。また、墨書土器そのものの観察すなわち墨書土器の部位や字形などについて詳細な分析がほとんど行われていない。

このように宮瀧論文には多くの問題点が存すると判断されるだけに、ここにあえて異なる視角から、村上込の内遺跡の墨書土器について改めて言及してみたい。

従来の墨書土器論は、前述のように文字内容に力点が置かれすぎていたといわざるをえない。ここでは、集落内の分布状態、さらには墨書された部位や書体などについて取り上げてみる。墨書された文字内容を問うのは、それらの作業を経たのちになされるべきである。

本節では、上記の検討を行い、墨書土器研究の方法論を模索してみたい。墨書内容は村上込の内遺跡のような具体的な検討を数遺跡で行った後に問うこととして、ここではあえてふれない。また、墨書土器に加えて、焼成後の線刻の文字および記号的なものも同等の資料として重視したい。

村上込の内遺跡に関する資料については、すべて既刊の財団法人千葉県都市公社『八千代市村上遺跡群』(一九七五年)によったが、必要に応じて実物資料の実見を行った。

なお、「1　村上込の内遺跡とその概要」は、旧稿(平川南・天野努・黒田正典「古代集落と墨書土器―千葉県八千代市村上込の内遺跡の場合―」〈『国立歴史民俗博物館研究報告』二二、一九八九年〉)の天野努氏の執筆分をそのまま引用した。

1　村上込の内遺跡とその概要

(1)　村上込の内遺跡の立地と歴史的環境

立地　村上込の内遺跡は、千葉県の北西部に位置する八千代市村上字込の内に所在するが、この地は現在では村上団地が建設され住宅地と化しており、わずかに残る緑地帯に遺跡の面影を残している。

千葉県の北半を占める下総台地の中央部には、現水面の広さが約一三一〇ヘクタールに及ぶ広大な面積を占め、千葉県の水ガメともいわれる印旛沼が所在しているが、本遺跡は、この印旛沼の西端の湖尻に注ぐ新川右岸の台地上に立地している(図118)。

遺跡の西方約一キロを北流する新川(旧平戸川)は、上流域では勝田川とも呼ばれ、印旛沼水系と東京湾水系との分水嶺付近に源を発し、多くの小支谷からの湧水を集めながら北流して印旛沼に注いでいるが、村上込の内遺跡付近では中流域となり、対岸の萱田地区との幅員が四〇〇メートル内外の比較的広い氾濫原となっている。

村上込の内遺跡を擁する台地は、西側の新川に向けて開析する支谷とそこから分岐する小支谷によって複雑な地形を形作っているが、全体としては、西・北・南側の三側面が谷に面した半島状を呈している。遺跡はこの半島状台地の中央部に近く、北側の谷に面した平坦面の広い台地上に展開しており、台地面の標高は二六・七メートル、台地下の水田面との比高は約一四メートルであった。

歴史的環境　村上込の内遺跡の所在する八千代市村上の地は、古代の行政区画では、『和名類聚抄』記載の下総国印幡郡村神郷に比定される地域である。下総国の中で印幡郡は、そのほぼ中央部の印旛沼周辺地域を郡域とし、一一郷が置かれている。村神郷はその中で郡の南西端に位置しており、その所在地域は西側の国府所在地の葛飾郡、南側の千葉郡、北西側の相馬郡と各々接する地域にあたっている。

村神郷の郷域については、古く江戸後期の清宮秀堅『下総国旧事考』をはじめ、明治期の邨岡良弼『日本地理志料』や吉田東伍『大日本地名辞書』など、これまで「村上」の地名をもとに新川右岸の地域一帯が比定されてきた。しかし、近年の考古学的成果をもとに古墳時代から奈良・平安時代の遺跡・遺物とその分布、地名の変遷過程等から検討すると、その郷域は新川右岸のみならず、村上地区と新川を挟んだ対岸の萱田地区・吉橋地区、さらに、その北岸の神保地区等新川流域の地域一帯にあたり、なかでも、村上込の内遺跡の所在する新川中流域の村上地区や対岸の萱田地区が、村神郷のなかで中心的な位置を占めていた地であると考えられるところとなっている(3)。なお、郷内の萱田地区・吉橋地区・神保地区については、その地名をもとに、中世にあっては、「香取文書」に記載のみえる「萱田郷」「吉橋郷」「神保郷」、『神鳳抄』や『新編式目追加』等にみえる「萱田・神保御厨」におのおの比定されている。

村神郷およびその周辺地域の奈良・平安時代の主な遺跡については、図118および表9に示すとおりである。このうち、名主山遺跡は村上込の内遺跡の北側の谷をへだてた台地上にあり、直線距離にして二〇〇メートルほどのところ

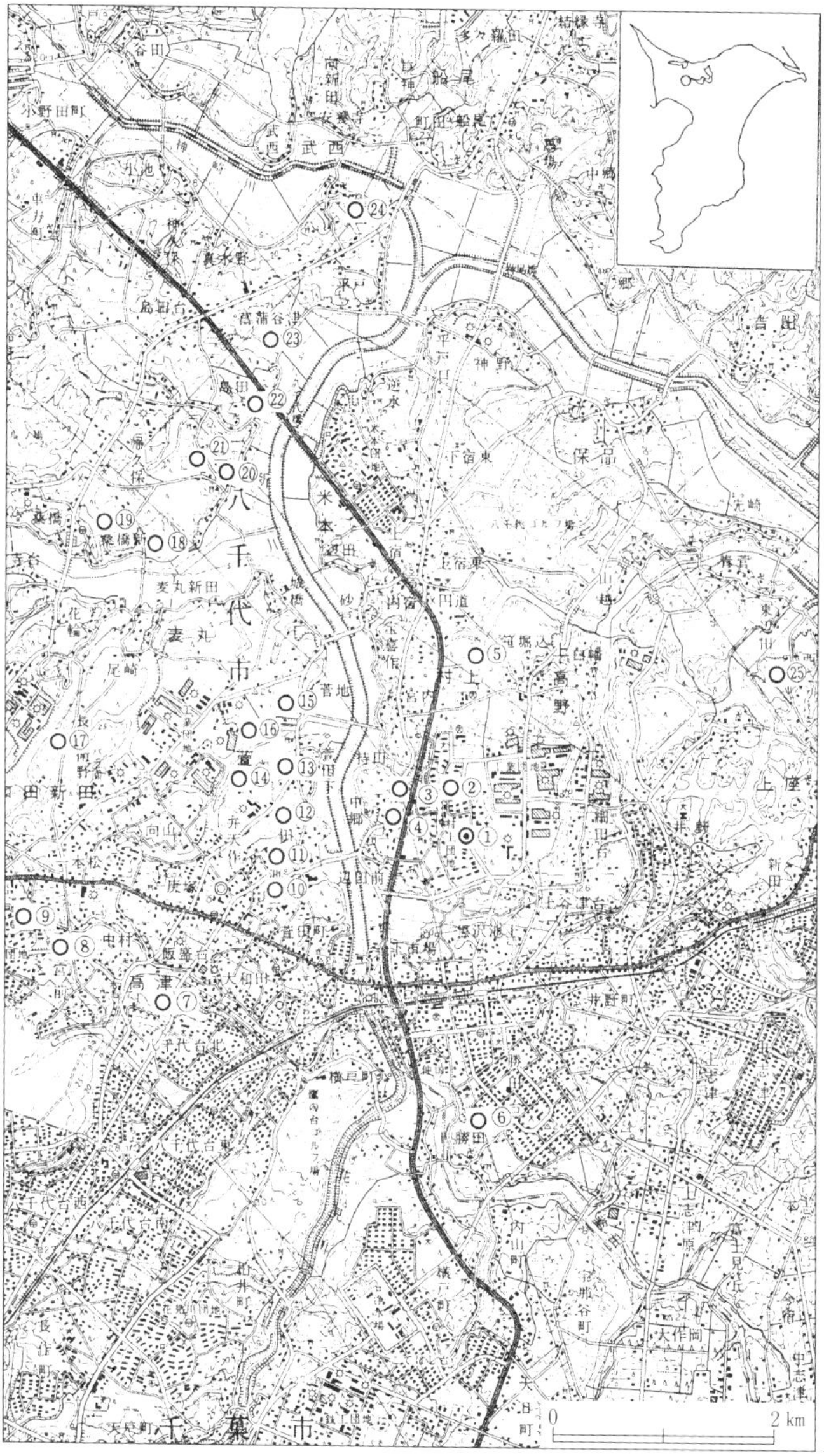

	遺跡名
①	村上込の内
②	名主山
③	境作
④	殿内
⑤	村上新山
⑥	勝田大作
⑦	高津新山
⑧	高津仲村
⑨	高津遺跡群
⑩	萱田町池ノ台
⑪	白幡前
⑫	井戸向
⑬	北海道
⑭	坊山
⑮	権現後
⑯	ヲサル山
⑰	芝山
⑱	桑橋新田
⑲	作ヶ谷津
⑳	桑納
㉑	桑納前畑
㉒	島田
㉓	間見穴
㉔	佐山寺の下
㉕	西の台

図118　村神郷内の主な遺跡および周辺地形図

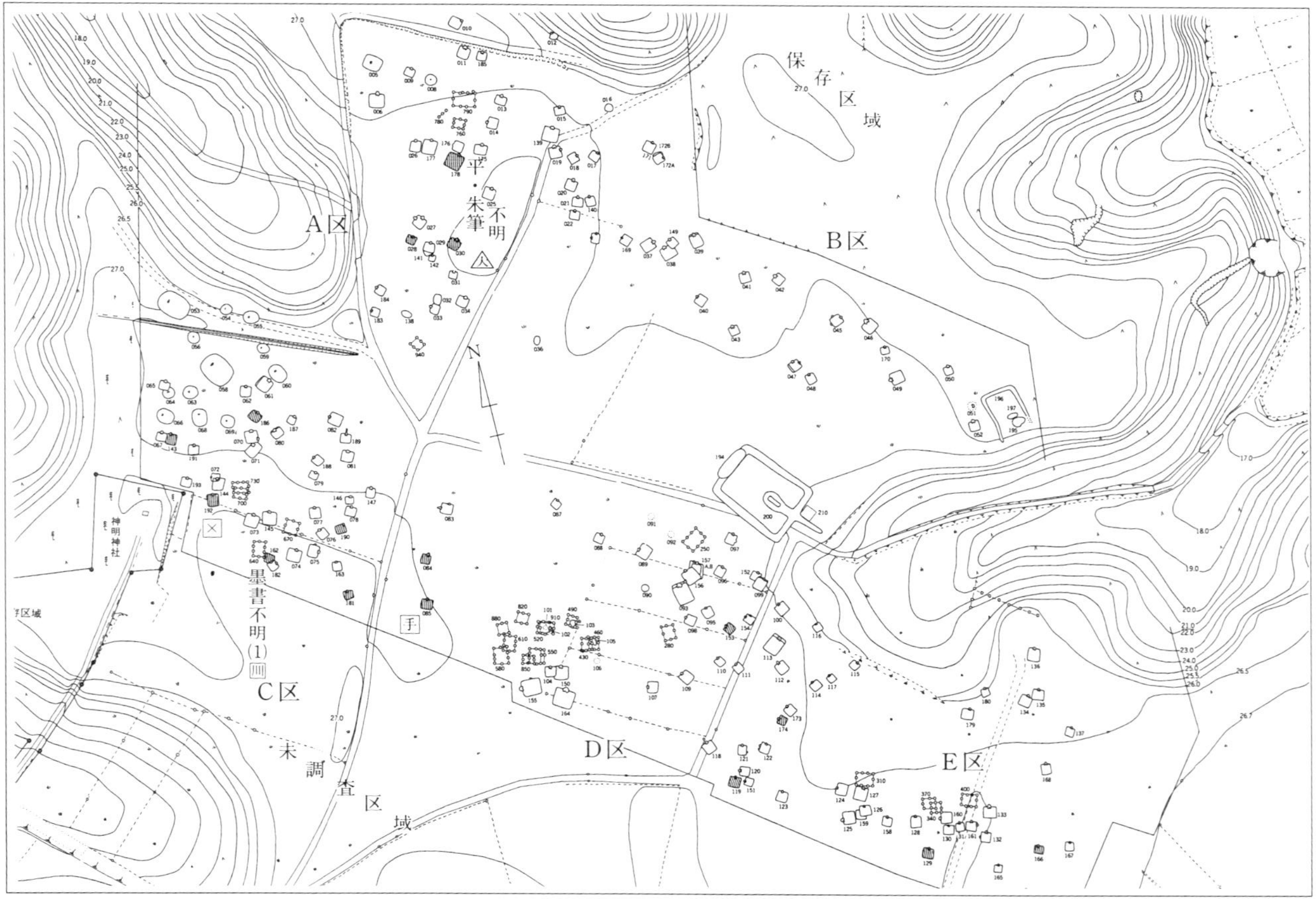

図119　墨書土器分布図・I期（縮率5000分の1。△＝ヘラ書き，□＝線刻。以下，図123まで同じ）

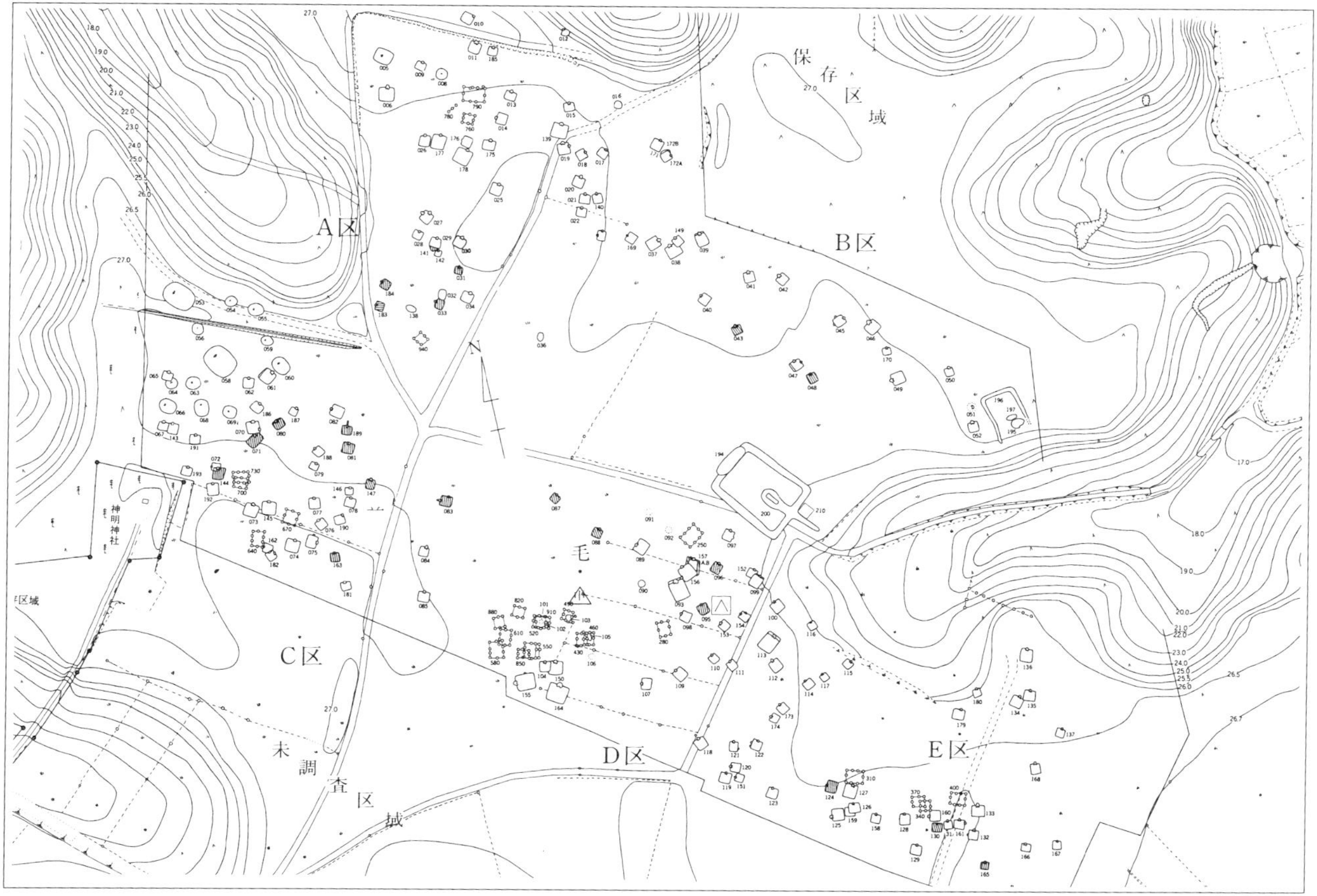

図120　墨書土器分布図・II期

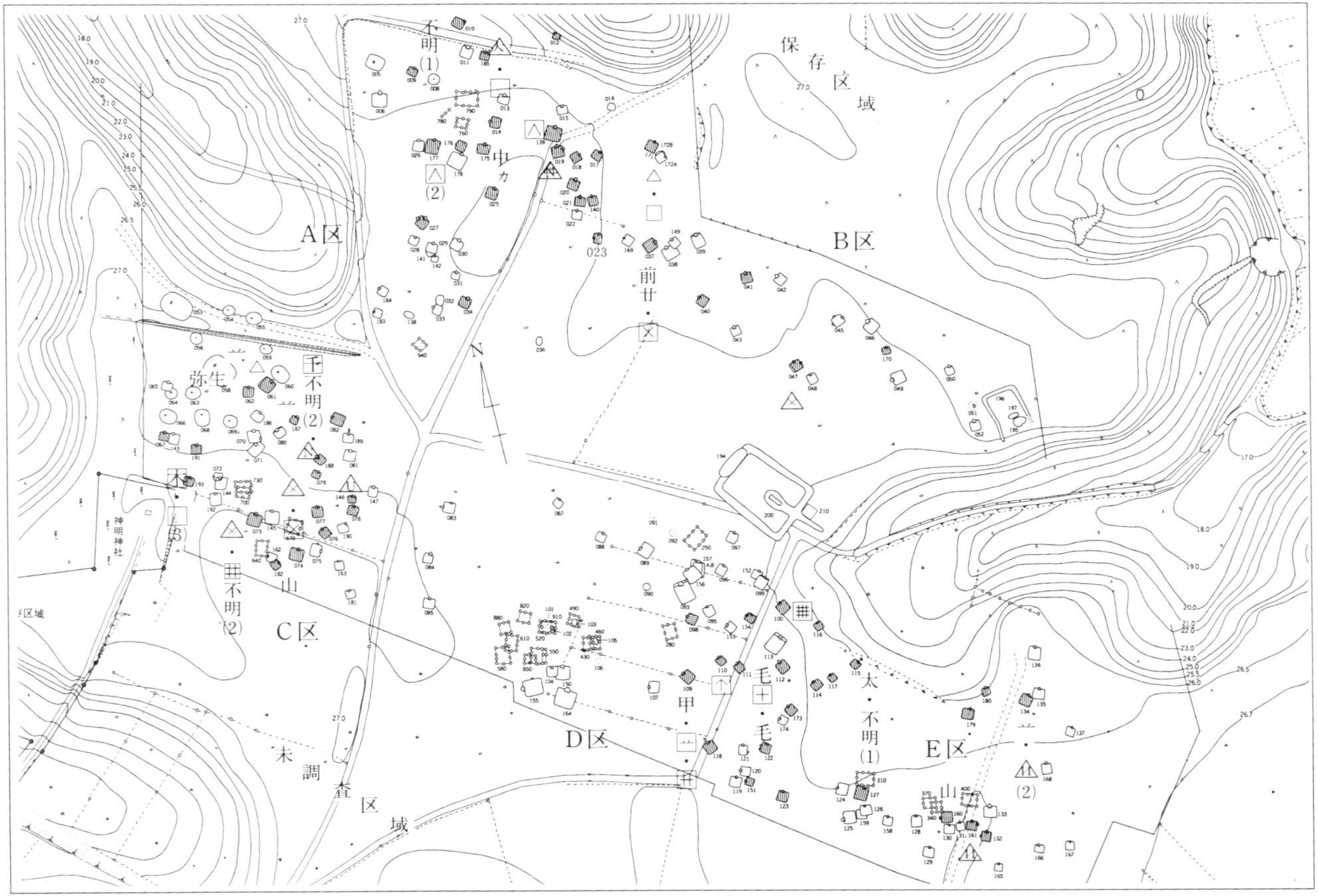

図121　墨書土器分布図・III期

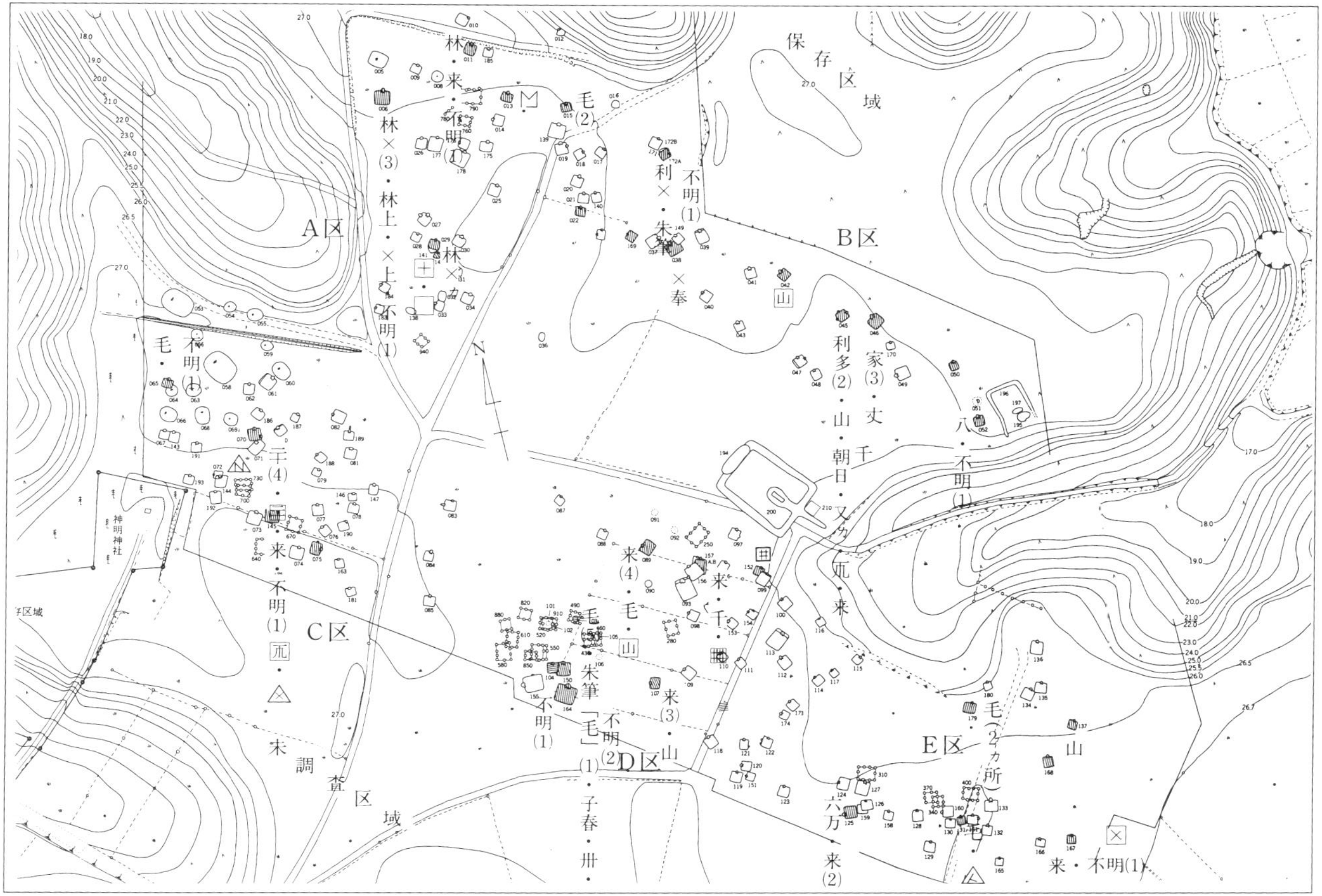

図122　墨書土器分布図・IV期

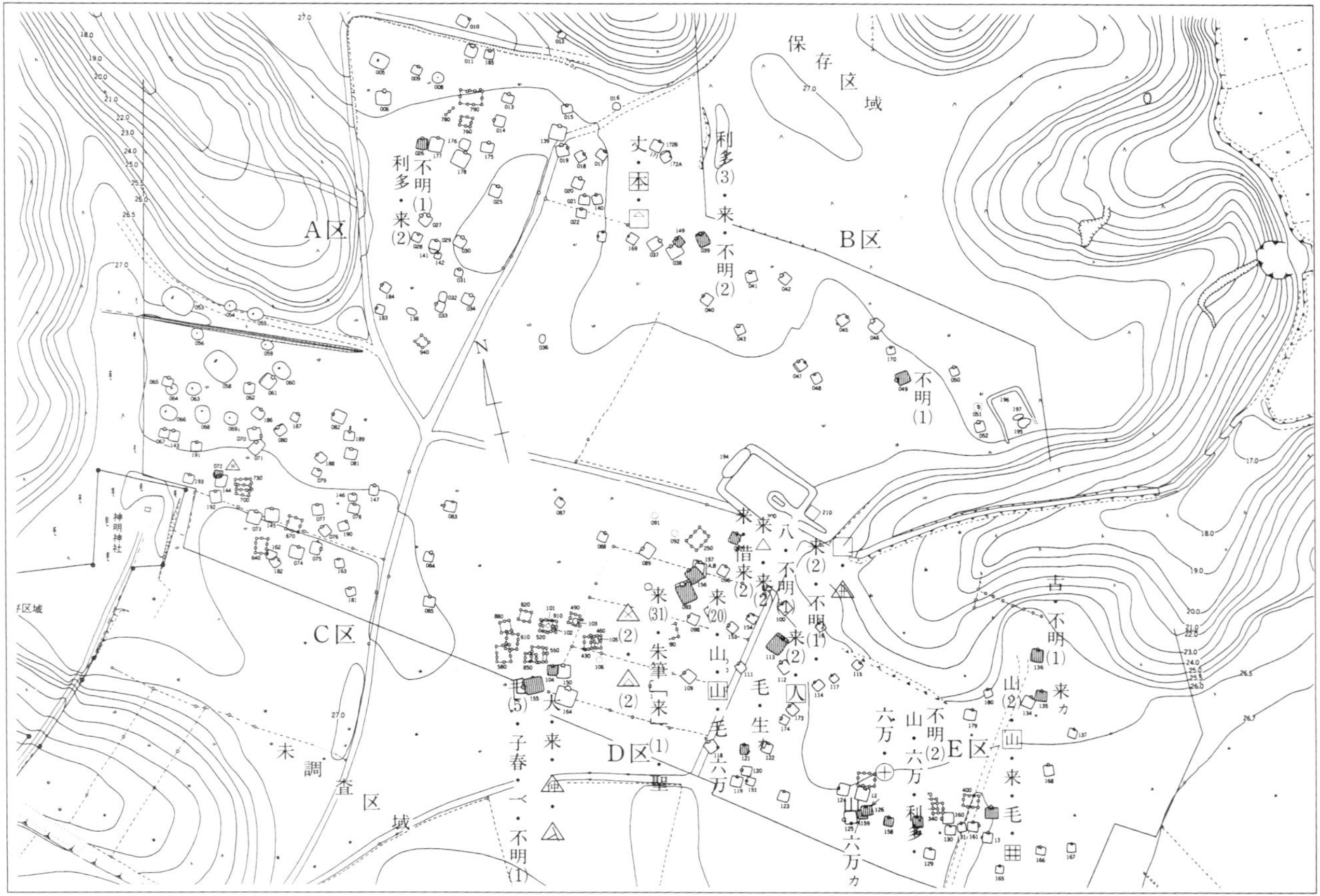

図123　墨書土器分布図・V期

に所在する遺跡である。九世紀代中心の竪穴住居跡六軒と掘立柱建物跡六棟が検出されているが、村上込の内遺跡と同じ「毛」「林」の墨書土器のほか「加」「真」「[方+且]」「皋」など村上込の内遺跡ではみられない墨書土器も出土しており留意される。また、萱田地区の遺跡群のなかでは、「村神郷丈部国依甘魚」と記した人面墨書土器を出土した権現後遺跡、「丈部乙刀自女形代」や「承和五年二月十」と記された墨書土器および紀年銘人面墨書土器を出土した北海道遺跡、竪穴住居跡二二五軒、掘立柱建物跡一一八棟が検出され、奈良三彩小壺や和同開珎、瓦塔等のほか三二〇点余に及ぶ墨書土器を出土し、現在のところ、村神郷の内では最大の遺跡である白幡前遺跡などが顕著である。このうち、北海道遺跡や白幡前遺跡などに村上込の内遺跡と共通する文字を記した墨書土器の出土やカマド側の壁にテラス状の張出し部をもつ特異な竪穴住居跡など類似する遺構もみられ、遺跡間の関係などを含め村落構成を総合的に検討する資料が集積されつつある。

(2) 調査の概要

村上込の内遺跡の発掘調査は、日本住宅公団東京支所による千葉県八千代市村上団地建設工事に伴い、昭和四十八年（一九七三）八月から翌年の一月にかけて実施された。(4) その結果、遺跡の所在する約三〇〇メートル四方の台地上の約三分の二ほどを発掘調査し、先土器時代の石器、縄文式土器、弥生時代の竪穴住居跡一四軒、古墳時代終末期の方墳と奈良・平安時代の竪穴住居跡一五五軒、掘立柱建物跡二四棟、その他土坑等一八基が検出されている。

本遺跡地の台地上の平坦面は、北側の谷からのびる小支谷によって平面的には八手状を呈しており、大きく、東側・西側・南側・北側の区域と台地中央部の区域に区分することができるが、発掘調査された奈良～平安時代の遺構群は、台地全面に広がりをもちながらも、台地の東・西・南・北の各区域に分かれて分布がみられ、また、台地中央部の区域は遺構のまったく検出されない空白地域であった。なお、これら住居跡をはじめとする遺構群の広がりにつ

表9　村上郷および周辺の奈良・平安時代の主な遺跡

No.	遺跡名	所在地	調査面積（㎡）	検出された遺構と遺物	参考文献等
1	村上込の内	村上字込の内	約50,000	住居跡155軒，掘立柱建物跡24棟，井戸状遺構1基，銙帯，各種鉄製品，紡錘具，墨書土器（来，毛，山，家，上，丈，聖，朝日，林，スほか）（8C前半～9C末）	『八千代市村上遺跡群』日本住宅公団，（財）千葉県都市公社，昭和48年
2	名主山	村上2054－1他	－	住居跡6軒，掘立柱建物跡6棟（倉庫4棟），墨書土器（加，真，旭，皋，毛，［林］），帯金具（銙帯）2，刀子，鉄鏃	『名主山遺跡』八千代市教育委員会
3	境作	村上字境作1230－1他	3,000	住居跡12軒（7C末～8C後半－10軒，10C前半－1軒），時期不明1軒（鬼高期）	『千葉県埋蔵文化財発掘調査抄報－昭和60年度－』千葉県教育庁文化課，昭和62年3月，平岡和夫氏教示
4	殿内	村上字境作1227－1他	500	住居跡1軒（8C末）	同上
5	村上新山	村上727	100	土師器坏（8C中頃？）1点ほか	『村上新山遺跡発掘調査報告書』平野考古学研究所，昭和53年3月
6	勝田大作	勝田字大作620他	2,550	住居跡2軒（鬼高期住居跡5軒）	3と同じ，秋山利光氏教示
7	高津新山	高津字堀込1652他	85,000	住居跡140軒以上，掘立柱建物跡15棟以上，刻書土器（「堤」ほか）（鬼高期後半住居跡8軒）	発掘調査実施中『千葉県八千代市高津新山遺跡』八千代市教育委員会，昭和57年3月ほか，朝比奈竹男氏教示
8	高津仲村	高津字仲村543	約3,000	住居跡2軒（10C代）	『千葉県八千代市高津遺跡確認調査概報』立正大学博物館学講座研究小報4，高津公団遺跡発掘調査団，昭和45年3月
9	高津遺跡群	高津字内山832他	約7,500	(1)C－1・2地区，(2)C－3地区，(3)B－1地区の3地区が高津仲村遺跡とともに発掘調査されたが，土師器破片が検出され	同上

				たのみで，住居跡等遺構は検出されていない。	
10	池ノ台	萱田字池ノ台	約4,000（道路部）	住居跡６軒，掘立柱建物跡１棟，炉跡状遺構１（９Ｃ代），墨書土器「山堤」ほか（白幡前遺跡の一部を構成する可能性が強い）	『池ノ台遺跡』八千代市遺跡調査会，昭和55年３月
11	白幡前	萱田字白幡前2156他	約86,000	住居跡225軒，掘立柱建物跡118棟（四面廂建物１棟），井戸状遺構，溝，土坑等（８Ｃ前半～10Ｃ初？），和同開珎１点，瓦塔，奈良三彩小壺，墨書土器多数（鬼高期３軒）	『千葉県文化財センター年報７～10』（財）文化財センター，昭和58・59・60年
12	井戸向	萱田字井戸向1566他	75,500	住居跡98軒，掘立柱建物跡36棟ほか（８Ｃ中頃～９Ｃ代？，住居跡群６群位に分かれる）銅製小形仏像座像（高さ約５cm），墨書土器多数（鬼高期４軒）	『八千代市井戸向遺跡』（財）千葉県文化財センター，昭和62年３月
13	北海道	萱田字北海道 699他	61,000	住居跡114跡，掘立柱建物跡10棟，ピット19基（８Ｃ後半～９Ｃ後半中心，住居跡群８群に分かれる），墨書人面土器（承和５年銘），墨書土器多数（丈部乙刀自女形代，村神丈，富，万，へ，生，主，朝日ほか）（鬼高期７軒）	『八千代市北海道遺跡』（財）千葉県文化財センター，昭和60年３月
14	坊山	萱田字坊山667－１他	52,300	住居跡４軒（北海道遺跡と同一台地上隣接）	『千葉県文化財センター年報９・10』（財）千葉県文化財センター，昭和59・60年９月
15	権現後	萱田字権現後 453他	130,000	住居跡65軒，掘立柱建物跡17棟，方形周溝遺構２基，ピット11基（８Ｃ後半～９Ｃ末，住居跡群４群に分かれる），墨書人面土器（村神郷丈部国依甘魚），墨書土器多数（[大]伴部，□部，生，土，大，南，山，堤，成等々）（鬼高期10軒）	『八千代市萱田権現後遺跡』（財）千葉県文化財センター，昭和59年３月
16	ヲサル山	大和田新田字ヲサル山605－１他	42,000	住居跡２軒（９Ｃ末～10Ｃ初），掘立柱建物跡１棟	『八千代市ヲサル山遺跡』（財）千葉県文化財センター，昭和61年３月
17	芝山	大和田新田字芝山	25,400	住居跡５軒，鉄滓，大羽口，鋳型（製鉄関係の遺構は削平によ	『抄報－59年度』県教育庁文化課，昭和61年

No.	遺跡名	所在地	調査面積 (m²)	検出された遺構と遺物	参考文献等
		893－1他		り不明確であったが，遺物からみて製鉄遺跡と考えられる)	3月，穴沢義功氏教示，遺物を実見した。
18	桑橋新田	桑橋字大東台 757－2他	3,000	住居跡1軒(平安)	『抄報－50年度』県教育庁文化課，昭和52年3月，『八千代の遺跡』八千代市教育委員会，昭和58年3月
19	作ヶ谷津	桑橋字作ヶ谷803	15,000	住居跡1軒(平安)ほか2軒確認	『抄報－55年度－』県教育庁文化課，昭和57年3月，『八千代の遺跡』八千代市教育委員会，昭和58年3月
20	桑納	桑納字東割278他	6,300	住居跡1軒(平安)	『抄報－55・58・59年度－』県教育庁文化課，昭和57・60・61年3月
21	桑納前畑	桑納字前畑170他	約3,800	住居跡3軒，掘立柱建物址11棟，溝，土坑等(8C後半～9C後半，10C前半)，墨書土器「世」1点ほか3点	『千葉県八千代市桑納前畑遺跡』睦小学校北方遺跡調査会，昭和53年3月，『千葉県八千代市睦小学校遺跡』八千代市遺跡調査会，昭和56年3月
22	島田	島田字大久保	100	住居跡1軒(7C末～8C初頃？)，石製紡錘車1点。なお，出土遺物に9C後半の土器が混在している。	『東京電力送電鉄塔建設事業に伴う発掘調査報告書』八千代市遺跡調査会・船橋市遺跡調査会，昭和55年5月
23	間見穴	神久保字平戸	400	住居跡1軒(9C中～後半)，墨書土器(坏，皿各1点に「ス」)	同上
24	佐山寺の下	佐山字寺の下	400	住居跡1軒(8C末～9C初)	同上
25	西の台	佐倉市小竹字西ノ台		住居跡5軒(鬼高期4軒)	『佐倉市埋蔵文化財報告(2)』志津西ノ台遺跡調査団・佐倉市，昭和51年11月

いては、現状保存区域とされた北側から入り込む谷に面した台地東側の区域において、事前の確認調査で竪穴住居跡三軒と掘立柱建物跡の柱穴が数十ヵ所認められており、(5)台地東側の区域は先端部まで広範囲にわたり住居跡や掘立柱建物跡等が広がっているものと考えられた。また、諸般の事情で未調査区域となってしまった台地西側から南側にかけての区域についても住居跡等遺構群が広がる可能性が強いことを考え合わせると、本遺跡においては、発掘調査で検出された住居跡一五五軒、掘立柱建物跡二四棟をさらに大きく上回る数の遺構が台地上に展開していたものと判断された。

(3) 墨書土器の概要

本遺跡を特徴づけるものの一つとして、三二〇点余にも及ぶ墨書土器や刻書土器の出土があげられる。この墨書土器などの種類や数量については表10に示すとおりであるが、そのほとんどは土師器坏の外面に記されており、また、破片として検出されるものが大半を占めている。墨書土器に関連する遺物としては、「定硯」の出土はないものの、須恵器坏の底部等を利用した、いわゆる「転用硯」が十数点検出されており、墨書土器の文字が遺跡内で記載されたことを物語っている。

なお、本節をまとめるにあたって墨書土器を再検討したさい、調査報告書ではもれていた墨書上器を検出できたため、調査報告書の追加として、以下の三点を報告しておきたい。

①「毛」一点、〇八八号竪穴住居跡、土師器坏。記載位置：体部外面。
②「亠」一点、一四五号竪穴住居跡、土師器坏。記載位置：底部外面中央部。
③「門」一点、一四六号竪穴住居跡、須恵器坏。記載位置：体部外面（天地逆にして記載）。

表10　村上込の内遺跡出土墨書（刻書）土器一覧

文字	来	借来	来个	来♀	毛	山	林	囲林	埜	呈	ㅛ	前廿	利多	囲利	六万	子春	千	朝日千	大	丰
墨書(朱墨)土器数	98(2)	2	1	1	30(2)	10	4	2	1	1	5	1	6	2	3	3	2	1	2	4
刻書土器数 焼成前						3					1								1	
刻書土器数 焼成後						2					1				1		1		1	1
文字	家	丈	入	卅	田	币	聖	門	太	辛	奉	古	囲中	平	M	←	⊕	S	字体不明	木
墨書(朱墨)土器数	3	2	2	2	1	1	1	1	1	1	1	1	(1)	1	1	1	1	1	46	
刻書土器数 焼成前																				
刻書土器数 焼成後				2	1	2														1
文字(記号)	本	十	八	仌(又は乂)	#(又は卄)	①	X	卌	#	卌	||||(又は|||)	り	メ	人	申	中	仲	苗	字体不明	計
墨書(朱墨)土器数																				248
刻書土器数 焼成前				2								4	7	3	1	1	1	1	3	28
刻書土器数 焼成後	1	1	2	2	5	1	6	2	1	2	2								9	47

2　墨書土器の検討

まず、最初に断っておかなければならないのは、竪穴住居跡の床面直上のものから埋土上部まで便宜的にそれぞれ出土した竪穴住居跡の遺物として取り扱うということである。厳密にいえば、竪穴住居跡埋土中の遺物は、その竪穴住居跡に本来帰属するものかどうかは明確には断じがたい。

ただ、次の事例からは、このような便宜的な取扱いによって、おおよその傾向を知ることが可能であるといえよう。

それはV期に「来」の集中するD区の住居跡のうち、〇九七号住居跡の墨書土器の事例である。

この住居跡からは七点の墨書土器が出土している。そのうち「来」四点、「借来」二点と、「来」関係のものが六点を占める。「借来」は文字どおりに理解すれば〝「来」を借りる〟の意となろう。そこで、他の「来」の墨書に注目するならば、一点は「来」の対面に「ℓ」、もう一点は「来」の対面に「△」、残り二点は小破片で「来」の残画が確認できるのみであるから詳細不明である。（図124）。この〇九七号住居跡に近接して、「来」を三二点出土した〇九三号住居跡、二〇点の一五六号住居跡などが存在している。これら多数の「来」に比して、〇九七号住居跡の六点の「来」は、小破片の二点をのぞくと、四点それぞれに「借」「∂」「△」が付記されているのである。この事実は「来」のみの墨書と明らかに識別することを目的とした一括の墨書内容と判断できる。この点からいえば、これらは一括の墨書内容として〇九七号住居跡に関連させて考えてよいのではないか。

このほか、一五五号住居跡の「毛」「子春」等の墨書土器は、後述するように、墨書部位や書体（用筆法）等で共通した特徴を有することは、これらの墨書土器を一五五号住居跡にやはり関連する一括遺物と判断できる。

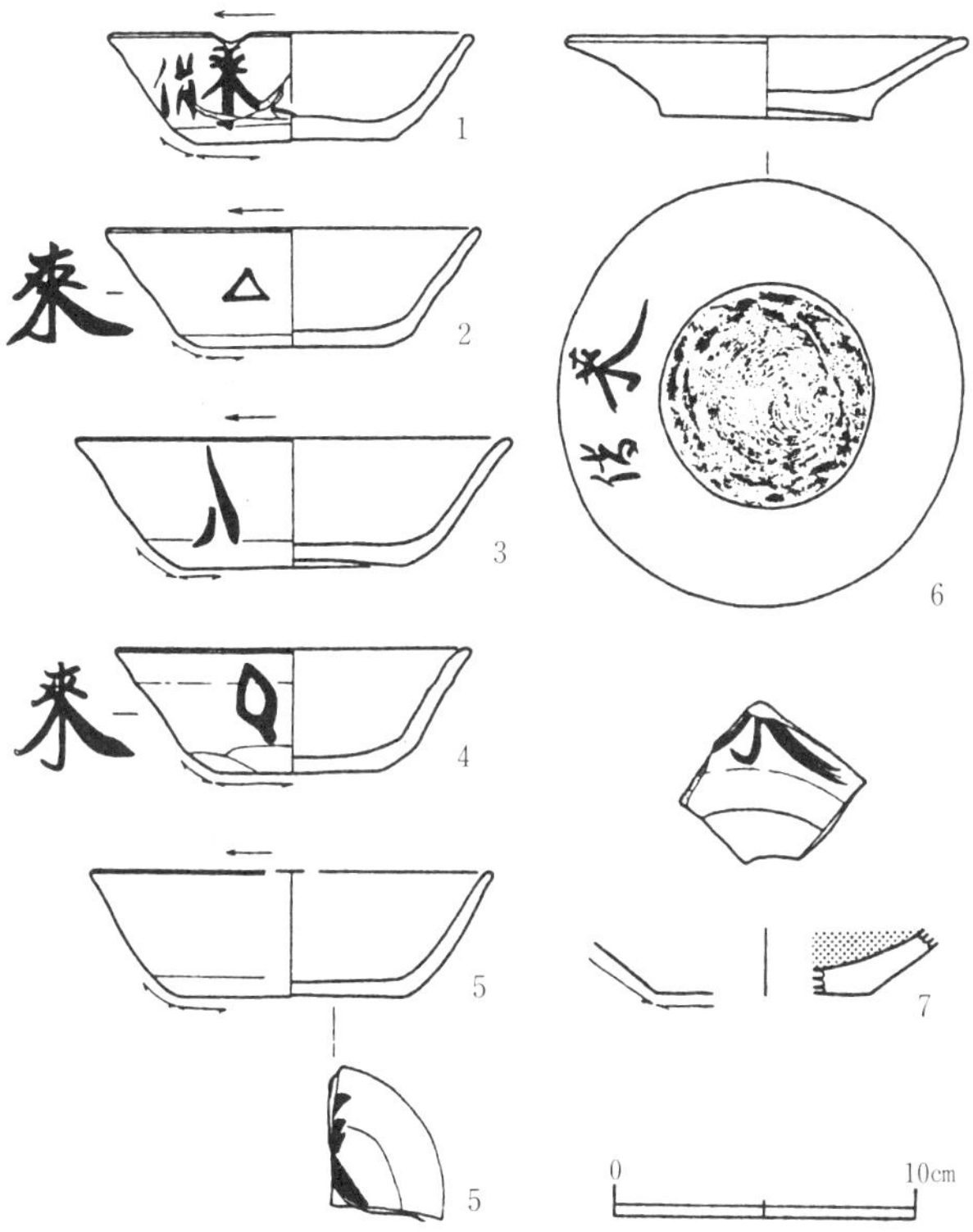

図124　097号住居跡出土墨書土器

しかし、竪穴住居跡出土の土器の破片の中には、表11に示すように他の遺構出土の土器と接合するものも少なくない。

その接合資料を器種別にみると、次のとおりである。

須恵器…長頸瓶一三点、甕四点、長頸壺一点、坏二点、坏蓋一点

土師器…甕一四点、坏一点

須恵器長頸瓶・甕と土師器甕に限られるといってもよいくらいで、本節で問題とする須恵器・土師器の坏形土器の例はほとん

表11　接合資料対照表

出土遺構（竪穴住居跡）	出土層位	器　　種	出土遺構（竪穴住居跡）	出土層位	備　　考
022号住	上　部	須恵器・長頸瓶	067号住	上　部	
023号住	中　部	〃　・甕	037号住	〃	
027号住	上　部	〃　・坏	028号住	中　部	
039号住	カマド内	〃　・長頸瓶	037号住	上　部	
058号住	上部・中部	土師器・甕	062号住	中　部	
061号住	床　面	〃　・大甕	〃	中部・下部	
070号住	中部・下部	〃　・甕	071号住	上　部	
〃	上部・中部	〃　・〃	080号住	〃	
073号住	床　面	〃　・〃	144号住	〃	
074号住	中　部	〃　・〃	193号住	〃	
076号住	上　部	〃　・長頸瓶	〃	中　部	
〃	〃	—	077号住	上　部	
〃	〃	—	190号住	〃	
079号住	〃	須恵器・甕	188号住	〃	
081号住	床　面	土師器・〃	189号住	中　部	
〃	南東隅壁直下下部	須恵器・坏	193号住	床　面	
093号住	上　部	〃　・長頸瓶	099号住	上　部	
		3個体3点	135号住	上　部	灰釉陶器
			158号住	中部・下部	
			古墳周溝埋土	上部・中部	
105号住	〃	〃　・長頸瓶	109号住	下　部	
121号住	〃	土師器・甕	115号住	上　部	
125号住	〃	〃　・〃	129号住	〃	
〃	床　面	〃　・〃	161号住	下　部	
131号住	中　部	須恵器・長頸瓶	160号住	中　部	
143号住	上部・中部	〃　・甕	067号住	上　部	067号住は143号住を切っているので143号住の埋土が崩れて067号住へ流入。
144号住	上　部	土師器・坏	193号住	中　部	
151号住	カマド内埋土	〃　・甕	164号住	カマド内埋土	
155号住	中　部	〃　・〃	104号住	〃	
〃	〃	須恵器・甕	081号住	最上部	
〃	〃	〃　・長頸瓶	156号住	上　部	
（※1）			古墳周溝埋土	上　部	
156号住	上　部	須恵器・長頸壺	古墳周溝埋土	中　部	
161号住	下　部	土師器・甕	129号住	床　面	

出土遺構（竪穴住居跡）	出土層位	器種	出土遺構（竪穴住居跡）	出土層位	備考
161号住	下　部	須恵器・長頸瓶	090号住	上　部	
164号住（※2）					
175号住	床　面	須恵器・長頸瓶	178号住	上　部	
			185号住	〃	
178号住	上部・中部	〃　・坏蓋	019号住	〃	
179号住	中　部	土師器・甕	180号住	〃	
186号住	上　部	須恵器・長頸瓶	061号住	中　部	
191号住	中　部	土師器・甕	193号住	上　部	

註　※1　この155号住は塵芥捨て場的性格－接合土器44個体122点。
　　※2　他遺構との接合は1例のみだが，塵芥捨て場的性格－18個体41点。
　　　内　訳
　　　　須恵器・長頸瓶　13点
　　　　〃　・甕　4点
　　　　〃　・壺　1点
　　　　〃　・坏　2点
　　　　〃　・坏蓋　1点
　　　　（以上21点）
　　　　土師器・甕　14点
　　　　〃　・坏　1点
　　　　（以上15点）

どみない。しかし、この傾向は多分に接合作業上の問題も考慮せねばならないだけに、坏形土器についてもこうした接合資料の存在の可能性を認めておくべきであろう。また、たとえば、〇八一号住居跡床面出土の土師器甕の破片が一八九号住居跡埋土中部からの破片と接合し、同じ〇八一号住居跡南東隅壁直下下部の須恵器坏が一九三号住居跡床面出土の破片と接合する例に端的にみられるように、二、三例をのぞくと、きわめて近接した住居跡間であり、少なくとも後述する同一住居跡群とした範囲（各区）内で捉えることができる。

　したがって、本節では、原則的には墨書土器はそれぞれの出土した竪穴住居跡帰属のものと限定せず、各区単位の帰属として大きく捉えて言及していきたい。

　以上のような前提条件の下に、次に各期の集落形態の特徴と墨書土器の分布状況について、簡単な分布図と二、三の目立った現象を付記しておくことにする。なお、本節では、墨書土器による概括的集落の分布および変遷を掌握することを主眼とするので、集落変遷の第III期

（A・B・C期）・第Ⅴ期（A・B期）は細分せずに、第Ⅰから第Ⅴ期の五時期変遷で、以下、みていくこととする。

(1)　墨書土器の時期別分布状況

Ⅰ期（八世紀前半。図119）

集落形態は次のとおりである。

A区－三軒　B区－〇軒　C区－八軒　D区－三軒　E区－二軒　計一六軒

住居跡の絶対数は少ないが、広場を中心として、各区に二～三軒ずつ（C区八軒もA・B二時期に分かれる）分布している。

当該期の文字資料は一七八号住居跡出土の「平」（図125。もう一点は文字不明の朱筆のもの）と〇八五号住居跡の線刻「手」に限られる。

Ⅱ期（八世紀半ば。図120）

A区－五軒　B区－二軒　C区－八軒　D区－五軒　E区－三軒　計二三軒

この期に至り、台地上に五群の集落が形成された。集落形態は、現状（B区の保存地区への広がりをのぞく）では、広場の西側と南側の地区に住居跡が多く存する。

墨書土器は広場の南に位置した〇八八号住居跡の土師器坏（静止ヘラ削り調整・赤彩）の体部に「毛」とみえる。しかも、同住居跡には須恵器双耳の盌（静止ヘラ削り調整・胎土良好）の底部に「串」の製作時ヘラ刻書がある。

Ⅲ期（八世紀後半から九世紀初め。図121）

A区－二一軒　B区－四軒　C区－一六軒　D区－一七軒　E区－七軒　計六五軒

竪穴住居跡数はピークを示すが、A期三四軒、B期二二軒、C期九軒となる。この時期においても、墨書土器はきわめて少ないが、その内訳は大きく三種類に分けられる。

第一には、第II期にD区に登場した「毛」が同区の一一二号住居跡から二点出土している。第二には、のちにふれるが、「甲」「中」および線刻「中」は第II期の「申」（ヘラ刻書）に深く関連する注目すべき一群をなすものである。第三には、C区の墨書「亠」（二点。図126）、D区の線刻「亠」、E区の墨書「亠」が目を引く。この文字は一三四号・一四七号住居跡の例（図126・127）でも明らかなように決して残画ではない。これはおそらくB区の〇三七号住居跡の「前廿」（図128）の「前」の略で第一画〜第三画までの「亠」部分を記したものと判断できる。

以上の三種類の墨書土器以外は、線刻⊠卄卌が非常に多数認められ、墨書土器を上回る線刻が存在する点に注意せねばならない（図129・130）。

Ⅳ期（九世紀前半。図122）

A区―一〇軒　B区―五軒　C区―四軒　D区―七軒　E区―五軒　計三一軒

竪穴住居数は減少傾向にあるが、これはこの時期には掘立柱建物が数多く存在することによる。

まず、D区では広場の南に近接した住居跡群は「来」が占め、そのさらに南には「毛」が多量に出土している。この期には、ほぼブロックごとに墨書内容に特徴がある。すなわち、A区は「林」、B区は「家」「利多」など、C区は「干」、D区は「来」および「毛」（E区はその文字を特定できず）である。これらの文字は各区を代表する墨書といえる（図131〜136）。

このほか、「毛」の墨書がB区の〇一五号住居跡に二点、C区の〇六五号住居跡に二点、E区の一七九号住居跡および一三一号住居跡にそれぞれ一点と、集落全体に「毛」の分布が確認できる点、注目したい。

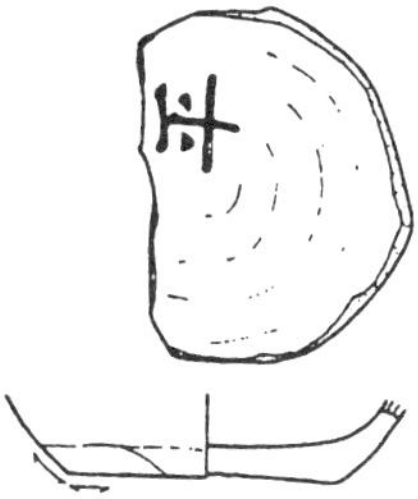

図125　I期の墨書土器「平」

図126　墨書土器「䒑」(147号住)

図127　墨書土器「䒑」(134号住)

Ⅴ期（九世紀半ばから後半。図123）

A区―三軒　B区―一軒　C区―一軒　D区―八軒　E区―七軒　計二〇軒

集落形態は掘立柱建物を加えても、全体的に住居数は少ないが、D・E両区に集中している。

この期においても、Ⅳ期同様に各区（C区をのぞく）にはそれぞれ中心的な墨書土器が存在したようである。

A区―特定できず　B区―「利多」　C区―なし　D区―「来」と「毛」　E区―「山」と「六万」

なかでも、広場の南のD区の〇九三号住居跡に「来」（三二点）、一五六号住居跡に「来」（二〇点）など、「来」の墨書が六一点という多量に分布する点が特筆されるであろう（図137）。これほど一地区に集中して出土する例は類例をみない。

このほか「来」はA区の〇二六号住居跡に二点、B区の〇三九号住居跡に一点、E区の一三三・一三五号住居跡にそれぞれ一点ずつ分布し、この期の集落全体に「来」の墨書が存在したことを示している。

ここで各期の墨書土器の傾向を通観すれば、次のようになろう。

図128　「前廿」(037号住居跡)

図129　線刻「×」(037号住)

図130　ヘラ書き「Ｖ|」(134号住)

図131　Ａ区を代表する墨書土器「林」
(012号住)

図132　B区を代表する墨書土器「利多」(045号住)

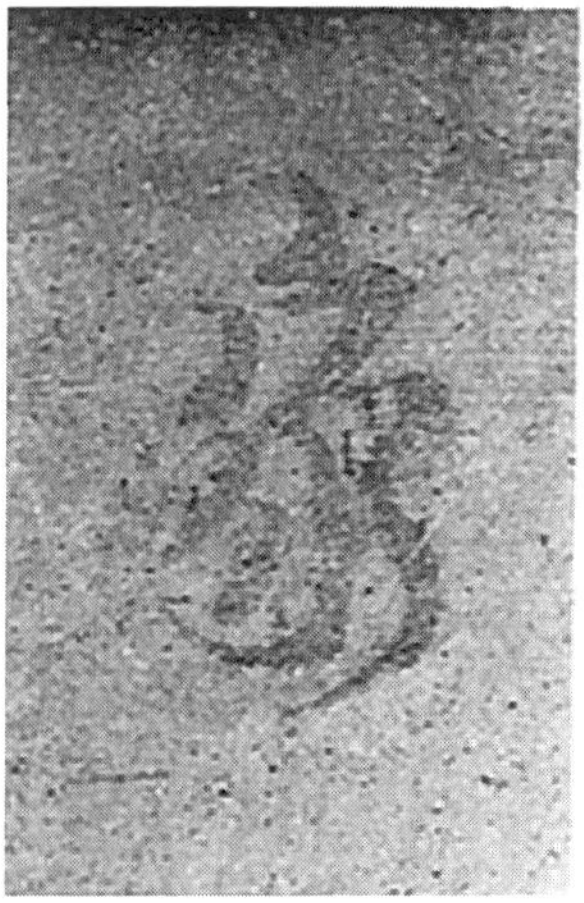
図133　B区を代表する墨書土器「家」(046号住)

図134　C区を代表する墨書土器「干」(070号住)

図135　D区を代表する墨書土器「来」(089号住)

図136　D区を代表する墨書土器「毛」(164号住)

第I期〜第III期は墨書土器が少なく、大半は線刻の記号をもって記されている。
第III期は第I・II期に比して、若干墨書もみられるが、第II期・D区の「毛」を継承した形の「毛」二点と、集落全体に広がる「前」とその省画形「亠」が注目される。村上込の内遺跡の墨書土器は九世紀半ばごろ、広場のすぐ南の一画を占地したと考えられる「来」の登場とともにその盛期を迎える。

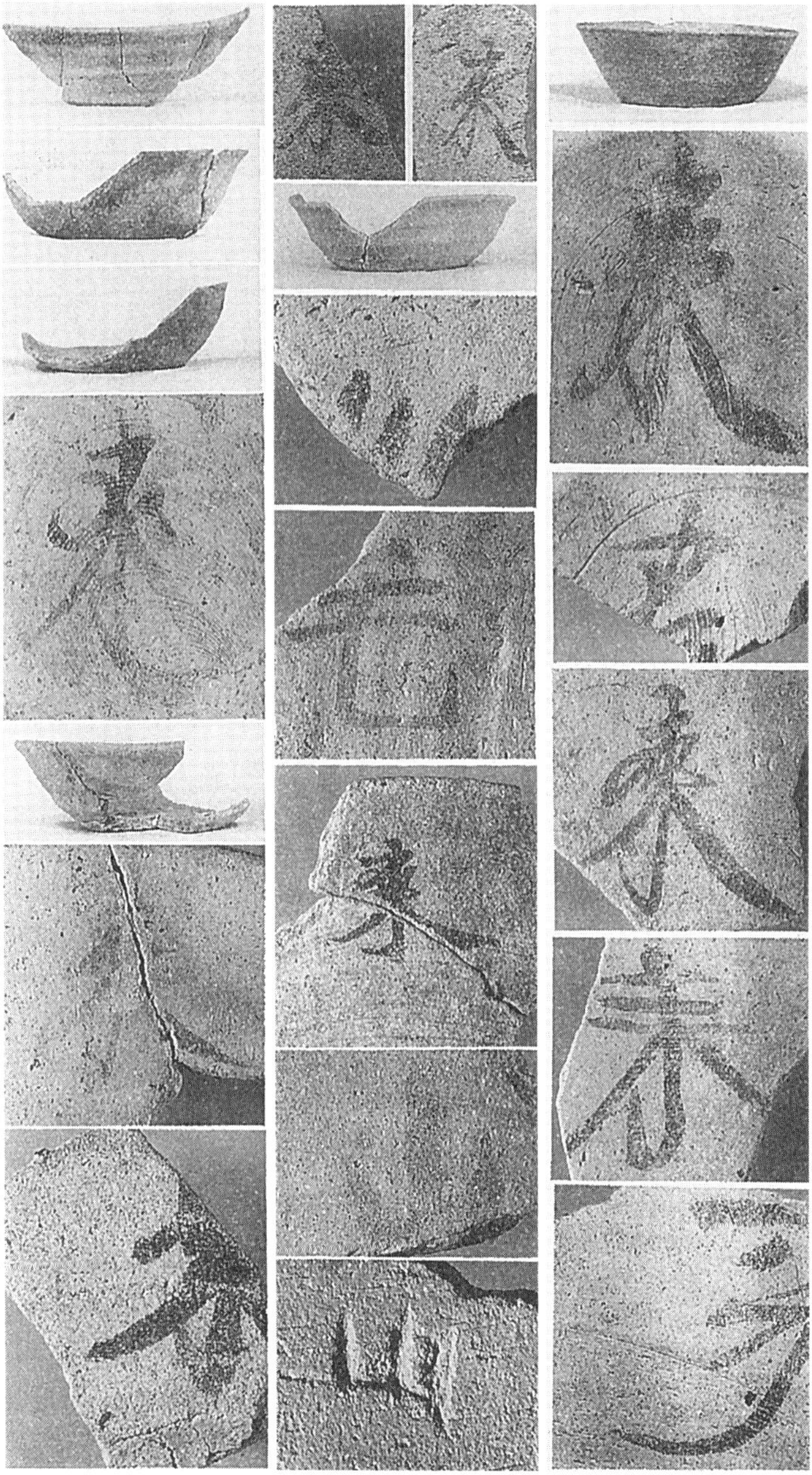

図137　156号住居跡墨書・線刻土器

第Ⅳ・Ⅴ期を通じて、おそらく台地上の集落全域に墨書土器が広がり、数多く保有され、しかも各区それぞれ固有の文字をもって墨書していることがわかる。なかでも、第Ⅳ期には「毛」「来」、第Ⅴ期には「来」が集落全体に広がりを示す傾向がうかがわれる。

総点数二四八点余のうち、「来」は九八点で、全体の約四〇パーセントを占める。次に数量的に多いのは「毛」で三〇点である。「来」はすべて第Ⅳ・Ⅴ期に限定されるのに対して、「毛」は第Ⅱ期からこの集落に登場する先駆的な墨書で、しかもそれ以降もすべての時期に分布がみえる。この両者の墨書が他を圧して多いことは間違いない。しかも、両者とも、この集落の中心に広がる六〇×六〇メートルの広場——その一画には七世紀末ごろの方墳が所在したが、この当時は広場はおそらく集落の集会の場としての役割をもっていたであろう——の南に位置し、掘立柱建物もD区に集中していることから考えても、集落の中心に占地していたといえる。

(2) 墨書の部位

本遺跡における墨書の部位は他の遺跡同様に坏形土器の底部外面および体部外面に正位で記すものが圧倒的に多い。しかし、少数ながら、体部外面に横位で記した一群が存在する（表12）。

横位墨書の中でも、「毛」は本遺跡の各期合わせて三〇点あるが、そのうち二八点が横位である。本集落の先駆的な墨書、第Ⅱ期の「毛」がすでに体部に横位で記され、それ以降第Ⅴ期まで継承されている。横位でない一点は第Ⅳ期のB区の北西はずれの〇一五号住居跡から出土したものであるが、共伴のもう一点の「毛」は体部に正位と横位の中間と判断できそうな書き方である（図140・141）。

「子春」、「丫」（記号的ではあるが）はともに「毛」を最も多量に出土する一五五号・一六四号住居跡から検出されている（図142）。「太」（図143）は墨書の少ない第Ⅲ期に属し、第Ⅲ期の中心的な墨書「毛」を出土する一一二号住居に

表12　体部・横位・墨書

	総点数	横位	坏以外		時期	住居跡群（区）	出土住居跡	備考
			皿	蓋				
毛	30	28	1		III・IV・V			
子春	2	2			164住－IV 155住－V	D	155住・164住	155住「毛」（5点） 164住「毛」（6点）　}共伴
一く	1	1			V	D	155住	「毛」（5点）共伴
太	1	1			III	D	115住	III期112住の「毛」と隣接
来	98	3	3		V	D	093住・096住	
利多	7	3	1	1	V	039住－B 128住－D	039住・128住	もう1点も皿体部の破片か。
×奉	1	1			IV	B	038住	
朮	1	1			IV	B	045住B	B区145住の線刻「朮」は底部（IV期）
丈	2	2			IV	B	046住・149住	
干	4	4			IV	C	070住	
古	2	2	1		V	E	136住	
手	1	1			II	C	085住	線刻

隣接し、その「毛」とともに体部横位に記している。

もう一群は、第IV期におけるB区の「×奉」「朮」「丈」およびC区の「干」である（図144～146）。とくにC区の中心的墨書と考えられる「干」は四点とも〇七〇号住居跡出土であり、すべて横位である。しかも、線刻の同じ文字「干」も横位に刻されている。

一方、「毛」とは対比的に位置づけられる「来」「利多」の横位六点について検討しておきたい（図147）。

「来」は総点数九八点中わずか三点のみ横位である。しかも三点とも、皿型土器に限られる。皿型土器はその器形から蓋と同様にしばしば横位の記載がみられる。「利多」も、総点数六点のうち三点が横位であるが、「来」同様皿型土器と蓋外面という土器の器種にもとづく横位記載である。

このように、「来」「利多」の部位についてはともに土器の器種による横位記載が若干認められるが、底部外面および体部外面正位に記すものが圧倒的であり、「毛」の一群との鮮やかな違いを示している。

もう一点、第IV期のC区の代表的文字「干」に着目したい。

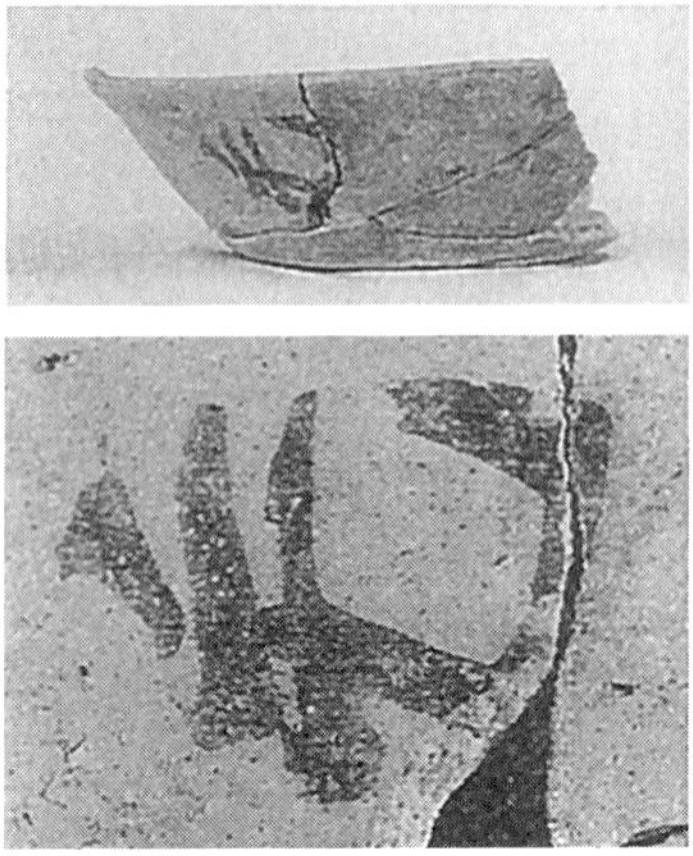

図138　横位「毛」(155号住)

図139　横位「子春」(155号住)

図140　正位の「毛」

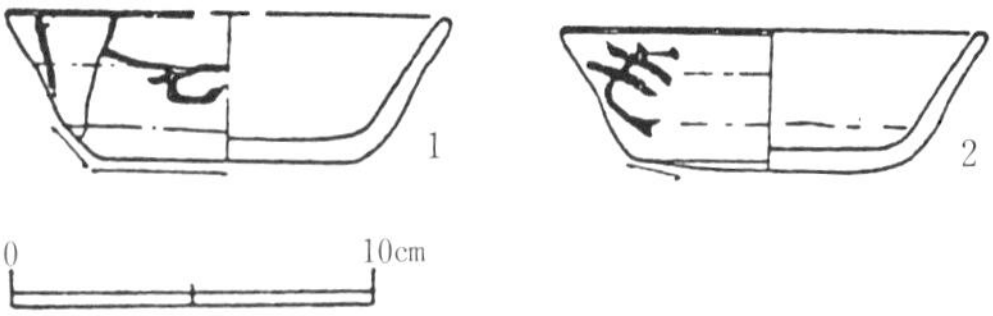

図141　正位「毛」(015号住)

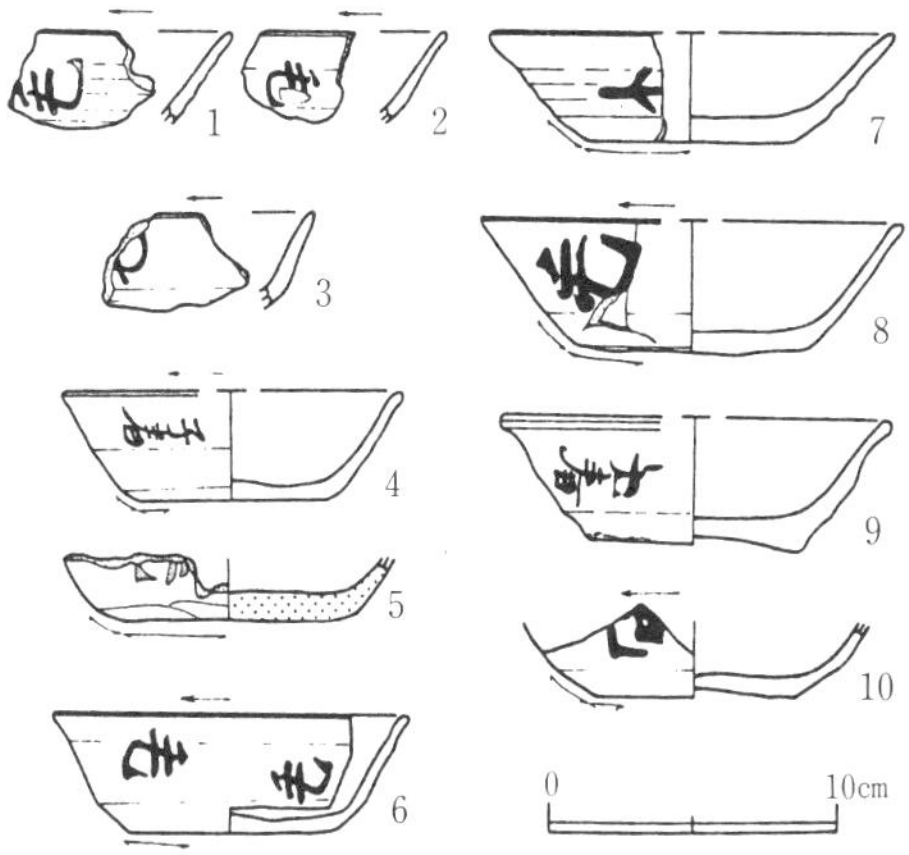

図142　「毛」「子春」「⼀く」の横位の例（1～5＝164号住，6＝179号住，7～10＝155号住）

図143　横位「太」(115号住)

図144　横位「丈」(149号住)

図145　横位「元」(045号住)

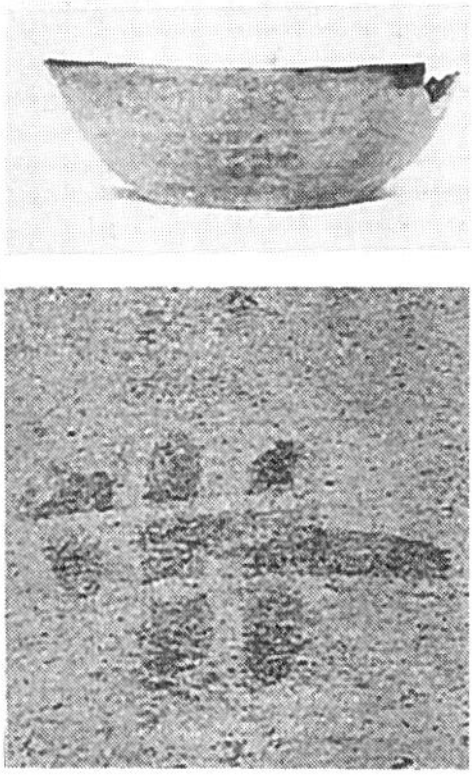

図146　横位「干」(070号住)

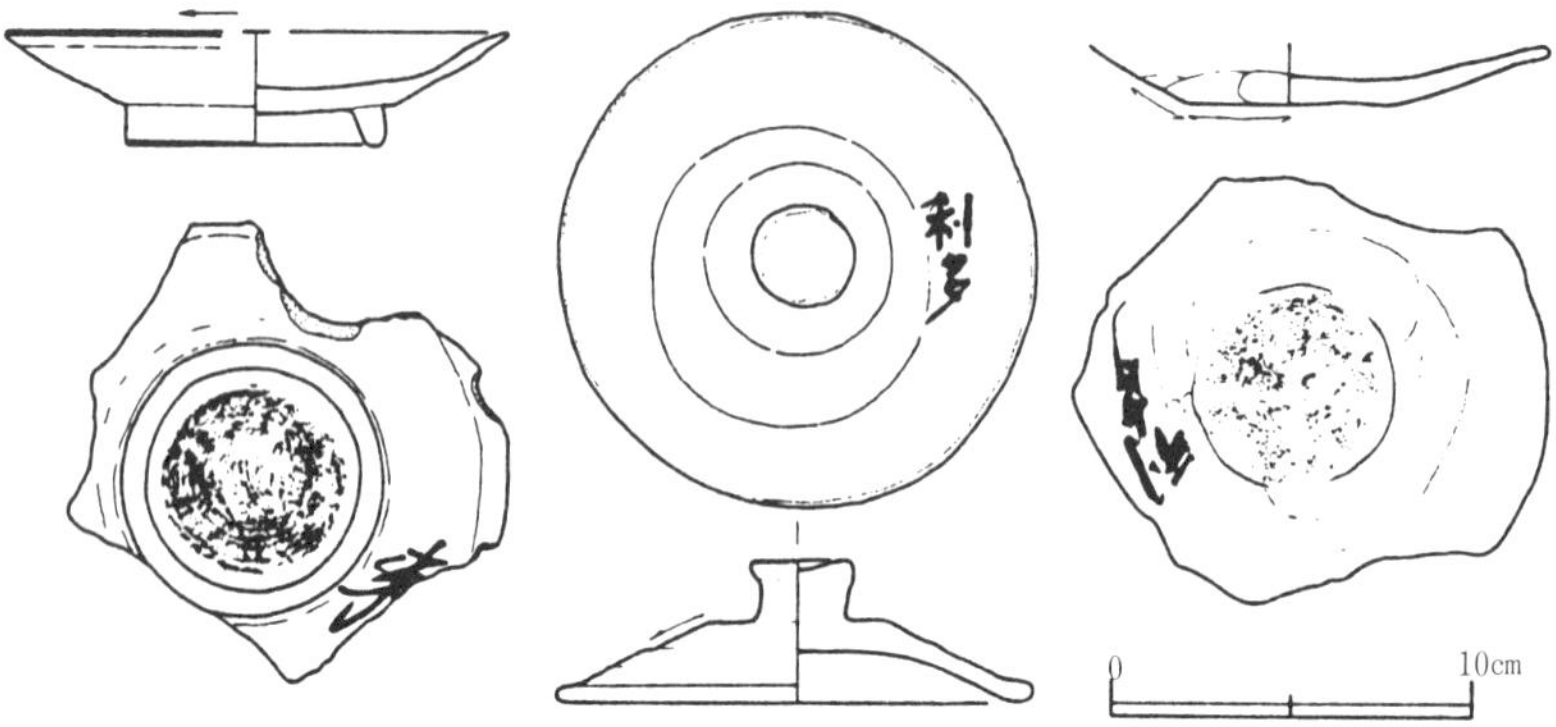

図147　「来」「利多」横位の例（左＝「来」096号住，中＝「利多」128号住，右＝「利多」039号住）

図148　横位線刻「干」（070号住）

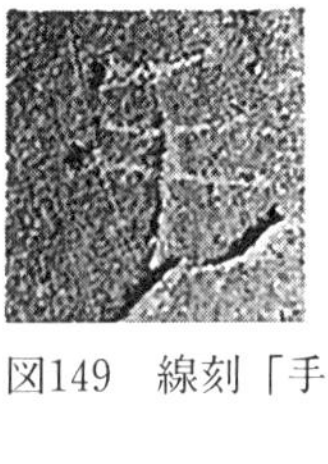

図149　線刻「手」

「干」は五点とも、〇七〇号住居跡から出土し、すべて体部横位に記す。「干」については、このままでは容易に解読しがたい字形を呈している。同区の第Ｉ期の〇八五号住居跡にみえる線刻「手」（図149）は、体部横位に記す点で、第Ⅳ期の「干」と共通する。第Ⅳ期の〇七〇号住居跡出土の五点の「干」のうち、一点は線刻（図148）である点など、第II期の「手」と類似することからも、「干」は「手」と読んで差支えないであろう。上記の「毛」と同様に、長期間にわたる同一地区での同じ文字を同じ部位に記す例として重視したい。

(3)　墨書土器の広がり

先にみたように、第Ⅳ・Ｖ期には各区を代表する墨書を見出すことができるが、それらの代表的墨書は各区にすべて限定されるのではなく、なかには、他区にも分布がみられるものがある。その第Ⅳ・Ⅴ期の代表的墨書の分布状態を簡単にみてみたい（図150）。

そのさい、同一書体であれば、分配行為等を想定しなければならないが、この点の判断は容易ではない。ここでは、個々の書体の変動が比較的少ない墨書・線刻「山」を部位も含めてみておきたい（図151～154）。その特記事項は以下のとおりである。

①「毛」のような部位に一貫性がない。部位の様相を示せば次のとおりである。

- 第Ⅲ期―墨書―体部―〇七四号住居跡(C区)・一六〇号住居跡(E区)
- 第Ⅳ期
  - 墨書―体部―〇四五号住居跡(B区)・一〇七号住居跡(D区)・一三七号住居跡(E区)
  - 刻書
    - 体部―〇四二号住居跡(B区)
    - 底部―〇八九号住居跡(D区)
- 第Ⅴ期
  - 墨書
    - 体部―一三三号住居跡(E区)（二点）・一五六号住居跡(D区)
    - 底部―一五九号住居跡(E区)（皿型）
  - 刻書
    - 体部―一三三号住居跡(E区)
    - 底部―一二八号住居跡(E区)・一五六号住居跡(D区)

②墨書「山」は各期ともすべて肉太の、大らかさを感じさせる楷書体である。

③墨書「山」に対して、線刻で同一文字を表記している。その線刻は肉太の墨書「山」を意識したように、太く深く刻んでいる（〇四二号住居跡出土のもののみが細い刻み）。

④第Ⅲ期の〇七四号住居跡（C区）と一六〇号住居跡（E区）出土のものは、墨書で体部の下半に記す点に特徴が

図151　Ⅳ期のＤ区の墨書
「山」(107号住)

図152　Ⅳ期のＥ区の墨書
「山」(137号住)

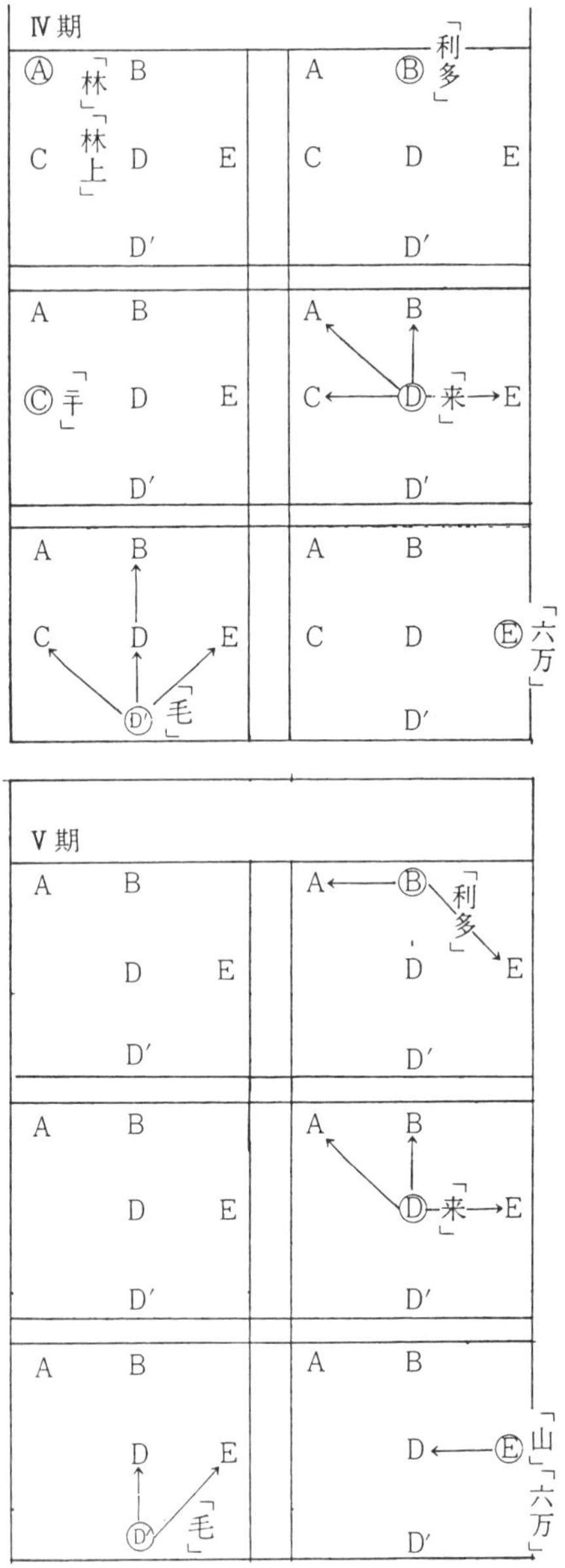

図150　Ⅳ・Ⅴ期の各ブロックの代表的墨書土器の分布模式図（○印は主たる出土地点，矢印はその関連を示す）

ある。

⑤一三三号住居跡出土「山」三点のうち一点は線刻であるが、いずれも体部正位に記す。

図150で明らかなように、第Ⅳ期−A区の「林」とC区の「手」は他区では見出せず、限られた分布を示す。

それに対して、集落全体にほぼ分布を示すのが「毛」と「来」の二種の墨書である。ところが、ここで注意すべきことは、同様に広い分布をもつ両者は微妙な違いを示している点である。すなわち、「毛」は第Ⅳ期においてA区をのぞく集落全体に分布するが、第Ⅴ期は「毛」の第Ⅱ期以来の中心的区域とされるD区以外にはE区の一例をのぞき、その分布を認められないのである。一方、「来」は第Ⅳ期に、初めて広場の南のD区に登場するが、第Ⅳ期・第Ⅴ期を通じて、集落全体、各区のすべてにその文字を見出すことができる。

「毛」と「来」に関して、もう一つ軽視できない点は、第Ⅳ期の「毛」の他区における分布の状態が、各区において独立的な分布を示していることである。具体的に説明するならば、B区の〇一五号住居跡「毛」(二点)、C区の〇九五号住居跡「毛」(二点)、E区の一七九号住居跡「毛」(一点)、一三一号住居跡「毛」(一点)は、いずれも他の墨

図153　Ⅳ期のB区の墨書「山」(045号住)

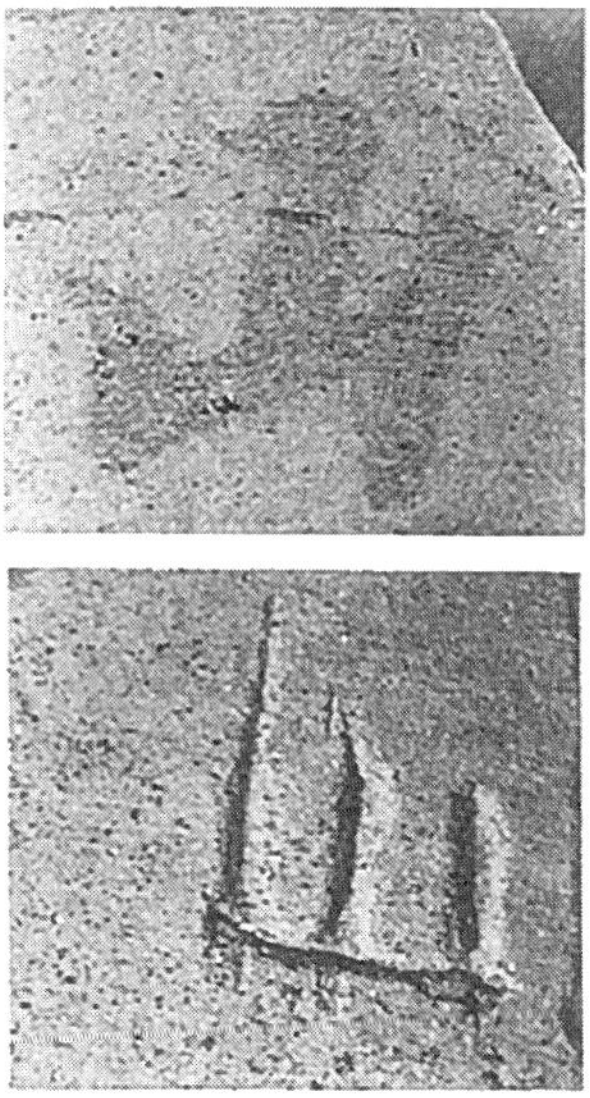

図154　墨書と線刻の「山」(ともに133号住)

書を伴わず、「毛」のみが存する。加えて、各区の中心的住居に伴わず、他の住居群から比較的離れた位置に存在する点、〝孤立的分布〟とみなすことができるであろう。

一方、第Ⅳ・Ⅴ期の「来」の他区における分布をみると、すべて各区を代表する墨書と伴出し、しかも、各区の中心的とみなされる住居から出土している点、この期の「来」の集落全体への影響力の大きいことを示唆しているのではないか。

以上から、本集落内において各種の墨書土器の中で「毛」と「来」が際立っていることは明らかであろう。しかも、両者はいくつかの対比すべき点を有していることに注目したい。

①「毛」三〇点と「来」九八点と、数量的に他を圧している。

②本集落内の先駆的墨書の一つは「毛」である。

③「毛」は第Ⅱ期から第Ⅴ期まで、各期にみられる。一方、「来」は第Ⅳ期以降に初めてみえる墨書である。

④「毛」は第Ⅱ期から終始広場の南に占地し、第Ⅳ期以降、「来」もまた同様である。この地区は掘立柱建物の集中するおそらく集落の中心的な役割をもったところである。

⑤他の墨書（「林」「干」など）が各区それぞれに限定されているのに対し、「毛」は第Ⅳ期、「来」は第Ⅳ期・第Ⅴ期にそれぞれ集落全体に分布している。

⑥墨書の部位の点では、「来」「利多」をはじめ、多くの墨書が体部正位であるのに対して、「毛」は第Ⅱ期から第Ⅴ期まで一貫して体部横位である点、大きな違いを示している。

⑦黒田正典氏の筆跡学的研究によれば、「毛」と「来」はまったく異なる用筆法である。「来」をはじめ、本集落内の大多数の墨書は中鋒的用筆法であるのに対して、「毛」は「林」などとともに側筆的用筆法である。このこと

はおそらく、「毛」と「来」は異なる筆法を訓練した異なる集団であることを示唆しているとみることができるであろう（七九頁および図51参照）。

⑧用筆法でともに側筆的用筆法とされる「毛」「林」は本遺跡の北に位置する名主山遺跡からも出土している点が注目される。一方、「来」「利多」などは本遺跡以外周辺にはまったく分布がみられない。

これらの点を総合して判断を下すならば、本集落の形成期（八世紀段階）の指導的役割を果たしたのは、「毛」と墨書した集団と考えられ、九世紀前半「来」の墨書の登場とともに本集落の墨書土器の盛行期を迎えた。そして、第Ⅳから第Ⅴ期にかけて、集落の中心的役割が「毛」から「来」を表記する集団へと交代したことを読みとれるのではないだろうか。

ただし、「毛」や「来」が集団の標識的文字とした場合、「毛」や「来」がそれぞれどのような文字の意味を記載したものかは現段階では推測する術がない。このことは他の各区を代表する文字についても同様である。今後の課題としておきたい。

(4)　その他の特記事項

線刻文字・記号　村上込の内遺跡においても、八世紀段階では、他地域の集落遺跡と同様に墨書がきわめて少ない。それに対して、第Ⅲ期にとくに顕著にみられるように、線刻で記号的に記したものが目立ち、墨書の広範な登場以前において一定の役割を果たしたと考えられる。

たとえば、第Ⅰ期には「平」をのぞいて墨書はほとんどみられないが、C区の〇八五号住居跡の線刻「手」が注目される。この線刻は体部横位に記している。一方、第Ⅳ期の「二千」は墨書三点に加えて線刻のものが一点ある。このことから、C区における第Ⅳ期の墨書・線刻「二千」は同区第Ⅰ期の線刻「手」を踏襲した同一文字と判断できる。

「毛」と同様に長期間にわたる同一地区の同じ文字の踏襲例として注目すべきであろう。

もう一例をあげるならば、第III期のA区・一七七号住居跡出土の二点の土師器坏の体部には、△の記号が刻されているが、同じ第III期のB区・一三九号住居跡出土の土師器体部にもまったく同一の記号が付けられているのである。この記号は文字と変わらぬ役割を果たしたと考えられる。

このように線刻文字・記号は本遺跡においては墨書文字とほぼ同時に登場し、第II・III期には主要な役割を果たした。また、墨書土器盛行期には「山」「三千」などの墨書と同一文字を線刻し、墨書の補完的役割を果たしている。

いうまでもなく、土器に墨書するためには墨・筆・硯の文房具が絶対不可欠である。墨書土器の広範な分布の前提として、紙に文字を記すことがかなり浸透していたと考えられる。いいかえれば、集落において、墨・筆・硯を用意したのは、土器に文字を記すだけの目的とは考えにくく、集落内で、紙に文字を記すことが日常的になった段階で、初めて土器にも筆で文字を記すに至ったとも理解できる。この点は集落と文字の普及という大きなテーマにかかわる重要な問題として今後言及していかなければならない。

文字の大きさ　墨書の初期段階は底部に比較的小さく記す傾向にある。最も端的な例として本遺跡と同じ印旛地方で、古代の埴生郡家跡とされる大畑I遺跡に深い関連をもつ印旛郡栄町向台遺跡の墨書土器があげられよう(6)。向台遺跡の墨書土器のうち大半は、浅い谷部から出土したもので、大畑I遺跡に関連する主として八世紀前半から半ばにかけての遺物とされている。谷から出土した墨書土器は一七点（土師器四点、須恵器一三点）、線刻土器は二六点（土師器四点、須恵器二二点）である。そして墨書・線刻されている部位はほとんど底部である。この期の土器の底部は比較的大きいのにもかかわらず、それらの文字は土師器、須恵器ともにすべて底部に小さく、丁寧に書かれている（図155）。文字の種類も、墨書土器は「中」八点・「甲」二点・不明七点、線刻土器は「中」一四点・「井」三点・「甲」一点・「小」一点・記号や不明なものが七点で、きわめて単一な内容であるといえよう。

これは墨書土器の絶対数が少なく、しかも墨書内容の種類が少ない場合に、このように文字を小さく記す傾向にあ

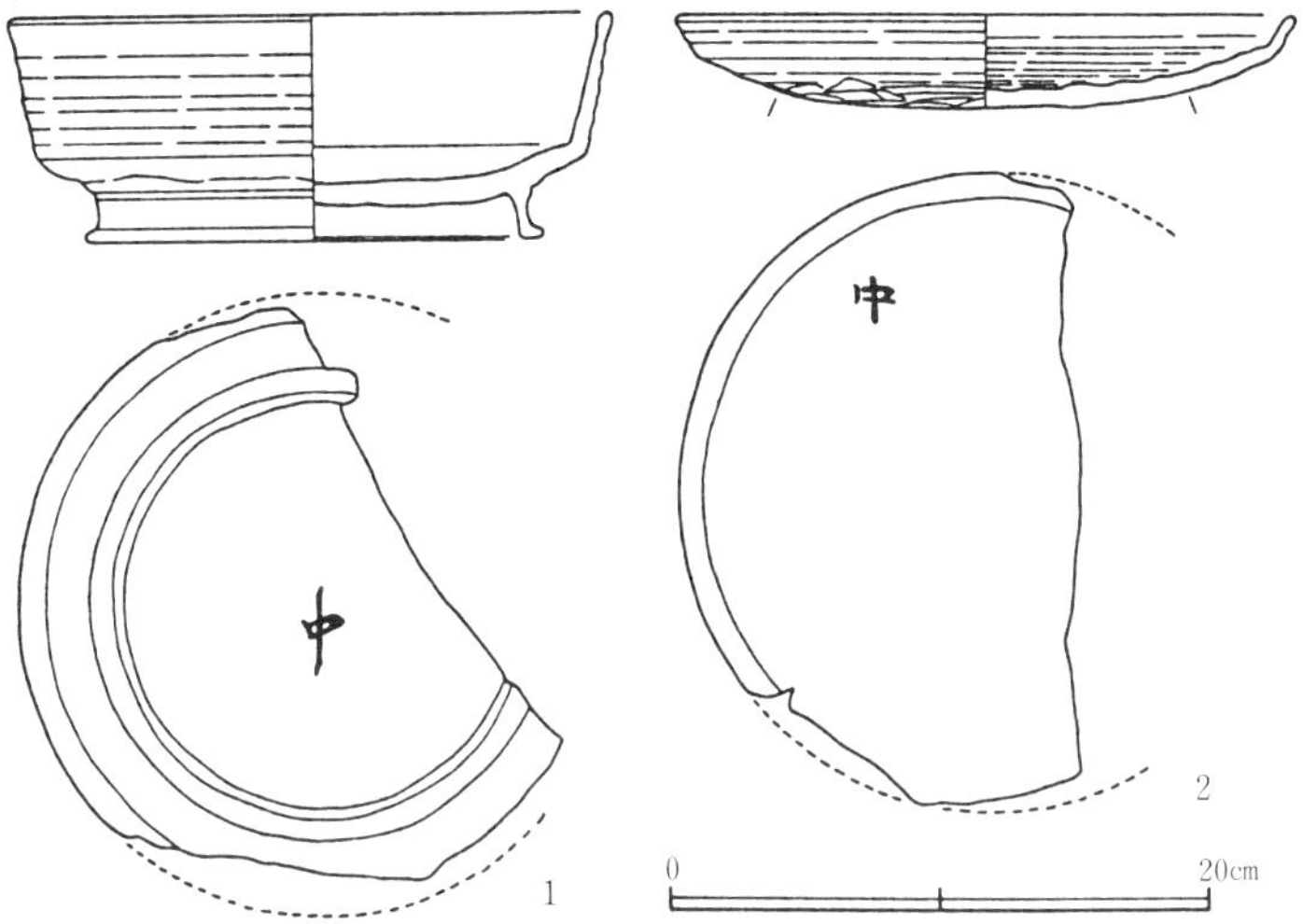

図155　底部に小さく文字を記す例（千葉県印旛郡栄町向台遺跡）

ることを示していると考えられる。それに対して墨書土器が爆発的に盛行し、絶対数および墨書内容の種類が多岐にわたるに伴い、墨書は大きく記される傾向にある。そして、墨書土器はこうした一種の競合・対抗の中で、その絶対数および墨書内容の種類を増大させていくと考えられるのではないか。

共通文字の分布　村上込の内遺跡においては、墨書土器の比較的少ない時期に、「中」「甲」「串」の文字が目立つ。すなわち第II期の「串」（ヘラ刻書）と第III期の「中」「甲」（墨書）および「中」（線刻）である。

このような八世紀代における「中」「甲」「串」の文字は、先の印旛郡栄町向台遺跡の谷出土一括土器においても大部分を占めている（図156）。その内訳は墨書土器総数一七点のうち「中」八点・「甲」二点、刻書土器総数二六点のうち「中」一四点・「甲」一点である。さらに、この向台遺跡から東南へ約六キロに位置する成田市成田ニュータウン遺跡群の数ヵ所から同種の文字を記した主として九世紀代の墨書土器が多量出土している。(7)この遺跡群

表13　「中」(「仲」)・「甲」・「申」の例（千葉県成田市成田ニュータウン遺跡群）

遺跡名	出土遺構	器種	文字の部位	墨書・刻書	文字内容	備考
Loc14遺跡(中台)	054号竪穴住居跡(以下054号住と記す)	坏(1例を除き，以下すべて土師器)	体部外面	墨書	中ヵ	
	064号住	〃	体部内面	刻書(焼成後)	中□	
		〃	〃	〃	中ヵ	
	065号住	〃	底部外面	墨書	甲	
	072号住	〃	〃	〃	中	
	086号住	〃	底部内面	〃	中ヵ	
			底部外面	〃	字体不明	
		〃	体部外面	〃	中甲	
		高台付皿	〃	〃	仲甲	
	097号住	坏	〃	〃	中	
	100号住	〃	底部外面	〃	[年]甲	報告書「辛甲」？とする。
	115号住	〃	体部外面	〃	中甲	
Loc15遺跡(郷部・加良部)	014号住	〃	体部外面	〃	中	
			底部外面	〃	字体不明	
	015号住	〃	体部外面	〃	甲	
	018A号住	〃	底部外面	〃	[年]甲	報告書「辛甲」？とする。
	019A・B号住	〃	〃	〃	中□	
	022号住	〃	体部外面	〃	中甲	
	030A・B号住	〃	底部外面	〃	甲	
	031号住	〃	体部外面	〃	中甲	
		〃	〃	〃	中甲	
		〃	〃	〃	中甲	底部外面に焼成前のヘラ書「十」
		〃	〃	〃	中甲	
		〃	〃	〃	中甲	
		〃	〃	〃	中甲	
		〃	〃	〃	中甲	
		〃	〃	〃	中甲	
	032号住	〃	底部外面	〃	[年]甲	報告書「辛甲」？とする。
	036号住	高台付皿	体部外面	墨書	中甲	
	038号住	須恵器・坏	底部外面	刻書(焼成後)	中ヵ	

	039A・B・C号住	坏	体部外面	墨書	中甲	
		〃	〃	〃	中	
		〃	〃	〃	中甲	
		〃	底部外面	〃	中	
	043号住	〃	体部外面	〃	中甲	
		〃	〃	〃	中甲	硯(墨入れ)に使用か
		〃	〃	〃	中甲	
	046号住	〃	体部外面	〃	中甲	
			底部外面	〃	卆	
		〃	体部外面	〃	中甲	
			底部外面	〃	字体不明	
		〃	体部外面	〃	甲	
	048号住	〃	底部外面	〃	甲	
	049号住	〃	体部外面	〃	中甲	
	057A号住	〃	〃	〃	中甲	
		〃	〃	〃	中甲	
		〃	〃	〃	中甲	
		〃	〃	〃	中甲ヵ	
	059号住	〃	〃	〃	中甲	
	070号住	〃	〃	〃	中甲	
Loc16遺跡(郷部・堀尾)	002号住	〃	〃	〃	中甲	
	009号住	〃	底部外面	〃	中甲ヵ	
	023号住	〃	体部外面	〃	中甲	
	039号住	〃	体部内面	〃	仲	
			体部外面	〃	字体不明	
		〃	体部外面	〃	仲ヵ	
	041号住	高台付坏	〃	〃	甲ヵ	
Loc17遺跡(郷部・八ツ又)	004号住	坏	〃	〃	中甲	
	010号住	〃	〃	〃	中甲	
	014号住	〃	〃	〃	申甲	
Loc20遺跡(山口)	遺跡内出土遺物	〃	〃	〃	仲	

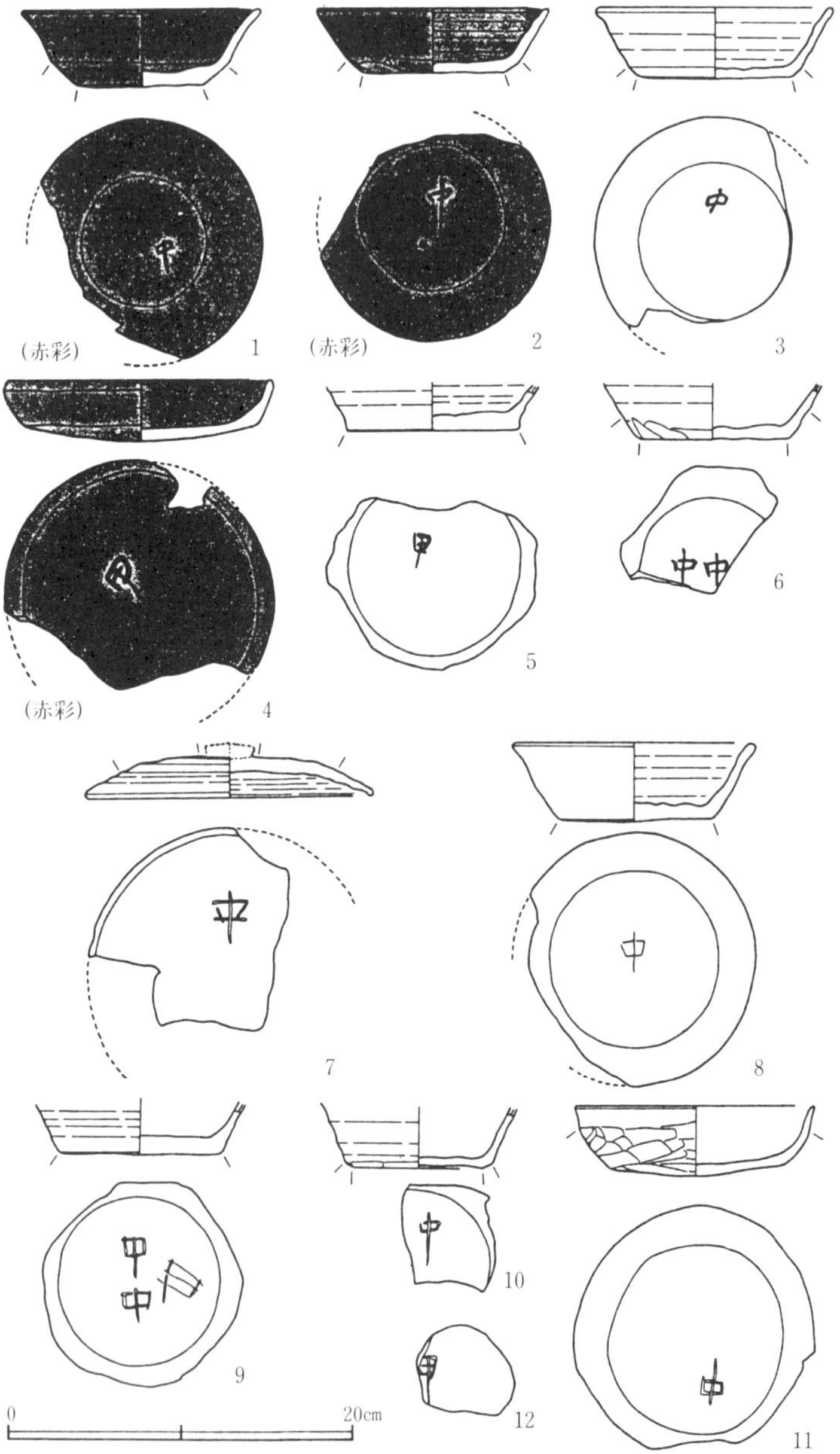

図156　墨書・線刻土器「中」・「甲」（千葉県印旛郡栄町向台遺跡）

の場合、「中」「甲」それぞれ単独の文字とならんで圧倒的に多いのは「串」と二文字を連ねて記している墨書である（図157・158）。この「串」の書き方は「中」と「甲」とが密接な一連の内容であることを象徴的に物語っていると理解できるであろう。

このほかにも、古代の郡名でいえば、下総国印幡（播）・迊瑳・香取・埴生の各郡および上総国武射郡の一部にかけての地域内の各遺跡に、「中」「甲」「串」の分布がとくに顕著に認められる。

「中」などはたしかに一般的な墨書内容といえなくもないが、やはり「中」「甲」「串」という

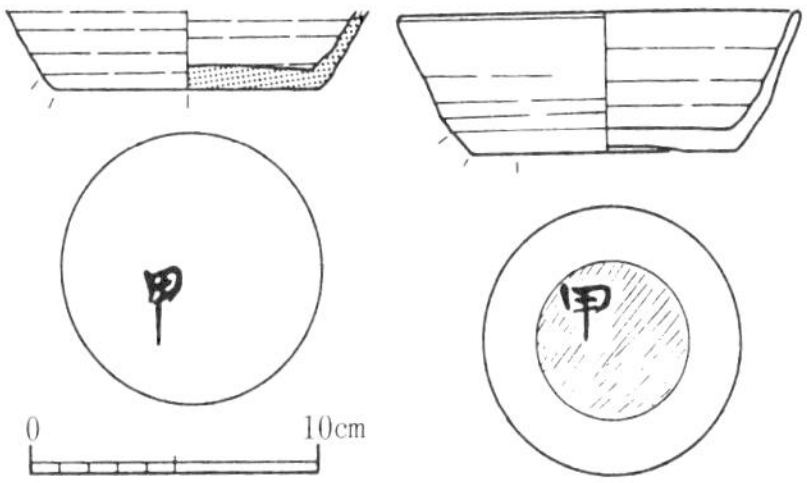

図157　墨書土器「甲」（千葉県成田市成田ニュータウン遺跡群 Loc15遺跡，左＝030号住，右＝048号住）

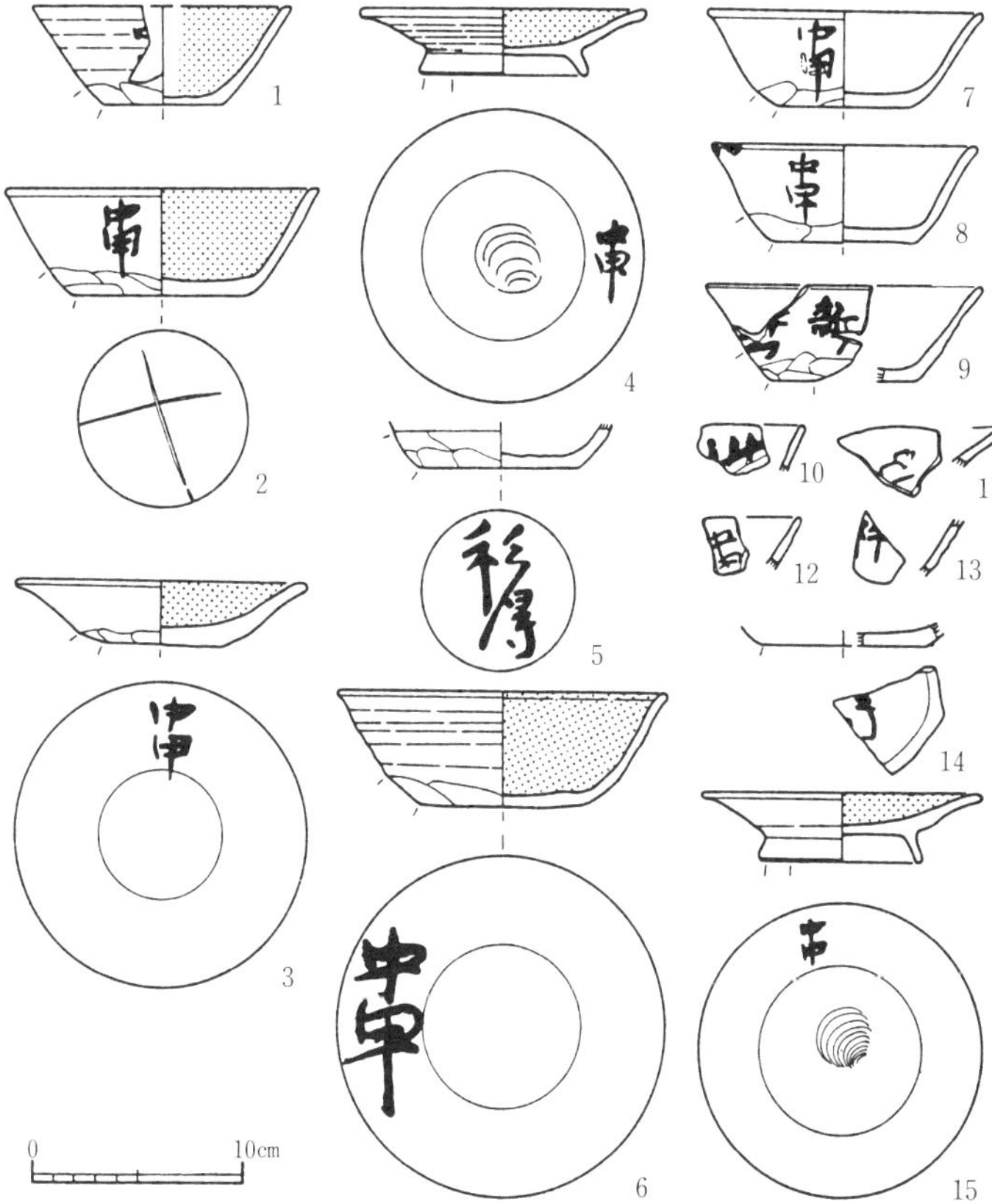

図158　墨書土器「串」（1・2・3・4・6・7・8・12・15）（千葉県成田市成田ニュータウン遺跡群 Loc15遺跡，031号住）

ほぼ相似た字形の墨書・刻書土器が集中的に分布する点に大いに注目する必要があろう。現在、その分布が密に認められる印幡（播）・香取・埴生の各郡はいわゆる旧印波国造の支配領域である点に共通の基盤を有しているといえよう。

いずれにしても、一般的に遺跡を超えた広範囲に分布する共通文字は今後の集落の形成過程と集落間の関連をみていく場合の重要な分析要素となるに違いない。

3　今後の課題――墨書土器の多様性

墨書土器は日常雑器として主として坏形土器に記されたものゆえに、線刻も含めて集落の住民が土器の使用にあたって他の土器との識別を目的として記したと一般的には捉えられているであろう。すなわち、集落における墨書土器は官衙における土器の帰属を示すという本来的性格の模倣といえよう。たとえ、当時の集落において文字が非日常的であり、文字自体が独自の権威や魔力を有したとしても、他の土器との識別という意味は失われることはないであろう。

以上のような考え方は、常に墨書された土器は日常雑器として長期間使用されることを想定しがちである。しかし、集落における墨書土器のうちでは次のようなケースを十分に想定しなければならない。集落全体または各住居単位内での祭祀や儀礼にさいして、使用する土器に墨書することも十分に考えられる。この場合は、祭祀の終了時に廃棄される可能性が高く、きわめて短期間の使用目的のケースといえるであろう。

こうした祭祀に関する墨書の実例と思われるものが近年報告されている。

千葉県佐原市福田に所在する馬場遺跡では、〇〇四号住居跡のカマド内燃焼部底面より浮いた状態で坏が四点重ね

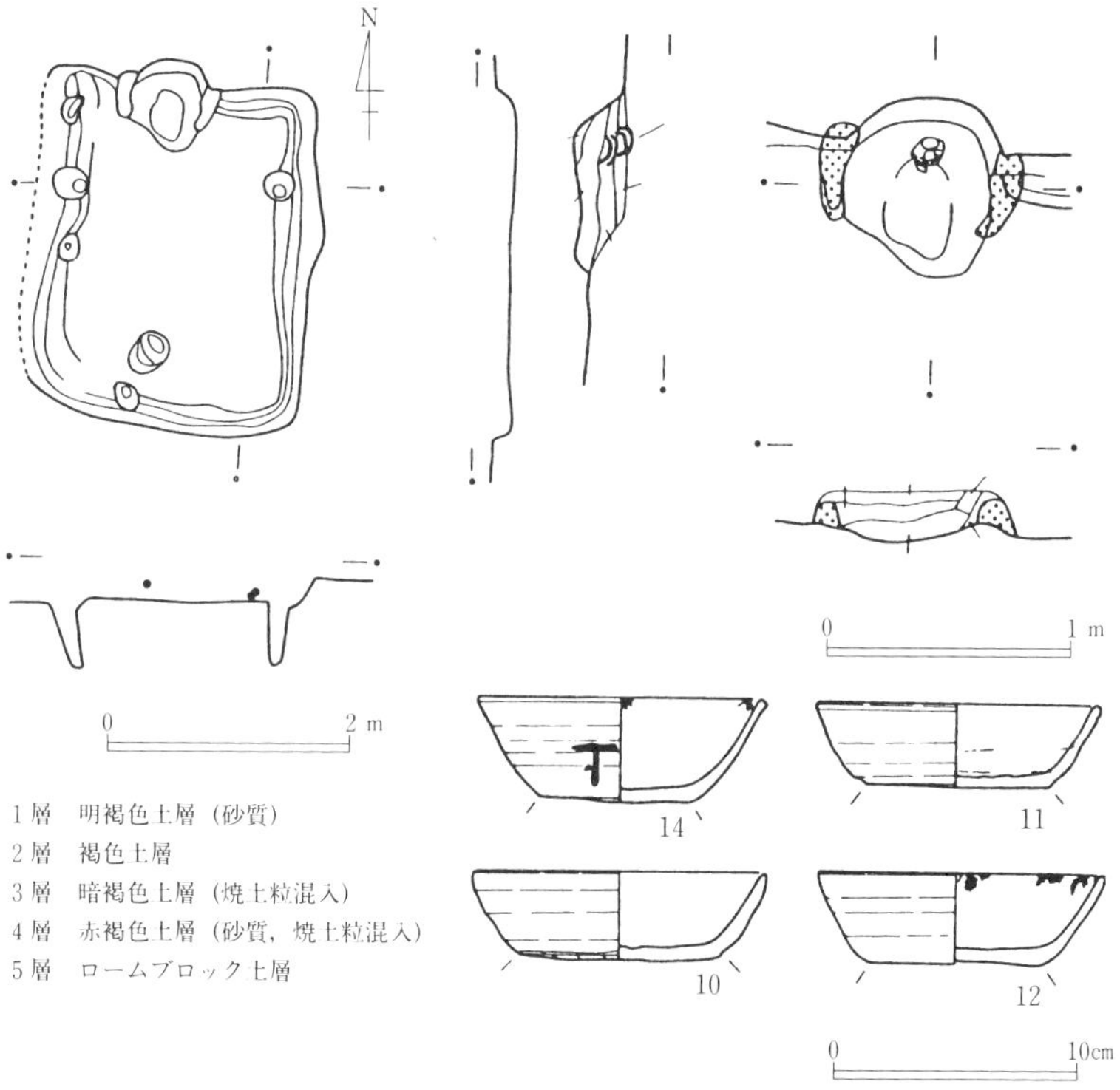

図159　カマド内出土土器（千葉県佐原市馬場遺跡004号住）

られて出土した[8]（図159）。この四点の坏はすべて倒位に置かれ、その一番上に置かれた坏に「上」の墨書がほどこされている。この「上」は体部外面に倒位で記されており、坏を倒位に置くことにより初めて文字の意味が明瞭になるのである。この例は、

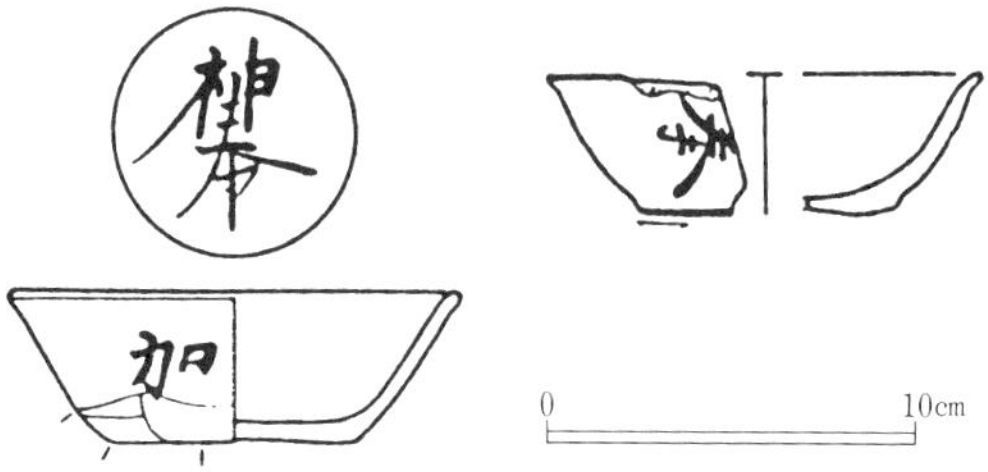

図160　墨書土器「神奉」（左，千葉県成田市成田ニュータウン遺跡群Loc16遺跡005号住）と「×奉」（右，村上込の内遺跡038号住）

住居あるいはカマドの廃絶に伴う墨書土器を出土状況という考古学的な側面からアプローチすることにより初めてその意味が解釈できるのであろうと報告書ではまとめている。村上込の内遺跡の墨書土器のなかにも、このような祭祀的機能を有した文字も存在しているかもしれない（図160）。

このように、日常雑器として捉えるか、特定の祭祀等の目的のために短期間に記載され廃棄されたか、そのいずれかは墨書土器の出土状態を詳細に観察する以外は容易に判断しがたいのである。本節で取り上げた墨書の部位としての正位・倒位の違いなども、こうした点を反映する場合も考えられるかもしれない。

いずれにしても、今後の墨書土器研究において、墨書内容等を明確にしていく段階で、この墨書の部位の違いは非常に重要な問題となるであろう。このほかにも、墨書土器の多面的な用途を想定しておくことが肝要であろう。

本節では、このような墨書土器の多面性に重点をおいて、墨書の意味はあえて問わなかった。それは、たとえば上記のように、日常雑器として土器の帰属を表現したと考えられる墨書と、集落内の祭祀等のさいに墨書されたと考えられるものとは容易に判別しがたい。本節のような分析に加えて、出土状況等でその違いが判明した場合に、初めてそこに記された一字なり二字の墨書の文字の意味を問うことが可能となる。したがって、そうした条件のまだ揃わない遺跡の墨書土器については、いましばらくは文字内容を問わず、客観的データとして集落分析の一要素と位置づけておくべきではないだろうか。

註

（1）　たとえば、その代表的な論考としては、
斎藤忠「各地出土の墨書土器より見たる伊場墨書土器」（浜松市教育委員会『伊場遺跡遺物編』2、一九八〇年）。
玉口時雄「墨書土器小考(1)－墨書土器研究への一試論」（『東洋大学文学部研究紀要』史学科編3、一九八四年）。

の二編があげられる。

（2）宮瀧交二「古代村落と墨書土器―千葉県八千代市村上遺跡の検討―」（『史苑』第四四巻第二号、一九八五年）。このほかにも、村上遺跡の墨書土器に言及した論考としては、次のようなものがある。

阪田正一「東国の集落」（『日本歴史考古学を学ぶ』(上)、有斐閣、一九八三年）。

玉口時雄註(1)論文。

（3）天野努「下総国印旛郡村神郷とその故地」（『千葉県文化財センター研究紀要』10、財団法人千葉県文化財センター、一九八六年）。

（4）天野努・千葉健造・谷旬ほか『八千代市村上遺跡群』（日本住宅公団東京支所、財団法人千葉県都市公社、一九七四年）。

（5）日本住宅公団村上地区内遺跡調査会『村上団地第II期工事区域内発掘調査概要』（一九七二年）ほか。

（6）財団法人千葉県文化財センター『主要地方道成田安食線道路改良工事（住宅宅地関連事業）地内埋蔵文化財発掘調査報告書』（一九八五年）。

（7）千葉県教育委員会・財団法人千葉県文化財センター『公津原II』（一九八一年）。

（8）財団法人千葉県文化財センター『東関東自動車道埋蔵文化財調査報告書IV―佐原地区(一)―』（一九八八年）。

三　墨書土器とその字形――古代村落における文字の実相

はじめに

古代の東国を例にとれば、「正倉院文書」として残る戸籍などのわずかな公文（それらは国府や郡家などのような公的機関で作成・浄書されたもの）をのぞけば、伝世された八～九世紀段階の文字史料はきわめて限られていた。ましてや、村落レベルの文字史料は皆無に等しかった。そのことから、東国社会におけるいわゆる識字層は郡司クラスをはじめ、村の中の一部の有力者などに限られ、村落における文字の普及を否定的に捉える見解が一般的であった。

しかし、一九七〇年代以降、関東地方を中心として、集落遺跡の大規模な発掘調査において、多量の墨書土器が発見され、東国社会も文字の普及が予想以上に進んでいたかのように理解するに至った。すなわち、墨書土器は文字の普及の指標として、ことさらに識字層の広がりを強調してきたといえるであろう。

こうした状況のもとで、多量の出土を誇る遺跡単位および各県単位などで集成作業が実施され、その成果が次々に公刊されている。一方、墨書土器そのものに関する分析やその文字をもとに古代村落のあり方を問うような研究も目立ってきている。

墨書土器も数量や分布範囲の広がりの点において分析可能な段階に至っている。また、現段階で墨書土器について一定の見通しを立てることは、今後の調査研究の一つの指針として有効な作業であると位置づけたい。

そこで、あらためて墨書土器は、集落における文字普及の指標となるか、また土器に文字を記すことの目的は何か、すなわち集落遺跡における墨書土器の意義は何かという大きな課題について新たな視点から考察してみたい。

前節では、特定した集落遺跡の分析を試みたが、本節では、墨書土器の字形を中心に、より広域的見地から分析してみたい（1）。ここでいう字形とは、土器に記された文字の出来上がりの形のことであり、運筆やいわゆる書風などはとくに問題とはしない。また、対象とする時期を八～十世紀ころにおき、細かい時期区分や墨書した土器の検討などの考古学的視野からは多少離れた形で、東日本各地の遺跡単位における墨書土器の全般的な動向の掌握を目的として、その字形を中心に論ずる点をあらかじめお断りしておきたい。

さらに、本節では主として東日本各地の集落遺跡を対象とするが、地方官衙遺跡のうちでも、国府跡をのぞく郡家跡などの墨書土器も必要に応じて検討対象とした。地方の郡家以下の官衙遺跡の墨書土器は、その周辺の集落遺跡とその文字内容など、共通する点が数多く認められる。その点は、古代の郡家などの地方官衙の本質を考えるうえでも重要な要素というべきであろう。

1　文字の種類——共通文字の存在

まず、最初に集落遺跡出土の墨書土器の文字の種類を問題としたい。すなわち、集落遺跡の墨書土器ははたしてそれぞれの集落の住民が数多くの文字の中から取捨選択して記したものであるかどうかを問うのである。ここで取り扱う遺跡は一般的には多ければ多いほど統計的処理の有効性を増すが、東日本各地のうち比較的出土量の豊富な二〇遺跡ほどを対象とすれば、おおよその傾向を把握できるであろう。しかも、本節では、単純に文字の種類から迫るのではなく、以下のような多角的な側面からアプローチするという研究方法をとることとする。

表14によれば、二〇遺跡で使用されている文字の種類の総数は二〇五種で、そのうち二遺跡以上で共通する文字は八三種である。ちなみに五遺跡以上共通する文字は、万、大、上、加、十、卄、人、寺、生、丈、千、吉、田、本、家、西、得、仁、真、下、主、南、天、子、安、冨、山、成、豊、継の三〇種である。

これらの数値を概観してみても、いかに限定された文字が東日本各地で共通して書かれたかが理解できよう。また、そのことは、次の二つの遺跡の墨書土器の文字構成を比較すれば、より明瞭であろう。

○福島県石川町達中久保遺跡（図161）

南、加、朱、本、真、千万、冨、冨・豊

○長野県塩尻市吉田川西遺跡（図162）

南、加、珎、安、真、千、万、吉、財冨加

依	信	倍	入	内	全	安	家	富	寺	山	罡	平	東	西	弓	得	徳	成	新	有	木	卆	林	毛	永	浄	益	珎
		○				○			○								○					○			○			
○						○	○					○				○							○			○		
						○				○					○							○						
					○		○						○	○														
								○														○						
								○														○	○					
	○					○			○							○												
														○														
						○		○	○					○														○
					○				○											○			○	○	○			
									○	○				○	○	○		○			○	○	○				○	
				○										○														
	○		○				○	○	○									○	○									
							○				○							○										
			○					○		○								○	○		○							
																○												
									○	○						○		○										
									○							○												
			○				○		○											○		○						
							○			○				○								○						
1	2	1	3	1	2	5	6	5	9	5	1	1	1	6	2	6	1	5	2	2	2	7	4	1	2	1	1	1

在	大	天	太	夫	子	守	甲	由	盛	真	神	福	禾	立	長	臣	茂	田	豊	財	足	達	酒	隆	集	鏡	継
	○	○				○				○																	
								○									○			○							
	○				○						○	○			○						○						○
		○	○				○			○		○						○									
										○									○								
																											○
	○														○												
	○		○		○														○		○						
										○										○							
○	○											○															
	○	○	○	○	○					○	○				○	○		○			○				○		
	○							○															○				
	○			○					○	○			○					○	○								○
	○	○		○							○	○							○							○	○
	○	○							○									○	○					○			○
	○													○				○			○						
	○				○									○				○				○					
	○														○												
	○		○		○			○										○					○				
○	○						○											○									
2	15	5	4	3	5	1	2	3	2	6	3	4	1	2	4	1	1	8	5	2	4	1	2	1	1	1	5

表14　遺跡別文字の種類

遺跡名＼文字	七	丈	万	上	下	中	丸	主	乃	九	五	井	人	仁	正	仲	佛	来
①岩手県北上市下谷地B遺跡			○	○								○			○			
②山形県川西町道伝遺跡	○		○											○			○	
③　〃　酒田市生石2遺跡		○	○	○				○	○		○	○	○	○				
④福島県福島市御山千軒遺跡		○	○	○		○					○	○	○					○
⑤　〃　石川町達中久保遺跡			○															
⑥　〃　棚倉町松並平遺跡			○															
⑦群馬県赤堀町川上遺跡																		
⑧　〃　尾島町小角田前遺跡	○												○					
⑨長野県塩尻市吉田川西遺跡			○							○								
⑩群馬県沼田市戸神諏訪遺跡		○										○					○	
⑪福島県会津若松市上吉田遺跡		○	○	○	○		○	○				○	○					
⑫神奈川県厚木市鳶尾遺跡	○	○	○	○								○	○		○			
⑬千葉県八千代市井戸向遺跡			○			○								○			○	
⑭　〃　〃　権現後遺跡					○			○		○			○					
⑮　〃　〃　北海道遺跡			○									○		○				
⑯　〃　東金市久我台遺跡		○	○	○								○		○				
⑰　〃　〃　作畑遺跡			○	○				○		○		○	○					
⑱　〃　佐倉市大崎台遺跡			○	○	○			○					○					
⑲　〃　〃　江原台遺跡		○	○		○	○				○			○	○		○	○	
⑳埼玉県本庄市および児玉町将監塚・古井戸遺跡	○			○	○	○												
計	4	7	15	9	5	4	1	5	1	4	2	9	9	6	2	1	4	1

遺跡名＼文字	生	刀	分	力	加	勢	十	千	午	南	又	友	古	合	吉	和	善	土
①岩手県北上市下谷地B遺跡					○		○							△	○			
②山形県川西町道伝遺跡	○	○								○								
③　〃　酒田市生石2遺跡																		
④福島県福島市御山千軒遺跡		○				○		○										
⑤　〃　石川町達中久保遺跡					○			○		○				○				
⑥　〃　棚倉町松並平遺跡					○			○										
⑦群馬県赤堀町川上遺跡	○																	
⑧　〃　尾島町小角田前遺跡															○			
⑨長野県塩尻市吉田川西遺跡					○			○		○					○			
⑩群馬県沼田市戸神諏訪遺跡							○		○		○				○			
⑪福島県会津若松市上吉田遺跡			○		○		○	○							○	○	○	○
⑫神奈川県厚木市鳶尾遺跡	○	○					○				○							○
⑬千葉県八千代市井戸向遺跡	○				○		○				○							○
⑭　〃　〃　権現後遺跡	○						○			○								
⑮　〃　〃　北海道遺跡	○																○	
⑯　〃　東金市久我台遺跡	○				○		○	○		○			○	○	○			
⑰　〃　〃　作畑遺跡	○			○	○			○				○		○	○			
⑱　〃　佐倉市大崎台遺跡		○					○	○							○		○	○
⑲　〃　〃　江原台遺跡	○				○		○										○	
⑳埼玉県本庄市および児玉町将監塚・古井戸遺跡							○											
計	9	4	1	1	9	1	10	8	1	5	3	1	1	3	8	1	4	4

⑥六帀，⑦慈至，⑧吉人人足尓礼石疋太北，⑨野西寺財富加，⑩宮井名直宮田寺管嶋野井侶宜遣佛丈文俣，⑪六万廿万廿卅万卅卌万一千大万万足西足方政女，⑬朝日生堤提生寺坏□替信會大田禾原大家思工厩部男貞，⑭天人宜□□伴部時方，⑮朝日井大大井凡山大田勝光寺村神丈尼八丁磯廊く，⑯千万南千万子仲中人中村中村家右丈酒坏三□□善佛□，⑳大家大西大田上西尓日厨玉个○□。

この二遺跡は、古代の陸奥国と信濃国というまったくかけ離れた地域にもかかわらず、その墨書土器の文字の種類はほとんど共通しているといえる。この傾向は墨書土器の出土量では、全国的に最大量を誇る千葉県八千代市の萱田地区（北海道・権現後・井戸向・白幡前遺跡）においても、上記の二遺跡の文字がほとんど中心をなしていることがわかる。

次にこれらの共通文字は、二文字または三文字を組み合わせて使用している点に注目したい。

まず、上記の二〇遺跡に限っていえば、表15（二六八頁）にみるように二ないし三文字の総字数一〇二字を四四種の文字の組み合わせで表現していることになる。

さらに、これらの文字構成をより鮮明に強調する恰好の資料が、最近公表された石川県小松市の浄水寺跡の膨大な墨書土器群である。

この遺跡は集落遺跡ではないが、以下に述べる調査報告書(2)の概要からも明らかなように、平安期の在地寺院として、周辺の村落と密接な関係を有し、村落の人々の厚い信仰に支えられた寺院であったとみて間違いないようである(3)。しかも、その墨書土器は大溝へ大量に投棄されたもので、本節で取り上げた岩手県下谷地B遺跡、福島県上吉田遺跡および御山千軒遺跡と類似した出土状態を呈している点においても、ここで参考資料として十分に活用できる資料といえるであろう。

浄水寺跡は、石川県南部の小松丘陵の北端部に位置する小松市八幡地内通称キヨミズ山（標高六三・五メートル）の南東緩斜面で、古代から中世にかけて営まれた寺院跡である。

●表14のつづき

その他の文字＝①正太 加三，②二万 七万 百万 得万 財万 建月隻直目龍麻，③工伍安万 白万呂 山部 大伴人 船，④千万 五万 福来 東福 西福 上家 中□ 具，⑤千万 朱，加足 田足 加集 大集 下集 上加 十加 井人 人長 奏人 石山 山本 寺田 惣至 曹司 伊見 大西 界伴奈若廣栖桑畠菊石智法玉連物見高根前介仕阝个朩瓜，⑫十万 生万 立合 弘貫 古加 借田 千俣 得加 足仁 井於 十上 殿竈後門，⑰子幸 立生 加生 □成 力合 山上 田上 大門 市之 栗戸川 価 山口万 興食四弘貫，⑱□万 得上 刀千□ □大小人 年，⑲二万 九万 人万 子中

註1　明らかな地名・人名等の固有名詞は対象外とする。
宮田寺，勝光寺，村神丈，弘貫，栗戸川，千俣

2　次のような3文字以上の多文字の文章化された墨書土器は除いた。
権現後遺跡……「村神郷丈部国依甘魚」
北海道遺跡……「承和五年二月十□・□　□□」，「丈部乙刀自女形代」，「加・加□。家此盛」
井戸向遺跡……「□部吉道□」

浄水寺跡は、国分寺などの古代寺院にみられる定形化した伽藍配置をもつ寺跡ではなく、丘陵の緩斜面に大きく四段の平坦面を造成し、掘立柱建物を中心とした諸施設を配している。遺構は大形の礎石建物一棟と数多くの掘立柱建物のほか大溝、池、室状遺構、木組井戸、土坑、参道、土器埋納穴（地鎮遺構）などがある。なかでも遺構変遷第II期（十世紀前半〜十一世紀）に旧地形の小谷と考えられる大溝に大量投棄された土器は、墨書土器を多く含む須恵器や土師器の椀や皿等が、整理箱で約一三〇箱出土した。その墨書土器は総数一二二二点が確認され、その内容は寺院名の「浄水寺」をはじめとして、「前院」「南房」「中房」「仁房」「厨」等の寺院の施設名とされるものや、「珎」「珎来」「冨集」「天冨」「吉来」「大吉」「吉加」などの本節に深く関連する文字群で大半が占められている。

そこで、浄水寺跡の文字を加えたのが表15であり、さらに次のようなことが指摘できよう。

組み合わせの主流となる文字は、冨、吉、得、福、生、財、万、人、大、田、西、立、力、天、来、集、合、足の一九種であり、この一九種を組み合わせて三五の熟語（七一字）の形で表記されていることがわかる（表16〈二七二頁〉参照）。

この一九文字は、仮に分類するならば、生産・集積、良好な状態、天・地・人を意味する語と解されるであろう。

生産・集積（動詞的）……生、冨、得、加、来、集、合、立、足

良好な状態（名詞）……吉、福、万、大、財、（力）

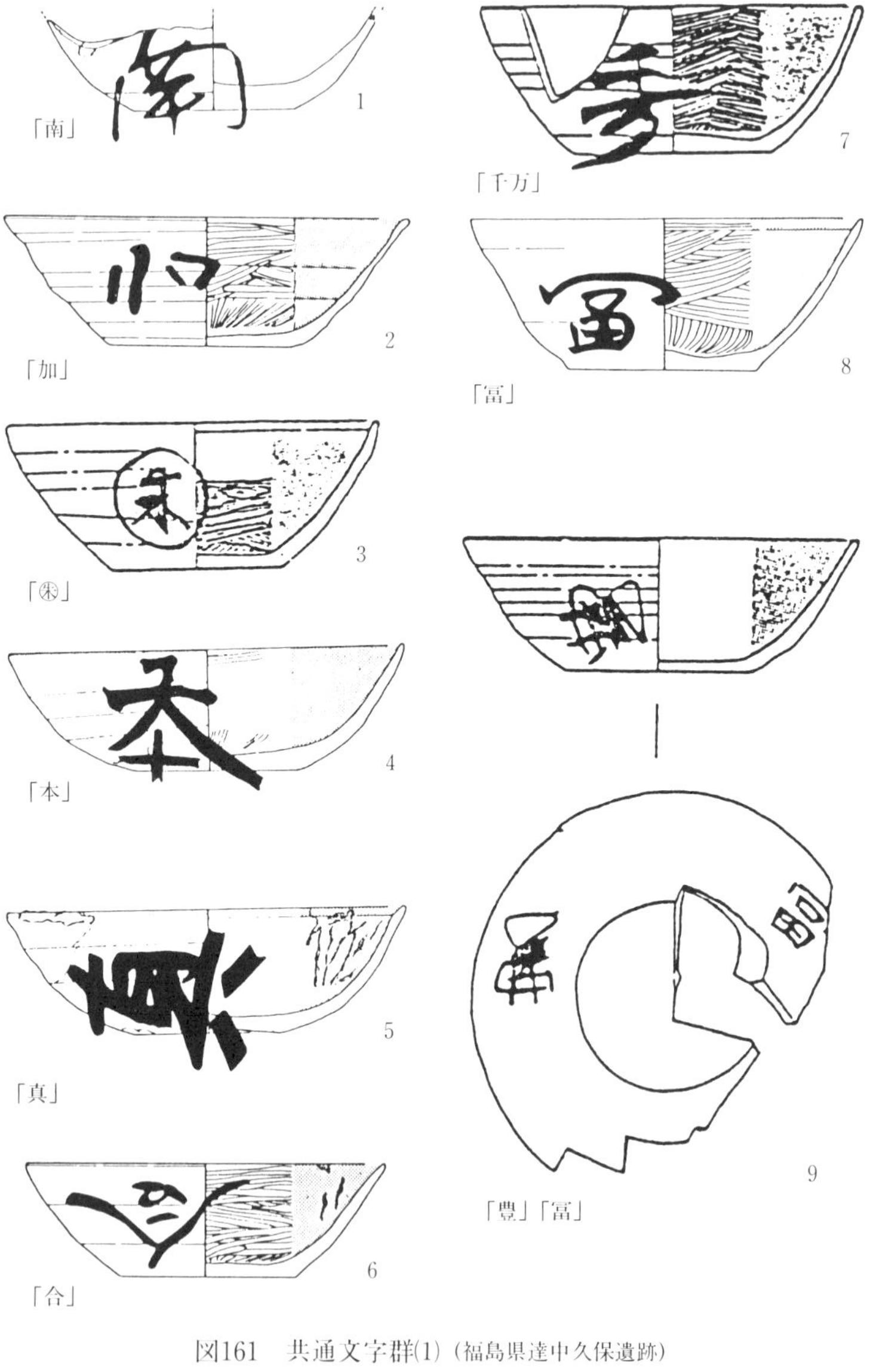

図161　共通文字群(1)（福島県達中久保遺跡）

天・地・人……天、田、人（※西をのぞく）

これらの文字の組み合わせの用例はここに取り上げた上記の遺跡以外でも数多く確認することができる。なかでも、千葉県佐倉市臼井南遺跡[4]の墨書土器の文字群は上記の二〇遺跡＋浄水寺跡の特徴を裏付けるものである。

吉万、加生（三点）、本、月、生万（五点）、上万、上加（五点）、奀、生加

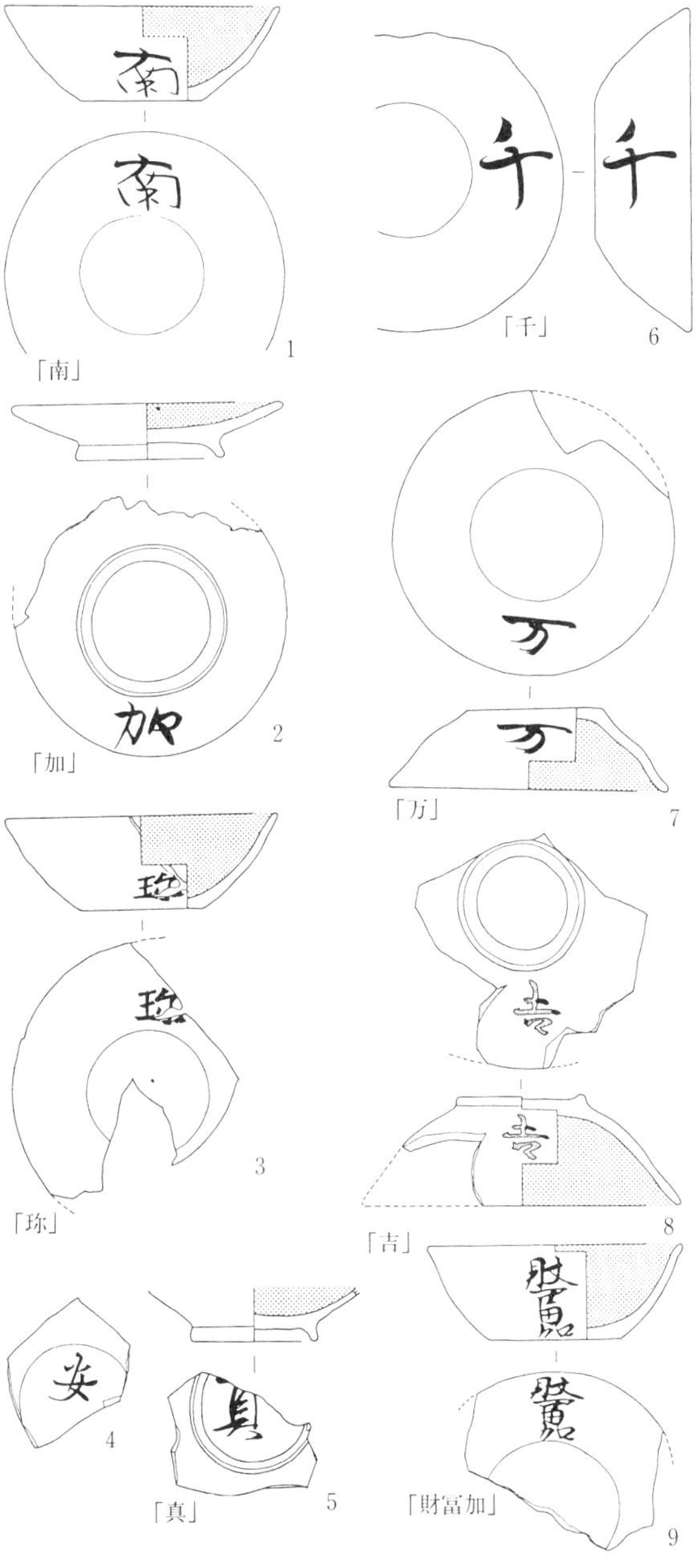

図162　共通文字群(2)（長野県吉田川西遺跡）

表15　共通文字による組み合わせ文字

基本文字	墨書文字	遺　跡　名
来	福　来	福島・御山千軒遺跡
	珎　来	石川・浄水寺跡
	冨　来	〃
	吉　来	〃
	得　来	〃
	八　来	〃
加	上　加	福島・上吉田遺跡
	十　加	〃
	財冨加	長野・吉田川西遺跡
	得　加	千葉・久我台遺跡
	古　加	石川・浄水寺跡
	冨　加	〃
	吉　加	〃
	盛　加	〃
福	東　福	福島・御山千軒遺跡
	西　福	〃
	加　福	石川・浄水寺跡
	土　福	〃
	仁　福	〃
集	下　集	福島・上吉田遺跡
	大　集	〃
	加　集	〃
	冨　集	石川・浄水寺跡
足	田　足	福島・上吉田遺跡
	西　足	〃
	万　足	〃
	加　足	〃
	人　足	群馬・小角田前遺跡
合	立　合	千葉・久我台遺跡
	力　合	千葉・作畑遺跡
生	立　生	〃
	加　生	〃
	財　生	静岡・梅橋北遺跡
吉	大　吉	石川・浄水寺跡
吉	田　吉	石川・浄水寺跡
冨	天　冨	〃
人	泰　人	福島・上吉田遺跡
	井　人	〃
	天　人	千葉・権現後遺跡
	□大小人	千葉・大崎台遺跡
	中　人	千葉・江原台遺跡
	吉　人	群馬・小角田前遺跡
万	一　万	千葉・江原台遺跡
	二　万	山形・道伝遺跡
	五　万	福島・御山千軒遺跡
	六　万	福島・上吉田遺跡
	七　万	山形・道伝遺跡
	九　万	千葉・江原台遺跡
	十　万	神奈川・鳶尾遺跡
	廾　万	福島・上吉田遺跡
	卅　万	〃
	卌　万	〃
	百　万	山形・道伝，静岡・梅橋北
	千　万	福島・御山千軒，福島・達中久保，福島・上吉田，千葉・久我台，静岡・梅橋北
	南千万	千葉・久我台遺跡
	生　万	〃
	大　万	福島・上吉田遺跡
	本　万	静岡・梅橋北遺跡
	力　万	〃
	得　万	山形・道伝遺跡
	財　万	〃
	安　万	山形・生石２遺跡
	人　万	千葉・江原台遺跡
	山口万	千葉・作畑遺跡

これらのうち、二文字のものは、吉、加、生、上、万の五種を組み合わせて表現していることがわかる。

このほか、次のような例をあげることができる。

加集……石川県小松市古府しのまち遺跡
万加……千葉県有吉遺跡・高沢遺跡
吉来……石川県小松市佐々木ノテウラ遺跡
万福・万加・万立……千葉県八日市場市平木遺跡
生来・加大……静岡市神明原・元宮川遺跡
万仟……長野県松本市下神遺跡

2　字形の類似

前項では、東日本各地の集落遺跡の墨書土器は、一般的傾向として限定されたわずかな文字を共通して記していることを指摘した。

さらに、これらの文字はその種類が共通するだけではなく、その字形にも共通した特徴を有する点が重要である。

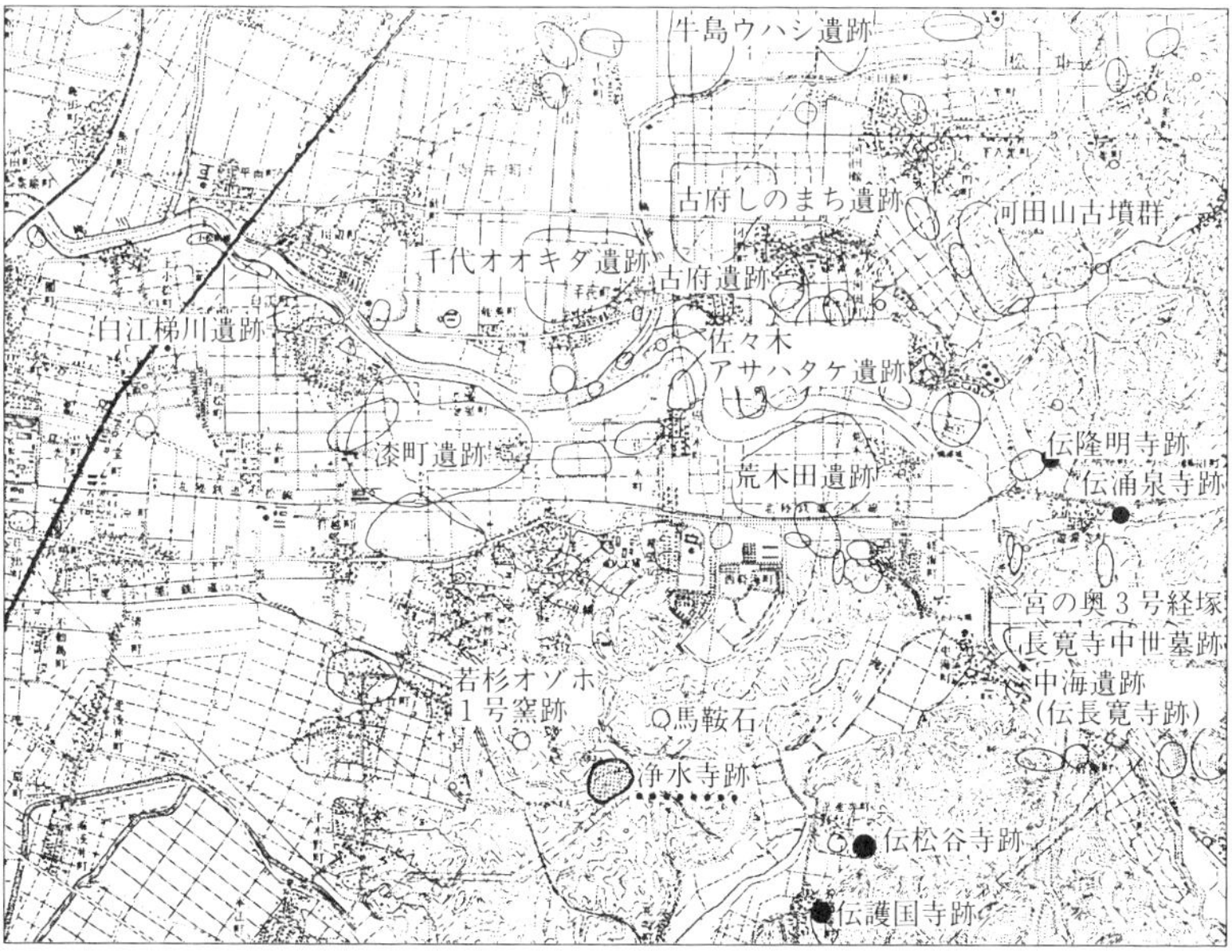

図163　浄水寺跡の周辺地域の遺跡分布図

図164　浄水寺跡発掘調査区全体図

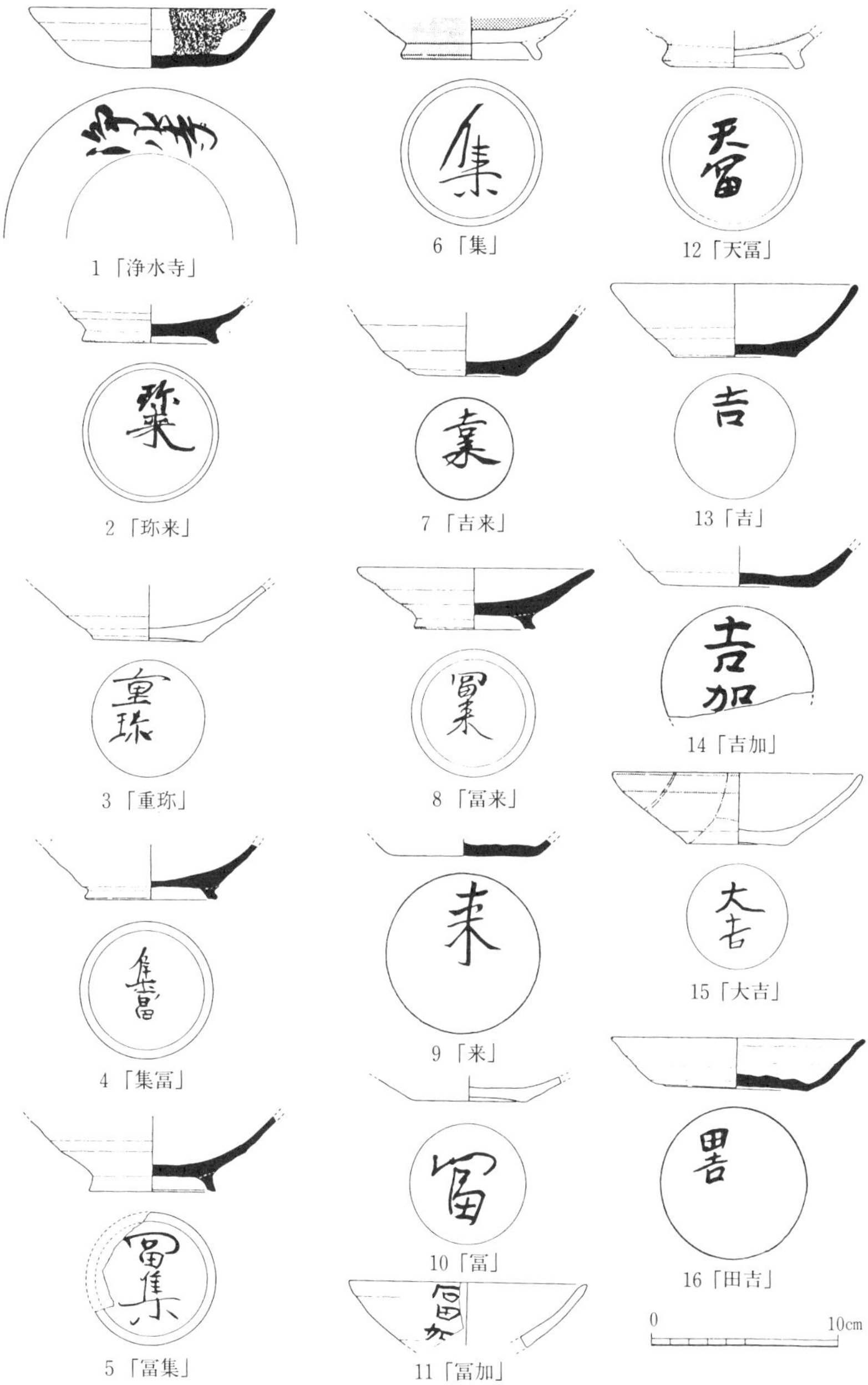

図165　石川県浄水寺跡の墨書土器

(1) 合わせ文字

まず墨書土器の字形上で最も顕著なものは、墨書土器一般にみられる二文字をあたかも一文字のように密着させて書く字形〝合わせ文字〟である（図166）。

この場合、しばしば字画を省略し、上の文字の一画を下の文字が共有してしまう例さえみられる。各地の報告書の中には、これらの文字を一字と見誤って解している例も少なくない。たとえば、「芳」（廿万）を「芳」とするような誤ちである。

(2) 「加」の字形

長野県吉田川西遺跡では、「加」の楷書体（図167の1）とその変形した字形（図167の2）とが併存するが、ここにあげた他の遺跡の場合、吉田川西遺跡の後者の字形のみが確認されている。おそら

表16　19種の文字の組み合わせ

	冨	吉	得	福	生	加	財	万	人	大	田	西	立	力	天	来	集	合	足
冨						○	○								○	○	○		
吉						○			○	○	○					○			
得						○		○								○			
福						○						○				○			
生						○	○	○					○						
加	○	○	○	○	○		○										○		○
財	○				○	○		○											
万			○		○		○		○	○				○					○
人		○						○							○				○
大		○						○									○		
田		○																	○
西				○															○
立					○													○	
力								○										○	
天	○								○										
来	○	○	○	○															
集	○					○				○									
合													○	○					
足						○		○	○		○	○							

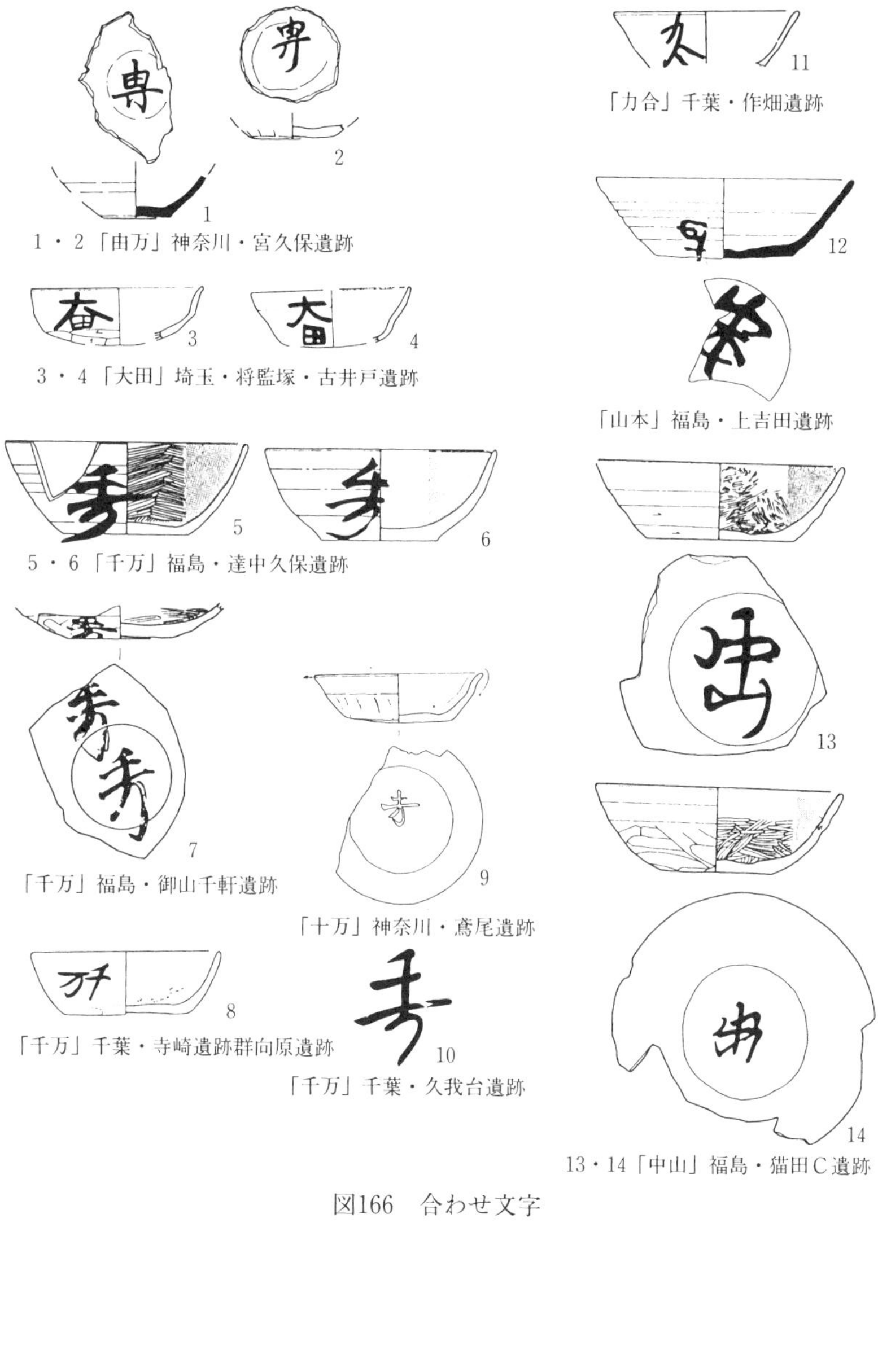
1・2「由万」神奈川・宮久保遺跡
3・4「大田」埼玉・将監塚・古井戸遺跡
5・6「千万」福島・達中久保遺跡
「千万」福島・御山千軒遺跡
「千万」千葉・寺崎遺跡群向原遺跡
「十万」神奈川・鳶尾遺跡
「千万」千葉・久我台遺跡
「力合」千葉・作畑遺跡
「山本」福島・上吉田遺跡
13・14「中山」福島・猫田C遺跡

図166　合わせ文字

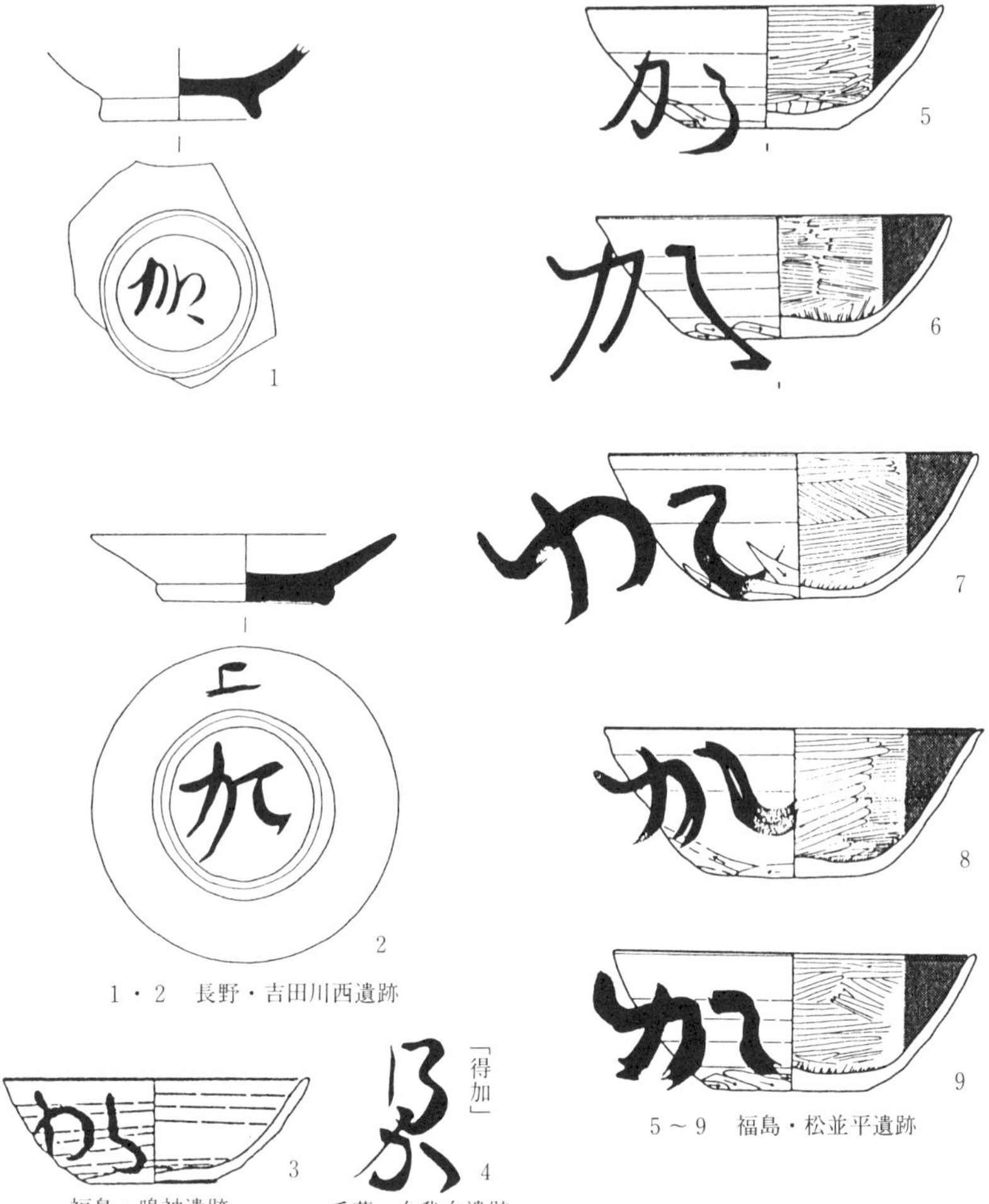
1
2
1・2　長野・吉田川西遺跡
3
福島・鳴神遺跡
「得加」
4
千葉・久我台遺跡
5
6
7
8
9
5～9　福島・松並平遺跡

図167　「加」の字形

く、吉田川西遺跡の場合、「加」の各種の書体が存し、図167の2の字形は、草書体を模したものであろう。その草書体を模した字形が、福島県棚倉町松並平遺跡や郡山市鳴神遺跡などでは、半ば定形化された形で記されている点に注意しなければならない。また、千葉県東金市久我台遺跡の場合（図167の4）は、上の文字が次に述べる「得」の変形した字形であり、変形文字を二文字組み合わせて特殊な字形を作り出している点は、こうした文字の本質を考えるうえで貴重な事例といえよう。

(3)「得」の字形

「加」と同様に、千葉県芝山町庄作遺跡、同県印旛村平賀遺跡、神奈川県秦野市草山遺跡などの場合、「乃」字形が単独で出土し、その変化の過程をたどることができず、これのみでは解読困難である。ところが、千葉県成田市公津原遺跡や福島県会津若松市上吉田遺跡では、明らかに楷書体と草書体が併存する。

この文字の正しい書体変化をたどることのできる二遺跡の事例や中国の居延漢簡等で確認される「得」の草書体は、庄作遺跡、平賀遺跡など、東日本各地の数多くの遺跡においては変形し、記号化した「乃」の字形としてのみ使用されている。[5]

このことは、こうした集落においては、「得」の文字が他の文字とともに摂取され、楷書、行書、草書の各書体等の訓練を経たとはいいがたく、変形した字形「乃」のみの伝播といえるのではないか。この点は、以下の考察でもう少し明らかにしてみたい。なお、この変形した「乃」を「得」と解したもう一つの根拠は、楷書体「得」と第一項の他の文字群との構成である（註(14)参照）。

(4)「合」の字形

まず、千葉県東金市久我台遺跡の六点の文字を列記しよう。

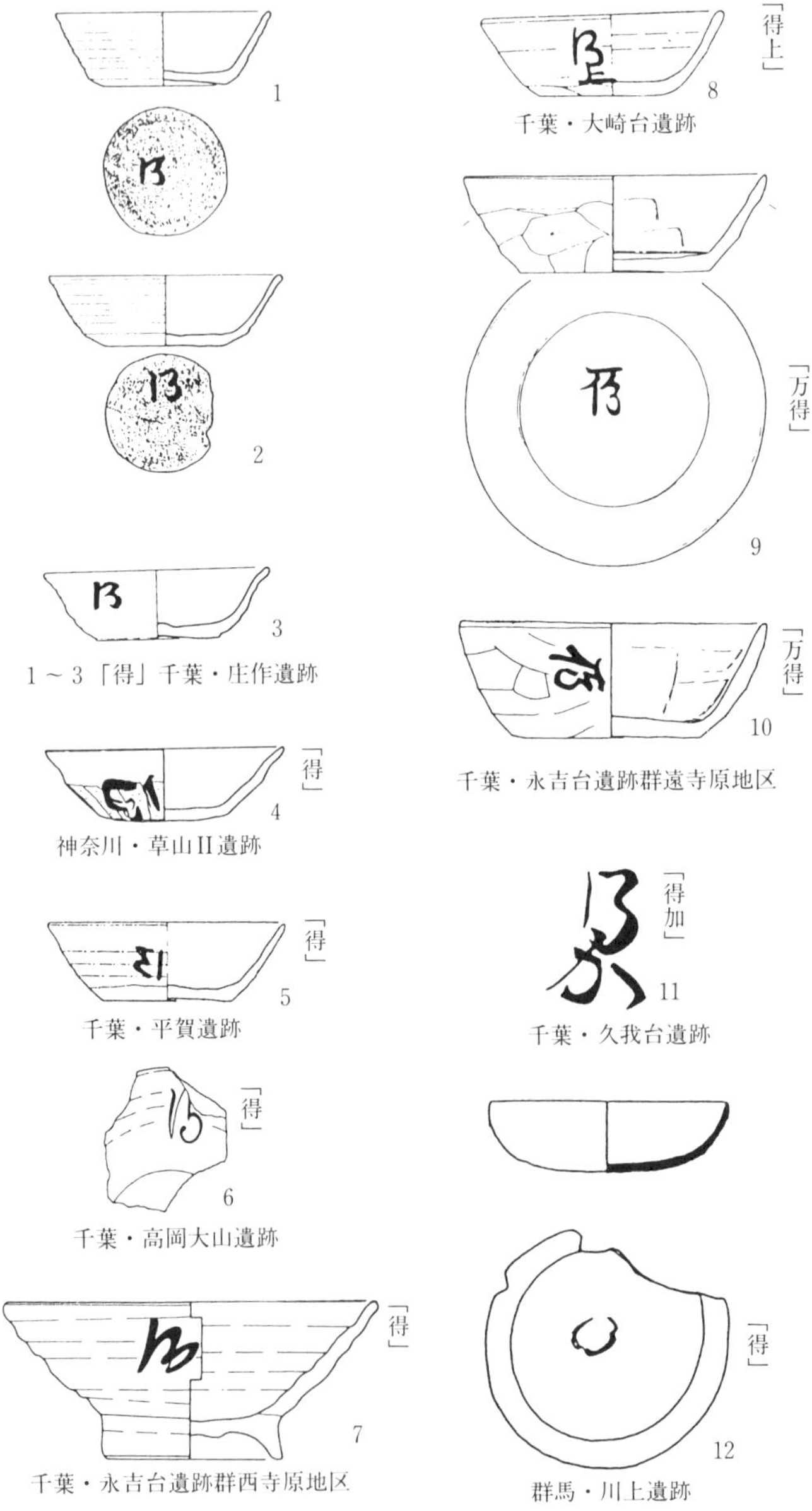

図168 「得」の字形(1)

この六点の資料は、通常ならば、イ・ロ・ハは「立合」、ヘは「立人」、ニとホは解読不可とみてしまうであろう。しかし、これらが久我台遺跡における一連の資料であるとすれば、その関連を明らかにできるかもしれない。

ここで仮に三人の人物を想定してみたい。まず、最初にある人物が「立合」という文字を楷書体イおよび行書体ロ、

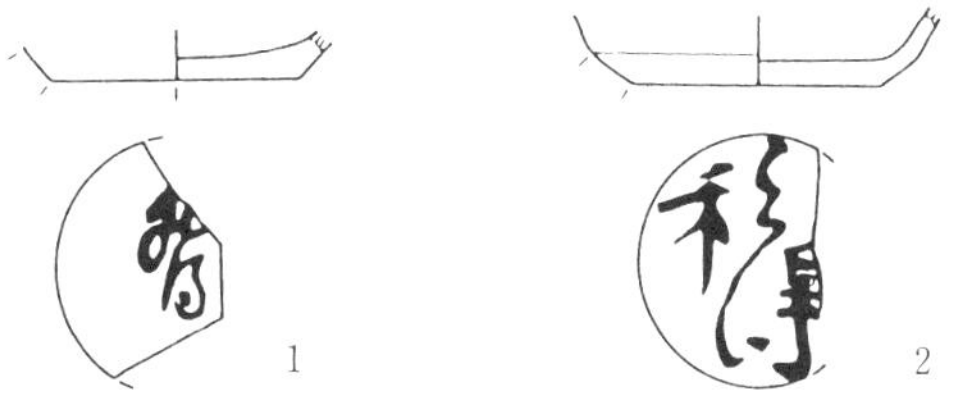

1・2「私得」千葉・公津原遺跡 Loc15遺跡

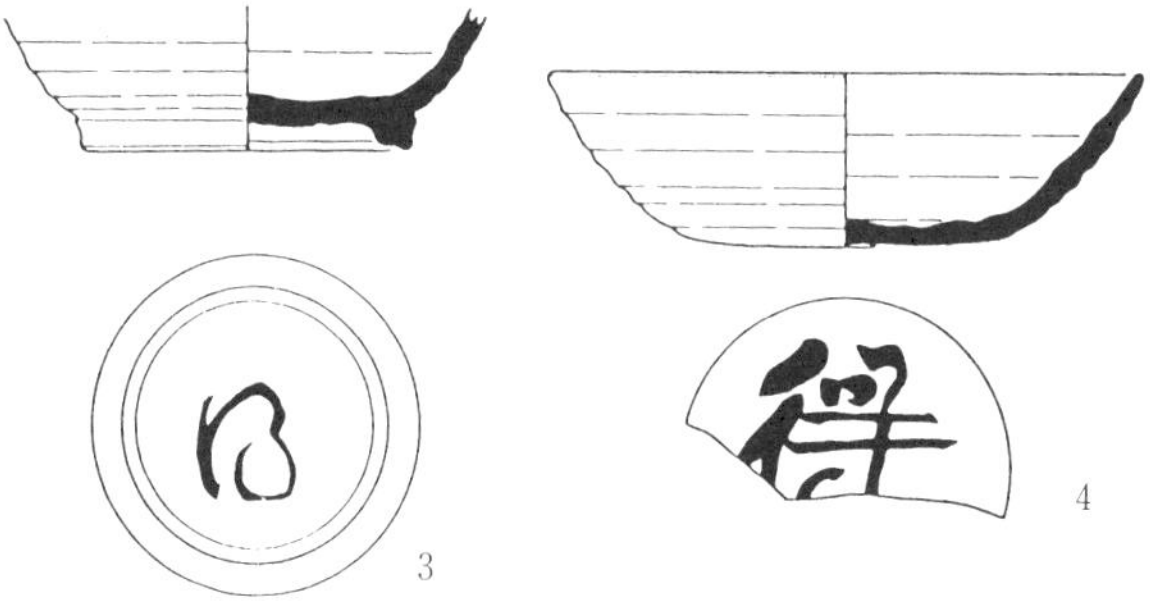

3・4「得」福島・上吉田遺跡

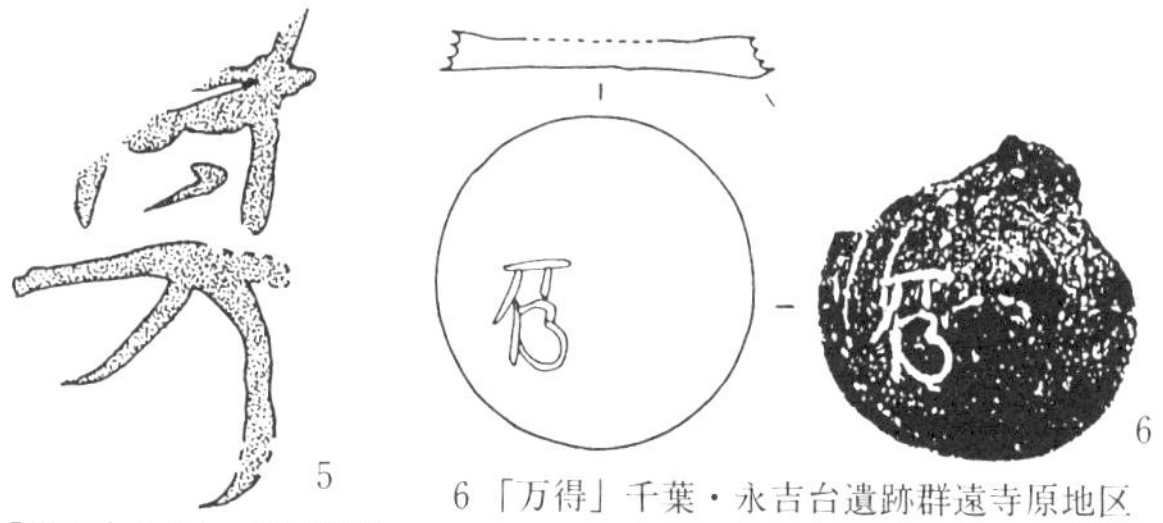

5「得万」山形・道伝遺跡

6「万得」千葉・永吉台遺跡群遠寺原地区

図169　「得」の字形(2)

図170　「得万」

ハで書く。その行書体をみた別の人がその文字を十分に理解しないままにその字形を真似て怪しげな楷書体ニ・ホで記したために、ヘ「立人」のように書く者が現われてしまったというわけである。

　このような仮定が十分に成り立ちうることは、資料の性格は異なるが、すでに筆者自ら「正倉院文書」で証明した実例からもいえるであろう。(6) すなわち、「正倉院文書」中に「近江国計帳」とされる但波吉備麻呂の計帳手実が各年次、連貼されて残されている。ところが、その手実は、おそらく郡家において転写されたであろうという事実が図172の「三上部粳賣」の各年次の書写の変化によって指摘できると考えた。

　楷書体の天平元年帳を翌年速筆の行書体で書いたために、おそらく天平三年帳を担当した書記官が「粳」のくずしを十分に理解できないまま怪しげな文字で転写したために、そののち別の書記官が「牧」と記載してしまったのである。上記の墨書土器とほぼ類似した現象とみてよいであろう。

　また、この久我台遺跡の「立合」の分析から思わぬ関連資料に遭遇したのである。

　神奈川県綾瀬市宮久保遺跡は、東西両面が南北にのびる座間丘陵に挟まれた丘陵南西側斜面に位置し、東側は谷面中央に蛇行する目久尻川で区切られ、標高二四〜三三メートルの緩斜面をなす低地上に立地する。(7) 古代の遺構としては、竪穴住居跡一五五軒、掘立柱建物跡六三軒、土坑四九基、土坑墓四基、溝状遺構一九条、柵列二条、井戸一基、旧目久尻川の護岸施設や階段施設一ヵ所等が検出されている。とくに一・五メートル四方の木枠組井戸跡は周辺約六×五メートルの範囲に玉石が敷きつめられており、一般集落における井戸とは異なっている。また、この井戸の整

図171　「立合」の字形（千葉県久我台遺跡）

地層から「天平五年」銘の木簡が出土していることなどから何らかの官衙的性格を有する施設の一部ではないかと考えられている。

墨書土器はこの井戸跡内と旧目久尻川第三地点とされたところから出土している。

このなかで、井戸跡および旧目久尻川から共通して出土している「亽」「亽」「介」「介」は、A8類とされた須恵器坏の内面および体部外面にすべて記されており、底部外面に記されたものはない。この「亽」「亽」に類似した字形として、先の久我台遺跡の「立合」の「合」と、図174の12作畑遺跡の「力合」の字形を併せて参照すると、宮久保遺跡の「亽」「亽」は合のくずしの

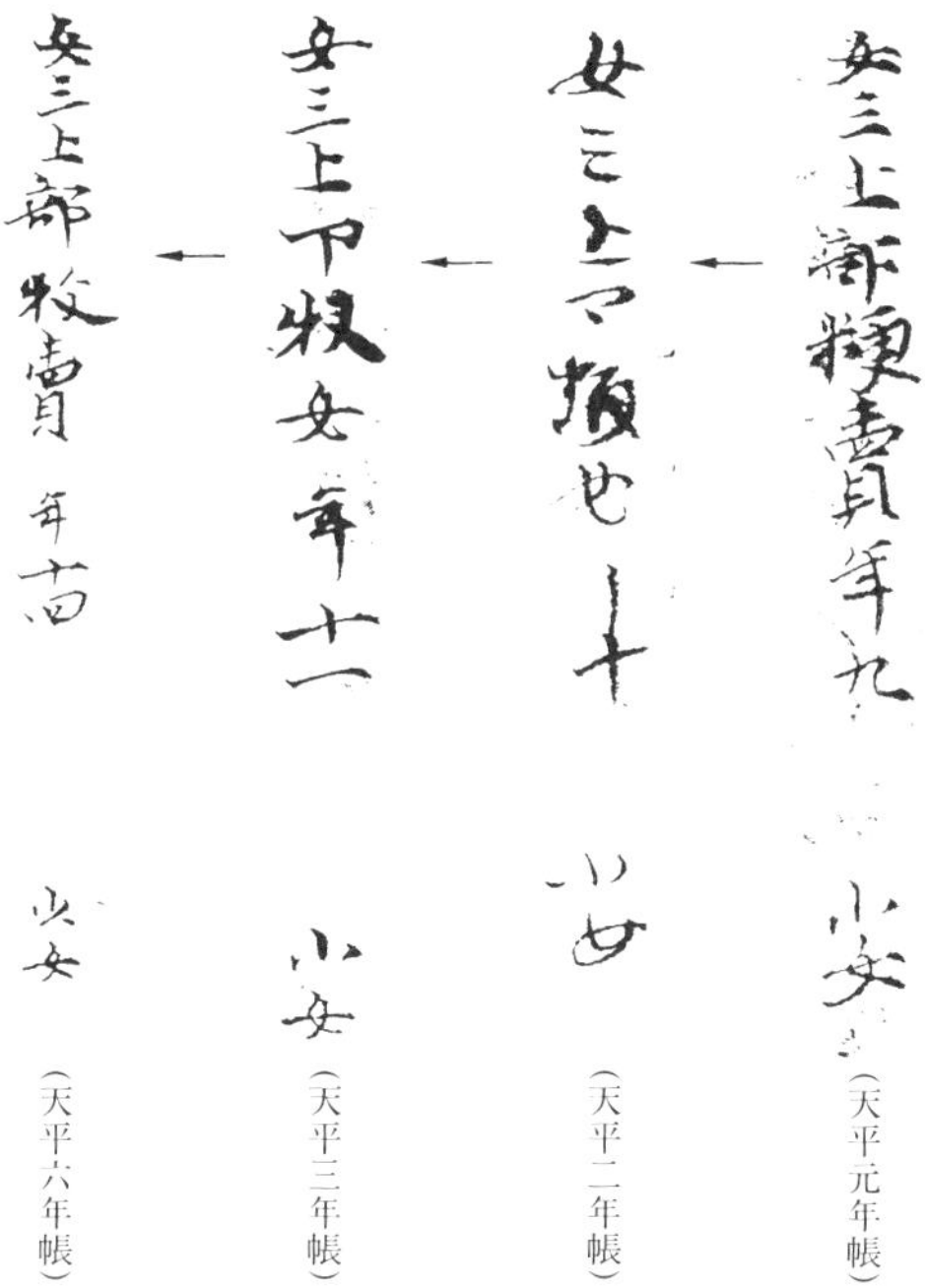

図172　近江国計帳「三上部粳賣」の変化（「正倉院文書」）

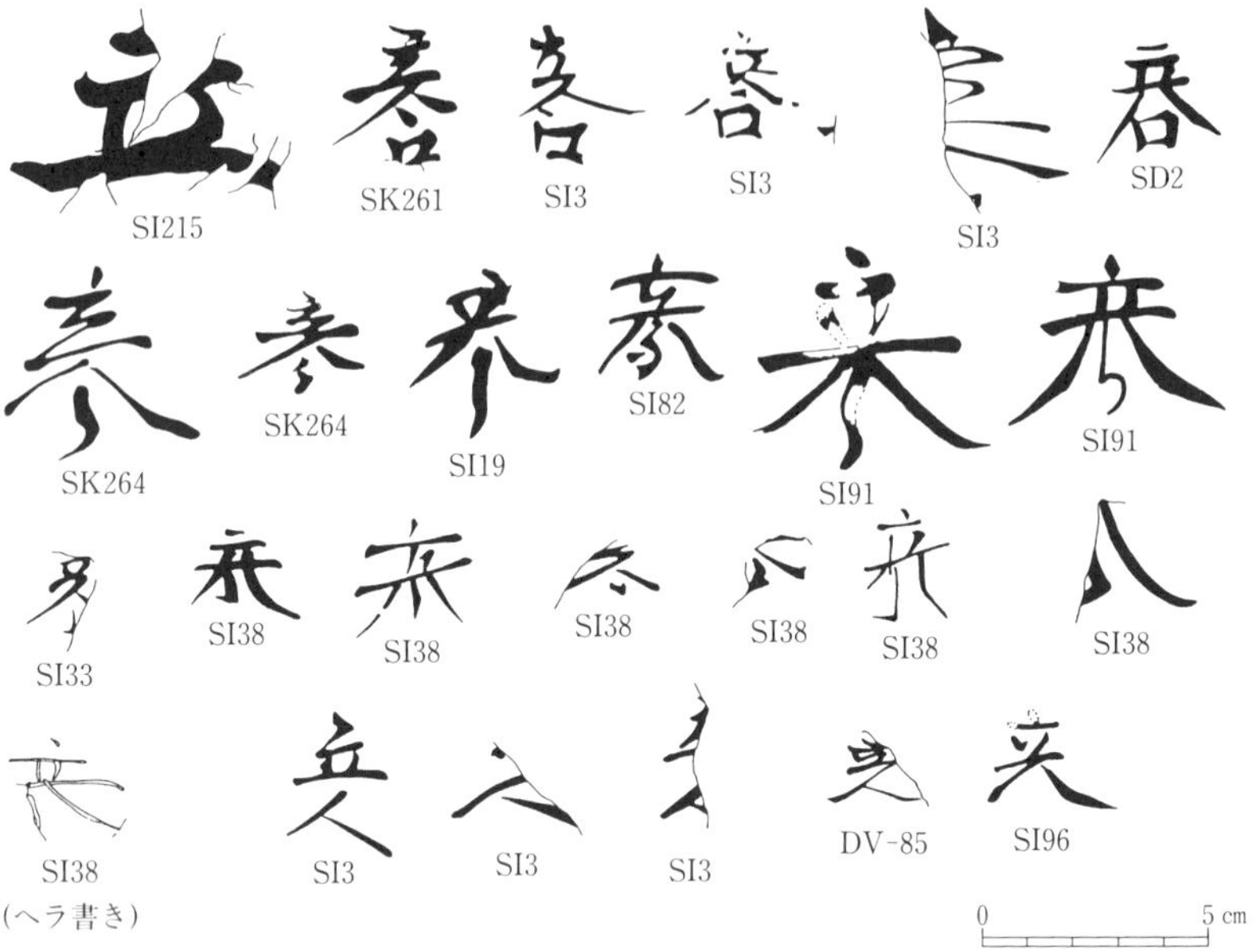

図173　「立合」の字形群（千葉県久我台遺跡）

変形に類すると理解できよう。さらに久我台遺跡とその東方に位置する作畑遺跡の二つの文字（図174の10・11）に注目してほしい。「加」は弘の異体字であるから、「弘貫」と読むことができる。この弘の旁（つくり）「口」を「几」とする点は、宮久保遺跡の「⿱亼几」を「合」→「合」とみなす有力な資料であろう。また、先にあげた福島県上吉田遺跡の中心的な墨書土器「善」（総数一一九点）の書体の中に、最も簡略に記したもので「売」（図174の14）とする例も参考になるであろう。

その結果、出土遺構や墨書された土器の特徴にも共通性を有する「𠆢丶」「入丶」と「⿱亼几」はすべて「合」を表記したものではないかとみなすことができるであろう。

(5) 山部・田部

最近、水田祭祀を物語る資料を出土した群馬県前橋市柳久保遺跡群が注目を集めている。[8] この遺跡は前橋市東部の赤城山南麓の標高一一〇メートル前後の丘陵性台地にあり、南流する河川によって細かく樹枝状に開析され、狭い沖積地が入り込んでいる。本遺跡群内の柳久保水田

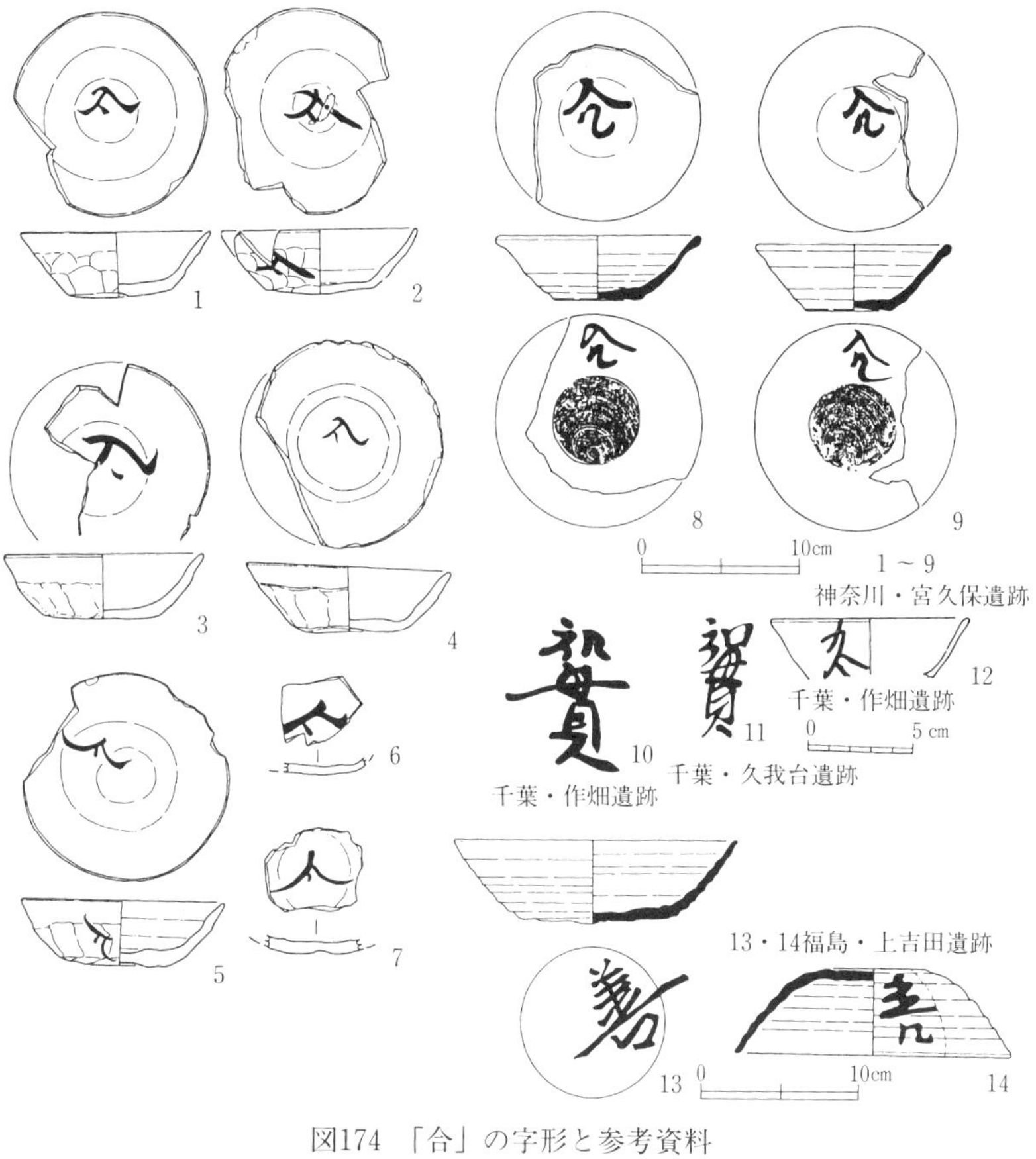

図174　「合」の字形と参考資料

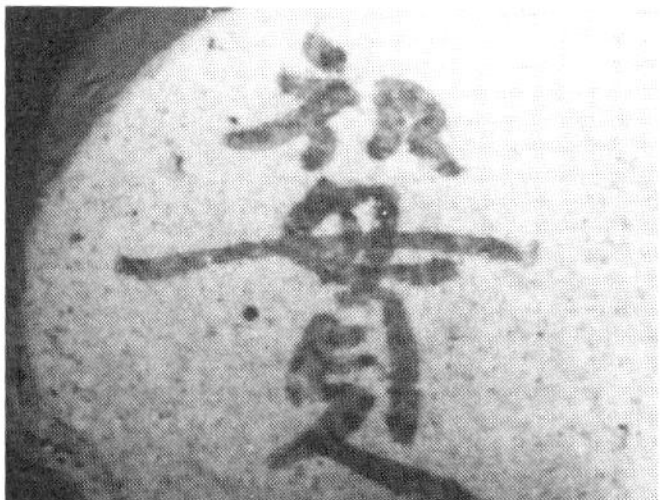

図175　墨書土器「弘貫」（千葉県作畑遺跡）

跡の水口近くに五枚の同形の土師器坏が据え置かれ、その一番上の坏に鬼を墨描している。しかもすぐ付近から馬骨・猪骨（ブタの橈骨）が出土している。このあり方は、『古語拾遺』（斎部広成撰。大同二年〈八〇七〉成立）の御歳神の頃に「御歳神祟《たたり》を為す。白猪・白馬・白鶏を献りて、其の怒を解くべし」とみえることと深くかかわるものと考えられる。

この柳久保遺跡群の一つ中鶴谷遺跡は、奈良・平安時代の遺構として竪穴住居跡四九軒、掘立柱建物跡一三棟、井戸一二基などが検出された。墨書土器は合計五六個が出土しているが、文字の種類は「田部」「大田」「上田□」「下田」など、「田」に関連する墨書が半数近くを占めている。「田」に関連する墨書土器は八世紀後半に集中し、一部九世紀前半に入るものがある。

この「田部」について、関口功一氏は上毛野氏の本拠地に「田部」を耕作者とするミヤケのようなものが設定されていたと解釈されている(9)。しかし、この田部の字形およびそれに類する墨書土器の字形に注意するならば、関口氏の解釈ににわかに従うわけにはいかない。

中鶴谷遺跡においても、「田部」に混じって「山部」の墨書土器が一点認められる。実は最近、「田部」と並んで「山部」の墨書土器も増加しつつある。その田部・山部はほぼ相似た字形であることは図176に示したとおりである。また、その遺跡の立地に注目してほしい。「田部」は中鶴谷遺跡のように水田跡の遺構も確認できる狭い沖積地を含んでいる遺跡から出土している。それに対して、「山部」を出土する遺跡は、平地に突き出た丘陵の端近辺に位置している。

また、この〝田〟と〝山〟の対比について、興味深い墨書土器がある。本節でしばしば取り上げている千葉県作畑遺跡では、「里」(田上)と「㞢」(山上)がまったく同じ字形の〝合わせ文字〟の体裁で記されている(図178)。この例も、〝田〟と〝山〟の対比がきわめて一般的なものであったことを示しているといえよう。

文献史料のうえでは、蝦夷の表記に関して、『日本後紀』延暦十八年(七九九)三月壬子条に「停二出羽国山夷禄一。不レ論二山夷田夷一。簡二有功者一賜焉」とみえ、おそらくは、山を生業とするか平地の水田耕作者かによって山夷・田夷と呼称したのであろう。先に引いた『古語拾遺』の御歳神の項の冒頭に「一《ある》いは、昔在神代に、大地主神、田を営る日に、牛の宍を以て田人に食はしめき」とみえる。この「田人」に対比する「山人」の用例は、『日本霊異記』中巻「常に鳥の卵を煮て食ひて、現に悪死の報を得る縁第十」にみえ、「山に入りて薪を拾ふ」人を「山人」と称している。

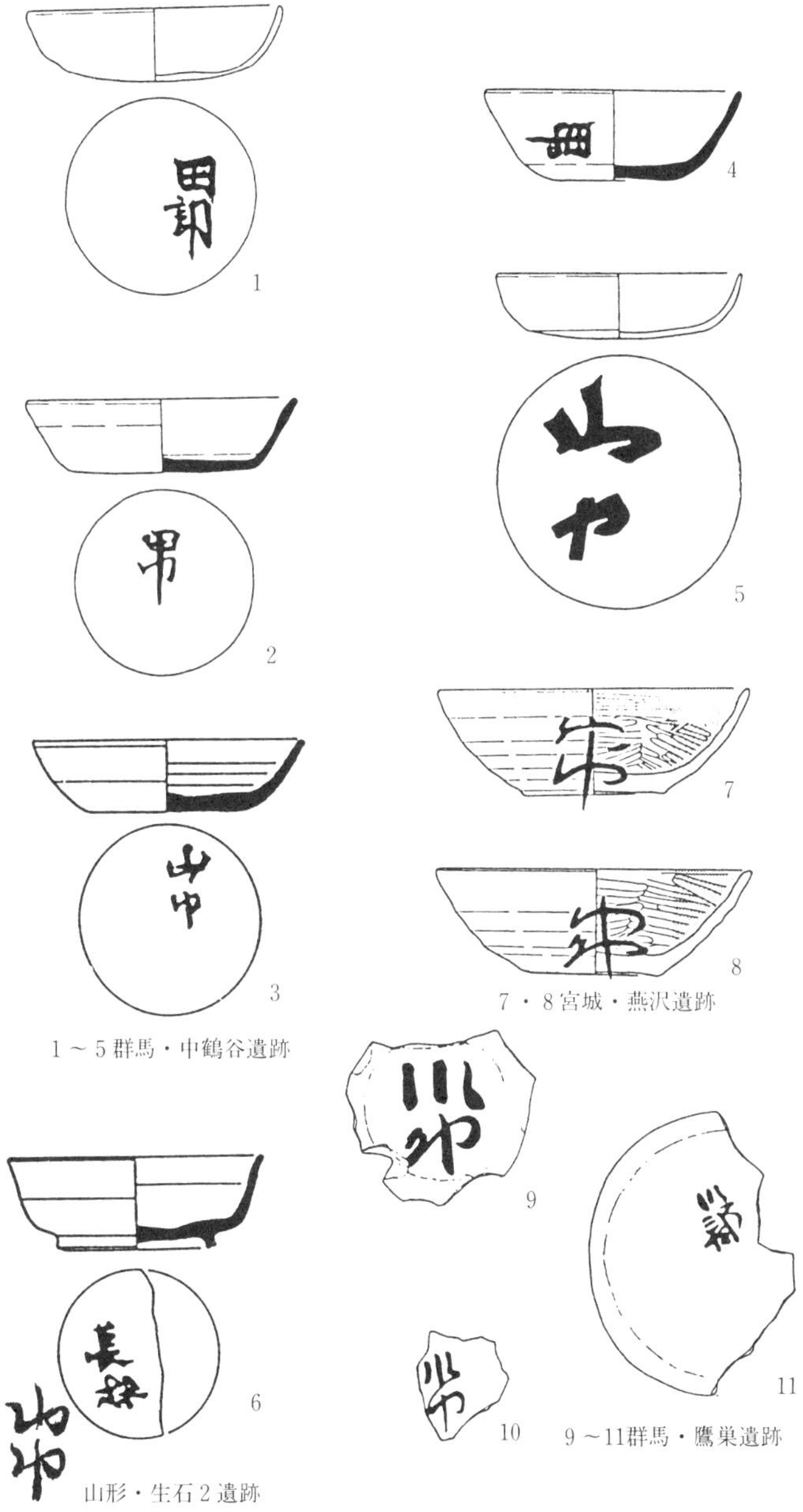

図176　「田部」「山部」「川部」

図177　「田部」・「山部」と地形

結局、上記のような文献史料をみる限りでは、「田」と「山」は、その生業の違いにもとづく対比的な、ごく一般的な呼称であることが明らかであろう。また、本節のような見地からは、類似した字形の「田部」と「山部」(「里」と「㞢」も含めて)は、田部のみ特殊化すべきでないことを示しているであろう。部姓としての山部は、周知のとおり『続日本紀』延暦四年(七八五)五月丁酉条において、桓武天皇の諱である山部を避けて山と改められている。したがって、生石2遺跡などの九世紀代の土器にある「山部」は部姓としての正式なウジ名とは判断できない。すなわち、「田部」は水田民または平地の民、「山部」は山に生活の糧を求める民と、普通名詞的に呼称したのではないか。

なお、付け加えるならば、中鶴谷遺跡と同じ上野国内の例として、河川(粕川)に面した群馬県赤堀町鷹巣遺跡[10](図179)では、「田部」「山部」と同一の字形の「川部」が出土していることも、「田部」のみをミヤケ耕作者と特殊化した見解を打ち消す資料ではないだろうか。

3　特殊文字の存在

漢字の種類および各種の書体のいずれをとってみても直接的に通常の漢字に該当しない文字が、近年の墨書土器の増加とともに各地で目立つようになってきている。

これらの文字がいかなる意味をもつものかを問うために、まずその特異な字形を大別して順次みていきたい。

(1)　兀几型文字

凢　○福島県会津若松市上吉田遺跡
　　○山梨県高根町湯沢遺跡
凣　○山梨県高根町湯沢遺跡
　　○埼玉県熊谷市北島遺跡
　　○千葉県袖ヶ浦市永吉台遺跡群西寺原地区
　　○千葉県袖ヶ浦市永吉台遺跡群遠寺原地区
兀　○秋田県仙北町払田柵跡
　　○群馬県境町下渕名遺跡
　　○千葉県佐倉市江原台遺跡
　　○東京都板橋区四葉地区遺跡
丏　○千葉市砂子遺跡

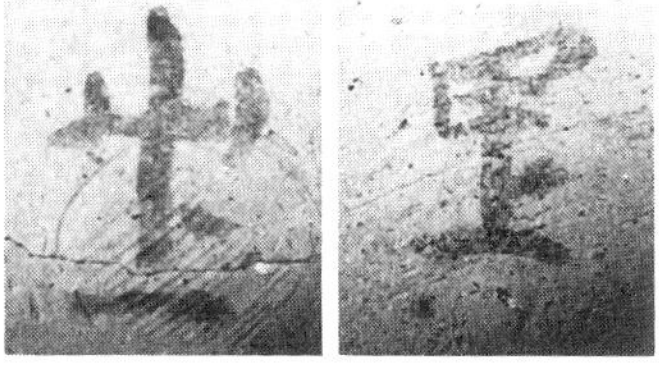
図178　「山上」と「田上」(千葉県作畑遺跡)

○福島県会津若松市上吉田遺跡
○千葉県佐倉市寺崎遺跡群向原遺跡
〔参考〕○京都府長岡京跡左京一条二坊十町・十一町
〔参考〕○福岡県田川郡大任町今任原・孤塚古墳群
兀○群馬県境町上矢島遺跡
○群馬県伊勢崎市上植木廃寺
○長野県更埴市城ノ内遺跡
○千葉県小見川町木内廃寺
○千葉県八千代市村上込の内遺跡
币○群馬県前橋市芳賀東部団地遺跡
市○千葉県佐倉市大作遺跡
凢○神奈川県平塚市四之宮高林寺K３遺跡
凢○静岡県焼津市道場田遺跡
爪○山形県川西町道伝遺跡
○福島市御山千軒遺跡
爪○千葉県柏市花前Ｉ遺跡
冇○山形県川西町道伝遺跡
○群馬県境町下渕名遺跡

図179　鷹巣遺跡の位置図

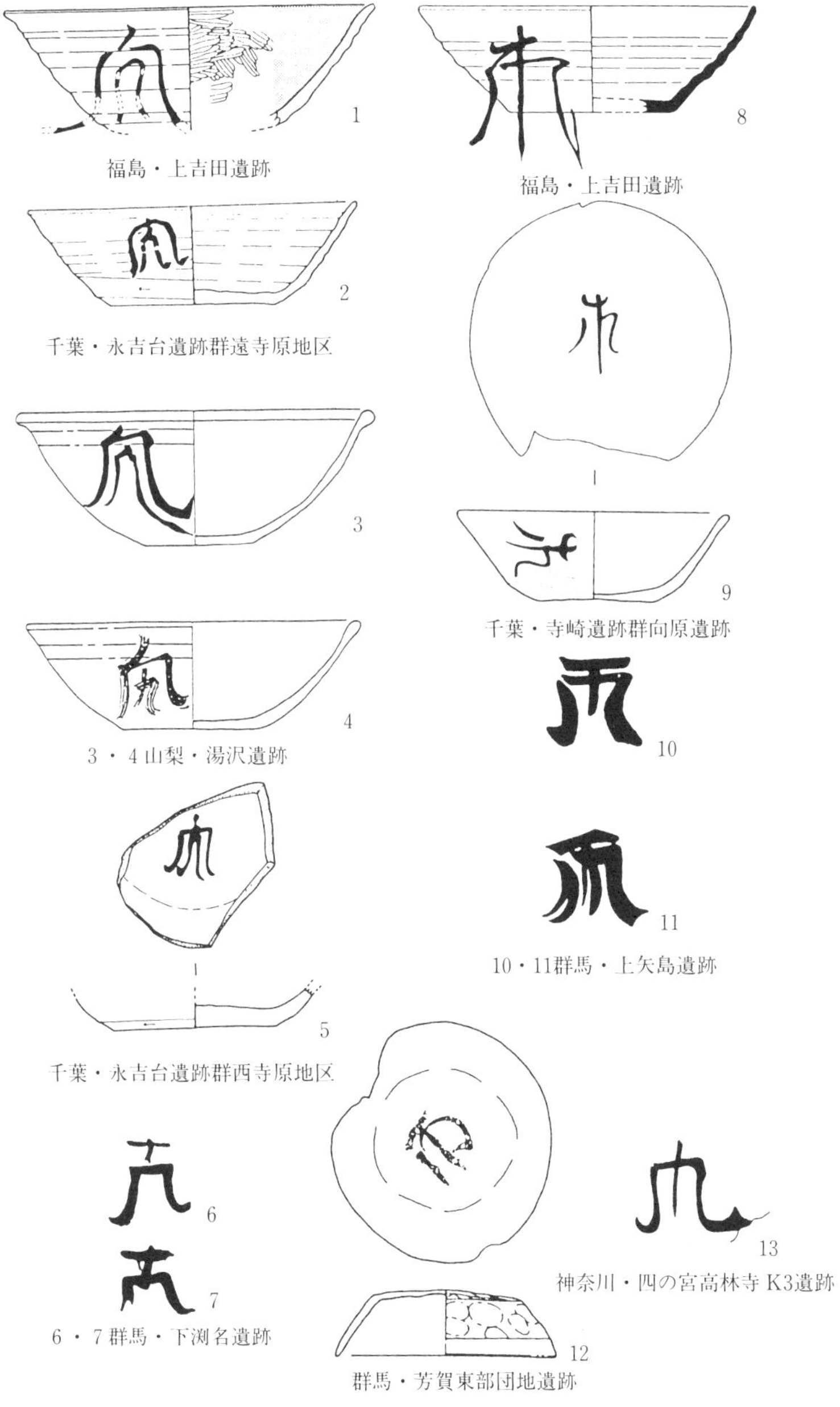
1
福島・上吉田遺跡
8
福島・上吉田遺跡
2
千葉・永吉台遺跡群遠寺原地区
3
4
3・4山梨・湯沢遺跡
9
千葉・寺崎遺跡群向原遺跡
10
11
10・11群馬・上矢島遺跡
5
千葉・永吉台遺跡群西寺原地区
6
7
6・7群馬・下渕名遺跡
12
群馬・芳賀東部団地遺跡
13
神奈川・四の宮高林寺 K3遺跡

図180　亢・几型文字(1)

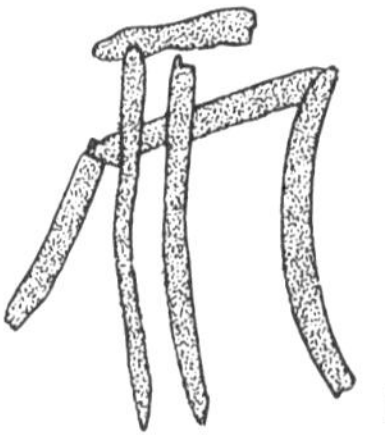

1

山形・道伝遺跡

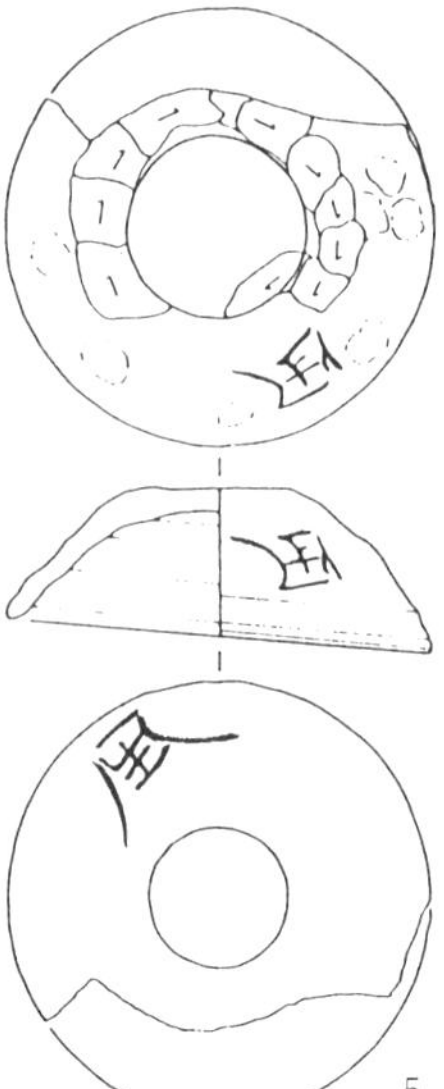

5

群馬・清水田遺跡

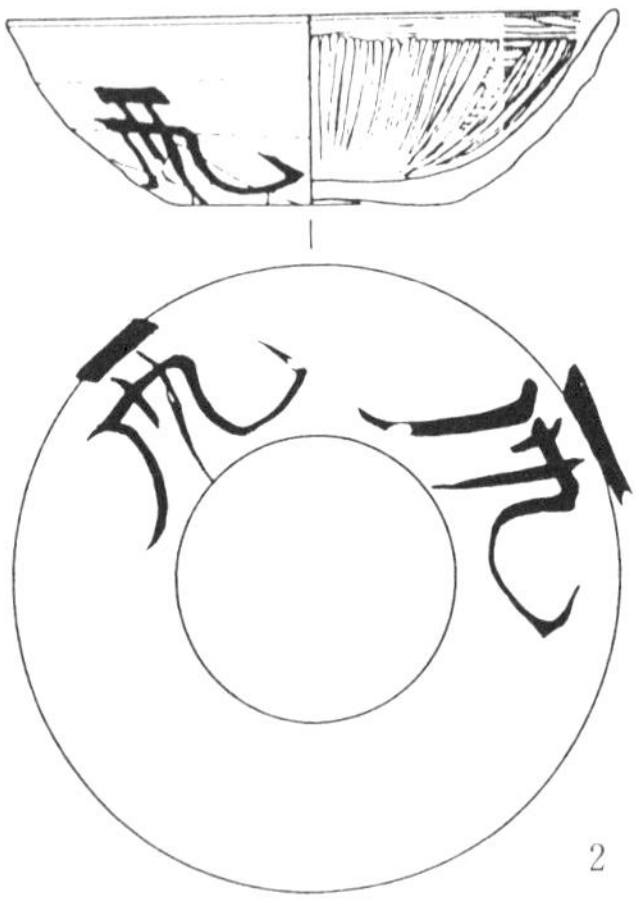

2

福島・御山千軒遺跡

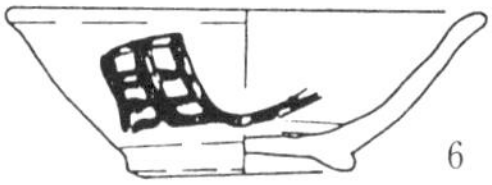

6

群馬・川内遺跡

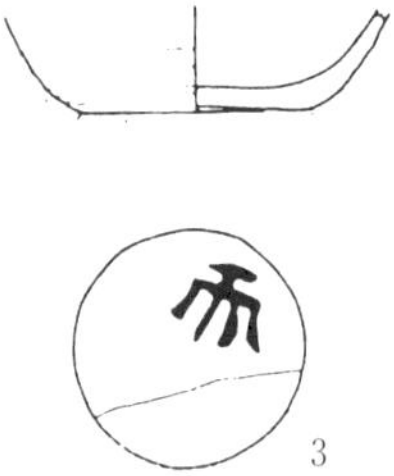

3

千葉・花前Ⅰ遺跡

7

群馬・下渕名遺跡

8

福島・松並平遺跡

4

東京・田端不動坂遺跡

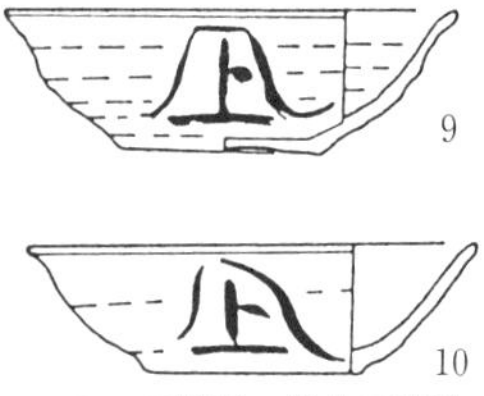

9

10

9・10群馬・岩之下遺跡

図181　亢・儿型文字(2)

亢○東京都北区田端不動坂遺跡

凰○群馬県太田市清水田遺跡

凰○群馬県吉井町川内遺跡

凪○長野県松本市下神遺跡

帀○福島県棚倉町松並平遺跡

凧○長野県大町市来見原遺跡

凧○福島県東村西原遺跡

凪○群馬県富士見村岩之下遺跡

このほかにも、これらの字形に類したものは各地の遺跡で数多く確認できる。それらの資料を含めても通常は各遺跡において一、二点程度の出土例であるが、長野県松本市下神遺跡の「凪」は総数二三四点も出土しており、この字形のもつ意義の大きさが知られるであろう。

図182 「亢」(東京都板橋区四葉地区遺跡)

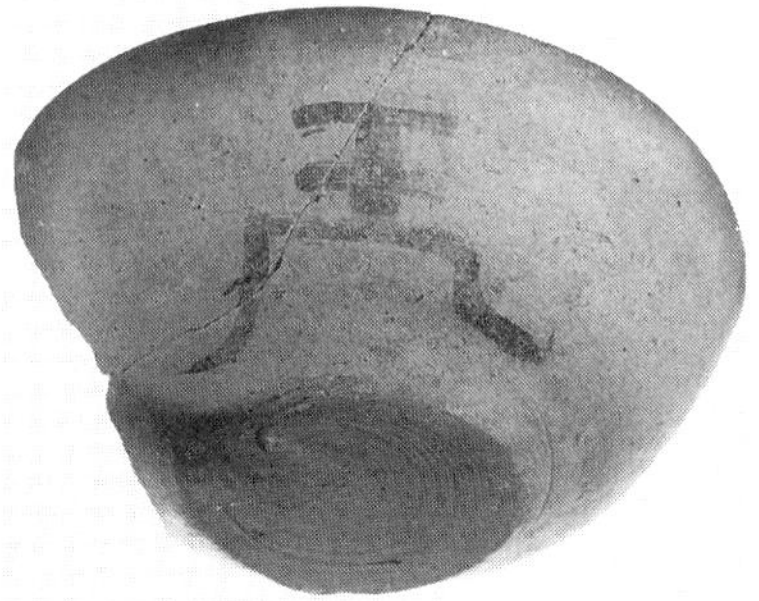

図183 「亢」(長野県長野市篠ノ井遺跡)

ところで、この文字群を一見すると、則天文字一七文字のなかの四文字——𠀑(天)、𠁈(君)、𡔈・𡔈(初)、𡕀(載)——と共通するのではないかという印象をもつであろう。

周知のとおり、則天文字は唐の高宗の后であ

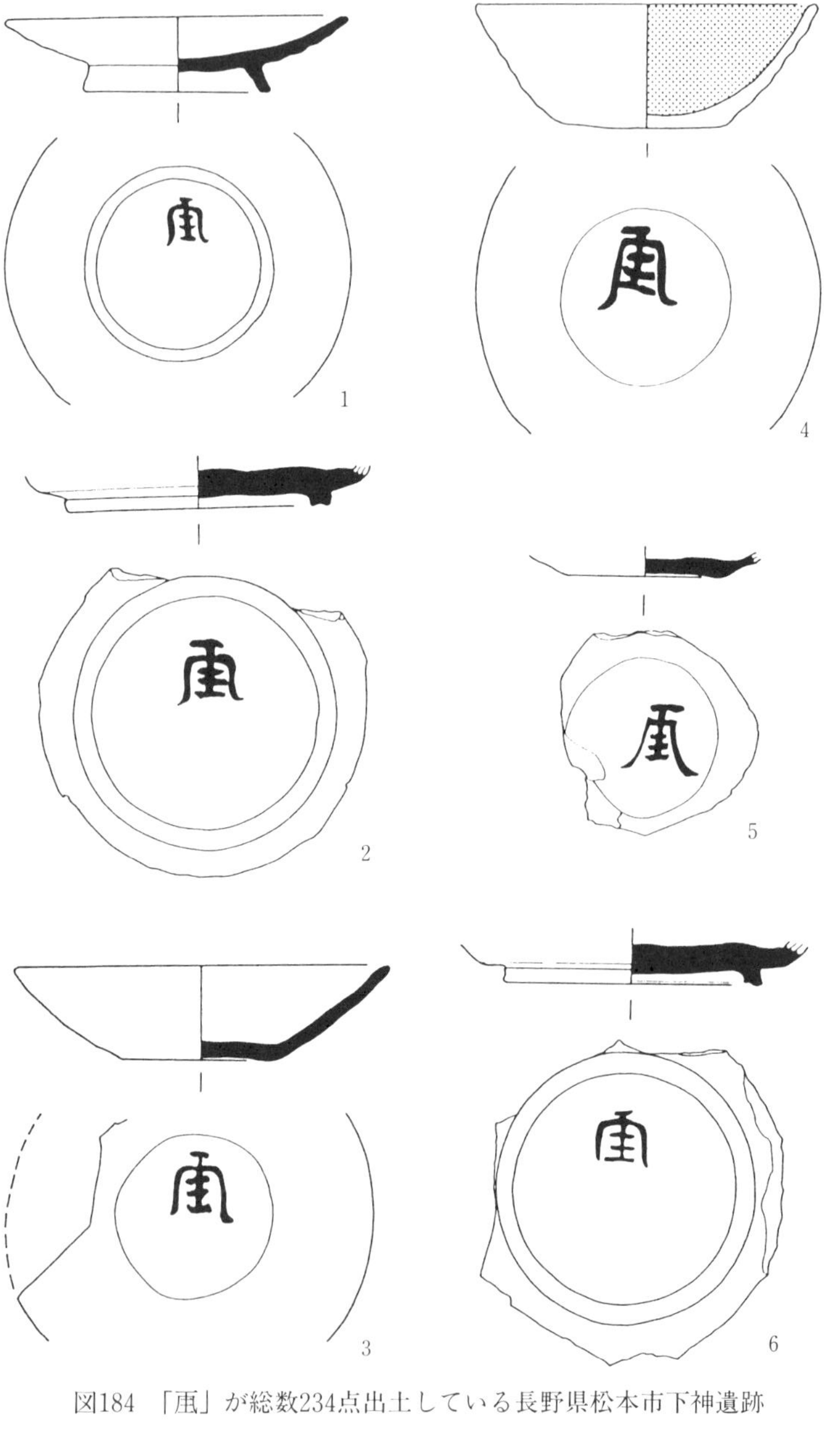

図184 「厓」が総数234点出土している長野県松本市下神遺跡

った則天武后（六二四〜七〇五）が載初元年（六九〇）に独特の文字・一七文字を考案し、その使用を全国に命じたものである。七〇五年の武后の没とともに中国ではその使用が禁ぜられた。わが国では正倉院にある慶雲四年（七〇七）書写の『王勃詩序』にすでに使われているので、大宝の遣唐使（七〇四年帰国）によってもたらされたと考えられている。古くは江戸時代に岡山県から出土した下道氏夫人骨蔵器に記された墓誌にみえる下道朝臣国勝と弟国依の名を「圀勝」「圀依」とする使用例が知られている。東野治之氏によれば、この文字は『養老律』に用いられているので、唐律の写本によってもたらされたという。(11)

　こうした特殊な文字が地方にどのように広まっていくのかを探る恰好の素材は、近年、膨大な出土量を誇る墨書土器しかない。則天文字の地方への普及には、二つのルートが考えられる。一つは、当時の基本法典の『律』を通して「圀」が普及したように、地方行政のルートが想定できる。出雲国府跡の「埊」（地）、下野国府跡の「𠙺」（正）の例がある。もう一つのルートは、仏典を通じて僧侶が会得したものである。この例として、金沢市三小牛ハバ遺跡の「𤯔」がある。この遺跡は金沢市の南郊、富樫山地の北側標高約一五〇メートルの山の中に営まれた八世紀半ばごろの寺院跡である。寺院とはいえ、山中の修行道場として、それほど規模の大きくない掘立柱建物跡数棟で構成されているにすぎないが、銅板鋳出如来立像や「三千寺」「沙弥古万呂」などの墨書土器が多く発見された。それらの墨書土器のなかに底部に小さく「𤯔」と書かれたものは、二字ならば、〃一生〃であろうが、一文字と判断される。これは「人」という則天文字である。一生という語意から考案されたことはいうまでもない。

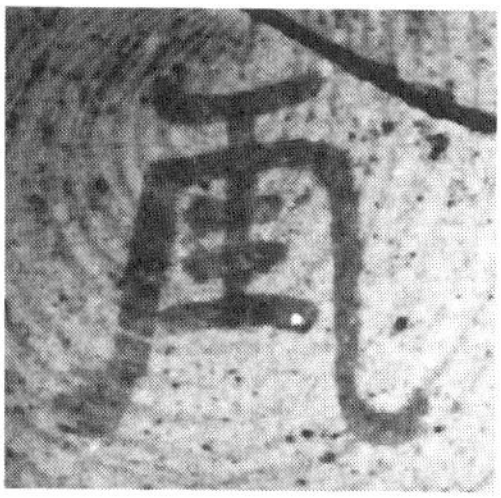

図185　「𠡦」（下神遺跡）

　このように中国では武后没後に使用が禁ぜられた則天文字は、日本で生き残った。しかも、最近では則天文字は古代の官衙跡のみでなく、地方の集落遺跡でも確認できるよ

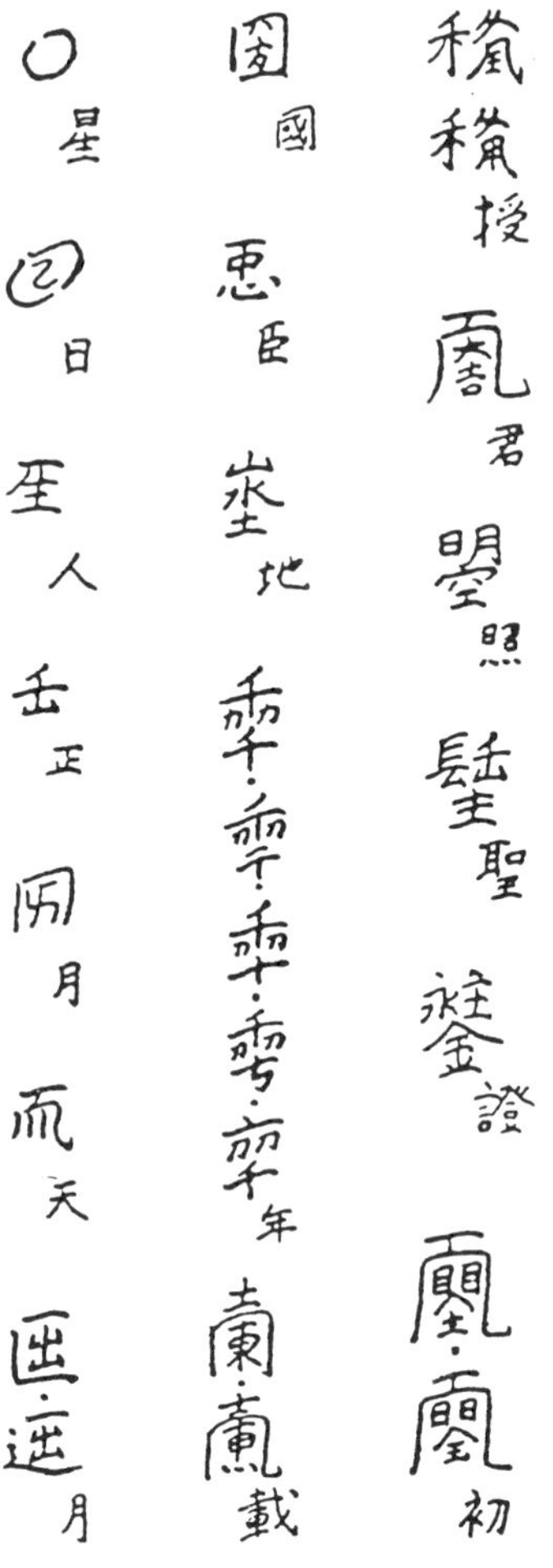

図186　則天文字

図187　「𤯔」(則天文字「𤯔」＝人，千葉県八千代市白幡前遺跡)

うになった。下野国府跡の「缶」とまったく同じ字形のものが千葉県東金市作畑遺跡や長野県松本市下神遺跡などからも出土している。作畑遺跡では、のちに詳述するように実は則天文字「缶」を出した同じ竪穴住居跡からは「寺」と書かれた土器もあり、近くからは僧侶の名と思われる「弘貫」という墨書土器も数点出土している。

そこで、先にあげた「兀」を基本とするような字形の墨書土器について、まず則天文字との関わりでみてみよう。

「兀」および「而」は則天文字「而」とみて間違いないであろう。最も新しい報告例では「兀」の字形の出土例の目立つ群馬県内で確実な則天文字「而」の墨書土器九点が発見されている（前橋市宮下東遺跡）。しかし、その他の「兀」の字形の文字群は直接的に則天文字として該当するものはない。むしろ、ここで注意しなければならないのは、この則天文字一七文字のなかの四文字（𠙺・𠦚・𡆠・𢘑）に共通する「𠘨」（亢）は、中国における道教の呪符にもとづくという事実である。その基本には篆書体があることはいうまでもない。そして、図189に示したような道教の呪符にみえる符籙（たとえば、𩙿と図183「亢」）の強い影響をうけて考案されたのが則天文字の「𠘨」の字形である。

次に先の墨書土器のうちの「𠘨」の字形からは篆書体との関連を想起することができる。「𠘨」は「天」の篆書体「𠘨」に類似した字形であろう。そのほかにも「大」の篆書体「大」との関連を考えられそうな字形もある。[12]

ここであえて篆書体を取り上げたのは、近年各地の墨書土器の中に篆書体で記したものが確認されるようになってきたからである。

「𡥉」（字）―金沢市黒田遺跡
「𤯓」（生）―千葉県佐倉市高岡大山遺跡

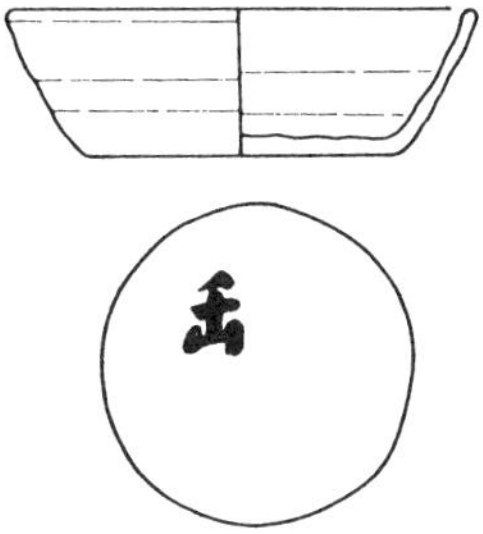
千葉・作畑遺跡

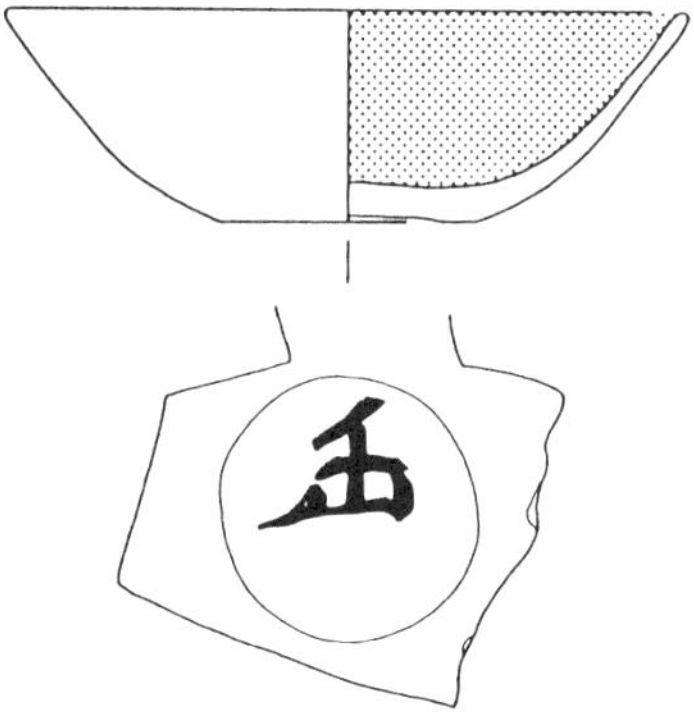
長野・下神遺跡

山形・道伝遺跡

図188　則天文字「𠙺」

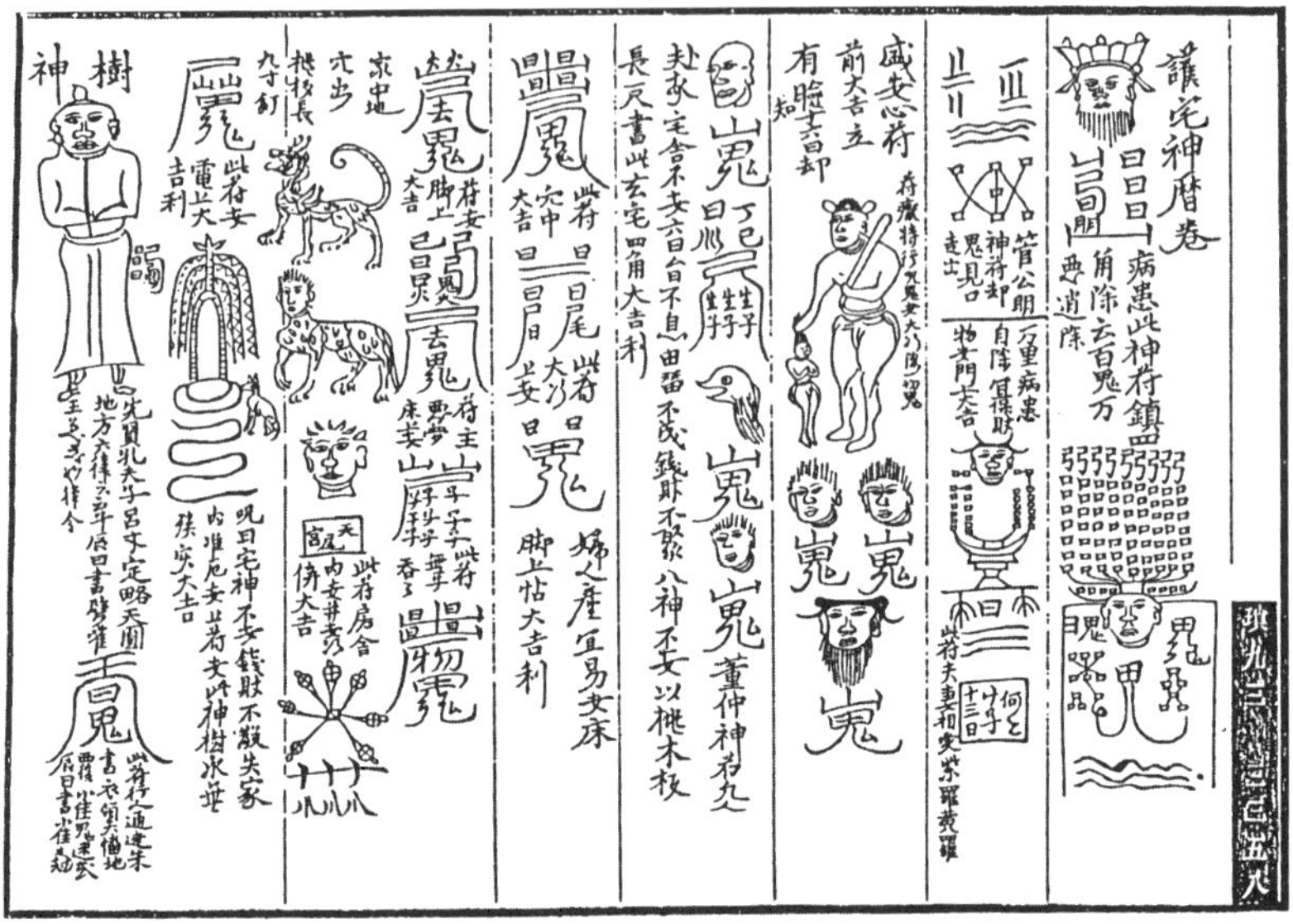

図189　符籙の例（『敦煌掇瑣』の録文）

最後に付け加えるならば、中国において道教呪符の符籙およびその影響を受けた則天文字も、実はその字形が篆書体を基本としているのである。則天文字の「𠀑」は篆書体「𠀑」から考案されているとみてよいであろう。

したがって、わが国における古代の墨書土器にみえる「𠆭」およびそれに類する字形は、おそらく、則天文字や道教の呪符の影響と考えておくことが現状では最も妥当であろう。いいかえれば、則天文字や呪符の符籙が人々に強烈な印象を与え、わが国において「𠆭」や「几」のなかに別の漢字を入れ、一種の吉祥または呪術的な意味を含めた特殊な字形として使用していたのではないかと推測することができる。

このような推測の参考資料として、近世の呪法書『呪咀調宝記大全』にみえる呪符の一例をあげておきたい。

この呪符中の「凬」の例は、「𠘷」「凪」「𠙊」などの意味を一種の吉祥や呪術的な表現と解することの妥当性を物語る資料といえよう（図191・192）。

(2)　兲・𠀑

まず、この字形の基本を岩手県江釣子村下谷地B遺跡に求めて、他遺跡の類似した字形を図193（二九八頁）にまとめてみた。

この字形は二文字から成り立っていることは、先の墨書土器の一般的傾向からも容易に理解できるであろう。上の文字は「正」とみてほぼ間違いないであろう。下の文字は先にみた千葉県久我台遺跡の「亣」、作畑遺跡の「夂」、そして神奈川県宮久保遺跡の「亽」の例を参考にすれば、「合」とみることができるであろう。下谷地B遺跡以外は若干変形しており、なかでも、茨城県神野向遺跡では、報告書の釈文が「正人」となっているが、これは久我台遺跡の

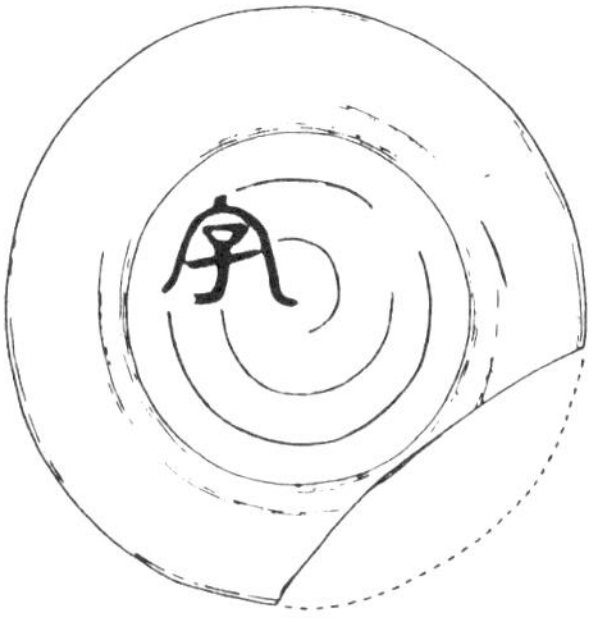
石川・黒田遺跡

千葉・高岡大山遺跡

図190　篆書体の例

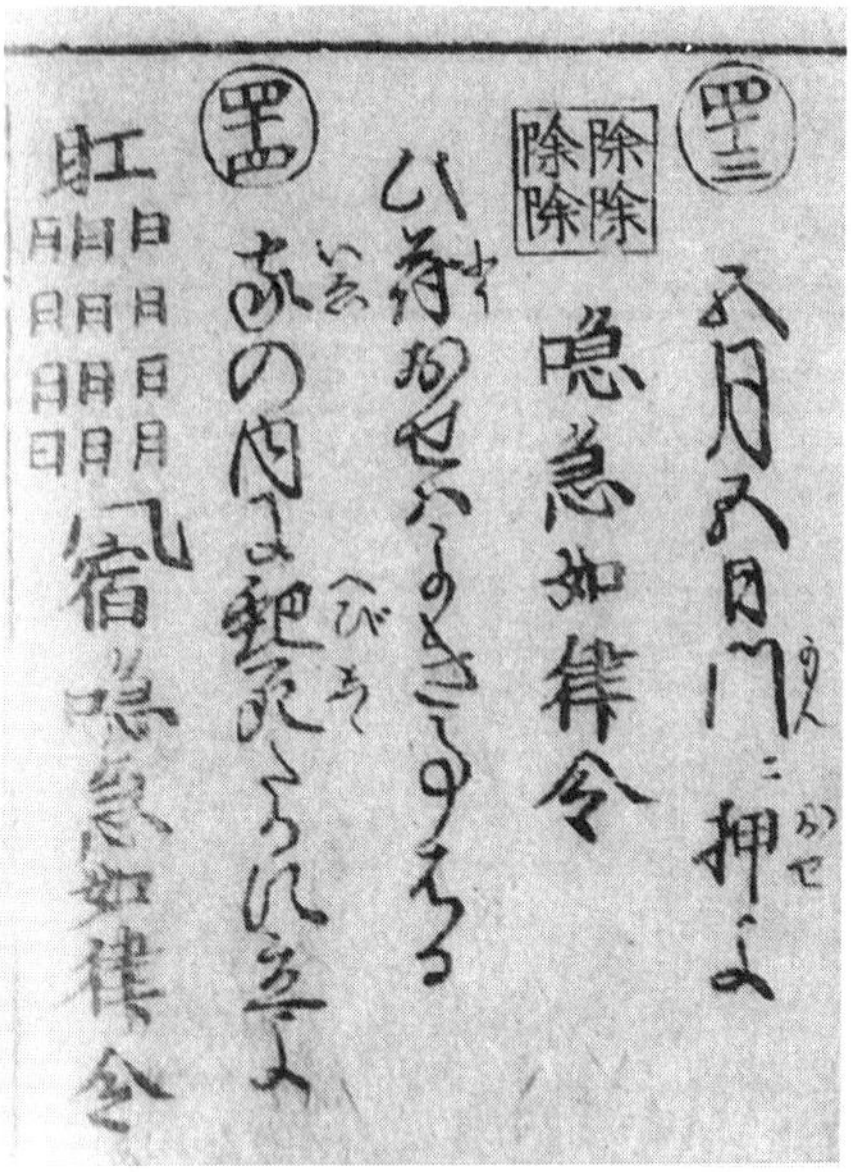

「立合」が変形して「立人」を生みだしたケースと同様と考え、この字形も「正合」とすべきであろう。

結局、「正合」はいわゆる二文字構成の「立合」「力合」に類する用例といえよう。また「正」は則天文字「缶」の使用例（作畑遺跡など）および福島県会津若松市の若松城三の丸跡の墨書土器の文字群「千万」「百万」「吉」とともに「正万」が存在することも、墨書土器「正合」が存在する可能性を示していよう。

⑶　＃

この「＃」は、従来井戸の「井」と一般的に理解されているもので、あえてそれを特殊な字形とは扱っていない。しかし何の変哲もないとみられている「井」についても字形の点から若干疑問を呈してみたい。もちろん、問題なく井戸の「井」とみなすことのできる文字も少なくないことをはじめに断っておきたい。

まず、各遺跡のなかで「＃」を伴う文字群を例示してみよう。

○神奈川県大住郡六之域R3遺跡

＃、福（二二点）、吉（二点）、豊

○千葉市有吉遺跡（住居跡ごとに示す）

二五号住…矢、三七号住…万・方、五七号住…万、五九号住…＃・矢古、六〇号住…矢・固、九五号住…矢古・

1　出土印「凨」
栃木県日光男体山頂祭祀遺跡

2　正倉院文書・桴領調足万呂解（天平宝字4年〈760〉）印影「足万」

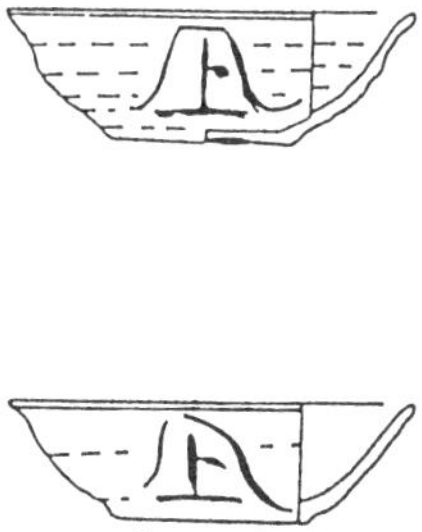

3　墨書土器「凪」
群馬県岩之下遺跡

4　墨書土器「凧」
福島県辰巳城遺跡

図192　魔除けと思われる記号を伴う墨書土器と古印

矢古、九九号住…[矢]古・矢古、一〇四号住…矢古・[古]、一一三号住…矢、一一七号住…[天]（線刻）、一二二号住…万加・平・古、一三一号住…大天（ヘラ書き）、一四五号住…矢古、一五七号住…万、一六六号住…[奉]

有吉遺跡の「矢古」は、この遺跡およびその周辺にも広く分布する地域固有の文字である。したがって、二遺跡とも、「井」は福、吉、豊、万、万加などの文字群の一つとみなすことができよう。

次には、「井」が一遺跡で圧倒的な数を占める例を示しておこう。

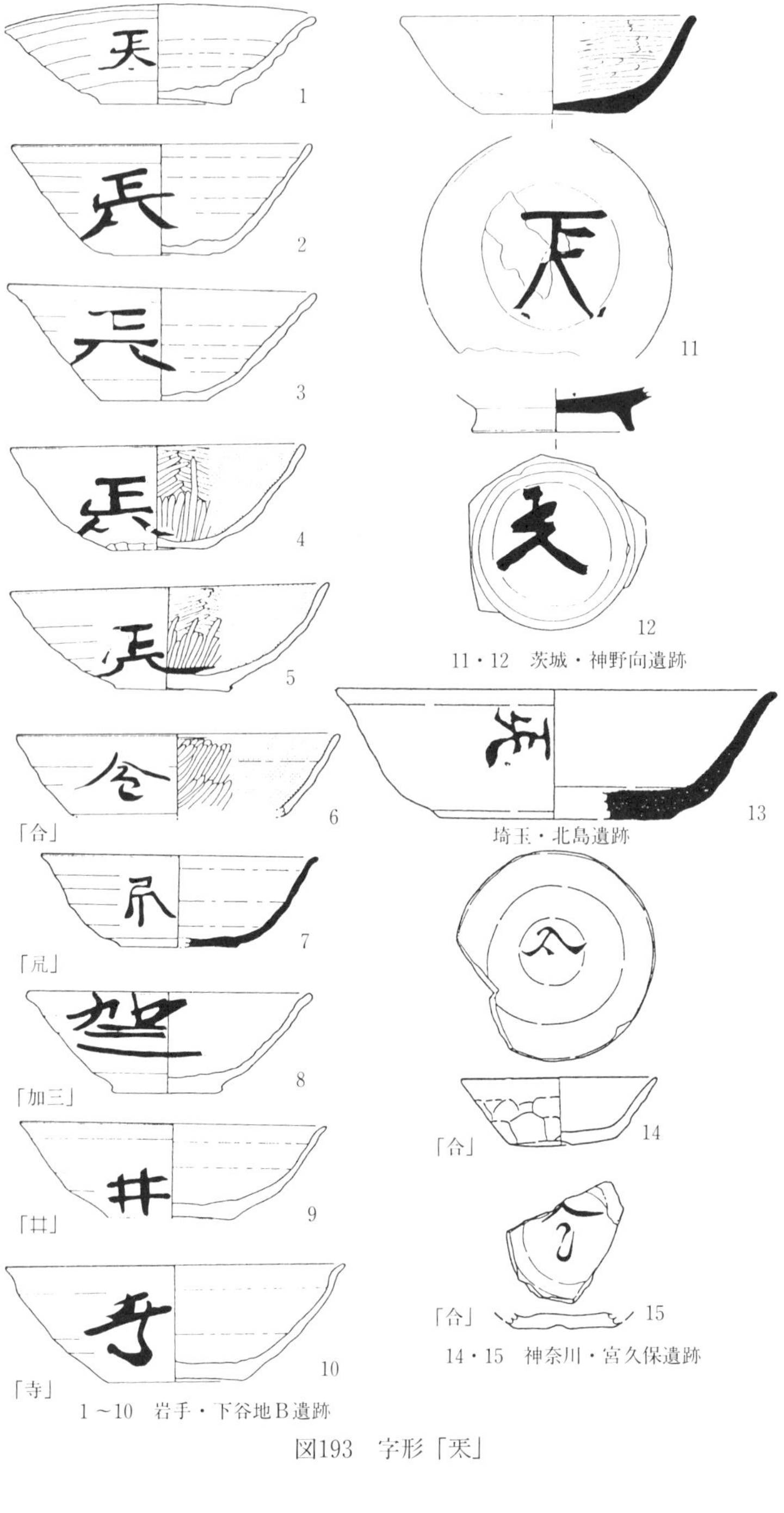

1～10　岩手・下谷地B遺跡

11・12　茨城・神野向遺跡

埼玉・北島遺跡

14・15　神奈川・宮久保遺跡

図193　字形「兲」

○山形県生石2遺跡

墨書土器の総点数五二五点のうち、文字不明一三一点をのぞくと三九四点となる。そのうち「＃」および「＃ヵ」とするものは二五七点で、全体の約六五パーセントを占めている。

○神奈川県平塚市中原上宿遺跡

墨書土器の総点数二四点のうち、不明五点をのぞく一九点中、「＃」および「＃ヵ」は一六点で、全体の約八四パーセントを占めている。しかも、「＃」印の鉄製の焼きコテを共伴している。その焼印の字形は「井」ではなく、「＃」である。

さらに、この「＃」が一つの土器に他の文字と組み合わせて記されている例がある。

この遺跡については、後で詳述するが、その墨書土器の中に、体部に「佛酒」、底部に「＃」と記したものがある。

○千葉県芝山町庄作遺跡

○千葉県作畑遺跡

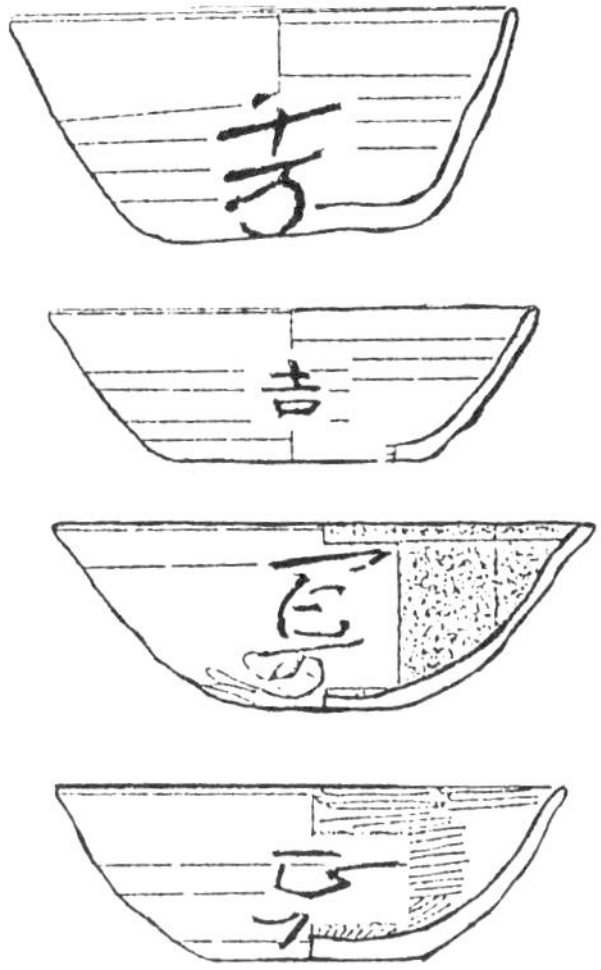

図194　「正万」と文字群（福島県若松城三の丸跡）

墨書「＃　小田万呂」は「＃」と「小田万呂」の書体が明らかに異なっている。すなわち、「小田万呂」は通常の行書体、それに対して「＃」は「小田万呂」より大きく、楷書体風に書いている。「小田万呂」を記載してのちに、その上部に追記したものと判断できる。

この作畑遺跡の例からすれば、庄作遺跡の墨書「佛酒」（体部）も、「＃」は底部に追記した（同一人の書体でも問題は

図195　「井」を含む文字群（神奈川県六之域R３遺跡）

ない）ともいえるであろう。

以上の数例からも、「井」を井戸の「井」と速断できかねるのみでなく、むしろ一種の記号と判断する方が妥当性が高いといえよう。

この理解をさらに推し進める好例が千葉県柏市花前遺跡群である。

花前遺跡群の場合、文字よりも「◎」「○」「☆」などの記号が大半を占めている。(13) そのなかに土器の体部に「☆」とともに、「井」が線刻されている。この「☆」は、呪符の五行押点として古代以降の呪符に用いられている一種の魔除けの記号である。実は「井」も「卌」とともにこうした呪符の魔除け記号として、民俗例で確認することができる。すなわち、「井」印は魔物も迷う迷路、「☆」印は魔物も入るすきがないと解されている。

以上の諸例で明らかなように、各地の墨書および線刻の「井」の多くのものが、井戸の「井」ではなく、その字形から判断すると、呪符等に用いられるドーマンと呼ばれる魔除け記号の「井」と理解できる。作畑遺跡の例は、「小

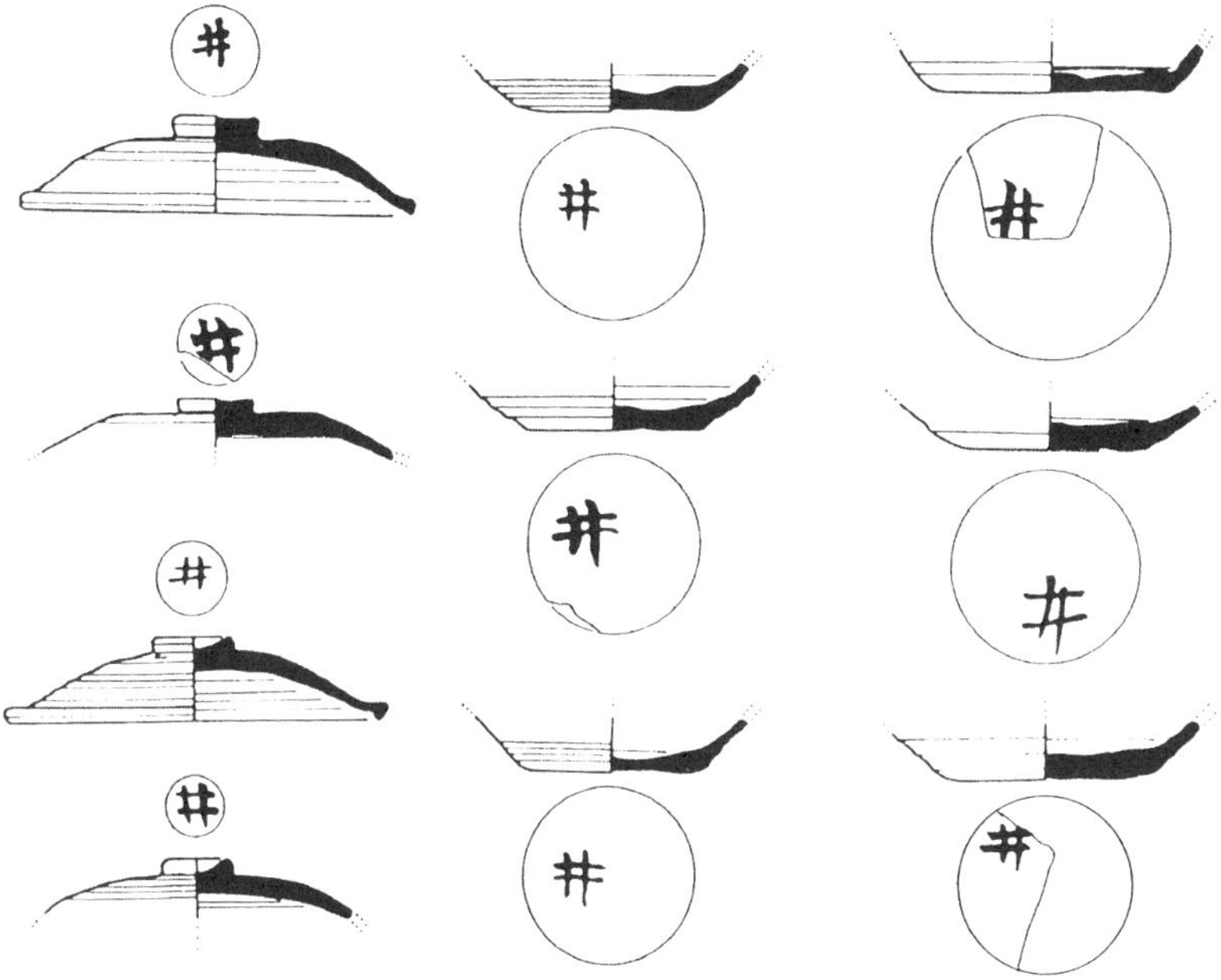

図196　「井」が墨書土器の約65%を占める山形県生石２遺跡

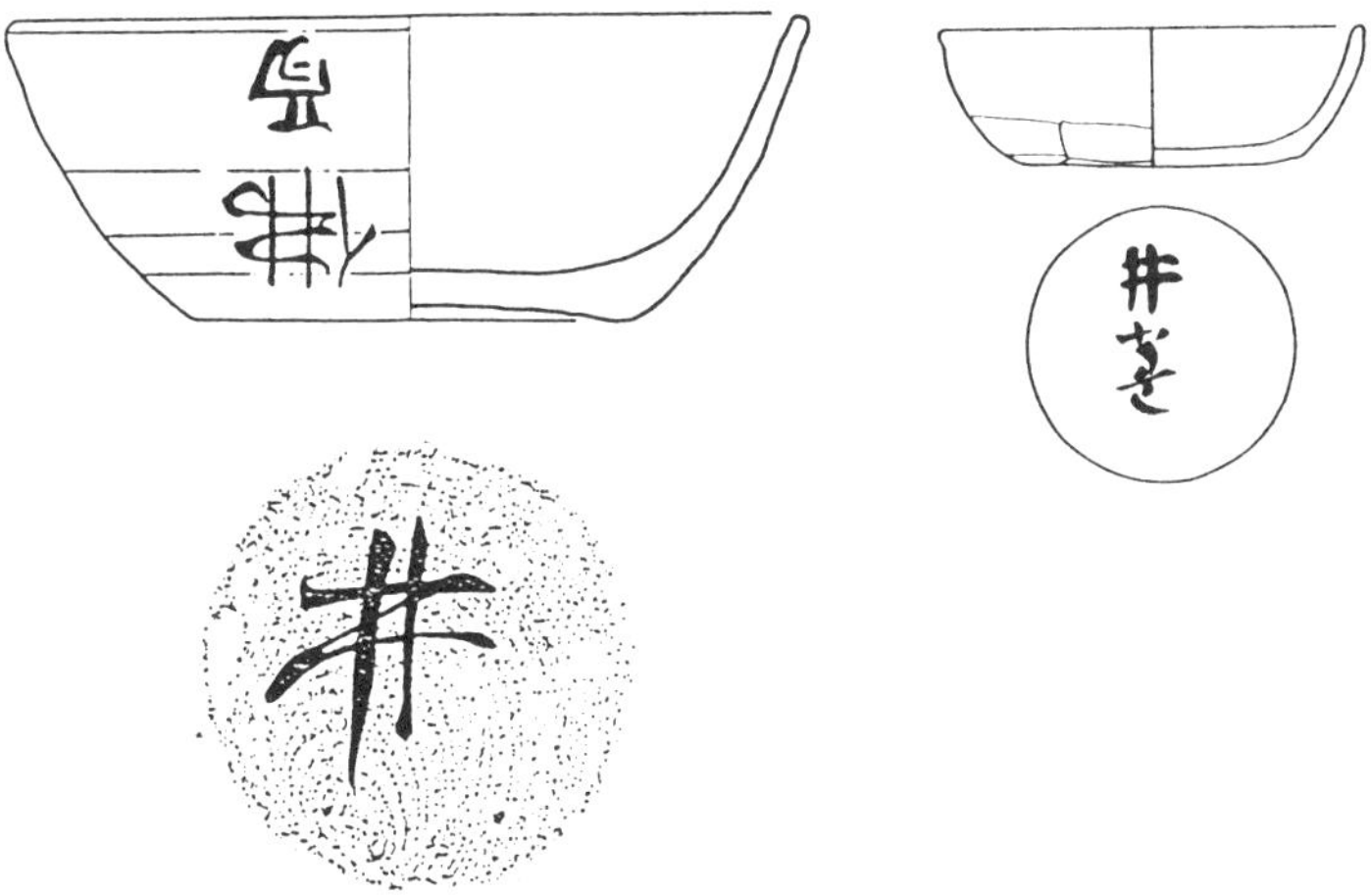

図197　「井」と他の文字の併記（左＝「佛酒」と「井」〈千葉県庄作遺跡〉，右＝「井」と「小田万呂」〈千葉県作畑遺跡〉）

田万呂」の魔除けとして、人名の上部に記号「卄」を追記したのではないだろうか。

4　同一書体の共通文字

千葉県東金市の久我台遺跡と作畑遺跡とは、約五キロほど離れたほぼ同時期の集落遺跡である。

久我台遺跡からは約一五〇点の墨書土器が出土し、時期的には八世紀前半から十一世紀代までの集落変遷に対応して各期の墨書土器が存する。各期を概観すると、八世紀には「井於」「古加」「千俣」「十上」など、九世紀に「千万」「立合」「得加」「弘貫」など、とくに九世紀後半は「立合」が圧倒的に多い。集落の消滅期となる十〜十一世紀代には「南」が目立つが、点数は全体的に少ない。

八世紀代の竪穴住居跡出土の「古加」「千俣」が同一個体に記されているが、「千俣」は『和名類聚抄』に下総国匝瑳郡の郷名としてみえ、現在の栗山川（別名千俣川）流域に位置したと考えられる。作畑遺跡からは「栗戸川」という墨書土器が出土しているが、何らか関連するのかもしれない。

ところで、久我台遺跡の「弘貫」は作畑遺跡でも確認できる（図174・175参照）。しかも、観察の結果、書き手も土器の胎土・時期も同じものと考えられることから、同一人物が書いた墨書土器が両遺跡で検出されたことになる。さらに、久我台遺跡の墨書土器の中心をなす「立合」は、作畑遺跡において「立生」「力合」などと類似した内容を確認できる。また「亦」の字形は、作畑遺跡の「冬」と共通する点も興味深く、両遺跡の関連の深さをうかがわせる。

図198　「卄　小田万呂」
（千葉県作畑遺跡）

とくに、作畑遺跡の一六九号住居跡出土の灰釉陶器の双耳壺（図202−12）や一七〇号住居跡出土の須恵器の高台付

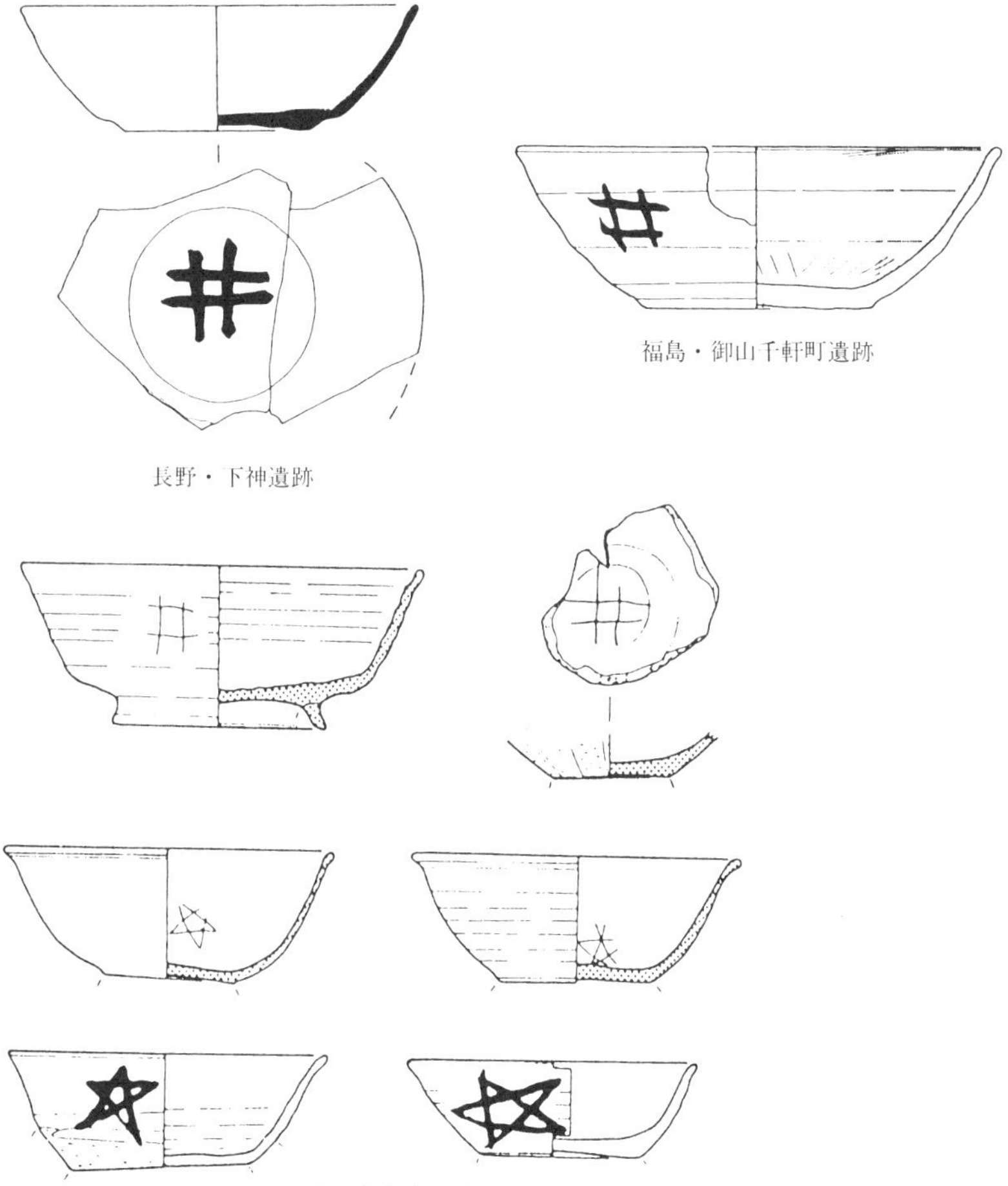

図199　墨書・刻書土器にみえる「井」の字形

平瓶（図202－13）などは、一般集落遺跡の遺物としては際立っている。また、四一号住居跡の墨書土器「寺」と「缶」（則天文字）の存在は、先に指摘したように、則天文字の地方への普及ルートの一つが、仏典を通じて僧侶が会得し、広めたものという事実を裏付けているのであろう。

したがって、若干推論を加えるならば、二遺跡にまたがる「弘貫」を僧侶と考え、一連の墨書土器は「弘貫」の活動の一端を伝えるものと想定することも可能ではないか。

ここに「弘貫」のような僧侶と村落への仏教の浸透の姿を垣間みることができる。そして、このことは墨書土器の

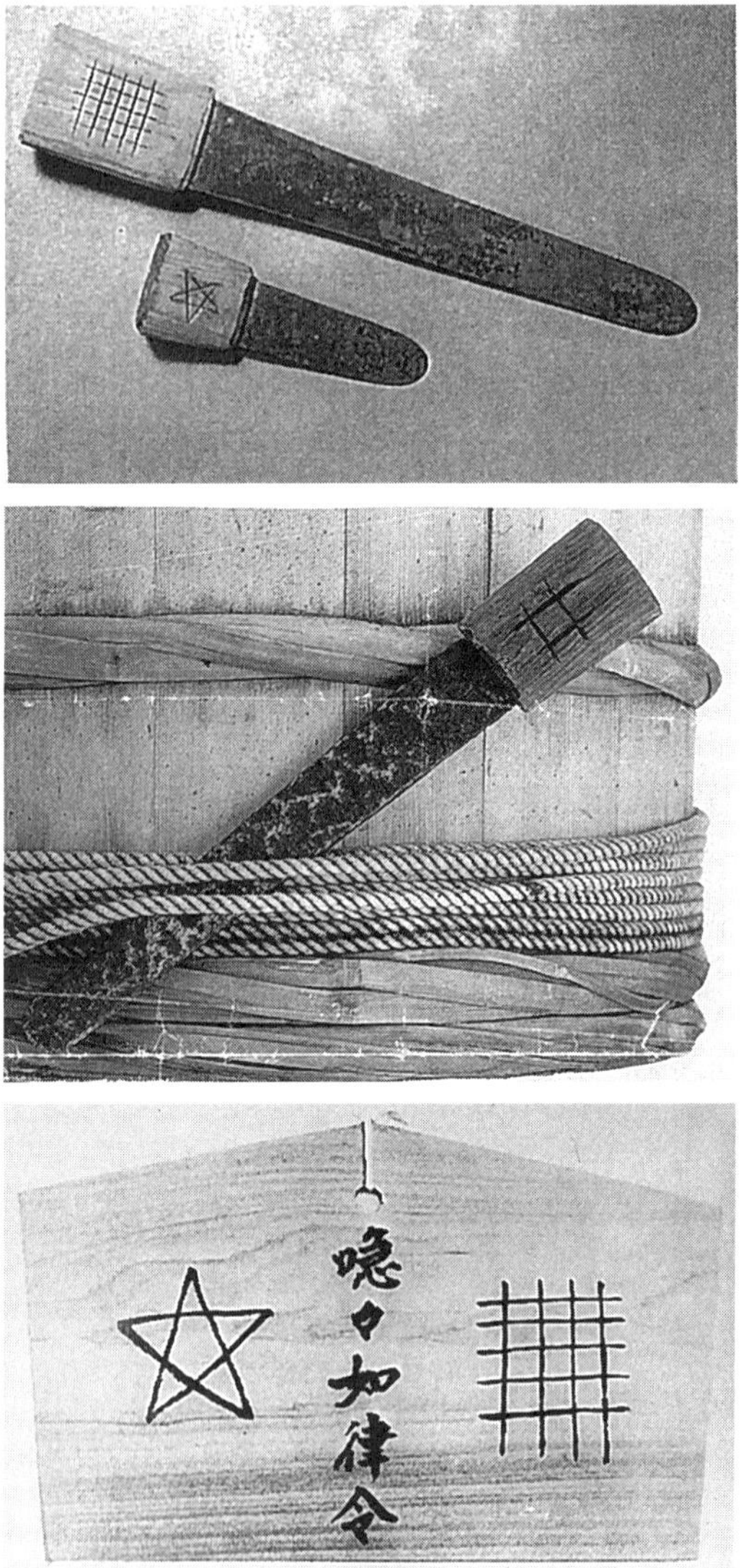

図200　民俗例にみえる魔除け符号（上＝伊勢志摩の海女の磯ノミに印された「▦」「☆」の符号，中＝同「井」の符号，下＝勧請縄の祈禱札にみえる「☆」と「▦」の符号〈三重県上野市光明寺蔵〉）

意味を解く重要な鍵となるに違いない。(14)

こうした墨書土器からみた村落内の仏教の影響は、千葉県八千代市井戸向遺跡の場合も同様に読みとることができる。図203にみえる一郭からは、墨書土器だけでも、「寺」「寺坏」「佛」（灯明皿使用の痕跡のある土器）、さらには仏教用語と考えられる「信會」「厭」など、その他の仏教関係遺物としては薬壺のような小形壺や約五センチほどの小金銅仏像も出土している。この遺跡と一連の集落と思われる南隣の白幡前遺跡では、一棟のお堂跡とその付近に瓦塔も発見されている。

このように東国の村落における一堂一宇からなる寺の存在は近年、報告例も多く、その実態解明作業も進行中である。(15) その研究に墨書土器も不可欠な要素となることはいうまでもない。

5　多文字の墨書土器の出現

施設名や職名などの具体的内容を示す官衙遺跡の墨書土器に比して、集落遺跡における墨書土器は一ないし二字程度の文字数しか記されていないだけに、その文字を単独に取り扱っても容易にその文字内容を知ることはできない。

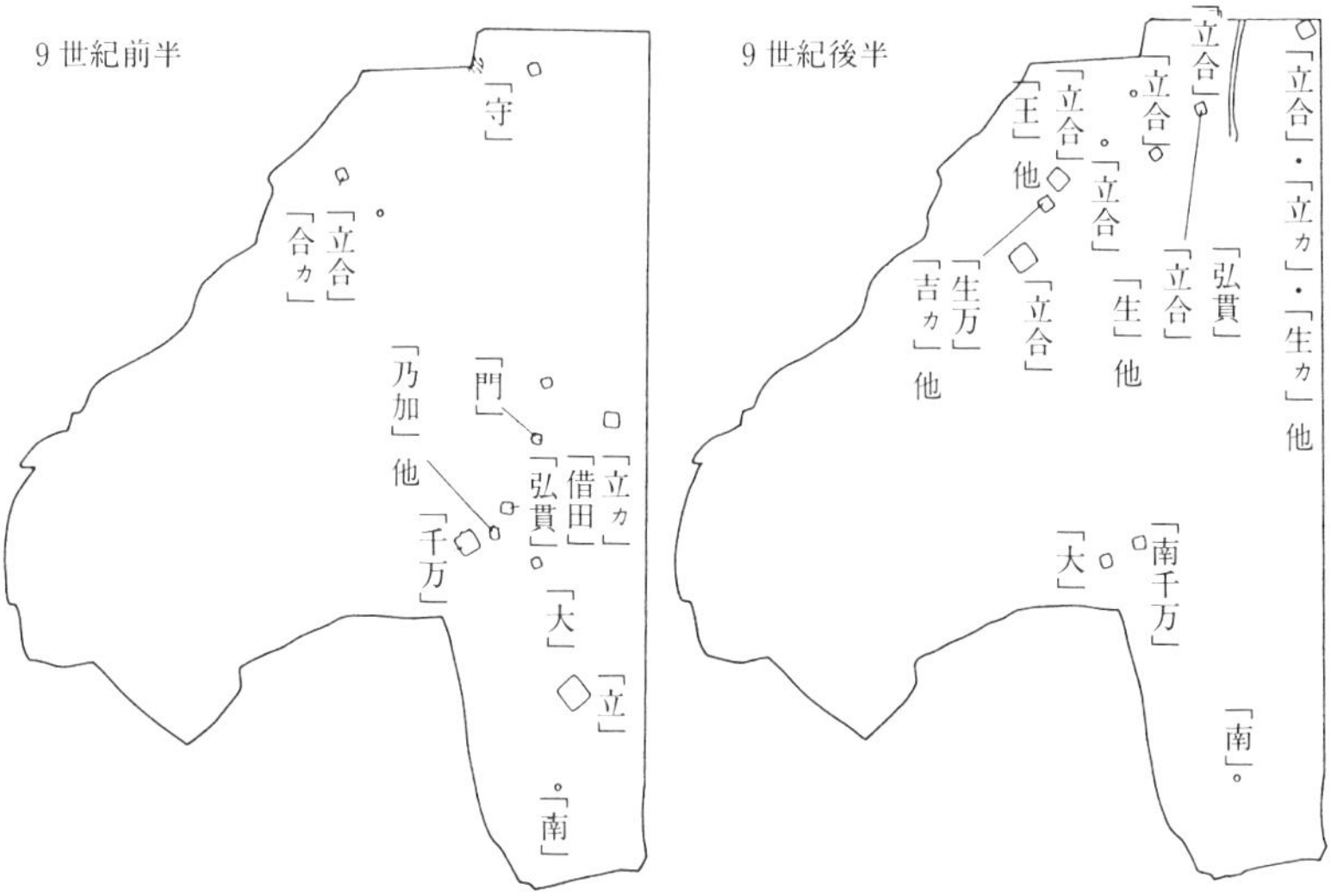

図201　千葉県久我台遺跡の9世紀における墨書土器の分布状況

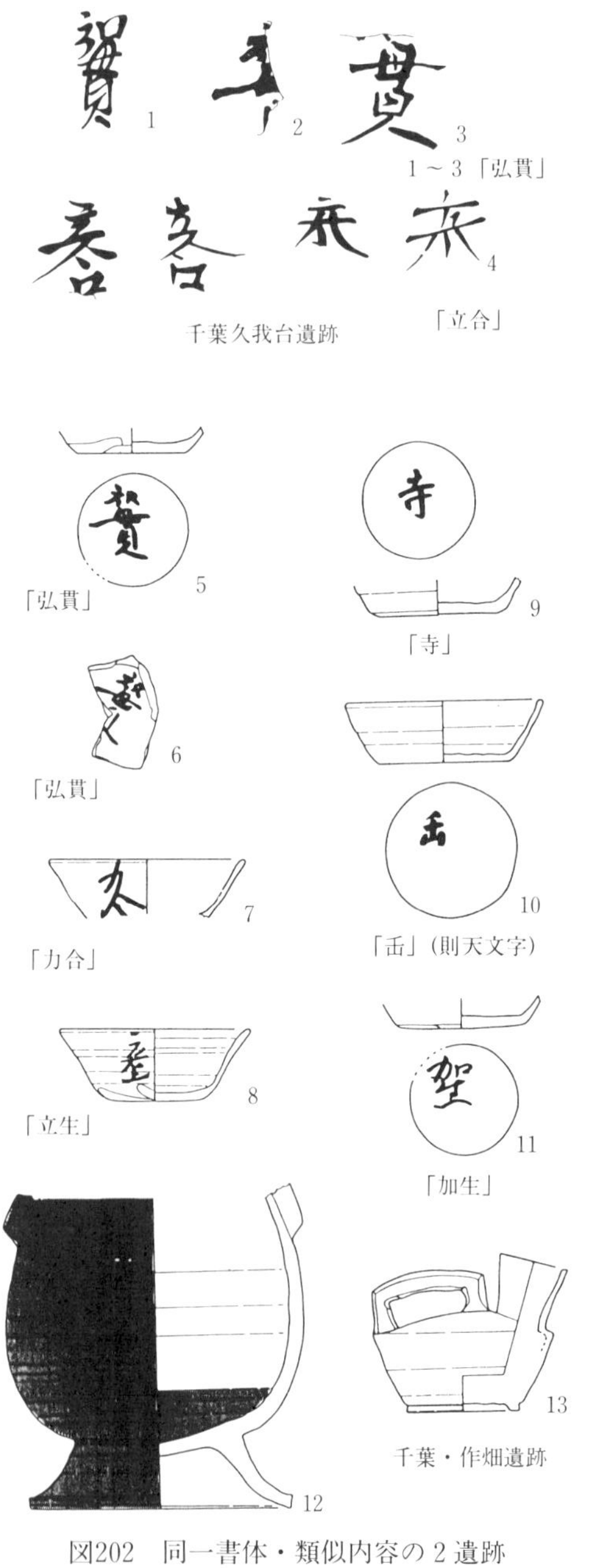

図202　同一書体・類似内容の２遺跡

ところが、近年、千葉県北東部、いいかえれば古代の下総国印旛郡・香取郡・埴生郡および上総国武射郡などの地域において、多文字の墨書土器が数多く発見され、一ないし二文字のみの集落遺跡の文字内容を理解するうえで重要な示唆を与える資料として注目される(16)。

以下、主なものを紹介しておきたい。

○八千代市権現後遺跡・土師器坏

内面　　墨書人面

体部外面　「村神郷丈部国依甘魚」

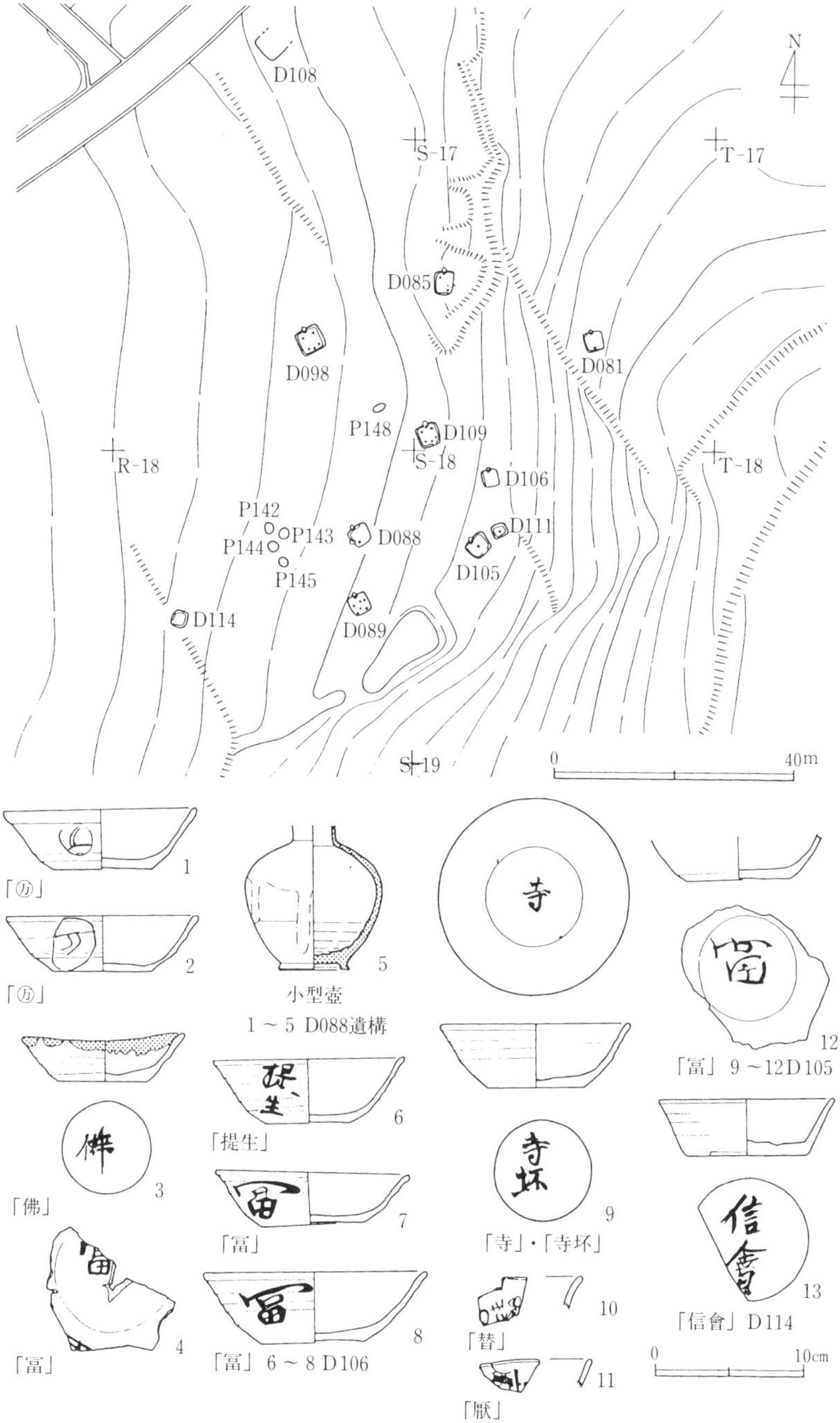

図203　仏教関係遺物の目立つ住居群（千葉県井戸向遺跡第II群）

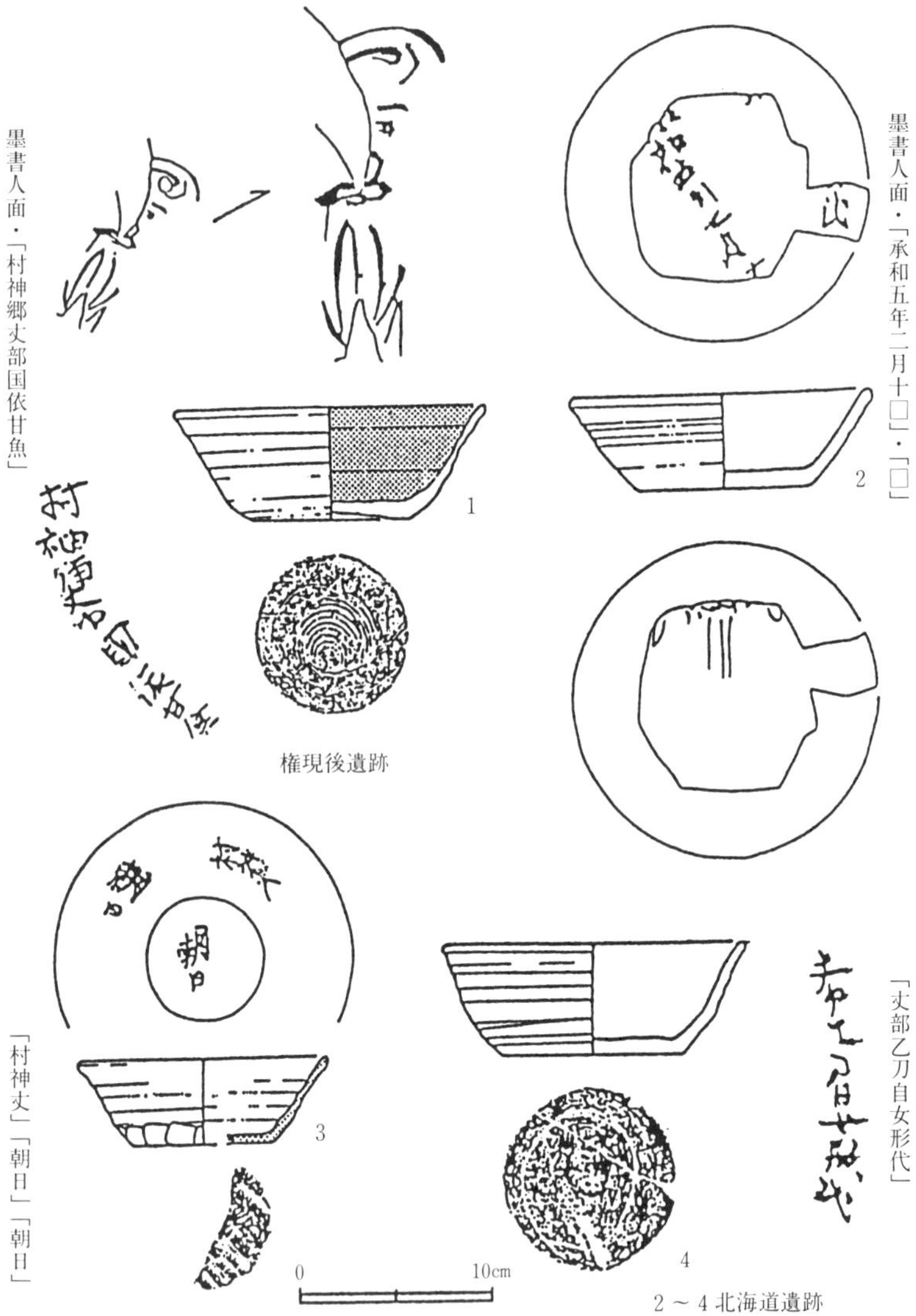

図204　八千代市萱田地区の多文字墨書土器

（下総国印幡郡）村神郷の丈部国依が供膳具（坏形土器）に盛られた御馳走（甘魚）を神に供献したことを表記しているのであろう。

○芝山町庄作遺跡

① 二五号住居跡・土師器坏

内面　　墨書人面

体部外面「丈部真次召代国神奉」

② 二五号住居跡　土師器甕（図205）

胴部外面　墨書人面・「罪ム国玉神奉」

③ 六七号住居跡・土師器坏（図206）

体部外面　墨書人面

底部外面「手」

内面　　「国玉神奉」

三点とも、墨書人面と「国玉神奉」の文字を伴っている。これらの土器は、おそらくは国神に対して招福や除災などの祭祀が人面土器を用いて実施されていたことを示していると理解できる。

④ 四六号住居跡・土師器坏（図207）

体部外面「×秋人歳神奉進　上総×」

断片ではあるが、「……奉進」の次の部分が約一字分空白となっていることから、この文は「上総」からはじまると断定してよい。現存する約三分の一ほどの断片の文字数をもとに、この文を復原すると全体の文字数は約一九文字となる計算である。「進」と「上」との間の空白を一文字分とすれば、約一八文字で構成されていたと想定できる。

（復原案）

上総国□□郡□□郷□□□秋人歳神奉進

この大意は上総国武射郡某秋人が正月に福をもたらす歳神を招き入れるために、その年の恵方に向かって、この土器（供膳用の坏形）に御馳走を盛り、「奉進」したのであろう。

⑤　五八号住居跡・土師器坏（図208）

底部外面　「竈神」

この土器は朱塗りである。竈神は文字どおりカマドを守る神である。この「竈神」に関連すると思われる資料としては、庄作遺跡の北に位置する佐原市馬場遺跡で発掘された住居跡のカマド内の燃焼部底面近くに、伏せた状態（倒位）にして、坏を四枚重ね、一番上に置いた坏に「上」と墨書している土器があげられる。一番上のものに「上」と記していることは、土器の状態と結びつけて考えた時に初めて記された文字の意味が理解できる（図159参照）。これは墨書土器の本質を解き明かすうえで絶好の資料となるであろう。

中国の晋代に作られた『抱朴子』（三一七年完成）によれば、竈神が晦日の夜、家族の功罪を天帝に報告するのを防ぐ信仰が存在していたことがわかる。それから考えると先の土器の状態は、カマドを廃棄するさいに竈神を封じ込めるために坏を伏せたものと解釈できるであろう。

○富里町久能高野遺跡・土師器坏（図209）

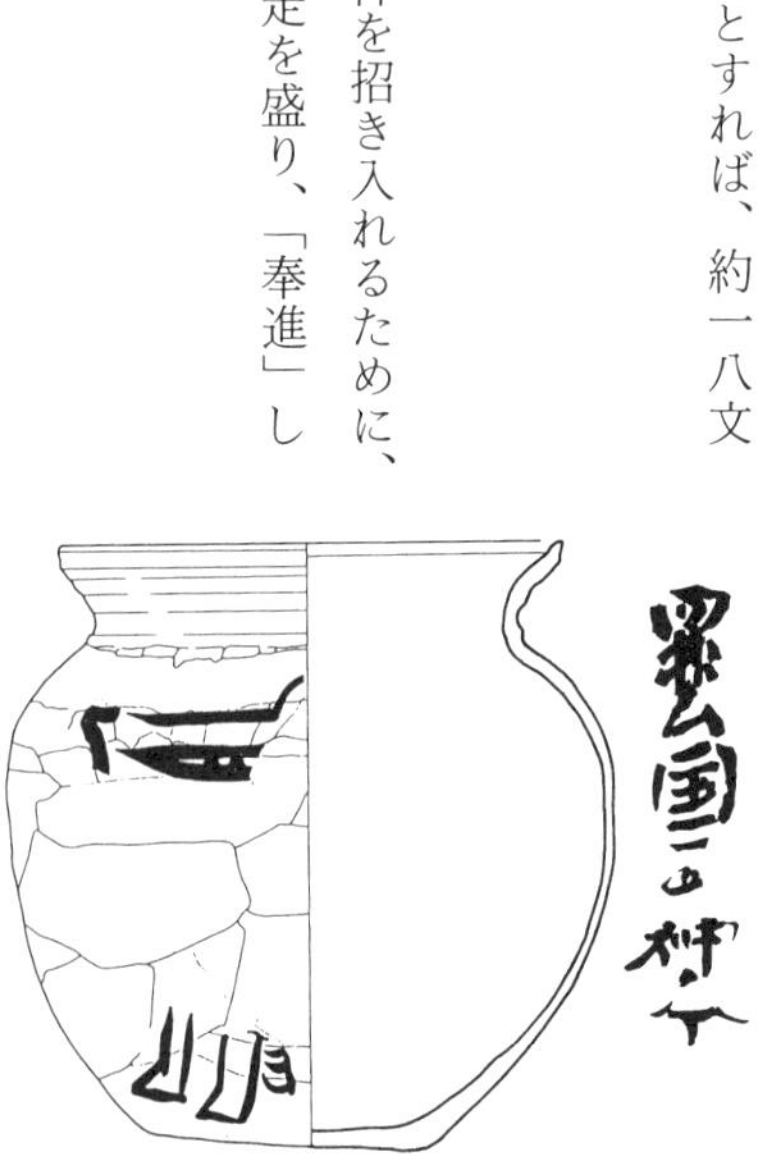

図205　人面墨書「罪ム国玉神奉」

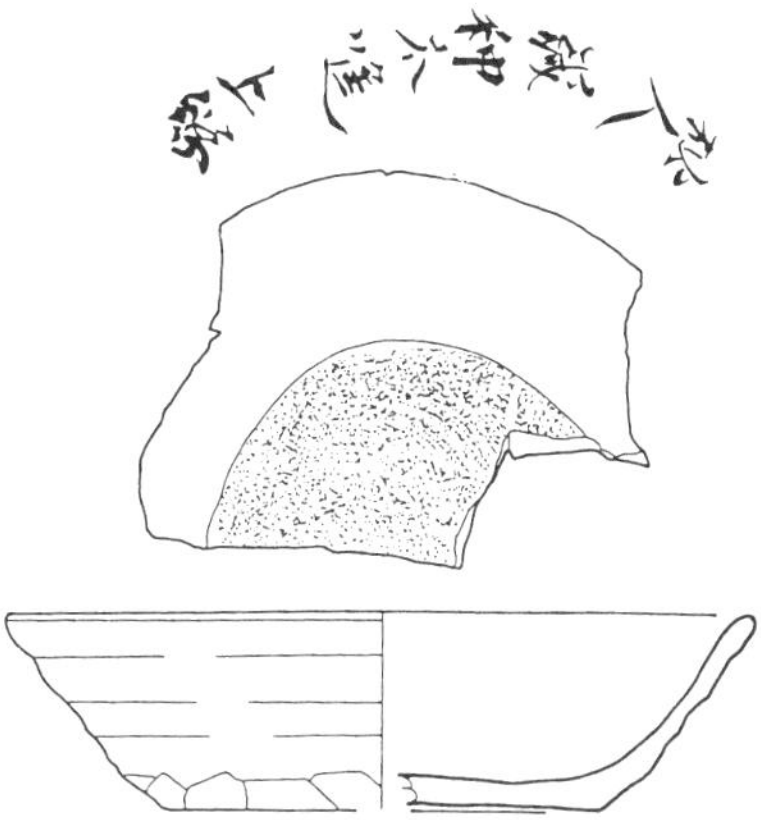

図207　千葉県庄作遺跡の墨書土器「×秋人歳神奉進　上総×」

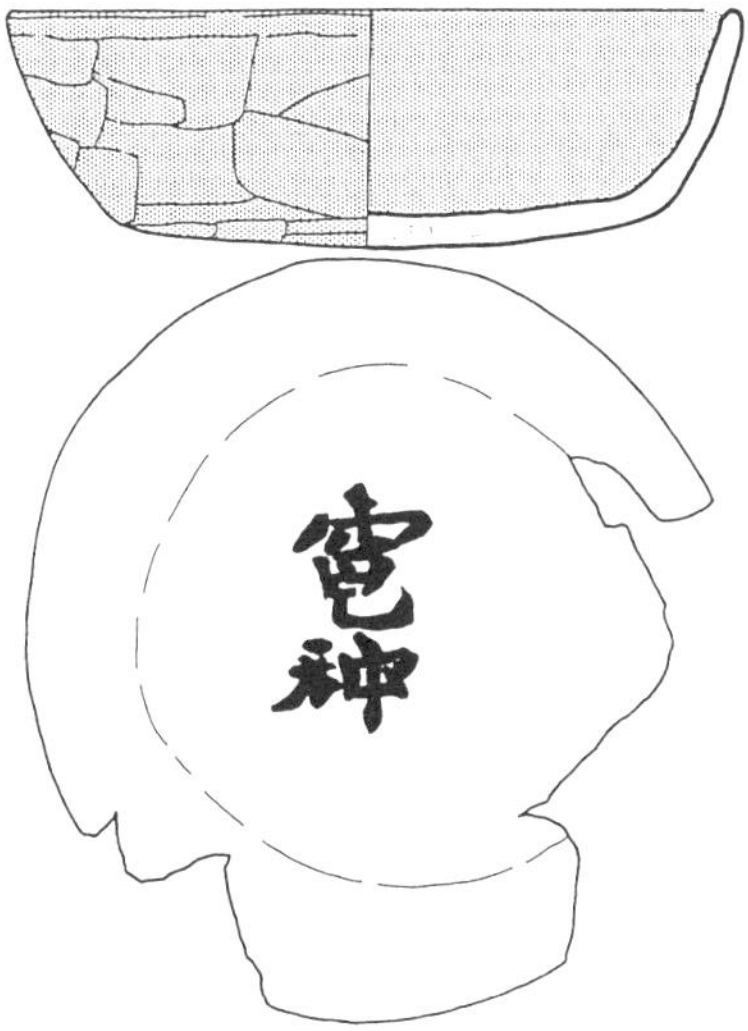

図208　千葉県庄作遺跡の墨書土器「竈神」

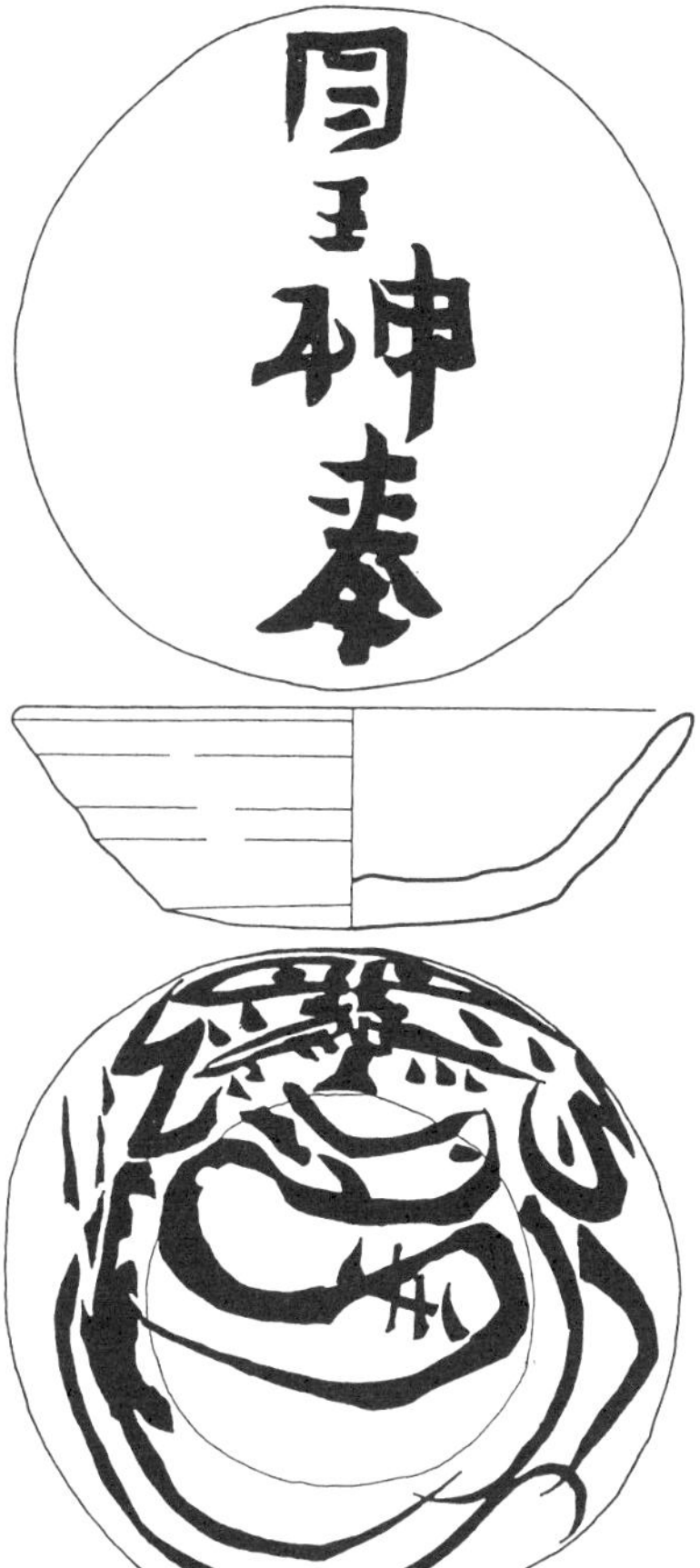

図206　千葉県庄作遺跡の墨書土器「国玉神奉」(内面。体部外面＝人面墨書，底部外面＝「手」)

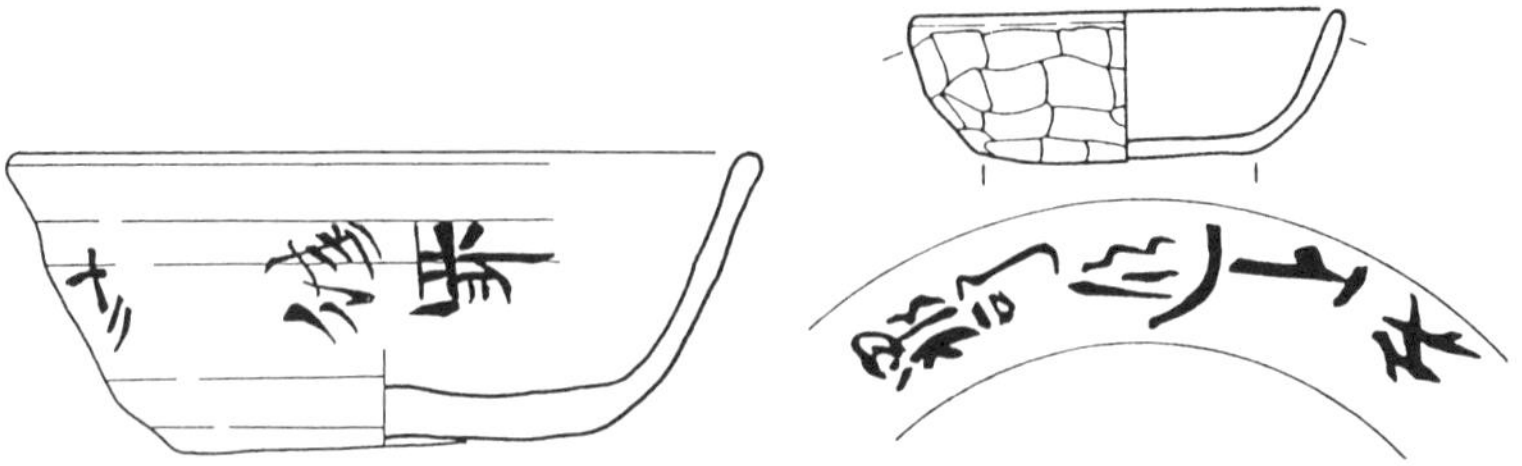

図209　「罪司」への供献を示す墨書土器（左＝「□継罪□」〈千葉県庄作遺跡〉，右＝「罪司進上代」〈千葉県久能高野遺跡〉）

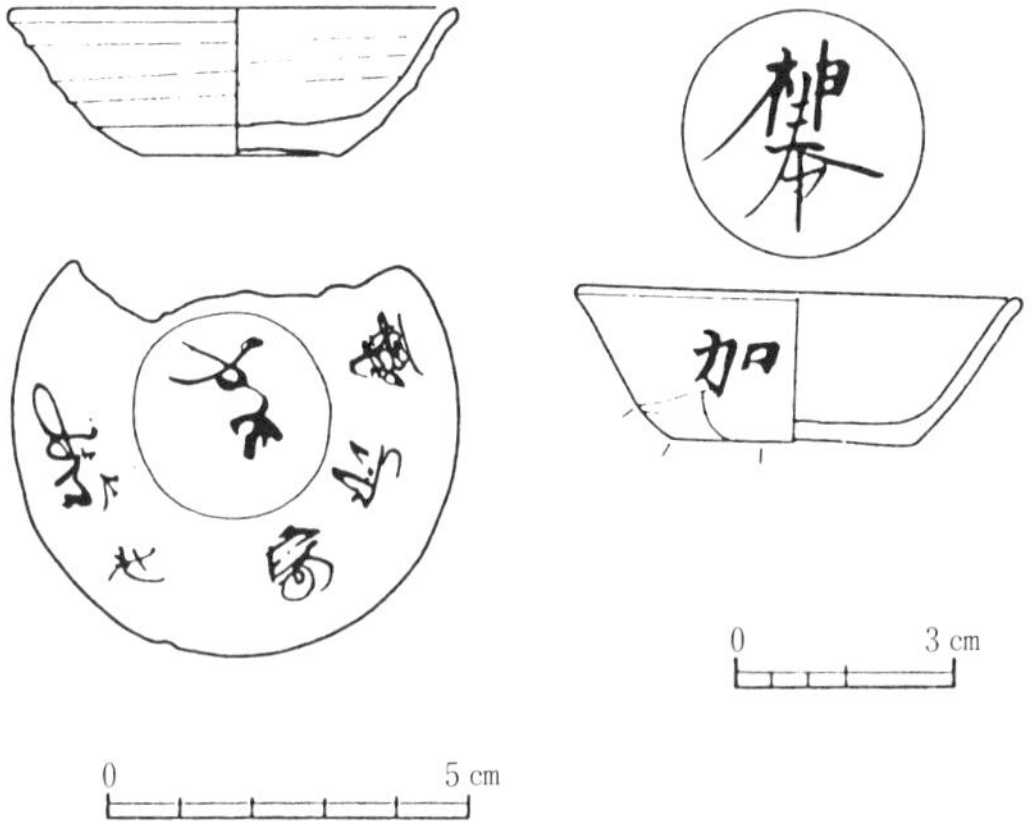

図210　「盛此家」「神奉」＋「加」（左＝千葉県井戸向遺跡，右＝千葉県公津原遺跡 Loc16遺跡）

体部外面　「罪司進上代」

「罪司」は文字どおり人の罪を裁く司のこと、冥途の裁判官である。人々は自らの罪を免れるために、必死で坏形の土器に御馳走を盛って供えるいわゆる賂（まいない）行為を行うのである。

このような行為は仏教説話集『日本霊異記』によっても具体的に知ることができる。その一例を次に引用しておこう。

閻羅王の使の鬼、召さるる人の賂を得て免す縁　第二十四（中巻）

楢磐嶋は、諾楽の左京の六条五坊の人なり。大安寺の西の里に居住す。聖武天皇のみ世に、其の大安寺の修多羅分《すたらぶん》の銭三十貫を借りて、越前の都魯鹿《つるが》の津に往きて、交易して運び超し、船に載せ家に将《も》ち来たる時に忽然《たちまち》に病を得、船を留め、単独家に来むと思ひ、馬を借りて乗り来たる。近江の高嶋の郡の磯鹿《しが》の辛前《からさき》に至りて、睠《かえり》みれば、三人追ひ来る。後るる程一町許なり。山代の宇治橋に至る時に、近く追ひ附き、共に副ひ往く。磐嶋問ふ「何《いづく》に往く人か」といふ。答へ言ひて曰はく「閻羅王の闕《みかど》の、楢磐嶋を召しに往く使なり」といふ。磐嶋聞きて問ふ「召さるるは我なり。何の故にか召す」といふ。使の鬼答へて言はく「我等、先に汝が家に往きて問ひしに、答へて曰はく『商に往きて未だ来らず』といふが故に、津に至りて求め、当に相ひて捉へむと欲へば、四王の使有りて、誂《あつら》へて言はく、『免す可し。寺の交易の銭を受けて商ひ奉るが故に』といふが故に、暫免しつるのみ。汝を召すに日を累ねて、我は飢え疲れぬ。若し食物有りや」といふ。磐嶋云はく「唯干飯有り」といひ、与へて食は令む。使の鬼云はく「汝、我が気に病まむが故に、依り近づか不あれ。但恐るること莫かれ」といふ。終に家に望み、食を儲けて饗す。鬼云はく「我、牛の宍の味を嗜むが故に、牛の宍を饗せよ。牛を捕る鬼は我なり」といふ。磐嶋云はく「我が家に斑なる牛二頭有り。以て進らむが故に、唯我を免せ」といふ。鬼言はく「我、今汝が物多に得て食ひつ。其の恩の幸の故に、今汝を免さば、我重き罪に入り、鉄杖を持ちて、百段打たる応し。若し汝と同じ年の人有りや」といふ。（下略）

（日本古典文学大系本〈岩波書店〉による）

この説話は、要するに閻羅王（閻魔王）の使者が召し出すべき磐嶋に食を饗《あ》えされたために、その恩義を感じて別の人物を召すこととなったという話である。

古代の東国の人々にとって、坏形の土器に御馳走を盛って供えることは、自らの罪を免れるための必死の願いであったであろう。そして、その趣旨を端的に記載した上記の多文字の墨書土器は、一ないし二文字の断片的資料の記載意図をも類推することのできる貴重な資料である。

○千葉県成田市成田ニュータウン遺跡群Ｌｏｃ16（郷部）〇〇六号住居跡・土師器坏（図210）

底部　「神奉」

体部　「加」

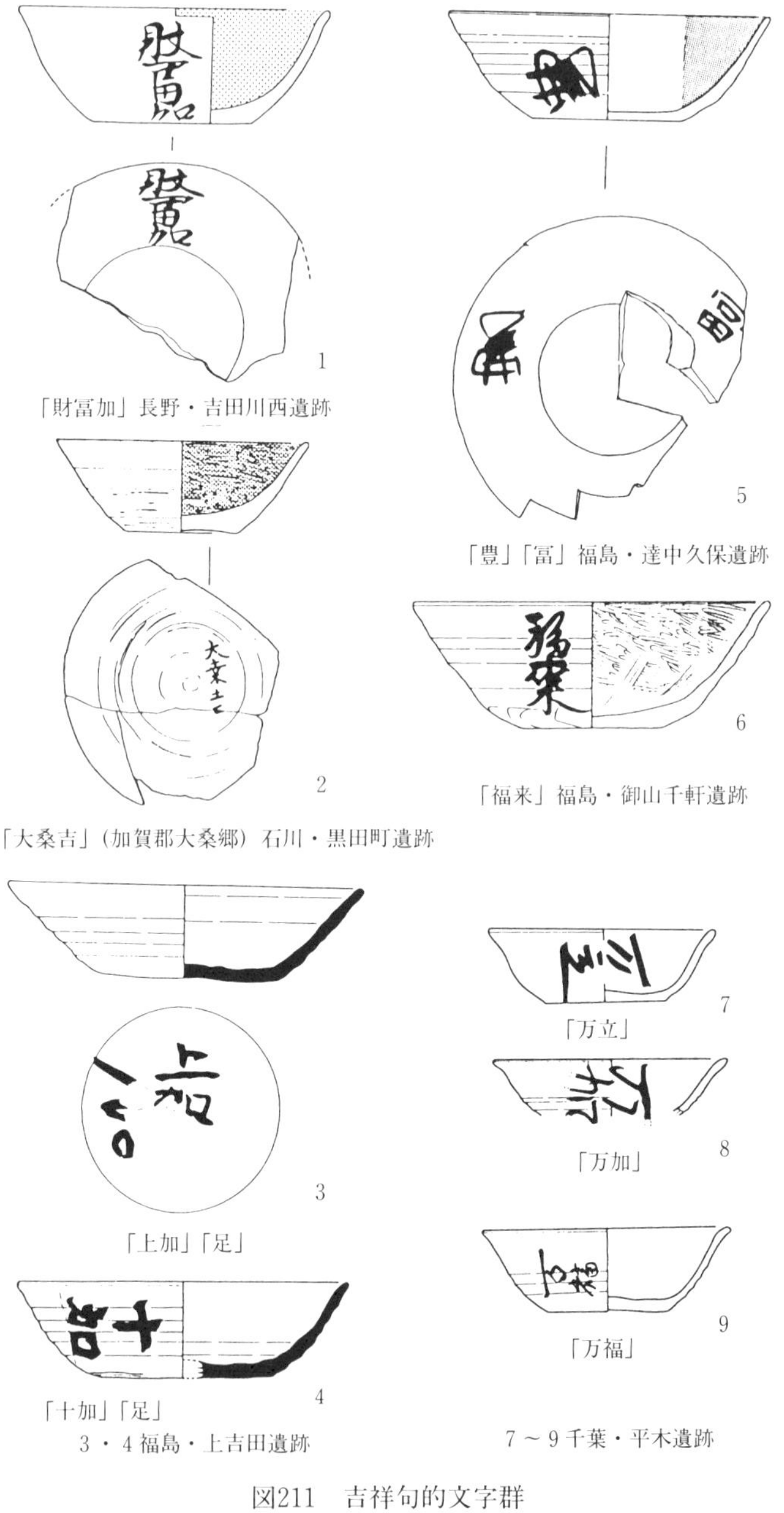

「大桑吉」（加賀郡大桑郷）石川・黒田町遺跡

「上加」「足」

「十加」「足」
3・4 福島・上吉田遺跡

「豊」「冨」福島・達中久保遺跡

「万立」

「万加」

「万福」
7〜9 千葉・平木遺跡

図211　吉祥句的文字群

○千葉県佐原市東野遺跡・土師器坏

「国玉」（一二点）

成田ニュータウン内遺跡群中の「神奉」は、先の「国玉神奉」や「歳神奉進」などに通じ、神への饗応を意味すると考えられる。また、一〇点を超える「国玉」は、〝国玉神〟への饗応を示す資料といえよう。

ところで、ここにあげた成田ニュータウン内遺跡群出土の、底部に「神奉」、さらに体部に「加」と記した墨書土器は、「加」は神への饗応行為に伴い「神奉」とともにその意味をなしたのであろう。この「神奉」に伴う「加」は他の遺跡で数多く検出される一字墨書の「加」の意味をも類推させるものであろう。また、使用頻度の高い「万」の意味も、数量＋万の例や作畑遺跡の「山口家」と共伴する「山口万」の資料に加えて、次の例はその意味を問うために参考となろう。すなわち、庄作遺跡の「五万収」の例は、「万」が吉祥を表わし、たくさんのものの状態を意味し、豊饒祈願の意を込めて記載されたと判断できるであろう。

これらの神仏への饗応および豊饒祈願の集大成ともいうべきものが、石川県浄水寺跡の文字群であろう。

弥来・冨来・吉来・得来・八来

冨加・吉加・盛加

冨集

大吉・田吉

加福・土福・仁福

その浄水寺と同様の文字構成は東日本各地の遺跡で共通していることは、前述のとおりであり、ここにあらためてその代表例をまとめて図211に示しておこう。

ま と め

以上、主として東日本各地の古代の集落遺跡出土の墨書土器について、本節では字形を中心として検討した結果、次の五つの重要な点を指摘できるであろう。

①　墨書土器の文字は、その種類がきわめて限定され、かつ東日本各地の遺跡で共通して記されている。

②　共通文字の使用のみならず、墨書土器の字形も、各地で類似している。しかも、本来の文字が変形したままの字形が広い分布を示している。

③　中国で考案された特殊文字――則天文字、さらには篆書体などが日本各地に広く普及し、しかもそれに類するようなわが国独自と思われる特殊な字形の文字を生みだしている。

④　近接した遺跡間において、同一書体の僧侶名や墨書「寺」および酷似した字形が確認できる。この事実は、近年の遺構としての村落内の〝寺〟の存在に加えて、村落間において私度僧のような人物が、その信仰活動やその信仰に付随する形で文字を広く伝播させる役割を果たしたものと想起させるであろう。

⑤　古代の印旛から香取地域にかけては、村落祭祀の実態を端的に物語る文章化した墨書土器が出土し、その墨書土器は他の遺跡の一ないし二文字の墨書土器の意味をも解明できる貴重な資料である。

限定された共通文字は、東国各地の人々が会得した文字を取捨選択して記したものでないことを示している。また、変形した字形や則天文字、篆書体などの影響を受けたわが国独自に作成した特殊文字が広範囲で確認されている。しかも、記載される文字の種類は、冨・吉・得・福・万などの吉祥語およびその組み合わせが目立っている。

以上の点からは、当時の東日本各地の村落において、土器の所有を文字―記号で表示した可能性もあるが、むしろ一定の祭祀や儀礼行為等のさいに土器になかば記号として意識された文字を記す、いいかえれば、祭祀形態に付随した形で一定の字形、なかば記号化した文字が記載されたのではないだろうか。印旛から香取地方にかけての文章化された墨書土器はそうした祭祀や儀礼の端的な内容を物語っている。

このように、最初に掲げた課題――墨書土器の分布が文字の普及のバロメーターとなるか――は今回の字形を中心とした検討結果からは、集落遺跡の墨書土器は古代の村落内の神仏に対する祭祀・儀礼形態を物語る側面が強く、必ずしも、墨書土器が文字の普及のバロメーターとはなりえないのではないかといえる。

こうした墨書土器の字形などから引き出す推論には一定の限度があるだけに、今後さらに別の視角からもこれらの推論を裏付けていかなければならない。

前節では、千葉県八千代市村上込の内遺跡を取り上げて時間軸とその分布状況とを分析し、さらに墨書された部位や書体にまでその分析視野を広める必要性を強調した。そこから導き出した結論としては、墨書土器が集団の標識文字として特定の文字を長期間継続使用している事実などを指摘した。

村上込の内遺跡において、集団の標識文字「毛」「来」「六万」「丈」「山」などは、ウジ名の頭文字なり、吉祥語なりと解釈したとしても、いずれも同族集団の護符的性格と理解できるのではないか。すなわち、同族集団の安寧への祈りとして、共通した文字を標識として日常食器に記載したのであろう。その意味において、本節で字形論から導き出した祭祀行為としての集落内の墨書土器のあり方と共通しているといえる。

註

（1）　筆者はこれまでにもこの字形論的立場から小レポートをいくつか発表し、本節の予備的作業を進めてきた。
①「則天文字を追う」（国立歴史民俗博物館広報誌『歴博』第三四号、一九八九年四月。本書第四章に収録）。
②「下神遺跡の墨書土器について」（財団法人長野県埋蔵文化財センター『中央自動車道長野線埋蔵文化財発掘調査報告書６―松本市内その３―下神遺跡』一九九〇年）。
③「墨書土器について」（神奈川県立埋蔵文化財センター『宮久保遺跡Ⅲ』一九九〇年）。

（2）　財団法人石川県立埋蔵文化財センター『浄水寺跡発掘調査報告書第１分冊――浄水寺墨書資料集』（一九八九年）。

（3）浄水寺跡付近の集落遺跡である佐々木ノテウラ遺跡（小松市佐々木町）から「吉来」という浄水寺跡のものと同じ内容（書体も類似）の墨書土器を出土していることもその関連の強さを示しているであろう。なお、古府しのまち遺跡（小松市古府町）の「加集」も、浄水寺跡では確認されていないが、「冨集」「吉加」「集」などの近似した内容の墨書土器と深くかかわるものである。

（4）臼井駅南土地区画整理組合『臼井南』（一九七六年）。

（5）得の「乃」とする字形の例は、このほかにも数多くみられる。

「得」　神奈川県海老名市上浜田遺跡
「得」　神奈川県綾瀬市宮久保遺跡
「得」　群馬県高崎市富士塚前B遺跡
「得」　群馬県伊勢崎市上植木壱町田遺跡
「得万」　福島市台畑遺跡
「得万」　宮城県多賀城市市川橋遺跡

（6）拙著『漆紙文書の研究』（吉川弘文館、一九八九年）。

（7）神奈川県立埋蔵文化財センター『宮久保遺跡Ⅲ』（一九九〇年）。

（8）前橋市教育委員会ほか『柳久保遺跡群Ⅰ～Ⅷ』（一九八五～一九八八年）。

（9）前原豊・関口功一「前橋市中鶴谷遺跡出土の『田部』の墨書のある土器」（『古代文化』第四二巻第二号、一九九〇年）。

（10）赤堀村教育委員会『洞山古墳群及び北通鷹巣遺跡発掘調査概報』（一九八三年）。

（11）東野治之「発掘された則天文字―古代の文字資料から(2)―」（『出版ダイジェスト』第一一八七号、一九八六年。のち、『書の古代史』岩波書店、一九九四年、所収）。

（12）大正三、四年の採集品として知られる秋田県大曲市藤木の怒遺跡の墨書土器は記録上約五八点とされている。一部、当時の東京帝室博物館などへ寄贈され、また散逸して約三六点現存するが、そのなかに「大」とともに「凡」と解されている数点が注目される。共伴の墨書土器には、本節の前段で述べた文字群「冨」「千」「福」「大福」「徳」などが含まれている。「凡」とされる字形のなかでも「亢」は大の篆書体「亢」に類似している。「凡」の異体字としては「几」が知られているが、「大」や他の文字群との共伴関係から、あまり他遺跡に例をみない「凡」よりも大の篆書体「亢」の変形とみる方が妥当ではないだろうか。なお、怒遺跡の墨書土器については、高橋学「秋田県内出土の墨書土器集成」（『秋田県埋蔵文化財センター研究紀要』第一号、一九八六年）を参照してほしい。

(13) この指摘は千葉県文化財センターの郷堀英司氏が「花前遺跡群の文字資料について－記号が主体となる遺跡の例－」と題して、房総歴史考古学研究会の例会報告（一九九〇年）を行っている。

(14) たとえば、字形の問題で取り上げた「得」も、群馬県佐波郡赤堀町川上遺跡出土の墨書土器の文字群から、その意味するところをうかがうことができよう。すなわち、その文字群は、「得」のほか、「信」「生」「安」「慈」「至」「長」そして「寺」である。これらの文字群は、明らかに仏教にかかわる内容であるといえよう。また、石川県の浄水寺跡においても、寺の施設名「□院」（底部外面）を記した墨書土器の体部外面に「得」と付記されている。これは同様に体部外面に「前院」と記した土器にこの遺跡の吉祥語「来」を底部外面に付記している例とともに、「得」が仏教との関わりの深い語として用いられていると解釈できよう。

(15) その一例は「シンポジウム　平安前期の村落とその仏教」（主催千葉県立房総風土記の丘、一九九〇年十月十四日開催）。

(16) 拙稿「庄作遺跡出土の墨書土器」（山武考古学研究所『千葉県芝山町小原子遺跡群』一九九〇年）。

〔補註〕　表14の二〇遺跡に関する調査報告書

① 下谷地B遺跡　岩手県教育委員会『東北縦貫自動車道関係埋蔵文化財調査報告書XVII（北上地区）』一九八二年

② 道伝遺跡　川西町教育委員会『山形県川西町道伝遺跡発掘調査報告書－置賜郡衙推定地－』一九八四年

③ 生石2遺跡　山形県教育委員会『生石2遺跡発掘調査報告書(3)』一九八七年

④ 御山千軒遺跡　福島県教育委員会『東北新幹線関連遺跡発掘調査報告VI－御山千軒遺跡－』一九八三年

⑤ 達中久保遺跡　福島県文化財センター『母畑地区遺跡発掘調査報告III』一九七九年

⑥ 松並平遺跡　福島県棚倉町教育委員会『松並平遺跡－久慈川上流域における古代集落跡の調査－』一九八五年

⑦ 川上遺跡　赤堀村教育委員会『川上遺跡、女堀遺構発掘調査概報』一九八〇年

⑧ 小角田前遺跡　群馬県埋蔵文化財調査事業団『小角田前遺跡』一九八六年

⑨ 吉田川西遺跡　長野県埋蔵文化財センター『中央自動車道長野線埋蔵文化財発掘調査報告書3－塩尻市内その2－吉田川西遺跡』一九八九年

⑩ 戸神諏訪遺跡　群馬県埋蔵文化財調査事業団『戸神諏訪遺跡－奈良・平安時代編－』一九九〇年

⑪ 上吉田遺跡　福島県文化財センター『東北横断自動車道遺跡調査報告9－船ケ森西遺跡・上吉田遺跡－』一九九〇年
⑫ 鳶尾遺跡　神奈川県教育委員会『鳶尾遺跡』一九七五年
⑬ 井戸向遺跡　千葉県文化財センター『八千代市井戸向遺跡－萱田地区埋蔵文化財調査報告書Ⅳ－』一九八七年
⑭ 権現後遺跡　千葉県文化財センター『八千代市権現後遺跡－萱田地区埋蔵文化財調査報告書Ⅰ－』一九八四年
⑮ 北海道遺跡　千葉県文化財センター『八千代市北海道遺跡－萱田地区埋蔵文化財調査報告書Ⅱ－』一九八五年
⑯ 久我台遺跡　千葉県文化財センター『東金市久我台遺跡』一九八八年
⑰ 作畑遺跡　山武考古学研究所『千葉県東金市作畑遺跡発掘調査報告書』一九八六年
⑱ 大崎台遺跡　佐倉市大崎台B地区遺跡調査会『大崎台遺跡発掘調査報告』Ⅰ～Ⅲ、一九八五～一九八七年
⑲ 江原台遺跡　千葉県文化財センター『佐倉市江原台遺跡発掘調査報告書Ⅰ－第1次・第2次調査－』一九七七年、同『佐倉市江原台遺跡発掘調査報告書Ⅱ』一九八〇年
⑳ 将監塚・古井戸遺跡　埼玉県埋蔵文化財調査事業団『将監塚・古井戸－歴史時代編Ⅱ－』一九八八年

付　則天文字を追う

昭和六十三年（一九八八）、雄大なスケールで描いた「敦煌」が上映され、私も映画館で鑑賞した。映画の半ば、画面に奇妙な文字が登場した。十一世紀前半、宋から独立した幻の王国、西夏の三代目の王・李元昊は宋朝に対抗し、その独立を誇示する事業として、漢字を模倣した字形（いわゆる西夏文字）を考案し、国定文字として公布した。

秦の始皇帝が、はじめて、全国支配の具として漢字の統一をはかったことと一脈通ずる出来事である。始皇帝以降においても、中国の皇帝のなかには、自らの権力を誇示するために特定の漢字や独特な文字を強制的に使用させることがあった。なかでも、唐の高宗の后であった則天武后（六二四～七〇五）は政権を握ると、載初元年（六九〇）に独特の文字・一七文字の使用を全国に発布した。この文字を則天文字と呼ぶ。七〇五年の武后の没後、当然のようにそ

の使用が禁じられたため、中国では後代にはほとんど用いられなかった。

昭和六十二年、金沢市の南郊、富樫山地の北側標高約一五〇メートルの山の中に、八世紀半ばごろの寺院跡・三小牛ハバ遺跡が発見され、大きな話題を呼んだ。山中の修行道場として、それほど規模の大きくない建物跡数棟で構成されているにすぎないが、銅板鋳出如来立像や「三千寺」「沙弥」などと墨書された土器が数多く発見された。なかでも眼を引いたのは底部に小さく「𤯔」と墨書された土器である。二字ならば、〃一生〃であろうが、一文字と判断される。これは「人」という則天文字である。一生という語意から考案されたことはいうまでもない。

これと同様のものが、すでに紹介されている松江市出雲国府跡から出土した「埊」で、山・水・土を合成し、「地」を表わす則天文字である（東野治之「発掘された則天文字—古代の文字資料から(2)—」『出版ダイジェスト』第一一八七号、一九八六年。のち、『書の古代史』岩波書店、一九九四年、所収）。

図212　西夏文字

わが国へ則天文字がもたらされたのは、正倉院にある慶雲四年（七〇七）書写の『王勃詩序』にすでに使われているので、大宝の遣唐使（七〇四年帰国）によると考えられている。古くは江戸時代に岡山県から出土した下道氏夫人墓誌の吉備真備の父国勝・国依の名を「圀勝」「圀依」とする使用例が知られている。東野治之氏によれば、この文字は『養老律』に用いられているので、唐律の写本によってもたらされたという。この則天文字「圀」はわが国では後まで永く用いられている。水戸光圀の〃圀〃である。

こうした特殊な文字が地方にどのように広まっていくのかを追い求めることは興味深い。それを探る恰好の素材は、近年、膨大な出土量を誇る墨書土器し

図213　則天文字「缶」（正）の墨書土器（栃木市下野国府跡）

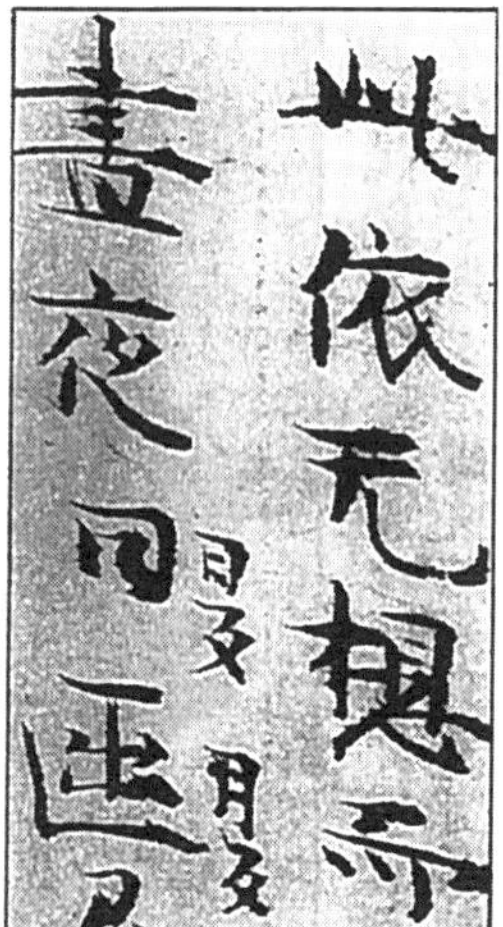
図214　則天文字のみえる大方広仏花厳経（宮城県名取市新宮寺一切経）

かない。出雲と同様の国府跡である栃木市下野国府跡には「缶」と書かれたものがある。「千山」ではなく、「正」の則天文字ではないか。これとまったく同じ字形のものが千葉県の南、九十九里に近い東金市作畑遺跡からも出土している。出雲・下野国府跡に比して、何の変哲もない古代の東国の集落遺跡にも則天文字は浸透しているのであろうか。

則天文字の地方への普及には、二つのルートが考えられる。一つは、当時の基本法典の『律』を通して「圀」が普及したように、地方行政のルートが想定できる。出雲・下野両国府跡の例がこれにあたる。もう一つのルートは、三小牛ハバ遺跡のように仏典を通じて、僧侶が会得したものである。上総国の集落・作畑遺跡では、実は則天文字「缶」を出した同じ竪穴住居跡からは「寺」と書かれた土器もあり、近くからは僧侶の名と思われる「弘貫」という墨書土器も数点出土している。

私が先年調査した宮城県名取市新宮寺一切経約三〇〇〇点は先ごろ国の重要文化財に全点指定されたが、平安後期から鎌倉前期にかけての一切経がこれほど多量に遺存している例は聞かない。そのなかでも最も古い年紀（大治四年〈一一二九〉）をもつ大方広仏花厳経に「𠀑」（天）、「囝」（月）、「𠁈」（初）などの則天文字を確認することができる。

唐から伝えられた経典には数多くの則天文字が使用されており、その経典を底本として書写を繰り返すなかで、則天文字は地方にまで広まったのであろう。八世紀初めにわが国にもたらされた則天文字は八世紀後半〜九世紀にかけて北陸の山中の修行寺院や房総の村のなかにまで伝えられている。

則天文字は、山＋水＋土で「地」、一＋生で「人」のように、その大部分は語意を漢字の合成で表現している。「恧」は臣、「曌」は明＋空で〝照〟、永＋主＋金を組み合わせた「𨥥」は〝證〟などのごとく……。

ただわが国でこうした則天文字を何ゆえに土器に記したのかはよくわからない。しかも、都ではなく地方の役所や村で、土器にこうした特殊な文字を記すことにどのような意味があったのであろうか。この点を解決するには古代の墨書土器、とくに古代の村の墨書土器について多角的な分析が必要であろう。あえて現段階で推論するならば、日本の古代社会は、漢字がいまだ熟知されていたとはいいがたく、漢字に一定の魔力または権威が付帯されているような状態であったのではないか。そのような社会において則天文字のような特殊な文字はより一層効果的であり、その文字を記すことができるだけで一種の優越性の表徴であったともいえる。

図215　則天文字に類似した墨書土器

中国では武后没後に使用が禁ぜられた則天文字は、日本で生き残った。

最近、東日本各地の墨書土器は一遺跡で五〇〇点を超す例さえ登場してきた。その解読に調査担当者とともに悪戦苦闘している。一つひとつは一文字ないし二文字のわずかな情報量ながら、それらが集積されるならば、従来の文献資料とは別のとてつもない情報をわれわれに語ってくれそうで、胸をときめかせながら資料調査を行っている。そのなかにどうしても周知の漢字で理解できない文字群を認めることができる。その一群に亢のような一見すると風のような文字とみてしまいそうなものが存在する。これを勝手に漢字にあてはめてしまうことは危険である。調査担当者の方にはいましばらくはありのままにトレースして、報告書には作字で表現しておいてほしいと要望している。この文字群をみたとき、則天文字一七文字の中の四文字——𠑺（天）・𡕀（載）・𤯔（君）・𡔈（初）——と共通するのではとの印象をもった。もしかすると、則天文字の𠘨かまえが強烈な印象を与え、わが国において𠘨の中に別の漢字を入れ、一種の吉祥の意味を含めた特殊な字形を考案し、使用していたのではないか。このほかにも、独特の字形の漢字が日本列島各地で出土しており、あらためて文字の伝播、普及のスピードに驚かされているとともに、古代人の漢字に対する摂取意欲は尋常でないと強く感じている。

四　〝古代人の死〟と墨書土器

はじめに

前節「墨書土器とその字形」において、次のように指摘した。

墨書土器の文字は、その種類がきわめて限定され、各地の遺跡で共通して記されている。その字形も類似しており、しかも本来の文字が変形したままの字形が広く分布している。この傾向は、おそらく一定の祭祀や儀礼行為等のさいに土器になかば記号として意識された文字を記す、いいかえれば、祭祀形態に付随し、一定の字形を記号化した文字が記載されたのではないかとした。そして、今後、古代村落内の信仰形態の実態や墨書土器のもつ多面的な意義については、多角的な視野からアプローチしなければならない。

これまで集落遺跡における墨書土器は一般的に一ないし二文字程度の文字数しか記されておらず、その文字を単独に取り扱っても容易に文字内容を知ることはできない。ところが、近年千葉県北東部、古代の下総国印旛郡・香取郡・埴生郡および上総国武射郡などの地域において、多文字の墨書土器が数多く発見されている。その文字資料を手がかりとして、村落における具体的な祭祀形態を明らかにできるのではないか。

本節では、まず上記の地域を中心として、多文字の墨書土器について遺跡の概要などを含めて主要な資料を紹介しておきたい。次に、多文字の墨書土器を概観することにより、そこに古代人の死に対する観念および死後の世界に対する恐れを読みとれるであろう。そこで、死後の世界、いわゆる冥界思想の中国における形成過程とわが国の受容状況を明らかにする必要がある。最後に、こうした信仰と上記の墨書土器との関連について言及してみたい。

1　古代遺跡出土の墨書土器

⑴　千葉県山武郡芝山町庄作遺跡(1)

本遺跡は、現段階において全国的にみても最も情報豊かな墨書土器を多数出土している。

庄作遺跡は、新東京国際空港の東南七キロ、小原子遺跡群のほぼ中央に位置する。地形は栗山川の支流である高谷川・多古橋川によって開析された小支谷が入り込む樹枝状台地に立地する。遺跡は推定で南北五〇〇メートル、東西四〇〇メートルの規模を有する。

遺構は細尾根の一部をのぞいて、広範囲に及び、住居跡七一軒が検出されている。早く七世紀の後半に出現し、調査範囲内では十世紀代で終焉を迎える（図216・表17）。

八世紀前半の墨書土器は五八号住居跡の非ロクロ土師器坏の底部外面に「竈神」と記されている。この土器は赤彩をほどこされている（図217）。

八世紀中ごろの住居跡は、その規模が前代に比較してかなり小型化する。三〇号住居跡では、破片三点に墨痕が認

図216　庄作遺跡遺構配置図（上＝北側調査区，下＝南側調査区）

められ、そのうちの一点は同住居跡共伴の鉄鉢を模倣した土師器鉢と同様のものの断片であるが、文字は判読不可能である。四一号住居跡・土師器坏底部外面「申万呂」と記された墨書土器がある。

八世紀後半になると、全体的に住居跡の規模は六七・六九号住居跡をのぞいて小型である。そのなかでも比較的規模の大きい六七号住居跡（五・五×五・一メートル）は墨書土器が二〇点も出土している。なかでも、①人面墨書土器は体部外面に人面および両手で輪をつくり、底部外面に「手」、内面に「国玉神奉」と記されている土師器坏である。②土師器坏体部外面・横位「□継罪□」、底部内面「国玉」、③土師器坏体部外面「丈部」など。

九世紀前半も、住居跡の状況は八世紀後半と同様である。

① 二五号住居跡・土師器坏（図223）

内面―人面墨書、体部外面・正位―「丈部真次召代国神奉」

② 二五号住居跡・土師器甕（図205）

胴部外面・正位―人面墨書・「罪ム国玉神奉」

③ 四六号住居跡・土師器坏

体部外面・正位―人面墨書（あごひげ部分のみ）

④ 四六号住居跡・土師器坏（図207）

体部外面・横位―「×秋人歳神奉進　上総×」

人面墨書土器については、これまで畿内や地方官衙を中心とする出土傾向から、国家祭祀レベルで把握されてきた。人面は疫病神に対する祓いの祭祀であり、外来神（漢神）をまつる祭儀と位置づけている。しかし近年東国各地で数多く確認されている人面墨書土器について、まったく同様に説明できるかどうか疑問である。

表17　庄作遺跡墨書土器一覧

遺構番号	器種	文字位置	釈文	土器年代
19- 2	坏	外底部 正位	「八」	8 C中頃
21- 1	坏	内面 倒位	「十」	8 C後半
		外体部 倒位	「十」	
2	坏	外体部 横位	「八」ヵ	
22- 1	坏	内体部 正位	「上」刻書 「上」	9 C前半
2	坏	外体部 正位	「下」	
3	坏	外体部 正位	「八」	
4	坏	外体部	墨痕あり	
5	坏	外体部 倒位	「八」	
6	坏	外体部 正位	「西」ヵ	
7	坏	外底部	「上」	
24- 2	坏	外体部 正位	「子家」	9 C前半
25- 2	坏	外底部	「得」	9 C前後
3	坏	外体部 正位	「丈部真次召代国神奉」	
		内面	人面墨書	
7	甕	外体部 正位	「罪ム国玉神奉」	
		外体部	人面墨書	
26- 3	坏	外底部	「□」	8 C後半
7	坏	外体部 正位	「里井」	
29- 7	坏	外底部	「□」	
30- 3	坏	外底部	墨痕あり	8 C中頃
4	坏	外体部	墨痕あり	
5	坏	外底部	墨痕あり	
32- 1	坏	外体部 倒位	「十」	9 C初頭
2	坏	外体部 横位	「父大大」	
5	坏	外体部 横位	「十千」	
32- 6	坏	外体部 正位	「土」	
7	坏	外体部 正位	「山」	
		内底部	「山」	
14	須恵坏	外底部	「土」刻書	
15	須恵坏	外底部	「土」刻書	
38- 8	坏	外底部	「本」	8 C中～後半
9	坏	外底部	墨痕あり	
10	坏	外底部	「矢×」	
41- 1	坏	外底部	「申万呂」	8 C中頃
42- 6	坏	外体部 横位	「万ヵ収」	9 C前半
7	坏	外体部 横位	「五万収」	
8	坏	外底部	「手」	
45- 2	高台付坏	外底部	「本」	9 C前半
6	坏	外底部	「子ヵ家」	
7	坏	外底部	「本」	
8	坏	外底部	「□（本ヵ）」	
46- 1	坏	外底部	人面墨書 顎髭部分	9 C初頭
2	坏	外底部	「本」	
3	坏	内底部	墨痕あり	
9	坏	外体部 横位	「×秋人歳神奉 進 上 総×」	
10	坏	外底部	「主」	
50- 8	坏	外底部	「伊」	9 C第3
9	坏	外体部	「□」	
10	坏	外底部	「本」	
11	坏	外底部	「本」	
12	坏	外体部	墨痕あり	
55- 1	坏	外底部	「得」	8 C中頃
2	坏	外底部	「得」	
3	坏	外底部	墨痕あり	
4	坏	外底部	「□」	
56- 5	坏	外底部	「人」	8 C第2

57- 1	坏	外底部	「□」	
2	坏	外底部	「□ヵ」	
58- 1	坏	外底部	「竈神」	
59- 6	坏	外底部	墨痕あり	
7	坏	外底部	「□」	
8	坏	外底部	「□」	
9	坏	外体部	「子後」	9C中頃
		横位		
65-12	坏	外底部	墨痕あり	7C後半
66- 1	坏	外底部	「得」	
67-23	坏	外底部	「手」	
		外体部	人面墨書	
		正位		
		内体～	「国玉神奉」	
		底部		
6	坏	外底部	「得」	
9	坏	外体部	「得」	
		正位		
10	坏	外底部	「得」	
11	坏	外底部	「得」	
14	坏	外底部	「手」	
15	坏	外体部	「几」	
		正位		
16	坏	外体部	「得」	
		正位		
17	坏	外体部	「丈部」	
		横位		
18	坏	外体部	墨痕あり	
20	坏	外体部	「□ 継 罪	
		横位	□」	
21	坏	外底部	「本」	
22	須恵坏	外底部	「十」刻書	
25	坏	外体部	「得」	
26	坏	外底部	「得」	
27	坏	外底部	「得」	
28	坏	外底部	「得」	
29	坏	外底部	「得」	
30	坏	外底部	墨痕あり	
31	坏	外底部	「人」	
68-12	坏	外底部	「人」	9C前半
13	坏	外底部	「酒坏」	
16	坏	外底部	「人」	
68-17	坏	外底部	「人」	
19	坏	外底部	「井」	
		外体部	「佛酒」	
		倒位		
20	坏	外底部	「□□女奉」	
21	坏	外底部	「人」	
22	坏	外底部	「人ヵ」	
23	坏	外底部	「人」	
24	坏	外底部	「得」	
25	坏	外底部	「人」	
26	坏	外底部	「人」	
27	坏	外底部	「酒×」	
28	坏	外底部	墨痕あり	
29	坏	外底部	墨痕あり	
30	坏	外底部	「人」	
31	坏	外底部	墨痕あり	
32	坏	外底部	墨痕あり	
33	坏	外底部	墨痕あり	
34	坏	外底部	墨痕あり	
69- 2	坏	内底部	「本」	8C第3
13	坏	外底部	「廣ヵ」	
25	坏	外底部	墨痕あり	
26		外底部	墨痕あり	
74- 5	坏	外体部	「得」	8C後半
6	坏	外底部	「得」	
7	坏	外体部	「得」	
		正位		
8	坏	外底部	「得」	
9	坏	外体部	「得」	
		横位		
77- 2	坏	外底部	「本」	9C前半
表採2	坏	外体部	墨痕あり	
3	坏	外底部	「仁□」	
4	坏	外底部	墨痕あり	
5	坏	外底部	墨痕あり	
6	坏	外底部	墨痕あり	
7	坏	外底部	墨痕あり	
3T-8,2	坏	外底部	墨痕あり	
3T-9,1	坏	外底部	「子×」	
3T-13,3	坏	外底部	「酒坏」	
3T-14,4	坏	内底部	「得」ヵ	
SD-1	坏	外底部	「×田□」	
SK-20,4	坏	外底部	「得」	

註　㈶山武考古学研究所『小原子遺跡群調査報告書』1990年より。

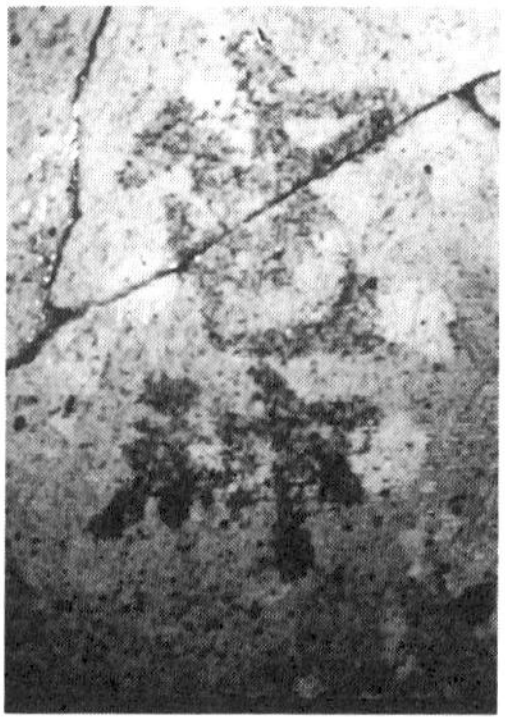

図217　墨書土器「竈神」
（庄作遺跡・土師器坏）

⑤　六八号住居跡・土師器坏
底部外面「酒坏」

⑥　六八号住居跡・土師器坏（図197）
体部外面・倒位「佛酒」、底部外面「井」

⑦　六八号住居跡・土師器坏
底部外面「夫□女奉」

六八号住居跡では墨書土器が二一点検出され、そのうち「人」が一〇点に及んでいる。九世紀中ごろになると、住居跡の分布も減少し、墨書土器は検出されていない。

結局、墨書土器は、八世紀第2四半期に出現する「竈神」からはじまり、九世紀第3四半期の「伊」「本」で終焉を迎える。また、人面墨書は八世紀の後半から九世紀の初期に出現するようである。このほか、注目すべき遺物としては、灯明皿が多数検出されている。灯明皿は土師器坏の転用のもの以外に、口径八センチ以内におさまる小型のものは、箱型を呈し、静止糸切り、回転ヘラケズリをほどこす灯明専用の土器である。また、それに伴う形で瓦塔片が検出されている。

(2)　千葉県八千代市萱田地区遺跡群(2)

千葉県の北半を占める下総台地の中央部には、千葉県の水ガメともいわれる印旛沼が所在しているが、本遺跡群はこの印旛沼の西端の湖尻に注ぐ新川左岸の台地上に立地している。萱田地区内の奈良・平安時代の大規模な集落遺跡は、白幡前遺跡・井戸向遺跡・北海道遺跡・権現後遺跡である（図218）。この萱田地区と旧平戸川の対岸にあたる村上地区を含めた地は、古代における下総国印旛郡村神郷に比定される地域である。

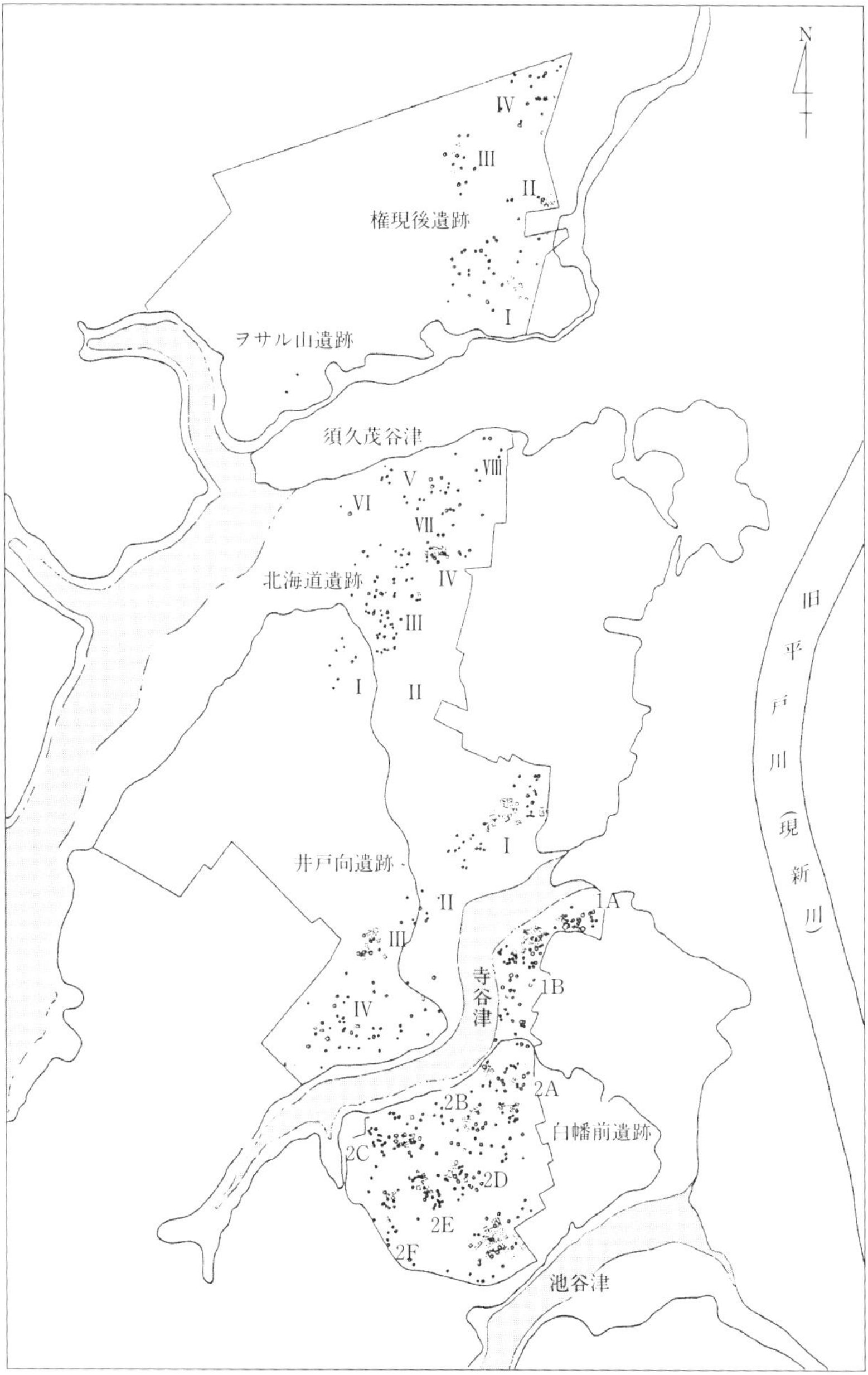

図218　萱田地区遺跡群全体図

白幡前遺跡　萱田遺跡群のうち最も南に位置する遺跡であり、北側の寺谷津と呼ばれる小支谷をへだてて井戸向遺跡と向かい合っている。台地上の約八万六〇〇〇平方メートルが発掘調査され、竪穴住居跡二七九軒、掘立柱建物跡一五〇棟、井戸跡五基等が検出されている。これらの建物群は、八世紀前半の一時期と、八世紀中葉から十世紀初頭に及ぶものである。検出された建物群は、竪穴住居と掘立柱建物が一定の区域にまとまりをもって分布しており、北から南へ1群A〜3群までの9群に把握されている。なお、これらの建物群は、調査区域の東側や南西側の未調査区域へも広がりをみせており、村神郷内で最大規模の遺跡である。

墨書土器七一六点、刻書土器八二点、ヘラ書き土器一四点にのぼる膨大な量が出土している。

2群A

二五八号住居跡・土師器甕（図223）

胴部外面　人面墨書

「丈部人足召代」

井戸向遺跡　北海道遺跡と同じ台地上に所在するが、北海道遺跡が北側の谷に面しているのとは反対に、台地南側の谷に面した台地縁辺に広がっており、谷をへだてて白幡前遺跡と対している。約一二万平方メートルの調査区域から、竪穴住居跡九五軒、掘立柱建物跡四九棟、井戸跡一〇基が検出された。これらの建物群は八世紀中葉の一時期と、八世紀末ごろから十世紀初頭ごろに及ぶものである。検出された建物群は、分布にまとまりがみられ、北から南へⅠ群〜Ⅳ群までの四群に捉えられている。

墨書土器二五〇点、刻書土器二七点の計二七七点が出土している。時期的には八世紀代には刻書土器が多く、墨書土器は数点をのぞき、九世紀代の4ａ期から6期までのものである。Ⅰ群が全体の半数以上を出土している。また最も出土数の多いのは「冨」の六三点、次いで「㊄」の一四点、「入」の一二点である。

北海道遺跡　権現後遺跡から小支谷をへだてた三〇〇メートルほど南側の台地上に所在する。台地上の約一二万平方メートルの調査区域から竪穴住居跡一一四軒、掘立柱建物跡一〇棟が検出されている。Ⅰ群からⅧ群までの八つの建物群に分けられている。

墨書土器は一一〇点（四一種）、刻書土器六点（六種）である。墨書土器は八世紀中葉に出現し、九世紀前葉から後葉にかけて盛行する。

最も出土数の多いものは「冨」の二七点、次いで「㊄」「万」の一七点である。

Ⅲ群

① 一四五号住居跡・土師器坏（図204）
体部外面・横位「村神丈」「朝日」
底部外面「朝日」

② 一四六号住居跡　土師器坏（図204）
体部外面・横位「丈部乙刀自女形代」

権現後遺跡　萱田地区の遺跡群の中で最も北側に位置している。一七万二〇〇〇平方メートルに及ぶ広大な台地上のうち、東側の台地縁辺に竪穴住居跡六五軒、掘立柱建物跡一七棟、土器焼成遺構七基、井戸一基などが検出されている。

遺構群は四地区にまとまって分布しており、Ⅰ～Ⅳ群の建物群に把握されている。

墨書土器一九八点、刻書土器三点の計二〇一点が出土している。２期にⅣ群で「天人」の墨書が出土した以外はすべて4a期から5期にかけてのものである。

II群

①　一八九号住居跡・土師器坏（図204）

内面—人面墨書

体部外面—「村神郷丈部国依甘魚」

IV群

②　四五号住居跡・土師器坏

体部外面・横位—「天人」

(3)　千葉県印旛郡富里町久能高野遺跡(3)

久能遺跡群は、富里町の北に位置し、成田市との境界を流れる根木名川により樹枝状の比較的深い谷津が形成されているところに位置している。そのうち、久能高野遺跡は、北から東側を囲むように谷津がめぐり、西側には谷頭が進入した地形で、標高約三八メートルの台地上に立地する。奈良〜平安時代の住居跡は調査区の南側に帯状に存在し、その北側に約二〇〜三〇メートルの空間も帯状を呈している。

久能高野遺跡から出土した墨書土器は三三点出土しているが、とくに一三号住居跡出土のものが注目される。一三号住居跡は、調査区の南東に他の住居と離れたやや孤立した観のある住居跡で、三・七×三・二メートルのごく平均的な規模である（図219）。

イ　土師器坏・体部外面・横位「罪司進上代」（図209）

ロ　土師器坏・底部外面「桑田寺」

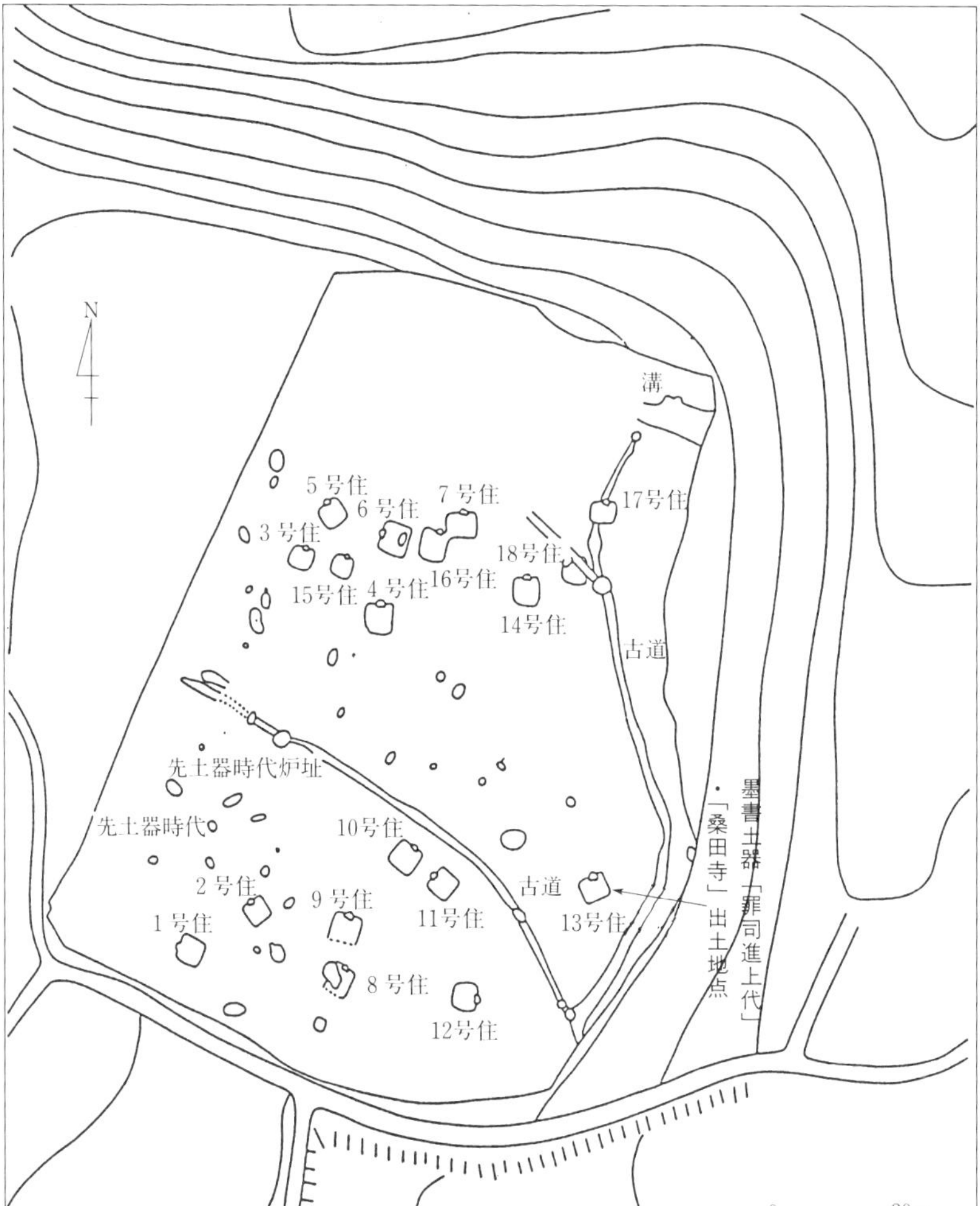

図219　久能高野遺跡遺構配置図

(4) 千葉県印西市鳴神山遺跡[4]

遺跡は印旛沼の西端にそそぐ新川の支流、戸神川の右岸、標高二五メートルの台地上に立地している。この台地は東から小支谷が入り込むが、南北九〇〇メートル、東西三〇〇メートルの南北に伸びる台地上全域で集落が展開するものと考えられる。

検出遺構は奈良・平安時代に限ると、竪穴住居跡二〇八軒、掘立柱建物跡四一棟、溝五条等である。遺物は多量の土師器・須恵器のほかに、帯金具・三彩陶器がある。

① 〇一四号住居跡・土師器坏（図220）

体部内面―「丈尼」

体部外面―「丈尼　丈部山城方代奉」

② 〇六一号住居跡・土師器坏（図220）

体部外面―「同□〔國カ〕×　××□□〔丈部カ〕刀自女召代進上」

③ 〇〇六号住居跡・土師器甕

胴部外面―「国玉神

上奉

丈部鳥

万呂　」

(5) 千葉県印旛郡酒々井町長勝寺脇館跡[5]

遺跡は中世遺構を主とするが、古代の遺構として、竪穴住居跡七軒と大型土坑四基が認められた（図221）。四基のうちの四号土坑は平面が楕円形、断面が逆台形状、底面が平坦である。全体的に人為的な埋土、遺物は破砕された坏が中位面より下面底部にかけて出土している。四号土坑は十世紀代と考えられ、四点の墨書土器が出土している。底部破片の一点をのぞき、他の三点はきわめて酷似した特徴を有するものである。その特徴は埋土中から細かな破片として出土していること、三点ともほぼ器形・胎土・色調が酷似していること、墨書は体部外面に横位で記されていることなど、共通点が多い（図222）。

① □□□□□命替神奉

② □□□□□命替神×

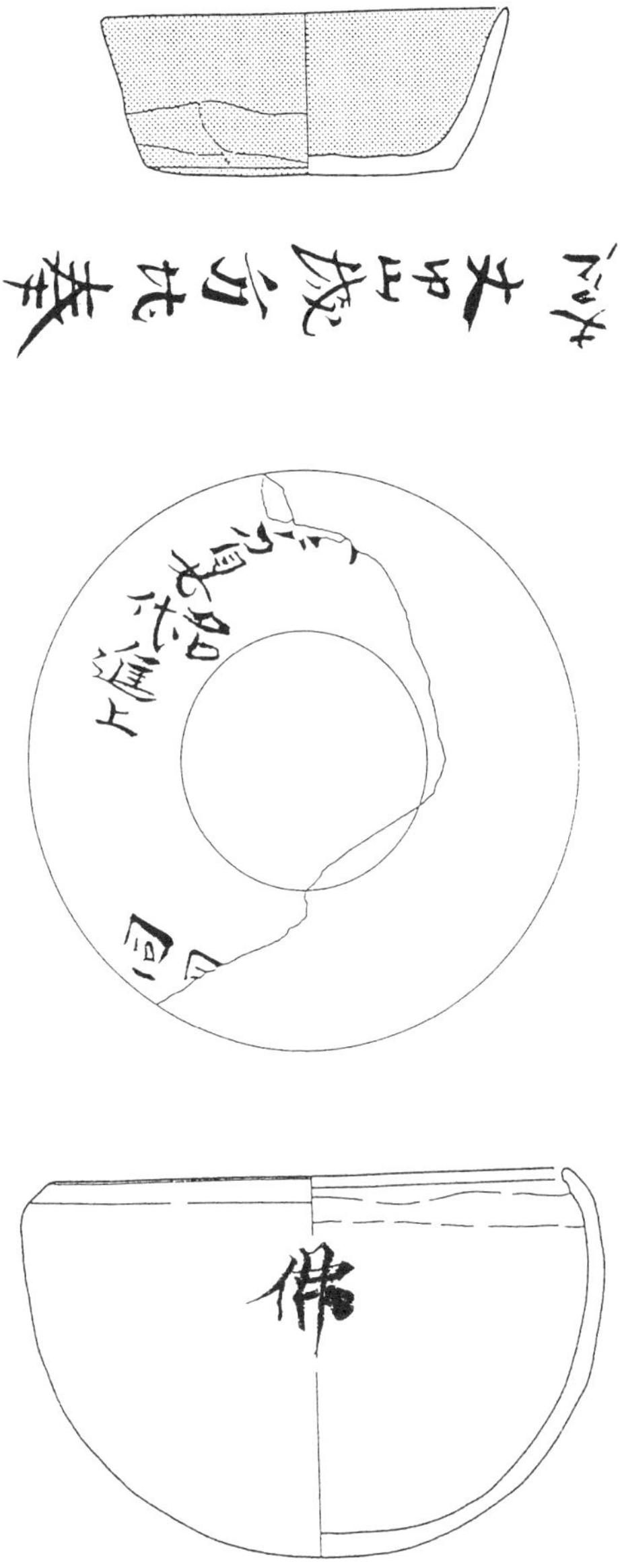

図220　千葉県鳴神山遺跡の墨書土器

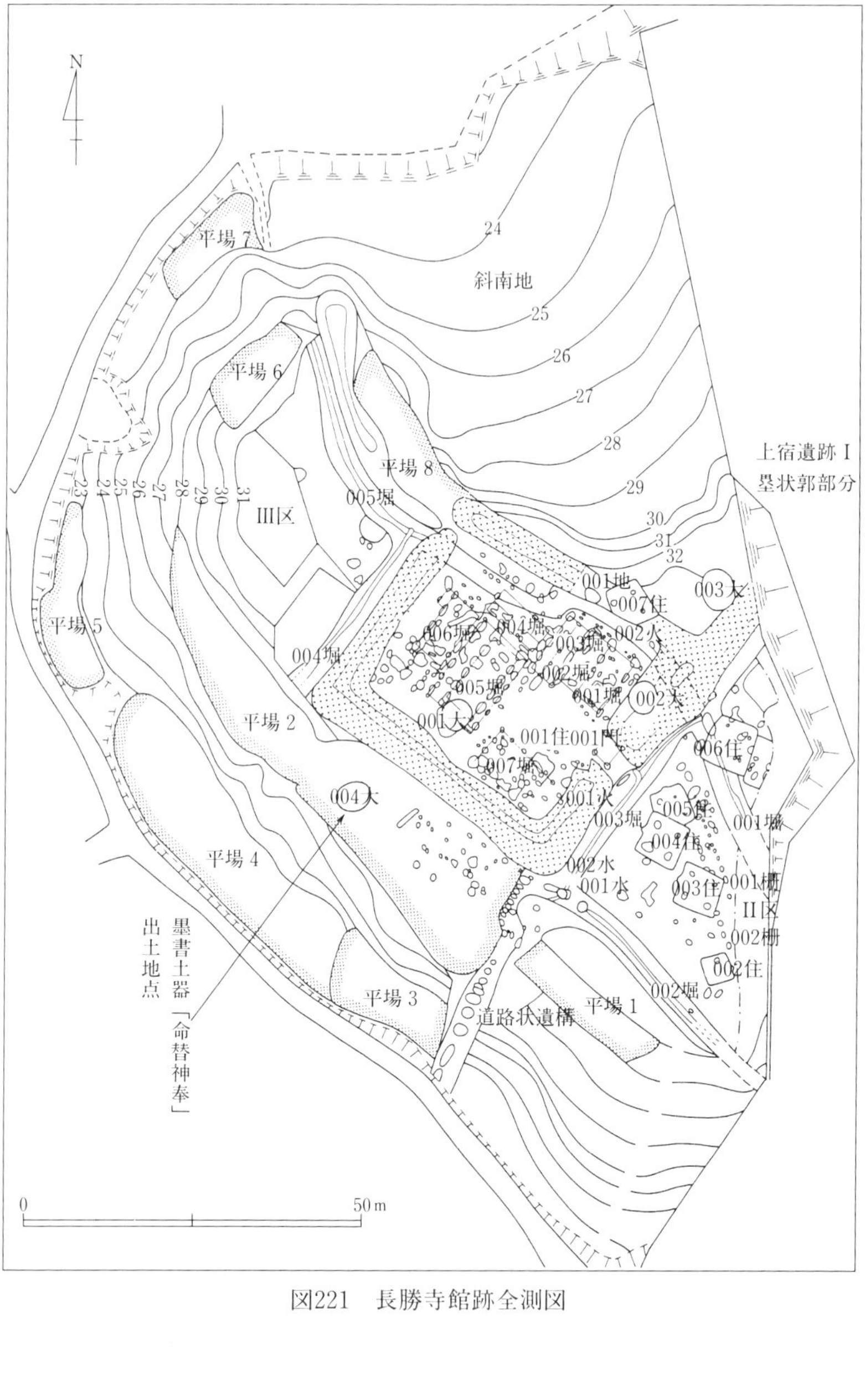

図221　長勝寺館跡全測図

③　×□奉

(6)　長野県岡谷市長地榎垣外遺跡榎海戸地籍(6)

遺跡は横河川東岸のゆるやかに南面する斜面の台地にあり、二キロ四方に及ぶ広い範囲にわたっている。砥川を挟んではるか諏訪大社下社と向き合う位置にある。縄文時代から平安時代までの複合遺跡と考えられるが、主体は八～十世紀にわたる集落跡と掘立柱建物群である。なかでも、昭和五十七年（一九八二）に調査されたスクモ塚地籍では、一三〇〇平方メートルの範囲から、二×四間の建物跡四棟、二×二間の倉庫跡二棟、三×三間の総柱の倉庫跡一棟、二×六間、二×八間以上の長大建物跡が二棟検出され、古代の諏訪郡内の官衙跡とみられている。

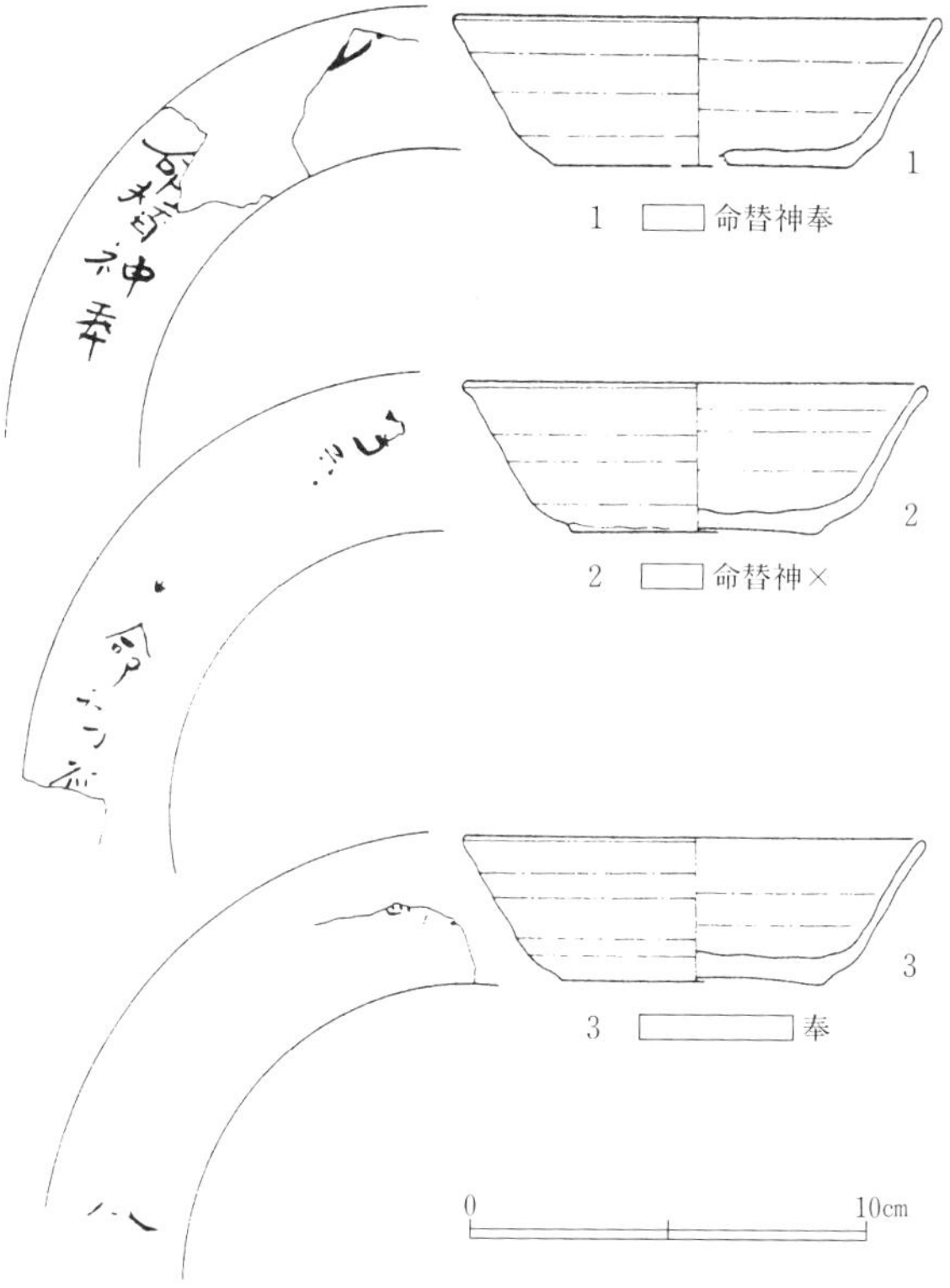

図222　長勝寺館跡の墨書土器（004大形土坑出土土器）

榎海戸地籍の発掘調査では、平安時代の竪穴住居跡一一棟が検出されたが、この調査でとくに注目されたのは墨書土器である。「正」と墨書されたものが、五・八・一二号住居跡から出土している。なかでも五号住居跡からの出土量が多い。五号住居跡は五・三×八メートルの南北に長い方形の住居跡である。墨書土器は、一種の記号かと推定される「Ω」が十数点確認されている。

土師器坏・体部外面・倒位放射状に三ヵ所「神司」（後掲三五七頁、図224参照）。

(7) 福島県いわき市平菅波荒田目条里遺跡(7)

遺跡は夏井川下流の右岸に位置し、太平洋の海岸より西へ約二・五キロのところにある。古代における陸奥国磐城郡内にあり、磐城郡家に比定される根岸遺跡は、南東方向へ約一・五キロの位置にある。西方約一五〇メートルには延喜式内社の大国魂神社、北方約八〇〇メートルに緑釉陶器を多く出土した小茶円遺跡がある。荒田目条里遺跡は、約二万平方メートルにわたる広大な遺跡である。平成五年（一九九三）の調査地点は、遺跡のほぼ中央部西寄りの小字名「礼堂」と呼ばれるところで、浜堤の東側裾部で低湿地との境にあたる。調査の結果、幅一六メートル以上にわたる河川跡が発見され、河川内より古墳時代中期から平安時代中期にかけての遺物が多数出土した。遺物の大半は、人面墨書土器や絵馬、人形・馬形・刀形・斎串・墨書土器などの、九世紀から十世紀代の祭祀にかかわる遺物である。このほか文書木簡や付札などの木簡三五点が出土している。木簡の内容から推して本遺跡は、磐城郡家の西北部に位置する郡家関連施設の一部と考えられる。

墨書土器

イ　土師器鉢・胴部外面（図223）

「（人面墨書）

磐城□

磐城郷

丈部手子麿

『召代』　」

ロ　土師器坏・体部外面・横位

「多臣永野麻呂身代」

2　古代文献史料にみえる古代人の死と祈り

(1) 中国における冥道信仰の形成

わが国においては、本来の神祇祭祀は個人信仰・現世利益の信仰を中心的な存在とはしなかった。むしろ、現世における長寿延命祈願などの息災と増益は、中国における密教と俗信道教との接点であった。わが国もその強い影響の下、そのような信仰が都のみではなく、地方社会に深く浸透したものと推測される。

ここでは、〝古代人の死と祈り〟というテーマを最も象徴的に表わしている地獄の冥官――閻羅王と太山府君――に関して、中国におけるその思想形成過程について長部和雄氏の研究を要約して紹介しておきたい。(8)

仏教はインド教を包摂してできた民俗的な一宗教である。そして、道教を包摂した唐の密教は民俗的な一宗教をつくりあげた。その典型例が閻羅と太（泰）山府君の関係である。

そもそも太山府君は、中国山東省の東嶽泰山の鬼神であるが、後漢のころ、泰山は死霊の赴く山で、そこには生籍と死籍とが備わっていて、司命の神がいるという信仰があったらしい。つまり泰山の神が司命の神であるという信仰は、太山府君出現以前であるといわれている。そして「六朝訳経」に説かれている太山地獄が東嶽泰山の地獄となった時点で、太山府君が司命の神となった。

一方、閻羅は古代インドの死の神 yama が仏教の天部に移籍して、閻羅・閻摩・閻魔・焔摩・琰摩・炎摩となった。しかし密教の閻羅は本来南方の守護神であると解せられる。

六朝一般仏教では、閻羅は夙に冥界の鬼神となっているが、唐代密教の冥司として、太山府君と相並んではじめて閻羅が業道冥界の判官となっている。冥府とその信仰は仏教と関係なく、地獄を想定しているけれども、仏教の経文がさらに一枚加わり、太山地獄説に結びつき、閻羅王と太山府君が一緒に登場すること、これが中国地獄思想の主流となった。道教の太山府君は幽界地獄の審判官であって、天国浄土への済主ではない。一方、六朝・隋・唐では、道教と結びついた仏教は、死後の天国を説かないで、地獄だけを説く、これは極楽浄土思想が地獄思想ほど道教や仏教に浸透していなかったことを意味しているという。

結局のところ、中国における冥道世界は沢田瑞穂氏の言葉を借りるならば、次のように結ぶことができよう。

中国歴代社会文化の隅々にまで浸透し、それを地下水として異様な習俗や文芸を花咲かせている。それはすべて仏説から流れ出たものというわけではなく、むしろ死後の世界に関する中国人の古来の俗説の刺戟によって触発され、仏教とも道教とも一般信仰ともつかぬ混合した相で現われたものとみるのが妥当である。

(2) わが国における冥道信仰の受容

わが国における冥道信仰は、やはり仏教説話集『日本霊異記』に、その具体的な内容を知ることができる。閻羅王が地獄の判官として人の生死を司るという信仰は、次の説話が最も端的に物語っている。

官の勢いを仮りて、非理に政を為し、悪報を得る縁　下巻—三十五

白壁の天皇のみ世に、筑紫の肥前の国松浦の郡の人、火君の氏、忽然に死して琰魔の国に至る。時に王按ふるに、死期に合は不るが故に、更に敢へて返す。還る時に見れば、大海の中に釜の如き地獄有り。（下略）

（本節における『日本霊異記』の訓みは、日本古典文学大系本〈岩波書店〉による）

先にみたように、道教の泰山府君は仏教の閻羅王と習合し、人間の寿命と福禄を支配する神となった。側近に司命・司禄の二神を従えた。司命神は冥府の戸籍を管理し、戸籍に記載した年齢に達した者を冥府に召喚する。司禄神は娑婆にいる人々の善業悪業をすべて記録する神である。したがって、この説話のように一旦、閻（琰）魔王庁に召されても、その人物が司命神の管理する戸籍に記した年齢に達しないものは、「死期に合は不る」理由から閻羅王が裁断し、現世に返すことすらあったのである。

閻羅王にかかわる『日本霊異記』のこのほかの説話は、大別すると、次のようになる。

○罪業により閻羅王のもとに召され罪報を受ける。

下―二十六、下―三十六、下―三十七

(例)　因果を顧み不悪を作して、罪報を受くる縁　下巻―第三十七

従四位上佐伯宿禰伊太知は、平城の宮に宇御めたまひし天皇のみ世の人なり。時に京中の人、筑前に下り、病を得て忽に死にて閻羅王の闕に至る。（略）諸史（書記）に問ひて言はく「若し此の人世に在りし時に、何の功徳善を作せる」とのたまふ。諸史答へて言はく「唯法花経一部を写し奉れり」といふ。王の言はく「彼の罪を以て経巻に宛てよ」とのたまふ。巻に宛つると雖も、罪の数倍勝れること無量無数なり。亦経の六万九千三百八十四文字に宛つるに、猶罪の数倍りて、救ふところ無し。（下略）

その人の罪の数を、写した経の巻数に当てた結果、罪の多さに救うところなしという。

○善悪二業を身に帯びた者の閻羅庁で責苦にあいながら、再び現世に帰ることができた。

下―二十二、下―二十三

(例)　寺の物を用ゐ、復大般若を写さ将とし、願を建てて、現に善悪の報を得る縁　下巻―第二十三

大伴連忍勝は、信濃の国小縣の郡嬢の里の人なり。（略）僧、告げて言はく『汝、実に願を発し、家を出でて道を修す。是の善有りと雖も、多に住める堂の物を用いしが故に、汝の身を摧《くだ》く。今還りて願を畢へ、復堂の物を償へ』といふ。纔《ひただ》放たれて、還り来り、三つの大きなる衢を過ぎ、坂よりして下り、即ち見れば、甦《いき》返りぬ。

○閻羅庁から迎えに来た鬼に食を施し、連行を免れる。

中―二十四、中―二十五

（例）閻羅王の使の鬼、召さるる人の饗を受けて、恩を報ずる縁　中巻―第二十五

讃岐の国山田の郡に、布敷臣衣女有り。聖武天皇のみ代に、衣女忽に病を得たり。時に偉しく百味を備けて、門の左右に祭り、疫神に賂ひて饗す。閻羅王の使の鬼、来りて衣女を召す。其の鬼、走り疲れにて、祭の食を見て、靦《おもね》りて就きて、受く。鬼、衣女に語りて言はく「我、汝の饗を受くるが故に、汝の恩を報ぜむ。若し同じ姓同じ名の人有りや」といふ。衣女、答へて言はく「同じ国の鵜垂の郡に同じ姓の衣女有り」といふ。鬼、衣女を率て、鵜垂の郡の衣女の家に往きて対面し、即ち緋の嚢《ふくろ》より一尺の鑿を出して、額に打ち立て、即ち召し将《い》て去る。彼の山田の郡の衣女は、僁《かく》れて家に帰りぬ。（下略）

病を得た衣女のために、疫神に賄賂する祭祀を行ったところ、閻羅王庁の使の鬼が祭の食を受けたために、鬼は恩義を感じて、同姓同名の女子を召して閻羅王に差し出したが、閻羅王は即座にそれを見破って、結局山田郡の衣女を再度召すように命じた。

(3) 庚申信仰

庚申に当たる日、夜を守って眠らないという庚申信仰は、中国では、柳子厚に「罵㆓尸虫㆒」という文があり、許渾が「贈㆓王山人㆒詩」に、「年長毎労㆑推㆓甲子㆒、夜寒共守㆓庚申㆒」の句があることから、唐代にはすでに盛んに行われ

ていたことがわかり、わが国にもこの期にもたらされているといわれている。(9) 庚申信仰はもちろん、道教にもとづくもので、老子守庚申求長生経に、老子三尸経や太上科律を引いていうところの大意は、次のとおりである。

それ人生は皆形を父母に寄せ、穀の精を抱く、これをもって人の腹中にはことごとく三尸があって、人の大害をなす、常に庚申の夜、上って天帝に告げ、人の罪過を記し、人の生籍を絶つのである、ところで三尸の中の上尸彭綨は、頭にいて顔面や頭部の病を起こさせ、中尸彭質は、腹中にいて人の五臓を打ち、また人をして悪事を好ましめ、下尸彭矯は、足中にいて五情を擾さしめる。次にまた九虫というものがあって、これも害毒をなすので、生不死を求めるものは、この三尸九虫を滅さなければならぬ。さてその方法としては、庚申に至るごとに睡らずに暁に及べば、その尸が上って天帝に告げる事ができぬ。これからこの夜において三度虫名を誦し、彭侯子彭常子命児子悉入窈冥之中去離我身という略頌を唱え、左手で胸を三度捫《さ》すると、三尸が去って万福が来ると、耳目聡明、怡悦無欲、畏れる所がなくなり、寿は百二十を得るという。

わが国においても、文献史料上では、菅原道真の詩文集『菅家文草』(昌泰三年〈九〇〇〉成立)に、讃岐国守に在任中に「同二諸小児一旅館庚申夜賦二静室寒灯明一」と題した詩を載せている。

旅人毎夜守三尸　旅人は夜毎に三尸を守る
況対寒灯不臥時　況むや寒灯に対ひて臥せざる時には
強勧微心雖未死　強ひて微心を勧《あつら》へて死なずといへども
頻収落涙自為悲　頻に落涙を収めて自ら悲しびをなす(下略)

(日本古典文学大系本〈岩波書店〉による)

また、延喜二年(九〇二)七月十七日の庚申の日に当たっては、後院に酒肴を調え、賭物などを献じ、翌三年二月一日の庚申には、王卿を召して酒を給い、糸竹を奏せしめている。

3　墨書土器にみる古代人の死と祈り

(1) 罪　司

わが国における冥道信仰の受容の姿を最も端的に物語る語は、〝罪〟である。すなわち、冥府においては、娑婆にいる人々の善業悪業をすべて記録し、その戸籍に記載した年齢に達した者を冥府に召喚する。その人々の罪を裁くところが罪司である。いわゆる〝罪司による死の裁き〟である。

千葉県富里町久能高野遺跡の一三号住居跡出土の墨書土器「罪司進上代」と「桑田寺」が注目される。おそらく、坏形の土器に御馳走を盛って、自らの罪を免れるために罪司に供献したのであろう。庄作遺跡の墨書土器「□継罪□」も同様の内容と推測される。

この罪司と共伴している墨書土器「桑田寺」が重要な意味を有しているのではないか。庄作遺跡では、「丈部真次召代国神奉」「国玉神奉」など数多くの神へ供献を示す墨書土器が出土し、さらに六八号住居跡からは「夫□女奉」と「佛酒」が共伴している。なお「佛酒」と体部外面に倒位で墨書された土師器坏には底部外面にも「卄」と墨書されている。この「卄」については、すでに筆者が指摘しているように(10)、道教の悪霊を払い、願意成就のための符号「卌」(九字と称される)の略号とした(11)。

中国の冥道世界は、死後の世界に関する中国人の古来の俗説の刺戟によって触発され、仏教とも道教とも一般信仰ともつかぬ混合した相で現われたものという。わが国における冥道信仰もまた「国玉神」あり、「佛酒」あり、さらに道教の魔除け符号ありという、中国における冥道世界と似た様相を呈していると考えられるであろう。

(2) 人面墨書土器

人面墨書土器については、畿内や地方官衙を中心とする従来の出土傾向にもとづく諸氏の解釈は、次のように要約することができるであろう。[12]

① 人面墨書土器は疫病神に対する祓いの祭祀である。ただ笹生衛氏[13]によれば、坏形人面土器は疫神を饗応の対象とする在地の疫神観にもとづく対疫病祭祀と推定されるという。

② 人面は疫病神を描出したものとする考え方が一般的である。水野正好氏は伎楽面との共通性を重視し胡人の顔を描いたり、蝦夷を描き、外来神（漢神）をまつる祭儀と位置づけている。

③ 当初、宮廷内における国家祭祀から、しだいに九世紀以降変質をとげ、諸国に伝播する中で人面は甕形土器から坏・皿形土器に描出されるようになる。

しかし近年東国各地で数多く確認される人面土器について、まったく同様に説明できるかどうか疑問である。ましてや当初の宮廷内の国家祭祀からしだいに九世紀以降変質をとげて地方に伝播したという理解は土器の年代からも成り立ちがたい。

庄作遺跡の人面墨書土器[14]は八世紀代のものも確認されており、在地においても比較的早い時期からおそらく招福や息災延命などの祭祀が人面墨書土器を用いて実施されていたと理解できる。またこの資料から人面墨書土器のいわゆる「人面」は、外来神や疫病神を描出したものとはみなしがたい。むしろ、これまでの各地の例も含めて描かれた「人面」が実にバラエティがあり一定しないこと、なかには何とも異様な「人面」もあることからすれば、「人面」の実態は描く側にさまざまな形を描きうる実像のないものではないだろうか。つまり少なくとも、庄作遺跡でみた「人面」は〝国神〟そのものを表現したとみることができるのではないか。

国神（国玉神）については、『風土記』の中でみるならば、たとえば『伊勢国風土記』逸文・度会郡の項において、

福島県いわき市荒田目条里遺跡
土師器鉢形外面体部
磐城×
磐城郷
丈部手子麿
『召代』

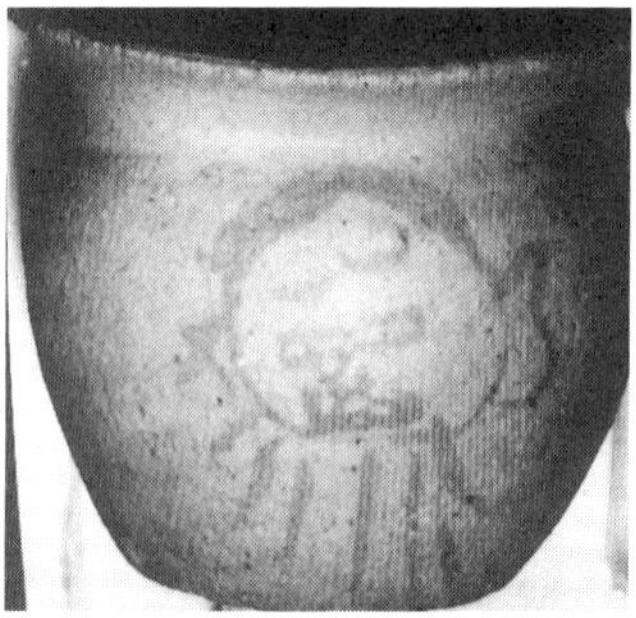

千葉県八千代市白幡前遺跡
土師器甕
外面胴部＝墨書人面
「丈部人足召代」

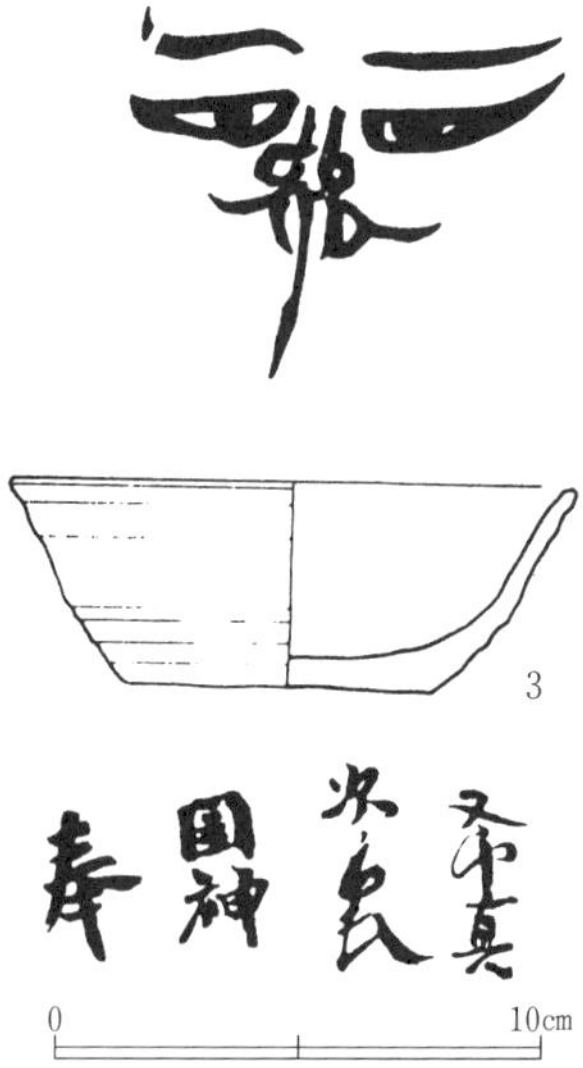

千葉県芝山町庄作遺跡
25号住居跡土師器坏
内面＝墨書人面
外面体部＝「丈部真次召代国神奉」

図223　人面墨書土器

次のように語られている。

風土記に曰はく、夫れ、度会の郡と号くる所以は、畝傍の樫原の宮に御宇しめしし神倭磐余彦の天皇、天日別命に詔して、国覔ぎたまひし時、度会の賀利佐の嶺に火気発起ちき。天日別命視て、「此に小佐居るかも」と云ひて、使を遣りて見しむるに、使者、還り来て申ししく、「大国玉の神あり」とまをしき。賀利佐に到る時に、大国玉の神、使を遣りて、天日別命を迎へ奉りき。（下略）　（日本古典文学大系『風土記』〈岩波書店〉による）

ここでは、度会郡の地名説話を述べる中で天日別命（天神）に屈伏する大国玉の神（国神）の姿が描かれている。天神については、東国でみるならば、『常陸国風土記』香島郡の項に、鹿島神宮の御舟祭の縁起を記す中で、鹿島神宮の神は天の大神（天神）と表記されている。国神については、『古事記』における天神・国神概念[15]と異なり、ここでは高天原の神＝天神に対して、在地の神一般を指すものと理解したい。

庄作遺跡・土師器坏（図223）

内面－人面墨書

外面体部－「丈部真次召代国神奉」

白幡前遺跡・土師器甕

外面胴部－人面墨書

「丈部人足召□〔代カ〕」

荒田目条里遺跡・土師器鉢形

外面体部－人面墨書

「磐城（郡）」

磐城郷
丈部手子麿
『召代』　」

この三点は、人面墨書＋人名＋「召代」と記載様式の点で共通している。

「召代」の解釈については、まず庄作遺跡の例でみるならば、「丈部真次召代国神奉」の「召代」の召は、この場合「招」と同義と理解するならば、「招代」（おぎしろ）となるであろう。招代とは依り代（神霊のよりつくもの）を神霊を招く側からみての呼称である。すなわち「丈部真次召代国神奉」は、丈部真次が人面墨書土器を招代として国神を招き、その神に饗応することという解釈である。もう一つの可能性は、召は文字どおり人を召（め）すの意、すなわち冥界に召すことと解する。たとえば、

広足を喚びて言はく『闕《みかど》（閻魔王庁）、急に汝を召す』といひて、戟《ほこ》を以て背に棠《つ》き立て、前に逼《せ》め将《い》る。

（『日本霊異記』下巻―九）

と、この場合は、丈部真次が召される代わりに国神に饗応することを意味しているとも解されるであろう。この後者の解釈の傍証となるのが、長勝寺脇館跡の墨書土器であろう。三点ともほぼ同じ内容と判断できる。

□□命替神奉

ここにいう「命替」は、先の「召代」が〝冥界に命を召される〟とする理解からすれば、ほぼ類似した表現とみなすことができるのではないか。

以上、いずれにしても、饗応という意味では、供膳具としての坏形土器に注目しなければならないし、さらに八千代市権現後遺跡の「丈部国依甘魚」が重要な示唆を与える資料といえよう。すなわち供膳具に盛られた「甘魚」（御

馳走）は、国神のような神に対する饗応を内容としたとも理解できることになろう。

以上の人面墨書土器を中心とした一群の関連資料を検討した結果、次の三点が指摘できるであろう。

① これまでの一般的解釈によれば、奈良時代の人面墨書土器祭祀は、疫病が遠国あるいは疫病発生地から都城への侵入を防ぐ目的で行われた国家祭祀であり、奈良時代末以降、おそらく新しい宗教（密教）の登場とともに墨書人面土器祭祀はしだいにすたれ、それとともに個人的祭祀・民間祭祀へと変質していくという。

しかし、庄作遺跡等の人面墨書土器は八世紀代のものも確認されており、在地においても比較的早い時期から、国神に対しておそらく招福や息災延命などの祭祀が人面墨書土器を用いて実施されていたと理解できる。その意味では、在地における人面墨書土器祭祀は国家祭祀が衰退して、民間祭祀へと変質した形のものであると捉えるよりは、従来からの在地における土着神に対する祭祀に人面墨書土器祭祀が比較的早い時期に取り入れられ、都での国家祭祀と重層的に存在したと理解すべきではないだろうか。

② 中央政府は東国支配のために、香取・鹿島両神社を整備・強化したとされている。その天神たる香取・鹿島両神社の膝下常総地区の集落において国神・土着神に対する根強い信仰があったことは重要な歴史的事実として大いに注目しなければならない。

③ 上記①・②のように理解した場合、常総地区における人面墨書土器は古代祭祀の多様な側面を示すものと位置づけられるであろう。いいかえるならば、人面墨書土器はこれまでの畿内中心にみたあり方だけでなく、在地においては多様な祭祀形態の中で活用されたといえるのではないだろうか。

また、少なくとも東国における人面墨書土器のいわゆる「人面」は、胡人や疫病神を描出したものとはみなしがたい。むしろこれまでの各地の例も含めて、描かれた「人面」が実に多様であり、一定しないこと、なかには異様な「人面」もあることからすれば、「人面」の実態は描く側にさまざまな形を描きうる実像のないものではないだろうか。つまり、少なくとも、本節でみた「人面」は、〝国神〟などの神そのものを表現したとみることができるのではないか。

(3)　カマド神

庄作遺跡出土の土師器坏・外面底部「竈神」は、文字どおりカマドを守る神である。この「竈神」に関連すると思われる資料は、庄作遺跡の北に位置する佐原市馬場遺跡出土のものである（二五六〜二五七頁参照）[16]。

また、最近、阿久津久氏は、東日本の一般集落跡における八世紀後半から九世紀にかけてみられるカマドと墨書土器の相関関係について、具体例をあげている[17]。

茨城県日立市諏訪町諏訪遺跡では、九世紀末ごろの三号住居跡（約三×三・二メートル）は、カマドを北と東にもつものである。東カマドは、土層をみると意識的に埋め戻されており、この埋め戻された土層の直上に墨書された土師器坏が二枚置かれていた。出土した墨書土師器坏は、「満」ともう一点は判読不明のもので、住居跡確認面をわずかに掘り下げたところで確認できた。土器は整理されたカマドに置いたとされる。そして、氏はカマド内墨書土器の特色を次のように整理した。

イ　墨書土器は、いずれも土師器坏である。

ロ　墨書する土器は灯明皿が使われる例がある。

ハ　作法として墨書土器をカマド床中央部に伏せて置く。

ニ　作法として墨書土器をカマドの上に伏せて置く。

中国の晋代に作られた『抱朴子』（三一七年完成）によれば、カマド神が晦日の夜、家族の功罪を天帝に報告するのを防ぐ信仰が存在していたことがわかる。

以上から考えると、先の土器の状態は、カマドを廃棄するさいにカマド神を封じ込めるために坏を伏せたものと解釈できるであろう。

(4) 賄 賂 行 為

司命神は冥府の戸籍を管理し、戸籍に記載した年齢に達した者を冥府に召喚する。人々は冥界に召されることから免れるために、必死でいわゆる賂（まいない）行為を実施したと推測される。

このような行為は『日本霊異記』によっても具体的に知ることができる。その二例を次に紹介しておきたい。その一例は、前項に掲げた「閻羅王の使の鬼、召さるる人の饗を受けて、恩を報ずる縁」（中―二十五）である。病を得た衣女のために、疫神に賄賂をする祭祀を行ったところ、閻羅王庁の使の鬼が祭の食を受けたために、鬼は恩義を感じて、同姓同名の女子を召して閻羅王に差し出したが、閻羅王は即座にそれを見破って、結局、山田郡の衣女を再度召すように命じたという内容である。

閻羅王の使の鬼、召さるる人の賂を得て免す縁　中巻―第二十四

楢磐嶋は、諾楽の左京の六条五坊の人なり。（中略）磐嶋問ふ「何に往く人か」といふ。答へ言ひて曰はく「閻羅王の闕の、楢磐嶋を召しに往く使なり」といふ。磐嶋聞きて問ふ「召さるるは我なり。何の故にか召す」といふ。使の鬼答へて言はく「我等、先に汝が家に往きて問ひしに、答へて曰はく『商に往きて未だ来らず』といふが故に、津に至りて求め、当に相ひて捉へむと欲へば、四王の使有りて、誂へて言はく『免す可し。寺の交易の銭を受けて商ひ奉るが故に』といふが故に、暫免しつるのみ。汝を召すに日を累ねて、我は飢え疲れぬ。若し食物有りや」といふ。磐嶋云はく「唯干飯有り」といひ、与へて食は令む。使の鬼云はく「汝、我が気に病ま

むが故に、依り近づか不あれ。但恐るること莫かれ」といふ。終に家に望み、食を備けて饗す。鬼云はく「我、牛の宍の味を嗜むが故に、牛の宍を饗せよ。牛を捕る鬼は我なり」といふ。磐嶋云はく「我が家に斑なる牛二頭有り。以て進らむが故に、唯我を免せ」といふ。鬼言はく「我、今汝が物多に得て食ひつ。其の恩の幸の故に、今汝を免さば、我重き罪に入り、鉄杖を持ちて、百段打たる応し。若し汝と同じ年の人有りや」といふ。磐嶋答へて言はく「我都《かつ》て知ら不」といふ。三の鬼の中に、一の鬼議りて言はく「汝は何の年ぞ」といふ。磐嶋答へて云はく「我が年は戊寅なり」といふ。鬼云はく「吾聞かくは、率川の社の許の相八掛読にして、汝と同じく戊寅の年の人有り、汝に替ふ宜き者なり。彼の人を召し将《い》む。（下略）　（日本古典文学大系本〈岩波書店〉による）

閻羅庁から迎えに来た鬼どもに食を饗応し召されるのを免れ、その替わりに同じ年の者を召すこととした。二話とも、命を召すための閻羅庁の使いの鬼に対して、食をほどこすことによって、鬼は恩を感じて、その者を免じ、同名または同じ年の替わりの者を召すこととした。

人々は冥界の召し出しから免れるために、必死で供膳具としての坏形の土器に御馳走を盛って供える賄賂を行ったのであろう。

最も好例は、権現後遺跡の内面〝人面墨書〟、外面体部「村神郷丈部国依甘魚」の墨書土器である。すなわち、（下総国印幡郡）村神郷の丈部国依が坏形土器に盛られた甘魚（御馳走）を神に供献したことを表記しているのであろう。また、久能高野遺跡「罪司進上代」は、人の罪を裁き、その死期を決する罪司に御馳走を供献し、冥界に召されるのを防ごうとしたことを示しているのではないか(18)（表18）。

(5) 墨書土器の記載方法と祭祀

第1項で紹介した長野県榎垣外遺跡出土の墨書土器「神司」は、文字内容の解釈を、その記載のしかたにもとづい

表18　墨書土器一覧

遺　　跡	器　　種	墨書部位	内　　面	外　　面
庄作遺跡	土師器坏	内面	人面墨書	
		外面体部・正位		丈部真次召代国神奉
	〃	内面	国玉	
		外面体部・横位		［　　］継罪□
	〃	内面	国玉神奉	
		外面体部・正位		人面墨書
		外面底部		手
	〃	外面底部		□□女奉
	土師器甕	外面胴部・正位		人面墨書
				罪ム国玉神奉
久能高野遺跡	土師器坏	外面体部・横位		罪司進上代
権現後遺跡	〃	内面	人面墨書	
		外面体部・横位		村神郷丈部国依甘魚
北海道遺跡	〃	内面	承和五年二月十□□	
		外部底部		人面墨書
	〃	外面体部・横位		丈部乙刀自女形代
白幡前遺跡	土師器甕	外面胴部・正位		人面墨書
				丈部人足召代
長勝寺脇館跡	土師器坏	外面体部・横位		［　　　］命替神奉
	〃	〃		［　　　］命替神×
	〃	〃		［　　　　］奉
鳴神山遺跡	〃	〃		丈部山城方代奉　丈尼
	〃	？		［　　］□刀自女召代進上　同□
	〃			国玉神上奉
荒田目条里遺跡	土師器鉢	外面胴部・正位		人面墨書
				磐城□
				磐城郷
				丈部手子麿
				『召代』
	土師器坏	外面体部・横位		多臣永野麻呂身代
伊場遺跡	〃	内面	人面墨書 海部屎子女形×	

て理解しなければならない資料である。

「神司」は〝かみのつかさ〟と訓み、字義からいえば、諸々の祭祀を掌る官人またはその役所のことである。たとえば、大宰府の官司の一つ、「主神」は「かみのつかさ」と訓み、大宰府における祭祀の主宰者およびその役所、中央における神祇官に相当するものである。

しかし、本資料の場合は、墨書土器の墨書部位などの記載方法に注目する必要がある。

官衙における墨書土器の場合、その代表例といえる「厨」関係墨書土器[19]は、坏形土器の底部外面にほとんど記され、その他、体部外面に記されているものもあるが、その場合も正位に限定されている。このことは、「厨」墨書土器は、食器として常態の使用時を想定して、底部外面および体部外面正位に記録されたことを示している。

それと対置されるのが、祭祀等の行為に伴う墨書土器の部位である。先にあげたカマド祭祀に伴うとされる千葉県馬場遺跡〇〇四号住居跡出土の墨書土器の場合、竪穴住居跡のカマド内燃焼部底面より浮いた状態で坏が四点重ねられて出土した。この四点の坏はすべて倒位に置かれ、その一番上に置かれた坏に「上」の墨書が記されている。この「上」は体部外面に倒位で記されており、坏を倒位に置くことにより初めて文字の意味が明瞭になるのである。この土器の状態はカマドを廃棄するさいにカマド神を封じ込めるために坏を伏せたものと解釈できる。また、千葉県庄作遺跡の例のように、一つは内面に人面墨書、外面体部に「丈部真次召代国神奉」、もう一例は体部外面に人面墨書、底部外面に「手」、内面に「国玉神奉」と墨書している。

このように祭祀等に伴う墨書土器は、いわば神への祈り、伝達という意味から土器の内面や、体部外面の場合も倒位や横位など、実に多様であったといえる。

榎垣外遺跡の「神司」という墨書土器は、体部外面に倒位で、しかも三ヵ所に放射状に記している点が特異といえ

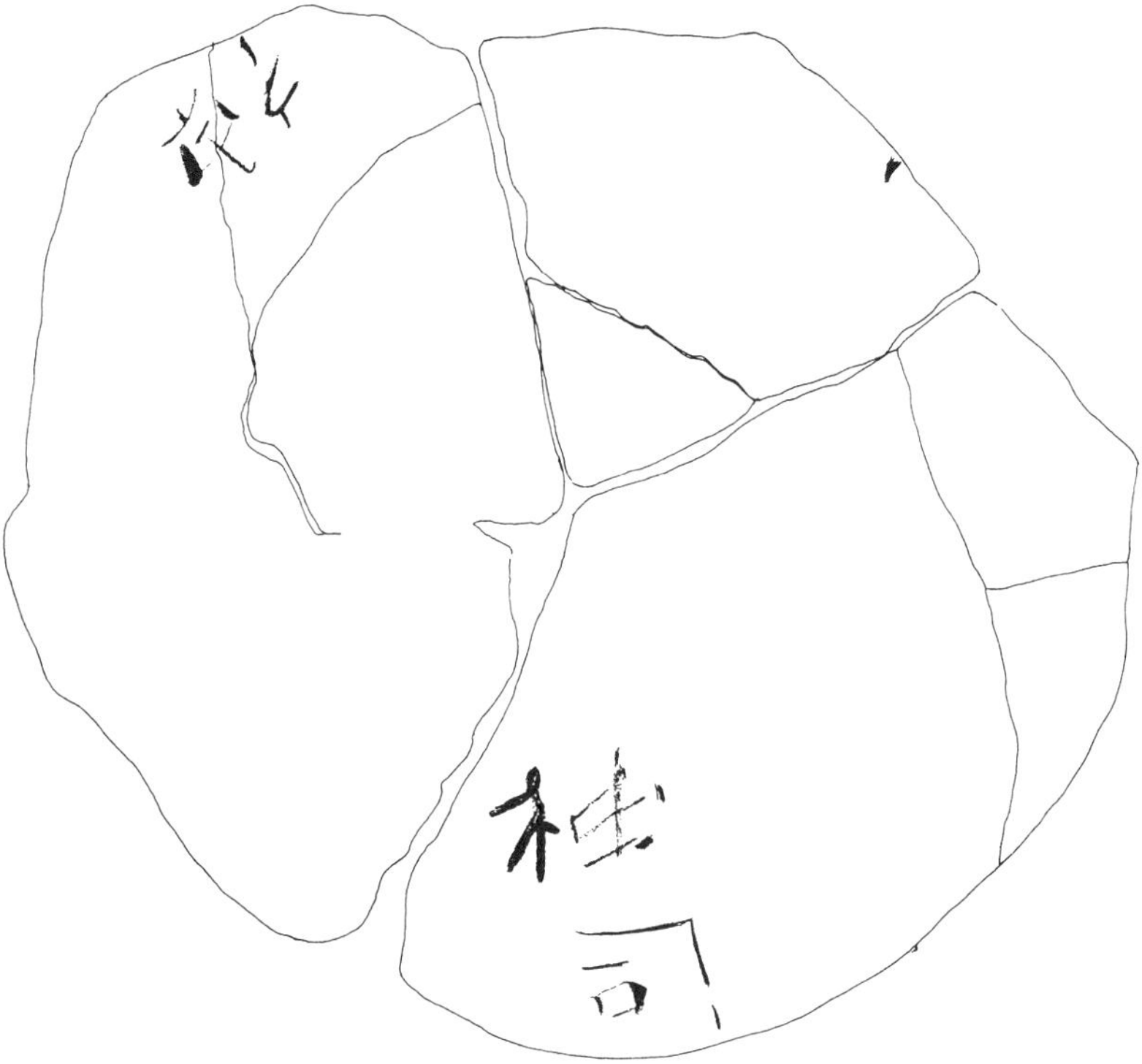

図224　墨書土器「神司」の見取図（長野県榎垣外遺跡）

る（図224）。部位等の記載のしかたからいえば、通常の官衙における官司の記載とみなすことができず、むしろ、祭祀等に伴う墨書土器と理解されるであろう。

一方、記載内容の点からは、次の資料が参考となる。千葉県久能高野遺跡の「罪司進上代」の「罪司」は、文字どおり人の罪を裁く司のこと、冥途の裁判官である。先の「国玉神奉」は、神への饗応を意味している。

結局、この「神司」は、上記の例に照らすならば、官衙における「神司」という正式な官司名ではないといえよう。むしろ、記載部位、土師器坏という器種などの諸条件および「神奉」「国玉神奉」などとの関連からいえば、「神司」は人々に福徳をもたらす神の司のことと解することができる。その点では、「神司」は先の久能高野遺跡の「罪司」に類した用法といえる。本遺跡の住人が招福除災延命の願いを込めて、土器に「神司」と墨書し、その器に御馳走を盛り、神への饗応を行ったのであろう。

(6) 多文字墨書土器の語るもの

東日本各地の遺跡から出土する多文字の墨書土器は、一体、古代人のどのような行為を物語っているのであろうか。本節のテーマである古代人の死に深く関係すると推測される多文字墨書土器にふれる前に、次の資料を参考までに記しておきたい。

○庄作遺跡四六号住居跡出土　土師器坏

外面体部・横位

「×秋人歳神奉進　上総×」

土器の口縁部に横位に連続して記されている。「……奉進」の次が約一字分空となっていることから、この文章は「上総」からはじまると判断してよいと考えられる。また、断片の上部にみえる「秋人」は人名とみて間違いないであろう。

この文章の復原は、内容からだけでもある程度可能であるが、まず、現存する断片の文字数から機械的に割り付けて全体の文字数を推定する方法を試みてみた。

前述したように「進」の文字と「上」の文字の間が空いているので、「秋」から「進」までの六文字とすると、

土器片の角度約一一〇度÷六文字＝一八・三三……度

三六〇度÷一八・三度＝一九・六七

全体の文字数は約一九文字となる計算である。「進」と「上」との間の空を一文字分とすれば、約一八文字で構成

されていたと想定できる。この文は「上総」国を本貫地とする「□□秋人」という人物が歳神に奉進するという内容であると考えられる。すなわち「国＋郡＋郷＋人名＋歳神奉進」という構成であると想定される。よって、この文は次のように復原される。

（例） 上総國□□郡□□郷□□□□秋人歳神奉進
①②③④⑤⑥⑦⑧⑨⑩⑪⑫⑬⑭⑮⑯⑰⑱⑲

実際には、断片中の文字配置からも明らかなように、字間等も一定していないだけに、全体の文字数は一八文字前後とみて、右のような構成であることだけを確認する程度にとどめたい。

ところで、歳神（年神）は歳徳神のことであり、その年の福徳をつかさどる神である。この神のいる角を恵方といい、年によって異なる。たとえば、近世の『類聚名物考』（神祇二）によれば「年徳とは、神書に所謂大歳の神なり。日本の国風にて、春の初め家々に棚をかまえ、注連はり、此神を祭り、酒菓など供するなり」という。すなわち毎年正月には、歳神を家に招き入れるために、恵方に向けて棚を作り、酒肴をささげる習慣が存在するとされている。

したがって、本資料は次のように解釈することが可能であろう。

上総国○○郡○○郷某秋人が正月に福をもたらす歳神を招き入れるために、その年の恵方に土器＝坏に御馳走（八千代市権現後遺跡では「甘魚」と表現されている）を盛り、「奉進」したのではないか。

閻魔王庁には冥府の戸籍があるゆえに、神仏に対して願い事をする人には自らの本貫地（国―郡―郷）を明らかにしておかなければならなかったのである。

古代の歳神に関するこれほどの具体的な例を知らないだけに、きわめて貴重な資料といえよう。

さて、このような多文字資料のうち、ほとんどのものは、次に整理するように、ほぼ類似した祭祀行為に伴い記されたものと判断できるであろう。

表19　多文字墨書土器の記載項目

遺跡名	本貫	罪記載	人名	「身召代」	神名	“タテマツル”記載
1.庄作遺跡			丈部真次	召代	国神	奉
2.　〃			□女			奉
3.　〃		罪ム			国玉神	奉
4.久能高野遺跡		罪司				進上代
5.北海道遺跡			丈部乙刀自女	形代		
6.白幡前遺跡			丈部人足	召代		
7.長勝寺脇館跡			□	命替	神	奉
8.鳴神山遺跡			丈部山城	方代		奉
9.　〃			□刀自女	召代		進上
10.　〃			丈部鳥万呂		国玉神	上奉
11.荒田目条里遺跡	磐城郡磐城郷		丈部手子麿	召代		
12.　〃			多臣永野麻呂	身代		

先にあげた一二例について、「×秋人歳神……」に照らして記述内容をそれぞれ分類すると、その文章構成は、表19のように整理できる。

ここで、問題は、召代・形（方）代・身代・命替という表記部分である。

召代については、『類聚名義抄』などによれば、「招」と同じ〝まねく〟という訓みもみえる。招代とした場合は、依り代が神霊のよりつくもの、これに対し、依り代を神霊をまねく側からみて呼んだのが、招代《おぎしろ》である。しかし、これまで本節で扱ってきた文献史料、たとえば『日本霊異記』における冥界の閻羅王のもとに〝召す〟という表記、冥界の戸籍、墨書土器における「罪司」「神司」、歳神の例で示した「上総国○○」のような本貫地の明示など、冥界と現世はまったく同じ構造からなり、律令社会を模している。したがって、律令文書行政においても、下達文書として、符式に類するものとして召文が存在するように、「召」は、下達の意であり、下達された人物からいえば〝召さるる〟ことを意味する。したがって、「召代」は、祭祀主体からいえば〝召さるる代り〟という表現と解される。形代は、通常、禊のときに、それで身体をなでて災いを移し、水に流してやる人形のことである。しかし、形代は身がわり（「身代」）という意でも用いる。

先にもあげた『日本霊異記』（中巻―二十四）の楢磐嶋に関する説話の中で、冥界に召されようとした磐嶋が牛二頭を閻羅王の使の鬼に「進らむが故に、唯我を免せ」といい、鬼は、磐嶋を免し「汝に替ふ宜《べ》き者なり。彼《そ》の人を召し将《い》む」という。この説話の中だけでも、「進」「免」「替」「召」という語がそれぞれ深く関連しながら、一連の行為を表記しているのである。

そのことと、多文字の願文を表記したものが土器であることに改めて留意しなければならない。土器は大部分が土師器坏であり、若干小型の土師器甕を含む程度であることから、一応供膳具と捉えてよいであろう。土器に食物を盛り供膳することを第一義的に考えるべきであり、文字はその行為の説明と理解してよい。

結局のところ、ここにあげた多文字墨書土器は多少の違いはあるが、現段階では、ほぼ同様の祭祀行為に伴うものと理解し、次のように解釈しておきたい。

多文字墨書土器は人の罪を裁き、その死期を決する罪司に御馳走を土器に盛り供献し、冥界に命を召されることを免れようと願ったものであろう。

(7) 律令文書行政と墨書土器

八世紀ごろから人々は、招福除災や延命を祈願するために、神々に供物を奉り、その意向を文字によって伝えるようになるのである。これは文書行政が村落にまで浸透したからであり、墨書土器の表現形式は日常の律令行政文書にもとづくものである。

律令国家は律令という法令による中央集権的な国家体制をめざしたものである。その行政支配を貫徹するために膨大な文書による行政が実施された。地方においても、郡司から里（郷）長に命令した木簡すなわち〝郡符木簡〟が数多く発見され、その支配の実態が具体的に明らかにされてきている。

おそらく郡符木簡を下された里長は、村の広場に農民らを集めて口頭で命令内容を伝達したことであろう。文字は村の中で初めて権威の象徴としての意義をもったことになる。

墨書土器の文書様式は、まず律令文書行政の中で理解することが肝要である。律令文書行政の中でも、墨書土器と同様に簡略化された様式をもつのが木簡である。

木簡を大きく分類すると、次のようになる。

文書木簡 ┃ 文書木簡（官司などの命令・報告の伝達文書）
　　　　 ┃ 記録・帳簿

付札

その文書木簡・付札の記載様式をあげると、次のようになる。

○文書木簡（貢進文書）

「進上」＋物品＋（持「丁」）＋年月日＋貢進責任者

・「進上　氷三荷丁刑部真塩　」

・「神亀六年五月十九日少山部得太理」

（『平城宮発掘調査出土木簡概報』一五）

○付札

国郡（郷）＋進上＋物品＋年月日

・「＜紀伊国進地子塩（別筆）『三斗　安万呂』」

・「＜　延暦九年三月九日」

・「＜紀伊国无漏郡進上御贄礒鯛八升＜」　（『長岡京木簡一　解説』）

（『平城宮木簡二　解説』）

○「召」の用例

・「式部省召　書生佐為宿祢諸麻〼

・「　　十二月廿日〼

（『平城宮発掘調査出土木簡概報』四）

○「替（代）」の用例

出雲国計会帳（『正倉院文書』）

天平六年

四月

一八日進上衛士逃亡并死去出雲積首石弓等参人替事

　右、附意宇軍団二百長出雲臣広足進上、

一廿日進上衛士勝部臣弟麻呂逃亡替事

　右、附神門軍団五十長刑部臣水刾進上、

天平六年（七三四）四月八日、出雲国貢上の衛士出雲積首石弓ら五人が死去したり、逃亡したので、その替わりが貢進された。また二十日、同じく衛士勝部臣弟麻呂が逃亡し、その替わりが進上された。

以上の文献史料および木簡は、多文字墨書土器の記載様式と密接な関連をもつものといえる。とくに近年報告され

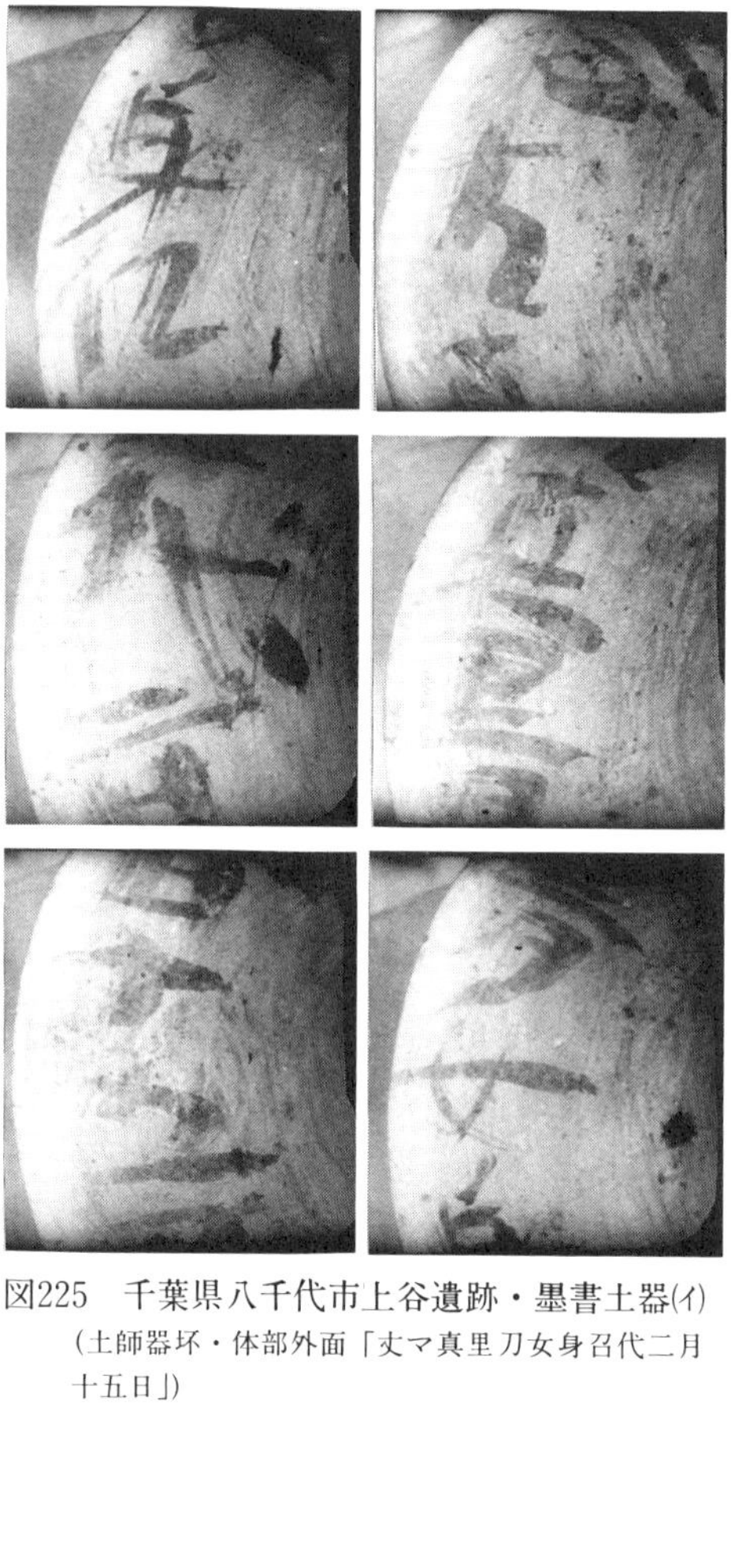
図225　千葉県八千代市上谷遺跡・墨書土器(イ)
(土師器坏・体部外面「丈マ真里刀女身召代二月十五日」)

た千葉県八千代市上谷遺跡出土の数点の墨書土器は、従来の多文字墨書土器の簡略な記載様式をより完全な文型に復原し、その文意を解く大きな手がかりとなるものである。以下、その遺跡の概要と多文字墨書土器を紹介しておきたい。

千葉県八千代市上谷遺跡は八千代市保品字上谷地区に所在する。新川より入り込み大きな谷に挟まれた舌状台地上に立地する。大きな谷を東から南にのぞむ、標高二〇～二四メートルの台地上から縁辺部にかけて広がっている。平成十年（一九九八）五月段階で、竪穴住居跡一一五軒、掘立柱建物跡一二一棟などを検出した大集落跡である。とくに、コの字状に配置された掘立柱建物跡群が、二群並んで検出され、その掘立柱建物群の内側に、かなり大型の竪穴住居跡が存在する点が特筆される。後掲の特異な墨書土器とともに共伴する建物（帯金具や三彩陶器片など）も参考にするならば、古代印幡（播）郡村神郷の中心的集落とみることができる。

ⓐ竪穴住居跡（一三—四号遺構）・土師器（内黒）坏

九世紀前半

体部外面—人面ヘラ書き

ⓑ竪穴住居跡（一五—六号遺構）・土師器（内黒）坏

九世紀前半

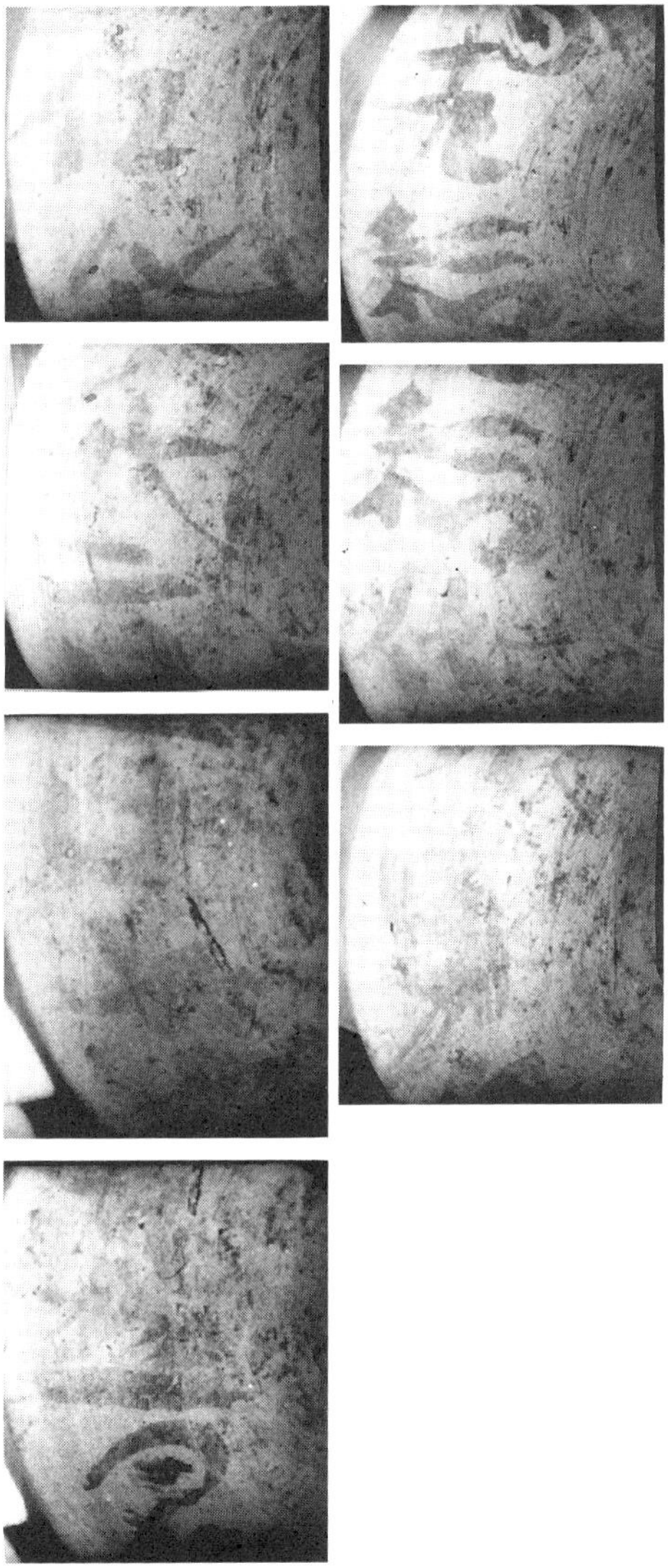

図226　千葉県八千代市上谷遺跡・墨書土器(ロ)
（土師器坏・体部外面「丈マ稲依身召代二月十五日」）

体部外面・正位―人面墨書

底部外面・線刻「田」

体部外面・横位

「□廣友進召代弘仁《（八二一）》十二年十二月」

ⓒ竪穴住居跡（一五―六号遺構）・土師器（内黒）坏

九世紀前半

体部外面・横位

「丈部千総石女□□進上」

ⓓ竪穴住居跡（一六―一五号遺構）

イ、土師器坏

九世紀

体部外面・横位

「丈マ真里刀女身召代二月十五日」

ロ、土師器坏

体部外面・横位

「丈マ稲依身召代二月十五日」

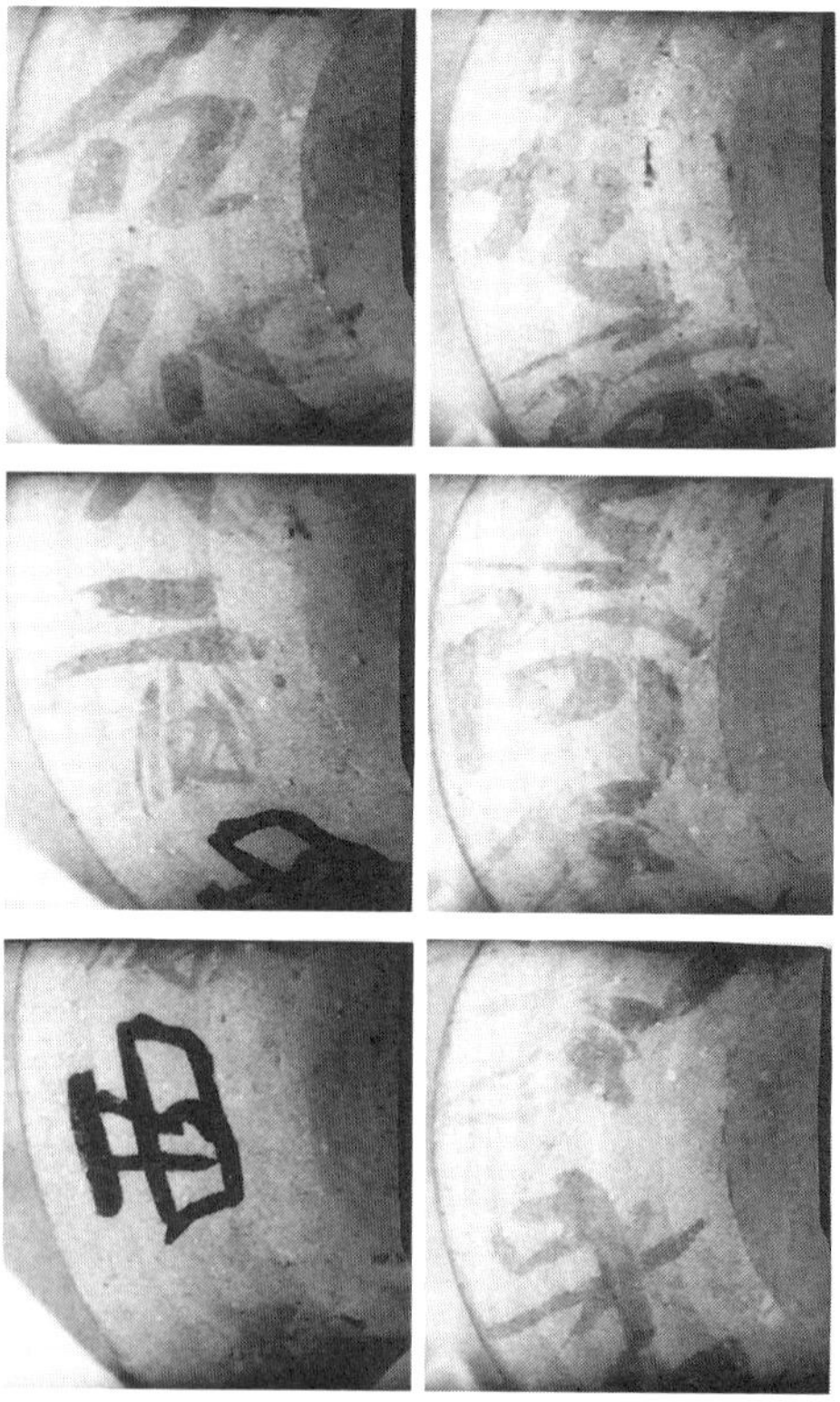

図227　千葉県八千代市上谷遺跡・墨書土器(八)
(土師器坏・体部外面「丈マ阿□□身召代二月『西』」，底部内面「『西』」)

八、土師器坏

体部外面・横位

「丈マ阿□□〔仁女〕身召代二月『西』」

底部内面

「『西』」

二、土師器坏

体部外面・横位

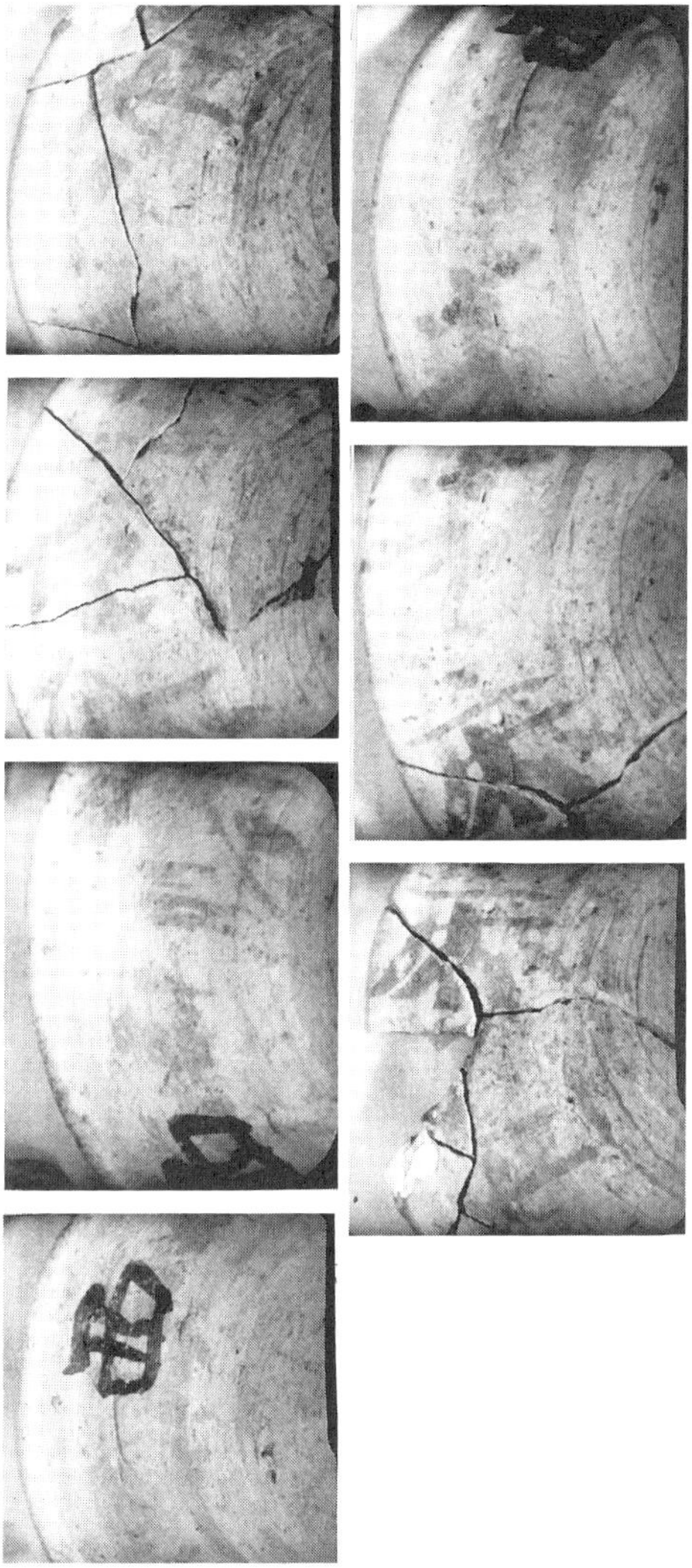

図228　千葉県八千代市上谷遺跡・墨書土器(二)
（土師器坏・体部外面「丈マ麻□女身召代二月□□『西』」，底部内面「『西』」）

表20　多文字墨書土器復原案

	多文字墨書土器	復　　原　　案
1	「丈部真次召代国神奉」	丈部真次(身)召さるる代り国神に奉る
3	「罪ム国玉神奉」	罪なし，国玉神に(身召さるる代り)奉る
4	「罪司進上代」	罪司に(身召さるる)代り進上す
5	「丈部乙刀自女形代」	丈部乙刀自女形(召さるる)代り進上す
6	「丈部人足召代」〈人面〉	丈部人足(身)召さるる代り〈人面〉(に奉る)
7	「□□□□命替神奉」	○○○○命(召さるる)替り神に奉る
8	「丈部山城方代奉」	丈部山城方(召さるる)代り奉る
9	「□□刀自女召代進上」	□□刀自女召さるる代り進上す
10	「国玉神上奉丈部鳥万呂」	丈部鳥万呂(身召さるる代り)国玉神に上げ奉る
11	「磐城郡磐城郷丈部手子麿召代」	磐城郡磐城郷丈部手子麿(身)召さるる代り〈人面〉(に奉る)
12	「多臣永野麻呂身代」	多臣永野麻呂身(召さるる)代り(奉る)
13	「□□廣友進召代弘仁十二年十二月」〈人面〉	□□廣友(身)召さるる代り〈人面〉に弘仁十二年十二月進る
14	「丈マ真里刀女身召代二月十五日」	丈マ真里刀女身召さるる代り二月十五日(奉る)
15	「丈マ稲依身召代二月十五日」	丈マ稲依身召さるる代り二月十五日(奉る)
16	「丈マ阿□身召代二月」	丈マ阿□身召さるる代り二月(奉る)
17	「丈マ麻□女身召代二月□□」	丈マ麻□女身召さるる代り二月□□(奉る)
18	「下総国印幡郡村神郷丈マ□□進上」	下総国印幡郡村神郷丈マ□□(身召さるる代り)進上す
19	「丈部千総石女進上」	丈部千総石女(身召さるる代り)進上す
20	「村神郷丈部国依甘魚」	村神郷丈部国依(身召さるる代り)甘魚(進上す)

「丈マ麻□女身召代二月□□　『西』」

底部内面

「『西』」

※四点の坏は、同一の竪穴住居跡の床面直上に、正位状態で㊤ハ＋㊦ロ、倒位状態で㊤ニ＋㊦イという具合に、二点ずつ重ねた状態で置かれていた。

九世紀

ⓔ竪穴住居跡（一二一一〇号遺構）・土師器坏

体部外面・正位

「下総国印幡郡村神郷丈部□□進上□□」

（以上、八千代市教育委員会『かみや』四号、一九九八年）

この上谷遺跡の多文字墨書土器によって、これまでの「召代」「形代」「命替」「方代」「身代」という表現は、「身召代」の省略形であることが判明した。すなわち、身（＝形＝方＝

命)＋召＋代(＝替)という表現形式と理解でき、「身召さるる代り」の意となるであろう。

その結果、現段階まで知られている多文字墨書土器は、表20のように復原することができるであろう。

以上のような墨書土器による神々への祈願は、日常の行政文書表現(貢進文書や召文など)をもって、神に意志を伝え、ものを供献するという形式をとったものと考えられる。こうした祭祀の司祭の中核的存在は、律令国家の文書行政における地方での担い手であった郡司層がまずあげられるであろう。

まとめ

古代遺跡から出土する墨書土器は、古代社会を解明する有力な資料である。

人面墨書土器に象徴されるように、これまでの一般的理解はわが国において、当初国家祭祀として位置づけられたものが、その後、個人的祭祀・民間祭祀に変質し、地方に拡がっていったとする。この人面墨書土器祭祀をも取り入れた古代の東国社会における祭祀形態の実態は、どのようなものであっただろう。墨書土器を手がかりにして鮮やかにその姿を現わしてきたのは、死から、冥界から必死に免れようとする〝延命〟祭祀である。

中国において、すでに冥道世界は、中国古来の俗説とも、仏教とも、道教とも、一般信仰ともつかぬ混合した様相を呈していた。したがって、わが国にはおそらくはそのような混合した相のものが、ほぼそのまま受け入れられ、さらにわが国の古来の信仰とも交わり、複雑な形態をなしたと考えられる。その信仰の展開過程は、墨書土器でみるかぎり、八世紀段階には東国社会に浸透しており、中央と在地社会への受容にそれほど時期差はないのではないか。若干の時期差を認めるとしても、以上のような受容状況からして、通説的理解のように国家祭祀から民間祭祀への変質過程を想定することはできないであろう。

一方、祭祀内容にしても、これまで招福、除災という側面が強調されてきたが、現世利益におけるもう一面として〝延命〟もまた古代人の強い願望であったことを数多くの墨書土器から鮮明に知ることができよう。カマド神、庚申信仰を含めた冥界信仰のなかに、われわれは古代人の死および死後の世界に対する恐れの実態をうかがい知ることができると考えられる。しかも、その祭祀は、従来の文献史料をさらに古くさかのぼり、現状ではほぼ八世紀段階まで確認することができる。

本節は古代人の死の観念に関して上記のような考察にとどめたが、今後の重要な研究課題として、次の点を指摘しておきたい。

複雑に混合した信仰とはいえ、外来の新しい信仰形態は在地社会には異様に映り、その現世利益の立場からは、人々のきわめて強い関心を集めたものと推察される。その新しい信仰形態は、自然な形で村々に浸透したのではなく、おそらく、在地における特定の受容主体、いいかえればそれらを司祭することが在地社会における支配イデオロギーにつながるものではなかったか。

その点を明らかにする手がかりとして、一例をあげておこう。上記の東国各地の墨書土器に記された祭祀の主体と考えられる人物は〝丈部〟というウジ名が圧倒的多数を占めている。[20] このことと、これらの墨書土器の出土地域においては、いずれも丈部（直）が郡領氏族または有力氏族である点とは無関係ではあるまい。この点については、さらに資料の増加をまって、改めて考察を加えてみたい。

註

（1）　財団法人山武考古学研究所『小原子遺跡』（一九九〇年）。

（2）　萱田地区遺跡群の各遺跡の報告書は、次のとおりである。

財団法人千葉県文化財センター『八千代市白幡前遺跡』（一九九一年）。

財団法人千葉県文化財センター『八千代市井戸向遺跡』（一九八七年）。

財団法人千葉県文化財センター『八千代市北海道遺跡』（一九八五年）。

財団法人千葉県文化財センター『八千代市権現後遺跡』（一九八四年）。

なお、これらの遺跡について、総括的な整理が、最近、天野努氏によって行われており、本節でも参照させていただいた（「古代東国村落と集落遺跡―下総国印旛郡村神郷の様相―」〈財団法人千葉県文化財センター『研究紀要』一六、一九九五年〉）。

（3）財団法人印旛郡市文化財センター『久能遺跡群』（一九八八年）。

（4）財団法人千葉県文化財センター『印西市鳴神山遺跡・白井谷奥遺跡』（一九九九年）。

（5）財団法人印旛郡市文化財センター『長勝寺脇館跡』（一九九〇年）。

（6）長野県岡谷市教育委員会『平成3年度榎垣外遺跡榎海戸地籍出土の墨書土器』（一九九三年）。
墨書土器については、拙稿「榎垣外遺跡出土の墨書土器」（岡谷市教育委員会『平成五年度榎垣外遺跡ほか発掘調査報告書』一九九四年、所収）。

（7）福島県いわき市教育委員会『荒田目条里遺跡木簡調査略報――木簡が語る古代のいわき』（一九九六年）。

（8）長部和雄「唐代密教における閻羅王と太山府君」（神戸女子大学東西文化研究所『唐宋密教史論考』一九八二年）。

（9）庚申信仰については、主として、鳥野幸次「庚申について」（民衆宗教史叢書第一七巻、小花波平六編『庚申信仰』雄山閣出版、一九八八年）を参照した。

（10）拙稿「墨書土器とその字形―古代村落における文字の実相―」（『国立歴史民俗博物館研究報告』第三五集、一九九一年。改稿して、本書第四章三に収録）。

（11）高島英之氏は、拙稿で指摘した点について、さらに詳細な説明を加えている（「古代東国の村落と文字」〈関和彦編『古代東国の民衆と社会』所収、名著出版、一九九四年〉）。
四世紀、中国・東晋時代の葛洪（二八四～三六三）が著わした道教の理論書『抱朴子』巻一七・登渉篇にみえる、山に入るさいの呪文「臨兵闘者皆陳列前行」（敵の刃物にひるまずに戦う勇士が前列に陣どっているという意）からとられたものといわれ、基本的には縦四本、横五本の格子状で表わされる。九は陽の満数であり、陰である邪気を伏するとする発想によるものであり、「#」

記号自体、悪霊を払い、願意が確実に果たされるとの効力を有するものといわれる。

(12)　田中勝弘「墨書人面土器について」(『考古学雑誌』第五八巻第四号、一九七三年三月)、水野正好「まじないの考古学・事始」(『どるめん』第一八号、一九七八年八月) および同氏「招福・除災―その考古学―」(『国立歴史民俗博物館研究報告』第七集、一九八五年) など。

(13)　笹生衛「奈良・平安時代における疫神観の諸相―坏(椀)・皿形人面墨書土器とその祭祀―」(二十二社研究会編『平安時代の神社と祭祀』所収、一九八六年)。

(14)　この点については、すでに拙稿「庄作遺跡出土の墨書土器」(山武考古学研究所『小原子遺跡群』所収、一九九〇年) において論じているが、若干視点を変えて以下論究してみたい。

(15)　川副武胤「天神・国神考」(井上光貞博士還暦記念会編『古代史論叢』上巻、一九七八年) など。

(16)　財団法人千葉県文化財センター『東関東自動車道埋蔵文化財調査報告書Ⅳ―佐原地区(一)―』(一九八八年)。

(17)　阿久津久「カマドにみる祭祀の一形態」(日立市史編纂委員会『日立史苑』第七号、一九九四年)。

(18)　類似した記載様式をもつものとして、千葉県佐原市吉原三王遺跡の墨書土器がある(財団法人千葉県文化財センター『佐原市吉原三王遺跡―東関東自動車道埋蔵文化財調査報告書Ⅴ(佐原地区2)―』〈一九九〇年〉)。

この場合は、遺構全体や他の墨書土器との関連などから、にわかには本節の資料と同一な性格かどうかは決めがたいが、今後検討する余地はあると考えられる。以下に主なものをあげる。

遺跡	器種	墨書部位	外面
吉原三王遺跡 〇二三号住居	土師器坏	外面体部・横位	□香取郡大杯郷中臣人成女之替承□
	〃	〃	［　　　　　］道女替進上
	〃	〃	［　］替進上
	〃	〃	之賛進
	〃	〃	進
	〃	〃	賛
	〃	〃	〔成〕〔女〕賛進

（19）拙稿「『厨』墨書土器論」（『山梨県史研究』創刊号、一九九三年三月。改稿して、本書第三章一に収録）。
（20）この点については、すでに大竹憲治氏が下総・常総地方に丈部の分布が多いこととの関連性を指摘している（「関東地方出土の墨書人面土器小考」〈『史館』第一八巻、一九八五年十二月〉）。しかし、私見によれば、こうした信仰形態の受容主体として丈部が在地有力者である点が重要であるといえる。

付 「国神」――古典と墨書土器

(1) 土器に記された「国神」

〝埴輪のふる里〟として知られる千葉県山武郡芝山町の庄作遺跡は、東国ではごく一般的にみられる古代の村の遺跡である。集落は標高四〇メートルほどの台地の上に広がっているが、何とも奇妙な資料にあふれている。まず、土器に文字や絵が墨書されている、いわゆる「墨書土器」の数の多いことが注目される。これまでの村の遺跡から出土する墨書土器は、一点一点に記される文字数が一、二文字であることが圧倒的で、その意味を確定することはむずかしかった。

ところが、庄作遺跡の土器には、多文字とさまざまな表情をした顔が描かれている。まず、八世紀半ばごろの土器には底部に「竈神」と墨書したものがある。中国の晋代に作られた『抱朴子』（三一七年完成）によれば、カマド神が晦日の夜、家族の功罪を天帝に報告するのを防ぐという信仰が存在していたことがわかる。庄作遺跡の土器も、カマドを廃棄するさいにカマド神を封じ込めるために伏せたものであろうか。

また、土師器坏に、髭もじゃで手を長く伸ばした異様な像を描いたうえに、「丈部真次召代国神奉」と文字を記したものも出土している。「召」は文字どおり人を召すの意、すなわち冥界に召すこと。この墨書土器は「丈部真次」

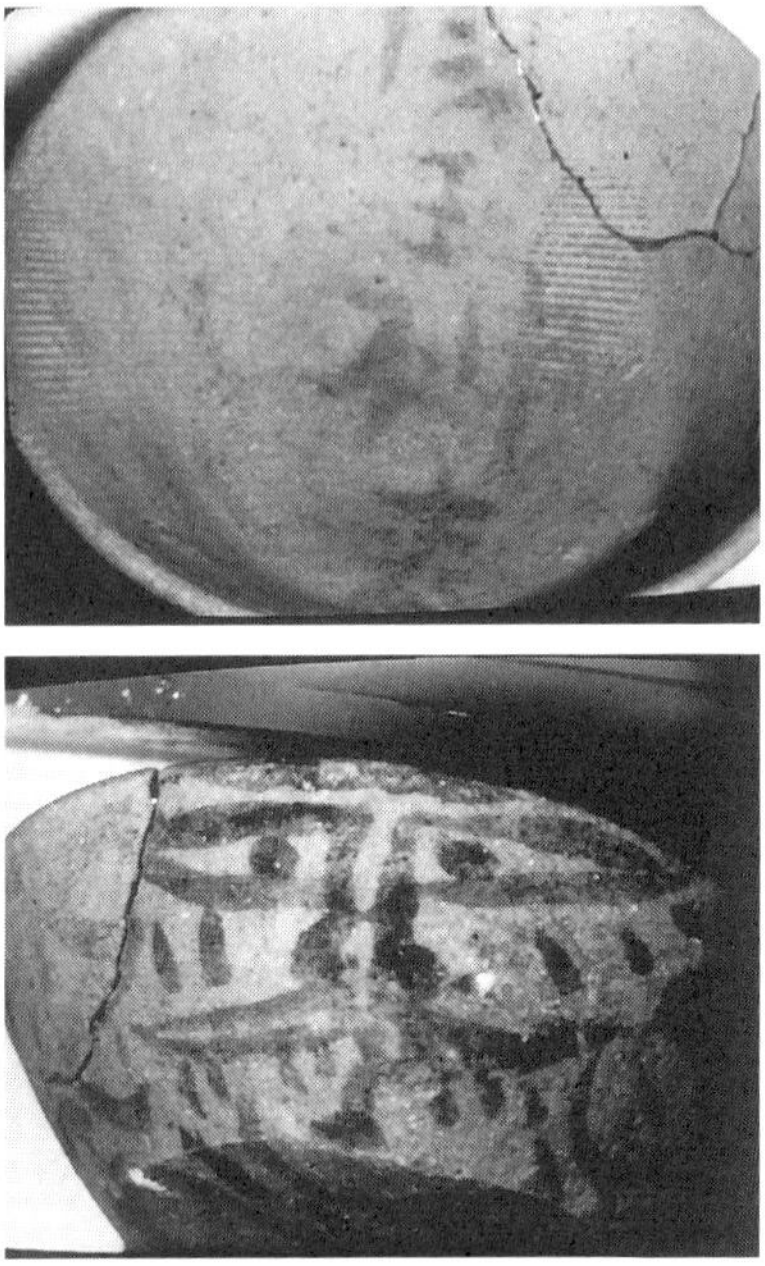

図229　千葉県庄作遺跡墨書土器(1)（外部体部〈写真下〉＝人面墨書，外部底部＝「手」，内面〈写真上〉＝「国玉神奉」）

という人物が、自ら召されることを免れるために、国神に饗応したことを表記しているのではないか。

　庄作遺跡においては、もう二点、人面を描いた土器に、「国玉神奉」と「罪ム国玉神奉」とそれぞれ〝国玉神〟と記したものを確認できる。

　ところで、庄作遺跡に近接した千葉県富里町久能高野遺跡からは、墨書土器の記銘目的をより鮮明に示す資料が出土している。土師器坏に「罪司進上代」と墨書したものである。「罪司」は、文字どおり人の罪を裁く司のこと、冥途の裁判官を指す。この墨書された坏形の土器に御馳走を盛って、自らの罪を免れるために罪司に供献したのであろう。この墨書土器「罪司進上代」と共伴して、「桑田寺」と記された墨書土器が出土している。

　庄作遺跡においては、体部外面に「佛酒」、底部外面に「井」と墨書されている土師器坏があり、「井」は悪霊を払い、願意成就のための符号「卌」（九字と称される）の略号である。人面墨書に加えて、「桑田寺」「佛酒」があり、道教の魔除け符号ありという、この形態こそが古代の村々の信仰生活であり、中国における冥道世界そのものである。つまり、死後の世界に関する中国人の古来からの俗説に触発され、仏教とも道教とも一般信仰ともつかぬ混合した様相で現われたものとみられる。

　このようにして形成された冥界信仰は、おそらくそのままの形でわが国に受容されたと推測される。

⑵　古典に描かれた「国神」

『古事記』や『日本書紀』には、「国神」が「天神」または「天神之御子」に対比して用いられている。『古事記』の「天神」が何を指すかは古来、難問とされているが、まず、「天神」は高天原にはじめに現われた神々であることに問題はないであろう。「天神」の属性は完全な天上性にあるのはもちろんであるが、天照大御神は地上における岐神の営為によって誕生しており、純粋の「天神」属たる高御産巣日神の伴出によって天照大御神こそ「天神」となったとされている。

一方、国神は、その属性が地上性にあるのは明白である。川副武胤氏が『古事記』と『日本書紀』における国神の違いを次のような趣旨の指摘をしている（「天神・国神考」〈『古代史論叢』上巻、一九七八年〉）。

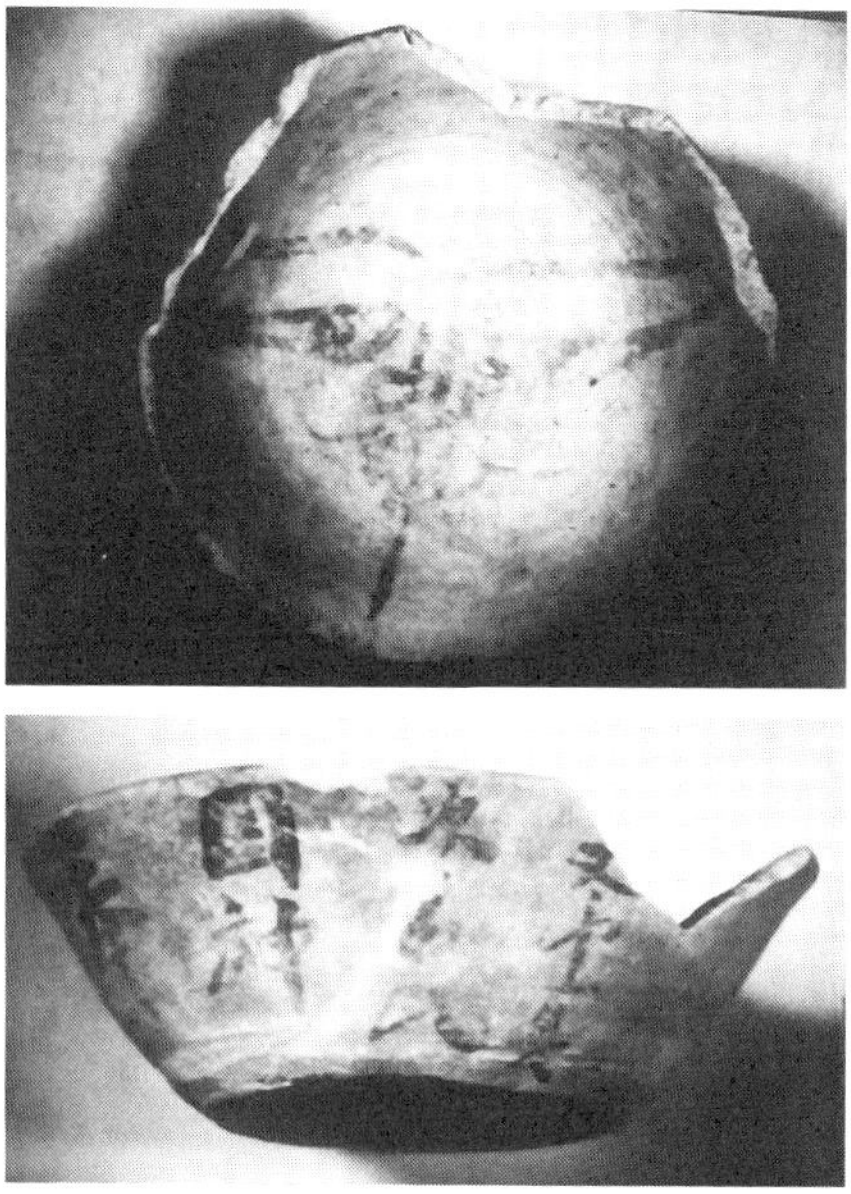

図230　千葉県庄作遺跡墨書土器⑵（内面〈写真上〉＝人面墨書，外面〈写真下〉＝「丈部真次召代国神奉」）

神武天皇の東征にあたり、倭国造《やまとのくにのみやつこ》の祖神槁根津日子《さおねつひこ》が、倭国内という地元を避けて、わざわざ速吸門《はやすいのと》という遠い海上で、神武天皇（神倭伊波礼毘古命《かむやまといはれびこのみこと》）を出迎えるような不自然な形を構想したのは、――国神猿田毘古神《さるたびこのかみ》の出迎もこの構想による――一つには〝国土の先住者〟という印象を薄めようという意図があったのかもしれない。

一方、『日本書紀』の「国神」は、『古事記』の国神概念とは違ったものを考えていたと思われ、『書紀』が『古事記』の国神に対する厳格な規定、制限から逸脱して、敵対者にも、また出雲系の世界にも、この称呼を使用する傾向をもっていたとされている。

この「国神」概念は、『風土記』においては国神を天神の敵対者として位置づけて、その先住・土着性を鮮明にしているのである。

『伊勢国風土記』逸文・度会郡

風土記に曰《い》はく、夫《そ》れ、度会《わたらい》の郡《こほり》と号《なづ》くる所以《ゆゑ》は、畝傍《うねび》の樫原《かしはら》の宮に御宇しめしし神倭磐余彦《かむやまといはれひこ》の天皇《すめらみこと》、天日《あめのひ》別命《わけのみこと》に詔《みことのり》して、国覓《くにま》ぎたまひし時、度会の賀利佐《かりさ》の嶺《みね》に火気発起ちき。天日別命視《み》て、「此に小佐居るかも」と云ひて、使を遣りて見しむるに、使者、還《かえ》り来《き》て申《まを》ししく、「大国玉《おほくにたま》の神あり」とまをしき。賀利佐に到る時に、大国玉の神、使を遣《や》りて、天日別命を迎へ奉りき。（下略）（日本古典文学大系『風土記』〈岩波書店〉による）

ここでは、度会郡の地名起源説話を述べる中で、天日別命（天神）に屈伏する大国玉の神（国神）の姿が描かれている。

この国神に対する天神については、『常陸国風土記』香島郡の項に、「高天《たかま》の原《はら》より降《くだ》り来し大神のみ名を、香島の天の大神と称《い》ふ」とある。

結局のところ、『風土記』では高天原の神＝天神に対して、国神は在地の神一般を指すものとして描かれているのである。

(3) 墨書土器「国神」の意味

国神（国玉神）については、『古事記』にもうかがえ、『風土記』でより鮮明にした〝国土の先住者〟という観念を色濃く伝えていると理解するならば、人面墨書に伴う墨書文字「国神」「国玉神」は『風土記』のそれにより近い姿とみることができるだろう。

東国の村落では、土器に「国神」を描き、その土器に供物を盛り、神に供献したのであろう。それは「国神」＝在地神に招福除災を願う伝統的祭祀に、さらに新たな人面土器祭祀を導入したものと考えられる。そのうえ注目すべきことは、「国神」と人面土器を結合させた祭祀が、現段階において、東国社会における〝天神〟の拠点である香取神宮の周辺のみに色濃く分布し、ことさらに「国神」と表記している点である。

(4) 資料の属性を問うこと

神野志隆光氏が主張するように、『古事記』を全体としての構造と論理をもつ作品論的立場から分析する姿勢は、筆者の出土文字資料論と合致する。すなわち、出土文字資料研究においては、従来の釈文・内容そのものに限定した関心にとどまらず、その形状・部位・材質さらに遺物そのものの製作手法と文字記載法とのかかわりの分析が不可欠である。いいかえれば、資料の属性そのものを問うことを出発とする分析方法といえる。

ここに取り上げた多文字の墨書土器から導き出された冥界信仰や「国玉神」「国神」信仰という複雑に混合した信仰は、在地社会には異様に映りながら、現世利益の立場からは、人々のきわめて強い関心を集めたものと推察される。その新しい信仰形態は、自然な形で村落に浸透したのではなく、在地においてその信仰を独占的に受容した特定の主体が存在した、いいかえれば新しい祭祀を司祭することが在地社会における支配イデオロギーにつながるものではなかったかと考える。

こうした出土文字資料から導き出される躍動・変動する古代社会の実相と、全体としての構造と論理をもつ『古事記』や『風土記』の世界とを明確に見極めながら、今後比較検討する必要性が問われるであろう。

五　墨書土器と辺境

1　岩手県遠野市高瀬I遺跡の墨書土器

(1) 遺跡の概要

高瀬I遺跡(1)は、JR釜石線の遠野駅から、直線距離にして北方へ約三キロほどの遠野盆地ほぼ中央、市内松崎町高瀬地区に存在する。本地区から上流の猿ヶ石川流域には附馬牛町が位置し、馬越峠から宮守村達曽部を経て内陸部に通じている。また、同地区から東の小烏瀬川沿いには土淵町が位置し、界木峠、立丸峠を経て、三陸海岸の大槌、宮古に通じている。高瀬地区はこれら交通の要衝に位置している。

遠野盆地の中央部は、猿ヶ石川が北東から南西へ流下し、数段の河岸段丘が発達する。この段丘上の端に各時代にわたって遺跡が存在する。このうち、縄文時代に遺跡は主に山麓の台地上を占地している。また、奈良～平安時代に属する遺跡についてみると、猿ヶ石川左岸の沖積高位面および洪積面には図231中の上流部から連続的に分布する。これらはすべて河岸段丘上の先端および端を占地している。一方、右岸については、眼下の沖積地から比高二〇メートル前後の洪積台地上を占地している。同じ右岸の沖積低地には、わずかに平安時代の松崎遺跡が自然堤防上に存在するのみでほかに遺跡は確認されていない。このように沖積低地を取り囲む形で多くの古代遺跡が分布している状況は、農耕社会における土地の生産力を端的に表わすものと考えられる。

猿ヶ石川は小烏瀬川を合流し、南流しながら高瀬I遺跡および高瀬II遺跡が存在する洪積低位面の河岸段丘に当たって西流している。遺跡の乗る洪積段丘と河床面との比高は五～六メートルである。

高瀬Ⅰ遺跡の検出遺構は、竪穴住居跡一六軒（奈良時代一〇軒、平安時代六軒）、掘立柱建物跡二棟などである。高瀬Ⅱ遺跡の検出遺構は、竪穴住居跡一七軒、掘立柱建物跡二一棟などである。

平安期における高瀬Ⅰ遺跡と高瀬Ⅱ遺跡を調査した結果、一般的集落よりは地方官衙的性格が強い集落であるとみることができよう。さらに、高瀬Ⅰ・高瀬Ⅱ遺跡の平安期集落は、隣接した立地状況と掘立柱建物跡・大溝の存在する点で水沢市石田・西大畑遺跡と類似している。集落の性格としては、西大畑遺跡が胆沢城とより密接な関係にある特別な集落で、石田遺跡は在地における一般集落と想定されている。両遺跡と高瀬Ⅰ・Ⅱ遺跡について、奈良末～平安時代前半（八世紀末～十世紀初頭）における集落の性格を比較した場合、石田西大畑遺跡で考察されている集落の性格とは別の解釈ができるのではないか。高瀬Ⅰ・高瀬Ⅱ遺跡の平安期集落について、胆沢城をはじめとする城柵・官衙が造営される時期を前後し、散居村的集落を営み、その後高瀬Ⅰ遺跡は律令制の管轄下に組み込まれて集落として発展し、集落形態を変えずにある程度の期間存続した。一方、高瀬Ⅱ遺跡では散居村的集落が徐々に発展し、掘立柱建物跡のみで構成される集落へ変遷すると考えられるが、その過程で集落形態を変え直接的律令制の影響下に組み込まれていったと想定される。掘立柱建物跡の時期・性格・全体的配置状況を比較・検討できないが、高瀬Ⅰ遺跡の集落が有していた役割は時代が降るとともに形状を変えて高瀬Ⅱ遺跡へ移動したのではないかと思われる。

高瀬Ⅰ遺跡と高瀬Ⅱ遺跡の遺跡区画ラインとされ、高瀬Ⅰ遺跡南縁を巡る沢状部分から、平安期の集落の廃棄物として、破片状態の土師器・須恵器などが出土した。土師器一七点のうち、墨書土器が六点あり、底部外面に「物」と墨書された坏が四点、体部外面に倒位で「地子稲得不」と墨書された坏一点などが出土している。須恵器一四点のうち、墨書土器は八点あり、そのうち七点は「物」と墨書されている。

(2) 高瀬Ⅰ遺跡D区西側沢状部分出土遺物

高瀬I遺跡と高瀬II遺跡の遺跡区画ラインとなっていたと考えられる沢状部分（A―3～6グリット）一七層から、平安期の集落が営まれていた時期に廃棄されたと判断される、土師器・須恵器が破片分散状態で出土している。坏出土状況をまとめると次のとおりである。

数量　図示しない破片を含めて、土師器坏と須恵器坏はほぼ同数出土していると思われる。

成形　ロクロ成形糸切り底の坏は、土師器・須恵器の両者に存在するが、土師器坏にはヘラキリ底・ヘラケズリ調整底の坏が含まれており、須恵器坏では糸切り底無調整底の坏が主体である。

器形　内湾ぎみに外傾して立ち上がる坏がほとんどであるが、土師器坏に比較して須恵器坏の体部立ち上がりが直線的であるといえる。ただし、それぞれの坏は時期差が想定されるほどの形状の違いは認められない。

No.	遺跡名	種別	時代
1	松崎館	館跡	中世
2	真立館	〃	〃
3	松崎	散布地	平安
4	中田	集落跡	〃
5	駒木高瀬	散布地	古代
6	高瀬I	集落跡，古墳	縄文，奈良，平安
7	〃　II	集落跡	奈良，平安
8	谷地	散布地	縄文
9	土渕谷地	〃	〃
10	五日市舘	館跡	中世
11	町田	散布地	古代
12	蓬田	集落跡	縄文，奈良，中世
13	薬研渕I	散布地	古代
14	〃　II	〃	〃
15	畑中	〃	〃
16	大柳	集落跡	縄文，古代
17	下柳I	散布地	縄文
18	〃　II	〃	〃
19	宮代III	〃	〃
20	〃　II	〃	〃
21	〃　I	〃	〃
22	東館	館跡	中世
23	高場	散布地	古代
24	上ノ山	〃	縄文，古代
25	横田城	城館跡	中世
26	金ヶ沢I	集落跡	縄文
27	〃　II	〃	〃
28	天神I	散布地	〃
29	〃　IV	〃	〃
30	〃　II	〃	〃
31	〃　III	〃	〃
32	光興寺館	館跡	中世
33	角鼻館	〃	〃
34	鍋倉城跡	〃	中世末，近世
35	八幡I	集落跡	奈良

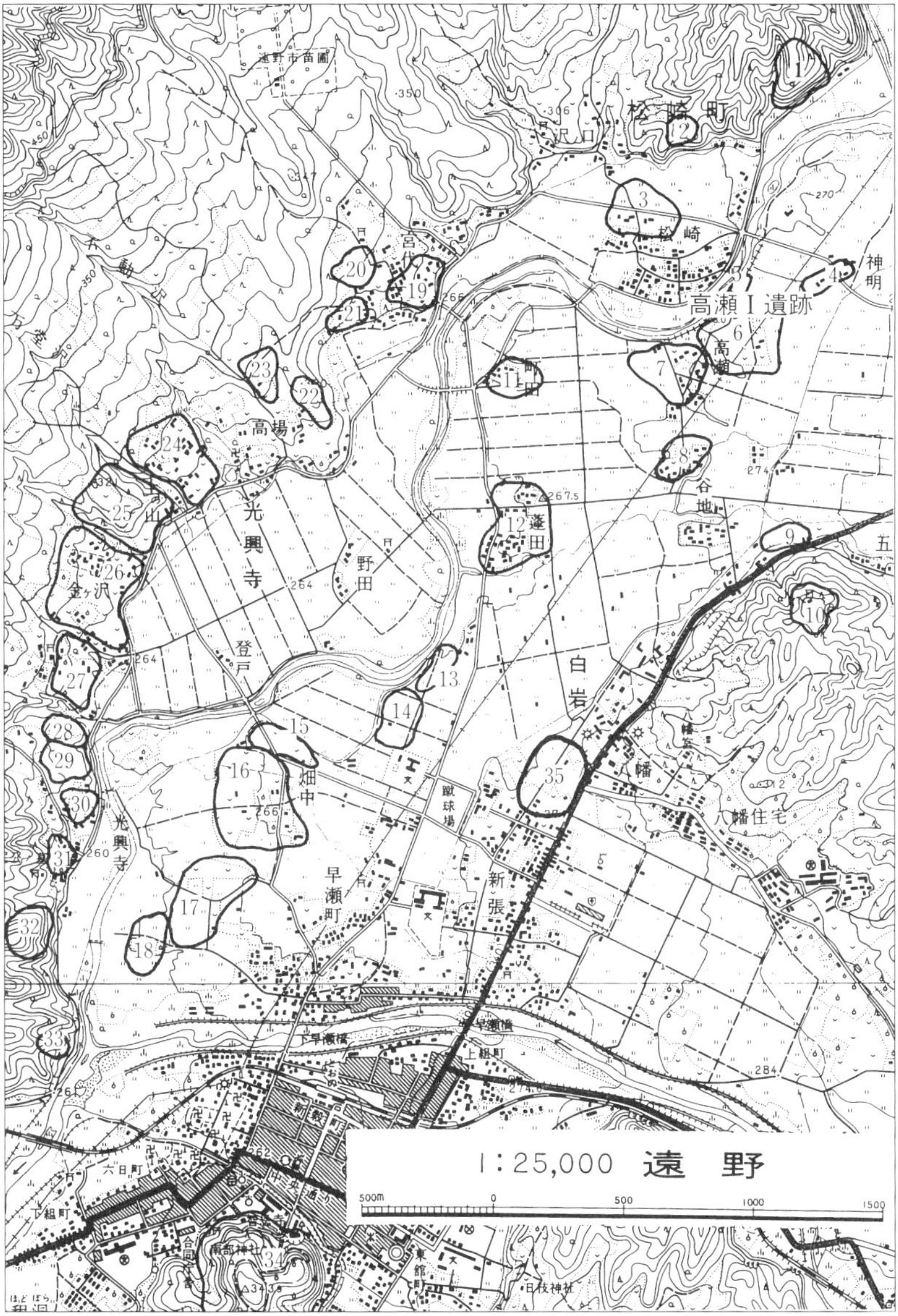

図231 高瀬Ⅰ遺跡位置図

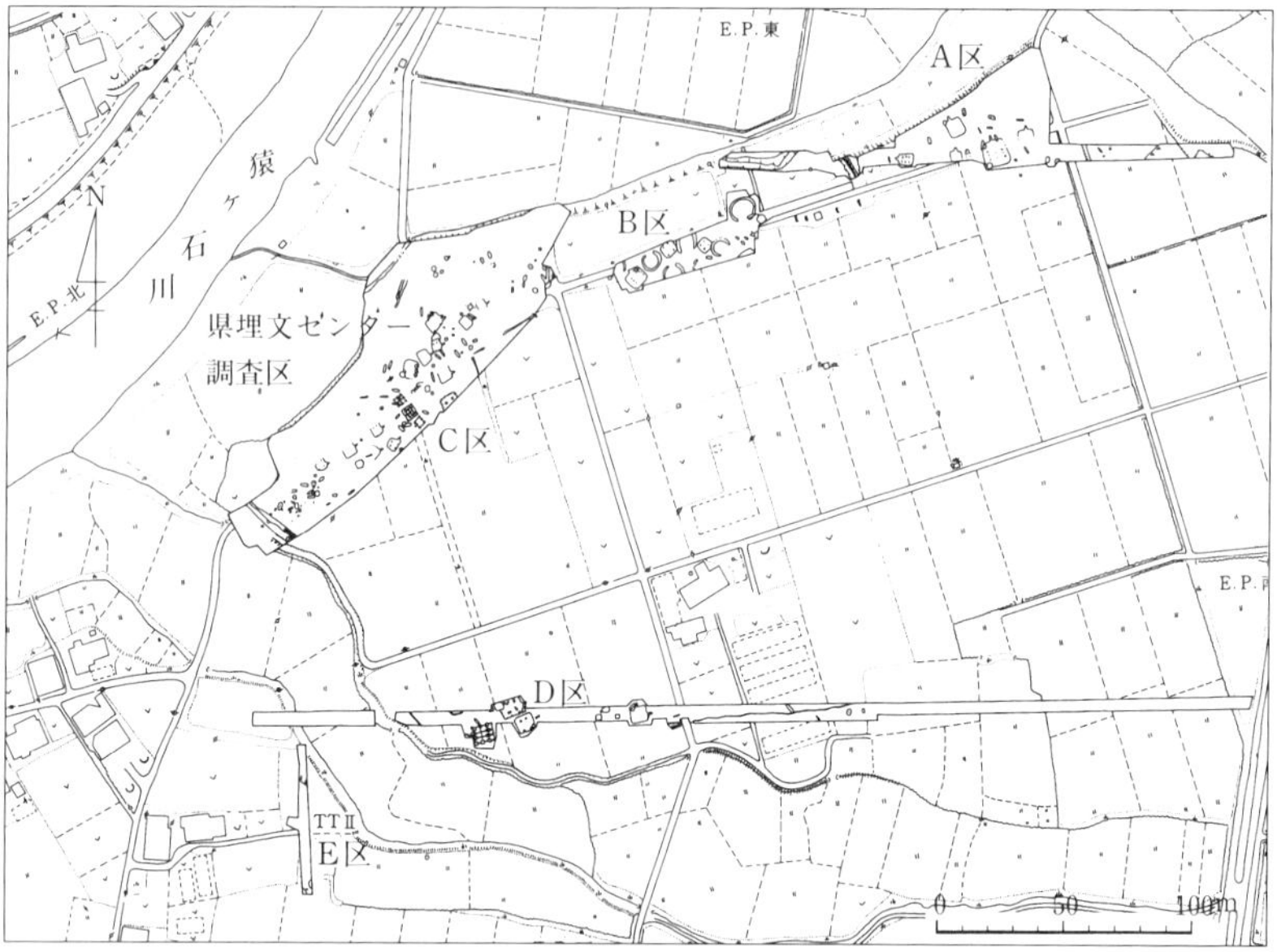

図232　高瀬Ⅰ遺跡調査区遺構配置図

法量　バラツキがあり特定の規格性や土師器と須恵器の大小関係は認められないが、須恵器坏は器種区分を要するほどの法量差および形状の違いが認められる。

墨書　土師器坏六点、須恵器坏八点の計一四点出土している。一三点は底部外面に墨書されており、判読できる墨書内容は「物」である点で土師器・須恵器ともに共通している。

問題の墨書土器は土師器坏の体部外面に倒位で記されている。

釈文

地子稲
得不

地子とは、公田を賃租してその穫稲の五分の一を徴収したものである。その貢進先と使途については、『養老令』田令公田条に太政官に送ってその雑用に充てることと定めている。『弘仁式』・『延喜式』の主税式では、五畿内・伊賀・陸奥・出羽・大宰府所管国の地子は現地で用いられ、それ以外の諸国は軽貨に交易するか、あるいは舂米として太政官に送ることとされている。陸奥・出羽両国の地子は具体的には、陸奥の場合、儲糒（たくわえの糒〈日に乾燥させた飯〉）や鎮兵の食料、出羽の場合、狄禄にあてることと規定されていた。この『延喜式』の規定は、九世紀段階の史料でも確認できる。

『類聚三代格』承和十一年（八四四）九月八日官符によれば、

（前略）此国年中所レ収息利。調庸租地子等。積貯特多。無レ処ニ納置一。因レ斯年別造ニ加屋倉一。徒有ニ民弊一。還煩ニ宰吏一。（後略）

図233　高瀬Ⅰ遺跡出土墨書土器（「地子稲得不」）

とあり、調庸をはじめ、地子などが当時の陸奥国の財政を支える主要な財源であったことを示唆している。

「地子稲」の語を含め、この墨書土器の性格を理解するうえでは、この遺跡の立地および遺構などが問題となるであろう。遠野の地は、三陸海岸と北上川内陸部とを結ぶ要衝に位置している。高瀬Ⅰ遺跡では、八世紀の群集墳が存在することが明らかにされている。この高瀬遺跡は、二間×三間の庇をもつ掘立柱建物や九×九メートルの竪穴住居跡が検出されていることからも、在地の有力者層にかかわる遺跡とみてよいであろう。また、この地域は一般的には古代における胆沢地方の北に位置する「弊伊村」とされた地とみられている。

しかし、当時の辺境の村の呼称は広域なおかつ固定的でないという特徴をもっている。陸奥国北部の九世紀前半の状況からすれば、まず「胆

図234　高瀬Ⅰ・Ⅱ遺跡墨書集成図（抜粋, 1～4「本万」, 5「本」, 6「江」, 7「物部」, 8「神」, 9「天」, 10「内」, 11「十万」, 12～14「林」, 15～18「物」, 19「卌」「今」「□」, 20「上万」, 21「井」）

沢村」に胆沢城が造営され、胆沢、江刺、磐井三郡が建てられ、つづいて「志波村」に志波城が造営、斯波、薭縫、和我の三郡が建郡されている。

『続日本紀』宝亀七年（七七六）五月戊子条に「出羽国志波村賊」が叛逆したという記事があり、少なくとも八世紀後半には志波村を中心とした地域が出羽国司管掌下にあった可能性が指摘されている。[2]「志波村」が一時期出羽国に属していたとすると、「志波村賊」を指して「狄」と称していた可能性もある。

「狄」の用例に着目すると、「津軽狄俘」（『日本後紀』弘仁五年〈八一四〉十一月己丑条）、「渡島狄」（『日本後紀』弘仁元年〈八一〇〉十月甲午条、『日本紀略』寛平五年〈八九三〉閏五月十五日条）など、津軽以北の地域に対しても「狄」の呼称が使われていたことが知られている。遠野の地も、胆沢の北に位置し、「志波村」と密接な関連を有していたとみてよいであろう。

この墨書土器に関連するもう一つの墨書土器は「物部」である。陸奥国における物部の分布のうち、とくに志波（斯波）地方および胆沢地方の分布が注目される。

『続日本後紀』承和七年（八四〇）三月戊子条

図235　高瀬Ⅰ・Ⅱ遺跡出土の墨書土器（右上＝「神」，右下＝「十万」，左上＝「物部」，左下＝「物」）

俘夷物部斯波連宇賀奴。不レ従二逆類一久効二功勲一。因授二外従五位下一。

『日本三代実録』元慶五年（八八一）五月三日条

授二陸奥蝦夷譯語外従八位下物部斯波連永野外従五位下一。

両史料ともに、斯波（志波）地方の有力な蝦夷が、服属した形で「物部斯波連」を賜姓されたと判断できよう。「物部＋斯波＋連」の例からは、斯波地方の蝦夷が「物部」姓を冠していたことを知ることができる。さらに水沢市黒石寺の薬師像胎内銘に「貞観四年」（八六二）の年紀とともに「物部止理」「物部哀黒丸」の名がみえる。

『類聚国史』巻百九十、延暦十九年（八〇〇）五月戊午条には、

陸奥国言。帰降夷俘。各集二城塞一。朝参相続。出入

塞繋。夫馴レ荒之道在二威与レ徳。若不二優賞一恐失二天威一。今夷俘食料充用不レ足。伏請佃卅町以充二雑用一。許レ之。

とあり、さらに『日本後紀』弘仁二年（八一一）二月癸酉の勅に「諸国之夷唯仰二公粮一。宜二其男女皆悉給レ粮。但不レ得レ及レ孫」とみえることからも、夷俘が食料の支給をうけていたことは明白である。

以上の点から、本資料は次のように解釈することができるであろう。

「地子稲得不」は、和文体で「地子稲を得ず」と読み、地子稲を支給されていないという意と理解できる。通常、否定形の場合は和文体「得不」とはならない。しかしここはおそらく、この地の服属した蝦夷が、支給されるべき地子稲を得ていない事実を、ある感情を込めて土器に書き記したのではないか。

以上のように、この墨書土器は、特異な内容をもつきわめて貴重な資料といえるであろう。

上記のような解釈を下した場合、支給される側からすれば、「『禄』または『粮』を得ず」などと表記するのではないかという見解が当然のことながら、出されるであろう。しかし、中央政府に服属した勢力は、おそらくは律令行政機構の最末端に組み込まれ、その徴税をはじめとする行政事務の一翼を担ったものと推測される。そのことは墨書された文字そのものが物語っている。達筆とはいえなくとも、書き慣れた筆運びは行政事務を通じて習練されたことをうかがわせる。こうした律令徴税と深く関連をもつような立場の在地有力者があえて、夷禄支給の税目としての「地子稲」を強く意識して表記したと解釈しても無理がないのではないだろうか。

もう一つの解釈は「得不」を文字どおり「得」と「不」と理解する場合である。たとえば、天平十年（七三八）「周防国正税帳」にみえる「検田得不国司……」のように、田の収穫の出来、不出来の意もありうる。つまり地子稲の得・不であるが、その場合は墨書土器内容としては、その記載目的が今一つ明確とはいえない。

以上いささか大胆な推測を加えたが、一応、現段階では「地子稲を得ず」とする解釈を妥当なものと考える。しかし、これはあくまでも一つの解釈の可能性を提示したのみであり、今後の陸奥国北部地域における類似資料の出現をまって、決せられるであろう。

2　札幌市K39遺跡長谷工地点ヘラ書き土器

(1)　遺跡の概要

K39遺跡長谷工地点は、中央区北一一条西一四丁目二九番五五に所在し、現在のJR桑園駅の北側約二〇〇メートルに位置する。K39遺跡は、北海道大学の敷地を含む広大な範囲であり、札幌市や北海道大学でその一部が調査されているにすぎない。今回の調査地点は、札幌市埋蔵文化財包蔵地分布図（札幌市教育委員会、一九八九年）で示されている遺跡範囲のうちの南西部にあたる。本遺跡周辺には、南側に隣接して平成七年（一九九五）五月から調査を実施しているK39遺跡大木地点があり、さらにその南側に隣接して平成六年度に調査を実施しているK39遺跡一一条地点がある。また、本遺跡の北東側に隣接して平成八年度に調査を実施しているK39遺跡緑化地点がある。本遺跡を含め、北一一条地点、緑化地点は、擦文時代中期から晩期を主体とする遺跡で、大木地点については、中・近世の文化層を主体とし、擦文時代晩期の文化層も検出されている。

本遺跡は、旧琴似川水系でみると、東側上流域に沿って分布する遺跡群の一つであり、コトニ（本流）と呼ばれていた川の右岸に立地している。

遺跡は、標高約一二メートルの微高地上の平坦部分に遺され、北東側に隣接する緑化地点からさらに北東側にも広がっており、この合流点の右岸に営まれた集落の一部であったと思われる。

今回の調査においては、大きく分けて四時期の遺構、遺物が確認されている。基本層序でいうところの4c層では、

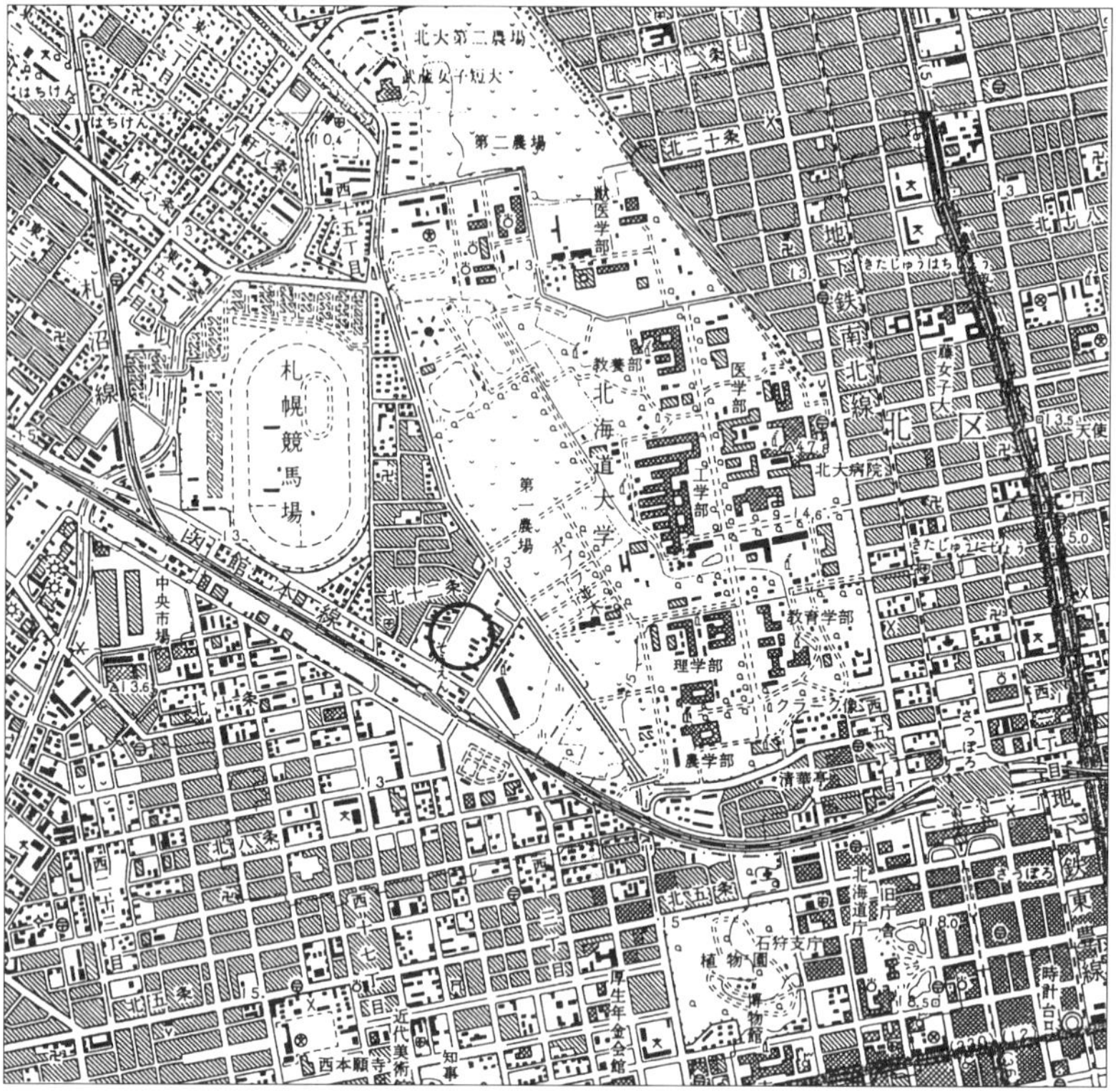

図236　K39遺跡長谷工地点付近地形図（○印は遺跡）

竪穴住居跡一軒と若干の遺物が、5c層では、竪穴住居跡五軒と数多くの焼土や炭化物の集中、多量の遺物が発見され、5e〜5g層では、竪穴住居跡四軒と数多くの焼土、炭化物の集中、大量の遺物が発見されている。

(2)　出土遺構（第三号竪穴住居跡）

検出状況　本住居跡は、〇二－一一区のトレンチに住居の壁の一部がかかっていたことと、5c層包含層を精査している段階で、楕円形状に窪んでいることからその存在が明らかになったものである。形状は、小型で丸味をもった隅丸方形で、掘り込み面からの深さは三五センチである。覆土は全体に床面に沿って整合的な堆積をしている。

遺物出土状況　出土した遺物は、二一点、破片数は四四点である。土器は、カ

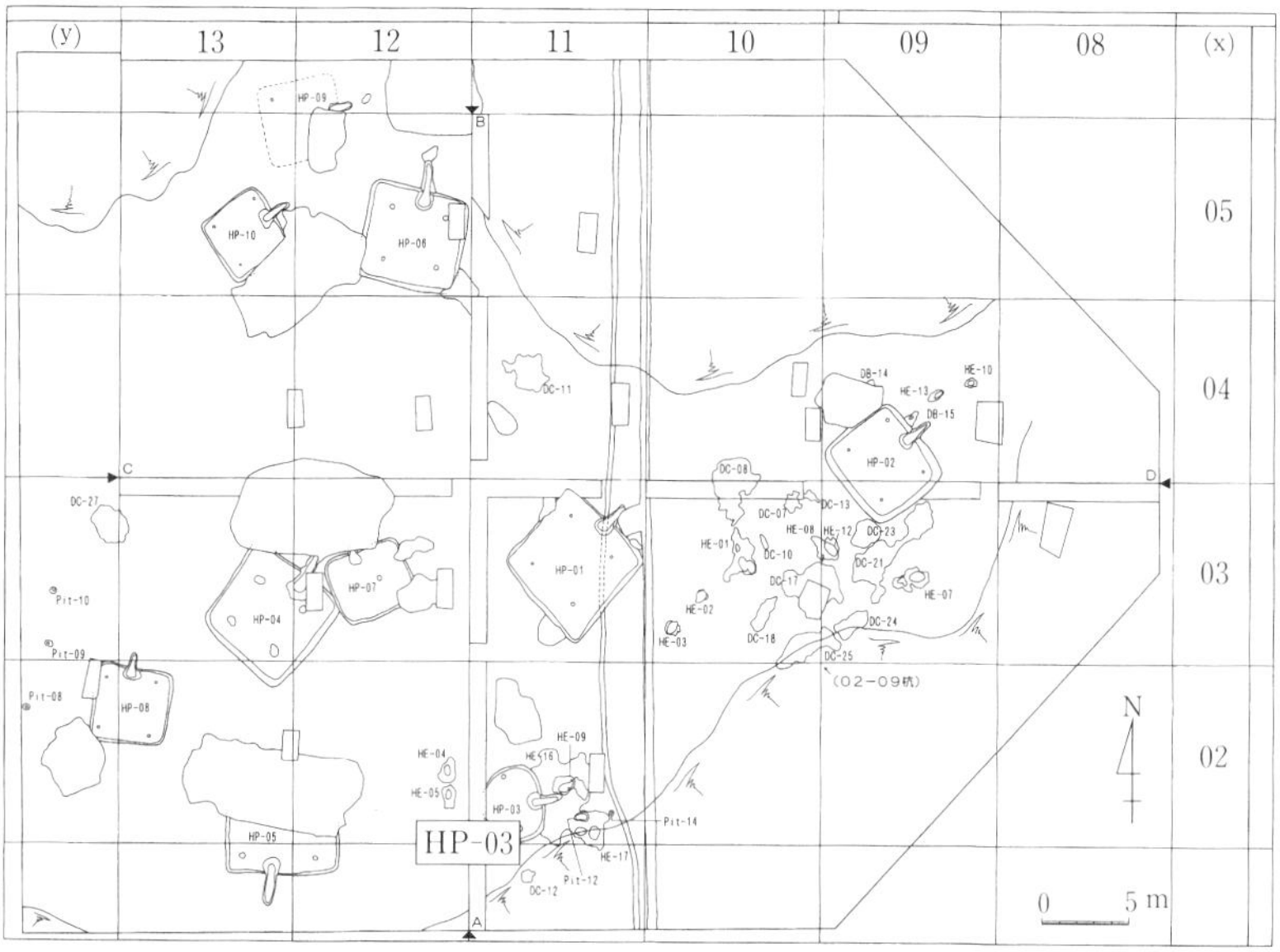

図237　K39遺跡長谷工地点付近地形図

マドとその周辺にまとまって出土しており、他はまばらで少ない。土器は、完形に近いものがほとんどで残存状況はよい。カマド火床に、台付の坏が二個体（個体番号P〇三二、P〇八六）伏せて並んだ状態でみつかっており、支脚として使用していたものと思われる。さらに、その横には上部が欠けただけの須恵器の壺（個体番号P一九七）と、完形の小型鉢（個体番号P〇一五）がみつかっている。また、向かって右側の袖部に個体番号P〇三八の台付の坏が、その横に個体番号P一九七の須恵器の口縁部破片がみつかっている。この須恵器は、本住居跡の北側、〇一－一一、〇二－一〇、〇二－一一区にまたがって散在している破片と接合関係がみられる。

(3) 須恵器のヘラ書き

本遺跡からは、刻書の付された須恵器の壺が二個体出土している。一つは個体番号P一九七で、第三号竪穴住居跡のカマドから出土している広口の壺、もう一つは個体番号P一九八で、第五号竪穴住居跡の床面から出土している長頸壺である。P一九七は、須恵器の壺で、口縁部の一部と

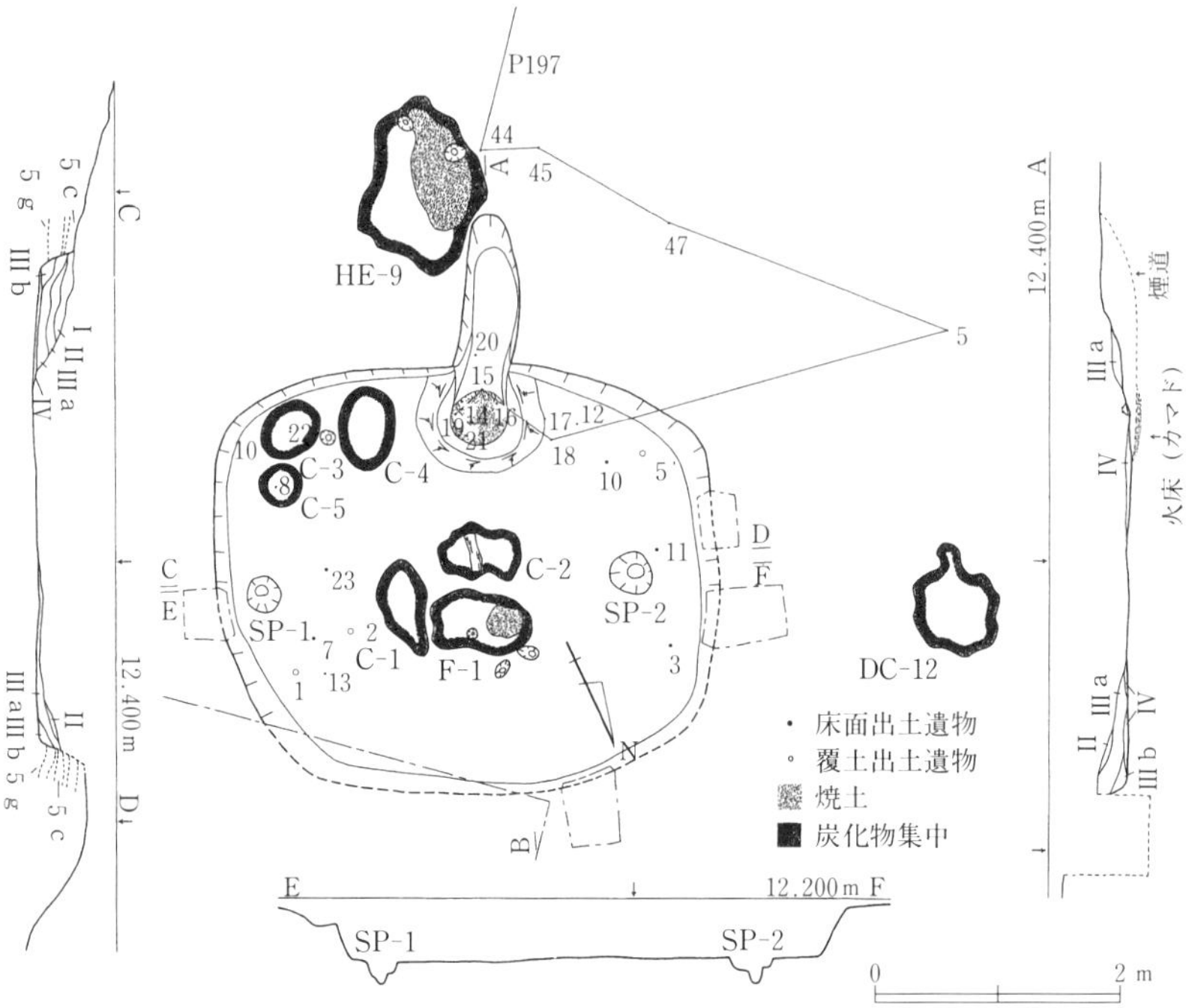

図238　K39遺跡長谷工地点第3号竪穴住居跡実測図

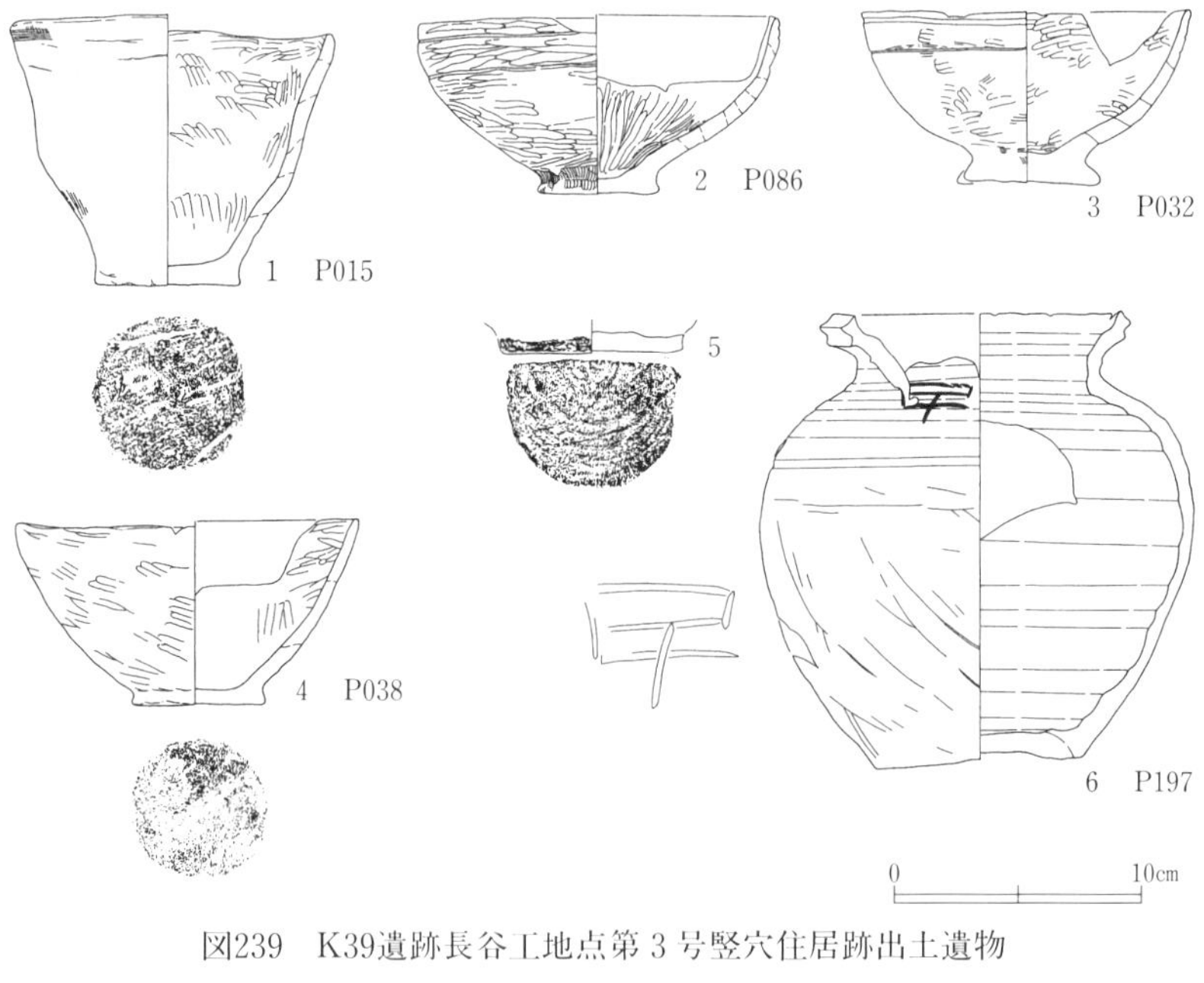

図239　K39遺跡長谷工地点第3号竪穴住居跡出土遺物

胴部の一部を欠くだけでほぼ完形に近い。口径は一一・七センチ、底径は八・四センチ、胴部最大幅は一七・六センチである。外面はロクロ成形の後、斜めのケズリがみられる。全体に自然釉がかかって光沢があり、色調は緑灰色を呈する。また、胴部の一部に火を受けた痕跡がみられる。内面は、口縁部に自然釉がかかり緑灰色を呈するが、頸部より下位は青灰色を呈する。胎土の断面観察によると、薄く挟まれた状態で紫黒色の部分が確認される。外面の肩部には、焼成前に付された「甲」字状のヘラ書き文字がみられる。

Ｐ一九八は、頸部下端の隆帯から二センチ下の肩部に「人」字状の刻書がみられる。これは、Ｐ一九七のそれよりも細く、焼成前の段階で先の尖った道具によって書かれているようであるが、文字であるのか記号であるのかは解らない。

これら二個体の須恵器は、どちらも五所川原産のものと思われるが、他の須恵器も含め産地推定は行っていないため確証はない。

釈文

「甲」

内容　文字は、須恵器壺の頸部にヘラ書きしたものである。

まず、その筆順に着目してみたい。筆順を模式的に表わすと、次の図240の左のようになる。図に示した数字がその筆順を表わしている。ヘラ書きの場合、その切り合いによって筆順を知ることができる。その点、横画三本および縦画三本はそれぞれ相互に切り合いがないが、一応横画の場合は上から下へ、縦画の場合は左から右へ書くのがより自然であると想定して、①②③、④⑤⑥とそれぞれ番号を付した。

文字は正しい筆順によって、初めて正しい字形を生み出すのである。本資料の「甲」は図240の右に示した正しい筆順と比較すると明らかに筆順に誤りがみられる。須恵器工人による記銘例のうちには、本資料と同様に筆順が誤っているものがしばしば見受けられる。その例として、島根県玉湯町蛇喰遺跡のヘラ書き土器があげられる。蛇喰遺跡は、古墳時代から平安時代にかけての玉作工房跡の一部である。この遺跡の土坑跡から須恵器の坏・蓋類が多量に出土し、

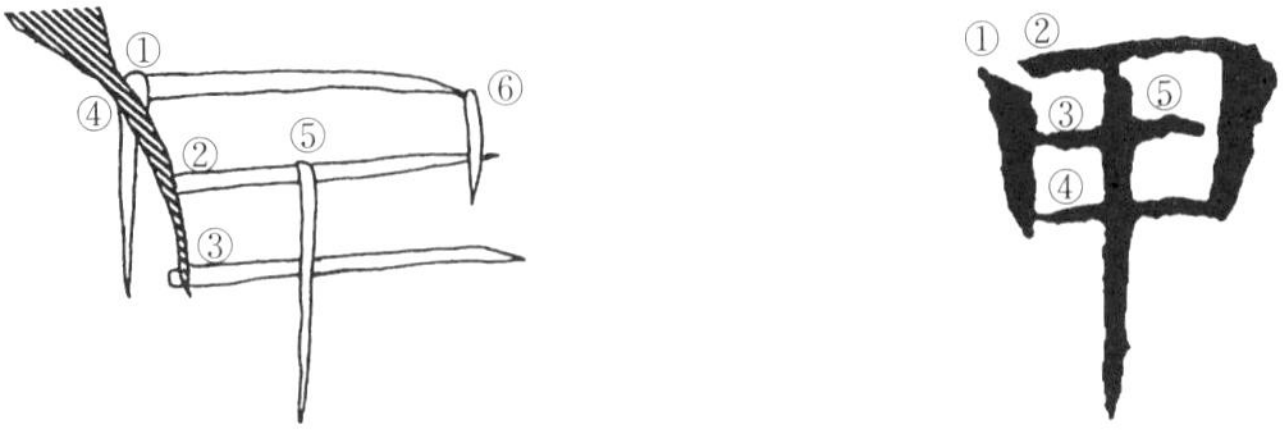

図240　「甲」の筆順（左＝ヘラ書き「甲」の筆順模式図，右＝「甲」の正しい筆順）

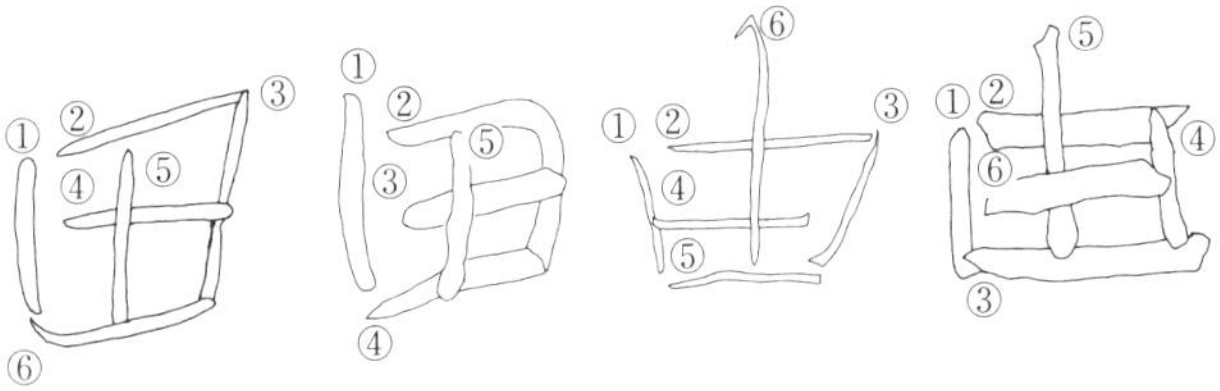

図241　「田」または「由」の筆順模式図（島根県玉湯町蛇喰遺跡ヘラ書き須恵器）

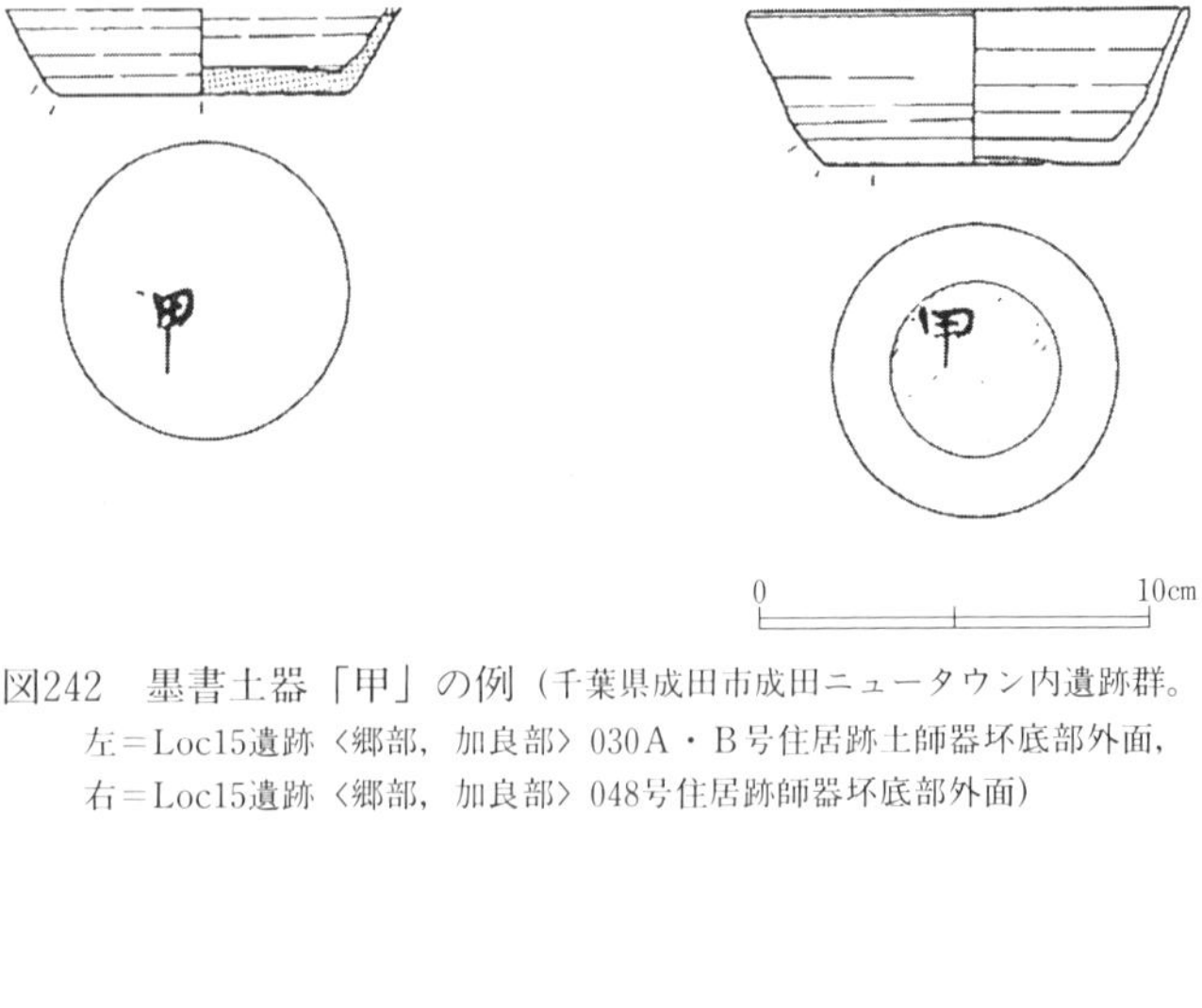

図242　墨書土器「甲」の例（千葉県成田市成田ニュータウン内遺跡群。
左＝Loc15遺跡〈郷部，加良部〉030A・B号住居跡土師器坏底部外面，
右＝Loc15遺跡〈郷部，加良部〉048号住居跡師器坏底部外面）

それらの土器のうち約三〇〇点には、坏の場合は底部外面、蓋の場合はツマミ部分の内側にヘラ書きの文字が記されている。その年代は八世紀後半から九世紀前半である。この蛇喰遺跡のヘラ書き文字のうち、画数の比較的明瞭な「田」または「由」の筆順を模式的に表わすと図241となる。

これほど画数が少なく、使用頻度の高いと考えられる漢字「田」または「由」の文字でさえ、一群の中に少なくとも四種類以上の筆順が想定される。この事実は古代地方社会における文字の習熟度の問題を象徴的に示しているといってもよい。しかも、八世紀後半から九世紀前半という時期は、一般的には律令行政が末端にまで浸透し、文字が村落に普及したとされている。東国でいえば、墨書土器が広範囲かつ多量に分布しはじめた時期である。それにもかかわらず、須恵器工人の文字の習熟度は「田」の筆順さえ十分に習得しえない状況であったのである。

本ヘラ書き文字「甲」の意味については、単一資料なので、不明とせざるをえない。「甲」の文字の出土例としては、千葉県成田市公津原遺跡の墨書土器「甲」が知られている(図242)。

近年、北海道内出土の土器の記銘文字は、出土例の増加とともに大いに注目されてきている。その須恵器の生産窯も、青森県五所川原窯跡群などと判明しているが、同じ窯跡の製品でも異なるヘラ書き文字が多数確認されているが、それらのヘラ書き文字の中で、「夫」の文字だけを採り上げて問題にしているように思われる。

しかし、この文字を理解するためには、一つの窯跡の同時期の製品について、複数のヘラ書き文字は、どのような基準をもとに書き分けられているかなど、総体的把握を試みるべきである。

3　墨書・刻書「夫」字の再検討

(1)「夫」=「夷」という解釈

図243　「夷」の刻字のある土器（札幌市サクシュコトニ川遺跡出土土師器）

昭和五十七年（一九八二）、北海道大学構内のサクシュコトニ川遺跡から出土した土師器の「夫」のヘラ書き文字は、佐伯有清氏によって「夷」と解読された。その解読の根拠は、次のとおりである。(3)

㋑ 隋唐時代の李靖（五七一～六四九）の書蹟に「夫」という似た字体がある。

㋺ 「夫」の字には、三画目の「一」に、㋑の例のような「夷」の屈曲部に当たる部分がないことが問題となるが、隋の首山舎利塔銘には、「夷」のように、屈曲部のない例がある。

㋩ 「夫」の中の「人」に当たる湾曲部分には、かなり苦心して刻まれた痕跡が認められるので、三画目の「一」に続く屈曲部分も省略された可能性が大きい。

㊁ サクシュコトニ川遺跡と同じ時期のもので、漢字の屈曲部を省略した例として、「夷」の字そのものではないが、「佛」を「併」と墨書したり、「拂」を「拼」とヘラ書きする例がある。

その後、この文字については、若干の研究者から「奉」「秦」などの異説が出されているが、(4)「夷」の異体字とする説が有力である。なかでも、小口雅史氏は、各地出土の「夫」字資料を集成し、「夷」の異体字説を推し進めている。(5)

イ　朝日山遺跡（図244－1のイ）

i　所在地　青森県青森市

ii　層位・遺構等　一号溝跡堆積土

iii　時期　十世紀

iv　記銘土器　須恵器長頸壺（ヘラ書き）、五所川原窯産
v　記載部位　肩部

ロ　大沼遺跡
i　所在地　青森県南津軽郡浪岡町
ii　層位・遺構等　SD一一溝覆土
iii　時期　十世紀後半～十一世紀前半
iv　記銘土器　土師器坏（皿型）（ヘラ書き）
v　記載部位　体部外面

ハ　鳥海山遺跡
i　所在地　青森県南津軽郡平賀町
ii　層位・遺構等　五号竪穴住居跡
iii　時期　十一世紀
iv　記銘土器　須恵器甕（ヘラ書き）
v　記載部位　甕口縁部外面

ニ　銭瓶（神？）遺跡？（図244－1の二）
i　所在地　岩手県二戸郡浄法寺町
iii　時期　九世紀ごろか
iv　記銘土器　須恵器壺（ヘラ書き）

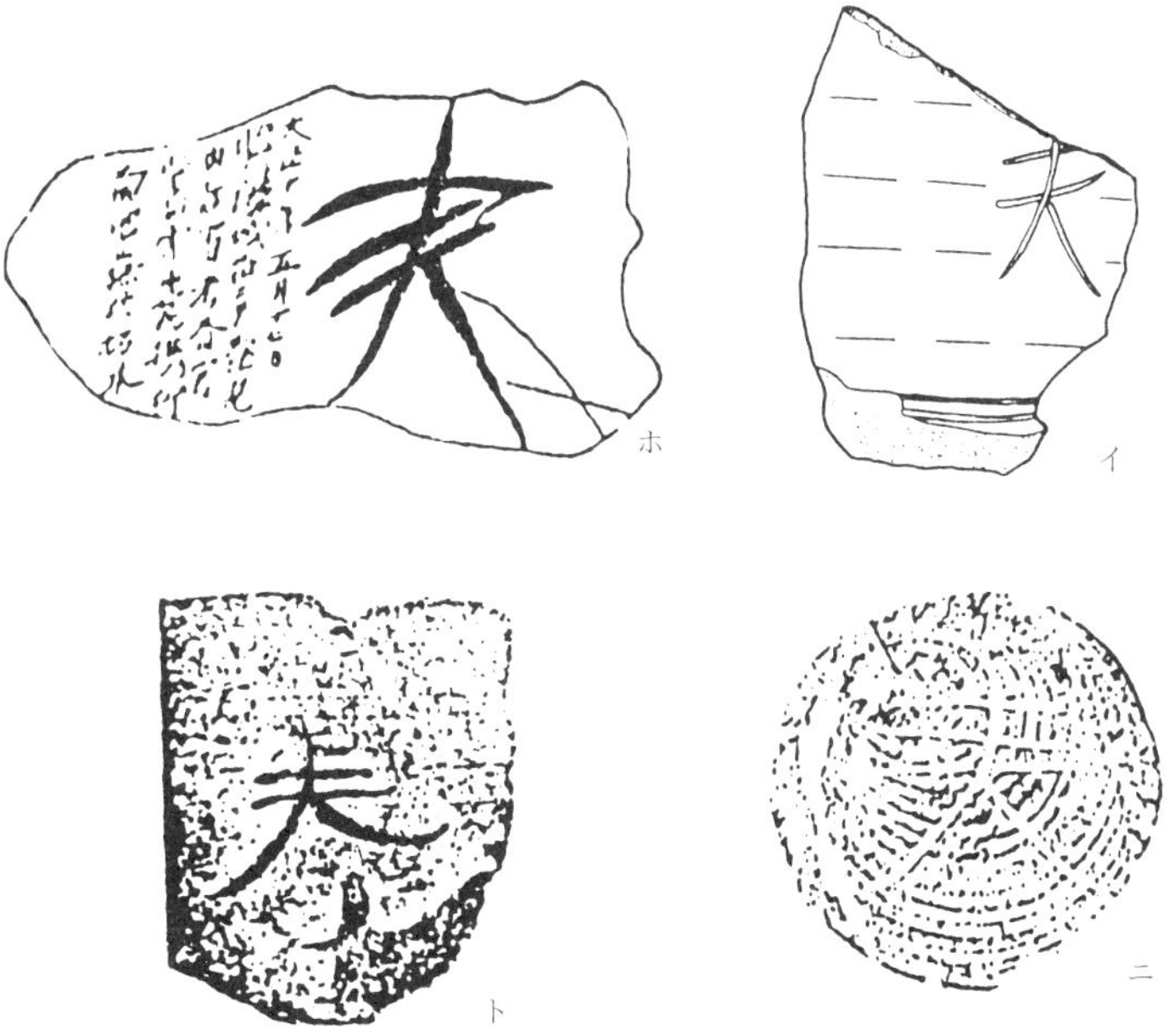

図244－1　「夫」字出土資料集成(1)

v　記載部位　底部外面

ホ　胆沢城跡（図244－1のホ）

i　所在地　岩手県水沢市

iii　時期　奈良・平安初期？

iv　記銘瓦　平瓦破片（ヘラ書き）

ヘ　歌姫西瓦窯跡

i　所在地　奈良県奈良市

ii　層位・遺構等　四号窯

iii　時期　奈良時代前半（養老五～天平十七年）

iv　記銘瓦　平瓦（ヘラ書き）

v　記載部位　凹面

1＝サクシュコトニ川遺跡（北海道札幌市北区北17条西13北海道大学構内）出土，9世紀（擦文文化前期）

2・3＝大川遺跡（北海道余市郡余市町大川1～3丁目）出土，7～10世紀

4＝湯ノ沢下遺跡（秋田市四ツ小屋末戸松本字湯ノ沢）出土，9世紀後葉～10世紀前葉

5＝払田柵跡（秋田県仙北郡仙北町払田ほか）出土，9～10世紀

6～11＝佐渡国分寺（新潟県佐渡郡真野町大字国分寺字経ヶ峯）出土，8～9世紀

12＝八幡根東遺跡（栃木県小山市大字中久喜）出土，8～9世紀

13～16＝上野国分寺（群馬県群馬郡群馬町大字東国分，同引間，前橋市元総社町）出土，8～11世紀

17＝狐原遺跡（山梨県東八代郡一宮町竹原田字川原田）出土，平安時代

18・19＝平城宮・平城京（奈良市佐紀町・三条大路1丁目，大和郡山市九条町ほか）出土，8世紀

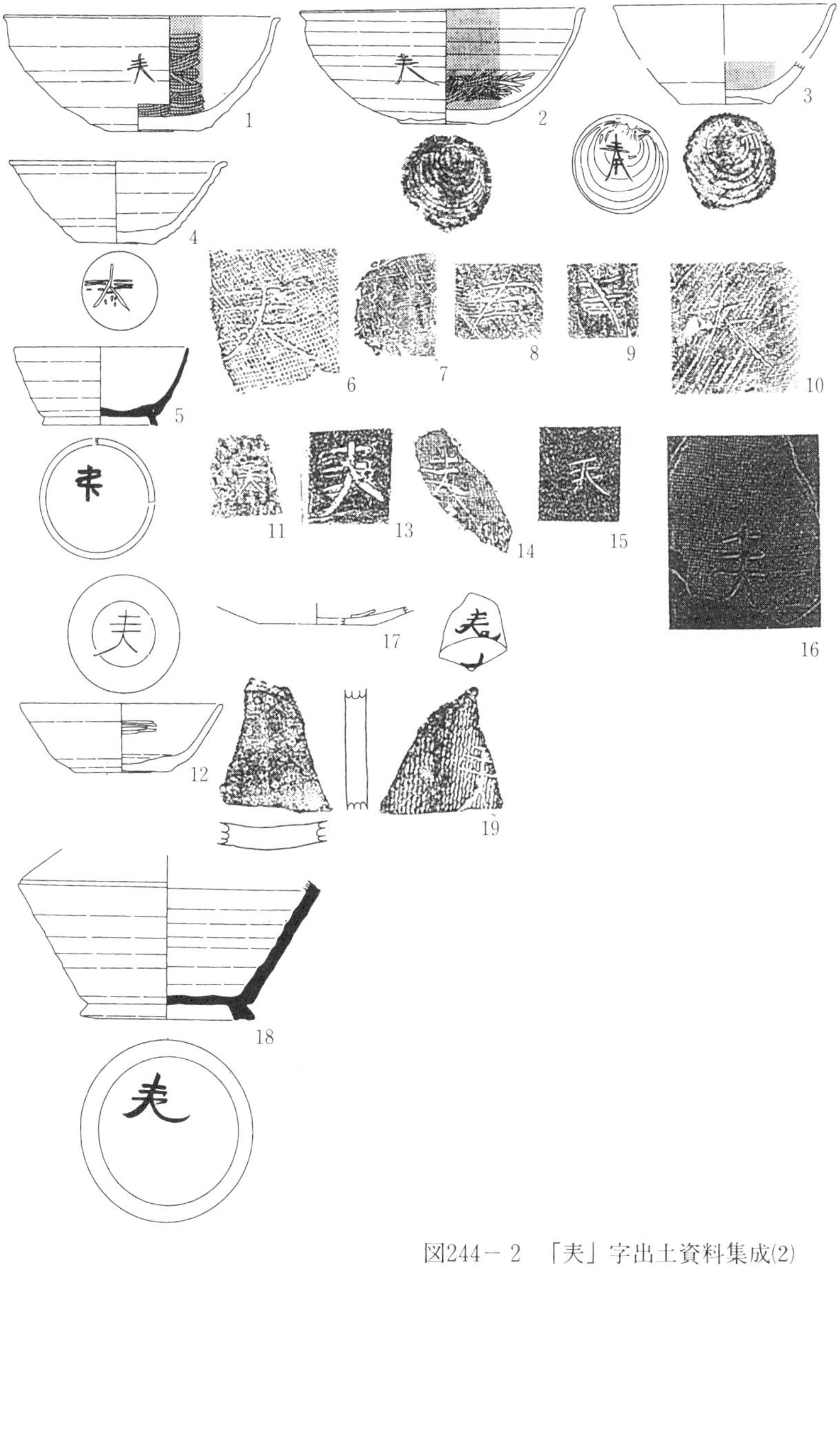

図244－２　「夫」字出土資料集成(2)

ト　平城宮跡（図244—1のト）
i　所在地　奈良県奈良市
ii　層位・遺構等　推定第二次内裏東外郭回廊東のSD二七〇〇溝下層
iii　時期　天平年間
iv　記銘土器　須恵器坏（墨書）
v　記載部位　体部外面

チ　平城京庭園跡（図244—2の19）
i　所在地　奈良県奈良市
ii　層位・遺構等　平城京左京三条二坊六坪
iii　時期　奈良時代前半（養老五～天平十七年）
iv　記銘瓦　平瓦（ヘラ書き）
v　記載部位　凸面

リ　大川遺跡（図244—2の2・3）
i　所在地　北海道余市郡余市町
ii　層位・遺構等　竪穴住居跡か？　表土から一メートル程度
iii　時期　九世紀末～十世紀
iv　記銘土器　土師器坏・内黒（ヘラ書き）（東北地方からの搬入品か）
v　記載部位　底部外面

ヌ　湯ノ沢下遺跡（図244－2の4）

ⅰ　所在地　秋田県秋田市

ⅱ　層位・遺構等　第三号土壙墓

ⅲ　時期　九世紀中ごろ

ⅳ　記銘土器　須恵器坏（ヘラ書き）

ⅴ　記載部位　底部外面

以上のような例を小口氏は次のように分析している。

出土地点が北東北以北及び平城宮とその周辺に限られていることに注目できる。平城宮跡出土の二例が、時期的に先行することから、「夷」ヘラ書きの発祥は、平城宮を中心とした中央での利用にあったと見ることができるかもしれない。佐伯氏は、平城宮跡や湯ノ沢下遺跡の例を、平城宮や秋田城内の饗宴の場で用いられたものと理解した。確かに「夷」字を記した土器の種類に坏が多いことは、そうした可能性を推測させるに十分である。また石上英一氏が敷衍して解釈したように、そうした「夷」字を持つ土器の使用は、東北辺境の人々に対する被差別的アイデンティティの強制の実例ともいえよう。

また「夷」字資料出土地が、東北北部と北海道とにまたがるということは、東北北部と北海道南半が同一文化圏に属するという近年の成果による理解とも一致する。

ただし、小口氏は平城宮やその周辺で発見されたものについては、のちに記号のたぐいとみるべきものと見解を訂正した。(6)氏はさらに北海道で発見された「夷」字を記す土器は本州との交流で得られたものと判断され、結果として饗宴の場などで蝦夷に賜与されたものと考えたり、中央からの差別の強制という解釈が可能であり、青森県内出土の

「夫」字を記すものは、工人集団などを示すケースもあり、あるいは意味がわからないまま自称として在地で利用していた可能性もあるという。(7)

(2)「夫」＝「夷」説に対する疑問

「夫」という文字は、上記のとおり、「夷」の異体字とする説が有力であり、若干の研究者から「奉」「秦」などの異説が出されているにすぎない。

山本哲也氏は、「夫」字について次のようにまとめている。(8)

秋田市湯ノ沢下遺跡、福井市莇生田遺跡、北海道余市町大川遺跡などの資料の検討から、「奉」または「秦」が「夫」へと省略化された可能性がある。また、仮説としながら、本来は「夷」として「夫」刻字を考え出したものであるが、その意味するところのイメージを別の方向に導こうとして、「奉」の異体字としての儀礼的・祭祀的意義を付随させたという。つまりは「夷」と「奉」の省略の掛け合わせであり、「夫」が「夷」でもあり、「奉」でもありうるという文字認識が発生したという。

戸根貴之氏も、「夫」字について、次のように指摘している。(9)

渡辺晃宏氏の奈良市歌姫西瓦窯跡ヘラ書瓦の解釈(10)（後述）を参考として、「秦」→「夫」→「夫」→「大」という省画を想定する。「夫」を「夷」の異体字とする可能性も残されているが、現状としては文字（記号）として「夫」を使っていた可能性が高く、「秦」や「奉」などの略字体というケースも考えてよいという。

それらいずれの解釈に立つにしても、共通した問題点は、

① 土器に文字を記すことは何かという本来の意義を問わなかったこと。

② 日本列島全体の墨書・刻書土器の流れの中で捉えていないこと。

③　土器と瓦に記された文字は、同一には論じられない。

④　墨書と刻書は、一応、区別して論じなければならない。

の四点である。

四点の問題は、以下のように説明できるであろう。

①・②点について　墨書土器はいまや全国各地で多量に出土し、古代社会の実態をさぐる重要な手がかりとなってきている。とくに、古代における一般集落跡の墨書土器は、村の中のさまざまな祭祀行為に際して、土器に御馳走を盛り、神や仏に「進上」・「上」・「奉」・「上奉」（すべてたてまつるという訓み）するという行為そのものの説明として記されたものである。

結局、墨書土器は、この祭祀行為に伴うものであり、それゆえに墨書土器は日本列島全体に共通した文字の種類と字形を有するのである。

この点から、筆者は、墨書土器は文字の普及の指標とはなりがたく、祭祀行為いわば神や仏への信仰として広がり、その行為に伴うなかば記号のように認識されたから列島全体に多少の変化を伴いながら、広範に広がったと理解できるとしたのである。

日本列島全体の墨書・刻書土器の流れは、右に示したような目的のもとで土器に文字を記したものであるから、「神」「仏」「寺」などの信仰や祭祀に関わる文字は全国的にみられるのである。

これらの文字は青森県でも、すでに確認されている文字群であることからも、列島内の墨書土器の流れに位置づけて理解すべきである。

「大佛」（平賀町鳥海山遺跡、須恵器坏、刻書土器）

図245　青森県出土の墨書・ヘラ書き土器（1「大佛」〈鳥海山遺跡〉，2「寺」〈細越館遺跡〉，3「神」〈持子沢Ｂ遺跡〉）

「寺」（青森市細越館遺跡、土師器坏、墨書土器）
「神」（五所川原市持子沢Ｂ遺跡、須恵器壺、刻書土器）

全国各地の遺跡で特異な字形の文字が記された土器が数多く出土しているが、それらのなかには集団内における字形の変化とみなすことのできるものがある。

一例をあげるならば、千葉県東金市久我台遺跡出土の墨書土器が好例といえよう。久我台遺跡は東国における奈良～平安時代の一般的な集落遺跡である。

すでに本章第三節で紹介した（図171参照）が、墨書土器「立合」に関する文字群とその字形変化をみてみたい。六点の資料は、通常ならばイロハは「立合」、ヘは「立人」、ニとホは解読できないものとみてしまうであろう。しかし、これらが久我台遺跡における一連の資料であることを考慮すれば、その関連を明らかにできると考えられる。

まず、最初にある人物が「立合」という文字を楷書イロおよび行書体ハで書く。その行書体をみた別の人がその文字を十分に理解しないままにその字形を真似て怪しげな楷書ニホで記したために、ヘ「立人」のように書く者が現われてしまったというわけである。

このような文字の普及度を示す字形変化は、先にあげた奈良市歌姫西瓦窯跡のヘラ書きの瓦の文字群にもみえる。

歌姫西瓦窯（七二〇～七三〇年代）、音如ヶ谷瓦窯（七四五年以降）、平城京左京三条二坊六坪（宮跡庭園）から出土したヘラ書き瓦には、「大」「夫」「𡗗」「秦」などの類似し

た字形が存在する。渡辺晃宏氏は、次のように注目すべき指摘を行っている。(11)

「秦」は、第五画までは「夫」に酷似する。「大」「夫」「夫」「秦」は、字体や記載位置の類似からみて、「秦」→「夫」→「夫」→「大」という関係が想定され、関連するヘラ書きとみられる。すなわち「夫」は「秦」から「禾」をのぞいて作られた記号であろう。「夫」から一画省いたものが「夫」、さらに一画省いたものが「大」であり、これらは漢字としてではなく記号として用いられたと考えられる。したがって、歌姫西瓦窯、音如ヶ谷瓦窯の「夫」は夷の異体字ではなく、東北・北海道地方で出土する「夫」とは異質とみるべきであろうという。

③・④点について　③として、土器と瓦に記された文字は明確に区分して考えるべきであることを指摘した。すなわち、日常雑器および祭祀等に用いる土器と、寺院および官衙の建物の屋根をかざる瓦では、その使用目的はまったく異なるのである。その記された文字も両者の間では大きな差違があることはいうまでもない。

文字瓦は基本的には瓦の工人名、その出身地名、さらには生産にかかわる何らかの記号を表わしたものである。別のケースとしては、貢進または寄進者名を明記している場合もある。

渡辺晃宏氏の分析した歌姫瓦窯跡の「夫」=「秦」の見解は、この瓦窯跡資料による限り、省略形の一例としてのみ有効性をもち、直接的には刻書・墨書土器「夫」の問題にはかかわらない。ただし、文字瓦の生産段階において、ヘラ書き文字が生産にかかわる文字記号を記す場合、一群の表記の中で、文字の省略形は墨書土器と共通する特徴をもちうるのである。

さらに、土器に記された「夫」は、第一義的にはヘラ書き（焼成前）と墨書（焼成後）では、目的を異にすると考えるべきである。ヘラ書きの場合、生産にかかわる工人による表記を基本とする。

北海道南部への須恵器の供給として知られる青森県五所川原市犬走須恵器窯跡出土のヘラ記号に注目したい。

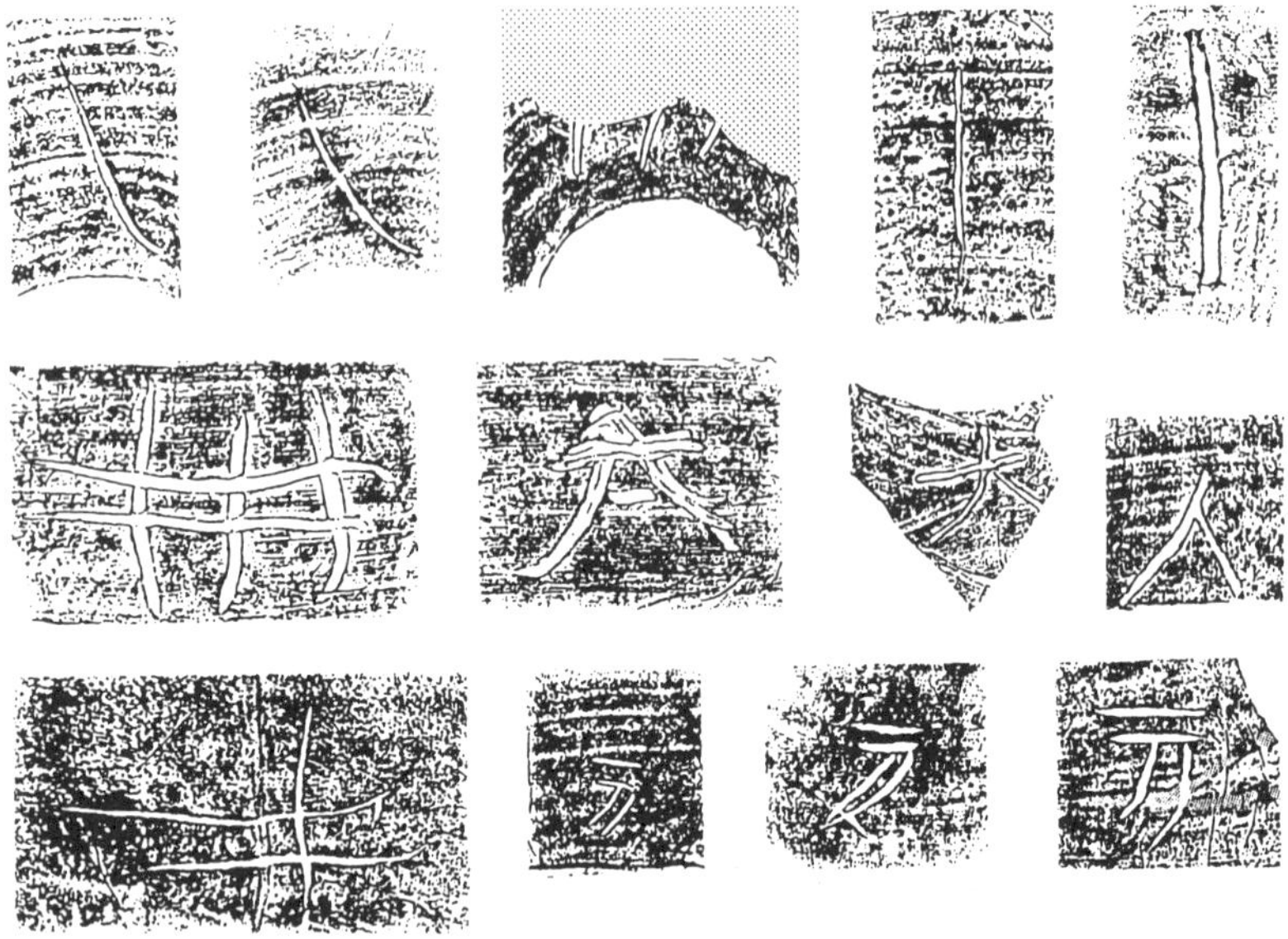

図246　五所川原市犬走窯跡におけるヘラ記号

ヘラ記号は、大別すると、二グループとなろう。

a　人・大・太

b　卄・卌

これらのヘラ記号は、単に漢字「大」なり、魔除け符号「卄」とは解しがたい。むしろ、a・bとも、数量を示す画数記号と想定すれば、人（二画）・大（三画）・太（四画）・卄（四画）・卌（五画）となり、生産にかかわる一定の識別方法と理解できるであろう。すなわち、「夫」も数量を示す画数記号という可能性も想定できるであろう。この点でも、墨書土器と刻書土器は、同一レベルで論ずべきではないことを明白に示しているといえよう。[12]

以上の墨書土器（刻書も含めて）に関する一般的理解に加えて、官衙における饗宴の場などで蝦夷に賜与する土器に「夫」と記したという見解については、次の二つの疑問を提示することができる。

まず第一点は、官衙における饗宴の場で記される最も通有な「厨」墨書土器の場合、主として須恵器を用い、墨書部位は外面底部および体部に正位に記されるのが一般的である。これは、饗宴において食事を盛った土器を正位の状態で使用することを前提とするからであろう。一方、集落における祭祀行為に際しては、神に御馳走を供献したり、カマド神を封ずる行為などは、墨書部位が倒位・横位状態となる場合が少なくない。後にふれるが、青森市野木遺跡の「夫」はすべて土師器で倒位に記す。これは饗宴の場や工人集団などを示す記載のしかたとは考えにくい。

墨書土器「夫」は、後にふれる野木遺跡の例のように「丈」「廾」なども共伴している。「丈」「廾」（図255参照）とともに全国各地で共通する文字群の一つであり、「夫」のみが北海道・東北北部に集中しているという指摘とは合致しない。つまり、「夫」もまた全国的に共通する文字群の一つと理解すべきである。その場合、「夫」は共通文字が何らか変形した字形または記号と考えられよう。

(3)　「神奉」および〝奉〟と考えられる字形の共存例（千葉県内出土例[13]）

千葉県芝山町庄作遺跡（図247）

「奉」「夲」

佐倉市栗野II遺跡（図248）

「奉」「八」

佐倉市寺崎・向原遺跡（図250・251）

「夲」「夲」

(4)　「夫」字を複数出土した遺跡—青森市野木遺跡[12]—

野木遺跡は、青森市の中心部から約八キロ離れた青森市大字野木に所在し、青森市南部にそびえ立つ八甲田山からのびる火山性の台地上標高五〇〜九〇メートルに位置している。この台地の平野部に近い北に約一キロ離れた地点に

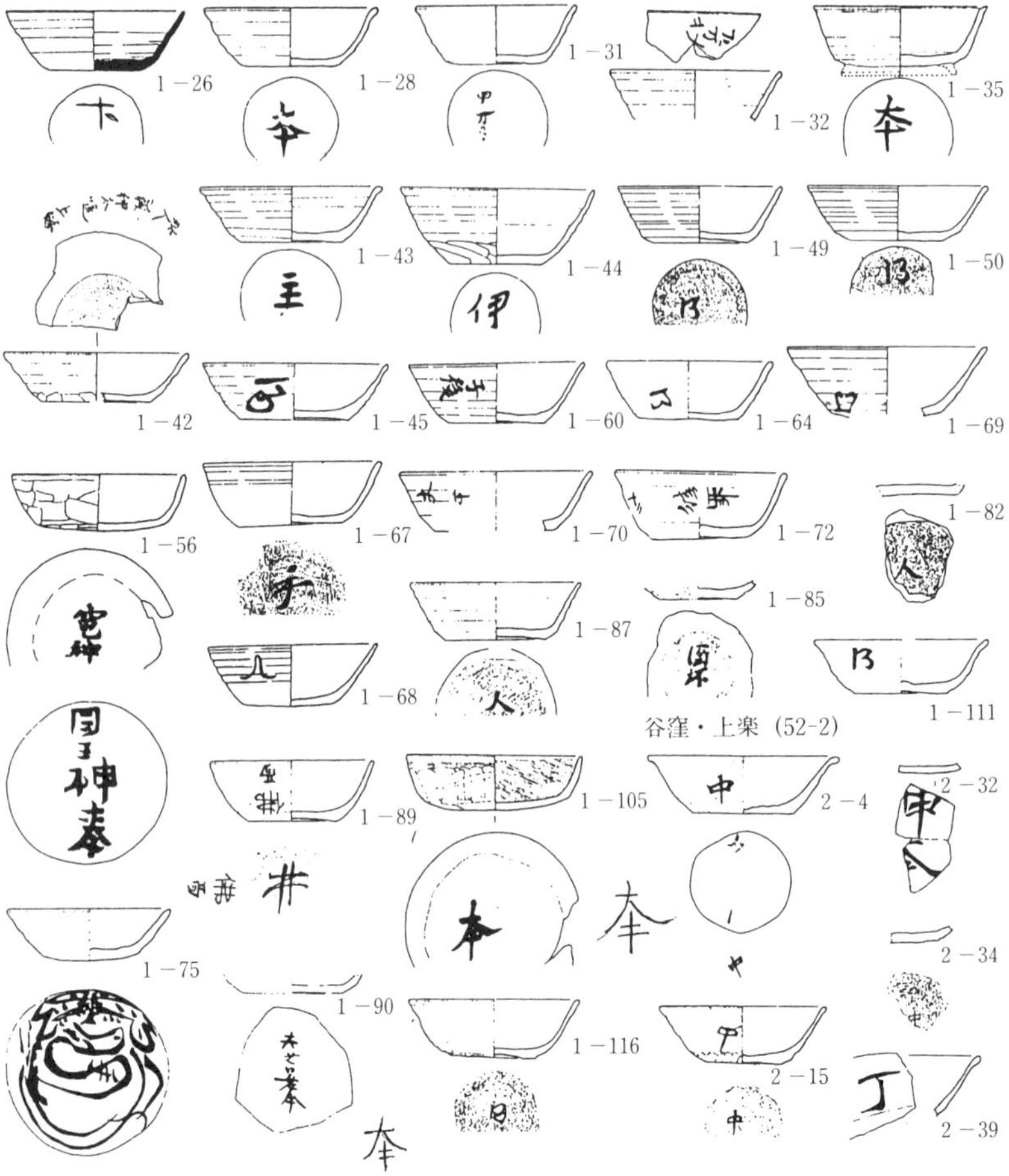

図247　千葉県芝山町庄作遺跡「奉」と共伴文字群

新町野遺跡、南側には山口遺跡、牛館川をへだてた隣の丘陵上には葛野遺跡、さらには入内断層を境とする西部の丘陵上にも数多くの遺跡があり、この付近一帯には平安時代の遺跡が集中していたと思われる。

野木遺跡は、平安時代を中心とした大規模な遺跡である。平成十年（一九九八）までの調査で平安期（九世紀後半～十世紀中葉）のほぼ一つの集落を調査し、その結果、大型住居跡をはじめ、掘立柱などの建物の配置、生産（土師器の製作・鍛冶・畠）に関する遺構や水場状遺構などの集落の全体構造が判明した。

野木遺跡から出土した墨書土器は、「夫」（倒位）三点、「□〔夫カ〕」（正位）一点、「天」（正位）一点

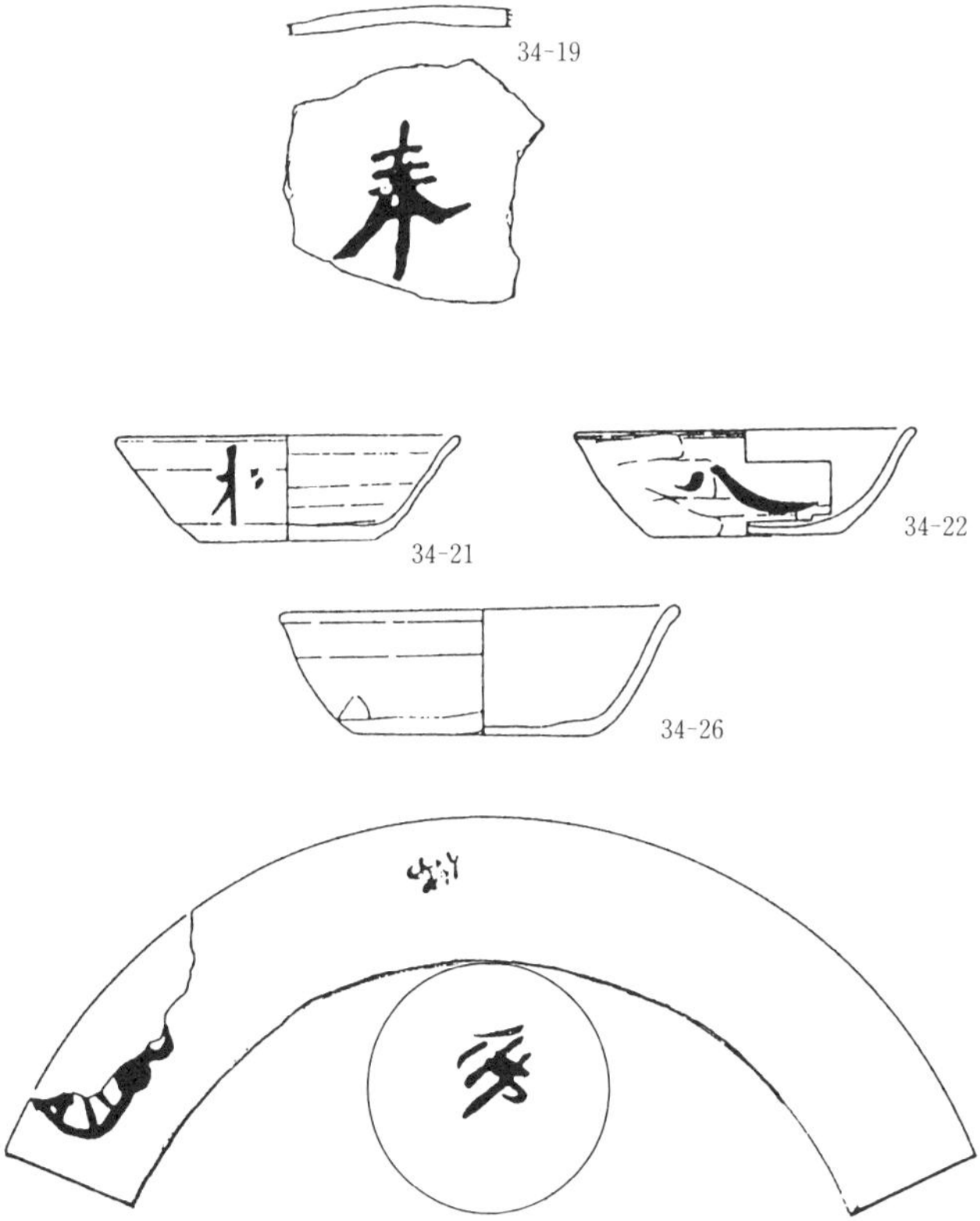

図248　佐倉市栗野Ⅱ遺跡「奉」と共伴文字群

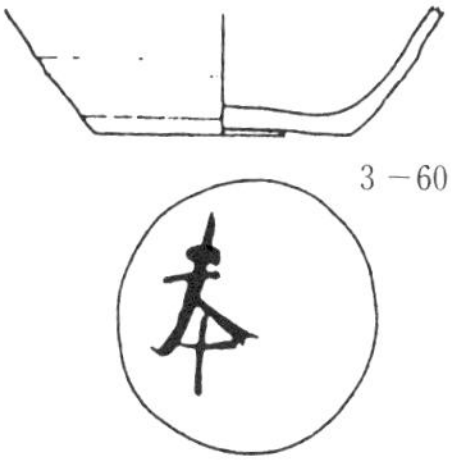

図249　八千代市権現後遺跡墨書土器「奉」

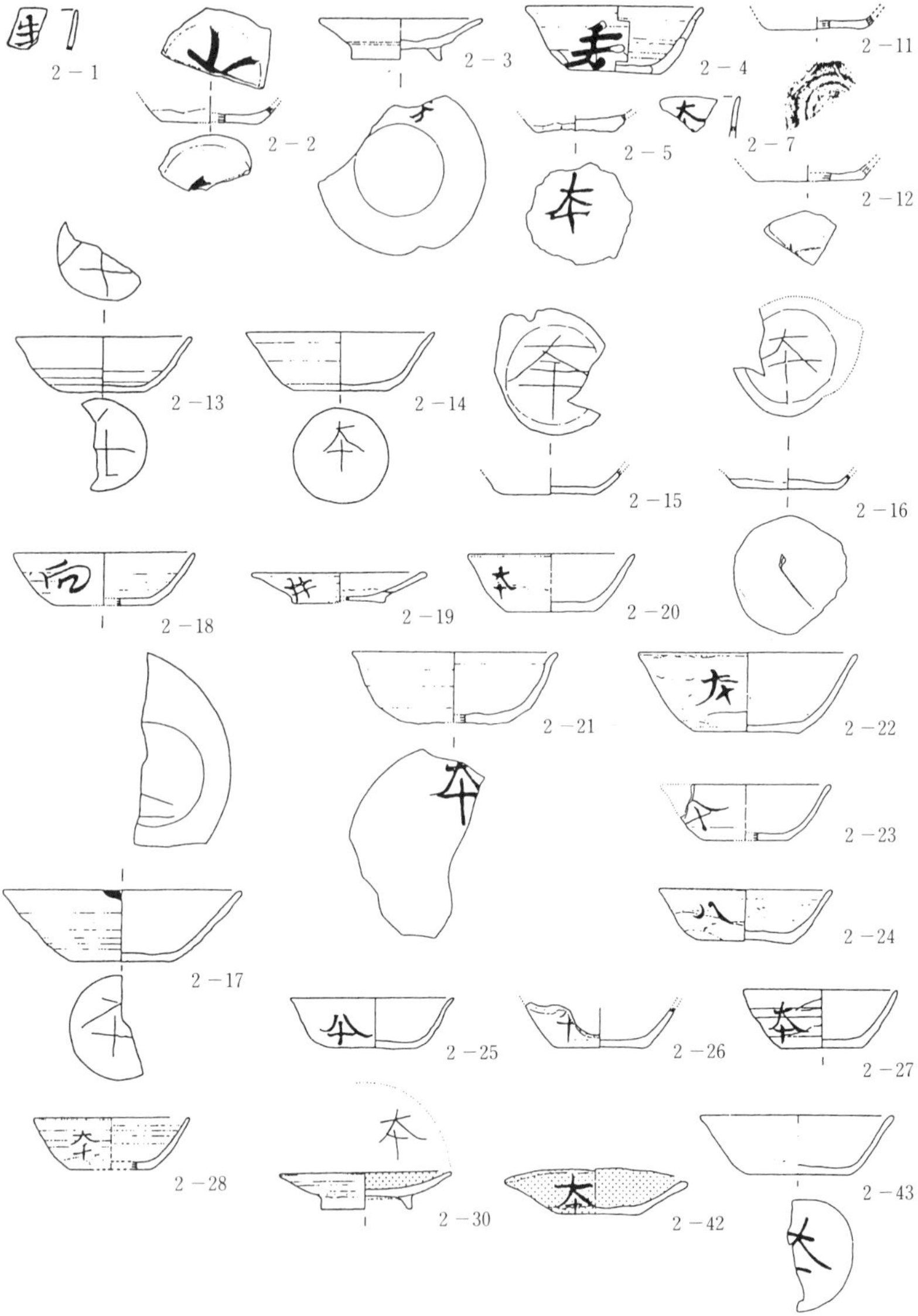

図250　佐倉市寺崎遺跡群向原遺跡「夅」「夲」字形文字群(1)

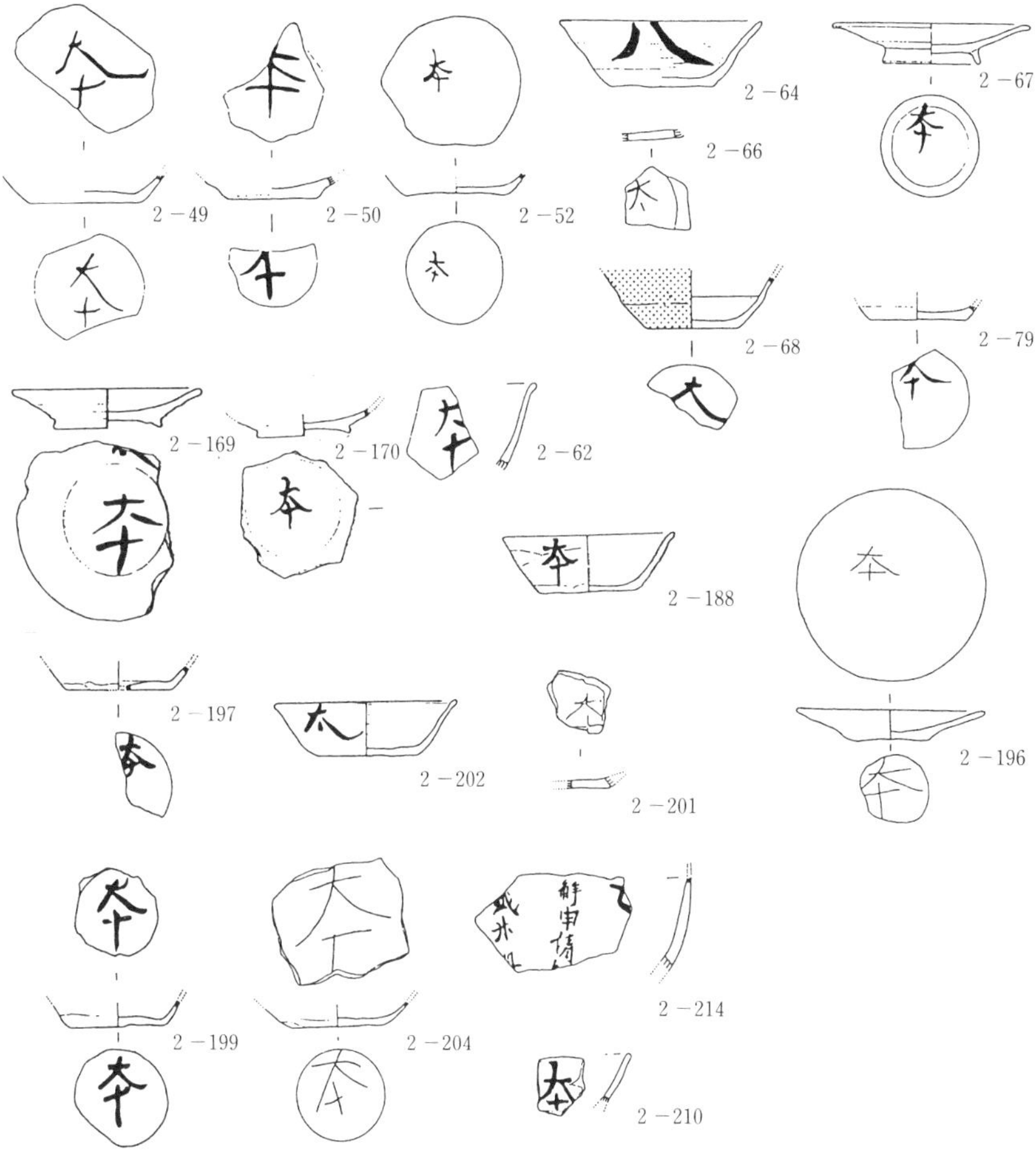

図251　佐倉市寺崎遺跡群向原遺跡「奎」「本」字形文字群(2)

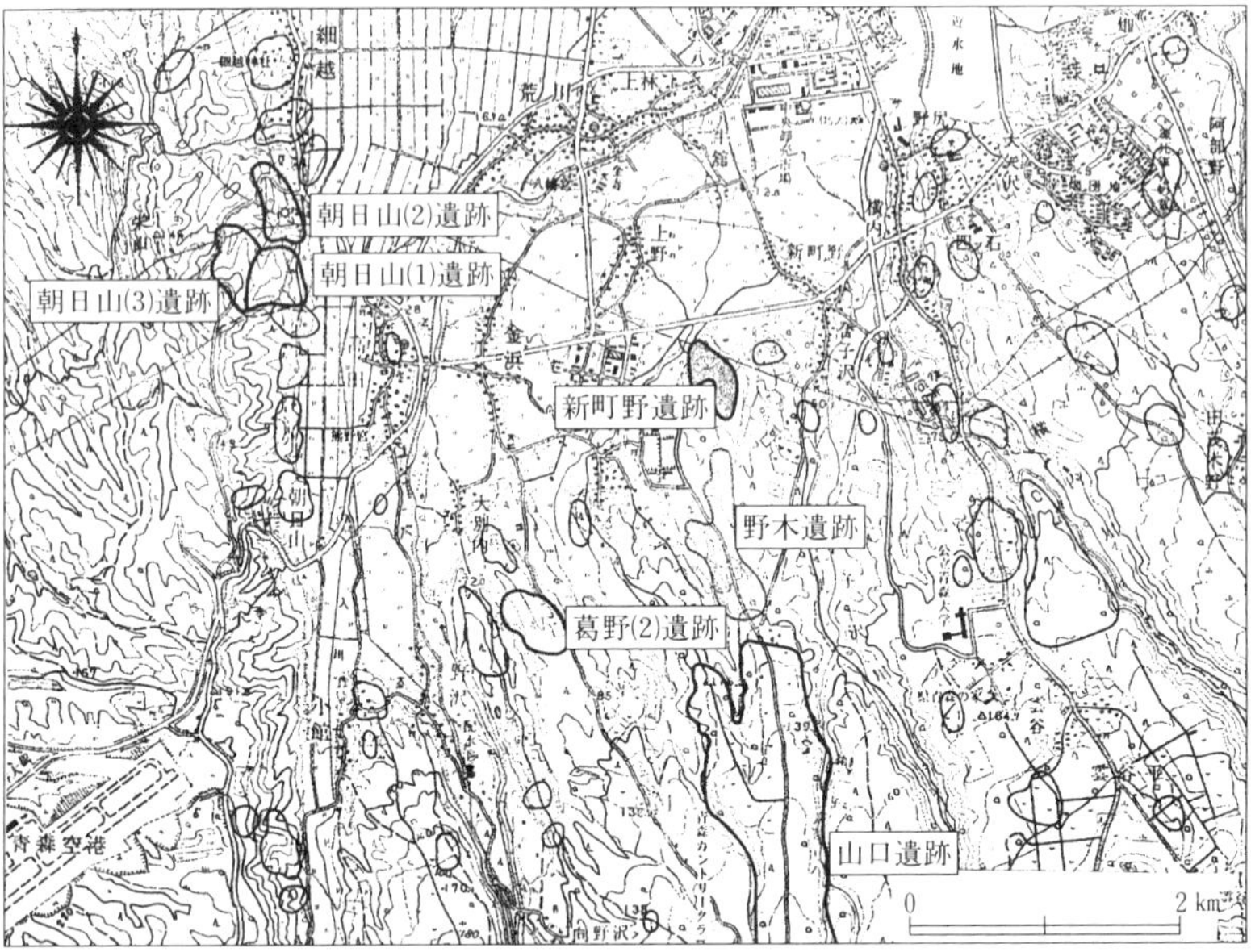

図252　青森市野木遺跡と周辺の遺跡位置図

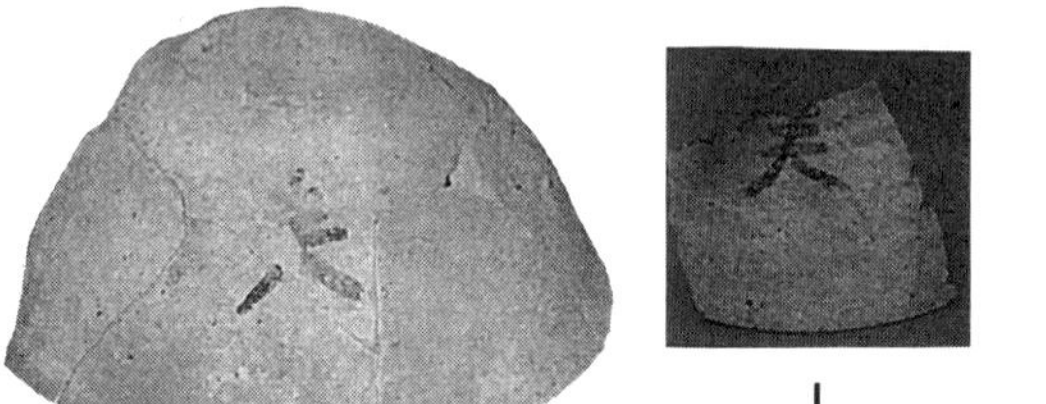

図253　青森市野木遺跡「夫」字３点

「夫」という字形の墨書土器が、合わせて五点出土した。「夫」は、これまで全国各地から十数例発見されているが、それぞれ一遺跡一〜二例にとどまっていただけに、本遺跡からまとまって出土した意義は大きい。加えて一緒に出土した「卄」「丈」などの文字群からも、「夫」を「夷」とする通説に対して再検討の必要性を迫る発見といえる。とくに「丈」の肉太の書体および筆法の点で千葉県村上込の内遺跡の墨書土器「丈」ときわめて類似している点が注目される。

寺崎・向原遺跡においては、線刻で「奎」と「夲」が存在し、墨書でも「夲」が確認できる。「夲」の字形は、これまでまったく問題なく「本」とみてきたが、線刻「奎」と「夲」の関係に注目しなければならない。

その点で、山形県寒河江市三条遺跡出土の「奉」にかかわる文字群が大いに参考になると考えられる。[15]

「奉」九点、「奉」一点、「奎」三点、「奎」二点

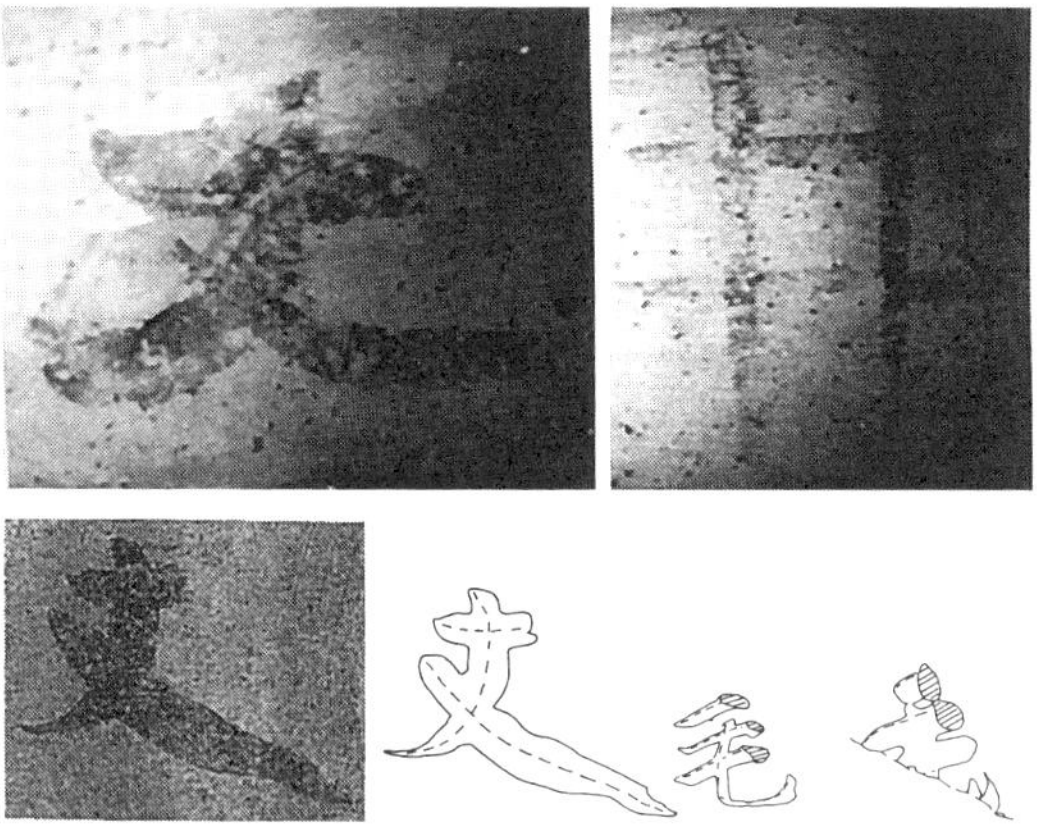

図254　野木遺跡の「夷」と共伴する「丈」「井」(上段＝青森県野木遺跡，下段＝千葉県八千代市村上込の内遺跡出土の墨書)

古代の一般集落跡出土の墨書土器は、神や仏に対して土器に御馳走を盛り、ささげる行為を示す「神奉」「奉」「進上」「進」「上」というような「タテマツル」という一連の文字が目立っている。三条遺跡においても「奉」が各種の字形変化を示しながら、中核的な存在である。しかも「奉」の一連の文字群と共伴する「夲」は、「本」とはみなしがたく、むしろ「奉」の一連の文字群の一つとみることもできよう。

(5)　「夷」と「狄」

「夷」の文字は、先にみたように、北海道や東北北部の遺跡から集中的に出土している。これらの地域は、とくに「夷」墨書・刻書土器年代の八・九世紀代では、律令国家から〝北〟と位置づけられ、〝北〟に対する蔑称として「狄」という表記がもっぱら用いられて

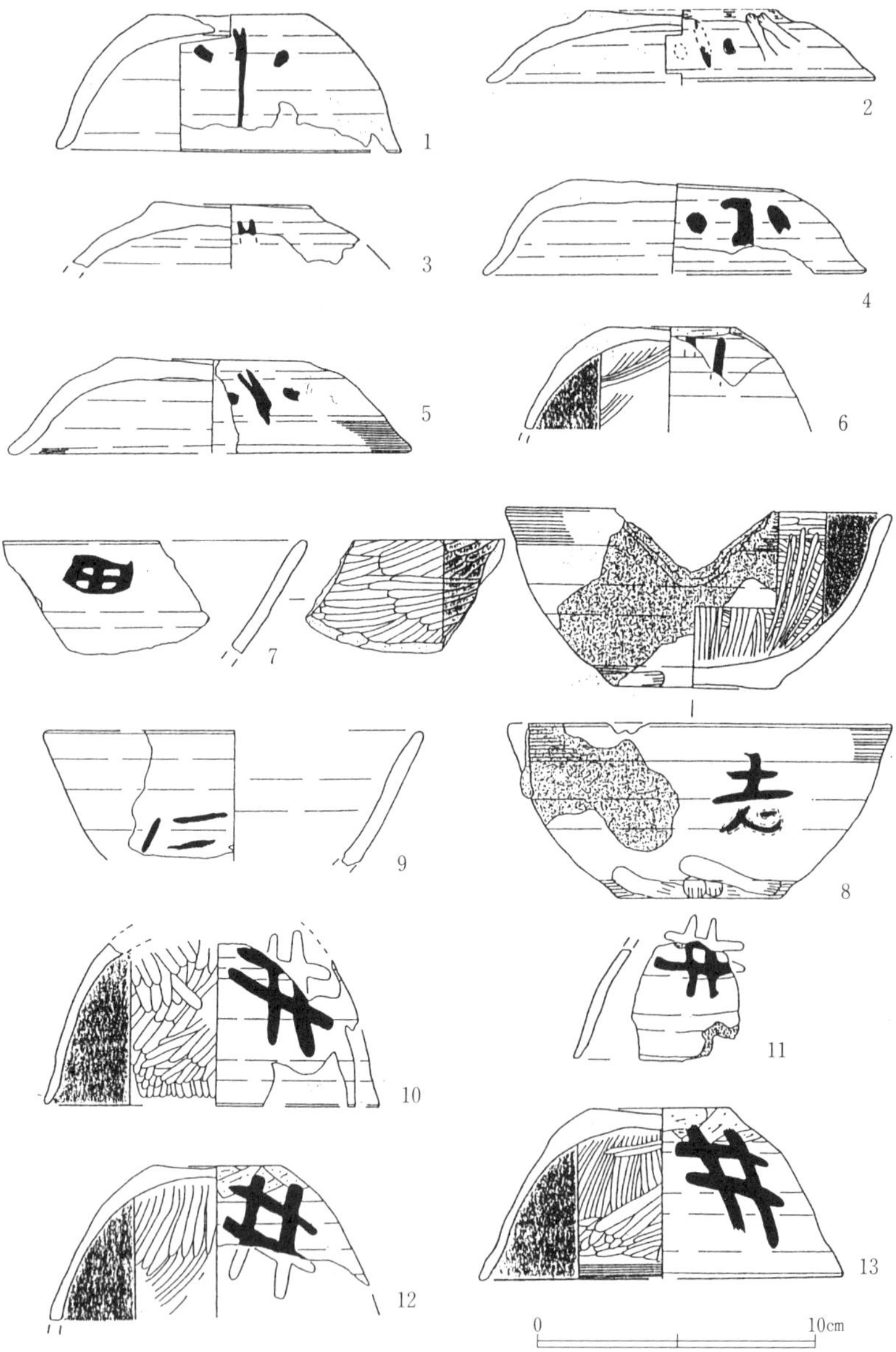

図255　青森県浪岡町野尻(2)(3)遺跡墨書土器集成

いる。古代の中国では、自らが世界の中央にあって最も開化した民族で、周辺諸国は遅れているという〝中華思想〟が根強かった。この影響をうけた日本でも、天皇の支配する〝中華〟の周辺には蝦夷や隼人が住み、彼らはしだいに王化に帰属し、支配者は彼らを教え導くという考え方が取り入れられていた。その〝中華思想〟にもとづき、律令国家において辺境とされていた東辺・北辺の民はそれぞれ東夷・北狄と称せられた。

北海道や東北北部は、文献史料上、「渡嶋狄」「津軽狄」などと「狄」を用いている。

『続日本紀』宝亀十一年（七八〇）五月甲戌条

勅二出羽国一曰。渡嶋蝦狄早効二丹心一。来朝貢献。為レ日稍久。方今帰俘作レ逆。侵二擾辺民一。宜三将軍国司賜饗之日。存レ意慰喩二焉。

『類聚三代格』延暦二十一年（八〇二）六月廿四日官符「渡嶋狄」
『日本後紀』弘仁元年（八一〇）十月甲午条「渡嶋狄」
『日本後紀』弘仁五年（八一四）十一月己丑条「津軽狄俘」
『三代実録』貞観十七年（八七五）十一月十六日条「渡嶋荒狄」
『三代実録』元慶二年（八七八）七月十日条「津軽地夷狄」
『三代実録』元慶三年（八七九）正月十一日条「渡嶋夷首」
『三代実録』元慶五年（八八一）八月十四日条「渡嶋狄」
『日本紀略』寛平五年（八九三）閏五月十五日条「渡嶋狄」

ところで越後国や出羽国は〝北〟と位置づけられ、新潟・山形・秋田三県内の遺跡から出土した木簡には、「狄食」「狄饗料」などと記されている。

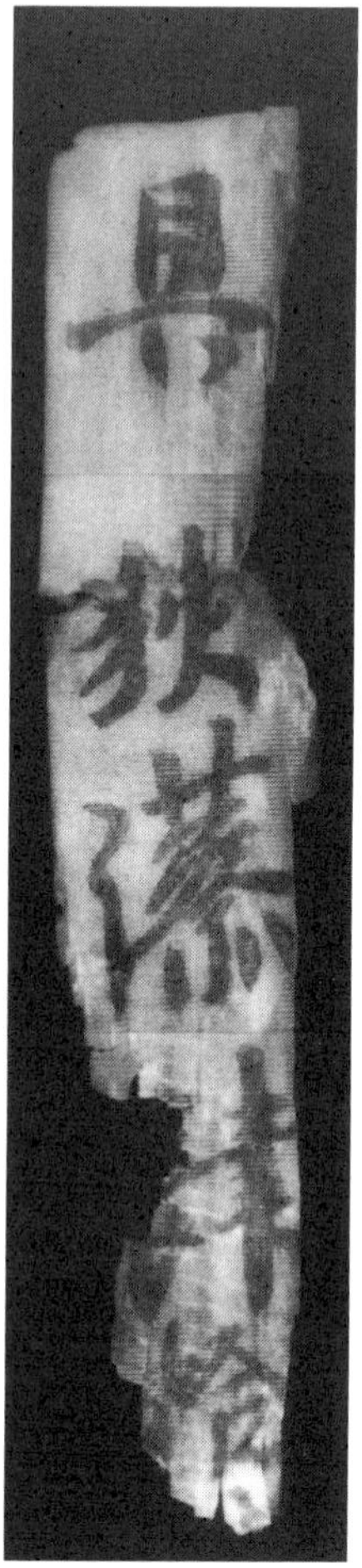

図256　秋田県払田柵跡木簡（「具　狄藻肆拾」）

○新潟市的場遺跡出土木簡（八世紀前半〜九世紀半ば）

第二号木簡

×　狄食　狄食　狄食　×　　（一八五）×二〇×七　〇八一

断面が三角形の材（上・下欠損、右側面一部欠損）を利用して習書したものである。

○秋田市秋田城跡出土木簡（八世紀末）

第七一号木簡

・「八月廿五日下狄饗料□（苫）二條□×

・「　□　田川　荒木真×　　（二二五）×二六×三　〇三八

○秋田県仙北町払田柵跡出土木簡（八世紀末）

第五九号木簡

「具　狄藻肆拾□　（削屑）

上端は原形をとどめている。右側面欠損。

この「狄藻」については、『和名類聚抄』にみえる昆布「衣比須女（えびすめ）」にあたると思われる。

昆布　本草云昆布味鹹寒無毒生東海和名比呂米 名衣比須女　（『和名類聚抄』〈元和古活字本〉巻十七　海菜類）

○山形県米沢市古志田東遺跡出土木簡（九世紀後半〜十世紀前半）

第一三号木簡

「狄帯建一斛」　二四五×三六×三　〇三三

「夷」字については、多くの古代史研究者によって、「夷」すなわち蝦夷の意と解して律令国家の蝦夷支配の象徴的な資料であるという見解が大勢を占めている。

石上英一氏は、東北辺境の倭人＝日本人に蝦夷の称を付与することは、その地域社会の住民への外からの被差別的アイデンティティの強制であり、蝦夷の饗応に使用された八〜九世紀の「夷」字の刻書・墨書土器はその強制の実例であると指摘した(16)。佐伯有清氏は、サクシュコトニ川遺跡の場合を、渡嶋の蝦夷が出羽国府や秋田城に朝貢し饗給されたさいに、その宴席で用いられた坏がこの種の土器であり、そうした土器が北海道に持ち帰られたのであろうと推定した(17)。関口明氏も、饗給の場で使用された坏がもちこまれたのであろうとした(18)。鈴木靖民氏は、夷字の墨書がある須恵器坏が秋田城に来朝した蝦夷を招いて饗宴をしたとき、食器に供されたものが廃棄された確率が高いと強調している(19)。さらに鈴木氏は、平城宮瓦、胆沢城瓦などの「夷」は、在俗の仏教信者を表わす優婆夷の「夷」の可能性を指摘している(20)。

以上の四氏はいずれも蝦夷に対する饗応の場における「夷」字と記された土器使用と性格づけている。しかし蝦夷に対する饗応の場で「夷」と土器に記し、さらにそれを持ち帰るという想定自体、日本列島における墨書土器にそのような例をみないだけに疑問をいだかざるをえない。仮にその想定を認めたとしても、文献史料や木簡に明確に記された東夷と北狄の厳密な表記が東北北部以北の蝦夷に対する服属儀礼の場ではより一層貫徹すると理解すべきであり、その場合「夷」ではなく、「狄」を用いるのではないか。

諸氏のように、この「夷」字資料のみを律令国家の蝦夷支配に結びつけて意義を問うのではなく、墨書土器全般のあり方のなかに位置づけるべきであろう。

まとめにかえて

日本の古代社会は、十分に文字が成熟した社会ではなかった。それゆえに行政や支配者側は、文字を権威の象徴として伝達する手段に使用したのである。祭祀行為にあえて文字を用いたのも、一つにはその権威の象徴として、もう一つは無文字社会に近い状況下では文字は一定の呪力をもちえたのである。

ここまでの説明によって、これまでの「夷」をめぐる「夷」か「奉」「秦」などの省略形か、さらに数量を示す画数記号かという議論におのずと解答を得られるのではないか。

「夷」をたとえ「夷」の略体と理解しても、何ゆえにその文字を記すかとした場合、日本列島全体の墨書土器の流れでは説明できない。たとえば、青森県内のこれまで出土している墨書土器、刻書土器全体をみても、日本列島内の流れときわめて合致し、「神」「佛」「寺」などの文字が発見されていることからも明瞭であろう。

さらに青森市野木遺跡の「夫」は、全国的に広範に分布を示す魔除け符号「井」および書体も共通する「丈」などと共伴している点も、「夫」の従来の「夷」という解釈に問題のあることを物語っているであろう。

一方、「奉」の省略形と理解する場合はいかがであろうか。

まずは、歌姫瓦窯跡の例が恰好の参考資料となろう。記銘の目的は先にふれたように墨書土器とは異なるが、識別方法の文字群として扱うのには有効な資料である。

秦→夫→夫→大

これを参考にするならば、墨書土器の本来の記銘目的として神仏に〝タテマツル〟行為を示す「奉」の文字は、最も列島内各地に浸透した記号といえる。それゆえに「奉」は記号化され、さまざまな字形を生みだしたと考えられる。

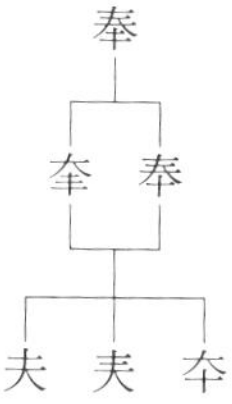

以上のような考察から、現段階では、「夫」の文字については、これまでの「夷」という文字表記という理解が通説となっているが、「奉」という文字の省略形の可能性がより成り立ちうるのではないだろうか。

さらに刻書「夫」の場合は、次の可能性を考慮しなければならない。生産にかかわる刻書のヘラ記号は、字画数によって一定の識別表現の記号とみなすこともできるのである。しかも、このヘラ書きの数量を示す画数記号とされるものは、おそらく墨書土器にも影響しているかもしれない。

現段階では、通説とされた「夫」を「夷」とみる見解の成り立ちがたい点と、「奉」などの省画の字体や数量を示す画数記号などの新たな可能性を提示しておきたい。

註

（1） 財団法人岩手県文化振興事業団埋蔵文化財センター『高瀬Ⅰ遺跡発掘調査報告書』（一九九一年）。岩手県遠野市教育委員会『高瀬Ⅰ・Ⅱ遺跡』（一九九二年）。
（2） 熊田亮介「蝦夷と蝦狄」（高橋富雄編『東北古代史の研究』吉川弘文館、一九八八年）。
（3） 佐伯有清「刻字土器『夫』の意義」（『サクシュコトニ川遺跡』一九八六年）。
（4） 荒木陽一郎「箆（墨）書土器『夫』字の考察」（『考古学の世界』第六号、学習院考古会、一九九〇年）など。

（5）小口雅史「『夫』字箆（墨）書について」（『海峡をつなぐ日本史』三省堂、一九九三年）。
（6）小口雅史「古代・中世における北方世界の史的展開－境界の地・津軽と南北交流の変遷－」（『通路的景観と交流の文化論－さまざまな道を素材として－』弘前大学、一九九五年）。
（7）小口雅史「青森市野木遺跡出土の古代墨書土器」（『市史研究あおもり』2、一九九九年）。
（8）山本哲也「ロクロ土師器と北海道」（『国学院大学考古学資料館紀要』第一三輯、一九九七年）。
（9）戸根貴之「古代文字資料にみる蝦夷」（『古代』第一〇六号、一九九九年）。
（10）渡辺晃宏「歌姫西瓦窯等出土の箆書き瓦」（『奈良国立文化財研究所　一九九五年度年報』一九九六年）。
（11）註(10)に同じ。
（12）五所川原市教育委員会『犬走須恵器窯跡発掘調査概報』（一九九八年）。
なお、数量を示す画数記号について、すでに宮宏明氏は、次のように指摘している。

歌姫西瓦窯・音如ヶ谷瓦窯・宮跡庭園出土の箆書瓦については、歌姫西瓦窯に「秦」の箆書が一字みられるものの、「夫」（5画）→「夫」（4画）→「大」・「キ」（3画）→「七」・「十」（2画）→「?」（1画）といった関係での理解が箆書須恵器によくみられる「|||||」・「卌」（5）→「||||」・「卅」（4）→「|||」・「卄」（3）→「||」・「十」（2）→「|」・「一」（1）といった関係ともかかわって重要である（「余市大川遺跡出土古代の文字資料をめぐって」〈『北奥古代文化』第二五号、一九九六年〉）。
（13）掲載図版は、すべて「出土文字資料集成」（『千葉県の歴史　資料編　古代』別冊、一九九六年）。
（14）青森市教育委員会『新町野・野木遺跡発掘調査概報』（一九九九年）など。
（15）現在整理中の資料であるが、山形県埋蔵文化財センターの許可をいただいて、ここに簡単に紹介した。
（16）石上英一「古代東アジア地域と日本」（『日本の社会史　第1巻　列島内外の交通と国家』岩波書店、一九八七年）。
（17）註(3)に同じ。
（18）関口明「北海道式古墳と渡嶋蝦夷」（『古代文化』第三七巻第七号、一九八五年）。
（19）鈴木靖民「古代蝦夷の世界と交流」（『古代王権と交流　1古代蝦夷の世界と交流』名著出版、一九九六年）。
（20）鈴木靖民「擦文期の北海道と東北北部の交流」（『国史学』第一六九号、一九九九年）。

第五章　墨書土器研究の展開

一　古代社会における文字の習熟度

はじめに

古代における文字の普及とその習熟度を推測する資料として、かつては、「正倉院文書」など、かなり限られた伝世史料に頼らざるをえなかった。しかし、近年、全国各地の発掘調査の進展によって、地下から膨大な量の文字資料が発見された。それらの文字資料は、木簡・漆紙文書・墨書土器など、多種多様である。そのなかでも最大の出土量を誇り、しかも各種の遺跡から出土するのが、墨書土器である。

墨書土器は、木簡・漆紙文書に比べると、一字・二字のものが圧倒的であり、容易にはその文字内容を決めかねることから、その本格的な研究は木簡などに比して立遅れている。その研究の停滞にもかかわらず、古代の集落遺跡から出土する墨書土器は、ことさらに文字普及のバロメーターとして捉えられてきた。

こうした研究状況に鑑みて、筆者は、特定の集落遺跡出土の墨書土器の分析や墨書土器の字形（土器に記された文字の出来上がりの形のこと）などから、その本質に迫ろうと試みた。

集落遺跡出土の墨書土器は、東日本各地の出土量が圧倒的に多いため、その分析対象として東日本を中心に実施した。

なお、最近では、西日本各地の出土例も飛躍的に増加しており、ほぼ同一傾向であることが確認できるが、さらに今後、東日本との比較検討を含めて、その全国的状況を的確に掌握する必要があろう。

墨書土器の字形を中心とした検討の結果は、要約すると次のとおりである。

① 墨書土器の文字は、その種類がきわめて限定され、かつ東日本各地の遺跡で共通して記されている。

② 共通文字の使用のみならず、墨書土器の字形も各地で類似している。しかも、本来の文字が変形したままの字形が広く分布している。

以上の点から、当時の東日本各地の村落において、土器の所有をそれらの文字――記号――で表示した可能性もあるが、むしろ村落内の神仏に対する祭祀・儀礼行為等のさいに、土器に一定の字形――なかば記号として意識された文字――を記したものであり、必ずしも墨書土器が文字の普及のバロメーターとは直接的にはなりえないのではないかとした。

一方、律令文書行政の実態についても、「正倉院文書」や地下から出土する漆紙文書などの詳細な検討により、必ずしも、律令の規定どおりではないことが明らかにされてきている。たとえば、戸籍・計帳類の作成は、本来、各戸からの手実（申告書）によるべきである（戸令造計帳条「凡造二計帳一。毎レ年六月卅日以前。京国官司、責二所部手実一」）と規定されているが、その実態は異なっていた。一例をあげるならば、近江国計帳は各戸から提出された手実というよりも、郡家において基本的には前年の計帳手実を転写し、作成したものと考えられる。(1)

ところが、そうした郡家における手実のような帳簿類作成に対して、郡家から国府へ上申する帳簿および通常の文書は、その書記内容に相違が認められる。

律令文書行政機構の実態をみるためには、その最も重要なにない手であった郡家の書記官の文字習熟度を見定めることが、一般集落の墨書土器との対比をも含めて、きわめて意義深いことである。

こうした文字の習熟というような問題は、十分な資料集積のうえに論ぜられるべきであるが、とりあえず現段階で今後への問題意識を鮮明にしておくことも、古代史・国文学の両分野において有効な作業と判断されるので、あえて見通しを述べてみることとした。

1　郡家と文書作成

郡家における文書作成の実態について、「正倉院文書」および漆紙文書の実例を取り上げて検討してみたい。

(1)　近江国計帳（「正倉院文書」）

「正倉院文書」に神亀元年（七二四）～天平十四年（七四二）の間の九年間分の、大友但波史族吉備麻呂という人物にかかわる計帳手実が存在する。とくに天平元年から六年までは、連続しているので、各年次間の異同を確認することができる。その異同は全体的に認められるが、そのうちでも次の三例が最も顕著なものである。

○三上部粳賣（天平元年）→女（二年）→女（三年）→牧賣（六年…四・五年欠損部分）（図257）

○伊夜玉賣（元年）→伊夜玉女（二年）→伊夜玉（三年）→伊夜多麻賣（四年）→伊夜多麻賣（五年）→伊夜多麻賣（六年）

「三上部粳賣」の変化は、楷書体の天平元年帳を翌年速筆の行書体で書いたために、おそらく天平三年帳を担当した書記官が、「粳」のくずしを十分に理解できないまま怪しげな文字で転写し、そののち別の書記官が「牧」

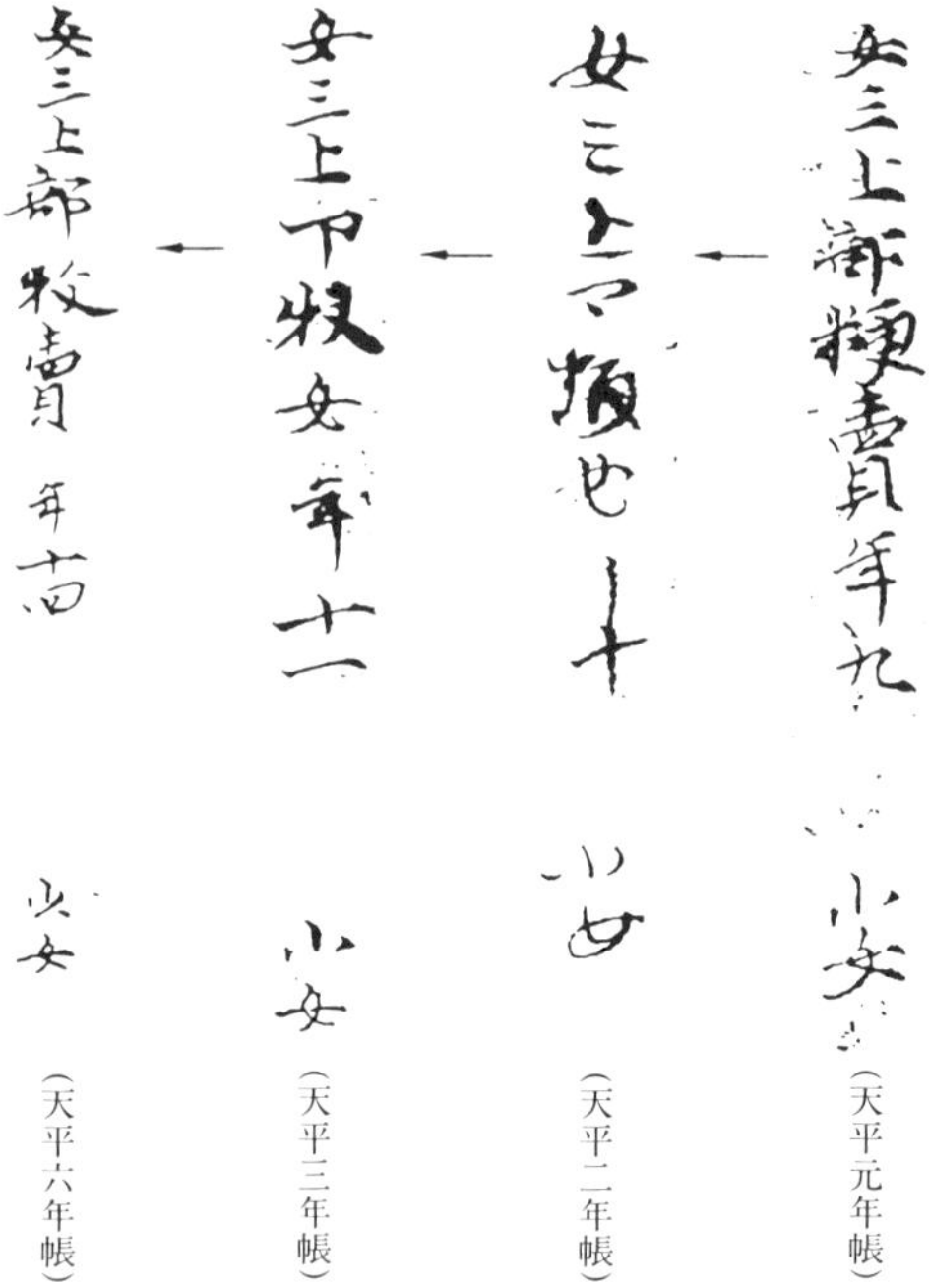

図257　近江国計帳「三上部粳賣」の変化

図258　近江国計帳「大田史多久米女」（天平2年帳）

と記載してしまったのであろう。転写の段階で別の人名に変化した例である。

○大田史多久米（元年）→多久米女（二年）

「大田史多久米」は二年帳では、「大田多久」と書きはじめたのちに「多」のところに「史」、「久」に「多」をそれぞれ重ね書きしており、「米」と「女」は重複している（図258）。

以上のような異同は、毎年の計帳作成にあたり、新たに各戸に当たり直して内容的訂正・補正を行ったというよりは、前年手実の転写の過程で多く誤字・脱字を生じた結果であると考えられる。この粗漏さは官司において形式的に転写したさいに起こりうる事象であり、その官司は郡家がふさわしく、郡家段階で計帳手実を作成したと想定することができるであろう。

(2) 常陸国計帳（茨城県鹿の子C遺跡漆紙文書）[2]（図259）

図259　漆紙文書（計帳手実〈×印は誤字〉，茨城県鹿の子C遺跡）

この計帳は、戸口歴名文書である。文書の最大径は約二三センチ、天界を含めて横界線三本、縦界線は一二本認められる。この界線の形式は、神亀二年（七二五）の「近江国計帳手実」に近似している。本断簡も誤字・脱字が目立っている。数字の大字「捌」は四ヵ所ともすべて「例」、「洙」は二ヵ所とも「陎」、「額」は「碩」といずれも誤字を用い、「多治部」は多治比部の「比」を脱している。

一〇行たらずの断簡に、このように多くの誤字・脱字が認められる点、その粗漏さにおいて郡家作成と判断される「近江国計帳手実」と似た傾向にある。さらに、本計帳は界線の形式においても「近江国計帳手実」に近似し、統計部分・別項両記載を欠くものと推測でき、書体の点も併せみるならば、郡家作成の計帳手実とみなしてよいであろう。[3]

(3) 上申文書・下達文書

上申文書（宮城県多賀城跡漆紙文書[4]）

□郡司解　申進上兵馬馬子粮米事

　　　馬子八人部領一人合□

□斛貳斗貳升

　　□（起カ）九月□（廿カ）日迄□（廿カ）九日□

□長大伴部廣椅

　　　寶龜十一年□

　　□（田カ）□□（自署）

下達文書（新潟県八幡林遺跡木簡第一号[5]）

郡司符　青海郷事少丁高志君大虫右人其正身率

　　符到奉行　火急使高志君五百嶋

虫大郡向参朔告司□（身）率申賜

　　九月廿八日主帳丈部□　□

郡司から国司への上申文書や郡司から里長等への下達文書は、上記の籍帳類のような誤字・脱字（裏面では、大虫が「虫大」となっている）等をほとんど見出すことができない。しかも後者の郡符木簡は、郡司の主帳が記載したことが明らかである。

以上のように、郡家内作成文書のうちでも、上記の籍帳類と上申文書・下達文書で大きな違いが生じた点については、次のように解釈できるであろう。

周知のとおり、郡司の構成は大領・少領のいわゆる郡領と、主政・主帳の四等官制である。主政・主帳は、郡司といっても大領・少領とは明確な一線を画されている。主政・主帳の職掌は、職員令によれば、授受した公文を記録し、公文草案を勘造し署名することとされている。簡単にいえば書記官である。主政・主帳は大領・少領に次ぐ階層であり、主政から大領に昇進した例（越前国坂井郡主政无位品遅部広耳〈天平五年（七三三）〉→大領外正六位上品治部君広耳〈天平宝字二年（七五八）〉）もある。また、養老二年（七一八）には、主政・主帳の解任後もその労を続けさせるいわゆる続労制にもとづいて、主政・主帳の経験者を国庁に所属させて、国務の一端を分掌させたのではないかとされている。

右のような状況をふまえて、米田雄介氏は、郡司の場合、主政・主帳から大領・少領に転任するのは容易ではないが、右のような例もあることから、主政・主帳には在地の有力者層が選出されていたと考えてよいとしている。(6)

一方、郡家の複雑多岐な政務を支えたのが、郡雑任である。郡雑任としては、郡書生をはじめ、案主・郡鎰取・税長・田領などが知られ、彼らは村落に居し、郡家に出仕していたと考えられる。(7)

『類聚三代格』弘仁十三年（八二二）閏九月二十日官符によれば、「郡書生大郡八人上郡六人中郡四人下郡三人」とみえる。郡書生の活動は、実例によれば多方面に及び、田地売買のさいの券文作成や調の貢納などに関知している。しかし、職掌の第一は文字どおり書記であり、とくに次の史料は、本節の主旨と関連するきわめて重要なものと考えられる。

太政官符

応丙准二京職一進二計帳手実一日没下不レ貢二調物一百姓戸田上為乙国写田甲事

右得二河内国解一偁。検二案内一。此国調銭未進経レ年猥積。是則百姓諂詐。不レ遵二憲法一之所レ致也。謹案二戸令一云。

造二計帳一毎年六月卅日以前。京国官司責二所部手実一者。於レ是左右京職准二拠是法一。進二手実一日令レ貢二調銭一。至二不レ進戸一必没二戸田一。号為二職写一以宛二公用一。而国例計帳之日。不レ進二手実一無レ備二調物一。只使三郡書生勘二造計帳一。至二于勘会一多有二紕繆一。輸貢調物已致二違期一。望請。行二計帳務一之日。且令レ進二手実一。且令レ貢二調物一。若不レ進者。没二彼戸田一為二国写田一。然則輸貢叶レ期。国吏免レ累。謹請二官裁一者。右大臣（藤原良世）宣。奉レ勅。依レ請。四畿内亦同。

（『類聚三代格』寛平三年七月二日官符）

寛平三年（八九一）ごろ、河内国では百姓が計帳の日にその手実を進上しないので、郡書生が計帳を勘造せしめていたが、「紕繆」（あやまり）が目立ったという。「正倉院文書」の中に写経生が計帳手実作成のために申請した休暇願や、天平五年（七三三）の各戸作成の手実を連貼した右京計帳手実が存在することからも、京畿内では、戸令の規定どおりに各戸からの手実提出が実施されていたとみてよい。河内国の例は、計帳手実を郡書生が作成したこと、その計帳に多くの紕繆が存したことを示している。そして、先にみた近江国や常陸国の計帳手実の例のように、京畿内をのぞく一般諸国では、通常、郡家において前年の計帳を転写し計帳手実を作成していたと思われ、その膨大かつ単純な書写作業は、郡雑任である郡書生の役割であったと推測できる。

以上から、郡家内で作成される文書については、上申文書（国府へ提出する籍帳類も含む）や下達文書は郡司である主政・主帳が担当し、郡家に留め置くような膨大な籍帳類の手実などの文書は、郡雑任としての郡書生があたるというように、それぞれ役割を分担していたことが明らかであろう。

公式令公文条によれば、「凡公文。悉作二真書一。凡是簿帳。科罪。計贓。過所。抄牓之類有レ数者。為二大字一」と規定され、簿帳は大字すなわち、数字を壱弐参のごとく記せという。ところが、おそらく郡書生作成と思われる先掲の鹿の子C遺跡の計帳手実では、捌（八）は例、柒（七）は陎と誤っている。律令文書行政の象徴ともいうべき大字の誤字は律令官人としてはありえないであろう。郡司と郡雑任という在地社会における歴然とした階層差は、その文字の習熟度の差を如実に示しているのではないだろうか。

2　墨書・ヘラ書き土器にみる字形

東日本各地の集落遺跡の墨書土器は、分析の結果、限定されたわずかな文字を共通して記していることが判明した。さらに、これらの文字はその種類が共通するだけではなく、その字形にも共通した特徴を有する点が重要である。

図260　墨書「得」（上段＝河川流路跡，下段＝その他の遺構，福島県上吉田遺跡）

(1)「得」の字形（図260）

近年、全国各地の遺跡からきわめて特異な字形の文字を持つ墨書土器が報告されている。それらのなかでも、「乃」の字形が多量かつ広範囲な分布で目立っている。

千葉県芝山町庄作遺跡・同県印旛村平賀遺跡、神奈川県秦野市草山遺跡などの場合、「乃」字形が単独で出土し、その変化の過程をたどることができず、これのみでは解読困難である。ところが、千葉県成田市公津原遺跡や福島県会津若松市上吉田遺跡では、明らかに楷書体と草書体が併存し、この文字の書体変化をたどることができる。この例を参照するならば、庄作遺跡や平賀遺跡などにおいては、「得」の文字が他の文字とともに摂取され、楷書・行書・草書の各書体等の訓練を経たのちに記されたものとは考え難く、変形した字形「乃」のみが伝播した結果、記されたものといえるのではないか。

(2)　集団内の字形変化

山形県酒田市熊野田遺跡墨書土器(8)　本遺跡は平安時代の出羽国府とされる城輪柵跡の南方約五キロのところに位置している。城輪柵跡を中心に、酒田市東部から八幡町にかけて平安時代の官衙跡や集落跡が数多く分布している。それらの遺跡で共通しているのが建物の周囲を板材列で囲む構造である。本遺跡も掘立柱建物跡一二棟、井戸跡一基などを南辺九五メートル、東辺四五メートル、西辺三八メートル、北辺六六メートルにわたって板材列が囲んでいる。遺跡の時期は、出土土器から九世紀中ごろ〜十世紀初頭とされる。

墨書土器は一〇〇点を超えるが、その内容は「豊」「万」「刀」「西」「仁」「新」などがある。図261にあげた諸字形はいずれも「桑」であり、「桑」の別字体「桒」（2）で記したものが、そののち、おそらく「桒」（15）・「呆」（7）〈上部欠損〉、さらには「来」（17）へと字形変化したのであろう。前掲（第四章・図173参照）の久我台遺跡の「立合」から「立人」への字形変化とほぼ同様の現象とみてよい。これらは、郡家において作成された近江国計帳手実の「三上部粳賣」の各年次の書写変化とまったく同様の傾向といえる。

(3)　筆　順——島根県玉湯町蛇喰遺跡ヘラ書き土器(9)

蛇喰遺跡は古墳時代から平安時代にかけての玉作工房跡の一部であり、本遺跡は奈良・平安時代の玉作遺跡である。この遺跡の土坑跡から須恵器の坏・蓋類が多量に出土した。それらの土器のうち約三〇〇点には、坏の場合は底部外面、蓋の場合はツマミ部分の内側にヘラ書きの文字が記されている。

また、出雲国庁跡（松江市）でも同じ窯跡産のヘラ書き土器が出土している。これらの土器は、蛇喰遺跡から出雲国庁跡へ向かう途中の湯峠窯跡（未発掘・表採資料）産であり、その年代は八世紀後半から九世紀前半であることが

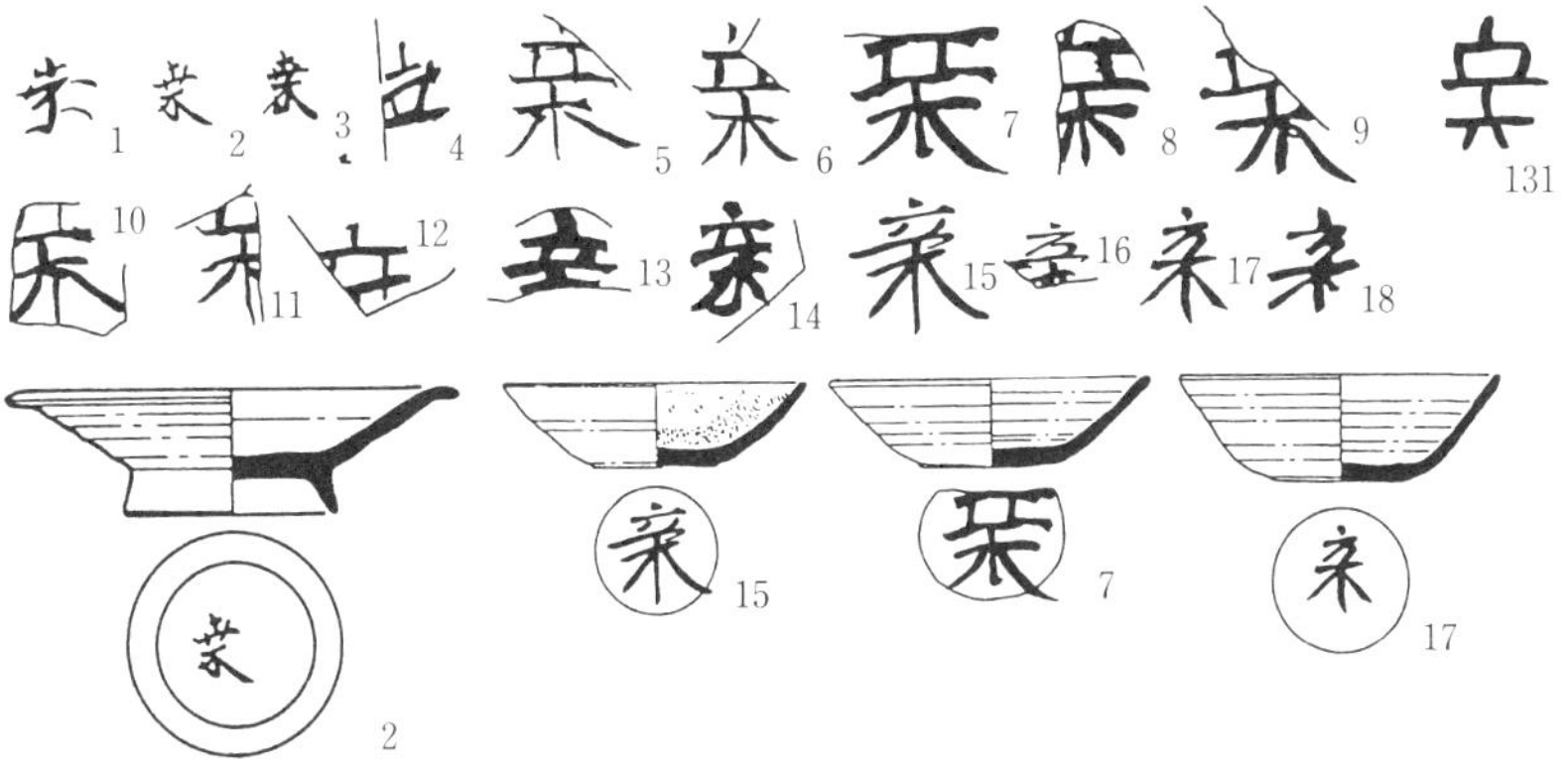

図261　「桑＝桒」の字形群と字形変化（山形県熊野田遺跡）

すでに明らかにされている。この蛇喰遺跡のヘラ書き文字のうち、ここではヘラ書きゆえに判断可能な筆順を簡単に取り上げることにする。

画数の比較的明瞭な「田」または「由」の筆順を模式的に表わしたのが、図262である。

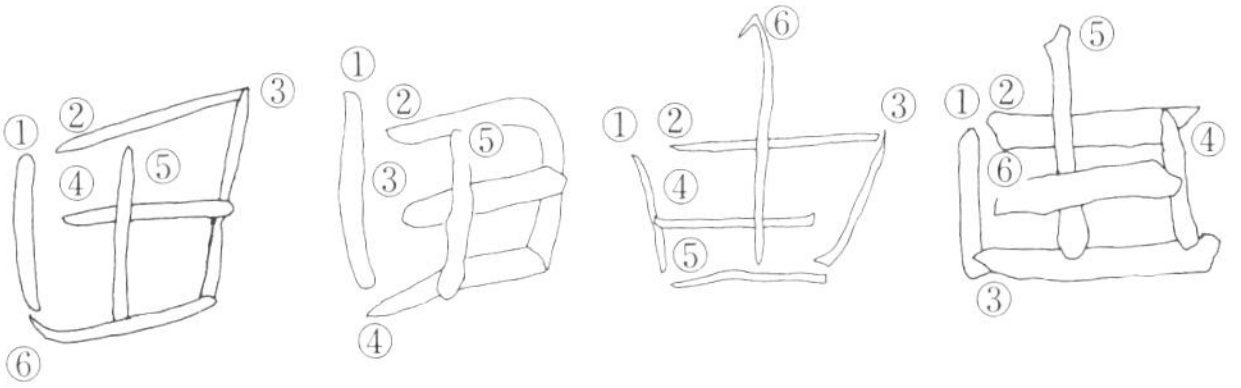

図262　「田」または「由」の筆順模式図（島根県玉湯町蛇喰遺跡ヘラ書き須恵器）

これほど画数の少なく、使用頻度の高いと考えられる漢字「田」または「由」の文字でさえ、一群の中に少なくとも四種類の筆順が想定される。[10] いうまでもなく、通常同一人物が数種類の筆順で文字を記すことはないであろう。

この事実は古代地方社会における文字の習熟の問題を象徴的に示しているといってよい。しかも、八世紀後半から九世紀前半という時期は、一般的には律令行政が末端にまで浸透し、文字が村落に普及したとされている。墨書土器が広範囲かつ多量に分布しはじめた時期である。それにもかかわらず、須恵器工人の文字の習熟度は、「田」の筆順さえ十分に習得しえない状況であったのである。

このほか、文字の習熟度を判断するうえでは、金石文との関係、墨書土器における筆法など、多要素から究明する必要があるであろう。

まとめにかえて

冒頭に述べたように、古代の集落遺跡から出土する墨書土器について字形を中心として検討した結果、墨書土器が文字の普及のバロメーターとは直接的にはなりえないであろうとした。本節で取り上げた特異な字形、集団内の字形変化および筆順の実態は数多くの文字の破綻状況を如実に示しており、先の検討結果を支持するものであろう。

こうした状況は一般集落に限らず、これまで地方文書行政の実質的作成機構として注目されてきた郡家においても、複雑な様相を呈している。国府への上申文書や里などへの下達文書は、紙・木簡の区別なく、ほぼ誤謬もなく、無難に書き記されているのに対して、郡家に留め置かれた膨大な籍帳類は、「正倉院文書」や漆紙文書でみる限りでは数多くの誤字・脱字を確認できるのである。これは、郡家における書き手の問題であろう。すなわち、郡司である主政・主帳と、郡家に出仕する数多くの郡雑任である郡書生との書き手の階層の相違を端的に物語っていると理解できる。郡雑任の文字習熟度の未熟さは、その本拠とする一般集落内の墨書土器の上記の状況（特異な字形・集団内の字形変化・筆順など）ときわめて類似しているのである。

結局のところ、古代社会においては、ごく限定された階層の人々が文字を基礎から練習し、習熟することができた。それに対して写経生、郡書生のように、文字を書写する技術を一定程度、習得することにより職を得ることができた人々は、一般集落の文字普及に一定の役割を果たしたといえるが、その習熟度は意外と低かったのではないかと推察される。今後、資料の増加をまって、この問題についてさらに考察してみたい。

註

(1) 平川南「地方官衙における文書の作成・保存・廃棄―近江国計帳・出土計帳―」(『漆紙文書の研究』吉川弘文館、一九八九年)。
(2) 財団法人茨城県教育財団『鹿の子C遺跡漆紙文書―本文編―』(一九八三年)。
(3) 平川南「律令制と東国」(『新版古代の日本』第八巻・関東、一九九二年)。
(4) 宮城県多賀城跡調査研究所『多賀城漆紙文書』(一九七九年)。
(5) 新潟県和島村教育委員会『八幡林遺跡―和島村埋蔵文化財調査報告書―』(第一集、一九九二年)。
(6) 米田雄介『郡司の研究』(法政大学出版局、一九七六年)。
(7) 西山良平「〈郡雑任〉の機能と性格」(『日本史研究』第二三四号、一九八二年二月)。
(8) 山形県教育委員会『熊野田遺跡――第三次発掘調査報告書』(一九八九年)。
(9) 平川南「島根県玉湯町蛇喰遺跡出土ヘラ書須恵器」(玉湯町教育委員会『蛇喰遺跡』一九九九年)。
(10) のちに詳細に観察した結果、七種類の筆順が認められた(図275参照)。

奥村悦三
現在＝奈良女子大学教授。専攻＝国語学。
論文＝「暮しのことば、手紙のことば」(『日本の古代14　ことばと文字』中央公論社)、「仮名文書の成立以前」(『論集日本文学・日本語I　上代』角川書店)ほか。

二 〈対談〉古代における言葉と文字

1 最初、日本語はどう表記されたか

平川　今回は従来の国語学という範疇を超えて、私たち古代史研究者が本来解明していかなければいけないような問

図263　薬師寺仏足石歌碑
（「舎加」〈釈迦〉は「サカ」か「シャカ」か。国語音としては「シャ」は存在しなかったといえるが，中国語音としては当時も存在したと考えるべきであろう）

題にも、国語学の立場から積極的にアプローチされて魅力的な学説を発表されている奥村悦三さんをお招きして、いろいろお話をうかがいたいと思います。

まず、古代における日本語と文字について考えますと、日本語は本来、文字をもたなかったため、中国から漢字を借りて言葉を表記しました。しかし、漢字が表意文字であるために字義と字音という二面性を伴っていました。この二面性が、日本語では音と訓という二とおりの、さらに漢字の多義性からはそれ以上の読まれ方を生むようになってしまうのですね。

奥村　私はこれまで古代日本語文献を、歴史学が明らかにした大枠の中で、国語学の立場から見直すと、歴史学的な見方とは違った解釈ができるのではないかと思って考えてまいりました。

そこで、言葉と文字ということでいいますと、話していることをそのまま書くことができれば、それが一番楽でいい、と思われているのですが、必ずしもそうはいえない面があります。古く中国で、漢訳仏典において、どうしても原語の形を残したいサンスクリット語については音仮名表記、つまり漢字を音の記号として使う表記をしました。このやり方は『万葉集』や『古事記』などにもそっくり取り入れられています。そこには日本語を正確に書きたいという姿勢が認められると思います。

ただ、わかりやすく書くのに、漢字の意味を使う書き方と音を使う書き方とどちらがいいかといいますと、必ずしもどちらと決められないところがあります。むしろ、ある程度漢字の意味がわかる場合は、たとえばヤマ・カワという語などを「山・川」と書くほうが、「やま・かわ」という仮名を使った表記よりも、意味をみてとることがやさしいという面があります。
現代人の場合には使う漢字が常用漢字などの形で制限されていますから、漢字の訓を使って表記できる日本語の範囲は非常に限られているのですが、漢字を知った古代の人々にとっては日本語にある単語を書き表わせる漢字はもっと多かったはずなんですね。中国語にあって日本語になかった表現は相当数にのぼったでしょうが、日本語にあって中国語では類似の意味の語もなくて漢字で表わせないという表現はほとんどなかったのではないか、と思うのです。
そういうときに、わざわざ音仮名を使って、話している言葉をそのままの形で書き記さないといけない動機はどこにあったかというと、なかった可能性もあるのではないでしょうか。

平川　奥村さんは、以前、正倉院の仮名文書を調査されましたね。

奥村　はい。正倉院の、仮名ばかりで書かれている、いわゆる仮名文書を検討したことがありますが、実は仮名書きではない「正倉院文書」のほうが膨大な数あるのですね。それをみますと、草創期に日本語散文の表現に取り組んだ人々にとっては、ひょっとすると漢文めいた書き方のほうが書きやすかったのではないかと考えられるのです。それなのに、どうしても日本語でなければ書けないことがどれだけあったのか、という疑問がおこります。

(表) 上総国武昌郡高舎里荏油
(裏) 四升八合　和銅六年十月

図264　固有名詞の漢字による表記（10世紀成立の『和名類聚抄』では「上総国武射郡高文里」とある。「taka-aya」→「takaya」と変化したもので長屋王家木簡〈8世紀前半〉では「高舎〈たかや〉」と表記している）

平川　そのあたりが従来の説と奥村さんの見解とが大きく異なるところですね。これまでは漢字で表記された中に漢語がどれくらい存在しているか、といった議論が多かったですからね。

奥村　ええ。たとえば万葉仮名の文書における漢文の影響を説明するには、単語と単語の対応を比較分析するのがもっともわかりやすいですから。しかし、もう少し深いレベルでの漢文の影響として、そもそも自分の言いたいことをどういうふうにまとめたかという次元の問題があります。漢文には、自分の伝えたいことを一つの文書の形にできるよいフォーマットがすでに備わっています。日本語で書こうとすれば、思想を理解できる形にまとめる作業を最初から最後までやらないといけません。

たとえば手紙を書くとき、私たちは「お元気ですか……」という文章で切りだしますが、そういう決まりきった言葉遣い自体、手紙を書くことがなかった古い時代にはなかったでしょう。最初に手紙を書こうとしたとき、そういうものを含め、書き言葉に必要ないろいろな言葉をどこからかみつけてくるか作るかしなければいけなかったと思います。そういう、言葉を書かれうるものに転換すること、書くべき言葉を作るのは非常にむずかしかったと思います。

2　『土佐日記』にみる漢文の影響

平川　そうすると、今までは漢文の影響はもっぱら語彙だけを対象にしていましたが、奥村さんは文章構成まで問題にされているわけですね。

奥村　二つある正倉院の仮名文書のうち、一つはそうした漢文の影響を考えれば理解できるのではないかと思います。最近はもう少し資料が豊富な、最初期の仮名散文の一つである『土佐日記』を調べていますが、そこでも語を分析してみますと、同じように漢文的なものへの依存がみられます。極論すれば、漢文によりかかって思考と原語をまとめ、

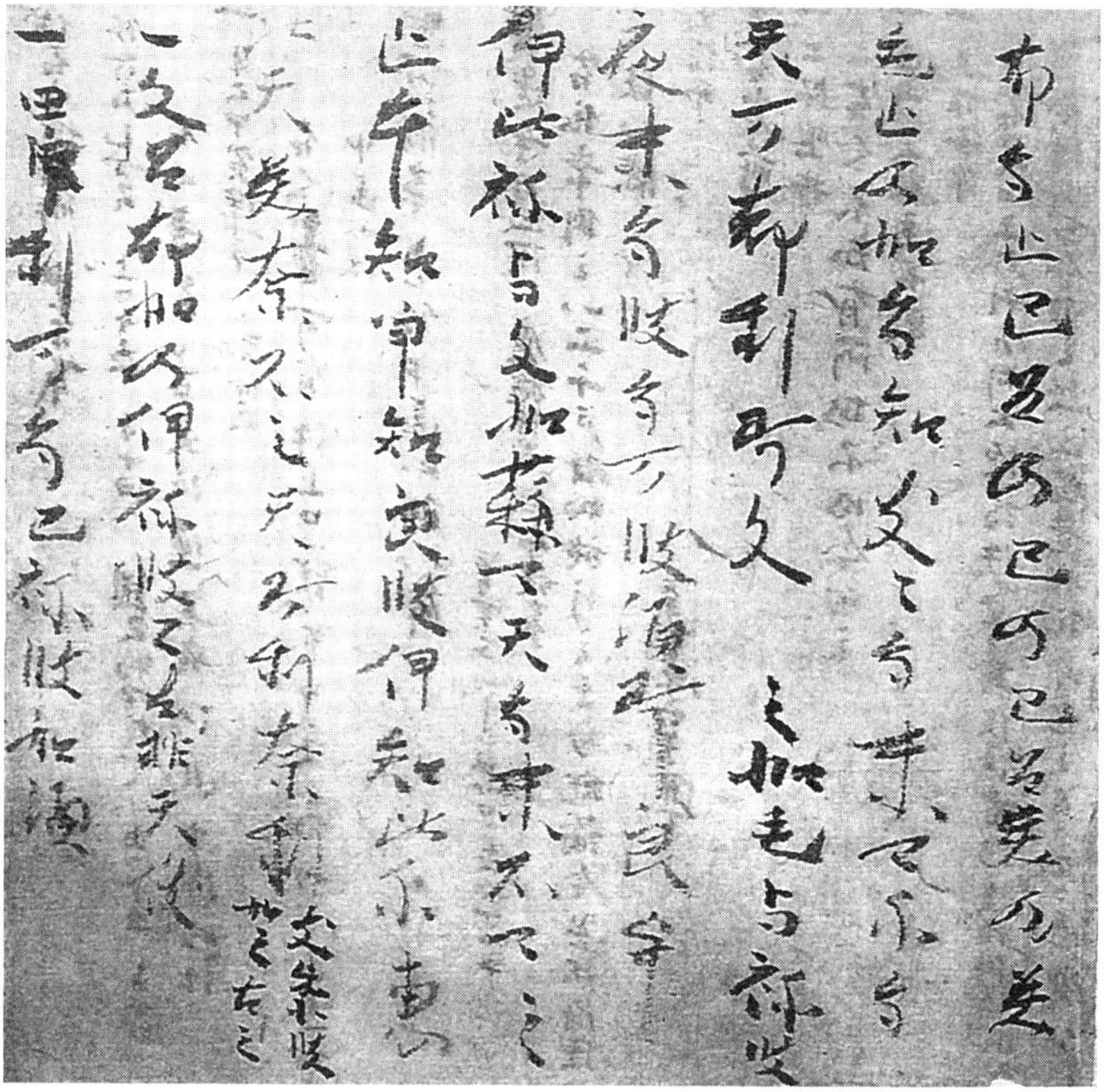

図265 「正倉院仮名文書」(「ふたところのこのころのみもとのかたちききたまへにたてまつりあぐ。しかもよねはやまだはたまはずあらむ。いひねよくかぞへてたまふべし。とをちうぢらはいちひに゠ひてみなふしてありなりくきけばかしこし。〉一，くろつかのいねははこびてき。一，田うりまだこねばかす」。「正倉院文書」別集48より)

それを日本語に翻訳するような形で仮名文を綴っていったと考えられるのです。『土佐日記』については、紀貫之がある程度漢文で日記をつけていて、それが下敷きになっているだろうといわれていますから、彼が日本語で発想した部分をふるい分けることで、どれくらい元の漢文の日記が意味をもったのかもはっきりできるのではないかと思っています。

平川　奈良時代の作品ではどうでしょうか?

奥村　奈良時代のものといいますと、まず『古事記』になりますが、それにも、とくに散文には問題が多いと思います。歌謡についても、もともと古い記録があって、それを書き換えたのではないかといわれている箇所があります。私も、そう思いますし、古い記録の中には漢字を訓によって使い、歌謡を書き記したものもあったとも思うのです。そういうものが書き換えられて、ほとんど全部仮名で書かれた『古事記』歌謡の形ができたとも考えられるわけです。

そうしますと、『万葉集』でも、全部仮名で書かれているものはかえって新しい書き方だと考えることもできるのです。柿本人麻呂の歌も、正訓字を主体にした表記と音仮名を相当に用いた表記と二種類あるのですが、前の形が元来のもので、それが音仮名に書き換えられたプロセスがあったとしてもおかしくありません。『古事記』の散文になると、そうした可能性はいっそう高くなります。ただ、そこで問題になるのは、正訓字表記されている散文が、和風漢文とほとんど同一視できる面をもつけれども、漢文のようなものとしてできたのか、やはり日本語が先にあって、表記面でのみ十分には日本語らしくないということなのか、判断しがたいことです。それなりにまとまった『古事記』神話の、元になる伝承が全然なかったとも言い切れないだけにむずかしいところです。

3　用字圏が示唆する古代の文化圏

平川　奥村さんは、『古事記』や戸籍などの中で人によって用いるかな（万葉仮名）が違う用字圏という概念を使って、古代の文化圏について大変興味ある説を発表されています。

古代の戸籍の人名表記をみますと、音を使ってクヒ（久比）とかアタマシメ（阿多麻志売）というふうに表記されています。当時の戸籍は郡単位で作られており、戸籍のスタイルが郡単位で異なっていることが戸籍の研究からわかっています。そこで用いられている文字は広く一般に使われていたと思われますが、こうした戸籍の人名表記からどういうことがいえるでしょうか。

奥村　たとえばツの仮名でいいますと、川でツを書くのが一番ふつうの例ですが、正倉院にある大宝二年（七〇二）の御野《みの》国（美濃国）戸籍をみますと、山方《やまがた》郡の戸籍作成者は、ツを表わすのに「豆」と「都」を用い、また本簀《もとす》郡の作成者は「都」だけを使っており、郡によって文字の使い方が異なっています。

こうした、人によって用字が違う例は、『古事記』の歌謡にもあります。歌謡で「ヲ」を表わすのはふつう「袁」を用いるのに、大国主命が八千矛《やちほこ》の神という名で登場し沼河比売《ぬなかわひめ》に婚《よば》う説話にでてくる歌謡中だけは「遠」の字が使われているのです。これは、人ごとに字母が違うからではなくて、神話などの文化を共有する人々が、同じ仮名の仲間を作っていたからだろうと私は考えています。そして、奈良時代の社会が、用字法に関して、このように文化圏――用字圏ごとに字種が異なっていたことが、あのような万葉仮名の多様性をもたらした一つの理由だろうと思います。

平川　用字といった確実な手がかりの研究からも神話のような文化圏を解明できればいいですね。

奥村　そういうふうなことが考えられるのではないかと思っています。『古事記』で、スセリヒメのセの音節も「勢」と「世」が違う場面でみられますが、これもやはりグループによる伝承の違いからではないかと考えています。

平川　奈良時代の人々は八八種の音を仮名で記すために六〇〇余りの文字を使っていたということですね。私たちが約一〇〇種の音節を表わすのに七〇ほどの文字で済ませ、また教育漢字が九九六字であることを考えますと、古代人は仮名で文章を綴るのにとても多くの字数を覚えなければいけなかったんですね。

奥村　音をすべて区別するためには、まずその音の数だけの文字がないといけないのは当然ですが、しかしすべての音を区別できる文字があるだけでいいかといいますと、そういう条件が満たされるだけではなかなか文字は成立しないように思います。奈良時代だけをみますと、文字は増えていくことはあっても、減ることはありません。戸籍についても、どうして常用仮名だけで書かなかったのかといえば、やはり違う字も使いたいという気持ちがあったからではないでしょうか。

平川　戸籍は、制度的には申告制になっていますが、「正倉院文書」や最近の出土資料などをみますと、実際はそれぞれの農民が書いたのではなく、明らかに郡の役人が機械的に書いています。

同じ役人といっても、農民が住む一般集落に根拠をおく人間と、代々地方を束ねていた豪族層の人間とに大きく分かれます。下のクラスで、村に帰れば識字層に入るような人たちは、字を書くことによって職を得ていたのですから、字に対する知識欲は強く、新しく覚えた字で表記をわざと変えたりしたことはあったでしょう。そういうふうにして一人のひとが字数を増やしていったことは考えられますね。

奥村　そうですね。それから、違う字を使う層が併存しているときは、文字の使い方についての知識を共有できなければ文書をやりとりできません。そうすると、たとえある文字があるグループにとって不合理だったとしても、字数を増やさないと知識を共有できないわけです。それがいきわたって、普遍的な日本語表記ができあがったのが平安時代といえます。

平川　文字を使う層の広がりに関していいますと、同じ郡の役人の中でも、帳簿類をひき写すだけの役人と、命令などの文案を作成できる役人と二つの層があったと私は考えています。たとえば東大寺の写経所にいた大勢の写経生は底本をみて書き写すだけで、文書を作っていたわけではありません。もちろん、「正倉院文書」の中にはそういう人たちの休暇願いなどもありますが、それは雛形があれば真似できます。文書を起案したり構成したりできたのは、当時としてはかなりハイレベルの人間だったように思います。

奥村　羅病などの理由を書いた休暇願いもありますが、そういうのをみて私が興味深く思うのは、とりあえず全部を漢字で書こうという姿勢がうかがえることです。日本語で発想しているのでしたら、もう少し日本語がでてきていいはずです。「正倉院文書」には、郡司が大領に任ぜられるのを乞い願う史料がありますが、あれも最初から日本語で書いたとするには、とても読みづらいですね。

また、時代が下ってきますと、「正倉院文書」でも「番」という字に「つがう」をつけるように、もともとの文書に訓をつけて漢文を訓読した例がみられます。

平川　『日本書紀』の「神代紀」などでは、はじめから音と訓を書きますね。あれは、やはり日本語をできるだけ正確に表記したいという意図でしょうか。

奥村　そこがむずかしいところですね。伝承が全然なかったとはいえないにしても、『古事記』や『日本書紀』の「神代紀」を読んですぐ伝承された言葉にかえることができるかといいますと、どうもそうはいきません。というのは、あそこにでてくる訓は、日本語がまずあって、漢文書きする文章中、ここだけは是非もとの日本語の形を示したいというところに音仮名表記を入れたり、あるいはとりあえず漢文書きしたものに訓注の形で日本語の形を示す仮名表記を入れている、とは必ずしもいえないからです。「玉《タマ》緒《ノヲ》母《モ》由《ユ》良《ラ》邇《ニ》」という表現を参照すれば、「ヌナトモユラニ」

とあるべき箇所が「奴《ヌ》那《ナ》登《ト》母《モ》母《モ》由《ユ》良《ラ》爾《ニ》」となっていて、「もゆらに」のような幽霊語が現われるというようなことも結構あって、訓注の部分、あるいは全音仮名表記の部分は逆に、ある段階で読み方がわからなくなったためにつけられている、なかには無理やり日本語を作ってあてているとも考えられるのです。

平川　今まではそうではなくて、訓注はむしろできるだけ日本語を忠実に残していると解釈していましたね。

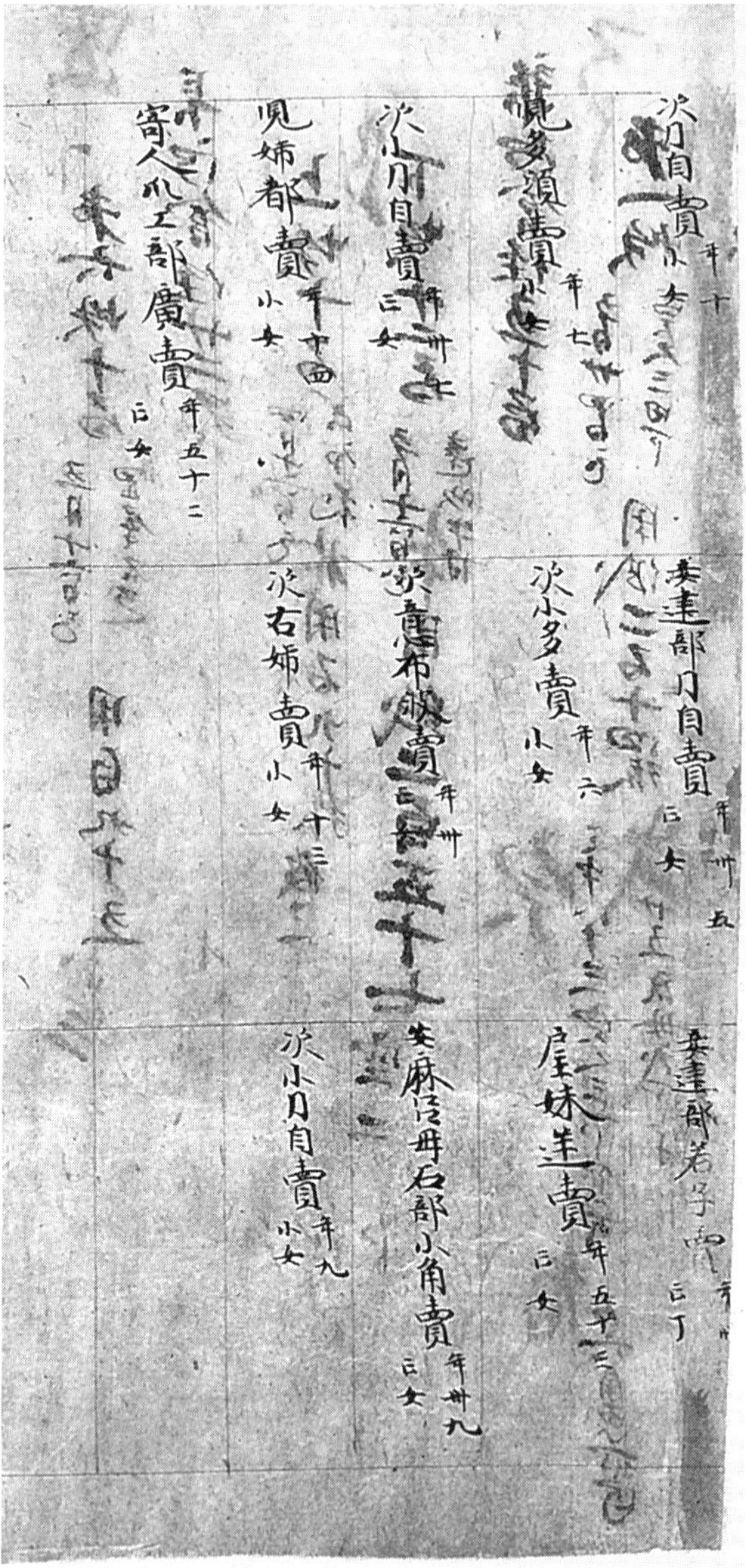

より）と大宝２年御野国山方郡三井田里の戸籍（左，「同」
ていたものに限られるという）

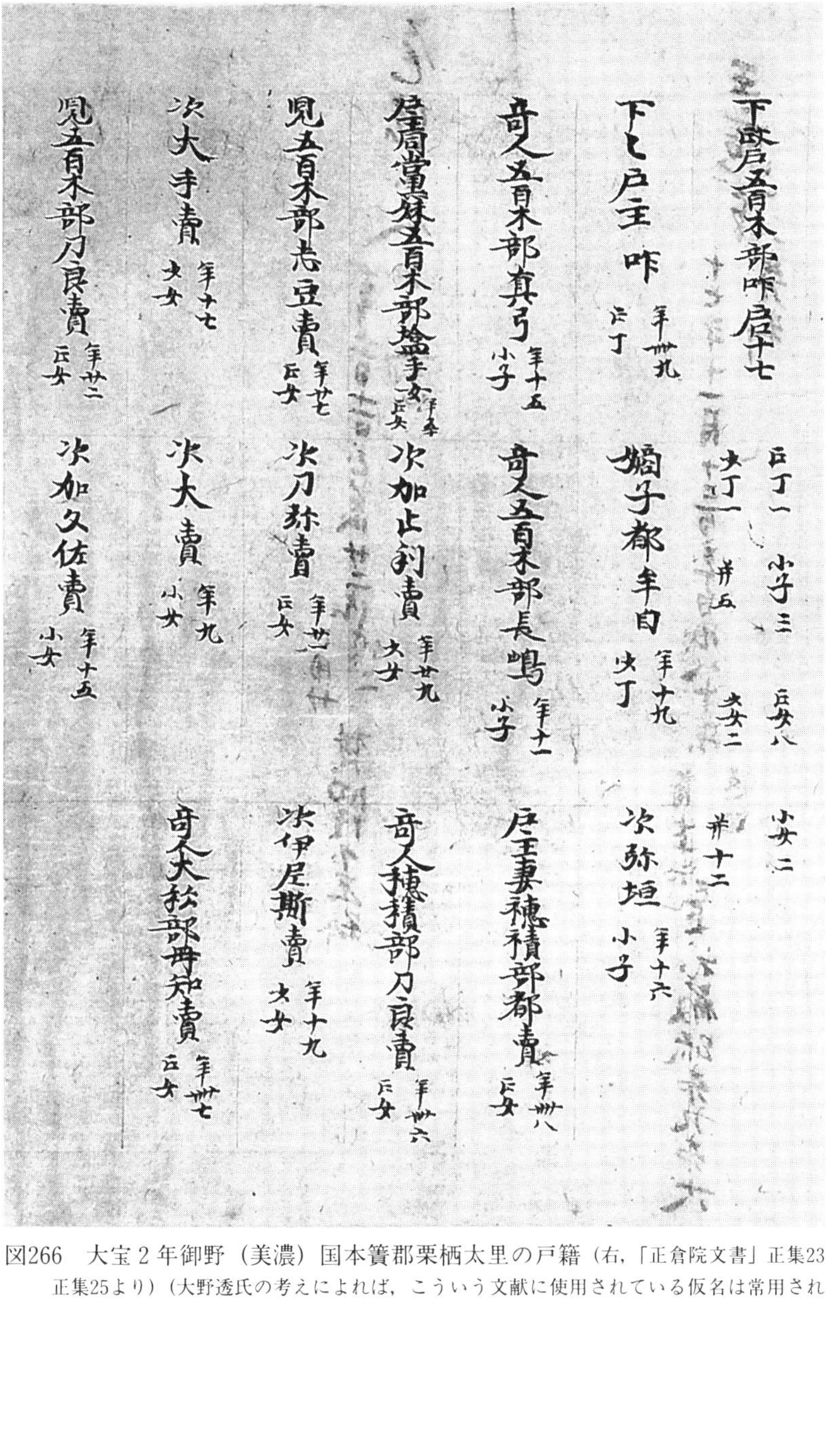
下政戸五百木部咋戸十七　正丁一　小子三　正女八　小女二

下々戸主　咋　年卅九　正丁　嫡子都牟自　年十九　少丁　次弥垣　年十六　小子

寄人五百木部真弓　年十五　小子　寄人五百木部長嶋　年十二　小子　戸主妻穂積部都賣　年卅八　正女

戸主當妹五百木部於手女　年卅一　正女　次加止利賣　年廿九　次女　寄人穂積部刀良賣　年卅六　正女

児五百木部志豆賣　年廿七　正女　次刀弥賣　年卅二　正女　次伊尼斯賣　年十九　次女

次大手賣　年十七　次女　次大賣　年九　小女　寄人大私部丹知賣　年卅七　正女

児五百木部刀良賣　年廿二　正女　次加久佐賣　年十五　小女

図266　大宝２年御野（美濃）国本簀郡栗栖太里の戸籍（右，「正倉院文書」正集23　正集25より）（大野透氏の考えによれば，こういう文献に使用されている仮名は常用され

4　墨書土器が語る古代日本人の基層信仰

平川　近年、発掘調査で土器に書かれた文字資料（墨書土器）が著しく増えています。私は、それが一体何だろうかとこれまでずっと考えてきました。木簡の場合にはセンテンスのあるものが多いのですが、これまでの墨書土器の場合は一字か二字のものがほとんどでした。しかし、最近は文章化された墨書土器もでてくるようになり、そういうものを通して古代の日本人の基層信仰のようなものが少しずつわかってきました。

奥村さんは『土佐日記』の中の「よぶ」という字について、それは漢語の「召」の翻訳語であろうと解釈しておられますが、古代の下総国、今の千葉県の北東部の庄作遺跡からでた九世紀の人面を描いた墨書土器に「丈部真次召代国神奉」という多文字の書き込みがみえます。「召」は文字どおり、人を召す、すなわち冥界に召すことと解釈することができます。千葉県印旛郡の長勝寺脇館跡からは「□□□□命替神奉」と書かれた墨書土器もでています。「（命）替」はおそらく、召される代わり、という意味合いでしょう。また、これらの文字は甕でなく、食物を盛って供膳する坏に書かれています。

こうしたことなどを考え合わせますと、「丈部真次召代国神奉」の釈文から読み取れることは、古代の人々が自らの罪におののき、死を恐れ、冥界の地獄の閻魔さまから召されるのを免れるために、一生懸命に御馳走を捧げる賄賂（まいない）行為をする姿が浮かび上がってきます。こうした冥界信仰は、景戒が書いた日本最古の仏教説話集である九世紀の『日本霊異記』にもたくさんでてきます。

ですから、これまでの一字、二字の墨書土器の多くも、そういうものを簡略に書いたものではないかと思います。それは文字の普及の問題ではなくて、中国で道教や仏教、古来の俗説などが混じって形成された冥界思想がわが国で広がった地域から、そうした墨書土器が多くでている可能性が高い。したがって、墨書土器の出土率と識字率とは必ずしもイコールになりません。

奥村　非常におもしろい捉え方ですね。文字を知ろうとする場合は、知識人にしろ庶民にしろ、文化的あるいは知的な何かに関心があって、それを摂取しようというときですね。つまり、そこには必ず何か字を使う目的があったはずです。

墨書土器に書かれている文字も、その字を使うことに人を駆り立てたものがあったからに相違ありません。現代では文字がありふれていて、字を書くことをなんとも思いませんが、最初に文字を使いこなすようになるまでには非常なエネルギーを要したと思います。文字使用に駆り立てていくものは、それだけの意欲を呼び覚ますものでしょう。『万葉集』でも歌の表現を増やすために、漢語の翻訳表現がたくさん入っています。人々をそういうふうに駆り立てたものが一体何だったかですね。

5　書くものと書かれるもの

平川　古代社会で文字が農村の一般庶民まで浸透していくと、それを使う場面をいつも模索していて、チャンスがあれば文字を使って自分の書きたいことを表現したいという人々がいたに違いありません。その具体的な表われが、たとえば自分たちの信仰を表現した墨書土器の文字でもあるでしょうし、歌を表記することにもあったと思います。

そういうふうに人々を駆り立てたのは、文字があったからですが、奥村さんは、以前、書くものがあって初めて書かれるものの世界へ飛躍できるのだとおっしゃっていますね。

奥村　誰でも一つのイメージをきちんとした対象として持てたときに初めて、普遍的な表現の世界に飛び越せるのですが、その場合、人からの借り物であれば、一番楽に飛び越せます。奈良時代の人間にはそういうレベルにとどまっていた面がわりとあったように思います。というのは、『日本霊異記』と鎌倉時代初期の『宇治拾遺物語』を比較しますと、人間のタイプの表われ方が少し違うと思うのです。

平川　そうですか。

奥村　つまり、『日本霊異記』にでてくる人間は、ある意味でどこか類型的です。それに比べて『宇治拾遺物語』の人間像は多様だと思います。そういう、表現するに値するものを身につけた人間がいて初めてその分だけ表現できる技術を作りだせるということがあるのではないでしょうか。郡符木簡などに書かれている内容も、必ずしも日本人の暮らしの中からでてきたものとはいえない、中国の影響が考えられるでしょう。

ですから、たまたま中国から文字が入ってきたから漢字を使ったということではなく、中国の文化に接して初めて書くに値するものを持てた日本人がでてきたような気がします。少なくとも言葉に関していえば、そういえるように思います。

ただ、中国の文化に日本人が本当に接しえたのは、漢文や漢字を受け入れたからだといえる面もあるのですね。つまり、言語においては、意識から外形がでてくるとよくいわれるのですが、しかし形式にしたがって初めて言語や思考が成立する面があるのではないでしょうか。

6　国語学と古代史研究の行方

平川　最近、発掘などによって新しい古代史の資料がどんどん増えてきていますが、私はこれからは古代史と考古学と国語学の三者が、それぞれの固有の方法論をベースにしながら、互いに影響し合って変わっていかなければいけないと思っています。そして、協業というよりも、もう一歩進んで第三の方法論を模索していく必要があります。単にお互いの方法論を寄せ集めるだけでは、新しい一つの大きな学問はできないのではないでしょうか。

奥村　言葉は、基本的には人間が自分を語る記録として唯一のものですが、そういう観点からいえば、言葉には人間全部がでてきます。ですから、過去の言葉について知るには、結局のところ、過去の人間のあり方全体を視野に入れないといけません。言葉の資料も文学資料だけに限定するのではなく、歴史学や考古学のほうでもっぱら扱っていたものも視野に入れる必要があります。そして、国語学の人間が資料を読む場合も、基本的にはいろいろな材料が語学の対象になるという目で、資料の状況全体をみていかなければいけないと思います。

ただ、その場合、歴史学や考古学の文献についても文学的な文献についても、お互いに使いやすい形で知識が積み重ねられていくことが必要ですね。

平川　そうですね。おっしゃるように、ほかの学問からみても十分に理解できるような表現形態のベースを揃えていかなければいけません。それがまだまだ不十分です。一緒に仕事をしていくための初歩的な基礎資料のところで他の学問領域に理解できない表現形式がたくさんありますからね。そういうものに固有はいりません。

それから、いまのお話の中で非常に重要なことは、結局、古代社会を復元していくには、文学資料に残されたものも全体の一部を伝えているだけで、他の資料を総合して初めて全体像が築けるということです。逆に古代社会全体を復元していかないと、本当の意味で文学も歴史も理解できないでしょう。その点では古代史も国語学も共通していますね。

奥村　国語学でも、「正倉院仮名文書」中の「カタチ」のように一例しかないような非常にわかりにくい言葉がよくでてきます。そういうものを位置づけるときに、やはり古代人もいろいろな生活の場面の中で生きていた人たちだという意識をもっていないと、偏った結論がでてしまう危険性があります。たとえば、日常卑近な用語であれば当然でてきにくいので、今いった「状況」を意味する「カタチ」のようなものを特殊な表現のごとく決めつけてしまったりします。そうした誤りは、やはり歴史感覚の欠如からくると思います。

「正倉院仮名文書」などでも一通は読めない箇所がありますが、それを理解するにはその手紙がやりとりされた状況がはっきりしないとわかりません。語彙の問題や、どういう漢字をあてるかといったことではなく、どういう状況で書かれたかを考えていけば、言葉としては案外簡単に理解できるということになるかもしれません。

平川　状況復元ですね。これからは断片的な資料でも、それが置かれた状況がどうだったかという全体を常に読み取っていくことがいっそう大事になってくるでしょう。そうなると、ますます一つの学問では無理ですね。

これまで国語学と古代史との接点は、木簡など新しい資料がでたときに、その中の難解な地名や人名などをどう読むかというようなことで国語学の方々に協力していただく程度でした。けれども、今日のお話をお聞きして、国語学的な視野からの分析は、古代文化を解明し、古代社会の全体像を捉えていくうえで十分に有効で、お互いが協業していくことができることがわかりました。これまで以上に国語学と古代史、考古学との距離を縮めていかないといけないことを痛感しました。どうもありがとうございました。

三 〈対談〉文字資料の現在と古代

神野志隆光
現在＝東京大学大学院教授。専攻＝国文学。
著書＝『古事記の達成』『古事記の世界観』『柿本人麻呂研究』ほか。

1 七世紀の木簡

神野志 平川さんは、文字資料の現在の状況を現場の最先端でみていらっしゃいます。そこで、いったいどういうふうに今の状況がみえるかをうかがいたいのです。

出土文字資料は、歴史の側からいえば生の歴史資料であって、もちろんそれは大事なものだと思うのですが、ひとり歴史研究だけの問題ではなくて、文学の側にとっても、たとえば『古事記』の文字の表現を考える場がより具体化してきたということなのです。今まで『古事記』の背景にどういう文字が現実にあるのかをみようとすると資料は限られていました。それが実際にみえるものがでてきた。その資料環境というか、文字資料の現在というものが、どういうふうな状況になっているのかをうかがいたいということです。

とくに、七世紀は、今まであまり資料が多くありませんでした。私どもにとって注目されるのは、七世紀の木簡がかなりでてきたということです。推古朝の遺文といわれてきた金石文について、信頼性というか、天皇号の問題などから、七世紀初めの推古朝のものとは認められないという年次配置の問題性がはっきりしてきたわけですが、今それを埋めるようにして七世紀の資料がでてきました。平川さんがおやりになった屋代遺跡群の木簡もそうですけれども、今、とくに地方から、七世紀の木簡がでてきていることについて、古代文学研究ではとりわけ注目しています。最初にその問題についておうかがいできればと思います。

平川　はい。木簡学会の特別研究集会を最初は新潟で実施しましたが、二回目を平成十年（一九九八）長野県で行ったのです。なぜ長野で実施したかというと、長野県更埴市の屋代遺跡群で、七世紀、年号でいえば六六五年の年紀をもつ木簡から八世紀の郷里制下といわれる七二〇年代ぐらいまでの資料が一二〇点ぐらい出土したからです。それとちょうど期せずして西の徳島市の観音寺遺跡からは、七世紀の前半にまで遡る『論語』の一節を書いた木簡や、七世紀の後半から八世紀にかかる時期のこれもまた木簡が大量に出土した。それはちょうど都における飛鳥池遺跡の七世紀の後半の木簡とも連動して、いっきに七世紀の資料が注目されたのです。

七世紀の木簡についてはこれまでにも静岡県の浜松市の伊場遺跡から、七世紀後半の木簡の特徴とされる干支年の木簡、また評制表記の木簡も出土しています。ただ伊場の場合はまだ十分地方木簡の研究状況が整っていないところに貴重な木簡がでたので、まだ比較する資料がなかったこともあって、十分に突っこんで研究するところまでには至っていませんでした。しかし木簡研究からいえば、伊場の木簡が重要な位置を占めているのは確かです。その後は、滋賀県内の数ヵ所の遺跡で七世紀代の木簡が出土し、注目すべき木簡が何点か発見され、そういう土壌というものがしだいに整ってはきていたのです。

それから、七世紀末から八世紀の初頭ぐらいのいわゆる大宝令施行前後ぐらいの木簡も各地で数多く出土しています。それにしても主流を占めていたのは平城宮を中心にした木簡研究です。要するに「正倉院文書」という同時代資料が比較資料としてある八世紀の木簡を研究対象としてきました。木簡研究は多くの部分で「正倉院文書」の研究に支えられています。しかも『続日本紀』のような記録もきちっと揃っていますから、条件がいいところで、落ち着いた研究ができるのです。とくに、日本では平城宮跡から大量に木簡が出土してすばやく研究者が対応できたというのは、「正倉院文書」の研究がベースにあったからです。ですから、文字一つ読むにも、同時代資料、同時代の生の文書が、手近にあるという有利さがはたらいて、日本の木簡研究は進展したのではないかと思うのです。

いずれにしても、八世紀の木簡研究は平城宮を中心に進められていました。だから、七世紀の藤原宮や飛鳥京や地方の木簡、つまり七世紀の木簡についても八世紀的な木簡研究をあてはめがちであったといえます。

それにこれだけの数量の七世紀木簡がでると、七世紀のものはいろいろな点で八世紀のものとは違うのではないかと思われてくる。七世紀の木簡をトータルに考えてみる機会もなかったので、長野で行った木簡学会特別研究集会の統一テーマとして、七世紀の木簡を考えてみようということになったのです。だからこれは問題点の整理に止まるかもしれないけれども、現段階では七世紀の木簡を全体的に捉えることが今後の研究に役立つと思ったのです。当然のことですが、『古事記』だけでなく、『日本書紀』、『風土記』や『万葉集』など、八世紀の所産は七世紀というトレーニング期間があってはじめて成り立ったと思われます。今は総括して考えようと、やっと着手しはじめた段階ですが、長野の特別研究集会でいくつかの問題点が摘出できたことは一応の成果なのです。

神野志　今その問題点の整理の段階にきたということですか。

平川　そうですね。まず、七世紀と八世紀というふうに単純には分けられないということです。そして、長屋王家木簡や七世紀末から八世紀の初頭のものは、八世紀の天平以降のものとは様相が違います。

一方では、今までの平城宮の木簡を中心に考えていたいわゆる八世紀的木簡研究のパターン、そういうものがストレートには七世紀木簡にあてはまらないということがわかってきました。たとえば一つには「正倉院文書」でみた帳簿、あるいは膨大な、大宝令以降に整備されていった公文がそれです。公文書のさまざまな書式整備が、整えられていく前後において木簡が果たした役割が違うのではないか、つまり七世紀と八世紀とでは木簡の果たした役割が同じではないのではないか。

神野志　つまり、木簡の比重という点でいうと七世紀のほうが圧倒的に大きかった……。

平川　そうでしょう。大宝令でさまざまな書式が整理され、そして養老元年には公文の整備が大幅に行われるのです。木簡は大きく分けて文書木簡と付札の二種類がありますが、その文書木簡の中に狭義の文書、つまり差出しと宛先がある、やりとりをする文書木簡、もう一方は、帳簿・記録簡というものがあって、現段階では七世紀の木簡の場合、帳簿・記録簡が目立ちます。たとえば、屋代遺跡群の場合、文書木簡のうちでは記録簡が大きな位置を占めている。これは当然、紙の問題ともかかわりあってきます。つまり木簡には紙に代わるような機能があるのではないか。つまり、高い規格性とか、あるいは記載様式に特徴があるのではないかということが、浮かび上がってくるのです。

神野志　今まで平城宮の木簡で考えてきたものと、七世紀の木簡とは意味が違うのではないかというのがみえてきたということですが、遺跡としては、今のところ、西国でいうと観音寺、東国で屋代、やや東国に近いところで伊場になります。最近の『木簡研究』(二〇号)に出土の整理もありますけれども、平川さんが、今注目していなければいけないと思っておられるところは……。

2　地方の七世紀

平川　たとえば、福岡県小郡市の井上薬師堂遺跡。これも七世紀後半の木簡と、八世紀のものがありますが、記載様式や表記の仕方がおもしろいのです。それと埼玉県行田市の小敷田遺跡。

神野志　その「おもしろい」の中身を、少し話していただけたら。今まで、八世紀の眼でみていたのを離れて、七世

（裏）　（表）

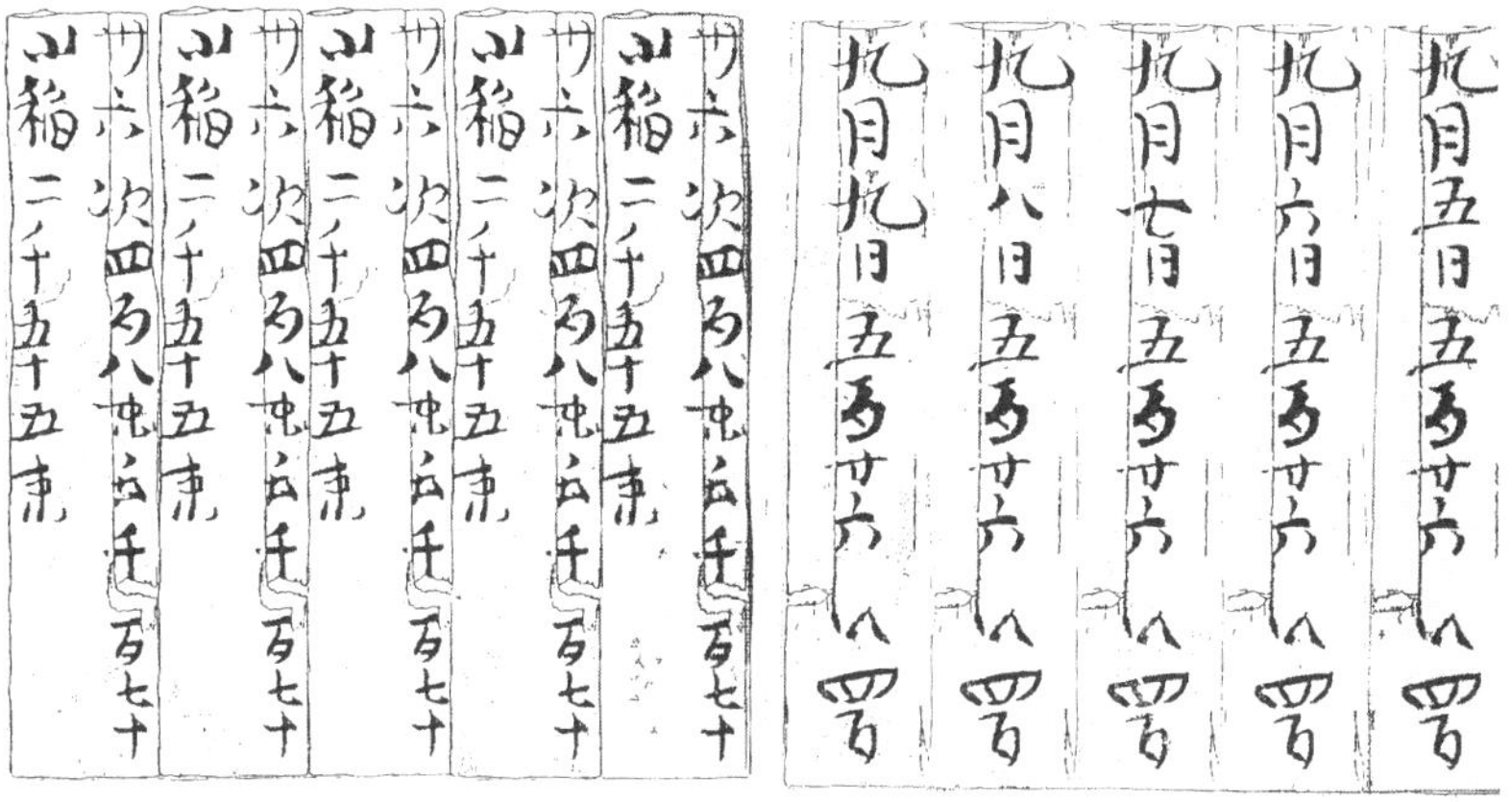

図267　木簡のカード的利用方法の一例（スクリーントーン部分は出土木簡，それ以外は復原したもの。埼玉県行田市小敷田遺跡第３号木簡，158×32×２）

紀というものをわかってくると、こういうところでおもしろいということを。

平川　私が強調しているのは、一つは記載様式と木簡の形状の問題です。

神野志　形ですか。

平川　記録簡の場合でいうと一種の出納記録。つまり、出納を記録するときに、木簡を使っている。出納記録は、八世紀の「正倉院文書」の出納記録をみるとわかるように意外と合理的でないところがあって、基本的には巻子仕立ての帳簿ですが、巻子仕立ての帳簿には差し替えたりすることができない不便なところがあるのです。ところが木簡のカード的な使い方は、勤務評定のいわゆる考課のケースでは、早くから注目されていました。年々勤務評定して、たとえば、八年で集計する、そういうときにカードとしての意味がでてくるということなのです。ところが考課以外でも出挙をはじめ複雑な収支決算というか、貸し出したり収納したりということを繰り返すような出納記録の場合には、実は木簡がとても便利です。そのためにはカードとして、定型化していないと、紙に書かれるような機能を併せ持つことはできない。その点で、各地から出土している出挙木簡は小敷田も、それから、屋代でも、形が非常に定型化しているのです（図267）。
神野志　具体的にそれを教えていただければありがたいのですが。
平川　規格性が高いということです。文献史学の研究者はどちらかというとものかたちをあまり重視しないで、釈文に関心が向いてしまうことが多いのですが、考古学的立場からは、どうしても形状観察から入ります。
神野志　帳簿代わりみたいな形で書いている、七世紀に、いわゆる文書行政とは違うにしても、文字が政治にかかわることが地方のレベルですでにあったのでしょうか。
平川　私はそれが非常に早く成立したのではないかと思う。
神野志　もう少しそこのところをお話しいただけますか。文字が現実の政治にコミットすることがたしかにみえるというのはいつですか。
平川　たとえば長野県屋代遺跡群から「乙丑年」（六六五年）と書いたものがみつかったのですが（図268）、これも出挙関係の木簡と考えられます。内容的に言えば、文書行政が堂々と行われているのです。
神野志　お話の趣旨を確認すると、それぞれの遺跡において記録簡に定型化された木簡が多用されているということですね。
平川　とくに出納関係で木簡をフルに活用する。活用するさいに、カード的な使い方をして木簡の特性を生かしたケースもあるということです。
神野志　今、観音寺遺跡の場合は七世紀の前半の、習書木簡があるということで、七世紀前半に遡ってすでにそうした形で考えられる状況があるのではないかということでしょうか。
平川　それは亡くなられた岸俊男先生が、すでに木簡は六世紀の可能性を考えられていたのですけれども、現実にはなかなか七世紀の壁をまだ突破できてないのです。しかし、朝鮮半島ではもうすでに六世紀代の木簡が検出されていますし、日本でも出土する可能性は十分にあります。これまでは屯倉など先進的なところから、戸籍などの文書行政的支配がはじまるというふうに考えているのです。それでも説明はつきますが、以前考えていたよりはあまり特殊化しないで考えられないか、たとえば信濃の屋代遺跡群から六六五年の木簡がでると、やっぱりあそこは東国でも異質なところだと。そういう意味で阿波の国も……。

神野志　特別な国だとなってしまう。

平川　そうではなくて、私はかなり均質なレベルではなかったかと。たとえば、出挙は律令国家の財政運用の根幹にあったのです。強制的に貸し付けてその利息を生んで、利息で雑用支出を行うというこのシステムが律令国家の財政構造の基盤にあるのですが、その出挙の運用に関する資料は従来の史料にはほとんどないのです。けれども現実にはほとんどの財源を出挙している。これはお寺の経営などでも実施しています。実際には誰にどのくらい貸し付けて、そして秋の収穫期にどれだけ回収したかということは現地レベルでは大事な情報だけれども、中央にとっては収支決算さえ届けばいいんです。それが「正倉院文書」にみる伊予国正税出挙帳のようにトータルの数字だけが中央に報告されていることでもわかります。しかし現地ではまさに誰に何束貸したか、そのうち何束返っ

図268　長野県更埴市屋代遺跡群第46号木簡実測図

・「乙丑年十二月十日酒人
・「『他田舎人』古麻呂　（一三二）×二六×四

てきてまだ不足がどれだけかというような細かい出納（貸付・収納・未納など）をしているのです。そして、今各地の遺跡から出土する木簡のうちに、必ず一点や二点は出挙のものが含まれているのは、まさに、それがいかに広範に実施されたかを示しているのです。

神野志　文字どおりそこで本当の行政の実態がみえてくる。

平川　またそういう業務が当然文字を必要とする。

3　七世紀以前への視点

神野志　その〝当然文字を必要とする〟といったときに、今まで私どもが思っていた文字の風景は、限られた空間の中でみられていたものだったが、それがもっと地方にまで広がったものとして考えなければいけないのではないか、しかも七世紀前半に遡ってもいいのではないかと平川さんはおっしゃるのですね。

平川　『論語』の習書だけが、観音寺遺跡では一応は七世紀前半と位置づけられて、ほかのものは七世紀後半からです。その『論語』を、習書とみるかどうかはまた別問題ですけれども、『論語』の一節を書いたものが、それが当時一個人の文学的なたしなみ、趣味的なものとしてのみ木簡に書かれるなんてありえないので、常に政治の場が背景にあるとすれば、当然文字を用いた行政は、七世紀の前半まで遡る可能性がある。信濃ではいきなり木簡に乙丑年（六六五）という年紀や人名などが記されている。それでは六六五年に突如として現われたのかというとそんなことはないわけで、こうした七世紀後半の木簡を生みだす土壌が当然あった。

神野志　その土壌について、どうお考えなのかをもう少しお聞きしたい。一所懸命彼らは文字を習得しなければいけない。それは、習書木簡から浮かんできますよね。文字を習得し、手に入れることによって、文字によって運営される機構の中で生きていく場所をもちうる。そういう文字の問題ですよね。それが、どんなふうにありえたとお考えなのか、そこをもう少しおうかがいしたいのです。自然成長的なものとはいえないと思うのですが……。

平川　五世紀の埼玉県行田市稲荷山古墳出土の鉄剣銘文をみますと、あれだけの作文力というか、文章をしたためる力がどこからきたかを考えてしまいます。つまり、渡来人の祐筆に課された仕事とみるのか。そうではなくて、王権とのかかわりを重視してみるか。いずれにしても、階層が限られると思いますけれども。

現在までのところ日本の場合は、五世紀のものがどういうふうに七世紀代に繋がってくるかという意味では六世紀の資料が重要であるが、六世紀が資料的に空白だから、ひょっとしたら六世紀さえ埋まれば、いっきに五世紀まで繋がっていく可能性はあるのではないか。

神野志　五世紀における鉄剣の場合、鉄剣を受け取る側で、文字が理解されなければならないというのではなくて、そこに文字があって、剣という呪的なものがあるということでよいのではないか。乱暴な言い方ですが受け取った側は文字がわかっていなくてもよいのではないか。

文字を刻んだ剣を与えることで組織されていく。そういうレベルでの、つまり中国王朝と倭王との場合におけると同じ、剣の賜与ということにのっとったようなかたちで行われるようなものが、文字の基盤などなしに、いきなり導入されたかもしれないとみていいかもしれない。そういうことと、七世紀に本当に、実質的に文字を理解してやっていく、中央と地方の交通を成り立たせるし、地方でまたその運営を成り立たせていくものとして、文字があるというなかで、どういうふうに六世紀を押さえるかということを、私は問題としたいのです。

大宝令は、もう文書を作らなければいけない世界だということははっきりしています。そして七世紀からすでにもうそのような方向へ動きはじめているのだとすれば、そこに何がはたらきだすのか。つまり、たとえばエポックを推古朝とみるのだったら、自然に動きはじめたのではないとすると、そこでどういう問題を考えるべきなのか。また遡って六世紀からもう動きはじめているのでしょうか。そうするとそこにはどういうかたちで文字への要求があったとみるのですか。

平川　私自身まだそこまで、背景というか土壌をどう歴史的に解釈するか、まだ十分煮詰まっていないのですが、日本に倭国王および大王という一つの王権が確立される五世紀段階から急激にそういう動きが促進されているのは確かです。それまで、外交文書に限られていた文字は五世紀の倭の五王の時代、王権の樹立を宣言するとともに、国内政治に文字をいわば〝政治の具〟として使用しはじめた。文字を導入して、読めようが読めまいが、文字を介在した一つの政治が行われる、そうすると加速する。ヤマトと地方とか、あるいは、地域と地域との繋がりなどにおいて早い段階で文字を介在した政治が行われるようになる。ある面では、政治のうえで文字を介する行為がはじまったならば、今度は政治が文字を促進させるというふうになる。私たちが今まで考えていた、中国からの律令の導入だけをもって〝文書・帳簿〟などの文書行政を捉えてきたということを考え直さないと……。

神野志　文字を介在するということをはじめてしまったならば、いっきにアクセルが踏み込まれてしまう。今まで中国の制度を導入して律令が云々と考えてきた、そういうものとは別に実は踏み込んでしまった文字は、実際にもう加速して動きはじめているのではないかということですね。

平川　文字のはじまりの問題を考えてくるなかで言われてきたことですが、文字は政治的・経済的必要性に迫られて導入したわけです。そして、おそらく最初は外交という場で国書をしたためるためのものとして、日本列島では文字が開始された。しかし、文字が内の政治、内政に導入され、文字をもって政治支配の道具とする、それがはじまったのが、私が今考えているのは、少なくとも五世紀の「王賜」銘鉄剣（図269）――。

神野志　五世紀の後半ですよね。第3四半世紀というと。

平川　実際は五世紀半ばをちょっと遡るという可能性はあります。中国から倭の王権が承認されることと、文字を内政に導入するということが連動しているのです。「王賜」銘鉄剣は、王権から下賜された、現段階では最初の資料と私は考えています。下賜刀を受けてはじめて動きだす。そして在地の人間が今度は王権とのかかわりを綿々と書き記すに至っていく。だからそこでは完全に、文字を介して読もうが読むまいが、文字というものが政治の具、統治の具というかたちで機能しはじめたのです。

神野志　「王賜」銘鉄剣と稲荷山鉄剣の関係は、多くの論議もあるところなのですけれども、平川さんは、「王賜」銘鉄剣は文字を介在させるという形で動きはじめたことを示し、その動きはじめた車のアクセルを加速的に踏み込むような状況を示すのが、稲荷山鉄剣なのだとおっしゃる。

平川　結局それを受けた側が今度は地方支配の具として王権とのつながりを記す。

神野志　文字が動きはじめたという状況。

平川　私の図式で言えば、最初に王権から下賜する。今度は下賜された側が王権との繫がりを綿々と書き記す。だか

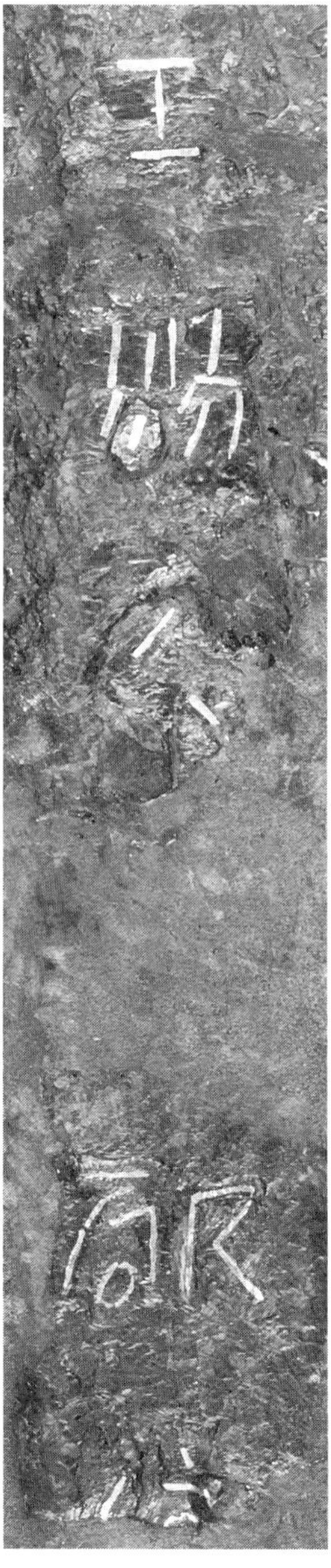

図269　「王賜」銘鉄剣
（銘文表出後の写真）

らそれが、中国の漢字の歴史と一部重なったりするのですね。

神野志　そういう中でもうすでに動きはじめている。つまり五世紀で動きはじめていたものが、当然七世紀に繋がるとみるべきだと考えると、受けとっていいんでしょうか。

平川　そうです。でないと七世紀代の信濃の資料をみても、たとえば他田舎人というウジ名の問題から考えても、今までは舎人の付くウジ名は庚午年籍（六七〇年）以降というふうに考えられていたのです。けれども少なくともそこには「乙丑年（六六五年）他田舎人」とはっきり書いてある。ウジ名というのはむしろ王権との繋がりを、他田宮に仕えたことを強調する舎人姓という表記こそが、先行しているわけでしょう。そこにも王権との繋がりが、ウジ名表記という文字に実際に表われてくる。

神野志　お考えの筋道についてはっきりわかってきました。ただ、今現われている資料は、七世紀後半に属するという時期の問題について、もう少しお聞きしたい。

平川　他田舎人の問題だけでなくて、七世紀の後半というふうに大きく捉えて、各地で木簡を使った帳簿がみられるのです。記録の整えられたシステム、複雑な出納を、木簡によって処理している高い事務能力。木簡の使用――文字の使用も含めて――そういうものはいったいどこから生まれるか。今までだったら大宝令との関係で説明したけれども、実際にそういうものがもうすでに行われていたのですからね。どこから発想されたのか。

神野志　現実の問題として現場で文字が動きはじめている、律令の整備というような単純な図式じゃなくてどう捉えられるかということですよね。

平川　とくに政治を支える経済的な基盤、経済活動の中で、そういうものが飛躍的に多様な形で整えられていく。

4 文字の質

神野志 角度を少し変えますと、もしそういう現実がみえてきたとして、文字に即した問題として言うと、文字というのは当然ながらもともと漢文の文字であり、漢文を書くものです。でもそういう文字のままでは、今おっしゃったような七世紀後半の高い事務処理をこなせるのかどうか。いちいち翻訳を経て文字を用いていくというのではやっていけないのではないか、文字の質の問題として。

平川 そういう面では、木簡の使用方法がきわめて日本的なものに改良されているのです。文字の使用法にしても、そこに書かれている内容も、例の滋賀県中主町西河原森ノ内遺跡の書状風のこなれた内容の木簡（図270）も含めて、帳簿類も改良されている。だから中国にはない形式をもっている。カード的に使うような木簡は、日本的に工夫されてできあがってきている。

神野志 その場合、文字の質ということを、どうお感じになるのか興味があります。

平川 平成十年（一九九八）に行われたシンポジウムのときにもでた問題です。これはむしろ神野志さんにお聞きしたいのですが、森ノ内遺跡出土の木簡は。

神野志 ええ、六八〇年くらいかな、といわれている……。

平川 あの和文化された文章表現。

神野志 七世紀後半、六八〇年ぐらいになると、そういう事例がみえてくるのですが、七世紀前半の時期あたりだと、どういうふうにその文字の質の問題がみえるでしょうか。

平川 私自身古代史のイメージがまだ定まっていないから、そこはちょっと恐くて言えないのですが、私の捉えるも

・「椋□□〔直カ〕之我□□〔持往カ〕稲者□□〔馬不カ〕得故我者反来之故是汝卜部」
・「自舟人率而可行也　其稲在処者衣知評平留五十戸旦波博士家」

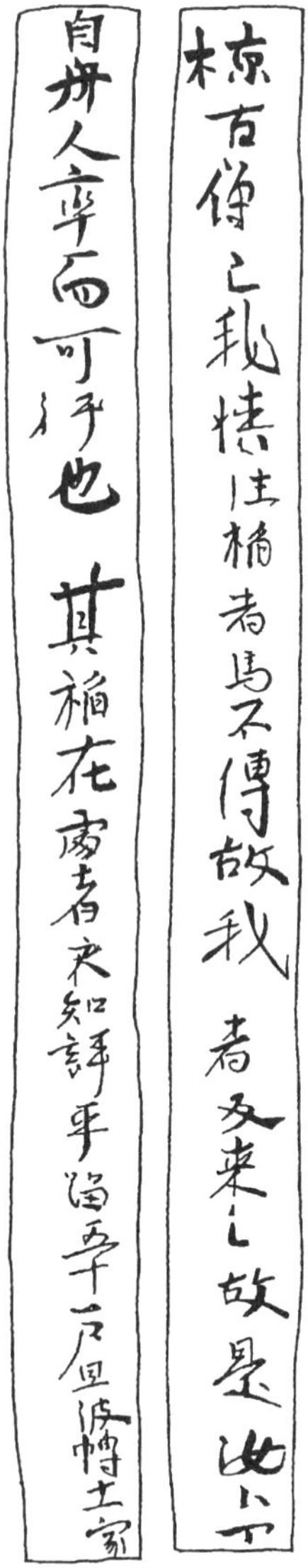

図270　滋賀県西河原森ノ内遺跡出土の木簡（7世紀後半）

のは今までの政治的なエポックとは違うんです。今までの古代史で考えられていた段階的なものを、今なお国文学界は強く意識されているでしょう。私はそこから崩そうとしているから、なかなか余計にこわい。

神野志　いや、だからこそそこのお話が聞きたい。そこで文字の質がどうみえるか。今でている現実の木簡が、どういうものとして文字の質をみせているのか。漢文としては読めないものが七世紀後半にはでてくる。

平川　飛鳥池木簡もそうですね。

神野志　飛鳥池も七世紀の後半。文字の用いられ方はかなり幅が広いですよね。観音寺遺跡からも一字一音で、歌が書いてあるものがでたけれども、飛鳥池の木簡などをみていると、幅があって、やはり仮名文みたいなものもあり、漢文とともに、そうではないものを全体の広がりのなかに、文字の質の問題をみなければいけないだろうと思うのです。

平川　その質を考えるうえでは残念ながら、観音寺遺跡木簡も屋代遺跡群木簡もいわゆる狭義の文書木簡がないのです。

神野志　文章という形を考える余地があまりないようなものがでてきている。

平川　ただしそれが、文書風のものの存在を打ち消す材料にはならない。だから、たとえば〝木簡は帳簿から発達した〟とかそんなことはまだ現段階では言えない。中国の『論語』を書き写したようなものが先行して出始めているこ
とをみても、そういう文章に対する強い傾斜はあるんでしょう。ただ残念ながら今のところ文章化されたものはない。資料的には五世紀の稲荷山鉄剣からいっきに、七世紀の推古朝遺文や森ノ内遺跡の出土木簡などに……。

神野志　先ほどからの話の続きで平川さんがおっしゃりたいことを忖度しますと、ゴキブリ一匹三〇匹ではないけれども、森ノ内遺跡一点をもってしてその背景を考えるに充分値するということですよね。

平川　森ノ内遺跡木簡が出土した当初は、近江の地を特殊化し、渡来人の問題に帰そうと考えたのでしょうけれども、現段階ではそれだけでは説明しきれない。

神野志　それで、現実の前に立って、政治のエポックみたいな、そんな既成の概念を持ち込むのではなくて、現実の動きの中でみえてくるものこそはっきりとみていかなければいけない、それが本当の現実の政治のエポックなのだとおっしゃる。文字を介する政治、政治の方法としての文字が、五世紀の後半ではっきりと現実化して、その流れの中で七世紀がみえるのだということですよね。つまり現実にみえてきたものは、いわゆる律令の文書行政よりもっと早いものだったということ……。

平川　結局、古代国家の成立過程で文字が最初に介在したのです。ヤマト王権の当初からその後の形成過程におけるまで文字は大きな位置を占めた。そのことは地方における文書行政を当然促進させただろうし、文字をそういう面で広めていった。質的なことはまだ十分にわかりませんけれども、大きいスタンスで文字が、従来考えられていた以上

に、政治的なものから、出発しているということがわかってきた気がします。

地方豪族の拠点的なところから高いレベルで、早い時期にでてきている。今までだったら七世紀段階でさえまだ宮都を介していると説明したでしょうけれども、実際はそうでない可能性があるのではないか。文字をもっている優位性を政治的な支配の中に取り入れていったとすれば、こぞって文字にたけた人間をかかえ込む。そういう政策を導入していく。戦国期でも近世でも常に為政者は、あるいは各地の大名たちは、知識人を競ってめしかかえている。また文字とは直接的に関係ないけれども、たとえば祭祀という問題をもう一方で注視すると、地方豪族の拠点的なところに巨大な祭祀空間が形成されている。観音寺でも七世紀の初頭に大規模になされたし、屋代でも、伊場でもそうです。それからいわき地方の豪族の拠点でもそうです。共通して、地方支配の拠点には、非常に大規模に祭祀空間を構成し、独占的に導入していく。

文字の問題だけでなくて、あらゆるものを集中させていく動向は、地域支配の重要な要素としてみているのですけれども。

神野志　文字が実際にはどういう場所に、全体的にどういうふうにあるのかという問題からいうとそれは興味深い。一方で祭祀という呪術的なところにあり、一方で「近代的」で新しい政治の場にある、それをどんな形で構造化するかという問題を、考古学の現場は考えさせるということですよね。現実に文字が政治の機能として動きはじめていきながら、一方で、祭祀的な要素に深くかかわりながらある。

そういう文字の空間から、現実に八世紀になると、『万葉集』に入った歌がつくられる。あるいは『古事記』ができる。ただ『古事記』は、漢文でない文字のありようの中で考えようとすると、実際に取り上げられるものはどうも長屋王家木簡になってしまいます。

しかし、〝音〟の資料として問題はでてきそうだといわれる。

5 字音表記の位相

平川 たとえば『万葉集』など、字母の特徴というのは従来からいわれている、たとえば、「ア」という音ですね。一般的には当時の上代の文献ではほとんど「阿」。『万葉集』ではアの字母は「安」が大半を占め、「阿」は巻五・一四・二〇などに集中してみられると指摘されていますね。最近気づいたのは、七世紀の出土資料をみると、その音を、地名とか人名も含めて、きわめて多様な字音の表記の仕方をしていて、八世紀的な、あるいは、地名でいえば『和名抄』的な表記と異なることがわかってきました。

神野志 実際の例でいいますと……。

平川 いくつかあるのですが、「ハ」です。飛鳥池遺跡の字書木簡（図271）にある「蜚尸」の訓み「皮伊之」をみたときに、私はそれまでに、「ハ」の音を「皮」という字で書いたいくつかの資料を実見していましたから、即座にこ

・「熊《汙吾》羆彼《ト》迊《ナ布》恋《□尓》蔦《上》横《詠》営詠」
・「蜚《皮伊》尸之忤懼」

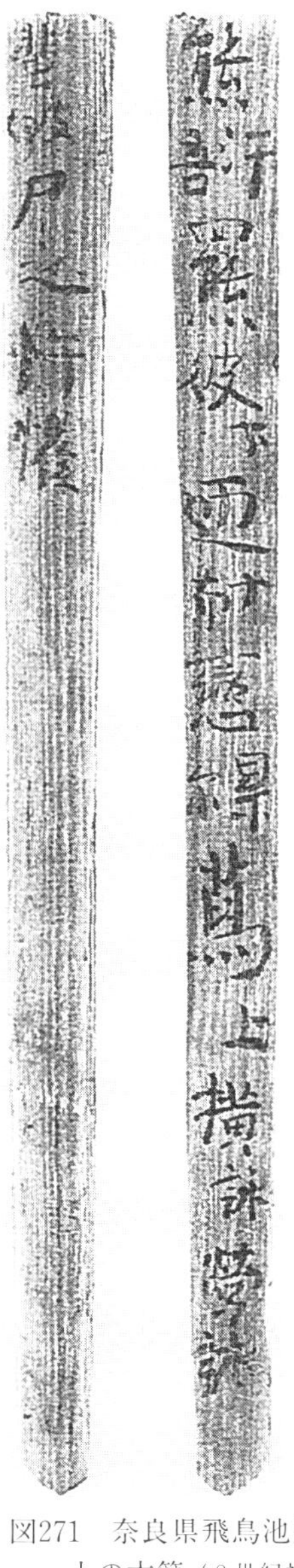

図271　奈良県飛鳥池遺跡出土の木簡（8世紀初め。漢字の読みが小字で示されている）

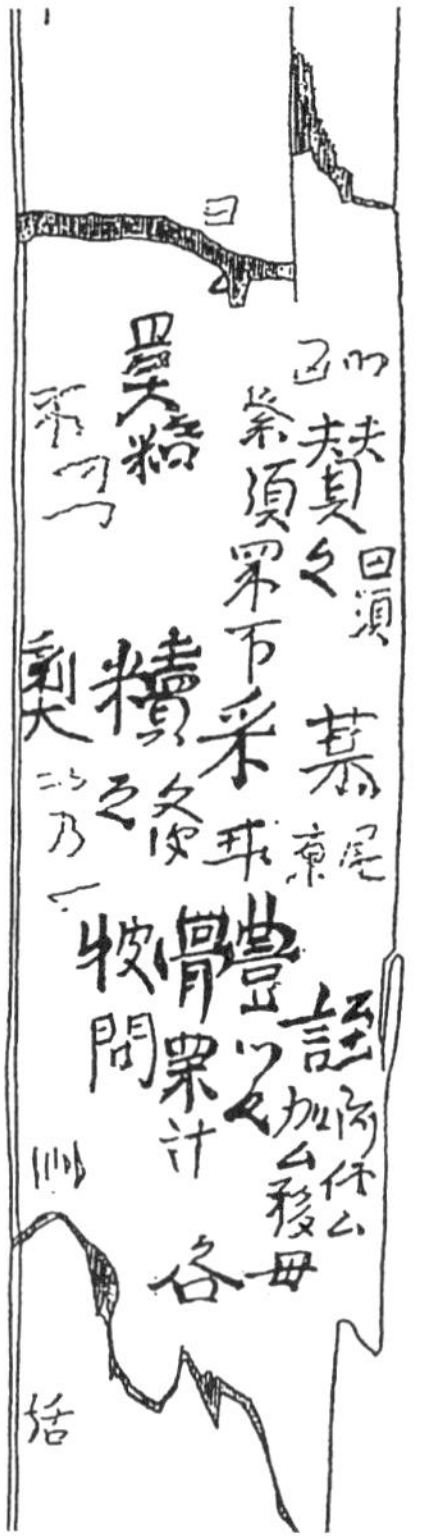

図272　滋賀県北大津遺跡出土の音義木簡（表，7世紀後半）

れを「ハ」と読んだ。ところが小林芳規氏が「ひい・し」と読まれた。要するに「蚩尸」を「ひい・し」と読まれて、一音節を長音に、「ひい」というように伸ばすんだということです。一音節伸ばして、関西弁の「目（めえ）が痛い」と同じだということをその後新聞などでも書かれていました。

この「皮」の字をそれ以前にいろいろな資料で確認していましたが、その一つが、千葉県栄町五斗蒔瓦窯跡です。この遺跡は、七世紀の第3四半期とみられるもので、龍角寺という白鳳寺院の創建時の瓦を焼いた窯で、その瓦に文字の書かれたものが、四〇〇点以上残っていた。私はこれを全部地名とみて理解しているのです。その中に「皮尓負」と書いた資料がある。「はにふ」で『和名抄』でみれば埴生郡の「埴生」です。それから、「皮止阝（はとり）」という服部姓の「はとり」の「は」です。現在でもここに「羽鳥」という地名が残っているのですから確かです。滋賀県中主町の例の森ノ内遺跡の木簡の中にもこの「羽止里阝」がみえる。それから音義木簡という、滋賀県北大津遺跡の有名な木簡（図272）がありますね、この音義の中にも「穳」の訓みを「久皮之」とあり、これが「くはし」というふうに読めるのです。「穳」は誤記で、実際は「精」、これを「くはし（久皮之）」とおそらく読ませているのでしょう。これも「は」です。だからこれらは「くはし（久皮之）」「はとり（皮止阝）」「はにう（皮尓負）」と読める。

「皮」は「は」としか読まないので、法隆寺金堂四天王の光背銘（図273）は従来「片文皮臣」と読まれていたのですけれども、「汙久皮臣」、いわゆる「うくは臣」＝的臣というふうに東野治之氏が指摘されていて、その当時はまだこの「は（皮）」の音があまり用例がなかったから、確定されていない。しかし、これも「は」と読んでいるのです。そうすると全部「は」という音で読んでいることになる。稲荷山鉄剣の「多加披次獲居」（たかひしわけ）、「加差披余」（かさひよ）の「披」が問題です。これらは、「たかはし」「かさはよ」と読んだほうがいいのではないか。そうすると先の「蚩尸」は別に「ひい・し」と第一音節を伸ばしているのでなくて、「は」と読めば「はい」です。これは中国の音そのものです。それから下の「尸」は次の「之」が「し」と読ませている。これで「はいし」。「蚩尸之忤懼」は「はいしごく」。表の「熊」の訓みは「汙吾」（うぐ）。「ぐう」ではない、「うぐ」です。現代の韓国では「熊」という字は「ＵＮＧ」で読ませる、「うん」と読ませる字です。「ＵＮＧ（うぐ）」とその読みを書いていた可能性のほうが高い。「羆」の字も「彼」という訓みも、これで「ひ」と読ませる。だから出土資料によって、音の関係史料がかなり増えている。

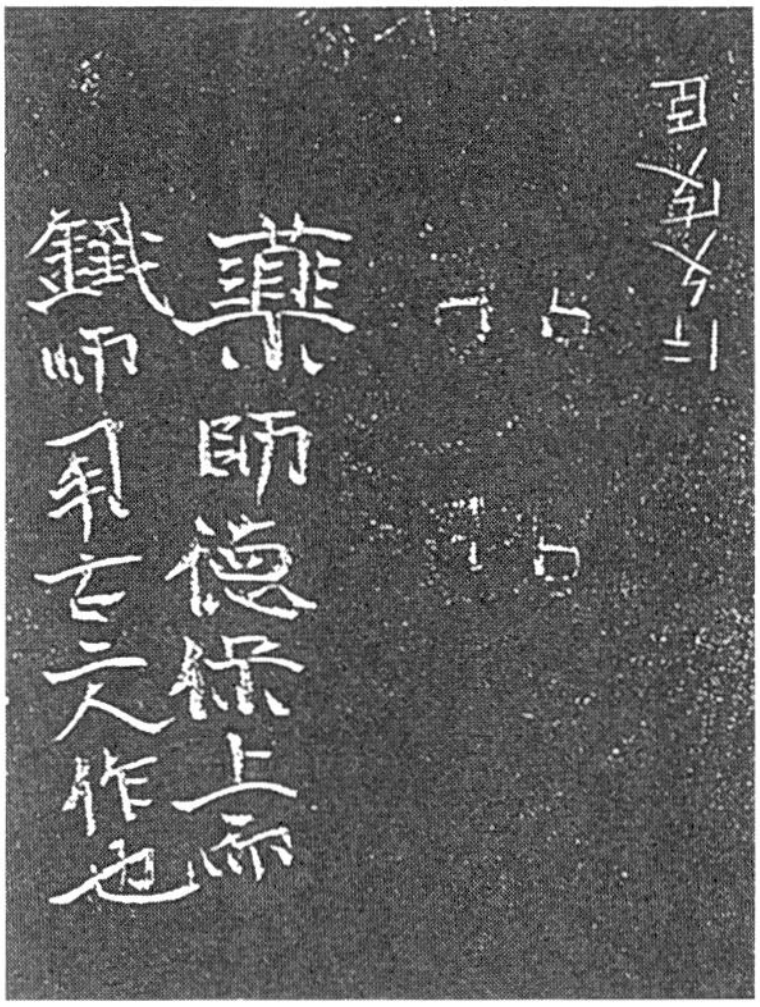

図273　「汙久皮臣」（法隆寺金堂四天王〈多聞天〉光背銘）

先ほどの「阿」も、今までですと「阿」と「安」が認識されていたのですが、これも五斗蒔遺跡の文字瓦（図274）の中に、「赤加皮真」というものがある。「あかはま」の「赤加」です。「加」（か）を送ったようにみえますけれども、実際には「赤」の字は、「あ」という音で使用している、つまり、「あかはま」〝赤い浜〟という。それは「阿」を使った、「阿加皮（麻）」で共通して使っているのですから、やっぱりこれは「あ」という音なのです。この例は今までおそらく、国語学では認められていなかったでしょう。

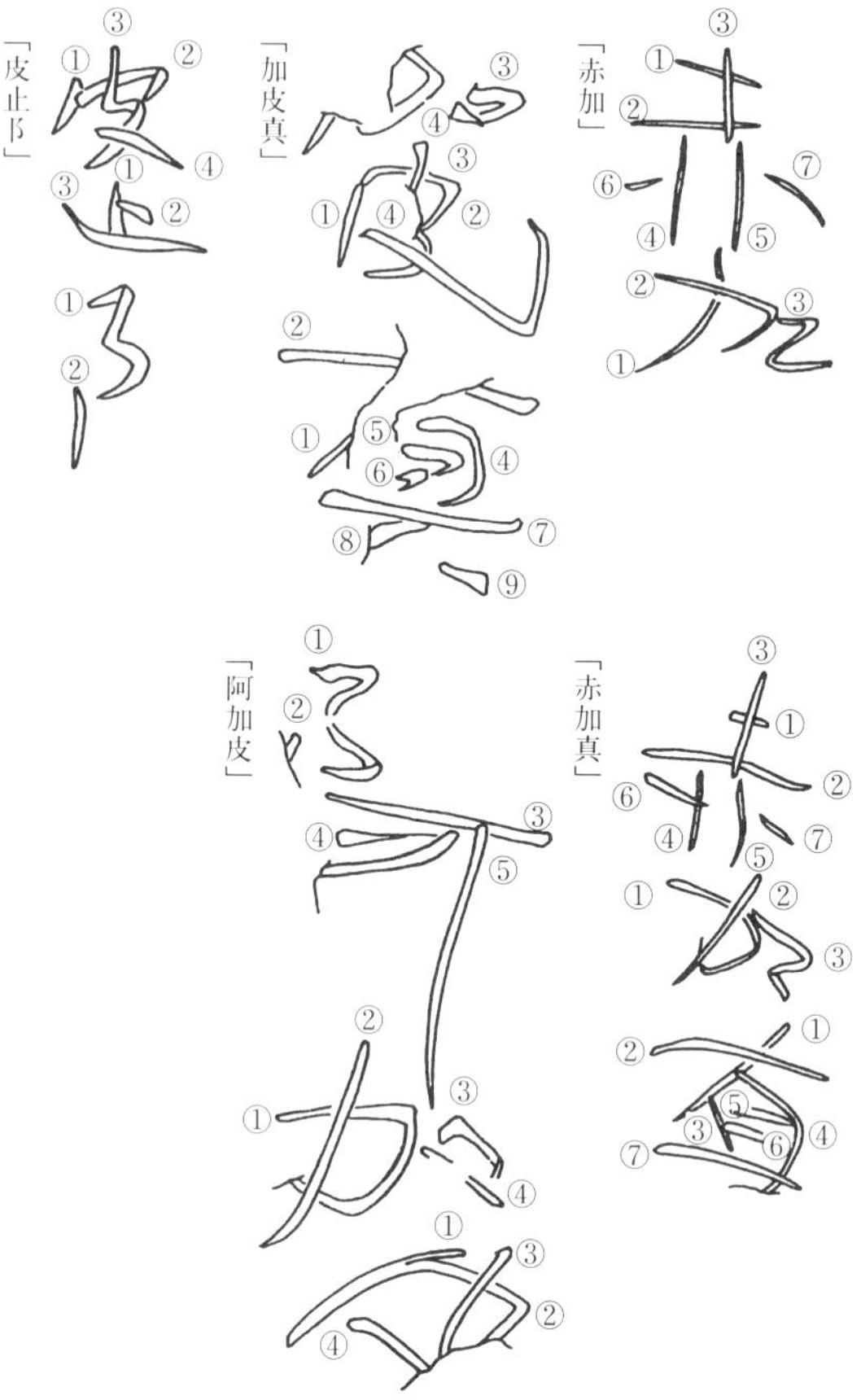

図274　千葉県印旛郡栄町龍角寺五斗蒔瓦窯跡文字瓦文字の模式図（筆順含む）

神野志　万葉にはない。

平川　ないですね。さらに福岡県小郡市井上薬師堂遺跡木簡でもこの字はまた使われているのです。七世紀後半の出挙の記録簡の中に「黒人赤加」（くろひとのあか）という名前がでてくるのですが、これも、「赤加」を「あか」と読ませるのです。それをさらに決定づけたのは墨書土器「赤弥田寺」です。

神野志　「あみだじ」ってそう書くのですか。

平川　「赤弥田寺」（あみだじ）と書いてある。「阿弥陀寺」のことです。

神野志　どこからでたのですか。

平川　千葉県の匝瑳郡光町城山遺跡です。

神野志　いつですか。

平川　九世紀代ですね。これで「赤」は「あ」という音で使っているのがはっきりわかるのです。こういう出土資料を丹念にこれからみていくと、今までの字音表記と違うものが摘出できるのではないでしょうか。

6　文字の全体をどう見るか

神野志　そういうふうにいわれたときに、われわれがどう反応できるかという問題になります。平川さんは、こういうものがありますよとおっしゃるわけなのですけれども……。

平川　いや、これまでみてきた推古朝遺文とか、『万葉集』とか『古事記』とか『日本書紀』で考えてきた日本の字音表記の問題は、資料がまだまだ足りません。これからは新しい資料をみていかないと……。七世紀なり八世紀なりの古代の日本の社会ではもっと漢字の音を幅広く用いていたのではないか。それがたまたま伝世された史料が、かなり統一されたものだったとみているのですが。

神野志　たまたまなのかしら。たまたまなのか、整理しているのかという問題なんですね。

平川　『万葉集』などはそうではないですか。

神野志　『万葉集』は整理しているのです。『古事記』でもそうです。現実がみえてくるともっとはっきりと文字の質の問題がみえてくる。たとえば『古事記』だったら長屋王家木簡との関係で何が言えるか。『古事記』はああいう現実よりもっと統一された、整理されたところで書くといえます。『古事記』というテキストのなかで文字の整理や統一ということを、私たちはみてきたわけだけれども、現実とのかかわりでみていくとどうなるのか、とより問題は具体化されます。

平川　整理してしまったと言えばそこで終わってしまうのですが、文字の字音の統一は、『古事記』や『万葉集』の時点でなされていたのです。字音だけの問題かというと、行政文書もある時期から地名表記、人名表記等で意識的統一が行われているのです。有名なのは和銅六年（七一三）の「畿内七道諸国の郡郷の名は好き字を着《よ》けよ」という法令ですけど、実際にはその前後にもずいぶん不統一の例があります。私が長屋王家木簡で注目したのは、記録された『続日本紀』以下の正史でみる世界とか、あるいは『和名類聚抄』でみる世界とは違ったもの、地名表記一つとってみても、あるいはさまざまな呼称、「皇子」とか「親王」というような用語を広げて使用しているということです。

そういうふうに捉えれば、地方の墨書土器レベルまで考えたときに、こんな文字がこういうところに使われているのかというものが数多く確認されている。たとえば、栃木県石橋町一本松遺跡（一般集落跡）「宮殿」など。それと連動して、公的行政区画（郡―郷）以外の地名が長屋王家木簡（「耳梨」「大庭」など）や各地の墨書土器で多数発見された。また、地名表記でも、長屋王家木簡の中に、「策覃郡」のような、これで「さくたみ」と読ませたのです。すなわち「さきたま」（前玉）。こういう例がいっぱいあるのです。それはとくに七世紀段階の五斗蒔遺跡の文字瓦もそうですが、地名表記はフリーで、のちのものとかなり違う表記の仕方をしています。養老五年の中央に貢進された下総の戸籍で「香取」郡を、「釬托」郡（かんたく）と書くのです。これで「かとり」郡とおそらく読ませたのだろうけれど、養老五年、七二一年段階でもこのような文字表記です。だからある面では公的なところで統一するのはさらに遅れてくるわけで、天平（七二九年～）以降ようやく統一されていくのです。どこでそういう画期というか、表記方法を統一できるのか。そのことと『日本書紀』や『古事記』、さらに『万葉集』の編纂事業あたりとどうからんでくるのか。

神野志　簡単に言えそうにはないのだけれども、長屋王家木簡と『古事記』は時間的に少しずれるわけですけれども、比べることができると思います。比べてみると、『古事記』のほうが文字として整理されたところにあるといえる（参照、犬飼隆「文字言語としてみた古事記と木簡」『古事記研究大系11　古事記の世界　上』）。その整理されたものから、文字の現実の中で『古事記』が何を作っているかということとして、『古事記』だけみているときよりはっきりとみえてきたというのが実感なのですよ。

それをもっと広い状況の中で捉えるということになると問題は豊かになってくるのではないか。そこで問題が論議できる場所ができるようになってきたのではないかと思っています。

平川　今までは、『古事記』『日本書紀』や『万葉集』、それから推古朝遺文などに加えて、新しく出土するさまざまな資料をできるだけ多く拾い上げていく作業を実施してきたけれども、そろそろ全体的に整理し考察していく段階には確かにきているのではないか。文字そのものの問題や表記方法は複雑です。だから、七世紀から九世紀でも早い時期のものは、その読みがいま一つ定まらないけれども、みていても楽しくなるくらいさまざまな表記がみえるのです。国語・国文学に対して今までの常識的な思考を覆すような新しい資料を提供して積極的に検討を加えてもらう。あるいは、木簡の複雑な読みの問題がでたときに、国語・国文学の研究者の方たちに解決してもらうという段階から今度はわれわれも歴史学の立場から古代史のさまざまな問題として捉える必要がある。これは別な意味での大きな歴史像構築につながるから。文字というまた違う視点から古代国家の形成過程をみていく、あるいは地方社会における動きをみていく。そんなことを試みてみたい。

四　墨書土器と古代の地名——島根県蛇喰遺跡出土ヘラ書き須恵器と千葉県五斗蒔遺跡ヘラ書き瓦

島根県松江市の西に位置する玉湯町には碧玉の原石を産出する花仙山があり、その原石を加工する玉作の工房が古墳時代から平安時代に活動していた。

その遺跡の一つ蛇喰遺跡出土の土器には五〇三点のヘラ書き文字が確認されている。これらのヘラ書き土器は、蛇喰遺跡から出雲国庁跡へ向かう途中の湯峠にある窯跡産（未発掘・表採資料）であり、その年代は八世紀後半から九世紀前半であるとされている。

1　記載文字と筆順

これら蛇喰遺跡のヘラ書き文字のうち、判断可能な筆順のものを取り上げることとする。画数の比較的明瞭な「由」の筆順を模型的に表わしたのが、図275である。

これほど画数の少なく、使用頻度の高いと考えられる漢字「由」の文字でさえ、一群の中に少なくとも七種類の筆順が想定される。いうまでもなく、通常同一人物が数種類の筆順で文字を記すことはないであろう。

この事実は古代地方社会における文字の習熟の問題を象徴的に示しているといってよい。しかも、八世紀後半から九世紀前半という時期は、一般的には律令行政が末端にまで浸透し、文字が村々に普及したとされている。墨書土器が広範囲かつ多量に分布しはじめた時期である。それにもかかわらず、須恵器工人の文字の習熟度は、「由」の筆順さえ十分に習得しえない状況であったのである。

筆者は、すでに古代の集落遺跡から出土する墨書土器について字形を中心として検討した結果、墨書土器が文字の普及の指標とは直接的にはなりえないであろうとした。また、郡家に留め置かれた膨大な籍帳類は、「正倉院文書」や漆紙文書でみる限りでは数多くの誤字・脱字を確認できるのである。一般集落内においても、特異な字形や集団内の字形変化および筆順の実態は数多くの文字の破綻状況を如実に示している。

こうした検討を経て、次のような見通しを指摘することができる。

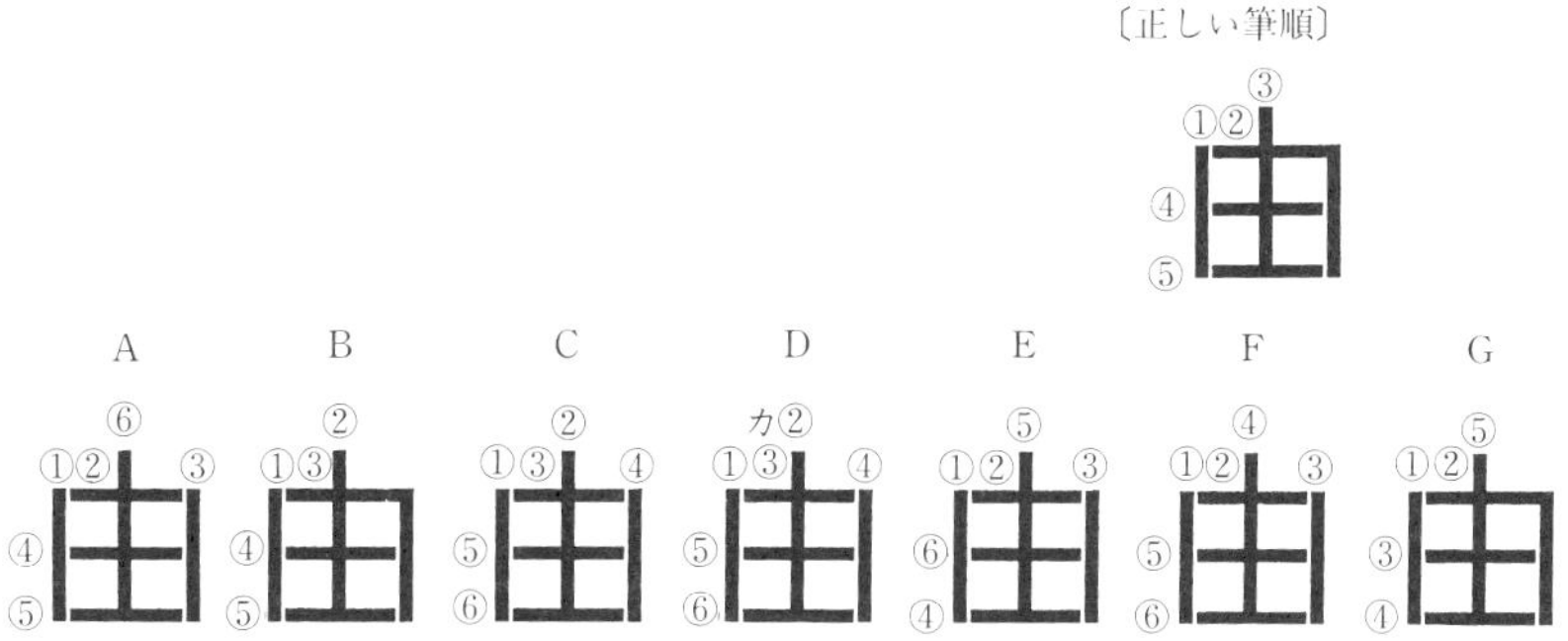

図275　ヘラ書き「由」の筆順

古代社会においては、ごく限定された階層の人々が文字を基礎から練習し、習熟することができた。それに対して写経生・郡書生のように、文字を書写する技術を一定程度、習得することにより職を得ることができた人々は、一般集落の文字普及に一定の役割を果したといえるが、その習熟度は意外と低かったのではないかと推察される。

この見通しに加えて、蛇喰遺跡出土のヘラ書き土器で確認した筆順は、その習熟度を判断する有力な〃ものさし〃の役割をもつものといえよう。

2　ヘラ書き文字と地名（図276〜278）

「林」「林」は、出雲国意宇郡内の「拝志郷」に相当し、現在も玉湯町の西部に林村という大字がある。

「忌」「忌」は、意宇郡内の「忌部郷」に相当し、現在も玉湯町に隣接する松江市西忌部町が存在している。

「由」「由」は、たとえば『和名類聚抄』によれば、石見国迩摩郡の湯泉郷を「由」と訓じ、但馬国二方郡の温泉郷を「由」と訓じている。この場合の「由」はあくまでも訓みとして用いられているが、「由」は湯に通じ、玉造温泉の地、現玉湯町を指すとみてよいであろう。

「白田原」「白田」「白」『出雲国風土記』意宇郡条によれば、「黒田の駅　郡家

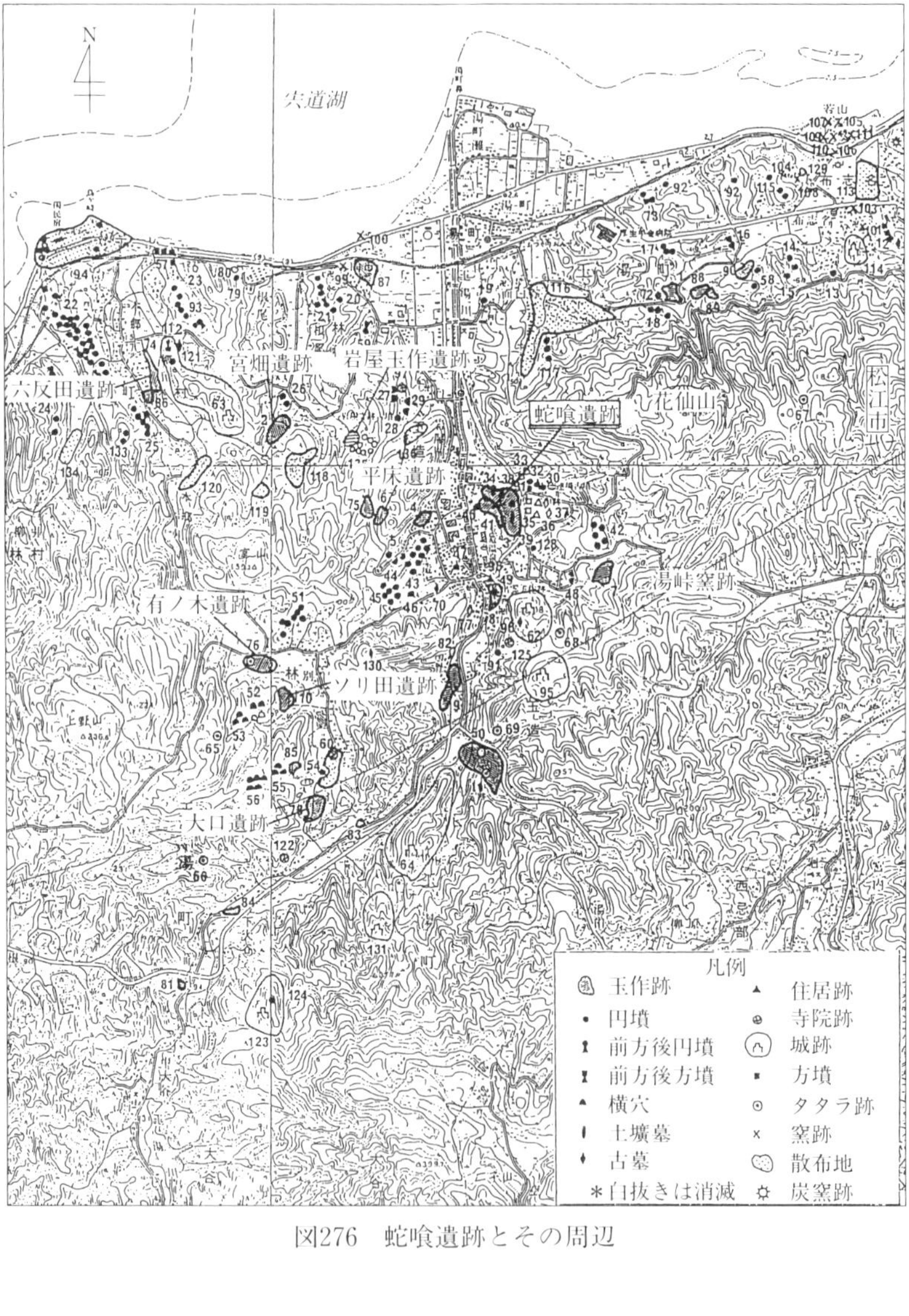

図276　蛇喰遺跡とその周辺

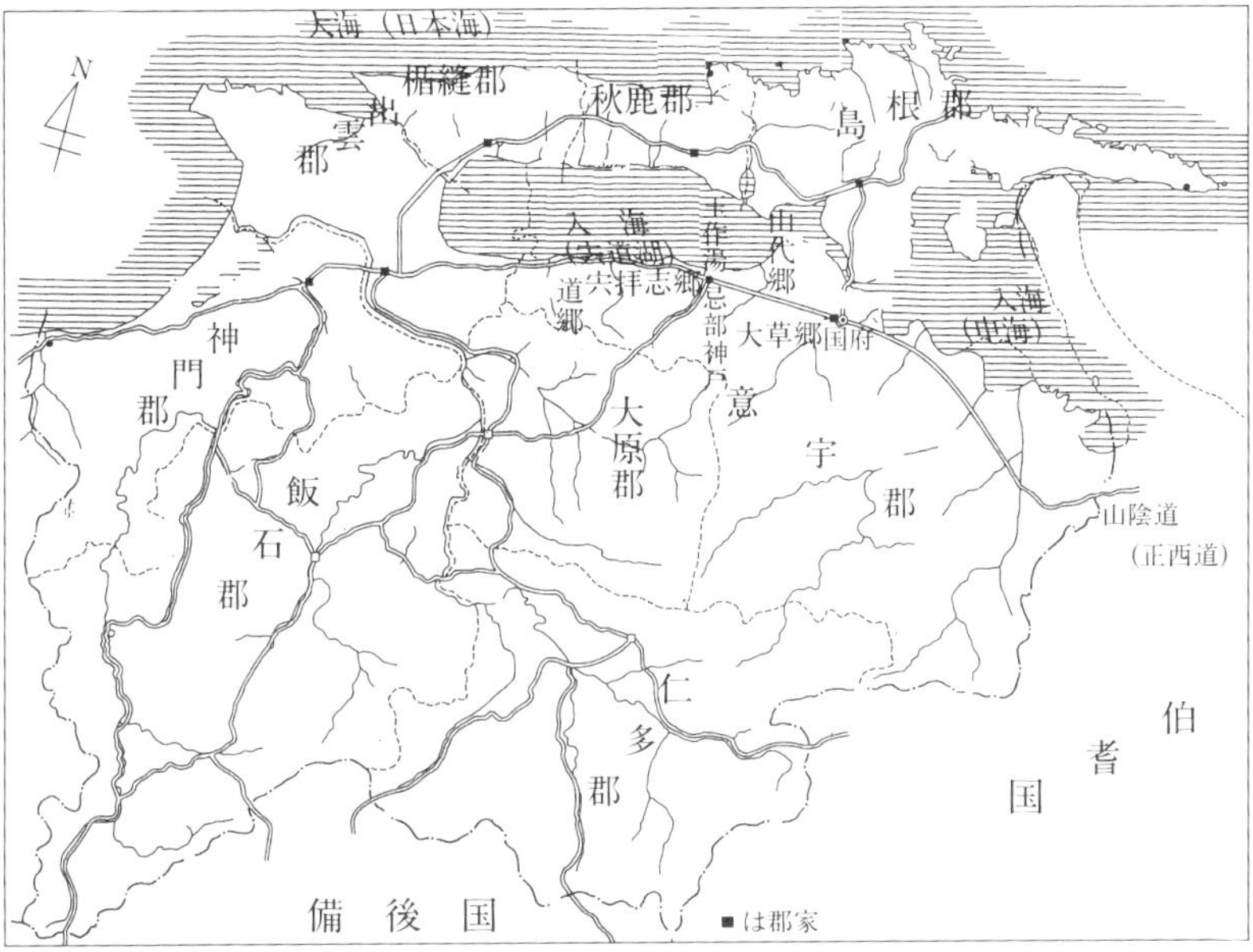

図277　出雲国郡と意宇郡内の郷各分布図

と同じき処なり。郡家の西北のかた二里に黒田の村あり。土の体、色黒し。故、黒田といふ。（下略）」とみえる。

この「黒田」の地名起源説話を参考とすれば、「白田原」（1）および「白田」は、地味にもとづく命名と推測できよう。

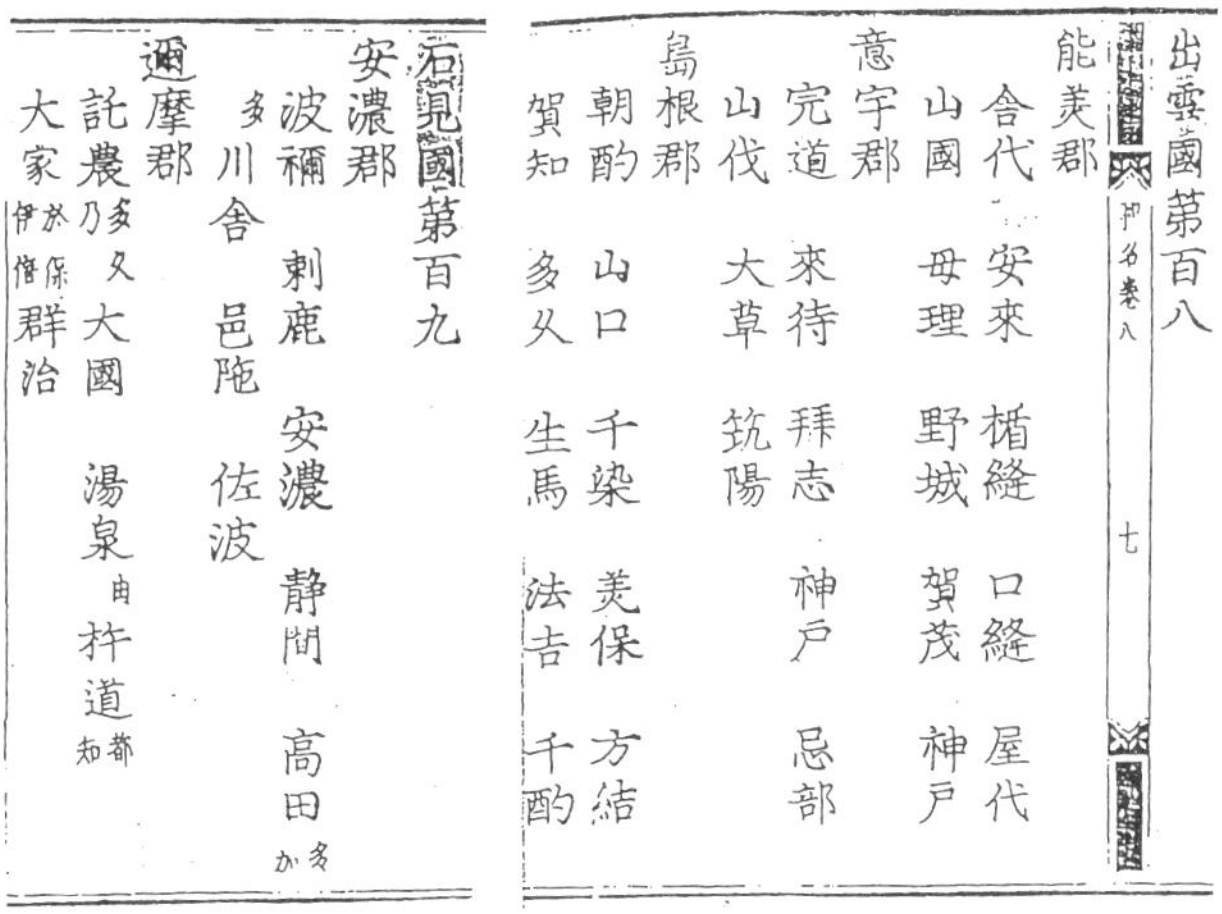
出雲國第百八
能美郡　舍代　安來　楯縫　口縫　屋代
山國　母理　野城　賀茂　神戸
意宇郡　完道　來待　拜志　神戸　忌部
山代　大草　筑陽
島根郡　朝酌　山口　千染　美保　方結
賀知　多久　生馬　法吉　千酌

石見國第百九
安濃郡　波禰　刺鹿　安濃　静間　高田《か多》
多川　舍　邑陁　佐波
邇摩郡　託農《多久乃》　大國　湯泉《由》　杵道《知都》
大家　群治

図278　出雲国郡郷名（元和古活字那波道円本『諸本集成　倭名類聚抄』）

蛇喰遺跡出土の須恵器記載文字は、その部位と記載文字が明らかに対応している。たとえば「白田」の場合は、坏または皿は底部外面に、蓋は内面に、それぞれ記銘している。このことは同一時期の一括資料であり、記載文字が須恵器の製作工人にかかわるものであることを意味していると判断できよう。したがって、記銘目的は明らかに工人の識別にあることを示しているのである。

上記のような「林」「忌」「由」「白田原」などのヘラ書き文字は、遺跡周辺の地名と理解できる。この蛇喰遺跡とまったく同様な例は、千葉県印旛郡栄町龍角寺五斗蒔瓦窯跡出土のヘラ書き瓦である[2]（図279・280）。

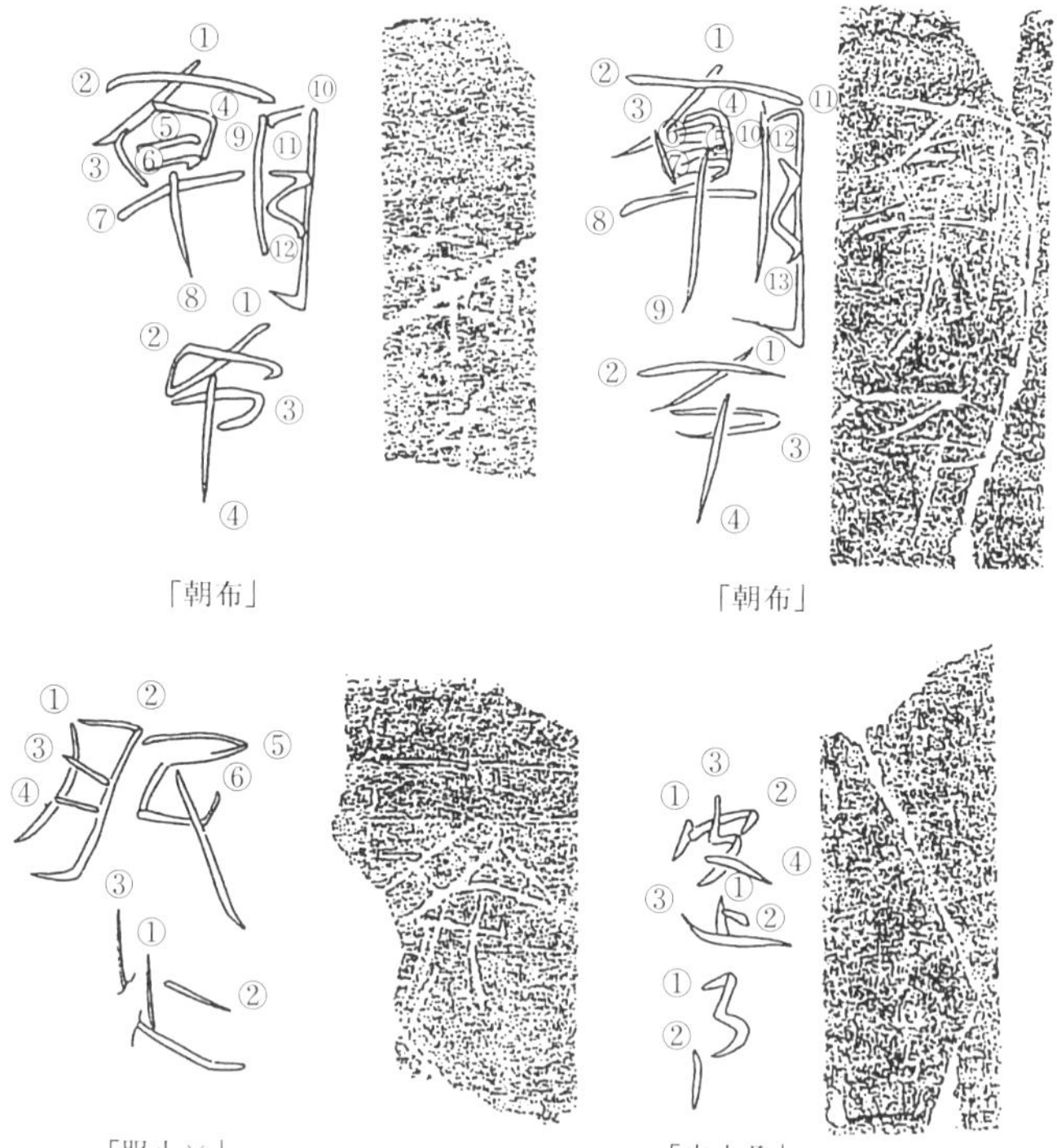

図279　龍角寺五斗蒔瓦窯跡出土のヘラ書き瓦

「服止阝」「皮止阝」は、「ハトリ」と訓み、「服部」を字音で表記したものである。現在、五斗蒔瓦窯跡のすぐ東に成田市「羽鳥《ハトリ》」という地名がある。また、「朝布」は、「アソフ（ウ）」と訓み、古代の下総国埴生郡「麻在（生）」郷に相当し、現在、五斗蒔瓦窯跡のすぐ北に「麻生」という地名がある。

このような地域名のあり方は、これまでの文献史料や出土文字資料にも散見しているのである。たとえば、『日本霊異記』中巻「力女、捔力シ試みる縁　第四」の冒頭に「三野の国片県の郡小川の市に一の力女有り」とみえる「小川の市」は、美濃国方県郡内の郷名には該当するものはない。「小川」はむしろ市の設置された地域名と考えるべきであろう。

一方、全国各地の古代遺跡から出土する文字資料には、国郡郷制下の郷名に該当せず、しかも現在、字名等で遺る地域名が頻出している。古代東国の例であるが、一、二例あげておこう(3)。

古代東国の神社支配の拠点である香取神宮の近くにある千葉県佐原市吉原の地に、吉原三王遺跡が所在する。この吉原三王遺跡の竪穴住居跡から数多くの墨書土器(九世紀ごろ)が出土しているが、その中に「吉原仲家」「吉原大畠」と記されたものが目立っている。現在の佐原市内に字名「吉原」が存在し、遺跡の立地する地点がまさに吉原の地であり、遺跡名ともなっているのである。

もう一例も、墨書土器である。甲府盆地の北西部、現山梨県韮崎市藤井は『和名類聚抄』の郷名としてはみえず、初見は宇波刀《うわと》神社の随神像の銘にある天文十二年(一五四三)の年紀を伴う「藤井保」である。この地域の発掘調査(宮ノ前遺跡)で九世紀の竪穴住居跡から「葛井《ふじい》」と墨書された土師器坏が出土した。「藤(葛)井」という地名は、古代にも存在したことが明らかとなった。

蛇喰遺跡出土のヘラ書き須恵器および五斗蒔瓦窯跡出土のヘラ書き瓦に記されたこれらの地名は、須恵器や瓦の生産に従事した工人集団が住む地域名と考えられる。この地名こそが、在地社会における共同体の生産単位を示す地域名であるとみてよい。おそらく、里(郷)名は、たとえばヘラ書きの「林」が意宇郡拝志郷に通じるように、それらの地名の一つを里(郷)名に採用したにすぎないのであろう。

古代の地名については、これまで六国史をはじめとする編纂物および宮都や地方官衙跡から出土する律令行政などにかかわる木簡や漆紙文書などにみえる国郡里（郷）制にもとづく地名表記にのみ研究の眼が向けられていた傾向は否定できない。しかし、全国各地から出土する墨書土器に加えて、蛇喰遺跡のヘラ書き須恵器や五斗蒔瓦窯跡のヘラ書き瓦に記された地名は、在地社会に広範に分布した伝統的な地域名であり、その地域は須恵器や瓦などの生産単位母体をはじめとして、さまざまな形で古代国家の中で有効な単位として活用されていたと想定される。その意味では蛇喰遺跡のヘラ書き須恵器や五斗蒔瓦窯跡のヘラ書き瓦は古代の在地社会における地域単位について、再検討する大きな資料を提示したのではないか。

註

（1）地名について、「黒」と「白」を隣接する地域で対比して使用している例としては、下野と陸奥の国境において下野国側の那須郡「黒川郷」に対して、陸奥国側の白河郡「白川郷」が存在する。

（2）㈶印旛郡市文化財センター『千葉県印旛郡栄町　龍角寺五斗蒔瓦窯跡』（一九九七年）。

（3）木簡・漆紙文書・墨書土器などの出土文字資料から地名と考えられるものを集成した成果は、最近刊行された財団法人角川文化振興財団編『古代地名大辞典』（角川書店、一九九七年）に収められている。

下総国　香取郡

大槻　香取　小川　健田　磯々

訳草

埴生郡

玉作　山方　麻在　酢取

〔凡例〕

《　》は江戸時代以降に見られる地名

1．五斗蒔瓦窯
2．龍角寺瓦窯
3．天福遺跡
4．龍角寺
5．尾上遺跡
6．大畑遺跡
7．酒直遺跡
8．龍角寺古墳
9．南羽鳥古墳
10．竜台古墳群
11．北辺田古墳
12．大竹古墳群
13．上福田古墳
14．八代台古墳
15．山口古墳群
16．宝田・押畑古墳群
17．天王・船塚古墳群
18．勝福寺古墳群
19．五郎台古墳群

図280　龍角寺五斗蒔瓦窯跡とその周辺

付　墨書土器「烽家」の発見

平成七年（一九九五）、宇都宮市教育委員会による国指定史跡の中世の飛山城跡の発掘調査において、「烽家《とぶひや》」と墨書された土器が発見され、大きな話題となった。

古代において最速の情報伝達は〃のろし〃である。律令国家は、のろしを大々的に軍事通信手段として運用する、いわゆる烽制度を中国から導入した。烽は四十里（約二〇キロ）ごとに設置され、昼は煙をあげ、夜は火を放つことと定められた。

古代の軍事通信施設である烽家が全国で初めてその姿を現わしたのである。この飛山城跡は中世文書に「飛山」「鳰《とび》山城」「富山」などと表記され、中世においてすでに「とびやま」城と呼称されていたことがわかる。飛山城の「とびやま」は、古代の〃とぶひのある台地〃に由来する地名であったことが、一点の墨書土器の発見で判明した。

烽制のルーツである中国では、のろし＝狼火《ろうか》は文字どおり狼の糞を燃やして煙を上げた。狼の研究家末松四郎氏によると、狼はエサとする動物を毛・羽そして骨片まで食べるために糞に毛や羽などが混じるので、これを俗に毛糞といい、この糞を乾かして生木の中へ加えて焚くと、その煙はどんな烈風の中でも真っすぐに上へあがるという。

この墨書土器「烽家」の発見を機に、一九九六年九月十五日シンポジウムを開催して古代における烽制の意義を論じ、さらに一九九七年、弥生時代の高地性集落ののろしから幕末の烽火に至るまでの変遷を『烽（とぶひ）の道――古代国家の通信システム』（シンポジウム「古代国家とのろし」宇都宮市実行委員会・平川南・鈴木靖民編、青木書店）と題して一書にまとめた。この書に、幕末に黒船が来航したときに、紀州藩有田郡の山間部の村々がのろし用に狼の糞を拾い集めたという古文書が紹介されている。この理由について、高橋敏氏は「幕末の異国人・異国船に対するイメージは、恐怖心を伴った、いわば天狗・鬼そしてアメリカ狐という妄想上の怪異を生み出した。そのアメリカ狐に対する調伏（あるものの力によって魔物を滅ぼすこと）として狼（山犬）であったのではないか」と興味深い推測を行っている。

一点の墨書土器「烽家」はついに幕末の狼火にも及んだのである。

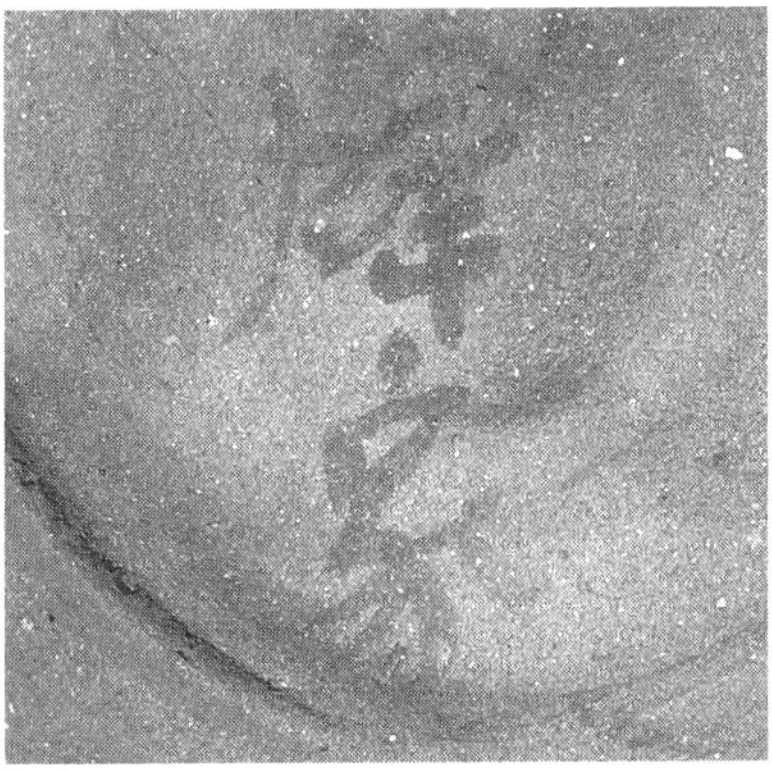

図281　「烽家」墨書土器

図282　飛山城跡

むすびにかえて——墨書土器の終焉

最後に、墨書土器は何故に十世紀以降、列島各地から姿を消してしまうのかという疑問に、現段階で若干でも答えてみたい。

なお、中・近世においても、陶磁器などに墨書・刻書されるものは存在するが、古代社会のように、社会全般にわたる儀式や信仰に伴うものではない。いいかえれば、古代の墨書土器のように社会の深層に迫るような資料的意義は、やはり十世紀以降の墨書・刻書資料には認められないといえよう。

一　古代集落における墨書土器の終焉

古代の墨書土器の本質は、一般集落においては、信仰形態に伴う記銘であり、官衙においても、饗宴などの儀式に伴う記銘と位置づけた。すなわち、古代の墨書土器は、信仰や儀式などに伴う行為として、列島各地に急速に浸透していったのである。それは、墨書土器が文字の普及のバロメーターとは直接的にはなりえないことを示している。

縄文時代から人々は神を篤く信仰していたが、文字を介して神に接することはなかった。八世紀ごろから人々は招福除災や延命を祈願するために、神仏に供物を奉り、その意向を文字によって伝えるようになるのである。

以上のことから、墨書土器の消長は、信仰形態に対応するものであり、古代社会における宗教の本質的変遷と深くかかわることとみてよいのではないか。以下、九世紀以降の仏教を中心とした信仰形態の変遷を概観してみたい。

九世紀に入ると、最澄・空海は唐において密教を学び、帰国後、天台宗・真言宗を開いた。密教は呪術的な要素を仏教に取り入れたもので、仏の不可思議な世界は秘密の呪法によって初めて知ることができるとする教えである。つまり、秘法にのっとった方式で祈禱し、仏の力によって、病気・厄除けや雨乞いなどの願いをかなえさせるものである。この加持祈禱によって現世利益をはかる新たな天台・真言両宗は、天皇をはじめ貴族の間で重んぜられた。また密教は奥深い山岳を仏の霊地と考え、山伏に代表される山岳修行のような実践的な信仰であった。この信仰と日本古来の山岳崇拝とが結びついたのが、修験道である。このような新しい仏教は、一般庶民にとっては、遠い存在であった。摂関期の仏教も、天台・真言両宗が圧倒的な勢力をもち、いずれも祈禱をつうじて貴族と強く結びついていた。

こうした現世利益を求める信仰に対して、十世紀半ばに、阿弥陀仏を信仰し、来世において極楽浄土に往生することを願う浄土教が新たに登場してきた。

以下、浄土教に関しては、井上光貞氏の代表的な研究『日本浄土教成立史の研究』(山川出版社、一九五六年。のち、『井上光貞著作集』7、岩波書店、一九八五年、所収)と『日本古代の国家と仏教』(岩波書店、一九七一年。のち、『著作集』8、一九八六年、所収)にもとづいて、要約しながら紹介していきたい。

平安時代、浄土教は盛行の一途を辿り、やがて次の時代の法然に引き継がれるが、この事実は、同時に、末法の進展に相応ずるものであった。すなわち、浄土教こそ、末法における救済を保証する唯一の教法であり、しかも、建堂造仏や教典の読誦書写を必要とせぬ点において、広く一般民衆の仏教であるという主張が、しだいに支配的となってきたからである。浄土教が、広範な受容者を迎え入れるためには、常行三昧堂の修法としての念仏が、在俗者にも開放されること、すなわち、聴く念仏が唱える念仏にまで変容される必要があった。こうして念仏そのものが、救済の意義を担ってくるのであるが、この浄土教の発展に画期的な役割を演じたのは、空也（九〇三〜九七二年）と源信（九四二〜一〇一七年）である。

空也が平安京で活躍しはじめたのは、『日本往生極楽記』によると、「天慶年中」（九三八〜九四七）、すなわち承平・天慶の乱の末期ごろであった。承平・天慶の乱は、朝廷・京中を恐怖に陥れ「開闢以来、本朝の間、叛逆の甚しき、未だ此に比ぶるものあらず」（『本朝文粋』天慶三年正月官符）とされた。そのため空也の念仏勧進は人心に強く訴えたとされた。

この空也の念仏については、律令時代以来の死者追善や閻魔思想などが離れがたく融け合っていたことが知られ、これにさまざまの奈良朝以来の民間仏教的諸要素を雑然と受け継いだところに、摂関・院政期の聖・上人層とは異なるところがみられると指摘されている。とくに、〝墨書土器〟との関係で興味深いのは、空也の念仏思想についての次のような事実である。

晩年、二世（現世と来世）を契った大納言藤原師成が死んだとき、空也は閻羅王宮にあてて、師成の優恤をたのむ牒状を書き、権律師余慶が葬儀でこれを読み上げた、そこで居並ぶ貴族が色をなした、という挿話も記録されている。ここに空也の念仏思想は洗練された天台浄土教と著しく異なり、なまなましい土俗性を有しているとされている。

厭離穢土を説く浄土教は、十世紀後半の歴史の転換期に、強く大乗仏教の精神に支えられ、名利の外に魂の自由と一切衆生の救済を求める精神運動として、その興隆期を迎え、そのピークが源信とその『往生要集』である。

このような既成教団から独立した民間布教者の活動は、地方社会にも、仏教思想そのものの受容による民間の人々に広く罪業の自覚と精神的救済を呼び起こしたのである。また、その活動と深く関連したのは、律令国家の地方支配の拠点であった旧国造・郡司層の氏族制的支配が、開墾などによる土地所有の発達に伴って解体し、地方社会にも仏教思想を受容できる中間層が形成されてきたことである。さらにいえば、聖・上人という宗教的社会層と武士層とは、時を同じくして摂関末、院政期初頭に台頭したのであるが、平安期の地方社会における仏教の発達は在地領主層の台頭と密接な関係をもっているのである。

以上のように、平安期における仏教は、摂関制確立期に貴族社会に天台教団ならびに天台浄土教が興隆し、摂関盛期、院政初期から地方布教者としての聖・上人層が成立した仏教の地方伝播を本格化したのである。これによって、法華経を中心に組織された天台や浄土の教学が深められたばかりではなく、浄土教と法華信仰とが貴族社会のみでなく、在地領主層を中心とする地方民間にも広くいきわたったのである。さらにこの二大系統から、浄土教に法然・親鸞・一遍ら、法華系統に日蓮が現われて日本独自の教説を展開し、かつ武士層を中心として農民層にも及ぶ人々を信者とする新興の仏教集団、やがては宗派を形成するまでに至るのである。

十二世紀後半からの時代の大きな転換期以降、法然の浄土宗をはじめ、いわゆる鎌倉仏教という新しい仏教の展開がみられた。この新仏教の特徴は、天台・真言をはじめ旧仏教の求めた、厳しい戒律や学問、あるいは寄進などを重要視せず、ただ、念仏や題目などによってのみ救いにあずかることができると説き、広く武士や庶民にもその門戸を開いた点にあるのである。

以上のような古代から中世にかけての信仰形態の大転換こそが、土器に文字を記し、冥界や国玉神などに招福除災や延命などの現世利益を願う〝墨書土器の世界〟を終焉させた要因であると指摘できる。日本列島における墨書土器は、ほぼ十世紀代までで、それ以降、消滅してしまったといってよい。十世紀半ば以降、新たに流行した浄土教の阿弥陀仏を信仰することにより来世において極楽浄土に往生するという教えをはじめ、そののちの鎌倉新仏教にみられるようなひたすら念仏や題目を唱えるだけで救われるという教えは、一般庶民にまたたく間に広まったと考えられる。これまでの道教的な呪術性の高い信仰、招福除災や延命への願いを土器に文字によって記すという信仰形態は、新たな仏教の台頭によって、しだいに姿を消していったのであろう。中世・近世においても、土器に墨書することはあるが、それは、古代の墨書土器のように社会の深層に入り込んだものではない。

二　古代の役所における墨書土器の終焉

宮都をはじめ、地方の国府・城柵・郡家などの諸官衙においては、多量の食器類の管理の必要から、土器に所属や用途・数量などを墨書したといわれている。その官衙を代表する墨書土器に「厨」関係墨書がある。

しかし、諸官衙における厨房の土器は膨大な数にのぼるが、出土土器全体のなかで「厨」と表記された土器はあまりにも少数すぎる。「厨」墨書土器は、基本的には国府・郡家等の官衙内外における恒例行事や臨時行事、あるいは接客などに対して、饗饌のために「国厨之饌」「郡厨之饌」等の意味において「国厨」「郡厨」と記銘したものとみなすことができるであろう。したがって「厨」墨書土器の出土地点は、饗饌の場における廃棄場所、またはそれらの饗饌を弁備する厨施設と一応想定した。

この役所における墨書土器の終焉については、次のように推察することができよう。

役所における墨書土器は、右記のようにもっぱら饗応等の場で記載されたとすれば、その終焉も饗応等の場の変質に起因すると考えるべきであろう。

まず、十一世紀以降の官衙内における饗応の場においては、それまでの須恵器を中心とする供膳具は、いわゆる

「かわらけ」などに大きく変わってくるのである。たとえば、奥州藤原氏の平泉の柳之御所跡では、十二世紀ごろ約三万平方メートルの範囲から一五トン以上の「かわらけ」が出土している。大皿状のものと、小皿状のものがあるが、それらはそれぞれ二〇〇グラム、八〇グラムほどの重さである。大皿・小皿が同じ割合で使われていたとすると、大小合わせて一〇万枚以上の「かわらけ」が出土したことになる。「かわらけ」は割れていない状態で出土することが多く、つまり使い捨ての器とされている。「かわらけ」はハレの場での器でもあった。ハレの場で用いられる「かわらけ」は使い捨てであるゆえに大量に消費された。そのような器には、饗饌を弁備した「厨」名や、饗応の場での識別を目的とする施設名や職名などをあえて記載する必要性も失われたとみるべきであろう。(1)

次には、饗宴の場そのものの変化が墨書土器を消滅させたのではないかという想定である。

地方社会において、九世紀後半以降、律令体制の衰退とともに地方政治が大きく変質を遂げるのである。地方政治の中心となる国府においても、政庁からしだいに国司の館の役割がその重要性を増してくるのである。国司の館は、国司の経済活動の拠点となり、やがて、その利益の蓄積をもとに、地域における政治的地位を上昇させたのではないかとされている。(2)

八〜九世紀代の国府の中央に位置する政庁は、元日の朝拝や金光明最勝王経の転読など儀式の場として、また重要な政務を執り行うところであった。九世紀後半以降、この政庁で行われた律令的儀礼も後退し、国司館には引き継がれていないと考えられる。

一方、八〜九世紀代の郡家の構造は、その中心的施設として正倉院・郡庁院・館院・厨院から成り立っている。とくに、郡家の重要な機能は、国司の部内巡行や郡内を通過する公用の諸使のための宿泊施設の役割を果たした。在地支配において最も重要な機能を担っていた郡家は九世紀後半には衰退した。その郡家に代わって登場してきた新たな施設は、郡内各地に住居のほかに倉庫・井戸などを備え、生活の場として独立した方形の屋敷地をもち、屋敷地の周囲には生産の場である耕地を有していた。ここに地域支配の拠点としての館の初現的な形成があり、館の成立の起点とされた。(3)

国府の政庁においては、元日朝拝をはじめとするさまざまな儀式とそれに伴う饗宴、郡家においては、国司巡行をはじめ、郡を行き交う公的諸使節に対して饗応が、ともに盛んに行われた。その饗宴・饗応の場において、「厨」記銘をはじめ数多くの墨書された食器（須恵器を中心とする）が使用された。しかし国府は国司館の拡大や国府行政の分化、郡家も衰退し、代わって郡内に大規模な農業経営と独立した行政機能を備えた居館的施設が複数存在する状況を迎えると、かつての統一的、集中的饗応の場は失われるに至るのである。

国府や郡家における公的儀礼および国司・郡司などが交わる饗応の場の変質は、その儀礼と饗応に伴う墨書土器の終焉へとつながっていったといえるのではないだろうか。

以上のように古代の村落や役所における墨書土器の終焉について一定の見通しを述べてみた。かりに、従来のように墨書土器を所有・所属という側面のみで考える見解では、十世紀以降に墨書土器の消滅する理由を十分に説明できないであろう。

この墨書土器の終焉は重要な課題として、今後資料の増加と、関連する古代史の諸問題の究明を通して、改めて詳細に検討してみたい。

註

（1）　八重樫忠郎・松本建速「モノから見た都市・平泉」（『朝日百科　歴史を読みなおす』第二巻　6平安京と水辺の都市そして安土、朝日新聞社、一九九六年）。

（2）鬼頭清明「国司の館について」（『国立歴史民俗博物館研究報告』第一〇集、一九八六年）。
（3）坂井秀弥「庁と館、集落と屋敷―東国古代遺跡にみる館の形成―」（『城と館を掘る・読む―古代から中世へ―』山川出版社、一九九四年）。

あとがき

今から十七、八年前のことだったと思う。ある講演会で、話が墨書土器に及んだ。講演後、聴衆の方から「土器になぜ墨書するのですか」という質問を受けた。あまりにもストレートな質問に思わず「土器になぜ墨書するかを解くのには何十年もかかるでしょう」と答えた。学会ではあまりありえないような単刀直入な質問であるが、それこそが墨書土器研究の核心を突いたものである。

私はつねづね、こうした一般市民を対象とする講演・講座は、その素朴で多様な質問から、現代社会がなにをわれわれに求め、歴史学の研究においてなにが本質であり、なにを解決しなければならないかの根本的な問いかけを確認できる貴重な機会ととらえている。

土器に墨書する行為は、十二分な資料で調査研究を積み重ねなければ、その意義を解明することは不可能である。

私は、前著『漆紙文書の研究』（吉川弘文館、一九八九年）を刊行した直後に、次の目標として墨書土器研究を体系的にまとめるために、いくつかのテーマを定め、一〇ヵ年ほどかけて執筆する計画を立てた。

本書はこうした計画のもとに執筆した論文や、報告書等に掲載した小報告も含めて、一書にまとめたものである。

なお、本書は、墨書土器の出土量が圧倒的に多く、なおかつ私自身が直接調査した東日本各地のものを中心に考察したものであるが、現段階では西日本各地の墨書土器も飛躍的に増加し、私も実見する機会を得て検討した結果、多文字の墨書土器こそ少ないが、その墨書内容は東日本のものと大差なく、本書の考察結果をそのままあてはめても問題ないと思える。今後さらに、両者を詳細に比較検討してみたい。

本書刊行に際しては、佐伯有清先生には刊行を勧めていただき、篠崎尚子氏、新井重行氏には校正・索引作成にご助力をいただいた。心からお礼申し上げたい。なお、吉川弘文館には前著と同様に、図版が多く種々複雑な編集でお手数をおかけしてしまったことをお詫びしたい。

二〇〇〇年八月

著　者

初出一覧

まえがき――土器に記された文字
（新稿）
第一章　古代社会と文字のはじまり
一　日本列島における文字のはじまり
（原題「日本列島における文字のはじまりとひろがり」、『国語教室』六五、一九九八年十一月、をもとに改稿）
二　初期の土器に記された文字――福岡県前原市三雲遺跡群の刻書土器
（原題「福岡県前原市三雲遺跡群の刻書土器」、『月刊考古学ジャーナル』四四〇、ニューサイエンス社、一九九九年一月）
付　長野県下高井郡木島平村根塚遺跡の刻書土器
（原題「根塚遺跡出土刻書土器」、『長野県下高井郡木島平村根塚遺跡第3次発掘調査概報』木島平教育委員会、一九九九年三月）
三　刀剣に刻まれた文字――「王賜」銘鉄剣
（『「王賜」銘鉄剣概報』吉川弘文館、一九八八年）

四　七世紀の墨書土器——東広島市西本六号遺跡

（「東広島市西本六号遺跡の墨書土器」『西本六号遺跡発掘調査報告書2』財団法人東広島市教育文化振興事業団、一九九七年三月）

第二章　出土文字資料の研究方法

一　鉄刀剣・鏡等銘文の割り付け

二　碑文の姿・石材・彫り方

三　墨書土器の部位・字形

六　漆紙文書と木簡の復原

（原題「地下から発見された文字」、木下正史・石上英一編『新版　古代の日本』第一〇巻「古代資料研究の方法」角川書店、一九九三年七月）

四　資料の製作・機能・廃棄

五　記載内容と資料の属性

（原題「新しい古代資料の研究方法」、歴史科学協議会編『卒業論文を書く―テーマ設定と史料の扱い方―』山川出版社、一九九七年五月、の一部）

第三章　墨書土器と古代の役所

一　「厨」墨書土器論

（『山梨県史研究』創刊号、山梨県教育庁学術文化課、一九九三年三月）

二　役所における遺構配置・変遷と墨書土器——新潟県和島村八幡林遺跡の木簡と墨書土器

（原題「八幡林遺跡の木簡と墨書土器」、『和島村史』通史編、新潟県三島郡和島村、一九九七年三月）

三　墨書土器からみた役所と古代村落――福島県泉崎村関和久上町遺跡

（原題「墨書土器からみた役所と古代村落―福島県泉崎村関和久上町遺跡―」、『福島県文化財調査報告書300　関和久上町遺跡』福島県教育委員会、一九九四年三月）

四　古代の役所と墨書土器――事例報告

1　墨書土器「専當綱長」――石川県辰口町徳久・荒屋遺跡

（原題「石川県徳久・荒屋遺跡出土墨書土器」、『辰口西部遺跡群Ｉ』財団法人石川県立埋蔵文化財センター、一九八八年三月）

2　刻書土器「少毅殿」――福島県鹿島町大六天遺跡

（原題「附章　大六天遺跡出土のヘラ書『少毅殿土器』について」、鹿島町史編纂委員会編集『鹿島町史』第三巻　資料編2　原始・古代・中世、福島県鹿島町、一九九九年三月）

3　墨書土器「観音寺」――多賀城市山王遺跡

（新稿）

4　墨書土器「北預」と木簡「北門」――秋田県仙北町払田柵跡

（原題「払田柵跡第一一二次（外郭北門西北部）調査木簡」、『秋田県文化財調査報告書280　払田柵跡―第一一〇～一一二次調査概要―』秋田県教育委員会、一九九八年三月、の一部）

第四章　墨書土器と古代の村落

一　東国の村落景観――墨書土器の背景

（原題「二　東国の村落」、『日本村落史講座』第二巻「景観１」雄山閣出版、一九九〇年八月、の一部）

二　墨書土器と古代集落――千葉県八千代市村上込の内遺跡

（原題「古代集落と墨書土器―千葉県八千代市村上込の内遺跡の場合―」、『国立歴史民俗博物館研究報告』第二二集、一九八九年三月、の一部）

三　墨書土器とその字形――古代村落における文字の実相

（『国立歴史民俗博物館研究報告』第三五集、一九九一年十一月）

付　則天文字を追う

（原題「調査ノート　則天文字を追う」、『歴博』第三四号、一九八九年四月）

四　〝古代人の死〟と墨書土器

（『国立歴史民俗博物館研究報告』第六八集、一九九六年三月）

付　「国神」――古典と墨書土器

（『新編　日本古典文学全集１』月報37、小学館、一九九七年五月）

五　墨書土器と辺境

１　岩手県遠野市高瀬Ⅰ遺跡の墨書土器

（『岩手県遠野市埋蔵文化財調査報告書５　高瀬Ⅰ・Ⅱ遺跡』岩手県遠野市教育委員会、一九九二年三月）

２　札幌市Ｋ39遺跡長谷工地点へラ書き土器

（『札幌市文化財調査報告書55　Ｋ39遺跡長谷工地点』札幌市教育委員会、一九九七年三月）

３　墨書・刻書「夫」字の再検討

（新稿）

第五章　墨書土器研究の展開

一　古代社会における文字の習熟度

（原題「古代社会における文字の習熟度は、どの程度であったか—調査の現場から—」、『国文学』一九九六年五月号、学燈社）

二　〈対談〉古代における言葉と文字

（『歴博』第八一号、国立歴史民俗博物館、一九九七年三月）

三　〈対談〉文字資料の現在と古代

（『国文学』一九九九年九月号、学燈社）

四　墨書土器と古代の地名——島根県蛇喰遺跡出土ヘラ書き須恵器と千葉県五斗蒔遺跡ヘラ書き瓦

（「島根県玉湯町蛇喰遺跡出土ヘラ書須恵器」『蛇喰遺跡』玉湯町教育委員会、一九九九年三月、を含めて起稿）

むすびにかえて——墨書土器の終焉

（新稿）

平川　南著

古代地方木簡の研究

A5判・六九六頁・原色口絵四頁・単色口絵八頁
一四七〇〇円

平城京で木簡が発見されて以来、各地の遺跡で出土があいつぎ、その研究も飛躍的に進展した。様々な古代の木簡の詳細な観察を通して、紙と木の関係や文書行政のなかでの役割を、資料論的に明らかにする。さらに木簡の緻密な内容分析から、地方支配、出挙、農業、日・韓の城柵、信仰など、古代地方社会に関わる重要テーマについての実態を読み解く。

漆紙文書の研究

A5判・四七六頁・原色口絵四頁・単色口絵二八頁
一〇〇八〇円

漆紙文書の発見は考古学・古代史研究に対し無限の可能性を拓いた。本書は漆紙文書に関する本格的研究書であり、かつ著者の十余年間にわたる研究の集大成である。全篇にわたり豊富な図版を駆使して、漆紙文書の計り知れない史料的価値を明らかにし、小さな断片が重要な文書へと復原されていく過程を克明に追究した画期的労作である。

(価格は5%税込)

吉川弘文館

著者略歴
一九四三年　山梨県に生まれる
一九六五年　山梨大学学芸学部卒業
一九九〇年　文学博士（東京大学）
現在　国立歴史民俗博物館館長、山梨県立博物館館長
〔主要編著書〕
漆紙文書の研究　多賀城碑（編著）　古代日本の文字世界（編著）　古代地方木簡の研究　古代日本 文字の来た道（編著）

墨書土器の研究

二〇〇〇年（平成十二）十一月十日　第一刷発行
二〇〇七年（平成十九）十月一日　第二刷発行

著者　平《ひら》川《かわ》南《みなみ》

発行者　前田求恭

発行所　株式会社　吉川弘文館
郵便番号一一三―〇〇三三
東京都文京区本郷七丁目二番八号
電話〇三―三八一三―九一五一（代）
振替口座〇〇一〇〇―五―二四四番
http://www.yoshikawa-k.co.jp/

印刷＝藤原印刷株式会社
製本＝誠製本株式会社
装幀＝山崎　登

ISBN978-4-642-02354-2

索　　引

I 事　　項

あ 行

か 行

さ　行

た　行

な　行

は　行

ま　行

や　行

ら　行

わ　行

II 地　名

あ　行

か　行

さ　行

た　行

は　行

ま　行

III　遺　跡　名

あ　行

か　行

さ　行

た　行

な 行

は 行

ま 行

や 行

ら　行

わ　行

Ⅳ　資料名

あ　行

か　行

さ　行

た 行

な 行

は 行

ま 行

や 行

ら　行

わ　行

図表一覧

Ⅰ　口　　絵

7世紀後半の墨書土器「解□〔除〕」(須恵器高坏坏部内面，広島県東広島市西本6号遺跡／東広島市教育委員会提供)
古代の役所（下総国府跡付近）の墨書土器「博士館」(須恵器高坏脚部内面，千葉県市川市真間地区，1939年出土，福島県須賀川市立博物館所蔵)
古代の役所（陸奥国安積郡家跡）の墨書土器「厨」(福島県郡山市清水台遺跡／郡山市教育委員会提供)
古代の役所（常陸国鹿嶋郡家跡）の墨書土器「神宮」(茨城県鹿嶋市神野向遺跡／鹿嶋市教育委員会提供)
古代の村落の墨書土器「村神郷丈部國依甘魚」(千葉県八千代市権現後遺跡／八千代市教育委員会提供)
刻書土器「夫」(札幌市サクシュコトニ川遺跡／北海道大学埋蔵文化財調査室提供)
墨書土器「𤯔」(「人」の則天文字，石川県金沢市三小牛ハバ遺跡／金沢市教育委員会提供)
刻書紡錘車「道明乙道状伏具」(道明・乙道〈人名〉，埼玉県大里郡岡部町熊野遺跡／岡部町教育委員会提供)
古代の役所の墨書土器――「国厨」(神奈川県平塚市稲荷前A遺跡／平塚市教育委員会提供)，「郡厨」(千葉県八日市場市平木遺跡／千葉県立房総風土記の丘提供)，「廏酒坏」(福島県原町市大船迫A遺跡／福島県教育委員会提供)，「玉厨」(玉は陸奥国玉造郡を指す，宮城県古川市名生館官衙遺跡／宮城県多賀城跡調査研究所提供)
古代の役所の墨書土器（郡名などの略記）――「三万少」(筑後国三潴郡少領のこと，福岡県久留米市野瀬塚遺跡／久留米市埋蔵文化財センター提供)，「豊」(武蔵国豊島郡のこと，東京都北区中里遺跡／北区教育委員会提供)，「斯波」(陸奥国斯波郡のこと，岩手県水沢市胆沢城跡／水沢市教育委員会提供)，「刺」(陸奥国江刺郡のこと，岩手県水沢市胆沢城跡／水沢市教育委員会提供)
古代の軍事に関わる墨書土器――「騎兵長」(騎兵の責任者，茨城県西茨城郡岩間町東平遺跡／岩間町教育委員会提供)，「千校尉」(下総国匝瑳郡千俣郷を本貫とする軍団の校尉〈二百長〉，千葉県八日市場市柳台遺跡／向後博氏提供)，「弩」(おおゆみ，石をはじき飛ばす兵器，秋田市秋田城跡／秋田市教育委員会提供)，「百長」(兵士

100人の長，旅帥のこと，秋田市秋田城跡／秋田市教育委員会提供）
役所と村落の墨書土器——「草苅於寺坏」（千葉県市原市草刈遺跡／㈶千葉県文化財センター提供），「家刀自大神奉」（千葉県山武郡芝山町山田遺跡群夏塚遺跡／㈶山武考古学研究所提供），「庄」（茨城県取手市甚五郎遺跡／取手市教育委員会提供），重ね書き「院黒成」「廿万」（千葉県市川市下総国分寺／市川市教育委員会提供）
役所と村落の墨書土器——「水盃」（福島県会津若松市矢玉遺跡／会津若松市教育委員会提供），「旦後」（千葉市中鹿子第2遺跡／千葉市教育委員会提供），「袋」（茨城県取手市甚五郎遺跡／取手市教育委員会提供）
村落から出土する行政関係および宮都関係の用語を記した墨書土器——「大郷長」「芳郷（上野国勢多郡芳賀郷のこと）」（群馬県前橋市荒砥洗橋・二之宮洗橋遺跡／㈶群馬県埋蔵文化財調査事業団提供），「宮殿」（栃木県下都賀郡石橋町一本松遺跡／栃木県教育委員会提供），「殿原」（千葉市黒ハギ遺跡／千葉市教育委員会提供）
「饒」の各種の字形（千葉県八千代市白幡前遺跡／八千代市教育委員会提供，茨城県鹿嶋市神野向遺跡／鹿嶋市教育委員会提供）
「圓」の各種の字形（千葉県八千代市白幡前遺跡／八千代市教育委員会提供）
「継」の各種の字形（千葉県八千代市白幡前遺跡／八千代市教育委員会提供）
合わせ文字——「加生」（会津若松市東高久遺跡／会津若松市教育委員会提供），「生万」（千葉県我孫子市羽黒前遺跡／我孫子市教育委員会提供）の各種の字形
「得」の字形——「得」（千葉県成田市野毛平千田ヶ入遺跡／㈶印旛郡市文化財センター提供，千葉県芝山町庄作遺跡／芝山町教育委員会提供），「得万」（福島市台畑遺跡／福島市資料展示室提供），合わせ文字「友長」（福島市南諏訪原遺跡／福島市資料展示室提供）
「田部」の字形（群馬県前橋市中鶴谷遺跡／前橋市教育委員会提供）

II　本文挿図

図1　「王賜」銘鉄剣　表「王賜□□敬□（安ヵ）」（千葉県市原市稲荷台1号墳，市原市埋蔵文化財調査センター保管，永嶋正春氏提供）
図2　茶戸里1号墓出土の筆（『考古学誌』第1輯，韓国考古美術研究所，1989年）
図3　「刑」の書体例（高句麗好太王壺杅，釜山市立博物館展示図録『古代文字』1997年）
図4　居延漢簡の「刑」の書体（佐野光一編『木簡字典』雄山閣出版，1985年）
図5　長野県屋代遺跡群第70号木簡「刑」の書体（㈶長野県埋蔵文化財センター提供）
図6　天平21年具注暦「開」と「閉」の書体（「正倉院文書」正倉院宝物）
図7　墨書土器「廾小田万呂」（千葉県作畑遺跡，㈶山武考古学研究所提供）

図８　朝鮮半島，順興邑内里壁画古墳複写図墨書　「己亥中墓像人名□□□」(釜山市立博物館展示図録『古代文字』1997年)
図９　墨書土器「×廣友進召代　弘仁十二年十二月」＋人面（千葉県上谷遺跡／八千代市教育委員会提供）
図10　三雲遺跡群刻書土器実測図（福岡県教育委員会提供）
図11　刻書部分拡大写真（福岡県教育委員会提供）
図12　「火竟」字形分類模式図（新井悟・大川磨希「新収蔵の倣製鏡－火竟銘をもつ倣製鏡の新例について－」『明治大学博物館研究報告』第２号，1997年）
図13　「桑＝桒」の字形群と字形変化（山形県熊野田遺跡，山形県教育委員会『熊野田遺跡――第３次発掘調査報告書』1989年）
図14　「田」または「由」の筆順模式図（島根県八束郡玉湯町蛇喰遺跡ヘラ書き須恵器，玉湯町教育委員会『蛇喰遺跡発掘調査報告書』1999年）
図15　三雲遺跡群刻書文字の筆順
図16　「竟」の字型変化想定図
図17　省画例「賜」(千葉県稲荷台１号墳出土「王賜」銘鉄剣)
図18　平原遺跡出土の銅鏡「竟」の字形（原田大六『平原弥生古墳』葦書房，1991年)
図19　根塚遺跡位置図（長野県下高井郡木島平村教育委員会『根塚遺跡第３次発掘調査概報』1999年)
図20　根塚遺跡地形図（グリット図，図19に同じ)
図21　根塚遺跡出土刻書土器模式図
図22　「大」の筆順比較
図23　朝鮮半島における６世紀代の刻書土器「大」の書体と筆順（西谷正「朝鮮三国時代の文字」『古代の日本と東アジア』小学館，1991年)
図24　隅田八幡宮伝来「癸未年」銘人物画像鏡の「大」の書体（奈良国立博物館特別展図録『発掘された古代の在銘遺宝』1989年)
図25　稲荷台古墳群の位置
図26　稲荷台古墳群（市原市教育委員会・㈶市原市文化財センター編集『「王賜」銘鉄剣概報』吉川弘文館，1988年)
図27　王賜銘鉄剣実測図（図26に同じ)
図28　銀象嵌銘文（市原市埋蔵文化財調査センター保管)
図29　抬頭の例（後漢，西嶽華山廟碑拓本，図26に同じ)
図30　文字の解読（図26に同じ)
図31　中国の銘文のある剣（図26に同じ)
図32　稲荷山古墳出土「辛亥」銘鉄剣（埼玉県立さきたま資料館提供)
図33　江田船山古墳出土銀象嵌銘鉄刀銘文（東京国立博物館所蔵)

図34　西本6号遺跡位置図（東広島市教育委員会『東広島市西本6号遺跡』1997年）
図35　西本6号遺跡遺構配置図（図34に同じ）
図36　墨書土器「解□（除）」写真と実測図（東広島市教育委員会提供，図34に同じ）
図37　「阿」の書体（「正倉院文書」正倉院宝物）
図38　六朝および隋・唐代の「解」と「除」の書体（伏見冲敬編『書道大字典』角川書店，1974年）
図39　線刻紡錘車（埼玉県本庄市南大通り線内遺跡，本庄市教育委員会『南大通り線内遺跡発掘調査報告書』1987年）
図40　隅田八幡宮人物画像鏡割り付け図（関和彦「稲荷山古墳出土鉄剣原文考」『歴史手帖』69，名著出版，1979年）
図41　埼玉県稲荷山古墳出土の金象嵌銘鉄剣と銘文文字配り（写真：埼玉県立さきたま資料館提供／図：平川南作図）
図42　多賀城碑の拓本（東北歴史資料館・宮城県多賀城跡調査研究所『多賀城と古代東北』㈶宮城県文化財保護協会，1986年）
図43　日本の圭首の例（山形県立石寺如法経所碑，立石寺所蔵・東北歴史資料館提供）
図44　砂岩粒子の組成と基質量（3試料の平均値，永広昌之氏作図）
図45　碑文の彫り方（安倍辰夫氏提供）
図46　多賀城碑の文字の太さの変化（黒田正典氏作図）
図47　文字の線質（黒田正典氏作図）
図48　村上込ノ内遺跡第Ⅳ期の墨書土器分布図（平川南・天野努・黒田正典「古代集落と墨書土器－千葉県八千代市村上込の内遺跡の場合－」『国立歴史民俗博物館研究報告』22，国立歴史民俗博物館，1989年）
図49　横位と正位（図48に同じ）
図50　正位「毛」（図48に同じ）
図51　用筆法（図48に同じ）
図52　特殊字形（平川南「墨書土器とその字形－古代村落における文字の実相－」『国立歴史民俗博物館研究報告』35，国立歴史民俗博物館，1991年）
図53　屋代遺跡群木簡付札（㈶長野県埋蔵文化財センター提供）
図54　長野県屋代遺跡群「郡符木簡」（㈶長野県埋蔵文化財センター提供）
図55　郡符木簡（114号）の廃棄行程（屋代遺跡群，㈶長野県埋蔵文化財センター「上信越自動車道埋蔵文化財発掘調査報告書23－更埴市内・その二－」『長野県屋代遺跡群出土木簡』1997年〈水沢教子氏作図〉）
図56　稲荷山鉄剣銘文「吾，天下を左治し」部分（埼玉県立さきたま資料館所蔵，永嶋正春氏提供）
図57　長屋王家木簡「長屋親王宮」（奈良国立文化財研究所提供）

図58　円面硯墨書「大殿墨研」（茨城県つくば市熊の山遺跡，㈶茨城県教育財団『茨城県教育財団文化財調査報告書』第166集，2000年）
図59　墨書土器「殿原」（千葉市黒ハギ遺跡，千葉市教育委員会提供）
図60－1　古文孝経（胆沢城跡，水沢市教育委員会提供）
図60－2　漆紙文書の復原（古文孝経写本，胆沢城跡，上に同じ）
図61　暦の復原（胆沢城跡出土漆紙文書，平川南「延暦二十二・二十三年具注暦」『漆紙文書の研究』吉川弘文館，1989年）
図62　木簡の復原案（新潟県北蒲原郡笹神村発久遺跡，小林昌二・平川南「木簡について」『発久遺跡発掘報告書』笹神村教育委員会，1991年）
図63　下野国府跡地形図と「国厨」出土地点（栃木県教育委員会『下野国府跡Ｖ――昭和57年度発掘調査概報』1983年）
図64　秋田城跡出土「厨」墨書土器分布図（秋田城発掘調査事務所『秋田城跡発掘調査事務所研究紀要１　秋田城出土文字資料集』1984年）
図65　秋田城跡出土墨書土器（図64に同じ）
図66　神野向遺跡発掘遺構全図（茨城県鹿嶋市教育委員会『神野向遺跡VI－昭和60・61年度発掘調査概報－』1987年）
図67　神野向遺跡郡庁院遺構図（茨城県鹿嶋市教育委員会『神野向遺跡Ｖ－昭和59年度発掘調査概報－』1986年）
図68　神野向遺跡（鹿嶋郡家跡）郡庁院出土墨書土器
図69　御子ヶ谷遺跡（志太郡家跡）遺物（土器）分布図（藤枝市教育委員会『日本住宅公団藤枝地区埋蔵文化財発掘調査報告III－奈良・平安時代編－』1981年）
図70　千葉市中鹿子第２遺跡とその周辺（㈶千葉市文化財調査協会『千葉市中央ゴルフ場遺跡群発掘調査報告書』1992年』）
図71　第38号竪穴住居跡（千葉市中鹿子第２遺跡）
図72　「國厨」（千葉市中鹿子第２遺跡，千葉市教育委員会提供）
図73　平賀油作遺跡遺構配置図（第VI期，平賀遺跡群発掘調査会『平賀』1985年）
図74　「厨」墨書土器（千葉県平賀油作遺跡，印旛村歴史民俗資料館提供）
図75　「曹司」墨書土器（図74に同じ）
図76　胆沢城跡第52次発掘調査遺構配置図（水沢市教育委員会『胆沢城跡－昭和61年度発掘調査概報－』1987年）
図77　厨建物配置図（胆沢城跡，図76に同じ）
図78　井戸跡出土遺物（図76に同じ）
図79　志太郡家と隣郡名および益頭郡家と隣郡名「厨」墨書土器
図80　駿河国略図（『国史大辞典』第８巻，吉川弘文館，1987年）
図81　八幡林遺跡遺構配置図（新潟県和島村教育委員会『八幡林遺跡』第３集，1994年）

図82　「郡符」木簡（図81に同じ）
図83　八幡林遺跡の位置と古代越後国（新潟県和島村教育委員会『八幡林遺跡』第１集，1992年）
図84　荒田目条里遺跡出土木簡（福島県いわき市教育委員会『荒田目条里遺跡木簡調査略報――木簡が語る古代のいわき』1996年）
図85　山垣遺跡出土木簡（国立歴史民俗博物館『新しい史料学を求めて』吉川弘文館，1997年）
図86　「沼垂城」木簡（八幡林遺跡第２号木簡，和島村教育委員会『八幡林遺跡』第１集，1992年）
図87　封緘木簡（八幡林遺跡第32号木簡，和島村教育委員会『八幡林遺跡』第３集，1994年）
図88　山垣遺跡出土封緘木簡（兵庫県教育委員会埋蔵文化財調査事務所『山垣遺跡発掘調査報告書』1990年）
図89　八幡林遺跡Ｈ・Ｉ地区出土の主要墨書土器（和島村教育委員会『八幡林遺跡』第３集，1994年）
図90　八幡林遺跡第23号木簡（図89に同じ）
図91　八幡林遺跡付札（第５号・第６号）木簡（図89に同じ）
図92　山陽道布勢駅家復元図（龍野市教育委員会『布勢駅家－小犬丸遺跡1990・1991年度発掘調査概報－』1992年）
図93　関和久遺跡・上町遺跡と周辺遺跡分布図（福島県教育委員会『関和久上町遺跡』1993年）
図94　関和久遺跡の遺構配置図（福島県教育委員会『関和久遺跡』1985年）
図95　関和久遺跡墨書土器集成（図94に同じ）
図96　関和久上町遺跡全体遺構配置図（福島県教育委員会『関和久上町遺跡』1993年）
図97　関和久上町遺跡墨書土器集成(1)（図96に同じ）
図98　関和久上町遺跡墨書土器・墨書瓦集成(2)（図96に同じ）
図99　合わせ文字・特殊字形の類例（(財)山武考古学研究所『千葉県東金市作畑遺跡発掘調査報告書』1986年／福島県教育委員会・(財)福島県文化財センター「上吉田遺跡」『東北横断自動車道遺跡調査報告９　船ヶ森西・上吉田遺跡』1990年／境町教育委員会「下渕名遺跡」『下渕名遺跡発掘調査概報』1978年）
図100　石川県辰口西部遺跡群調査地区位置図（(財)石川県立埋蔵文化財センター『辰口西部遺跡群１』1988年）
図101　辰口西部遺跡群墨書土器集成（図100に同じ）
図102　徳久・荒屋Ｇ地区大溝出土墨書土器（図100に同じ）
図103　福島県鹿島町大六天遺跡位置図（福島県相馬郡鹿島町『鹿島町史』1999年）

図104　ヘラ書き土器「少毅殿　千之」(大六天遺跡，図103に同じ)
図105　多賀城城外の道路と方格地割（多賀城市『多賀城市史』第1巻，1997年)
図106　宮城県多賀城市山王遺跡（西町浦・東町浦地区）遺構模式図（多賀城市教育委員会提供)
図107　「観音寺」銘墨書土器出土遺構（図106に同じ)
図108　山王遺跡（東町浦地区）ＳＩ01出土墨書土器（図106に同じ)
図109　墨書土器「観音寺」(山王遺跡，図106に同じ)
図110　多賀城廃寺と大宰府観世音寺の伽藍配置（多賀城市『多賀城市史』第1巻，1997年)
図111　払田柵跡調査実施位置図（秋田県教育庁払田柵跡調査事務所『払田柵跡調査事務所年報1997　払田柵跡－第110～112次調査概要－』1998年)
図112　払田柵跡第112次調査全体図（第111次調査地を含む，図111に同じ)
図113　払田柵跡第86号木簡（表，図111に同じ)
図114　「北」および「門」の字体（図111に同じ)
図115　払田柵跡木簡・墨書土器「北」の字体（図111に同じ)
図116　古代の印旛郡地方の古墳時代遺跡分布図と奈良・平安時代遺跡分布図（天野努「下総国印旛郡村神郷とその故地」『千葉県文化財センター研究紀要』10，1986年)
図117　埼玉県北西部の地形面区分図（井上尚明「七世紀における集落の再編成とその背景」『埼玉県史研究』20，1988年)
図118　村神郷内の主な遺跡および周辺地形図
図119　墨書土器分布図・Ⅰ期（平川南・天野努・黒田正典「古代集落と墨書土器」『国立歴史民俗博物館研究報告』第22集，1989年)
図120　墨書土器分布図・Ⅱ期（図119に同じ)
図121　墨書土器分布図・Ⅲ期（図119に同じ)
図122　墨書土器分布図・Ⅳ期（図119に同じ)
図123　墨書土器分布図・Ⅴ期（図119に同じ)
図124　097号住居跡出土墨書土器
図125　Ⅰ期の墨書土器「平」
図126　墨書土器「亠」(147号住居跡)
図127　墨書土器「亠」(134号住居跡)
図128　「前廿」(037号住居跡)
図129　線刻「×」(037号住居跡)
図130　ヘラ書き「〼」(134号住居跡)
図131　Ａ区を代表する墨書土器「林」(012号住居跡)
図132　Ｂ区を代表する墨書土器「利多」(045号住居跡)

図227　千葉県八千代市上谷遺跡・墨書土器(ハ)（図225に同じ）
図228　千葉県八千代市上谷遺跡・墨書土器(ニ)（図225に同じ）
図229　千葉県庄作遺跡墨書土器(1)
図230　千葉県庄作遺跡墨書土器(2)
図231　高瀬Ｉ遺跡位置図（「遠野市埋蔵文化財調査報告書」第５集『高瀬Ｉ・II遺跡』1992年）
図232　高瀬Ｉ遺跡調査区遺構配置図（図231に同じ）
図233　高瀬Ｉ遺跡出土墨書土器（図231に同じ，遠野市教育委員会提供）
図234　高瀬Ｉ・II遺跡墨書集成図（抜粋，図231に同じ）
図235　高瀬Ｉ・II遺跡出土の墨書土器（遠野市教育委員会・㈶岩手県埋蔵文化財センター提供）
図236　Ｋ39遺跡長谷工地点付近地形図（札幌市教育委員会「札幌市文化財調査報告書」55『Ｋ35遺跡長谷工地点』1996年）
図237　Ｋ39遺跡長谷工地点付近地形図（図236に同じ）
図238　Ｋ39遺跡長谷工地点第３号竪穴住居跡実測図（図236に同じ）
図239　Ｋ39遺跡長谷工地点第３号竪穴住居跡出土遺物（図236に同じ）
図240　「甲」の筆順
図241　「田」または「由」の筆順模式図（島根県八束郡玉湯町蛇喰遺跡ヘラ書き須恵器，玉湯町教育委員会『蛇喰遺跡発掘調査報告書』1999年）
図242　墨書土器「甲」の例（㈶千葉県文化財センター『公津原II』1981年）
図243　「夷」の刻字のある土器（札幌市サクシュコトニ川遺跡出土土師器）
図244－１　「夫」字出土資料集成(1)（小口雅史「『夫』字箆（墨）書について」北海道・東北史研究会『海峡をつなぐ日本史』三省堂，1993年）
図244－２　「夫」字出土資料集成(2)（戸根貴之「古代文字資料にみる蝦夷」『古代』第106号，1999年）
図245　青森県出土の墨書・ヘラ書き土器（「大佛」「寺」「神」）
図246　五所川原市犬走窯跡におけるヘラ記号（五所川原市教育委員会『犬走須恵器窯跡発掘調査概報』1998年）
図247　千葉県芝山町庄作遺跡「奉」と共伴文字群（㈶山武考古学研究所『小原子遺跡群』1990年）
図248　佐倉市栗野II遺跡「奉」と共伴文字群（㈶千葉県文化財センター『佐倉市栗野Ｉ・II遺跡』1991年）
図249　八千代市権現後遺跡墨書土器「奉」
図250　佐倉市寺崎遺跡群向原遺跡「夆」「本」字形文字群(1)（佐倉市寺崎遺跡群調査会『寺崎遺跡群発掘調査報告書』1987年）
図251　佐倉市寺崎遺跡群向原遺跡「夆」「本」字形文字群(2)（図250に同じ）

図252　青森市野木遺跡と周辺の遺跡位置図（青森市教育委員会『新町野・野木遺跡発掘調査概報』1999年）
図253　青森市野木遺跡「夫」字3点（青森県教育委員会提供）
図254　野木遺跡の「夫」と共伴する「丈」「井」（図253に同じ）
図255　青森県浪岡町野尻(2)(3)遺跡墨書土器集成（青森県教育委員会『野尻(2)遺跡II・野尻(3)遺跡発掘調査報告書』1996年）
図256　秋田県払田柵跡木簡（「具　狄藻肆拾」，秋田県教育庁払田柵跡調査事務所提供）
図257　近江国計帳「三上部粳賣」の変化（「正倉院文書」正倉院宝物）
図258　近江国計帳「大田史多久米女」（天平二年帳，「正倉院文書」正倉院宝物）
図259　漆紙文書（計帳手実，茨城県鹿の子C遺跡，㈶茨城県教育財団『鹿の子C遺跡漆紙文書－本文編－』1983年）
図260　墨書「得」（福島県上吉田遺跡，㈶福島県文化財センター『東北横断自動車道遺跡調査報告9－船ヶ森西遺跡・上吉田遺跡－』1990年）
図261　「桑＝桒」の字形群と字形変化（山形県熊野田遺跡，山形県教育委員会『熊野田遺跡――第3次発掘調査報告書』1989年）
図262　「田」または「由」の筆順模式図（島根県八束郡玉湯町蛇喰遺跡ヘラ書き須恵器，玉湯町教育委員会『蛇喰遺跡発掘調査報告書』1999年）
図263　薬師寺仏足石歌碑（薬師寺所蔵）
図264　固有名詞の漢字による表記（奈良国立文化財研究所提供）
図265　「正倉院仮名文書」（「正倉院文書」正倉院宝物）
図266　大宝2年御野（美濃）国本簀郡栗栖太里の戸籍と大宝2年御野国山方郡三井田里の戸籍（「正倉院文書」正倉院宝物）
図267　木簡のカード的利用方法の一例（埼玉県行田市小敷田遺跡第3号木簡）
図268　長野県更埴市屋代遺跡群第46号木簡実測図（㈶長野県埋蔵文化財センター『長野県屋代遺跡群出土木簡』1996年）
図269　「王賜」銘鉄剣（市原市埋蔵文化財調査センター保管，永嶋正春氏提供）
図270　滋賀県西河原森ノ内遺跡出土の木簡（7世紀後半，中主町教育委員会『西河原森ノ内遺跡第1・2次発掘調査概要』1987年）
図271　奈良県飛鳥池遺跡出土の木簡（8世紀初め，奈良国立文化財研究所提供）
図272　滋賀県北大津遺跡出土の音義木簡（表，7世紀後半，林紀昭・近藤滋「北大津遺跡出土の木簡」『滋賀大国文』第16号，1978年）
図273　「汙久皮臣」（法隆寺金堂四天王〈多聞天〉光背銘，法隆寺所蔵）
図274　千葉県印旛郡栄町龍角寺五斗蒔瓦窯跡文字瓦文字の模式図（㈶印旛郡市文化財センター『龍角寺五斗蒔瓦窯跡』1997年）
図275　ヘラ書き「由」の筆順（島根県八束郡玉湯町教育委員会『蛇喰遺跡発掘調査

III　本 文 挿 表